플루타르코스 영웅전
제3권

KB051046

플루타르코스 영웅전 3

발행일
2021년 9월 1일 초판 1쇄
2024년 7월 10일 초판 5쇄

지은이 | 플루타르코스
옮긴이 | 신복룡
펴낸이 | 정무영, 정상준
펴낸곳 | ㈜을유문화사

창립일 | 1945년 12월 1일
주소 | 서울시 마포구 서교동 469-48
전화 | 02-733-8153
팩스 | 02-732-9154
홈페이지 | www.eulyoo.co.kr
ISBN 978-89-324-7450-2 04920
978-89-324-7447-2 (세트)

플루타르코스 영웅전

제3권

신복룡 옮김

을유문화사

BÍOI PARÁLLĒLOI

PARALLEL LIVES OF THE NOBLE GRECIANS AND ROMANS

PLOÚTARCHOS

VOL. 3

헤라클레스나 소크라테스나
플라톤이나 리산드로스처럼,
역사적으로 위대한 사람들은
우울증에 시달렸다.
— 아리스토텔레스

그 위대한 데모스테네스도
원고 없이 연설하지 않았다.
그는 수줍고 심약했다.
위대한 페리클레스나 키케로도
연설을 시작할 때는
몸을 떨며 움츠러들었다.
민중은 그것을 이해했다.
— 플루타르코스

차례

3권

아게실라오스
AGESILAOS II

기원전 440?~360?

불구자가 왕이 되느냐 못 되느냐 하는 문제는
신의 관심사가 아니다.
— 리산드로스

무지하고 경험이 없어 막 나가는 적군보다
더 어려운 상대는 없다.
— 아게실라오스

전쟁에서 죽은 젊은이의 어머니는
영웅 같았고,
살아 돌아온 병사의 어머니는
죄인의 표정이었다.
— 크세노폰

1

제욱시다모스(Zeuxidamos)의 아들 아르키다모스(Archidamos)
는 스파르타를 훌륭히 다스리고, 람피토(Lampito)라는 명문가
의 딸을 아내로 얻어 아들 아기스(Agis)를 낳았다. 그리고 두 번
째 부인 멜레시피다스(Melesippidas)의 딸 에우폴리아(Eupolia)
사이에서 둘째 아들 아게실라오스를 낳았는데, 첫아들과 나이
차이가 많았다.

스파르타 법에 따르면, 아기스가 왕위 계승권자였기 때
문에 아게실라오스는 평민 신분으로 자랐다. 그는 이른바 아
고게(Agoge)[I]라는 공공 수련 과정을 거쳤다. 삶의 방식이 검소
하고 엄격했던 이 제도는 젊은이들에게 충성심을 가르쳤다.
들리는 바에 따르면, 이런 까닭으로 그리스 시인 시모니데스

I   아고게는 스파르타에서 7~14세의 소년들을 가르치던 학년제 공교육 기
관으로, 당대의 귀족과 최고의 지식인들이 교사를 맡았다.

(Simonides)는 스파르타를 가리켜 "사람 길들이는 곳"이라 불렀다고 한다.

스파르타 풍속은 다른 어느 나라보다도 사람들이 법을 잘 지키고 따르도록 가르쳤는데, 그 모습이 마치 망아지를 잡아다 길들이는 것과 같았다고 한다. 왕위 계승권자만은 이 법안에서 예외였지만, 아게실라오스는 처음부터 왕세자가 아니었으므로 왕이 되기에 앞서 그런 교육을 받았다. 그러한 경험 덕분에 그는 왕이 되었을 때 다른 어느 왕보다도 시민과 더 조화를 잘 이루었다. 본디 통솔력과 왕다운 기풍을 타고났던 그는 공교육을 거치며 인망(人望)과 친근감을 더 갖추게 되었다.

2

아게실라오스는 이른바 '소년단(band)'에 들어가 공동 훈련을 받으면서 평생 동지인 리산드로스를 만났다. 리산드로스는 아게실라오스의 타고난 절제심에 깊이 감동했다. 아게실라오스는 경쟁심이 많고 다른 친구들보다 강인한 정신력을 갖추고 있어 무엇이든 일등이 되고 싶어 했다. 그는 그만큼 누구도 감당할 수 없는 격정을 가슴에 품고 있었지만, 동시에 남들에게 순종하고 정중하게 상대하고자 하는 마음가짐도 갖고 있었다. 그래서 그는 어떤 지시가 내려와도 두려움을 느끼기보다는 늘 기꺼이 그것을 수행했다. 그는 어려움에 처하는 것은 두려워하지 않았고, 다만 사람들의 비난을 걱정했다.

아게실라오스는 다리를 절룩거렸지만 한창때의 그는 장점이 많아 그런 불구가 남의 눈에 잘 띄지 않았다. 그는 자신의 불행을 별것 아닌 듯이 웃으며 받아들이고, 남들보다 먼저 농담을 걸면서 장애에 대한 잘못된 인식을 바로잡아 나갔다. 그의 장애는 그가 어떤 역경이나 과업 앞에서도 물러서지 않게 만들었고, 오히려 그의 야심을 더욱 선명하게 해 주었다. 우리는 그가 어떻게 생겼는지를 알 수 없다. 왜냐하면 그는 죽는 순간까지도 자신의 동상이나 초상화 만드는 일을 허락하지 않았기 때문이다.

그러나 들리는 바에 따르면, 아게실라오스는 키가 작고 볼품이 없었다고 한다. 그는 위기를 겪을 때에도 낙천적이었고 농담을 좋아하여, 말씨로나 모습에서도 남들에게 공격적이거나 거칠게 보이지 않아 사랑을 받았다. 그의 이러한 덕망은 나이가 들어서도 다른 젊은이나 아름다운 청년들보다 더 높았다. 그러나 테오프라스토스(Theophrastos)의 말에 따르면, 그의 아버지인 아르키다모스는 너무 키가 작은 여인과 결혼한 탓에 민선 장관(Ephor)들에게 벌금형을 받았다고 한다. 그때 민선 장관들은 그에게 이렇게 말했다.

"그대의 아내가 우리에게 대왕(大王)을 낳아 준 것이 아니라 소왕(小王)을 낳아 주었기 때문입니다."

3

알키비아데스가 시킬리아에서 스파르타로 망명한 것은 아기스가 왕위에 있을 때였다. 그는 스파르타에서 오래 머무르지는 않았지만 왕비 티마이아(Timaia)와 적절하지 않은 관계를 맺었다는 추문(醜聞)을 일으켰다. 이 때문에 왕비가 아들을 낳았을 때 아기스왕은 그가 자기 자식이 아니라 알키비아데스의 자식이라고 선언했다. 알키비아데스의 후손으로서 역사가였던 도리스(Doris)의 말에 따르면, 왕비는 그런 소문에 조금도 당황하지 않았으며, 시녀에게 자기 아들의 이름은 레오티키데스(Leotychides)가 아니라 알키비아데스라고 속삭였다는 것이다.

더욱이 알키비아데스의 말을 들어 보면, 자기가 왕비와 동침한 것은 단순히 바람기가 아니라 자기 자식으로 스파르타의 왕통을 이으려는 야심 때문이었다는 것이다. 이런 탓으로 알키비아데스는 아기스왕의 복수가 두려워 스파르타를 떠났다. 아기스는 아이의 출생을 늘 의심하여 친아들[嫡子]로 인정하지 않았다. 그러나 그가 죽을 무렵이 되었을 때 그 아들이 울며 애원하자 왕은 여러 사람이 보는 앞에서 그가 친자식이라고 말하지 않을 수 없었다.(제17장 「알키비아데스전」, § 23)

그런 일이 있었음에도, [기원전 398년에] 아기스왕이 죽자 그 무렵 바다에서 아테네를 제압하고 스파르타에 엄청난 영향력을 끼치던 리산드로스가 레오티키데스는 사생아라는 구실을 내세우며 아기스의 아우인 아게실라오스를 왕으로 추대하였을 때 누구도 이에 반대하지 않았다. 다들 아게실라오스의 탁월함을 알고 있는 데다, 그와 더불어 어렸을 적에 함께 훈련하며 공동 식당에서 자란 인연이 있던 여러 시민이 리산드로스의 계획을 좋게 받아들여 그에게 협조했다.

그런데 그 무렵에 스파르타에는 디오페이테스(Diopeithes)라는 예언자가 있었다. 스파르타인들은 그가 고대의 신탁에 뛰어나며, 종교 문제에 매우 해박한 사람이라고 생각했다. 그는 절름발이를 왕으로 추대하는 것은 하늘의 뜻을 거스르는 일이라고 선언하면서 다음과 같은 신탁을 인용했다.

보라, 그대 스파르타여,
그대들이 지금은 비록 영광스럽게
두 다리로 서 있지만
절름발이 왕실이
튀어 오르는 일이 없게 하라.
그렇지 않으면 생각지도 않았던 고통이
그대들을 억누르고
전쟁이 휘몰아쳐 수많은 사람을 죽이리로다.

이러한 신탁에 대해 리산드로스는 이렇게 대답했다.

"스파르타인들이 진정으로 신탁에 두려움을 느끼고 있다면, 이 신탁은 레오티키데스가 왕이 되지 않도록 경계해야 한다는 뜻이다. 몸이 불구인 사람이 왕이 되느냐 마느냐의 문제는 신의 관심사가 아니다. 그러나 사생아나 헤라클레스의 자손이 아닌 인물이 왕이 된다면 이것이야말로 신이 말하는 '불구의 왕'이다."

이때 아게실라오스가 선언하기를, 형 아기스는 지진에 놀라 왕의 침소에서 뛰쳐나온 뒤로 레오티키데스가 잉태될 즈음까지 왕비와 잠자리를 한 적이 없으므로, 포세이돈도 레오티키데스가 사생아라는 것을 입증한 바 있다고 했다.(크세노폰, 『헬레니카』, III : 3)

4

이런 우여곡절을 겪은 뒤에 아게실라오스가 왕으로 추대되었다. 그는 조카 레오티키데스를 사생아라는 이유로 추방하고, 형 아기스에게서 엄청난 재산과 왕권을 물려받았다. 그러나 외가 쪽이 명문가이기는 했지만 너무 가난하여, 아게실라오스는 자기가 물려받은 재산의 절반을 외사촌 형에게 양보했다. 이렇게 그는 질투와 미움을 받기보다는 혈연에게 호감을 사면서 우애 있다는 평판을 들었다. 철학자 크세노폰(Xenophon)의 『아게실라오스전』(VI : 4)에 따르면, 그는 하는 일마다 조국에 복종함으로써 오히려 엄청난 영향력을 얻어 자기가 원하던 일들을 이루었다고 하는데, 그 내막은 이랬다.

그 무렵에 민선 장관과 원로원 의원은 국정에 막강한 권력을 휘두르고 있었는데, 민선 장관의 임기는 1년이었고 원로원 의원의 임기는 종신이었다. 그들의 직무는 왕권을 견제하는 것으로서, 이에 관해서는 내가 「리쿠르고스전」(§ 5)에서 설명했다. 그 때문에 왕은 처음부터 대를 이어 가면서 늘 그들과 의견을 달리하며 다투었다. 그러나 아게실라오스는 선왕들과 다른 길을 갔다. 아게실라오스는 그들과 다투기보다는 호의로 상대함으로써 정무를 수행하기에 앞서 그들의 협조를 얻을 수 있었다.

아게실라오스는 원로원이나 민선 장관이 부르면 서둘러 달려갔고, 왕좌에 앉아 정무를 보다가도 그들이 찾아오면 공경의 뜻으로 자리에서 일어났다. 때때로 원로원 의원이 바뀌면 아게실라오스는 그들에게 존경의 표시로 외투와 제사에 쓸 황소를 보냈다. 그런 까닭에 세상 사람들은 그가 원로원과 민선 장관을 공경하고 민중의 권위를 높여 주려고 노력한다고 생각했다. 그러한 처사는 그 자신도 알지 못하는 사이에 왕으로서의 권위를 높여 주었고, 왕에 대한 민중의 호감에서 우러나오는 힘은 왕권을 더욱 강력하게 만들어 주었다.

5

아게실라오스는 그 밖의 시민을 상대할 때에도 동지들을 다루는 방법보다 정적을 다루는 법이 더 뛰어났다. 그는 정당한 이유 없이는 정적을 해코지하지 않았고, 동지가 잘못을 저지르면 그들을 감쌌다. 정적이 잘할 때면 칭찬하는 데 인색하지 않았고, 동지가 잘못을 저지르면 나무라지 않고 오히려 그들을 도와주는 것을 자랑스럽게 생각하며 그들의 잘못에 대한 책임을 함께 나누었다. 아게실라오스는 친구를 돕는 일을 불명예스러운 일이라고 생각하지 않았다. 오히려 그는 정적들이 쓰러지고 넘어졌을 때, 그들이 바라면 먼저 그들을 동정하고 열심히 도와줌으로써 정적들의 마음과 충성을 얻었다.

아게실라오스의 이와 같은 술수를 잘 알고 있고, 또 그런 힘이 얼마나 무서운 것인가를 잘 알고 있던 민선 장관들은 국가의 공동 재산이어야 할 시민을 자기편으로 만들었다는 이유로 아게실라오스에게 벌금을 매겼다. 자연 철학자들의 말에 따르면, 우주에서 밀고 당기는 힘이 없어지면 만물의 균형이 멈추면서 오히려 천체의 운행과 생성도 멈출 것이라고 말한다.

그와 마찬가지로 스파르타의 입법자들은 정체(政體)에 덕망을 불러일으키는 유인(誘因)으로서 야망과 경쟁심을 불어넣으려 했다. 이들에 따르면 선량한 시민은 그들 사이에 다양성과 갈등을 유지해야 하며, 다툼도 없이 허약하게 양보하는 나약함이나, 노력하지도 않고 투쟁하지도 않는 삶은 잘못된 조화와 같았다. 어떤 사람들의 말에 따르면, 호메로스도 이미 그런 생각을 가지고 있었다고 한다. 호메로스의 기록(『오디세이아』, VIII : 75)에 따르면, 오디세우스와 아킬레우스가 서로 '험한 말'을 주고받으며 싸울 때, 두 족장의 경쟁심이 당장 가져다주는 이득이 없는데도 불구하고 아가멤논은 마음속으로 기뻐했다고 한다. 그러나 이런 원칙은 아무런 예외 없이 받아들일 일이 아니다. 지나친 경쟁심은 국가에 손해를 끼치고, 엄청난 위험을 불러올 수 있기 때문이다.

6

아게실라오스가 왕위에 오른 지 얼마 지나지 않아, 페르시아 왕이 엄청난 군대를 이끌고 와 바다에서 스파르타를 몰아내려 하고 있다는 소식이 아시아에서 들어왔다. 이에 리산드로스는 다시 아시아로 출병하여 그곳에 있는 막료를 돕고 싶었다. 그는 [지난날 그곳 총독으로 부임해 있을 때] 자기 막료를 그곳에 지사로 많이 심어 두었는데, 지금은 그들이 불의하고 폭력적인 방법으로 정치를 하다 쫓겨나기도 하고 심지어는 그곳 주민들의 손에 죽기도 했다. 이에 리산드로스는 아게실라오스를 찾아가 원정군을 조직하여 그리스를 지키고 바다 저편까지 진출하여 이민족의 준비 태세를 알아보도록 권고했다.

　　그러면서 리산드로스는 아시아에 남아 있는 막료들에게 편지를 띄워, 그들이 스파르타에 사절을 보내 아게실라오스가 사령관이 되어 달라고 요청하도록 권고했다. 이에 아게실라오스는 민회에 나가 스파르타인 30명을 자기의 장교와 고문으로 임명하고, 해방 노예로서 선거권이 있는 그리스인 가운데 2천 명을 뽑아 주고, 그리스 동맹군에서 6천 명을 뽑아 준다는 데 동의하면 전쟁 지휘를 맡겠다고 했다.

리산드로스가 협조한 덕분에 모든 결정이 쉽게 이뤄지자 아게실라오스는 스파르타인 고문단 30명을 이끌고 원정길에 올랐다. 이들 30명 가운데 리산드로스는 자신의 명성과 영향력뿐만 아니라 아게실라오스의 호의에 힘입어 최고 사령관이 되었다. 남들의 눈에는 리산드로스가 최고 사령관이 된 것은 그가 아게실라오스를 왕으로 이끈 것보다 더 대단한 일처럼 보였다. 한편, 아게실라오스의 군대가 게라이스토스(Geraistos)에 모였을 때, 그는 막료와 함께 아울리스(Aulis)로 옮겨 가 그 날 밤을 보냈다. 그는 꿈에서 어떤 목소리를 들었다.

스파르타의 왕이여,
그대는 알지니,
이제까지 아가멤논 말고는 어느 누구도
온 그리스의 사령관이 되지 못하였도다.
이제 그대는 아가멤논이 그랬던 것처럼
꼭 같은 군대를 이끌고
꼭 같은 적군을 맞아
꼭 같은 곳에서 원정을 떠나니
아가멤논이 원정을 떠나기에 앞서 그랬던 바와 꼭 같이
신에게 제물을 바칠지어다.

그때 아게실라오스는 아가멤논이 원정을 떠나면서 예언자의 말에 따라 자기 딸 이피게니아(Iphigenia)를 제물로 바쳤다는 사실을 떠올렸다. 그러나 그는 혼란에 빠지지 않았다. 그는 자리에서 일어나 자기가 들은 바를 막료에게 들려주면서, 자기는 여신이 즐거워할 제물을 바치겠지만 자기보다 앞서 산 아가멤논처럼 분별없이 야만적인 방법으로 딸을 제물로 바치지는 않겠다고 선언했다. 그는 암사슴 한 마리를 잡아 화관(花冠)을 씌운 다음, 보이오티아인을 제관으로 임명하던 관례를 따르지 않고, 자기 제관이 제사를 드리도록 했다.

보이오티아의 족장이 이 소식을 듣고 크게 분노하여, 아게실라오스에게 사람을 보내 자기들의 법과 관습에 어긋나는 방법으로 제사를 드리는 것을 멈추게 하고, 제단 위에 있던 제물의 넓적다리를 집어 던졌다. 이에 아게실라오스는 마음이 크게 상한 채 항해를 떠났다. 그는 테베인들에게 몹시 분노했을 뿐만 아니라 상서롭지 못한 예언자의 말이 머리에 가득했다. 그는 아마도 이번 원정이 성공하지 못할 수도 있으며, 출항의 때가 좋지 않다고 생각했다.

7

에페소스에 도착한 아게실라오스는 그곳 주민들이 리산드로스를 매우 존경하고 있다는 사실이 부담스럽고 언짢았다. 리산드로스 집의 문 앞에는 늘 사람들이 북적거렸고, 그를 따라다니면서 존경을 표시했다. 그렇게 보면 마치 아게실라오스는 이름만 사령관일 뿐, 그저 법을 잘 지키는 사람 정도로만 보였다. 반대로 리산드로스는 실제 사령관으로서 전권을 행사하고 업무를 모두 처리하는 사람 같았다.

사실상 그보다 앞서 아시아에 파견되었던 어느 장군도 리산드로스만 한 권력을 휘두르지 못했고, 두려움을 주지 못했다. 또한 어느 누구도 그보다 더 막료들에게 호의를 베풀지 않았다. 또한 적군에게 가혹했던 적이 없었다. 이러한 일들이 그곳 사람들의 머릿속에 선명하게 남아 있었다.

그 밖에도 아게실라오스가 단순하고 평이하고 친근한 데 견주어, 리산드로스는 예전이나 지금이나 마찬가지로 격정적이고 거칠며 말이 단호했다. 이 때문에 사람들은 리산드로스 쪽으로 기울면서 그를 더 따랐다. 그런 까닭에 첫째로, 그 밖의

아게실라오스

스파르타 장군들은 자신이 아게실라오스왕의 장수가 아니라 리산드로스의 부관 정도로 여겨지는 것이 언짢았다.

둘째로, 아게실라오스가 비록 남을 시샘하고 남이 잘되는 일을 불쾌하게 생각하는 소인은 아니었지만, 그도 야심이 있고 기백이 있는 사람인지라, 민심을 살펴보니 자기가 이룬 공업이 어쩌면 리산드로스에게 모두 돌아가는 것이 아닌가 하여 불안했다. 그래서 아게실라오스는 다음과 같이 처신을 바꾸었다.

먼저 아게실라오스는 리산드로스의 건의를 묵살했다. 그는 리산드로스가 진지하게 건의하는 것들을 무시하거나 미루고 다른 방법을 내놓았다. 또한 지난날 아게실라오스가 호감을 가졌던 사람이더라도 그가 리산드로스를 신뢰하고 있다면 부탁을 들고 찾아와도 빈손으로 돌려보냈다.

재판에서도 마찬가지여서, 리산드로스가 통렬히 비난하는 사람은 승소하고, 그가 명백히 돕고자 하는 사람은 유죄 판결을 받았다. 이런 일이 우연히 벌어지는 것이 아니라 일정한 목적을 두고 규칙적으로 일어났다.

드디어 리산드로스도 왜 이런 일이 벌어지고 있는지를 눈치챘다. 그래서 그는 막료들을 불러 놓고, 그들이 무시당하는 것은 자기 탓이니 자기에게 부탁할 일이 있으면 왕이나 자기보다 더 영향력 있는 사람을 직접 찾아가라고 충고했다.

8

이러한 리산드로스의 언행은 아게실라오스를 더욱 화나게 했다. 리산드로스를 더 모욕하고 싶었던 그는 리산드로스를 고기 써는 담당자로 임명했다. 들리는 바에 따르면, 그는 어떤 청탁이 들어오면 이렇게 말했다고 한다.

"자, 그런 부탁이라면 저 고기 써는 사람에게 데려가 말하라고 해라."

이 말에 깊은 상처를 입은 리산드로스는 왕을 찾아가 이렇게 말했다.

"대왕이시여, 대왕께서는 막료를 너무 모욕하고 있다는 것을 알고 계십니까?"

그 말을 들은 아게실라오스가 이렇게 대답했다.

"그래요, 왕보다 더 강한 권력을 행사하고 싶은 신하에게는 그럴 수밖에 없지요."

이에 리산드로스가 이렇게 말했다.

"제가 처신한 바를 생각하면 대왕의 말씀이 옳습니다. 그렇다면 제가 대왕을 불쾌하지 않게 하면서도 지금보다 더 대왕께 도움을 드릴 수 있는 자리로 저를 옮겨 주십시오."

그의 청원을 받아들여 아게실라오스는 리산드로스를 헬레스폰토스의 사절로 보냈다. 그곳에서 리산드로스는 파르나바조스가 다스리는 나라의 페르시아인 스피트리다테스(Spithridates)를 설득하여 아게실라오스에게 복속시켰다. 그는 돌아오면서 큰돈을 가져왔고 기병 2백 명을 데려왔다.

그렇다고 해서 리산드로스가 왕에게 품은 분노를 거둔 것은 아니었다. 분노는 계속되었다. 이때부터 리산드로스는 어떻게 하면 두 왕실만 왕위를 계승하는 제도를 바꾸어 스파르타인이라면 누구나 왕위에 오를 수 있을지를 생각했다.

리산드로스가 만약 보이오티아 전투에서 죽지만 않았더라면 이러한 싸움의 결과로 엄청난 정치적 혼란이 일어났을 것이라고 나는 생각한다. 따라서 자제력 없는 사람이 정치에 지나친 야망을 품으면 이로움보다 해로움을 더 가져온다.

비록 리산드로스가 때에 맞지 않게 야망을 드러내 분란을 일으킨 것은 사실이지만, 아게실라오스도 야망 차고 명망 높은 젊은이가 실수했을 때 그것을 바로잡아 주면서 그 사람을 좀 더 이해하고, 비난을 자제했어야 한다. 말하자면 부하 장군은 윗사람의 권위를 인정하지 않았고, 왕은 부하 장군에게 겪은 수모를 참지 못했다는 점에서 두 사람 모두 격정이 지나쳤다.

아게실라오스

9

처음에 페르시아의 태수 티사페르네스는 아게실라오스가 두
려워 그리스 도시들을 페르시아 왕에게서 독립시켜 주겠다고
약속하는 협정을 체결했다. 그러나 그 뒤에 살펴보니 자신의
군대만으로도 충분히 싸울 수 있다는 확신이 섰고, 결국 전쟁
을 선포했다.

아게실라오스는 오히려 반가워하며 그 도전을 받아들였
다. 왜냐하면 원정을 떠날 때부터 승리에 대한 확신이 있었기
때문이었다. 그의 생각에, 만약 그리스의 크세노폰이 1만 명의
병력을 이끌고 자기보다 먼저 바다를 가로질러 진격하여 그들
이 늘 소망하던 대로 페르시아 왕을 깨뜨린다면, 자신은 스파
르타의 군사를 이끌고 육지와 바다를 장악하고도 그리스인들
에게 강렬한 승전의 기억을 남겨 주지 못할 것이었다. 이는 명
예롭지 못한 일이었다.

티사페르네스가 약속을 어기고 속임수를 썼으므로 이를
보복해야겠다고 생각한 아게실라오스는 자기도 속임수로써
공격하기로 결심하고, 자신의 군대가 카리아(Karia)를 공격할
것이라는 말을 흘렸다. 그 말을 믿은 페르시아군이 카리아로 모
여들자 아게실라오스는 소문과 달리 프리기아로 쳐들어갔다.

그곳에서 아게실라오스는 여러 도시를 장악하고 엄청난
전리품을 차지했다. 이로써 그는 조약을 지키지 않는 것은 신
도 경멸한 일이며, 한 수 위의 방법으로 적군을 속여 무찌르는
것은 공의로울 뿐만 아니라 대단히 영광스러운 일이며 큰 기
쁨을 안겨 준다는 사실을 동맹국들에 분명히 보여 주었다.

그러나 아게실라오스는 기병대가 부족하고 신탁도 불길
하게 나오자 에페소스로 물러나 기병대를 모으기 시작했는데,
부자들이 군대 복무를 바라지 않을 때는 말 한 필과 기병 한 명
을 대신 공급하도록 하는 방법으로 병력을 채웠다. 이 방법을
따르는 부자가 많아 아게실라오스는 쓸모없는 보병 대신에 용

맹한 기병을 많이 확보할 수 있었다. 군대 복무를 바라지 않는 사람들은 군대 복무를 바라는 사람들을 고용하고, 기병대가 되고 싶지 않은 부자는 기병을 고용해 보냈기 때문이었다.

실제로 아게실라오스는 아가멤논이 겁쟁이 부자들을 군대 복무에서 면제해 주는 대신에 훌륭한 말을 받았던 옛일(『일리아스』, XIII : 296)을 생각했다. 아게실라오스는 또한 전쟁 포로들을 경매할 때 옷을 벗겨 따로 팔도록 지시했다. 경매에 나온 옷은 많았지만, 막상 벗겨 놓고 보니 여자 같은 삶을 살아온 포로들의 살갗이 너무 하얗고 보드라워 노예로서 쓸모도 없고 값도 나가지 않는다는 조롱을 받았다. 그 모습을 바라보며 아게실라오스는 이렇게 말했다.

"이들이 바로 그대들과 싸운 사람들이오. 그리고 이 물건들을 얻고자 여러분은 싸운 것이오."

10

[기원전 395년 봄] 적군을 기습하기에 좋은 계절이 오자 아게실라오스는 리디아로 진격하겠노라고 선언했다. 이렇게 말하면서 그는 적군을 속일 뜻이 없었으나, 티사페르네스는 지난번에 속은 일이 있는 터라 아게실라오스가 기병도 허약하고 병참도 좋지 않으니 이번에는 카리아로 쳐들어올 것이라고 판단했다.

그러나 아게실라오스는 자신의 선언을 지켜 리디아로 진격했다. 그가 사르디스 평원으로 진격하자 티사페르네스는 허둥대며 카리아에서 지원군을 빼낸 다음 기병대를 이끌고 사르디스 평원을 지나 아게실라오스의 낙오된 약탈자들을 섬멸했다.

아직 티사페르네스의 보병이 도착하지 않았고, 자신의 군대가 완벽하게 준비되었다고 판단한 아게실라오스는 결전을 서둘렀다. 그는 경보병과 기병대로 혼성 부대를 만들어 전속력으로 적군을 공격하도록 명령한 다음, 자신도 중무장 병력

아게실라오스

을 이끌고 곧 출전했다.

적군이 달아나자 스파르타 병사들은 그들을 뒤따라가 진영을 점령하고 많이 죽였다. 이 전쟁에서 스파르타 병사들은 두려움 없이 페르시아 영토를 유린했을 뿐만 아니라 스파르타인이 가장 미워하고 끔찍스러워하는 적장 티사페르네스를 응징하는 광경을 바라보는 즐거움도 맛보았다.

페르시아 왕은 티트라우스테스(Tithraustes)를 후임 태수로 파견하여 티사페르네스를 처형하도록 명령하고, 사절을 시켜 돈을 줄 터이니 협정을 맺고 스파르타로 돌아갈 것을 아게실라오스에게 제안하도록 했다. 그러나 아게실라오스는 이렇게 대답했다.

"협정을 맺는 것은 국가에서 결정할 일이며, 나로서는 내 재산을 늘리기보다 부하들이 부자가 되는 것이 더 기쁘다. 스파르타인들은 선물을 받기보다는 전리품을 차지하는 것을 더 영예롭게 생각한다."

그럼에도 아게실라오스는 그리스의 공적(公敵)인 티사페르네스를 처단한 지금에 와서 그 후임인 티트라우스테스의 영예까지 깎을 필요는 없다고 생각했다. 그는 프리기아로 물러나면서 태수에게 전쟁 배상금으로 30탈렌트를 받았다.

돌아오는 길에 아게실라오스는 본국 정부로부터 해군과 지상군을 모두 지휘하라는 전령문(skytale)을 받았다. 이제까지 그 누구도 받아 보지 못한 영광이었다. 테오폼포스가 어느 글에서 말했듯이, 그는 최고 사령관이 되었다는 사실보다 자신의 덕망을 더 자랑스럽게 생각했다고는 하지만, 그 시대에 가장 위대한 인물이었음이 분명하다.

그러나 아게실라오스가 페이산드로스(Peisandros)를 해군 책임자로 임명한 것은 실수였다고 사람들은 생각했다. 나이로 보나 능력으로 보나 그보다 더 훌륭한 사람이 있었음에도 페이산드로스를 임명한 것은 공의로운 생각에서 나온 처사가 아니었기 때문이다. 그가 페이산드로스를 임명한 것은 친척을 생각하고 아내를 기쁘게 해 주고자 함이었다. 페이산드로스는 그의 처남이었다.

11

[기원전 395년 가을에] 아게실라오스는 페르시아 태수 파르나바조스의 땅에 군대를 주둔시키고 있는 동안 물품과 돈을 잔뜩 끌어모았다. 그는 또한 파플라고니아의 접경지대로 진격하여 그곳의 왕 코티스(Cotys)와 동맹을 맺었다. 코티스는 아게실라오스의 덕망과 그에 대한 신뢰가 깊었던 터라 그와 동맹을 맺고 싶어 했다.

리산드로스의 권고를 받아 파르나바조스에 반기를 들었다가 그 땅을 떠난 스피트리다테스도 이제 아게실라오스를 찾아와 여행이나 원정에 따라다녔다. 스피트리다테스에게는 메가바테스(Megabates)라는 아들이 있었는데 아게실라오스가 그 아들을 몹시 사랑했다. 아게실라오스에게는 또한 시집갈 나이가 된 매우 아름다운 딸이 있었다. 아게실라오스는 이 딸을 코티스에게 중매하고 그에게서 기마병 1천 명과 창병(槍兵) 2천 명을 받아 냈다.

그 뒤에 프리기아로 물러난 아게실라오스는 파르나바조스의 땅을 유린했다. 파르나바조스는 야전(野戰)을 감행하지도 못하고 그렇다고 해서 진지전도 치를 수 없어 한곳에 머무르지 못한 채, 값진 전리품을 싸 들고 이곳저곳으로 쫓겨 다니는 몸이 되었다. 그 움직임을 상세히 관찰하던 스피트리다테스는 [기원전 395년에] 파르나바조스의 진영을 습격하여 그의 보물을 모두 빼앗아 갔다.

이렇게 빼앗아 온 전리품을 살펴보던 스파르타의 통치자 헤리피다스(Herippidas)는 이민족들에게 빼돌린 물품을 가지고 오라고 윽박질렀다. 이에 몹시 분노한 스피트리다테스는 파플라고니아인들을 이끌고 곧 사르디스로 떠났다.

들리는 바에 따르면, 이 사건으로 말미암아 아게실라오스
는 말할 수 없는 상처를 입었다고 한다. 그로서는 스피트리다
테스와 같은 용맹한 전사와 그토록 많은 병력을 잃은 것이 마
음 아팠고, 개인으로나 공적으로 그토록 멀리하고자 했던 돈
문제에 휘말렸다는 비난을 듣는 것이 부끄러웠다.

이처럼 명백한 사건이 아니더라도 아게실라오스는 소년
메가바테스에게 너무 깊이 빠져 있었다. 아게실라오스는 그
소년이 나타날 때면 마음을 다잡고 자기 욕망을 추스르려 애
썼지만, 그 소년은 이제 그의 마음속에 깊이 자리했다.

언젠가는 그 소년이 다가와 자신을 껴안고 입을 맞추려
하자 아게실라오스가 이를 거절한 적이 있었다. 이에 무안한
소년은 행동을 멈추었는데, 이런 일이 있고 나서 소년은 아게
실라오스와 거리를 두었다. 그러자 이제는 아게실라오스가
마음을 상했다. 그는 그 소년의 입맞춤을 거절했던 사실을 후
회하면서 그로 말미암아 소년의 마음을 상하게 한 것에 놀라
는 척했다. 그러자 왕의 측근들이 이렇게 말했다.

"지난번 일은 대왕께서 실수하셨습니다. 대왕께서는 두
렵고 떨린 마음에 그 소년의 입맞춤을 받아들이지 않고 거절
했습니다. 그러나 그 소년이 다시 대왕께 다가가 입을 맞추도
록 권고할 터이니 이번에는 두려워하지 말아야 한다는 것을
명심하십시오."

이 말을 들은 아게실라오스가 잠시 침묵하더니 이렇게 말
했다.

"그대들이 그렇게 설득한다고 해서 나쁠 거야 없지. 그와
다시 입을 맞추는 일로 옥신각신할 수 있다면, 내가 본 것이 모
두 황금으로 변하는 것보다 더 나를 기쁘게 해 줄 걸세."

이것은 그 소년이 아게실라오스의 곁에 있을 때의 이야기
이다. 하물며 소년이 떠났을 때 그 마음의 불길이 오죽했겠는

가? 그러므로 만약 그 소년이 다시 돌아왔더라면 그가 여전히 소년의 입맞춤을 거절할 만큼 마음이 굳건했으리라고 말하기는 어렵다.

12

이런 일이 있은 뒤에 파르나바조스는 아게실라오스와 회담을 하고 싶었다. 두 사람과 서로 잘 아는 키지코스(Kyzicus)의 아폴로파네스(Apollophanes)가 중재하여 드디어 두 사람이 만났다. 아게실라오스가 막료들과 함께 먼저 약속 장소에 이르러 그늘지고 우거진 풀밭에 앉아 파르나바조스를 기다렸다. 나중에 도착한 파르나바조스는 부드러운 자수 방석과 깔개를 가져왔지만, 풀밭에 비스듬히 누운 아게실라오스를 보자 부끄러운 생각이 들어 섬세하고도 아름다운 옷을 입은 채 격식을 차리지 않고 자신도 풀밭에 앉았다.

먼저 파르나바조스가 불만을 털어놓았다. 그것은 지난날 스파르타와 아테네가 싸울 때 자신은 스파르타를 힘껏 도와주었는데, 이제 도리어 스파르타의 침략을 받는 데 대한 비난이었다. 아게실라오스가 바라보니 자신과 함께 온 스파르타인들은 그의 말에 부끄러워 땅만 바라보며 아무 말도 못 했다. 그들은 파르나바조스가 나쁜 사람인 줄로만 알았는데 그렇지 않기 때문이었다. 이에 아게실라오스가 먼저 입을 열었다.

"파르나바조스여, 지난날 우리와 페르시아 왕이 우호적이었던 시절에는 그에게 딸린 모든 것에 우리도 우호적이었습니다. 그러나 지금 우리는 서로 적대적인 사이가 되었습니다. 이제 그대가 페르시아 왕의 노예에 지나지 않는다는 사실을 알았으니, 우리는 그대를 해침으로써 자연스럽게 페르시아 왕을 해치려는 것입니다. 그렇지만 이제부터라도 그대가 페르시아 왕의 노예가 아니라 그리스의 동지요 친구가 되고자 한다면 여기에 있는 나의 군대와 함선들은 모두 그대의 재산과 자유를 지켜 주는 보호자가 될 것이오. 그대에게 자유를 바라는 마음이 없다면 세상에 영예롭고 가치 있다 할 만한 것이 무엇이겠소?"

그 말을 들은 파르나바조스가 자기 목적을 털어놓았다.

"내 생각은 이렇습니다. 만약 페르시아 왕이 나 대신에 다른 사람을 이리로 보내 다스리게 한다면 그때는 나도 그대 편이 되겠소. 그러나 페르시아 왕이 나를 믿고 끝까지 나에게 지휘권을 맡긴다면, 나는 페르시아 왕을 위해 그대를 응징하고 해치는 일에 내 힘을 아끼지 않을 것이오."

이 말을 들은 아게실라오스는 그의 손을 잡고 일어서며 기쁜 마음으로 이렇게 말했다.

"파르나바조스여, 그대가 내 적군이 아니라 동지였더라면 얼마나 좋았겠소?"(크세노폰, 『헬레니카』, IV : 1, 28~38)

13

파르나바조스가 막료들과 함께 떠나려 할 때 뒤에 처져 있던 그의 아들이 아게실라오스에게 달려와 자신의 칼을 주면서 이렇게 말했다.

"아게실라오스 대왕이시여, 대왕께서는 저의 소중한 손님(xenos)[2]입니다."

칼을 받은 아게실라오스가 그의 모습과 친절한 태도에 깊이 감동하여, 이 아름답고 당당한 젊은이에게 보답할 만한 선물을 찾았다. 그때 마침 그의 부관 이다이오스(Idaios)의 말이 보이는데, 그 마구가 아름다웠다. 아게실라오스는 얼른 그것을 벗겨 소년에게 선사했다. 그 뒤로도 그는 그 소년을 잊지 않

---

2 그리스어에서 손님(xenos)이라 함은 우리가 생각하는 손님이나 영어의 guest라기보다는 '이방인(alien)'이나 '낯선 사람(stranger)'이라는 뜻이다. 여기에서 외국인 기피증(xenophobia)이나 외국인 선호증(xenophil-ia)이라는 용어가 파생되었다.

았다. 세월이 흘러 그 소년이 형들에게 집을 빼앗기고 펠로폰네소스에 쫓겨 와 있을 때 아게실라오스는 그를 각별히 보살펴 주었다.

더욱이 아게실라오스는 그 페르시아 소년의 연애까지 도와주었다. 그 소년은 아테네 소년을 사랑했다. 아테네 소년은 운동선수였는데 몸집이 너무 크고 힘이 세어 올림픽 경기에 나갈 수가 없었다. 이에 페르시아 소년은 아테네 소년이 올림픽 경기에 나갈 수 있도록 도와 달라고 아게실라오스에게 부탁했다.

페르시아 소년을 기쁘게 해 주고 싶었던 아게실라오스는 매우 어렵고 말썽이 생길 수도 있는 이 문제를 그의 소원대로 풀어 주었다. 법을 집행하는 데 매우 공명정대했던 아게실라오스는 친구를 도와주는 문제에서는 굳이 정의를 고집하지 않았다. 어쨌거나 오늘날에도 아게실라오스가 카리아 사람 히드리에우스(Hidrieus)에게 보낸 편지가 돌아다닌다.

"니키아스(Nikias)가 무죄라면 석방해 주시오. 그가 유죄라면 나를 보아서라도 석방해 주시오. 그러니 어느 쪽이 되었든 그를 석방해 주시오."

친구의 이해관계가 걸린 일이라면 아게실라오스는 대부분 그런 식이었다. 그러나 자신의 이해가 걸린 문제에서는 엄격할 때도 있었다. 그러한 사례로 언젠가 그는 서둘러 진영을 철수할 때 자기가 사랑하는 부상병을 두고 떠난 적이 있었다. 아게실라오스가 떠나는 모습을 보면서 부상병이 살려 달라고 소리쳐 애원했다. 그는 냉정하게 돌아서며 이렇게 말했다고 한다.

"동정심과 신중함을 함께 갖추기란 참으로 어렵군."

이 말은 철학자 히에로니모스의 글에 나온다.

14

아게실라오스가 원정에 나선 지 어느덧 두 해가 지났고, 그가 가는 곳마다 만난 아시아 사람들은 그의 뛰어난 자제력과 단순하고 검소한 삶에 찬사를 보냈다. 그는 따로 여행할 때면 신전의 가장 성스러운 곳에 숙영(宿營)함으로써, 자신의 행실을 아무도 볼 수 없다 할지라도 신이 그의 행실을 지켜보도록 했다.

그는 수천 명의 병사를 거느렸으나, 그들 가운데 왕보다 더 허름한 침상을 쓰는 병사는 없었다. 추우나 더우나 그는 달라진 것이 없어, 마치 하늘이 그에게 사계절 어느 때나 잘 견딜 수 있는 능력을 준 것 같았다.

지난날에는 그토록 잔혹하고 호사스럽고 방탕했던 페르시아의 폭군들 밑에서 살았던 아시아의 그리스인들은, 이제 그 폭군들이 초라한 외투를 입은 아게실라오스 앞에서 겁에 질린 얼굴을 하고, 그가 하는 짤막하고도 간단한 말 한마디에 페르시아풍의 복장과 태도를 버리고 그의 생활 양식을 따르는 모습을 보면서 크게 기뻐했다. 그들의 심정은 티모테오스(Timotheos)의 다음과 같은 시구에 잘 나타나 있다.

군신(Ares)이 그리스의 왕이니
그리스인들은 황금을 두려워하지 않는다.
(베르크 엮음, 『그리스 서정시 단편(斷編)』, III/4 : 622)

15

아게실라오스는 이제까지 안정되지도 않았고, 여기저기에서 반란을 꿈꾸던 아시아의 여러 도시에 들어가 질서를 바로잡고, 그들의 정체(政體)를 회복시켜 주었다. 그러면서도 사람 한 명 죽이거나 추방하지 않았다. 이제 그는 그리스 바다를 건너 내륙으로 더 들어가 페르시아 왕과 결전을 벌여 엑바타나(Ecbatana)와 수사(Susa)의 보물을 빼앗으려 했다. 무엇보다도 아게실라오스는 페르시아 왕을 몰락시킴으로써 그가 왕위에 앉아 재미로 그리스인들을 전쟁에 몰아넣고, 그리스 민중 지도자들에게 돈을 주어 타락시키는 일을 막고자 했다.

바로 그 무렵에 스파르타에서 에피키디다스(Epicydidas)라는 전령이 달려와 알리기를, 지금 스파르타가 그리스의 다른 부족과 치열하게 전쟁을 벌이고 있으니, 아게실라오스가 빨리 돌아와 조국을 위기에서 구출하라고 민선 장관들이 부른다는 것이었다. 에우리피데스는 이 장면을 이렇게 읊었다.

불행하도다, 그리스인들이여.
그대들은 서로
야만의 짓을 하는구나.
(에우리피데스, 『트로이의 여인들』, § 766)

그리스인들이 서로에게 내뿜은 저 질투의 형상을 어찌 말로 다 표현할 수 있겠는가? 그리스인들은 운명의 여신의 가호 속에서 주먹을 휘둘렀고, 마침내 그리스에서 무기와 전쟁을 몰아내어 저 야만족들에게 안겨 줄 수 있었는데, 이제는 동족을 향해 겨누게 되었다. 뒷날, 코린토스의 데마라토스(Demaratos)는 알렉산드로스 대왕이 페르시아의 다리우스의 왕좌에 앉아 있는 모습을 보지 못한 그리스인은 일생에서 가장 기쁜 장면을 보지 못한 사람이라고 말한 바 있다.

나는 데마라토스의 이러한 의견에 동의할 수 없다. 내가 생각하기에, 레욱트라와 코로네이아와 코린토스와 아르카디아에서 그리스 용사들의 목숨을 헛되게 만든 자들이 뒷날 그 전승의 영광을 알렉산드로스와 마케도니아인들에게 넘겨준 것을 생각하면 그리스인들은 눈물을 흘렸어야 마땅하다고 나는 생각한다.

그러나 아게실라오스가 군대를 철수하면서 보여 준 행동

아게실라오스

보다 더 고결하고 위대한 처사를 보여 준 사례는 아직까지 없다. 정벌에 나섰던 장군이 정부의 명령에 그토록 훌륭하게 복종한 전례도 일찍이 없었다.

이를테면 한니발(Hannibal)이 이탈리아 원정(遠征) 동안에 매우 어려운 처지에 빠져 군대를 철수해야 할 지경에 이르렀다. 그때 한니발은 본국으로 돌아오라는 명령을 받고 매우 어렵게 본국의 지시에 복종하였으며, 알렉산드로스 대왕은 [기원전 331년에] 자신의 부장(副將) 안티파트로스(Antipatros)가 아기스와 전쟁을 벌이며 고초를 겪고 있다는 소식을 듣자 군대를 돌려 도우러 가지 않고 다음과 같은 농담을 던졌다고 한다.

"이 사람들아, 우리가 이곳에서 다리우스를 정복하고 있는 동안에 아르카디아에서는 생쥐와 싸우고 있는 모양이지?"

그러니 아게실라오스가 조국에 영광을 바치고 법을 준수하던 시절의 스파르타를 가리켜 우리는 어찌 그들이 행복했다고 말하지 않을 수 있겠는가? 귀국하라는 명령을 듣고 전령이 도착했을 때, 그는 이미 손안에 들어와 있는 행운과, 권력과, 눈앞에서 손짓하는 희망을 접은 채, 자기에게 주어진 "과업을 이루지 못하고"(『일리아스』, IV : 175) 배를 돌리니 그의 동맹국들이 몹시 아쉬워했다.

에라시스트라토스의 아들 화이악스[3]의 말을 빌리면, "스파르타인들은 국민으로서 훌륭하고 아테네인들은 개인으로서 훌륭하다"고 했지만, 아게실라오스의 처신을 보면 그의 말도 사실과는 다르다. 아게실라오스는 왕과 장군으로서도 훌륭했지만, 자신과 가까이 지내는 친구나 막료들에게도 매우 친절한 사람이었다. 페르시아 동전에는 궁수(弓手)의 모습이 새겨져 있다. 아게실라오스는 퇴각하고자 진영을 허물면서 이렇

---

3   원문에는 두 사람의 부자(父子) 관계가 바뀌었다.(제17장 「알키비아데스 전」, § 13 참조)

게 말했다.

"나는 [페르시아 왕이 그리스를 쳐들어왔던 길을 따라] 그가 보낸 궁수 1만 명에게 쫓겨 간다."(크세노폰, 『헬레니카』, IV : 2)

이는 페르시아 왕이 궁수가 새겨진 페르시아 동전을 아테네와 테베에 보냈는데, 그 돈을 받아먹은 민중 지도자들이 스파르타에 맞서 전쟁을 일으키도록 민중을 매수했다는 뜻으로 한 말이었다.

16

아게실라오스는 퇴각하면서 헬레스폰토스를 가로질러 트라키아를 지났는데, 이는 페르시아 왕이 그리스를 쳐들어올 때 지난 것과 꼭 같은 길이었다고 한다. 그는 이곳을 지나면서 이 민족들에게 사정하지 않고, 오직 사절을 보내 자기가 지나가고자 하는데 "그대들은 우방인가 적국인가?"만을 물었다. 어느 곳을 지나가든 그들은 우호적인 대접을 받았고, 때로는 길 안내를 받을 정도였다.

그러나 들리는 바에 따르면, 트랄레이스(Tralleis)족은 아게실라오스에게 통행료로 은화 1백 탈렌트와 여자 1백 명을 요구했다. 이들은 일찍이 크세르크세스(Xerxes)가 지나갈 때도 통행료로 선물을 받아 낸 적이 있었다. 그러자 아게실라오스는 그들의 요구를 무시한 채 그들이 왜 곧 통행료를 받으러 오지 않느냐고 묻더니 곧바로 그곳을 지나갔다. 이에 트랄레이스족이 쳐들어오자 아게실라오스는 그들을 쳐부수고 여러 명을 죽였다. 그는 또한 마케도니아 왕에게도 통상적인 사절을 보내며 자신이 지나가겠다고 알렸는데, 생각해 보겠노라는 대답이 왔다. 이에 아게실라오스는 이렇게 말했다.

"그 사람에게 더 생각해 보라고 그러게. 나는 지나갈 테니……"

그 대담함에 놀라 겁을 먹은 마케도니아 왕은 그를 우방

아게실라오스

으로 대접하며 통과시키라고 지시했다.

이 무렵에 이미 테살리아인들은 적군과 동맹을 맺은지라 아게실라오스는 그 나라로 쳐들어갔다. 그러면서도 그는 크세노클레스(Xenokles)와 스키테스(Scythes)를 라리사(Larissa)로 보내 우호를 맺고자 했다. 그러나 이 사절들이 그 도시에 가자마자 체포되어 감옥에 갇히자 아게실라오스의 막료들은 크게 분노하며 아게실라오스가 그곳을 쳐들어가 함락시켜야 한다고 권고했다. 그러자 아게실라오스는 테살리아인 모두의 생명이 그 두 사절의 목숨만 한 가치도 없다고 선언하면서 그들을 돌려받을 수 있는 조건이 무엇인지를 물었다.

우리가 아게실라오스의 그와 같은 처신에 놀랄 필요는 없다. [기원전 394년에] 코린토스 가까이에서 전쟁이 일어나 스파르타의 고위 인사들 여럿이 납치되어 감으로써 전쟁이 일어난 적이 있었다. 이 전쟁에서 스파르타인들은 아주 적은 수가 죽고, 적군의 피해는 매우 컸다. 이 소식을 듣고서도 아게실라오스는 기뻐하거나 고무되기는커녕 깊은 한숨을 내쉬며 이렇게 말했다.

"아, 슬프다, 그리스인들이여, 그대들은 그대들의 손으로 용맹한 전사들을 많이 죽였도다. 그들이 살았더라면 세상의 모든 야만족을 무찔렀을 텐데……."

얼마 뒤, 화르살로스(Pharsalos)족이 쳐들어와 자신의 군대를 괴롭히자 아게실라오스는 몸소 지휘하던 기병 5백 명에게 그들을 공격하도록 명령하여 쳐부수고, 나르타키움(Narthakium)산 자락에 전승비를 세웠다. 아게실라오스는 이 전쟁의 승리를 몹시 기뻐했다. 그가 손수 뽑아 훈련한 기병대가 스스로 최강이라고 자랑하는 부족의 기병대를 이겼기 때문이었다.

아게실라오스가 디프리다스(Diphridas)에 이르렀을 때, 스파르타에서 민선 장관 한 명이 찾아와 곧 보이오티아로 진격하라는 명령을 전달했다. 그는 좀 더 무장을 강화한 다음에 그곳으로 진격할 생각이었지만, 국가의 지시를 따르지 않는 것이 옳지 않다고 여겼다. 그는 막료들을 불러 아시아에서 돌아오는 병사가 거의 가까이 왔으니 코린토스에 있는 육군 2개 부대를 보내 달라고 전령을 보냈다. 본국 스파르타에서는 그를 영광스럽게 하고자 왕의 군대에 입대하고 싶은 병사를 모집한다고 공표했다. 지원하는 사람이 많았지만 정부에서는 체력과 용맹성을 보아 오직 50명만 뽑아 아게실라오스에게 보냈다.

이에 아게실라오스는 테르모필라이 계곡을 지나, 스파르타에 우호적이었던 포키스를 가로질러 보이오티아로 들어가 카이로네이아 가까운 곳에 진영을 차렸다. 이때 [기원전 394년 8월] 부분 일식이 일어나더니 공교롭게도 같은 시간에 그의 처남 페이산드로스가 크니데스(Knides) 앞바다의 해전에서 파르나바조스와 코논의 공격을 받아 패배했다는 소식이 들려왔다.

아게실라오스와 그의 조국 스파르타가 페이산드로스를 잃은 슬픔으로 매우 괴로워한 것은 당연하다. 그러나 그는 전쟁에 나갈 자기 부하들이 두려움과 낙담에 빠지게 하고 싶지 않아 패전 소식을 숨기고 오히려 스파르타의 군대가 해전에서 승리했다고 말했다. 그는 또한 스스로 머리에 화관을 쓰고 기쁜 소식에 감사하는 제물로 쓴 고기를 막료들에게 나누어 주었다.

코로네이아까지 진격한 아게실라오스는 적군이 눈앞에 보이자 왼쪽에 오르코메니아(Orchomenia)족을 배치하고 자신은 오른쪽 진영을 맡으며 전열을 갖추었다. 적군 쪽에서는 테베인

들이 오른쪽 전선을 맡고, 아르고스(Argos)족이 왼쪽을 맡았
다. 크세노폰의 글에 따르면, 이 전쟁은 여느 전쟁과 달랐다고
한다. 크세노폰은 이 전쟁의 현장에 있었고, 아게실라오스 편
에 서서 싸웠으며, 아게실라오스와 함께 아시아에서 종군했
다.(크세노폰, 『페르시아 원정기』, Ⅴ : 3)

첫 번째 전투는 그리 치열하지도 않았고 오래 끌지도 않
았지만, 테베인들은 오르코메니아족을 재빠르게 무찔렀고, 그
반대로 아게실라오스는 아르고스족을 무찔렀다. 양쪽에서는
서로 자기들의 왼쪽 날개가 졌다는 소식을 듣고 물러섰다. 만
약 아게실라오스가 테베군을 정면으로 공격하지 않고 그들이
통과한 뒤에 배후를 공격했더라면 위험을 겪지 않고서도 승리
할 수 있었을 것이다. 그러나 그는 전투에 대한 용맹만 믿고 곧
바로 진격해 나갔다. 그는 정공법으로 적군을 이기고자 했다.

그러나 적군의 용맹도 그에 못지않았다. 모든 전선에서
전투가 치열했지만, 50명의 근위병을 거느린 왕의 전투가 가
장 치열했다. 근위병들의 적절한 대응과 용맹이 왕의 목숨을
건졌다. 그들은 치열하게 싸우면서 왕을 위해 몸을 던졌으나
왕의 부상을 막아 내지는 못했다. 적군의 창과 칼이 왕의 갑옷
을 뚫고 몸에 상처를 입혔다.

스파르타 병사들은 부상한 왕을 끌고 가까스로 본진으로
돌아왔다. 그러면서도 그들은 적군을 많이 죽였고, 그들의 병
사도 많이 죽었다. 그러나 정면 대결로써는 적군을 이길 수 없
다는 사실을 알게 된 아게실라오스의 병사들은 처음부터 쓰고
싶지 않았던 속임수를 어쩔 수 없이 쓰게 되었다.

스파르타 병사들은 앞의 전열을 열어 놓고 적군이 통과하
도록 내버려 두었다가 그들이 확실히 자기들 진영으로 들어와
전열이 흐트러졌을 때 달려들어 그들의 옆구리를 공격했다.
그러나 스파르타 병사들은 적군을 완전히 깨뜨리지 못했다.
적군이 헬리콘(Helikon)산으로 물러나자 스파르타 병사들은

자기들이 이겼다며 몹시 고무되었지만, 적군도 자기들이 완전히 진 것이 아님을 알게 되었다.

19

그러나 아게실라오스는 막사로 돌아가지 않고 다친 몸으로 들것에 실린 채, 막사 안에 누워 있는 시체들을 돌아보았다. 더욱이 그는 신전에 피신해 있는 적군을 그대로 두라고 지시했다. 아테나 이토니아(Athena Itonia)의 신전은 거기에서 가까운 곳에 있었는데, 그 앞에는 보이오티아인들이 오래전에 세운 전승 기념비가 있었다. 이 기념비는 [기원전 447년에] 그들이 스파르토(Sparto)의 지휘를 받아 아테네 군대를 무찌르고 아테네 장군 톨미데스(Tolmides)를 죽인 일을 기리고자 세운 것이었다.

그다음 날 아침에 아게실라오스는 적군이 더 싸울 뜻이 있는지를 떠보고자 병사들에게 화관을 씌우고 악대에는 악기를 불게 하는 한편, 그곳에 전승 기념비를 세우고 승리의 상징으로 장식하라고 지시했다. 그때 적군이 찾아와 그곳에 널려 있는 자기 병사들의 시체를 수습해 가기를 요청했다. 이에 아게실라오스는 휴전을 선언하면서 자기가 이기리라고 확신했다.

그런 판단이 서자 그는 [길리스(Gylis)에게 지휘권을 넘기고] 피티아 경기가 열리고 있는 델포이로 갔다. 이곳에서 그는 신에게 영광을 드리는 통상적인 제사를 지내고 아시아에서 가져온 전리품의 10분의 1을 제물로 바쳤는데, 그 액수가 1백 탈렌트에 이르렀다.

그러고 나서 아게실라오스는 고국 스파르타로 돌아왔다. 귀국한 뒤에도 그는 남다른 생활 방식으로 시민의 사랑과 찬사를 받았다. 장군들 대부분과 달리, 그는 원정에서 돌아온 뒤에도 외국에서 살았다는 티를 내지 않았다. 그는 마치 펠로폰네소스의 에우로타스(Eurotas)강을 건너 보지 않았던 사람처럼, 고국의 생활 양식을 사랑하며 불편하게 여기지 않았고, 그가 조국 안에서 본 것들을 영광스럽게 생각하며 사랑했다.

아게실라오스는 식사, 목욕, 아내의 침실을 찾아가는 일, 갑옷의 장식, 가구 등 어느 것도 새것으로 바꾸지 않았다. 아니, 오히려 어떤 사람의 말에 따르면, 문짝이 얼마나 낡았던지 헤라클레스의 고손자 아리스토데모스(Aristodemos)가 달아 놓은 그대로였다고 한다.

크세노폰의 말에 따르면, 아게실라오스의 딸이 타고 다니던 칸나트론(kannathron)은 일반 시민의 아이들이 타고 다니는 것과 다르지 않았다고 한다.(아테나이오스, 『식탁 담소의 명인들』, § 139) 칸나트론은 성스러운 행사 때 소녀들이 타고 다니는 손수레인데, 그리핀(griffin)이나 숫염소 같은 기괴한 짐승 모습을 나무로 깎아 바퀴에 붙여 만든 것이었다. 크세노폰의 말에 따르면, 아게실라오스의 딸 이름은 기록에 남아 있지 않다고 한다.

아리스토텔레스의 제자이자 지도 제작자인 디카이아르코스(Dicaearchos)는 아게실라오스의 딸과 에파미논다스의 어머니 이름을 알 수 없었다고 안타까워했지만, 내가 스파르타의 기록에서 찾은 바에 따르면, 아게실라오스의 왕비 이름은 클레오라(Kleora)였고, 공주 이름은 에우폴리아(Eupolia)와 프로아우가(Proauga)였다. 그리고 지금도 스파르타에는 아게실라오스가 쓰던 창이 보존되어 있는데, 여느 사람들이 쓰던 것과 다름없다.

20

그러나 스파르타의 몇몇 시민이 자기 소유의 경주마를 키우고 있는 것을 매우 자랑스럽게 생각한다는 사실을 안 아게실라오스는 여동생 키니스카(Kyniska)에게 올림픽 경기의 전차 경주에 나가도록 설득했다. 그가 그렇게 한 까닭은 전차 경주에서 승리하는 것이 대단한 영예가 아니라 단순히 돈 자랑에 지나지 않는다는 점을 그리스인들에게 보여 주고 싶었기 때문이었다.

이 무렵에 아게실라오스는 철학자 크세노폰을 곁에 두고 많은 도움을 받고 있었다. 왕은 크세노폰에게 왕자들을 데리고 스파르타로 가서 시민을 어떻게 복종시키고 어떻게 다스리는가에 대하여 배우도록 지시했다.

[기원전 395년에] 아게실라오스가 아시아에서 전투를 마치고 돌아와 보니, 리산드로스는 이미 죽었지만 그의 조직이 아직 많이 살아 있고, 지난날 그가 자신을 해치고자 음모를 꾸민 적이 있다는 사실을 알게 되었다. 아게실라오스는 리산드로스가 살아 있을 적에 어떤 짓을 했는가를 입증하고 싶었다. 그래서 리산드로스가 책자로 만들어 남겼다는 연설집을 보았는데, 그것이 리산드로스의 글이 아니라 할리카르나소스 출신의 클레온이 대신 써 준 것임을 알게 되었다. 리산드로스는 민중 앞에서 정부 형태를 바꾸고 혁명을 일으켜야 한다고 외치면서 그 대필 원고를 읽었다는 것이다.

아게실라오스는 이 사실을 세상에 알림으로써 리산드로스의 야심을 폭로하고자 했다. 그러나 원로원 의원 가운데 한 사람이 그 연설문을 읽고 나서 글이 오히려 훌륭하고 설득력 있음을 두려워하여, 왕에게 더 이상 리산드로스의 뒤를 캐지 말고 그 연설문을 그와 함께 묻으라고 충고했다. 이 말을 들은 아게실라오스는 그 의원의 충고에 따라 이를 조용히 처리했다.

그리고 아게실라오스는 자신을 반대했던 사람들을 공개적으로 해치지 않고 오히려 그들에게 장군 직분을 주었다. 그는 이런 방법으로 장군들이 권력을 행사하면서 부도덕하거나 탐욕을 부리면 그제야 그들의 허물이 드러나도록 했다. 그러면서도 그들이 재판에 회부되면 또 그들 편에 서서 도와줌으로써 그들이 정적이 아닌 동지가 되도록 했다. 자기편에 서게 함으로써 더는 반대하지 못하도록 만든 것이다.

그 무렵은 왕이 여러 명이었던 시절인 터라, 아게시폴리스(Agesipolis)라는 또 다른 왕이 있었다. 그는 [기원전 395년에] 망명

아게실라오스

한 정치인 파우사니아스(Pausanias)의 아들로서 나이가 어렸지만 천성이 점잖고 조용하여 정치에 적극 참여하지 않았다. 스파르타 왕들은 국내에 있을 때면 공동 식당(phiditium)에서 식사를 함께했기 때문에 그는 늘 아게실라오스의 그늘에 있었다.

아게실라오스는 아게시폴리스가 자기와 마찬가지로 동성애자인 것을 알고 사랑을 나누기에 알맞은 소년이 누구인가를 서로 털어놓았다. 그리고 아게실라오스는 청년 왕의 취향을 자기에게 끌어들여 어떻게 동성애를 하는지도 이야기했다. 그 무렵 스파르타에서는 동성애가 부끄러운 일이 아니었고, 오히려 겸손함을 기르고, 야망을 키워 주며, 공명심을 갖게 해 준다고 알려져 있었다. 이에 대해 나는 이미 「리쿠르고스전」(§17~18)에서 다루었다.

21

이제 스파르타에서 엄청난 권력을 손에 넣은 아게실라오스는 아버지가 다른 형제인 텔레우티아스(Teleutias)를 제독으로 임명했다. 아게실라오스는 몸소 군대를 이끌고 육로로 코린토스로 진격하여 함락하였으며, 그러는 동안 텔레우티아스는 함대를 이끌고 적군의 함선과 부두 시설을 장악했다. 이때 아게실라오스는 코린토스를 장악하고 있으면서 이스트모스 경기(Isthmikoi Agones)[4]를 치르던 아르고스족을 갑자기 침공했다.

이에 아르고스족은 축제 장비를 모두 버리고 도주했다. 이러한 상황에서 해외로 쫓겨 갔던 코린토스인들은 이제 아게실라오스의 군대가 경기를 보호하면서 이 경기를 진행해 달라고 부탁했다. 그러나 그는 그렇게 하지 않고 다만 그곳에 머물

---

4 이스트모스 경기는 범(汎)그리스 4대 경기 가운데 하나이다. 포세이돈을 기념하고자 코린토스 근처에서 2년마다 열렸으며, 상으로는 소나무 화관을 수여했다.

면서 처음부터 끝까지 경기의 안전을 지켜 주었다.

아게실라오스가 그곳을 떠난 뒤, 아르고스족은 이스트모스 경기를 새로 치렀다. 어떤 사람들은 앞선 경기에서도 우승하고 이번에도 우승했으나, 또 어떤 사람들은 앞선 경기에서 우승했지만 이번 경기에서는 졌다. 이와 관련하여 아게실라오스는 아르고스족이 매우 비겁하다고 선언했다. 그들은 이스트모스 경기를 그토록 위대하고 장엄한 것으로 여기면서도 막상 적군으로부터 경기를 지키는 데에는 용감하지 않았기 때문이었다. 이런 행사들이 늘 적절한 규모로 치러져야 한다고 생각한 그는 지방 음악회나 운동 경기를 발전시킬 방법을 모색했다.

아게실라오스는 그와 같은 행사에 열정을 가지고 참석했으며, 소년·소녀들의 경연에도 빠지지 않았다. 그러나 다른 사람들이 모두 열광해도 그 밖의 경기에 대해서는 관심을 보이지 않는 것처럼 보였다. 언젠가는 칼리피데스(Kallipides)라는 비극 배우가 그리스에서 명성을 얻게 되자 모든 사람이 그를 치켜세웠다. 그가 아게실라오스를 처음 만났을 때, 그는 배역들 사이에서 뻐기면서 왕이 자기를 아는 체해 주기를 기대했지만 아무런 반응이 없자 이렇게 물었다.

"전하께서는 저를 몰라보시겠습니까?"

그러자 아게실라오스는 그를 노려보며 이렇게 말했다.

"아, 그대가 그 광대 칼리피데스 아니었던가?"

이는 당시에 스파르타인들이 배우를 어떻게 생각하고 있는가를 잘 보여 주는 이야기이다. 아게실라오스는 언젠가 밤꾀꼬리 소리를 잘 흉내 내는 사람의 목소리를 들으러 가자는 초대를 받은 적이 있었는데, 그는 그 초대를 거절하며 이렇게 말했다.

"나는 진짜 밤꾀꼬리 소리를 들은 적이 있다오."

또한 메네크라테스(Menekrates)라는 의사가 있었는데, 그는 죽어 가는 사람도 살려 내어 제우스라는 성을 얻었다. 그러나 그는 이 과분한 명칭을 아무 때나 써먹었다. 그래서 그는 아게실라오스에게 보내는 편지의 머리말을 이렇게 시작했다.

"메네크라테스 제우스가 아게실라오스왕에게 인사를 드립니다."

이에 아게실라오스는 다음과 같은 답장을 보냈다.

"아게실라오스왕이 메네크라테스에게 보내노니, 바라건대 건강하고 제정신을 차리기 바라네."

22

아게실라오스가 코린토스에 머물면서 헤라 신전(Heraeum)을 장악한 다음 그의 병사들이 포로와 전리품을 팔고 있는 것을 바라보고 있는데, 테베인들이 사절을 보내 휴전을 제안했다. 그러나 그는 테베를 늘 미워했던 터라 이번 기회에 그들을 모욕하고자 그들이 무슨 말을 해도 못 보고 못 들은 척했다.

그러나 아게실라오스의 그러한 자존심은 곧 무너졌다. 테베 사절들이 떠나기도 전에 전령이 도착하여 [기원전 390년에] 스파르타 병사가 코린토스의 레카이우(Lechaiou) 항에서 아테네 용병대장 이피크라테스(Iphikrates)에게 졌다는 소식을 전달했기 때문이었다.

이 패배는 스파르타의 오랜 역사에서 겪은 비극 가운데 가장 큰 사건이었다. 이 전투에서 스파르타는 많은 용장을 잃었다. 그들은 스파르타의 중무장 보병이었음에도 둥근 방패로 무장한 용병들에게 대패했다. 아게실라오스는 곧바로 패잔병을 도우러 나섰지만 상황이 모두 끝났다는 사실을 알고 헤라 신전으로 돌아와 사절들을 불러 만나고자 했다. 그러나 이번에는 사절들이 거만을 피우며 휴전에 관해서는 말 한마디 꺼내지 않고 코린토스로 안전하게 돌아갈 궁리만 했다. 이에 분노한 아게실라오스가 그들에게 이렇게 말했다.

"만약 당신들의 친구가 전쟁에 이겨 우쭐해하는 모습이

보고 싶다면, 내일 편안하게 그 장면을 볼 수 있을 것이오."

다음 날, 아게실라오스는 사절들을 데리고 코린토스 지역을 약탈하는 광경을 보여 주면서 그 도시의 성문까지 쳐들어갔다. 코린토스인들이 더 이상 저항하지 못한다는 것을 입증한 그는 거기에서 사절들을 돌려보냈다. 그는 패배한 전쟁에서 살아남은 자기 병사를 스파르타로 돌려보내고, 진군하면서도 매일 해 뜨기 전 아침에 병사가 쉴 수 있는 막사를 짓고, 저녁 해가 지기 전에는 이를 허물지 않았는데, 이는 느긋함을 보임으로써 증오에 찬 적군 아르카디아인들이 우쭐해지지 않도록 하고자 함이었다.

이런 일을 치른 뒤에 아게실라오스는 아카이아(Achaea)인들을 기쁘게 해 주고자 [기원전 390~389년에] 그들과 함께 아카르나니아(Acarnania)로 쳐들어가 적군을 쳐부수고 많은 전리품을 얻었다. 그러나 적군이 그곳 평야에서 농사를 짓지 못하도록 그해 겨울 동안 머물러 달라고 아카이아인들이 요청했을 때, 아게실라오스는 그들의 요구와 반대되는 조치를 했다.

그는 만약 여름이 올 때까지 적군이 그곳에서 농사를 짓도록 허락해 준다면 오히려 적군은 농사지은 것이 아까워 전쟁을 두려워할 것이라고 말했는데, 그 말은 맞았다. 뒷날 아카르나니아인들에 대한 제2차 원정이 발표되자 그들은 아카이아인들에게 평화 협정을 제안해 왔다.

23

페르시아 장군 코논과 파르나바조스가 페르시아 왕의 해군을 이끌고 라코니아(Laconia) 해안을 약탈하고, [기원전 393년에] 파르나바조스가 제공한 돈으로 아테네 성벽의 수리가 끝나자, 스파르타는 페르시아 왕과 평화 조약을 맺기로 마음먹었다. 그런 목적으로 스파르타는 페르시아 서부의 태수 티리바조스(Tiribazos)에게 안탈키다스(Antalkidas)를 사절로 보내 그곳에 살던 그리스인들을 가장 치욕스럽고도 불법적인 방법으로 페르시아 왕에게 넘겨주었다.

지난날 아게실라오스는 그리스인들을 위해 전쟁까지 일으킬 만큼 그들에게 애정이 있었지만, 그들의 변심을 괘씸하게 여겨 이번의 불명예스러운 일에 어떤 형태로도 관여하지 않았다. 한편, 아게실라오스의 정적이었던 안탈키다스는 이번 전쟁을 끝내고 평화 협정을 맺고 싶었다. 전쟁이 일어나면 결국 아게실라오스의 명성과 권력만 올라간다는 것을 그는 잘 알고 있었다. 그 즈음, 누군가가 이렇게 말했다.

"이제 스파르타인들이 메디아(Media)인들을 닮아 가고 있다오."

그러자 아게실라오스는 이렇게 대꾸했다.

"오히려 메디아인들이 스파르타인들을 닮아 가고 있다오."

또한 아게실라오스는 평화 협정을 맺고 싶어 하지 않는 그리스인들을 전쟁으로 협박하여 페르시아의 강화 조건을 받아들이도록 강요했으며, 테베인들을 몹시 위협했다. 아게실라오스의 목적은 보이오티아를 테베에서 독립시켜 테베의 힘을 줄이려는 것이었기 때문이었다.

[기원전 383년에] 완전한 평화가 찾아왔지만, 스파르타 장군 포이비다스(Phoebidas)가 테베의 성채인 카드메이아(Kadmeia)를 장악하면서 의롭지 못한 행동을 저질러, 모든 그리스인이 분노하고 스파르타인들마저 기쁘게 여기지 않았다.

더욱이 아게실라오스와 의견을 달리하는 사람들은 도대체 포이비다스가 누구의 지시로 그런 짓을 저질렀느냐고 물으면서 아게실라오스에게 의혹의 눈길을 보냈다. 그럴 때에도 아게실라오스는 포이비다스를 도와준 것에 양심의 가책을 느끼기는커녕 오히려 스파르타인들은 이번 원정이 국가에 도움이 되었는지 되지 않았는지를 먼저 고려해야 한다고 공개적으로 말했다.

아게실라오스는 이번 원정이 스파르타의 국익에 도움이
되었다면, 상부의 지시가 없어도 현지 지휘관이 독자적으로
전쟁을 수행할 수 있다고 말하면서 말끝마다 이렇게 외쳤다.

"정의야말로 가장 우선하는 덕목이오. 정의롭지 않은 용
기는 부질없는 짓이므로, 모든 사람이 정의롭다면 용기는 필
요 없는 덕목이 될 것입니다."

그 말을 들은 누군가 이렇게 말했다.

"그것은 페르시아 대왕이 바라는 일입니다."

그러자 아게실라오스는 이렇게 대꾸했다.

"그는 나보다 정의롭지 않은데, 어찌 그가 나보다 위대할
수 있겠소?"

아게실라오스는 정의가 왕의 위대함을 상대적으로 가늠
하는 잣대라고 여겼는데, 이것은 참으로 옳고도 고결한 생각
이었다. 평화 협정이 체결되어 페르시아 왕이 개인적으로도
잘 지내면서 '손님'이 되기를 바란다는 편지를 보냈을 때, 그
는 나라와 나라 사이의 관계로 충분한 일이지 왕의 개인 관계
로까지 이어질 일은 아니라고 말하면서 그 제안을 받아들이지
않았다.

그러나 아게실라오스의 이와 같은 생각은 그의 처신에서
오래도록 지켜지지 않고 야심과 경쟁심으로 말미암아 빛나갔
는데, 테베인들을 다룰 때 더욱 그랬다. 그는 포이비다스가 아
시아 원정 때 저지른 잘못을 용서해 주었을 뿐만 아니라, 포
이비다스가 불의를 저지르며 카드메이아를 점령한 것, 심지
어 당시에 테베의 행정권을 아르키아스(Archias)와 레온티다스
(Leontidas)에게 넘겨줌으로써 그들의 도움을 받은 포이비다스
가 쳐들어가 성채를 장악하게 만든 실책까지도 모두 공무 집
행으로 보아 달라며 스파르타인들을 설득했던 것이다.

24

더 말할 나위도 없이, 이와 같은 처사는 포이비다스가 저지른 짓이었으며, 아게실라오스가 조언했으리라는 의심이 곧 퍼져 나갔다. 아게실라오스가 그 뒤에 저지른 일을 보면 모두 그렇게 믿을 만했다. [기원전 379년에] 테베인들이 스파르타 수비대를 습격하여 자신들의 도시를 되찾자 아게실라오스는 그들을 아르키아스와 레온티다스의 살해범이라고 비난했다. 사실 그들은 이름만 수비대장이었지 실제로는 폭군이었다. 그럼에도 아게실라오스는 이를 전쟁 구실로 삼았다.

이때는 이미 아게시폴리스가 죽었던 터라, 그 무렵의 또 다른 왕 클레옴브로토스(Kleombrotos)가 군대를 거느리고 보이오티아로 쳐들어갔다. 40년 동안 전장에서 세월을 보냈던 아게실라오스는 이제 법적으로 원정에서 면제되었다는 이유로 원정을 거절했다. 사실, 그는 과거에 망명한 플레이우스(Phleious) 사람들을 위해 싸운 적이 있었는데, 이제 와서 그들을 괴롭히는 폭군을 편들고자 테베를 공격한다는 사실이 부끄러웠다.

그 무렵에 스포드리아스(Sphodrias)라는 스파르타인이 있었다. 그는 아게실라오스의 정적으로서 테스피아이(Thespiae)의 점령군 사령관이었는데, 용기나 야망이 없지 않았지만 판단력이 비상하다기보다는 꿈이 더 큰 사람이었다. 터무니없이 명성을 얻고자 하는 욕심에 사로잡혀 있던 그는 포이비다스가 테베에서 용맹한 행동을 보여 주고 유명해진 사실에 자극을 받았다. 그는 자신도 육지에서 피라이우스(Piraeus)를 기습하여 정복하고 아테네인들을 바다에서 격리시킨다면 훨씬 더 영예롭고 찬란한 영예를 얻으리라 생각했다.

들리는 바에 따르면, 테베의 고위 관리였던 펠로피다스(Pelopidas)와 멜로(Melo)가 아테네와 스파르타 사이를 갈라놓으려는 목적으로 그렇게 부추겼다고 한다. 그들은 스포드리아스에게 은밀히 사람을 보내 자기들은 스파르타를 지지하는 것처럼 꾸미고 스포드리아스만이 위대한 과업을 이룰 사람이라고 극찬한 다음, 카드메이아를 침략했던 것에 못지않게 불법적이고도 불의한 짓을 저지르도록 유혹했다. 그러나 이 원정대에는 용기도 없었고, 행운도 따라 주지 않았다고 한다. 그들은 피라이우스를 밤중에 공격할 계획이었는데, 그들이 트리아시오 평원(Thriasio Pedio)에 도착하기에 앞서 날이 밝았기 때문이었다.

들리는 바에 따르면, 스포드리아스의 군대는 엘레우시스(Eleusis)의 어느 성전에서 흘러나오는 불빛을 보고 몸서리치는 두려움에 빠졌다고 한다. 빛으로 인해 몸을 숨기는 일이 어려워지자 사령관도 용기를 잃어, 근처 마을을 조금 약탈한 다음 영예스럽지도 못하고 아름답지도 못하게 테스피아이로 물러났다. 이러고 있을 무렵에 아테네의 사절이 스파르타에 이르러 스포드리아스의 처사를 비난했다.

그러나 아테네의 사절은 더 이상 스포드리아스를 비난할 필요가 없다는 것을 알았다. 스파르타에서 이미 그를 극형에 처하도록 기소했기 때문이었다. 스포드리아스는 그 재판에 나갈 마음이 없었고, 아테네 사절단이 온 것에 수치를 느끼는 동포들을 보기가 두려웠다. 스파르타인들은 자기들이 스포드리아스와 공범이 아니라 아테네인들과 같은 편으로 여겨지기를 바랐다.

25

그 무렵에 스포드리아스에게는 클레오니모스(Kleonymus)라는, 아주 잘생긴 아들이 있었다. 그런데 아게실라오스의 아들 아르키다모스가 그 소년과 연인 사이였다. 아르키다모스는 이 어려운 때에 자기 아버지가 사건의 핵심에 있었던 터라, 사랑하는 남자에게 동정을 느낀 것은 당연한 일이었지만, 그렇다고 해서 아버지들이 서로 원수인 터에 드러내 놓고 친구를 도와줄 수도 없었다.

그러던 어느 날 클레오니모스가 아르키다모스를 찾아와 아버지의 마음을 달래 달라고 눈물로 호소했다. 스포드리아스 부자는 아게실라오스를 몹시 두려워하고 있었다. 아르키다모스는 사나흘 동안 아버지를 따라다니면서도 겁이 나 말도 못 하고 속으로만 애를 태웠다.

그러다 드디어 재판 날짜가 가까워지자 아르키다모스는 용기를 내어 아버지에게 클레오니모스가 자신을 찾아와 자기 아버지를 선처해 주도록 부탁했다는 이야기를 털어놓았다. 그 말을 들은 아게실라오스는 클레오니모스가 어렸을 적부터 촉망받는 소년임을 잘 알고 있었기 때문에 아들의 부탁을 거절하지 않았다. 그러나 그때까지만 해도 그는 아들에게 이 문제에 대하여 낙관하지 말라고 말했다. 아들을 떠나보내며, 그는 이 문제를 영예롭고 적절히 처리하는 방법을 고려하겠노라고 말했을 뿐이다.

아버지에게 그런 말을 들은 아르키다모스는 마음이 괴로워, 평소 같으면 하루에도 몇 번씩 만나던 클레오니모스를 만나지 않았다. 그런 일로 말미암아 스포드리아스의 친구들은 크게 낙심하고 있었는데, 어느 날 아게실라오스의 친구인 에티모클레스(Etymokles)가 찾아와 아게실라오스의 본심을 말하기를, 그가 스포드리아스의 처신을 비난하는 것은 사실이지만 아직도 스포드리아스를 용맹한 군인으로 생각하고 있으며, 이 나라에는 그런 사람이 꼭 필요하다는 것을 잘 알고 있다고 전달했다.

아게실라오스가 이런 식으로 재판에 관한 자신의 뜻을 전달한 것은, 그렇게 함으로써 자기 아들의 얼굴을 세워 주고자 함이었다. 이로써 클레오니모스는 아르키다모스가 친구를 위해 얼마나 열심히 노력했는지 진실을 알게 되었고, 스포드리아스의 동료들은 더욱 용기를 내어 친구를 돕는 일에 발 벗고 나섰다.

아게실라오스는 자녀들을 몹시 사랑하여 그들이 어렸을 적에는 함께 놀아 주기도 했다. 언젠가는 아이들이 아주 어렸을 적에 그들과 함께 막대기를 가랑이에 끼고 말타기를 하고 있었는데, 마침 막료가 찾아와 그 모습을 보았다. 아게실라오스는 막료에게 아들이 아버지가 될 때까지는 이 이야기를 남들에게 하지 말라고 부탁했다.

26

스포드리아스가 무죄 판결을 받았다는 소식을 들은 아테네인들이 전쟁을 일으키려 하자, 아게실라오스는 시민들의 거친 비난을 들었다. 그가 어리석고도 철없는 아이의 소망을 들어 주고자 재판에서 불의를 편들었으며, 조국을 그리스에 대한 거대한 범죄의 부속물로 전락시켰다고 사람들은 생각했다.

그 밖에도 동료 클레옴브로토스가 테베와 전쟁을 벌일 뜻이 없음을 보이자, 그는 지난날 나이 많은 사람은 전쟁에 나가지 않는다는 법률의 예외 조항을 무시하고 [기원전 378년에] 보이오티아 원정을 지휘했다. 어느 날 그가 부상을 겪자 스파르타 사절이었던 안탈키다스는 이런 말을 남겼다.

"장군께서는 전쟁을 바라지도 않고 어떻게 싸우는지도 몰랐던 테베인들에게 어떻게 싸우는가를 가르쳐 준 대가를 지금 톡톡히 받고 있습니다."

들리는 바에 따르면, 이 무렵에 테베인들은 전쟁을 몹시 기다렸다고 한다. 그들은 여러 차례에 걸쳐 스파르타의 침략을 받으면서 전쟁에 익숙해졌기 때문이었다. 고대에 리쿠르고스는 적군들이 이와 같이 전쟁 기술을 익히지 못하게 하려고 같은 적군과 여러 차례 전쟁을 치르지 못하도록 하는 법(rhet-ra)을 제정하기도 했다.(제3장 「리쿠르고스전」, § 13)

아게실라오스

더욱이 스파르타의 동맹국들은 아게실라오스와 사이가 좋지 않았다. 그들의 말에 따르면, 그가 이번에 테베인들을 무찌르려 한 것은 당당한 명분에 따른 것이 아니라 그의 개인적인 분노 때문이라는 것이다. 그러므로 동맹국들은 자기들처럼 많은 수의 군대가 스파르타처럼 적은 수의 군대에 해마다 이리저리 끌려다니고 싶지 않다고 투덜거렸다.

들리는 바에 따르면, 아게실라오스는 참전한 병력의 수를 두고 이러니저러니 하는 논쟁을 끝내고자 꾀를 냈다고 한다. 곧 그는 전령을 불러 동맹국들의 병사를 이리저리 섞어 앉게 하고 이쪽에는 스파르타 병사를 앉게 한 다음, 먼저 옹기장이를 일어서게 하고 그다음에는 대장장이를 불러 세우고 그다음에는 목수를 차례대로 일어서게 하고 이어 미장이들을 일어서게 하는 방법으로 수공업자들을 모두 일으켜 세웠다.

그러다 보니 동맹국 병사들은 모두 일어섰는데, 스파르타인들 가운데에는 일어서는 사람이 아무도 없었다. 스파르타에서는 그런 직업을 배우거나 그런 일을 하는 것이 금지되어 있었기 때문이었다. 이를 본 아게실라오스는 웃으며 이렇게 말했다.

"보시오, 여러분. 이제 앉아 있는 사람들만 군인인데, 어느 쪽에 앉아 있는 사람이 더 많습니까?"

27

[기원전 377년] 테베에서 전쟁을 마치고 돌아오던 아게실라오스가 메가라에 이르러 어느 성채 안에 있는 원로원 건물로 들어가려는데, 이제까지 멀쩡하던 다리에 경련이 일어나더니 통증이 심했다. 온몸이 붓고 피가 엉기면서 극심한 감염 증세를 보였다.

곧 시라쿠사이 출신의 의사가 발목 아래의 핏줄을 가르자 통증은 멎었지만 피가 많이 흘러 주체할 수가 없었다. 아게실라오스는 이제 정신을 잃고 목숨까지 위험하게 되었다. 그러다가 겨우 피가 멎어 그는 들것에 실려 스파르타로 돌아와 오랫동안 병상에 누워 있느라 전쟁에 나갈 수도 없었다.

그러는 동안에 스파르타는 바다와 육지 양쪽에서 공격을 받는데, 테기라(Tegyra)에서 벌어진 전투가 가장 치열했다. [기원전 375년에 일어난] 이 전쟁은 스파르타가 테베에 진 첫 번째 전면전이었다. 이제 평화를 바라는 마음이 모든 사람에게 퍼졌고 [기원전 371년에] 휴전을 논의하고자 그리스의 모든 곳에서 파견한 사절들이 스파르타로 몰려들었다.

사절 가운데 에파미논다스(Epaminondas)라는 사람이 있었는데, 군사적인 능력은 알려지지 않았으나 문학과 철학에서 이름난 사람이었다. 그는 많은 사절이 아게실라오스 앞에서 굽실거리는 것을 보고서도 홀로 당당하게 자기 소신을 용기 있게 말했다. 그의 연설은 조국 테베를 위한 것이 아니라 모든 그리스인을 위한 것이었다. 그는 이렇게 말했다.

"이번 전쟁은 다른 국가 모두에 고통을 준 대가로 스파르타를 강성하게 만들었습니다. 이제 평등과 정의를 기초로 하여 평화를 이루어야 합니다. 모든 나라와 스파르타가 평등할 때 우리는 평화를 지킬 수 있기 때문입니다."

28

그리스인들이 모두 크게 감탄하고 존경하면서 에파미논다스의 연설을 듣고 있는 것을 본 아게실라오스가 물었다.

"보이오티아가 테베에서 독립할 때 진정한 정의와 평등이 이뤄지는 것으로 생각하지 않습니까?"

이에 에파미논다스는 곧바로 대담하게 이렇게 대답했다.

"라코니아가 스파르타에서 독립할 때 진정한 정의와 평등이 이뤄진다고 생각하지 않습니까?"

이에 아게실라오스가 발끈하여 자리에서 일어나며 다시

아게실라오스

물었다.

"테베는 보이오티아를 독립시킬 뜻이 있는지를 솔직하게 말하시오."

그러자 에파미논다스는 앞서 말한 바와 꼭 같이 말했다.

"라코니아가 스파르타에서 독립할 때 비로소 진정한 정의와 평등이 이뤄집니다."

이에 아게실라오스는 더욱 화가 치밀어 평화 협정의 체결 국가 명단에서 테베를 지우고 그들에게 전쟁을 선포했다. 그러나 그는 다른 나라들과는 평화의 조건을 서로 다르게 하여 협정을 맺은 다음 그들을 돌려보냈으며, 전쟁을 선포하지는 않았다. 그로서는 그러한 분쟁을 한꺼번에 해결하기가 어려웠기 때문이었다.

이 무렵[기원전 371년]에 스파르타의 또 다른 왕 클레옴브로토스는 군대를 이끌고 포키스(Phokis)에 머무르고 있었는데, 본국의 민선 장관들이 그에게 군대를 이끌고 곧 테베를 침공하라는 지시를 보냈다. 스파르타는 또한 동맹국들에 통지를 보내 회의를 소집했다.

동맹국들은 전쟁을 일으킬 용기도 없었고, 전쟁을 짐스럽게 여겼지만 그렇다고 해서 스파르타의 의견에 반대하거나 따르지 않을 수 있을 만큼 대담하지도 못했다. 내가 「에파미논다스전」[5]에 썼듯이 여러 가지 나쁜 조짐이 있었고, 라코니아 출신의 프로토오스(Prothoos)가 원정에 반대했지만, 아게실라오스는 고집을 꺾지 않고 전쟁을 일으켰다.

그리스 동맹국들이 모두 자기편이고 오직 테베만이 평화 협정에 가담하지 않았기 때문에 스파르타로서는 지금이야말로 보복하기에 가장 좋은 때라고 아게실라오스는 생각했다. 그러나 개전 시기를 살펴보면, 이번 전쟁은 여러 가지 상황을

5   이 부분은 지금 전해 내려오고 있지 않다.

주의 깊게 고려하여 일으킨 것이 아니라 홧김에 저지른 일임을 알 수 있다.

스파르타에서 평화 협정이 체결된 것이 스키로포리온월 [Skirophorion月, 6~7월, 그레고리안력으로는 지금의 7월] 14일이고, 스파르타인들이 레욱트라에서 패배한 것은 다음 달인 헤카톰바이온월(Hekatombaion月, 7~8월) 5일로서 두 사건이 일어난 시차가 20일에 지나지 않는다는 점으로 보아 그 기간이 촉박해 보이기 때문이다.

이 전쟁에서 클레옴브로토스왕 말고도 많은 용장을 포함하여 스파르타인 1천 명이 죽었다. 들리는 바에 따르면, 그들 가운데에는 앞서 말한 스포드리다스의 잘생긴 아들도 들어 있었다. 그는 테베인들과 싸우며 아버지 앞에서 세 번이나 칼을 맞고 쓰러졌다가 발로 딛고 일어섰으나 끝내 죽었다.

29

이제 스파르타는 예상하지도 못한 패전을 겪었으며, 테베는 같은 그리스인으로서 그리스 안의 다른 부족을 상대로 싸워 이긴 놀라운 성공을 보여 주었다. 그러나 스파르타가 패배했다고는 하지만 그들은 승전국에 못지않은 부러움과 찬사를 받았다. 크세노폰의 『향연』(Ⅰ : 1)에 따르면, 귀족의 경우에는 술을 마시면서 한 말이든 운동하다가 한 말이든 언행을 기록할 만한데, 그들이 지고서도 자부심을 느꼈다는 것은 맞는 말이다. 귀족들이 슬픈 가운데에서도 언행으로 보여 준 품위는 다른 어느 때보다도 더 깊이 음미해 볼 가치가 있다.

전쟁이 벌어지는 동안 스파르타에서는 축제가 벌어져 이방인들로 북적거렸다. 김노파이디아이(Gymnopaidiai)[6]가 열리

---

6   김노파이디아이는 고대 스파르타에서 해마다 열리는 축제로서, 이날이 되면 스파르타의 젊은이들은 나체로 춤을 추면서 경기와 군사놀이를 했다.

고 있었고, 극장에서는 소년들의 합창 경연이 열렸다. 그때 레욱트라에서 스파르타가 패전했다는 소식이 들려왔다.

그러나 그 순간에 축제의 명분이 사라지고 그들의 국가적 존엄이 사라진 것이 분명함에도, 민선 장관은 행사에서 합창을 멈추게 하거나 축제 내용을 바꾸지 않고, 전쟁에서 죽은 용사들의 이름을 가족들에게 전달한 뒤 연극과 음악 행사를 마쳤다.

다음 날 아침이 되어 누가 살아남고 누가 죽었는지를 서로 알게 되자 전사자의 아버지와 가족과 친구들은 광장에 나와 밝은 표정을 지으며 영예롭게 죽은 병사들의 죽음을 축하했다. 그들의 얼굴에는 조국을 위해 죽은 병사들에 대한 자부심과 기쁨이 가득했다. 그런가 하면 살아남은 자들의 가족은 마치 초상이라도 치른 듯이 아내와 함께 집 안에 있으면서 밖으로 나오지 않았고, 어쩔 수 없이 밖에 나올 일이 생기면 옷과 말과 모습이 부끄러움으로 가득했다.

부인들 사이에서는 더 큰 차이를 보였다. 아들이 살아 돌아오기를 기다리는 여인들은 풀이 죽은 채 말이 없었고, 자식을 잃었다는 소식을 들은 어머니들은 곧 신전을 찾아가 참배한 다음, 서로 방문하여 기쁨과 자부심을 나누었다.

30

동맹국들이 떨어져 나가고 이제 승리에 도취한 에파미논다스가 다시 펠로폰네소스를 쳐들어올 것이라고 예상한 사람들은 아게실라오스가 불구자라는 사실을 생각하면서 지난날 불구자를 왕으로 뽑지 말라는 디오페이테스의 예언(§ 3)을 다시 떠올리며 깊은 실의에 빠졌다.

스파르타의 시민은 자기들이 다리가 건강한 왕을 몰아내고 절름발이를 왕으로 뽑아 이 나라에 재난이 닥쳐왔다고 믿었다. 신은 왜 그들이 그때 조심스럽게 금기를 피하지 않았는지를 지금 가르쳐 주고 있는 것만 같았다. 그러나 아게실라오스는 아직도 막강한 권력을 가진 데다 용기와 명성이 있었기 때문에 스파르타인들은 그를 왕이자 전쟁을 이끄는 장군으로 모셨을 뿐만 아니라, 사회 갈등을 풀어 주는 의사이자 중재자로 생각했다.

이를테면 그들은 전쟁에서 비겁함을 보였던 사람들을 '도망병(tresantes)'이라고 불렀지만, 이들을 법적으로 제재하는 문제에서는 멈칫거렸다. 왜냐하면 도망병들의 수가 많고 강력할 뿐만 아니라 이들을 제재할 경우에 반란을 일으킬지도 모른다는 점이 두려웠기 때문이었다. 법에 따르면, 그들은 공직에 취임할 수도 없고, 그들과 결혼하는 것은 불명예스러운 일이며, 시민은 거리에서 그들을 만났을 때 마음껏 때릴 수도 있었다.

더욱이 그들은 거리에 나다닐 때 누추한 옷을 입고, 겉옷은 얼룩덜룩한 물감을 들여야 하고, 수염은 반쯤 기르고 반쯤 깎아야 한다. 그러나 적지 않은 군대가 필요한 지금, 그 많은 도망병을 시내에 그런 식으로 내버려 둔다는 것은 심각한 문제였다. 그래서 시민은 아게실라오스가 이 문제를 법적으로 풀도록 권한을 주었다. 아게실라오스는 지금의 법에서 어느 조항을 더하거나 빼는 일 없이 민회에 나와 이렇게 말했다.

"오늘 하루만 이 법이 잠자는 것을 허락하며, 내일부터 법은 다시 효력을 찾는다."

이런 방법으로 아게실라오스는 도시와 시민을 불명예에서 단번에 구출했다. 그런 다음 젊은이들 사이에 퍼져 있는 실망과 낙심을 걷어 내고자 [기원전 370년에] 아르카디아로 쳐들어갔다. 그는 이 전투를 치열하게 이끌어 가지 않고 만티네이아(Mantineia)에 있는 작은 마을을 장악하고 그 영토를 휩쓸어 스파르타인들의 기대감을 채워 주었다. 시민들은 이번 전쟁으로 절망에서 벗어나는 느낌을 받았다.

31

이런 일이 있은 뒤에 에파미논다스는 동맹국들과 함께 라코니아로 쳐들어갔는데 중무장 병력이 4만 명을 넘었다. 들리는 바에 따르면, 그 부대에는 많은 경보병과 약탈을 목적으로 하는 비전투원이 따랐는데, 모두 합쳐 7만 명이었다고 한다. 도리아인들이 스파르타에 살기 시작한 지 6백 년이 지났지만 적군이 나라 안으로 들어온 것은 이번이 처음이었다.

그에 앞서 어느 나라도 감히 스파르타를 침범한 적이 없었다. 그러나 이제 테베 병사가 약탈과 침공을 겪어 보지 않은 스파르타에 짓쳐들어와 강과 마을을 유린하고 불태우는데 누구도 이에 맞서 저항하지 않았다.

아게실라오스로서는 스파르타인들이, 테오폼포스가 말한 "격랑과 같은 전쟁"에 항전하도록 만들고 싶지 않았다. 그는 무장병으로 도시 가운데 있는 지휘부를 둘러싸게 하고 테베인들의 모욕에 찬 협박을 견뎌 냈다. 테베인들은 아게실라오스의 이름을 부르며 야유했다.

"그대가 전쟁의 불길을 붙여 불행을 자초했으니 나와서 조국을 위해 싸워 보라."

그러나 아게실라오스에게는 이보다 더 견디기 어려운 일들이 일어났다. 시민이 소란을 일으키고 비명을 지르며 도시를 내달리는 모습에 그는 더욱 괴로웠다. 노인들은 나랏일이 이 지경에 이른 데 분노하고, 적군의 함성을 듣고 불길을 본 여인들은 지난날에 겪어 보지 못한 장면에 이성을 잃어 침착할 수 없었다. 그는 또한 자신의 명성이 어찌 되려나 하는 생각으로 괴로웠다.

아게실라오스는 스파르타가 가장 번성하고 강력할 때 왕이 되었으나, 이제 스파르타의 명성은 떨어지고 자부심은 모두 공허한 것이 되었다. 과거에 그는 스파르타 여인들이 적군의 연기(煙氣)도 본 적이 없다는 사실을 지적하면서 자신이 이룩한 공적에 자부심을 느꼈다. 들리는 바에 따르면, 어느 아테네 시민이 스파르타의 외교 사절인 안탈키다스와 함께 두 부족의 용맹에 관해 이야기하다가 이렇게 말했다고 한다.

"우리는 케피소스(Kephisos)에서 당신들의 군대를 여러 번 물리친 적이 있지요."
이 말을 들은 안탈키다스는 이렇게 대꾸했다.
"그러나 당신들은 우리 땅 에우로타스강(江)까지 와 본 적도 없지요."

안탈키다스만큼 유명하지는 못하지만 어느 스파르타인이 다음과 같은 기록을 남겼다.

아르고스 사람이 스파르타인에게 이렇게 말했다.
"우리 땅 아르고스에는 스파르타인들이 많이 묻혀 있습니다."
이 말을 들은 스파르타인이 이렇게 대답했다.
"그러나 우리 땅 라코니아에는 당신네 사람이 하나도 묻혀 있지 않습니다"라고.

32

그러나 들리는 바에 따르면, 민선 장관인 안탈키다스도 자기 아이들을 남몰래 키테라(Kythera)로 보내고 자신도 겁에 질려 있었다고 한다. 적군이 에우로타스강을 건너 시내로 들어오려 하자 아게실라오스는 도시 중앙의 높은 지대로 군대를 끌고 올라가면서 남은 지역을 포기했다.

그 무렵 눈이 많이 내리면서 강물이 불어나 깊어진 데다가 추위는 물살보다 더 무서워 테베 병사들은 큰 어려움을 겪었다. 에파미논다스가 무리를 이끌고 강을 건너는 모습을 보고 어떤 사람이 아게실라오스에게 저 사람이 에파미논다스라고 알려 주었다. 들리는 바에 따르면, 한참 동안 그를 바라보던 아게실라오스는 이렇게 말했다고 한다.

"참으로 대장부로구나."

에파미논다스는 시내에서 전쟁을 치르고 그곳에 승전비를 세우고 싶었지만 아게실라오스를 이길 수도 없는 데다가 끌어낼 수도 없게 되자 부대를 철수시켜 주변 마을을 약탈하기 시작했다. 그러는 동안에 아게실라오스에게 불만을 품고 반란을 꿈꾸던 스파르타인 2백 명이 무리를 지어 이소리온(Issorion)을 점령했다.

이곳에는 아폴론의 쌍둥이 여동생이자 달과 사냥의 여신인 아르테미스(Artemis)를 섬기는 신전이 있었는데 성벽이 견고하여 접근할 수 없었다. 스파르타 병사들은 곧 그들을 공격하려 했으나 아게실라오스는 그들의 항전이 두려워 병사를 진정시킨 다음 평복을 입고 시종 한 명만을 거느린 채 그들에게 다가가 이렇게 소리쳤다.

"그대들은 내 명령을 잘못 알아들었다. 나는 그대들에게 그곳에 집결하라는 지시를 내린 적이 없다. 그러니 [한쪽을 가리키며] 너희들은 이쪽으로 옮기고, [다른 쪽을 가리키며] 너희들은 저쪽으로 옮기고, 나머지는 시내로 들어오라."

이 말을 들은 반란군은 자기들의 계획이 발각되지 않은 줄로 알고 기뻐하며 대오를 흩어 아게실라오스가 지시한 곳으로 옮겨 갔다. 아게실라오스는 곧 병사들을 모아 이소리온을 장악하고 거기에 모여 있던 주모자 15명을 체포하여 그날 밤에 처형했다.

그는 또 다른 스파르타인들이 더 큰 반란을 꾸미며 어느 집에 모여 혁명을 준비하고 있다는 정보를 들었다. 그러나 이처럼 혼란한 때, 시간에 맞게 그들을 재판에 회부하여 음모를 밝혀낸다는 것은 불가능한 일이었다. 따라서 아게실라오스는 민선 장관들과 상의한 끝에 법적 절차를 밟지 않고 그들을 처형했는데, 그러한 사례는 일찍이 없던 일이었다.

이 무렵에 또한 많은 지방 사람과 군대에 편입되어 있던 전쟁 노예(Heilotes)들이 도시를 탈출하여 적군에 합류하면서 스파르타군의 사기를 크게 떨어뜨렸다. 그러자 아게실라오스는 부하들에게 지시하여 날마다 아침이 밝기에 앞서 도망한 부대로 들어가 그들이 남기고 간 무기들을 모아 감추도록 함으로써 도망병의 수가 알려지지 않게 했다.

대부분 역사가의 말에 따르면, 겨울이 닥쳐오자 아르카디아인들이 동맹을 깨고 이탈하였기 때문에 테베인들이 물러갔다고 한다. 그러나 다른 역사가들의 말에 따르면, 그들은 꼬박 석 달 동안 그곳에 머물면서 약탈할 만큼 했기 때문에 물러갔다고 한다.

그러나 테오폼포스의 기록에 따르면, 테베의 고위 관리들이 이미 물러나기로 작정했을 때 스파르타의 프릭소스(Phrixos)가 그들에게 찾아와 물러난다는 조건으로 10탈렌트를 주었다고 한다. 그러다 보니 그들은 이미 오래전에 물러나기로 한 일이 마치 적군에게 뇌물을 받고 물러난 것처럼 되었다.

33

아마도 이러한 이야기는 사실일 것이다. 그러나 다른 역사가들이 모르는 일을 어떻게 테오폼포스만 알고 그렇게 기록했는지는 나도 모른다. 어쨌거나 이때 스파르타를 구출한 사람이 아게실라오스였다는 데에는 모든 사람의 의견이 같다. 그는 천성으로 타고난 경쟁심과 야망을 버리고 나라를 안전하게 이끄는 정책을 선택했다.

그러나 아게실라오스도 한번 기울어진 스파르타의 국력과 명성을 되살리지는 못했다. 국가도 사람의 몸과 같아, 아무리 건강해도 너무 지나치게 식이 요법을 하면 단번에 무너지는 것과 같기 때문이다. 오직 단 한 번 저지른 실수가 국가의 저울추를 돌려놓고 모든 번영을 물거품으로 만든다. 이것은 이상한 일도 아니다. 그들이 무력으로 세운 제국과 주권은 평화와 덕성과 통일을 이룩하기에는 잘 정돈된 정치 제도였지만, 리쿠르고스가 행복하게 살고자 하는 도시에 필요하다고 생각한 것은 아니었다. 그래서 그들은 기울었다.

이제 아게실라오스도 [74세가 되니] 너무 나이가 들어 전쟁에 나가려 하지 않았다. 그러나 그의 아들 아르키다모스는 시킬리아의 폭군 대(大)디오니시오스(Dionysios the Elder)의 도움을 받아 [기원전 368년에] 이른바 "눈물 없는 전쟁"(크세노폰,『헬레니카』, VII : 1, 28~32)을 일으켜 아르카디아를 정복했다. 이 전쟁에서 그는 단 한 명의 병사도 잃지 않고 많은 적군을 죽였다.

그러나 이 전쟁은 다른 어느 때보다도 더 스파르타의 연약함을 보여 주었다. 그 무렵에 이르기까지 그들이 적군을 정복하는 것은 일상적이고도 당연한 일이어서 전쟁에 이겨도 신전에 닭 한 마리를 바치는 정도가 고작이었으며, 개선장군이 의기양양해하지도 않았고, 승리의 소식을 들은 사람들도 크게 기뻐하지 않았다.

투키디데스의『펠로폰네소스 전쟁사』(V : 64~75)에 따르면, [기원전 418년에] 만티네이아 전투에서 스파르타인들이 아르고스족과 아테네인의 동맹군을 격파했을 때, 그 소식을 알려 준 사람은 공동 식당에서 관리에게 고기 한 점을 얻어먹은 것 말고 달리 상이 없었다고 한다. 그러나 이번 아르카디아 전투에서 아르키다모스가 이기고 개선한다는 소식을 들었을 때 어느 누구도 감정을 억누르지 못했고, 가장 먼저 그의 아버지 아게실라오스가 기쁨의 눈물을 흘리며 아들을 맞이했다.

그 아들의 뒤에는 고위 관리가 따르고, 그 뒤에는 원로들과 여인들이 강을 따라 무리 지어 내려가면서 하늘을 향해 손을 흔들며 신에게 감사하는데, 그 모습이 마치 이제 스파르타가 수치를 씻고 지난날의 찬란한 햇살을 바라보는 것만 같았다. 들리는 바에 따르면, 이번 승리가 있기 전까지, 스파르타 남자들은 자신들의 비참한 운명이 부끄러워 아내 앞에서 얼굴도 들지 못했다고 한다.

34

그러나 에파미논다스가 메세니아(Messenia)의 수도 메세네(Messene)를 세우면서 [기원전 369년부터] 그때까지 그곳에 살던 시민이 돌아왔을 때, 스파르타인들은 그 문제를 두고 다툴 용기도 없었고, 이를 저지할 힘도 없이 아게실라오스만을 깊이 원망했다. 그 넓이가 자기네 본토보다 작지 않고 그리스 영토 가운데 가장 기름진 땅을 소유하며 오랫동안 그 소출을 즐겼으나, 아게실라오스가 재임하는 시기에 그 땅을 잃었기 때문이었다.

그런 탓으로 아게실라오스는 테베인들이 제시한 평화 협정을 받아들이지 않았다. 그는 사실상 적군의 관할 아래 있던 메세네의 이름뿐인 소유권이라도 포기하고 싶지 않아 항전했다. 그 결과, 아게실라오스는 전략에서 지고 메세니아를 찾기는커녕 스파르타마저도 잃게 되었다.

그러던 터에 [기원전 362년에] 만티네이아인들이 테베에 맞서 반란을 일으키면서 스파르타인들에게 도움을 요청했다. 이에 따라 아게실라오스가 군대를 거느리고 스파르타를 떠나 만티네이아로 다가오고 있다는 사실을 알아차린 에파미논다스는 밤중에 만티네이아인들도 모르게 테게아(Tegea)를 떠나 비어 있는 스파르타를 공격했다. 그는 아게실라오스를 스치듯 지나가며 무방비 상태의 스파르타를 기습했다.

그리스 역사학자 칼리스테네스(Kallisthenes)의 말에 따르면, 이때 테스피아이 출신으로 에우티노스(Euthynos)라고도 하고, 크세노폰의 글(『헬레니카』, VII : 5)에 따르면 크레타 출신이라고도 하는 사람이 아게실라오스를 찾아와 에파미논다스가 스파르타를 직접 공격한다는 것을 알려 주었다.

이에 아게실라오스는 재빨리 스파르타로 사람을 보내 시민들이 대비하도록 한 다음, 자기도 서둘러 스파르타로 돌아갔다. 그가 도착하자마자 테베 병사가 에우로타스강을 건너 스파르타를 공격했다. 아게실라오스는 나이에 걸맞지 않게 용맹스럽게 도시를 지켰다. 그는 지난날처럼 안전하게 지키는 것이 아니라 결사적으로 항전하리라고 생각했다.

지난날 아게실라오스는 필사적인 행동보다는 늘 안전하고 신중한 조치를 우선했다. 그러나 이번에는 필사적으로 움직여 에파미논다스의 손에서 스파르타를 구했다. 그들은 승전비를 세우고 아내와 자녀들에게 자기를 길러 준 조국을 위해 자기들이 모든 것을 바쳤음을 보여 주었다.

아르키다모스도 가장 앞장서 싸우며 뛰어난 용기와 민첩함을 보여 주었다. 그는 좁은 거리를 지나 위험한 전선에 뛰어들어 적은 수의 부하를 거느리고 곳곳에서 적군을 압박했다. 그러나 자기 동포와 적군에게 가장 놀랍고도 위대한 모습을 보여 준 인물은 포이비다스의 아들 이시다스(Isidas)였다고 나는 생각한다.

이시다스는 잘생긴 얼굴에, 이제 소년에서 청년으로 넘어가는 인생의 가장 꽃다운 나이였다. 그는 막 몸에 기름을 바른 터라 갑옷이나 옷을 입지 않은 벌거숭이 몸으로, 한 손에는 창을 들고 다른 손에는 칼을 들고 말에 올라 전장으로 뛰어들어 종횡무진 적진을 오가며 만나는 적군을 모두 베어 버렸다.

하늘이 이시다스의 용기를 어여삐 여겨 도왔는지 아니면 적군들이 그가 여느 사람보다 더 크고 강하다고 생각하여 겁을 먹은 탓이었는지, 그는 상처 하나 입지 않았다. 들리는 바에 따르면, 민선 장관들은 이 전투의 공로로 그에게 화관을 씌워 준 다음, 그가 갑옷도 입지 않고 전쟁터에 나가 자신의 목숨을 위태롭게 했다는 이유로 그에게 벌금 1천 드라크마를 물렸다고 한다.

35

이런 일이 있은 지 며칠이 지나 만티네이아 가까운 곳에서 전투가 벌어졌는데, 에파미논다스는 이 전투에서 스파르타의 함대를 뿌리째 뽑아 버렸다. 이러한 승리에 고무된 그는 이번에 아예 스파르타를 궁지로 몰아넣고자 했다. 스파르타의 작가인 디오스코리데스(Dioskorides)의 기록에 따르면, 그때 안티크라테스(Antikrates)라는 스파르타의 장군이 에파미논다스를 창으로 찔렀다고 한다. 그러나 오늘날까지도 스파르타인들이 안티크라테스의 후손들을 가리켜 '검객(*machaeriones*, swordsmen)'이라고 부르는 것을 보면 그가 쓴 무기는 창이 아니라 칼이었음을 알 수 있다.

에파미논다스가 살아 있을 때는 그에 대한 두려움에 사로잡혀 있었던 스파르타인들은 안티크라테스를 찬양하며 그에게 영예와 선물을 바쳤다. 또한 그의 후손들에게는 세금을 받지 않았는데, 그의 후손인 칼리크라테스(Kallikrates)라는 사람은 오늘날까지도 그러한 혜택을 받고 있다.

전쟁이 끝나고 에파미논다스도 죽자 그리스인들은 자기들끼리 평화 협정을 체결하였는데, 아게실라오스와 그의 무리는 메세니아인들이 독자적인 도시를 갖지 못했다는 이유로 비준의 선서에 참여시키지 않으려고 했다. 그러나 다른 도시 동맹국이 메세니아인들을 받아들이고 선서에 참여하자 스파르타인들은 평화 협정에서 뛰쳐나와 전쟁을 계속했는데, 이는 메세니아를 정복하고 싶은 욕망 때문이었다. 그런 까닭에 사람들은 아게실라오스가 전쟁 결과에 만족하지 못했을 뿐더러 융통성이 없는 고집쟁이라고 생각했다.

왜냐하면 아게실라오스가 지금의 평화 체제를 뒤엎으려

는 생각만 하다가 전쟁 물자가 부족해지자 스파르타 동지들에게 짐을 지우고 그들에게 돈을 꾸거나 기증을 받았기 때문이었다. 이제는 자신의 어리석은 행위를 멈추는 것이 그의 직무였다. 그러나 기회가 왔음에도 그는 바다와 육지에서 그토록 엄청난 세력을 자랑하던 제국을 잃고서도 전쟁을 멈추지 않고, 메세니아의 초라한 재화와 돈을 탐내 전투를 벌였다.

36

아게실라오스는 이집트의 타코스(Tachos)에게 지휘를 받는 용병(傭兵)이 됨으로서 더욱 명성을 잃었다. 그리스에서 가장 고결하고 훌륭한 인물이라는 평가를 받으며 온 천하에 명성을 떨치던 그가 이제 용병대장이 되어, 명성도 버리고 돈을 벌고자 이방 민족의 왕에 맞선 반란군을 도우러 왔다는 사실에 세상 사람들은 실망했다.

그러나, 만약 아게실라오스가 여든이 넘은 상처투성이의 늙은 몸을 이끌고 그리스의 자유를 위해 고결한 명성을 내세우며 군대를 일으켰더라도 비난받았을 것이라고 세상 사람들은 생각했다. 이렇듯 명예로운 행동은 때를 잘 타고나야 한다. 아니, 어떤 행동이 영예로운 것이었는지 천박한 것이었는지를 근본적으로 결정하는 것은 시운(時運)이다.

그러나 아게실라오스는 이런 문제에 관심을 기울이지도 않았고, 개인의 명예 따위가 국가사업에 우선한다고 생각하지도 않았다. 그가 생각하기에, 국가의 일에 게으름을 피운다거나 멀뚱히 앉아 죽음을 기다리는 것은 참으로 가치 없는 일이었다. 그래서 그는 타코스가 보낸 돈으로 용병을 모집하여 군대를 꾸리고, 지난번에도 그랬던 것처럼[§ 6], 고문단 30명을 이끌고 바다로 나갔다.

[기원전 361년에] 아게실라오스가 이집트에 도착하자마자 장군과 왕의 막료들이 마중 나와 인사를 갖추었다. 아게실라

오스의 높은 명성에 그를 간절히 보고 싶어 하던 이집트인들이 달려 나와 바라보았다. 그러나 그들이 본 것은 바닷가 풀밭에 앉아 있는 웬 노인이었다. 그는 몸집도 작아 볼품없었고, 겉옷을 뒤집어쓴 모습이 너무 초라했다. 그들은 소리 내어 웃으며 자기들의 속담을 읊어 댔다.

> 태산이라도 울릴 듯 진통하더니
> 겨우 생쥐 한 마리 낳았구나.[7]

아게실라오스의 기이한 행동은 거기에서 그치지 않았다. 이집트인들이 온갖 정성을 들인 선물을 바쳤을 때 그는 밀가루와 송아지와 거위만 받고 설탕에 절인 과일, 전병(煎餅), 향료는 받지 않았다. 주인이 그것들도 받으라고 간곡히 부탁하자 그는 그것들을 챙겨 노예들에게 주도록 지시했다. 테오프라스토스의 말을 빌리면, 그는 화관을 만드는 데 쓰는 파피루스를 받고 몹시 기뻐했다고 한다. 화관이 매우 깔끔하고 단조로웠기 때문이었다. 그는 스파르타로 돌아오면서 이집트 왕에게 더 많은 화관을 부탁하여 가져왔다.

37

아게실라오스가 전쟁을 준비하던 타코스에게 합류했을 때, 예상했던 바와 달리 그에게는 전군 사령관이 아니라 용병대장의 직책만이 주어졌다. 아테네의 카브리아스(Chabrias)가 함대 사령관이었고, 타코스가 최고 사령관이었다. 이 때문에 아게실라오스는 화가 났다.

---

7   이 말은 본디 타코스가 아게실라오스를 보고 한 농담이었다고 한다. 이 말을 들은 아게실라오스는, "언젠가 당신은 나를 사자로 생각하게 될 것이오"라고 대꾸했다.(아테나이오스, 『식탁 담소의 명인들』, § 616)

아게실라오스는 평소에도 진실하지 못했던 타코스에게 화가 났지만 내색하지 않으며 참고 견뎠다. 심지어는 페니키 아와 해전을 치를 때도 타코스의 지휘를 받았는데, 이는 그의 성품에도 맞지 않았고 자존심이 허락하지 않는 일이었지만, 그는 기회가 오기만을 기다렸다.

이 전쟁에는 타코스의 사촌인 넥타나비스(Nectanabis)가 참전하여 타코스의 지휘를 받고 있었는데, 그가 형에게 반란 을 일으켰다. 이집트인들이 넥타나비스를 왕으로 추대하자 넥 타나비스는 아게실라오스에게 사람을 보내 도움을 요청했다. 넥타나비스는 또한 카브리아스에게도 같은 도움을 요청하며 협조해 주면 크게 보답하겠노라고 약속했다. 타코스가 이를 알고 동맹을 제의해 오자 카브리아스는 계속하여 타코스와 우 호 관계를 유지하자고 아게실라오스를 설득하며 부추겼다. 이 에 아게실라오스가 이렇게 말했다.

"카브리아스 장군, 그대는 개인 자격으로 여기에 왔기 때 문에 그대의 뜻에 따라 처신할 수 있소. 그러나 나는 조국이 임 명한 장군 자격으로 이집트에 파견되어 왔소. 그러므로 조국 이 새로운 훈령을 내게 보내지 않는 한, 내가 처음에 동맹을 맺 기로 한 약속을 깨고 온 나라를 상대로 전쟁을 일으키는 것은 영예롭지 못한 짓이오."

그러고 나서 아게실라오스는 스파르타로 사람을 보내 타 코스를 비난하고 넥타나비스를 지지했다. 타코스와 넥타나비 스도 서로 스파르타에 사절을 보내 도움을 요청했다. 타코스 는 두 나라가 오랫동안 우방국이었음을 이유로 내세웠고, 넥 타나비스는 스파르타와 친선을 맺음으로써 이익을 증진하기 를 진심으로 바란다고 호소했다.

두 사람이 보낸 사절들을 만나 본 스파르타는 그들에게는 공식적으로 이 문제를 아게실라오스에게 맡겼다고 말한 다음, 비밀리에 아게실라오스에게 밀서를 보내 스파르타의 이익을 도모하는 쪽으로 일을 수습하도록 지시했다. 이러한 본국의 훈령에 따라 아게실라오스는 타코스를 버리고 용병을 이끌고 넥타나비스 편에 붙었다.

이러한 처사는 국익이라는 구실로 일을 이상하고도 부당한 쪽으로 몰고 갔다. 만약 나라에 이익이 된다는 구실이 없다면, 그의 행동은 반역이라 부르는 것이 가장 정확했다. 그러나 스파르타인들은 그들의 이상에서 국익을 최고의 덕목으로 여겼기 때문에, 스파르타의 영광을 드높이는 일보다 더 영예로운 것이 있다는 사실을 알지 못했다.

38

아게실라오스가 자신을 버리고 떠나자 타코스는 어디론가 도망했다. 그런데 이번에는 멘데스(Mendes)에서 또 다른 사람이 나타나 넥타나비스에게 반기를 들고 왕을 자칭하면서 몇십만 명을 이끌고 쳐들어왔다. 이에 넥타나비스는 아게실라오스를 고무할 뜻에서, 비록 저들의 수가 많기는 하지만 오합지졸(烏合之卒)인 데다 전투 경험이 없으니 우리를 대적할 수는 없으리라고 말했다. 이에 아게실라오스가 이렇게 대답했다.

"내가 진실로 두려워하는 것은 저들의 수가 아니오. 전략가들이 참으로 감당하기 어려운 상대는 경험도 없고 무지하여 마구잡이로 덤벼드는 무리입니다. 적군이 무지하고 경험이 없을 때는 어떻게 나올지 예측하기가 참으로 어렵습니다. 만약 적군이 우리가 어찌할지 예상하고 막으려 할 때는, 오히려 그들이 어찌 나올지 우리도 예측할 수 있습니다. 그러나 적군이 우리의 의도를 아무런 예상도 하지 않고 의심도 하지 않을 때, 우리로서는 그들이 무슨 생각을 하고 있는지 알 기회가 없습니다. 이를테면 레슬링을 할 때, 상대가 아무 대책도 없이 가만히 버티고 서 있을 때 기술을 걸기가 어려운 것과 꼭 마찬가지입니다."

아게실라오스

이런 일이 있은 뒤에 이번에는 멘데스인들이 아게실라오스를 자기편으로 끌어들이려 하자 넥타나비스는 불안해졌다. 이에 아게실라오스가 이렇게 말했다.

"가능하면 빨리 전쟁을 시작해야 합니다. 전투 경험도 없는 사람들과 전쟁하면서 질질 끌 이유가 없고, 저들은 우리를 포위하고 참호를 파기에 병력도 충분하니 여러 방법으로 공격해 올 것입니다."

그러자 넥타나비스는 더욱 의심이 들어 그의 말이 두려워졌다. 결국 그는 요새가 잘 정비된 도시로 물러나 큰 공간을 마련했다. 아게실라오스는 넥타나비스의 확신 없는 처사에 화가 났지만, 이제 와서 전공을 이루지도 못한 채 적과 동지를 바꿔 싸운다는 것이 부끄러워 그를 따라 성으로 들어갔다.

39

그러나 적군이 다가오면서 참호를 파고 도시를 둘러싸기 시작하자 이집트인들은 전쟁에 질지도 모른다는 두려움에 싸여 전쟁을 서두르기로 마음먹었다. 그리스인들도 이런 곳에서 싸울 군수품이 부족했기 때문에 생각이 같았다. 그러나 아게실라오스는 그들과 생각이 달라 전투에 반대했다. 이제 이집트인들은 앞서보다 더 가혹하게 그를 비난하면서 왕에 대한 배신자라고 불렀다.

그러나 아게실라오스는 끈질기게 자기에 대한 비난을 견디며 자신의 전략을 쓸 수 있는 결정적인 기회를 기다렸다. 그리고 드디어 기회가 왔다. 적군은 성안 주민들이 밖으로 탈출하지 못하도록 성 주변에 참호를 깊이 파고 있었다. 참호 작업이 거의 완성되어 양쪽에서 파 오던 물길이 서로 만날 만큼 가까워졌을 때, 아게실라오스는 밤을 틈타 그리스 병사를 무장시킨 다음 이집트인들에게 이렇게 말했다.

"자, 이제 기다리던 때가 왔습니다. 젊은 왕이여, 나는 이 전략의 비밀을 지키려고 이제까지·아무 말도 하지 않았습니다. 나는 이 계획이 실패할까 두려웠습니다. 적군은 자기 손으로 우리를 구원해 준 셈이 되었습니다. 이제 참호 작업이 거의 끝나고, 아직 파지 않고 남은 마지막 부분은 너무 좁아 적군이 대대적으로 진입할 수 없게 만들었습니다. 바로 그 좁은 땅에서 우리는 꼭 같은 조건으로 적군과 싸울 공간을 마련했습니다. 자, 왕이여, 이제 그대는 자신이 용맹한 부족임을 보여 줄 때가 되었습니다. 우리가 진격할 때 그대는 우리를 뒤따라 진격하여 그대의 군대를 구출하시오. 우리 앞의 저 많은 나머지 적군은 참호 때문에 우리에게 접근할 수 없어 해치지 못할 것이오."

아게실라오스의 지혜에 탄복한 넥타나비스는 그리스 부대의 중군을 맡아 적군을 쉽게 무찔렀다. 이제 넥타나비스의 신임을 되찾은 아게실라오스는 마치 씨름꾼이 기교를 부리듯이 적군에게 꼭 같은 전략을 이용했다. 어떤 때는 물러서는 듯하다가 공격하고, 어떤 때는 적군의 옆구리를 공격하면서 이어지지 않은 해자(垓字)의 중간 지점에 군대를 집중 투입했다. 그가 이 틈새에 군대를 몰아넣자 적군의 수는 많았지만 그에게 다가갈 수 없는 탓에 막상 교전 부대의 수는 같은 셈이 되었다. 그 덕분에 길지 않은 전투에서 아게실라오스는 적군을 크게 무찔렀다. 많은 적군이 죽고 패잔병들은 뿔뿔이 흩어졌다.

40

이런 일이 있은 뒤에 넥타나비스왕은 자신의 권력을 굳건히 하고 안정시키는 데 성공했다. 그는 아게실라오스에게 이집트에서 더 머물다가 겨울이 지난 다음에 스파르타로 귀국하라고 권고할 만큼 아게실라오스에 대한 정리(情理)가 각별했다. 그러나 아게실라오스는 조국에 국고가 부족하고, 더욱이 용병의 신분으로 나라를 지키고 있다는 사실을 잘 알고 있었기 때문에 하루빨리 귀국하고 싶었다. 그는 성대한 환송식을 받으며 이집트를 떠났는데, 온갖 영광과 선물 말고도 그리스의 전쟁 비용에 쓸 은화 230탈렌트를 받았다.

그러나 때는 바야흐로 겨울이어서 그는 리비아 해안에 바짝 붙어 배를 몰아 귀국하다가 메넬라오스(Menelaos)라고 알려진 무인도의 항구에 이르러 그곳에서 일생을 마쳤다. 그때 그의 나이 84세였다. 그는 41년 동안 스파르타의 왕으로 재위했고, [기원전 371년의] 레욱트라 전투에서 패배할 때까지 30여 년 동안 온 그리스의 왕이요 지도자로 추앙받으며 그리스인들에게 가장 큰 영향력을 끼쳤다.

스파르타 풍습에 따르면, 일반 관리가 다른 나라에서 죽으면 그곳에서 장례식을 치르게 되어 있었지만, 아게실라오스가 죽자 그들은 왕에게 하듯 시신을 본국으로 옮겼다. 그 무렵 그의 일행은 꿀을 구할 수 없었기 때문에 밀랍으로 시체를 염습(殮襲)한 다음 스파르타로 돌아왔다. 그의 아들 아르키다모스가 왕위를 이어받아 아기스에 이르기까지 그의 왕실이 이어졌다. 그러나 아기스는 고대 헌법을 되살리려다가 [기원전 240년에] 레오니다스(Leonidas)에게 살해되었는데, 그는 아게실라오스의 5대손이었다.

폼페이우스
POMPEIUS

기원전 106~48

폼페이우스는 남을 도울 때도
전혀 교만하지 않았고,
남의 도움을 받을 때도
품위를 잃지 않았다.
　　　— 플루타르코스

나는 내가 기대했던 것보다 더 일찍
모든 직책을 맡았고,
남들이 예상했던 것보다
더 빨리 그 자리에서 물러났다.
　　　— 폼페이우스

1

그리스의 비극 작가 아이스킬로스의 희곡에 나오듯이, 로마인
들은 처음부터 프로메테우스(Prometheus)가 생명의 은인 헤라
클레스에게 느꼈던 것과 꼭 같은 감정을 폼페이우스에게서 느
꼈을 것이다.[1] 아이스킬로스의 글은 이러하다.

그 아비는 밉지만,
그 자식을 진실로 사랑했노라.
(아이스킬로스, 『프로메테우스의 실종』, 노크 엮음, 『그리스 비극
단편(斷編)』, § 68)

[1]　티탄족의 후손이었던 프로메테우스는 '미래를 내다보는 지혜'를 타고났
다. 그는 제우스의 명령을 어기고 올림포스의 대장간에서 불을 훔쳐 인
간에게 전달해 준 죄로 카우카소스산 절벽에 매달리는 형벌을 받았다.
제우스는 날마다 독수리를 보내 그의 간을 쪼아 먹게 했으나 밤이 지나
면 간이 다시 생겼다. 이를 본 제우스의 아들 헤라클레스가 독수리를 죽
인 다음 쇠사슬을 풀고 그를 풀어 주었다. 그런 까닭에 프로메테우스는
아버지 제우스를 미워했지만 아들 헤라클레스는 미워하지 않았다.

　　　　　　　　　　　　　　　　　　폼페이우스

로마인들이 폼페이우스의 아버지 스트라보(Pompeius Strabo)[2]
보다 더 미워한 장군은 없다. 살아 있을 적에 스트라보는 탁월
한 군인이어서 모두 그를 무서워했다. 그는 매우 호전적이었
는데, [기원전 87년에] 벼락을 맞아 죽고 화장을 위해 장작더미
에 시신을 올려놓자 민중은 그 시신을 끌어 내 모욕했다.

그와 달리 아들 폼페이우스는 온갖 운명의 굴곡을 겪으면
서도 권력을 잡아 영화를 누렸던 초창기에도, 또한 그와 반대
로 역경에 빠졌던 말년에도 언제나 민중의 헌신과 호감을 얻
었다. 이는 어떤 정치가에게도 없었던 일이다.

세상 사람들이 폼페이우스의 아버지를 미워한 데에는 딱
한 가지 까닭이 있었다. 그것은 다름이 아니라 그가 끝없이 돈
을 탐낸 탓이다. 그러나 로마인들이 아들 폼페이우스를 그토
록 사랑한 이유는 한두 가지가 아니다. 이를테면 겸손함, 절제
된 생활 방식, 탁월한 전술, 설득력 있는 웅변, 믿음직한 성품,
사교술 등이다. 그에게 어려움을 호소했다가 거절당한 사람이
없었다. 또한 그는 늘 온화한 표정이었다. 이러한 미덕 말고도
그는 남을 도울 때도 전혀 교만하지 않았고, 남의 도움을 받을
때도 품위를 잃지 않았다.

2

폼페이우스는 젊었을 때부터 잘생긴 풍모로 민중의 호감을 적
지 않게 샀다. 그의 용모는 그가 말을 꺼내기에 앞서 좋은 인
상을 주었다. 그의 소년 같은 사랑스러움에는 우아함이 어렸
으며, 꽃처럼 젊은 나이에 자연스럽게 왕자(王者)의 풍모를 띠
고 있었다. 머리칼은 이마에서 살짝 뒤로 넘어갔으며, 눈 주위
에는 우아한 곡선이 나타나 마치 알렉산드로스 대왕의 초상을

2   스트라보는 기원전 89년에 로마의 집정관을 지냈다. 스트라보가 '사팔뜨
기'라는 뜻인 것으로 보아 아마도 그는 시각 장애인이었을 것이다.

보는 듯했다고 하는데, 실제로 생긴 것보다는 말이 부풀려진 듯하다.

그래서 폼페이우스가 젊었을 적에 사람들은 그를 알렉산드로스라고 불렀는데, 그 자신도 이를 싫어하지 않아 나이가 들어서도 우스개 삼아 그렇게 불렀다. 그 때문에 조롱을 받기도 했지만, 집정관을 지낸 루키우스 필리푸스(Lucius Philippus)는 그를 두둔하며 이렇게 말했다.

"필리포스(Philippos)왕이 아들[알렉산드로스 대왕]을 사랑하였듯이, 내가 폼페이우스를 사랑하는 것도 전혀 이상할 것이 없다."

들리는 바에 따르면, 플로라(Flora)라는 고급 창녀(hetaira)가 있었는데, 그 여인은 늘그막에 지난날 폼페이우스와 사랑을 나누던 일을 즐겁게 이야기하며, 폼페이우스를 만나면 잇자국이 남지 않고서는 그의 품을 벗어난 적이 한 번도 없었다고 한다. 그 여인은 또한 폼페이우스의 막료인 게미니우스(Geminius)와 얽힌 관계도 즐겨 이야기했다.

플로라의 말에 따르면, 폼페이우스와 사랑에 빠져 있을 때 게미니우스가 자기에게 관심을 보여 크게 고생한 적이 있었다고 한다. 그래서 그 여인은 자신이 폼페이우스를 사랑하기 때문에 게미니우스를 사랑할 수 없노라고 선언했더니 그가 폼페이우스를 찾아가 그대로 털어놓았다. 그러자 폼페이우스는 플로라를 게미니우스에게 넘겨주고, 그 여인을 그토록 사랑하면서도 그날로 모든 관계를 씻은 듯이 끊어 버렸다.

그러나 플로라는 여느 창녀들처럼 처신하지 않았고, 오랫동안 폼페이우스를 그리워하며 괴로워했다. 들리는 바에 따르면, 플로라는 꽃처럼 아름다웠다고 한다. 플로라의 아름다움은 널리 소문이 퍼졌다. 카이킬리우스 메텔루스(Caecilius Metellus)는 카스토르와 폴룩스의 신전에 그림과 조각을 만들어 바쳤는데, 그 봉헌물 가운데에 플로라의 초상이 들어 있었다고 한다.

폼페이우스의 곁에는 데메트리오스(Demetrios)라는 해방 노예가 있었다. 데메트리오스는 폼페이우스에게 큰 영향력을 끼쳤고, 죽었을 때 유산을 4천 탈렌트나 남길 만큼 부자였다. 데메트리오스의 아내는 뭇 남자들의 넋을 빼놓을 만큼 미인이라는 소문이 자자했다. 그러나 폼페이우스는 그 여인을 매정하게 대했는데, 이는 자신이 그 여인의 아름다움에 빠졌다고 세상 사람들이 생각하는 것이 두려워서였다.

비록 폼페이우스는 여자와 경호원들의 문제에 매우 조심했지만, 이런 문제를 걸고 넘어지려는 정적들의 비난을 피할 수 없었다. 들리는 바에 따르면, 폼페이우스는 유부녀들과 부적절한 관계를 맺은 일로 고발당했다. 그런 부도덕한 관계에 있는 여인들을 기쁘게 해 주고자 공공의 이익을 저버렸다는 이유에서였다.

폼페이우스가 얼마나 검소하고 무심하게 식사했는가에 얽힌 이야기가 하나 있다. 언젠가 그가 몸이 아파 입맛을 잃은 적이 있었다. 의사에게 물어보니 지빠귀를 먹으라고 처방해 주었다. 그 말을 듣고 하인이 시장에 나가 찾아보았지만 제철이 아니어서 구할 수가 없었다. 그때 누군가가 루쿨루스는 어느 철에나 지빠귀를 키우고 있다며 귀띔해 주었다. 그 말을 들은 폼페이우스가 이렇게 말했다.

"루쿨루스가 그토록 호화롭게 살지 않았더라면 폼페이우스는 죽었어야 한다는 말인가?"

그러고 나서 폼페이우스는 의사의 말을 무시하고, 쉽게 얻을 수 있는 다른 약을 썼다. 이 이야기는 그 뒤에 있었던 일이다.

3
폼페이우스는 어렸을 때 아버지 스트라보를 따라 전쟁에 나간 적이 있었다. 그 무렵 [기원전 87년에] 아버지는 코르넬리우스 킨나(Cornelius Cinna)와 싸우고 있었다. 스트라보에게는 루키우스 테렌티우스(Lucius Terentius)라는 막료가 있었는데, 그는 킨나에게 뇌물을 받고 다른 사람들을 시켜 스트라보의 막사에 불을 지른 뒤 폼페이우스를 죽일 계획을 꾸미고 있었다. 저녁을 먹다가 이 정보를 들은 폼페이우스는 조금도 당황하지 않고 여느 때보다 더 자유롭게 술을 마시며 테렌티우스를 상대해 주었다.

테렌티우스가 쉬러 자기 막사로 돌아가자 폼페이우스는 곧 남몰래 막사를 빠져나와 아버지의 막사에 초병을 세우고 조용히 사태의 추이를 기다렸다. 때가 되었다고 생각한 테렌티우스는 자리에서 일어나 칼을 빼 들고 폼페이우스의 침대로 다가가 이불로 덮여 있는 곳을 여러 차례 찔렀다. 그는 그곳에 폼페이우스가 잠들어 있으리라고 생각했다. 군인들도 평소 스트라보 장군에게 적개심을 품고 있던 터라, 이런 일이 일어나자 큰 소동이 일어났다. 군인들이 음모에 합세하여 막사를 찢고 무기를 탈취했다.

스트라보는 소란이 무서워 감히 밖으로 나오지도 못하는데, 폼페이우스는 병사들 사이를 뛰어다니며 진정해 줄 것을 눈물로 호소했다. 끝내 그는 영문 앞까지 나가 얼굴을 땅에 박고 엎드려 자신을 밟고 넘어가려는 병사들에게 울며 호소했다. 이에 병사들은 부끄러워하며 제자리로 돌아갔고, 8백 명을 제외한 병사가 모두 마음을 바꾸어 스트라보와 화해했다.

4

스트라보가 죽자 상속자인 폼페이우스는 곧 공금 횡령죄로 재판에 회부되었다. 그러나 공금을 횡령한 사람은 폼페이우스가 아니라 아버지의 해방 노예였던 알렉산드로스였다는 사실이 밝혀졌고, 그는 재판관에게 이를 입증했다. 그러나 그는 아스쿨룸(Asculum) 전투의 전리품 가운데 그물망과 책을 가로챘다는 이유로 또다시 고발되었다.

[기원전 89년에] 아버지가 아스쿨룸 전투에서 얻은 전리품을 폼페이우스에게 준 것은 사실이지만, 아버지가 로마로 돌아왔을 때 킨나의 경호대가 그의 집으로 쳐들어와 모두 빼앗아 갔기 때문에 지금은 가진 것이 없었다.

이런 재판이 열리기에 앞서 폼페이우스는 고발인들과 여러 차례 논쟁을 벌였는데, 나이답지 않게 당당하고 침착한 모습을 보여 주어 주위 사람들에게 많은 찬사와 지지를 받았다. 이때 판사 안티스티우스(Antistius)가 그에게 감동하여 그를 자기 사위로 삼으려 한다는 뜻을 알리고 친구들과도 이를 상의했다. 폼페이우스는 이를 응낙하고 그 딸과 남모르게 약혼했다.

그러나 안티스티우스가 폼페이우스를 좋아하는 티를 너무 냈기 때문에 세상 사람들이 이를 모를 수가 없었다. 드디어 안티스티우스가 폼페이우스의 무죄를 선언하자 민중은 마치 약속이나 한 듯이 '탈라시오(Talasio)'라고 소리쳤는데, 이는 결혼식에서 하객들이 축하의 말로 하는 외침이다.

결혼식에서 이처럼 외치는 풍습의 기원은 이렇다. 사비니족의 딸들이 운동 경기를 보러 로마에 왔을 때 귀족들이 그 여인들을 납치하여 아내로 삼은 적이 있었다. 이때 낮은 계급의 일꾼과 목동들도 소란한 틈을 타 아름다운 여자들을 납치하여 달아났다. 목동들은 귀족들을 만나자 여인들을 빼앗기지 않으려고 "탈라시우스(Talasius)에게 데려가는 길이오"라고 외치며 달려갔다. 탈라시우스는 그 무렵에 잘 알려진 사람이었다.

그러자 그 말을 들은 사람들이 박수를 치며 자기들도 목동들처럼 즐겁다는 뜻으로 함께 소리쳤다. 그들의 말에 따르면, 탈라시우스는 실제로 행복하게 살았다고 한다. 이때부터 '탈라시오'라는 외침은 신혼부부를 위한 유쾌한 인사가 되었다. 이 이야기는 「로물루스전」(§ 15)에서도 말했지만, 탈라시우스에 관한 가장 믿을 만한 설명이다. 이 일이 사실이든 사실이 아니든, 어쨌거나 폼페이우스는 며칠 뒤에 안티스티우스의 딸과 결혼했다.

5

그 무렵에 폼페이우스는 상황이 바뀌어 킨나의 부대에서 복무하고 있었는데, 자신에 대한 온갖 나쁜 소문이 두려워 아무도 모르게 서둘러 부대를 뛰쳐나왔다. 폼페이우스가 사라지자 킨나가 그 젊은이를 죽였다는 소문이 병영에 나돌았다. 이에 킨나에게 억압받아 오랫동안 그를 미워하던 무리가 폭동을 일으켰다. 도망하던 킨나는 칼을 빼 들고 자기를 추격하던 백인대장에게 붙들리자 그의 무릎을 껴안으며 값진 인장 반지를 내밀었다. 이에 백인대장은 매우 불손한 어조로 이렇게 말했다.

"나는 계약서에 도장을 찍으러 온 것이 아니라 무법하고 사악한 독재자를 처벌하러 왔다."

그리고 백인대장은 킨나를 칼로 쳐 죽였다. [기원전 84년에] 킨나가 이렇게 일생을 마치자 그보다도 더 변덕스러운 카르보(Carbo)가 정권을 잡았다. 그러던 터에 술라가 귀국한다는 소식이 들리자 대부분의 사람이 몹시 기뻐했다. 학정에 시달린 민중은 이제 그 지긋지긋한 통치자들이 바뀌면 자신들의 삶도 좋아지리라고 생각했다. 온갖 정치적 재난을 겪은 민중은 자유에 대한 희망조차 버린 터여서, 이제는 속박을 벗어나진 못하더라도 그나마 조금 너그러운 노예 생활을 바랐다.

6

그 무렵 폼페이우스는 이탈리아의 지방 도시 피케눔(Picenum)에 머물렀다. 그가 그곳에 재산을 두었던 탓이기도 하지만, 그곳 사람들은 스트라보에게 신세를 진 적이 있어서 그의 아들까지 잘 대해 주었기 때문이다. 그래서 그는 그곳을 좋아했다.

　　　　　　　　　　　　폼페이우스

그런데 그곳의 유력한 시민이 고향을 버리고 서둘러 술라의 진영을 피난처로 삼아 찾아가는 것을 본 그는 도망자처럼 빈손으로 구걸하듯이 그곳에 가고 싶지는 않았다.

그래서 폼페이우스는 먼저 술라에게 호감을 얻을 수 있는 일을 한 다음에 군대를 이끌고 찾아가기로 했다. 그런 생각으로 폼페이우스는 먼저 피케눔 주민들을 움직여 보고자 그들의 충성심을 떠보았더니, 그들은 카르보의 사절을 거들떠보지도 않았다. 또한 베디우스(Vedius)라는 사람이 나서서 폼페이우스가 공부도 걷어치우고 나와 민중을 선동하려 한다고 말하자 화난 민중은 베디우스를 단번에 고꾸라뜨려 죽였다.

그런 일이 있은 뒤, 이제 겨우 스물세 살의 나이로 장군 자리에 한 번도 올라 보지 않았던 폼페이우스는 스스로 장군이 되어 아욱시뭄(Auximum)이라는 제법 큰 도시의 광장에서 재판을 열어 벤디티우스(Venditius)라는 형제를 도시에서 추방하는 판결을 내렸다. 그 형제는 카르보 편에 서서 폼페이우스를 반대했던 사람들이었다. 이어서 폼페이우스는 군대를 모집하여 정상적으로 백인대장과 지휘관을 접수하였으며, 다른 도시를 돌아다니면서 같은 일을 했다.

카르보의 부하들이 모두 도주하거나 폼페이우스에게 항복하고 나머지 무리도 기꺼이 협조하자, 그는 완전한 3개 군단을 조직하고 군량미와 마차와 손수레와 그 밖의 필요한 장비들을 장만했다. 그런 다음 폼페이우스는 술라의 부대를 향해 진군했는데, 길을 서두르지도 않았고 남의 눈을 피하려 하지도 않았다. 그는 진군하면서 적군을 소탕하고 지나는 곳마다 카르보의 이권을 빼앗았다.

7

그렇게 되자 카르보의 부대에서 마리우스파에 있던 카리나스(Carinas), 클로일리우스(Cloelius), 브루투스(Brutus)라는 세 장군이 폼페이우스를 공격해 왔다. 그들은 정면으로 공격하지도 않았고, 어느 한 방향에서 공격하는 것이 아니라 삼면에서 둘러싸고 공격하여 그를 섬멸하고자 했다. 그러나 폼페이우스는 놀라지 않고 병사를 한곳으로 모은 뒤에 적군 진형의 가운데를 맡은 브루투스만을 집중하여 공격했다.

폼페이우스는 지붕 없는 전차를 몰고 직접 기병대를 인솔했다. 적진에서 켈트(Celt)족 기병대가 짓쳐들어오자 폼페이우스는 재빨리 최전방에 강력한 저지선을 형성한 다음, 몸소 창을 들고 달려 나가 가장 강력한 적병을 쓰러뜨렸다. 그러자 나머지 기병들은 보병 쪽으로 도주했고 적진은 큰 혼란에 빠졌다. 이런 일이 있은 뒤에 적장들은 하나씩 무너지며 제 살길을 찾아 기를 쓰고 도망했다. 더욱이 이웃 도시들이 폼페이우스 쪽으로 넘어오자 적군은 두려워 도망쳤다.

그다음으로 집정관 스키피오(Scipio)가 폼페이우스를 공격해 왔다. 그러나 전방에서 전투를 시작하기도 전에 자신의 부대가 폼페이우스에게 절을 하며 항복하자 스키피오는 도망했다.[3] 마지막으로 카르보가 직접 아르시스(Arsis)강을 따라 기병대를 보내 쳐들어왔다. 폼페이우스는 그들의 전방 부대를 용맹스럽게 무찌른 다음, 움직일 수 없는 곳으로 적군의 기병대를 몰아넣었다. 더 이상 도주할 길이 없음을 깨달은 적군은 무기와 말을 바치며 폼페이우스에게 항복했다.

8

술라는 아직 이러한 전과를 모르고 있던 터라 폼페이우스가 수많은 명장에게 포위되어 위험하다는 소식을 듣고 그를 도우러 서둘러 진군했다. 그러나 술라가 가까이 오고 있다는 소식

---

3   이 부분은 플루타르코스가 「술라전」과 혼동한 듯하다.(제20장 「술라전」, §28 참조)

을 들은 폼페이우스는 군대를 완전 무장시키고 대오를 갖추도록 지시했다.

폼페이우스는 대장군(Imperator)에게 자신의 찬란한 위용을 보여 주고 싶었다. 그는 술라에게 위대한 찬사를 듣고 싶었고, 실제로 그런 찬사를 받았다. 승전의 기세로 의기양양해하는 청년 용사들과 함께 폼페이우스가 다가오자 술라는 말에서 내렸다. 당연한 일이지만, 폼페이우스에게 대장군의 칭호와 함께 인사를 받은 술라는 자기도 폼페이우스를 대장군으로 부르며 화답했다.

대장군이라 함은 술라도 스키피오(Scipio Africanus)나 마리우스(Marius)와 싸워 이긴 뒤에야 받은 칭호였는데, 술라가 아직 원로원 의원도 지내지 못한 청년 폼페이우스를 대장군으로 부르리라고는 누구도 예상하지 못했다. 술라는 그 뒤에도 폼페이우스에게 우정을 표시하는 정중함을 보여 주었다. 그는 폼페이우스가 찾아오면 의자에서 일어나 모자를 벗고 [서른두 살이나 아래인 그를] 맞이했는데, 지난날 자기보다 높은 사람을 맞이할 때 그런 일이 있기는 했지만, 술라로서는 드문 일이었다.

그러나 술라의 그런 대접에도 폼페이우스는 교만하지 않았다. 술라가 그를 갈리아(Gallia)에 파병한 적이 있었다. 그곳에서는 메텔루스 네포스(Metellus Nepos) 장군이 싸우고 있었는데 술라는 그가 전쟁을 훌륭하게 치르지 못한다고 생각했다. 그러나 폼페이우스는 자신이 그곳에 파병되어 선배이자 명망 높은 장군에게서 지휘권을 빼앗는 일은 옳지 못하다고 말하면서, 네포스가 원한다면 자신은 그의 휘하에서 돕겠다고 말했다.

메텔루스 네포스가 그의 제안을 받아들여 갈리아로 오라는 편지를 보내자 폼페이우스는 서둘러 진군하여 놀라운 무공을 세웠다. 그뿐만 아니라 폼페이우스는 이미 나이가 들어 사라져 가는 메텔루스 네포스 장군의 호승심과 용기에 신선한 열기를 불어넣어 주었다. 그것은 마치 끓는 청동을 차갑게 굳은 청동 덩어리에 부으면 불로 녹일 때보다 더 부드럽게 녹는 것과 같았다.

그러나 온갖 경주에서 영광스러운 우승패를 차지한 운동선수가 소년 시절에 이룬 기록은 사람들이 대단치 않게 여겨 기록에 남기지 않는데, 그 무렵에 폼페이우스가 이룬 전공 또한 그랬다. 그가 젊어서 이룩한 빼어난 전공은 뒷날에 세운 수많은 전공으로 말미암아 모두 묻혀 버렸다. 나는 젊은 시절에 이룩한 그의 전공을 전기 앞부분에서 너무 길게 이야기하는 것이 저어된다. 그토록 위대했던 사람의 업적과 경험과 탁월한 인간성을 그릴 수 있는 공간을 젊은 날의 이야기로 낭비하면 안 되기 때문이다.

9

이런 일이 있은 뒤, 스스로 이탈리아의 최고 권력자가 되어 독재관(Dictator)에 취임한 술라는 막료와 장군들에게 돈을 주었으며, 그들이 바라는 바에 따라 조금도 거절하지 않고 직책을 주었다. 술라는 폼페이우스의 자질을 더욱 높이 평가했을 뿐만 아니라 자기 일에 큰 도움이 될 것으로 생각하여 혼맥(婚脈)을 맺고 싶었다. 술라의 아내 메텔라(Metella)도 같은 생각이었다.

그래서 술라 부부는 폼페이우스에게 지금의 아내인 안티스티아(Antistia)와 이혼하고 술라의 양녀 아이밀리아(Aemilia)와 재혼하도록 권고했다. 아이밀리아는 술라의 의붓딸로서 [기원전 82년에] 그의 아내 메텔라가 전남편 스카우루스(Scaurus)와의 사이에서 낳은 자식이다. 아이밀리아는 그때 이미 결혼하여 아이 하나를 데리고 남편과 함께 술라의 집에서 살고 있었다.

이 결혼은 독재자 집안에서나 일어날 일이었다. 이는 술라를 위한 것이었을 뿐, 폼페이우스의 성격에도 맞지 않는 일이었다. 결혼 상대가 이미 남편과 자식이 딸린 유부녀였고, 본

폼페이우스

처 안티스티아를 불명예스럽게 쫓아내야 한다는 것은 사람으로서 할 짓이 아니었다. 더욱이 안타까운 것은 안티스티아의 친정아버지가 남편 폼페이우스의 일로 죽었다는 점이었다.

안티스티아의 아버지 안티스티우스는 사위를 위해 술라 편에 섰다는 혐의를 받고 [기원전 82년에] 원로원 안에서 [소(少) 마리우스의 손에] 피살되었다. 이런 끔찍한 일을 겪자 안티스티아의 친정어머니는 자살했다. 폼페이우스의 재혼에는 이와 같은 재앙이 따랐다. 그러나 비극은 여기에서 그치지 않았다. 아이밀리아는 폼페이우스에게 시집오자마자 전남편과의 사이에서 임신한 아이를 낳다가 죽었다.

10

이런 일이 있은 뒤에 벤토 페르펜나(Vento Perpenna)가 시킬리아를 장악하여 술라의 반대파인 소마리우스의 잔당을 망명객으로 받아들이고 있다는 소식이 들어왔다. 그뿐만 아니라 그나이우스 카르보(Gnaeus Carbo)는 함대를 이끌고 그 일대 해안을 떠돌고 있었고, 도미티우스(Domitius)는 아프리카로 쳐들어가 망명객을 모아들였다. 이들은 술라의 박해를 피해 온 사람들이었다.

술라는 이들을 소탕하고자 폼페이우스를 파병했다. 페르펜나가 곧 도망하여 폼페이우스는 이곳을 되찾았다. 페르펜나는 이곳 주민들을 학대했으나 폼페이우스는 메사나(Messana)의 마메르티니(Mamertini)족 말고는 모두에게 관대했다. 마메르티니족이 고대 로마법에서 자기들을 박해했다는 이유로 폼페이우스의 통치를 거부하자 그는 이렇게 소리쳤다.

"칼로 무장한 우리에게 법을 설교하지 말라."

더욱이 폼페이우스는 불운한 카르보를 그답지 않게 무례하게 상대했다고 한다. 카르보는 죽어 마땅한 사람이었을 것이다. 그러나 만약 그렇다면 폼페이우스는 카르보를 붙잡았을 때 곧바로 죽였어야 옳았고, 그렇게 되면 그 책임은 그 명령을 내린 폼페이우스에게 돌아갔을 것이다. 그러나 실제로 일어난 일을 보면, 폼페이우스는 호민관의 의자에 앉아 집정관을 세 번이나 지낸 카르보를 쇠사슬로 묶어 끌어낸 뒤 꼬치꼬치 심문함으로써 군중을 짜증 나고 화나게 했다.

그런 다음에 폼페이우스는 카르보를 끌어내 죽이도록 했다. 들리는 바에 따르면, 형장으로 끌려가면서 주위 사람들이 칼을 빼 들고 있는 것을 본 카르보는 자신이 이제 처형되리라는 것을 알았다. 카르보는 끌려가면서 갑자기 심한 복통이 밀려와 잠시 머물러 쉴 수 있게 해 달라고 간청했다고 한다.

카이사르의 친구인 카이우스 오피우스(Caius Oppius)의 말에 따르면, 폼페이우스는 퀸투스 발레리우스(Quintus Valerius)도 비인간적으로 잔혹하게 죽였다고 한다. 오피우스의 말에 따르면, 발레리우스가 드문 학자이고 박식하다는 것을 알고 있던 폼페이우스는 그가 끌려오자 옆에 세우고 이리저리 걸으면서 그에게 묻고, 알고 싶었던 바를 배운 다음 시종들을 시켜 그를 끌어내 곧바로 죽이도록 명령했다는 것이다.

그러나 카이사르의 동지나 정적에 대한 오피우스의 글을 읽을 때면 매우 조심스럽게 그의 말을 믿어야 한다. 폼페이우스는 매우 잘 알려진 술라의 정적을 어쩔 수 없이 처벌해야 할 경우도 있었고, 그런 일이 악명 높은 짓이기는 했지만, 그 밖의 사람들에 대해서는 될 수 있는 한 수사를 받지 않게 도와주었으며, 심지어는 그들이 해외로 망명할 수 있도록 도와주었기 때문이다.

언젠가는 히메라(Himera)가 적군의 편에 서자 폼페이우스는 이를 응징하기로 했다. 그러자 그 도시의 민중 지도자인 스테니스(Sthenis)가 면담을 요청했다. 두 사람이 만난 자리에서 스테니스가 이렇게 말했다.

"실제로 죄를 지은 사람들은 모두 도망치게 하고, 잘못을 저지르지도 않은 사람들을 처벌하는 것은 잘못입니다."

그러자 폼페이우스가 물었다.

"그렇다면 실제로 죄를 지은 사람이 누구냐?"

이에 스테니스는 자기를 가리키며 이렇게 대답했다.

"내가 친구들을 설득하고 정적들을 억압하여 그렇게 하도록 만들었습니다."

스테니스의 솔직함과 고결한 정신에 탄복한 폼페이우스는 먼저 그를 용서하고 그다음으로 나머지 모두를 용서했다. 또 다른 이야기에 따르면, 행군하면서 병사가 무질서했다는 말을 들은 폼페이우스는 병사들의 칼을 봉인(封印)하고 이를 훼손한 무리는 처벌했다고 한다.

11

폼페이우스가 시킬리아 문제에 빠져 있는 동안, 원로원과 술라는 그에게 공문을 보내 아프리카로 건너가 도미티우스를 멸망시키는 데 최선을 다하라고 지시했다. 오래전[기원전 87년]에 마리우스가 아프리카에서 군대를 모은 뒤 이탈리아로 쳐들어와 로마를 혼란에 빠뜨리고 망명자가 아닌 독재자로 군림한 적이 있었는데, 이번 도미티우스의 군대는 그때 마리우스의 군대보다 더 많았다.

이에 폼페이우스는 서둘러 군비를 갖춘 다음 매부인 멤미우스(Memmius)를 시킬리아 총독으로 임명하고 아프리카로 출항했다. 그의 원정대는 노예선 120척과 수송선 8백 척에 군수품, 무기, 자금, 병기를 싣고 있었다. [기원전 81년에] 부대 일부가 우티카(Utica)에 상륙하고 또 다른 일부가 카르타고에 상륙하자 곧 적군 7천 명이 투항했다. 그 밖에도 그는 6개 군단을 거느리고 있었다.

들리는 바에 따르면, 이때 그에게 어이없는 일이 일어났다고 한다. 아마도 몇몇 병사가 길을 걷다가 발길에 차이는 보물을 발견한 것으로 보이는데, 그 값이 엄청났다는 것이다. 이 사실이 알려지면서 다른 병사들은 언젠가 난리가 났을 때 카르타고인들이 그곳에 엄청난 돈을 묻어 두었다고 생각했다.

이 때문에 병사가 보물을 찾느라 난리를 부려 며칠 동안 아무 일도 할 수 없었다. 그 많은 병사가 땅을 후벼 파는 모습을 바라보며 폼페이우스는 웃을 수밖에 없었다. 드디어 보물 찾기에 지친 그들이 폼페이우스를 찾아와 어디든 원하는 곳으로 데려가 달라고 말하며, 자기들이 저지른 어리석음에 대해서는 이미 충분히 벌을 받았다고 말했다.

12

도미티우스는 산골짜기에 군대를 배치했는데, 그 산세가 너무 험준하여 폼페이우스가 진입할 수 없었다. 그러던 터에 비를 실은 폭풍이 아침부터 불더니 온종일 퍼부었다. 도미티우스는 이런 날에 적군이 쳐들어올까 싶어 전투를 하지 않기로 하고 군대를 뒤로 물렸다. 그러나 폼페이우스는 이를 기회로 삼아 신속하게 공격하여 계곡을 건넜다.

적군이 반격했지만 무질서하고 우왕좌왕하는데, 그나마도 병력이 모두 나와 싸우지 않았고 일관성도 없었다. 더욱이 바람이 방향을 바꾸어 몰아치면서 빗물이 얼굴을 때렸다. 앞을 뚜렷이 볼 수 없어 힘든 것은 로마 병사들도 마찬가지였다. 폼페이우스도 그의 얼굴을 알아보지 못한 어느 병사가 암호를 물었을 때 얼른 대답하지 못해 죽을 뻔했다.

그럼에도 로마군은 적군을 많이 학살했다. 들리는 바에 따르면, 적군 2만 명 가운데 살아서 도망한 병사는 3천 명뿐이었다고 한다. 병사들은 폼페이우스를 향해 "대장군!"이라고 소리쳤다. 그러나 폼페이우스는 아직 적군이 남아 있을 때까지는 대장군 칭호를 받을 수 없다면서, 만약 자기가 그런 칭호를 받기에 적절하다고 병사들이 생각한다면 먼저 적군을 깨뜨려

폼페이우스

야 한다고 말했다.

폼페이우스의 말을 들은 병사들이 곧 요새를 공격했다. 지난번에 병사가 자신의 얼굴을 알아보지 못하여 겪었던 위험이 되풀이되지 않을까 두려웠던 폼페이우스는 투구도 쓰지 않고 싸웠다. 적진은 곧 무너지고 도미티우스는 전사했다. 뒤이어 몇몇 도시가 항복했고, 그는 나머지 도시들을 질풍처럼 공격하여 함락했다.

도미티우스의 동맹자였던 이아르바스(Iarbas)왕도 잡히고 그의 왕국은 히엠프살(Hiempsal)에게 넘어갔다. 자신의 군대에 행운까지 따라 주자 폼페이우스는 누미디아를 침공했다. 그는 여러 날 동안 진군하며 앞을 가로막는 부족을 모두 정복하여 야만족들의 가슴속 깊이 로마인에 대한 두려움을 심어 주었다.

심지어 폼페이우스는 아프리카에 사는 맹수들까지도 로마인들의 용맹과 힘을 겪어 보아야 한다고 선언하고서 며칠 동안 사자와 코끼리를 사냥했다. 들리는 바에 따르면, 그가 적군을 모두 섬멸하고 아프리카를 손아귀에 넣어 그곳의 왕들과 관계를 재정립하기까지 겨우 40일이 걸렸다고 한다. 그때 폼페이우스의 나이 겨우 스물네 살이었다.

13

폼페이우스가 우티카로 돌아왔을 때 술라의 편지가 와 있었다. 내용을 보니, 군단 하나만 남겨 둔 채 군대를 모두 고향으로 돌려보내고 폼페이우스는 후임 사령관이 올 때까지 기다리라는 것이었다. 폼페이우스는 이 편지로 말미암은 분노를 밖으로 드러내지 않았지만 병사들은 노골적으로 격분했다.

폼페이우스가 병사들에게 고향으로 돌아가라고 말하자 그들은 술라를 비난하면서, 자신들은 장군을 버리지 않을 것이니 독재자를 믿지 말라고 주장했다. 폼페이우스는 먼저 무슨 말로든 병사를 진정시키려고 노력했다. 그러나 그들을 설득할 수 없자 폼페이우스는 연단에서 내려와 눈물을 흘리며 막사로 돌아왔다. 이에 병사들이 다시 그를 붙잡고 연단 위에 오르게 한 다음 사령관의 직책에 그냥 남아 있으라고 요구했다.

폼페이우스는 병사들에게 나라의 명령을 지키고 소동 피우지 말라고 사정하느라 하루를 보냈다. 소란이 심해지자 그는 병사들이 폭력을 쓴다면 자살하겠노라 공언했고, 그제야 그들은 가까스로 소동을 멈추었다. 처음에 술라는 폼페이우스가 반란을 일으켰다는 보고를 받고 막료들에게 이렇게 푸념했다.

"이것이 나의 운명이라고는 하지만, 이 늙은 나이에 이제 또 어린애와 싸워야 하나?"

술라는 지난날 젊은 마리우스와 크게 싸우다가 아주 곤경에 빠진 적이 있어 그런 말을 한 것이다. 그러나 진상을 알고, 사람들이 모두 폼페이우스를 환영하러 나가 그와 함께 즐거워하며 돌아오고 있다는 것을 안 술라는 그들보다 더 열렬히 그를 환영하고자 했다. 폼페이우스가 돌아올 때 술라는 몸소 나아가 그를 극진히 환영하고 큰 목소리로 '위대한 장군(Magnus)'이라 부르면서 다른 이들도 그렇게 부르도록 지시했다.

그러나 어떤 사람의 말에 따르면, 폼페이우스가 아프리카 원정을 떠났을 때 이미 병사들이 그렇게 불렀으며, 술라도 이에 따라 그렇게 부름으로써 권위를 더해 주었다고 한다. 그러나 폼페이우스 자신은 그 칭호를 쓰지 않다가 세르토리우스(Sertorius)를 정벌하러 스페인 총독으로 부임했을 때부터 마그누스 폼페이우스(Magnus Pompeius)라는 이름으로 편지와 문서에 서명하기 시작했다. 이때부터 그 이름이 널리 알려지고 더이상 교만하게 들리지 않았다.

우리는 지금 고대 로마의 영웅들을 부를 때 이러한 칭호를 써야 적절한 것으로 알고 있다. 그러나 단순히 탁월한 무공을 이뤘거나 군대를 지휘했다는 사실만으로는 이런 칭호를 주지 않았으며, 그가 정치인으로서 위대한 자질을 갖추고 큰 업

폼페이우스

적을 남겼을 때만 이런 칭호를 부여했다. 어쨌거나 폼페이우스 이전에는 오직 두 사람에게만 '위대한(Maximus)'이라는 칭호를 주었다.

그들 가운데 하나는 [기원전 494년에] 원로원과 평민들이 갈등을 일으킬 때 이들을 화해시킨 발레리우스 푸블리콜라(Valerius Publicola)이고, 다른 하나는 [화비우스 막시무스의 할아버지로서] 집정관과 감찰관을 지낸 화비우스 막시무스 룰리아누스(Fabius Maximus Rullianus)이다. 그는 [기원전 304년에] 돈이 많다는 이유만으로 원로원 의원에 선출된 해방 노예 출신들을 원로원에서 몰아낸 사람이었다.

14

이런 일이 있은 뒤, 폼페이우스는 개선식을 열어 달라고 요구했지만 술라가 이를 거부했다. 술라의 말에 따르면, 집정관이나 법정관만이 개선식을 치를 수 있고 그 밖의 사람들은 안 된다는 것이었다. 그러므로 스키피오 아프리카누스도 스페인에서 카르타고군과 훨씬 더 어려운 전쟁을 치르고 승리했지만 개선식을 요구하지 않았다.

더욱이 폼페이우스는 집정관도 아니고 법정관도 아니었다. 그런 데다가 아직 수염도 나지 않았고 너무 어려 원로원 의원도 아닌 그가 만약 개선장군이 되어 로마로 들어온다면, 술라 정부의 권위에도 좋을 것이 없고 폼페이우스로서도 명예로운 일이 아니었다. 술라는 이와 같은 정황을 들어 폼페이우스의 요구를 들어줄 수 없다고 말하면서, 만약 자신의 말을 듣지 않는다면 그 야심을 꺾어 놓겠노라고 말했다. 그러나 폼페이우스는 굽히지 않았다. 그는 술라에게 이렇게 말했다.

"세상 사람들은 지는 해보다 뜨는 해를 더 존경합니다."

이는 자신의 힘은 이제 커 가지만, 술라의 힘은 기울고 있음을 넌지시 말한 것이었다. 처음에 술라는 그 말을 제대로 듣지 못했다. 그러나 그 말을 들은 사람들이 놀라는 표정을 짓는 것을 보고서야 폼페이우스가 무슨 말을 했느냐고 물었다. 곁에 있던 사람들이 그가 말한 바를 전달해 주자 술라는 폼페이우스의 담대함에 놀라 이렇게 두 번 소리쳤다.

"그에게 개선식을 치러 주라."

들리는 바에 따르면, 많은 사람이 개선식의 거행을 못마땅하게 생각하며 분개하자 오기가 생긴 폼페이우스는 민중을 더욱 약 올리고 싶어 코끼리 네 마리가 끄는 전차를 타고 시내로 들어오려 했다. 그는 아프리카의 왕들에게서 빼앗은 코끼리가 많았다. 그러나 성문이 좁아 코끼리를 포기하고 말로 바꾸어 탔다.

그뿐만 아니라 처음에 예상했던 것만큼 재산을 벌지 못한 군인들이 소란을 일으켜 개선식을 방해하려 했다. 이에 폼페이우스는 그들의 처사에 흔들리지 않을 것이며, 그들에게 굽실거리느니 차라리 개선식을 치르지 않겠노라고 대답했다. 그때 세르빌리우스(Servilius)라는 저명인사가 나섰다. 세르빌리우스는 이제까지 폼페이우스의 개선식에 반대하던 터였지만, 폼페이우스가 위대한 인물임을 알고 나서는 개선식의 영예를 받을 만한 위대한 인물이라면서 그를 격찬했다.

그 무렵에 폼페이우스가 바랐더라면 그는 원로원 의원이 될 수도 있었다. 그러나 들리는 바에 따르면, 그는 그렇게 하고 싶지 않았다. 폼페이우스는 조금 놀라운 방법으로 명성을 얻고 싶었다. 그러나 젊은 나이에 원로원 의원이 되는 것은 그다지 놀랄 일이 아니었다.

그러나 원로원 의원도 되기에 앞서 개선식을 치른다는 것은 놀라운 영광이었다. 그리고 이런 일은 민중의 호감을 사는 데 적지 않은 도움이 되었다. 민중은 개선식을 치르고서도 아직 기사(騎士)로 남아 있는 폼페이우스를 훌륭하다고 생각했기 때문이었다.

15

술라는 폼페이우스의 명성과 권력이 날로 커지는 것이 불편했지만, 그렇다고 그의 앞길을 막기에는 자존심이 허락하지 않아 조용히 있었다. 그의 바람과는 달리 폼페이우스는 레피두스(Lepidus)를 위해 선거 유세를 하고 민중이 그를 열렬히 지지하도록 만들었다. 끝내 [기원전 79년에] 레피두스를 집정관에 당선시킨 폼페이우스가 지지자들과 함께 토론의 광장을 빠져나가는 것을 바라보던 술라는 이렇게 말했다.

"젊은 사람이 승리에 도취해 있는 기분을 알 만하네. 그런 식으로 민중을 유혹하여 그토록 훌륭한 루타티우스 카툴루스(Lutatius Catulus)를 많은 표 차로 이기고, 그토록 사악한 레피두스를 집정관으로 당선시켰으니 분명히 대단한 일을 한 셈이지. 그러나 이제 그대는 이권을 지키느라 편하게 잠들기는 틀렸네. 왜냐하면 정적을 자신보다 더 강하게 만들었기 때문이지."

술라가 남긴 유언을 보면 그가 폼페이우스를 좋게 생각하지 않았음이 분명하다. 술라는 막료들에게 유산을 남겨 주었고, 그들 가운데 몇 사람을 자기 아들의 후견인으로 만들었지만, 폼페이우스에게는 아무 말도 남기지 않았기 때문이다. 그러나 폼페이우스는 마음의 평정을 지키면서 충성을 다했다. [기원전 78년에] 술라가 죽자 별의별 사람들이 그의 시체를 군신의 광장(Campus Martius)에 묻고 국고로 장례를 치르지 못하도록 막았는데, 폼페이우스가 나서서 영예롭고 안전하게 그의 장례를 치러 주었다.

16

[기원전 78년에] 술라가 죽자 그의 예언처럼 레피두스는 술라의 권력을 잡으려고 노력했다. 레피두스는 자신의 욕심을 에둘러 숨기지도 않았고, 핑계를 대지도 않았다. 그는 곧 무기를 들고 나서, 오랫동안 숨죽이며 살다가 술라의 손에서 벗어난 잔당

들을 모아들였다. 청렴하고 건전한 원로원 의원과 민중은 레피두스의 맞수인 카툴루스에게 몰려들었다. 카툴루스는 지혜와 정의라는 점에서 가장 위대한 로마 시민으로서 정치를 하기에는 적절하지만 군사적 지도력을 갖춘 인물은 아니었다.

이런 상황에서 폼페이우스가 등장해야 했다. 폼페이우스는 어찌할 것인가를 결정하는 데 그리 오래 걸리지 않았다. 그는 귀족 편에 서서 레피두스를 정벌하는 사령관으로 임명되었다. 그 당시 레피두스는 이미 이탈리아 상당 부분을 교란하고 있었으며, 브루투스(Brutus)를 자기편으로 끌어들여 알프스 동남쪽의 무장한 갈리아족(Gallia Cisalpina)을 장악하고 있었다.

폼페이우스는 만나는 적군마다 쉽게 쳐부쉈으나 갈리아족이 살고 있는 무티나(Mutina)에서는 브루투스를 쳐부수는 데 시간이 오래 걸렸다. 그사이에 레피두스는 로마로 진군하여 자리를 잡고, 두 번째로 집정관 자리를 요구하며 많은 군사로 시민을 위협했다. 그러나 폼페이우스가 싸움 한 번 치르지 않고 전쟁을 끝냈다는 편지를 보내옴으로써 시민의 불안은 사라졌다.

브루투스가 군대를 버렸는지 아니면 그의 군대가 줄을 바꿔 서서 그를 배신했는지 모르지만, 브루투스의 병사가 폼페이우스에게 항복하자 브루투스는 기병 몇 명만 거느린 채 파두스(Padus)강 가까이 있는 작은 마을로 숨어들었다. 이곳에서 그는 하루 만에 폼페이우스가 보낸 게미니우스의 손에 죽었다.

이 사건으로 말미암아 폼페이우스는 많은 비난을 들었다. 브루투스의 군대가 입장을 바꾸었을 때 폼페이우스는 브루투스가 자신의 의사로 항복했다고 보고하고, 브루투스를 죽인 다음 곧 그를 비난하는 편지를 원로원에 보냈기 때문이었다. 이 브루투스는 뒷날 카시우스(Cassius)와 함께 카이사르를 죽인 브루투스(Marcus Brutus)의 아버지이다.

내가 「브루투스전」(제26장)에서 쓴 것처럼, 아들 브루투스는 아버지처럼 그렇게 전쟁을 치르지도 않았고, 그렇게 덧없이 죽지도 않았다. 레피두스는 이탈리아에서 쫓겨나자마자 사르디니아로 건너간 뒤 우울증으로 죽었다. 들리는 바에 따르면, 그가 죽은 이유는 살아야 할 명분을 잃었기 때문이 아니라, 누군가 편지를 보내 그의 아내가 다른 남자와 바람났다는 것을 알려 주었기 때문이라고 한다.

17

레피두스와 개성이 아주 다른 세르토리우스는 스페인을 다스리고 있었는데, 마치 먹구름처럼 로마인들을 위협하고 있었다. 로마의 내전은 이제 마치 마지막 질병이기라도 한 것처럼 온통 세르토리우스에게 독기를 부어 주었다. 변변치 않은 몇몇 장군을 무찌른 그는 그때 메텔루스 피우스(Metellus Pius)와 싸우고 있었다.

그러나 사람들이 생각하는 것처럼, 피우스는 탁월한 장군이었지만 그 무렵에는 이미 나이가 너무 많아 전투의 기회를 포착하는 데 더뎠고, 빠르게 처리해야 할 때 기선을 빼앗겼다. 세르토리우스가 산적처럼 무자비하게 덤벼들거나 매복과 측면 공격을 해 오면, 정규전과 느린 중무장 전투 경험만 쌓았던 피우스로서는 손쓸 겨를이 없었다.

그럴 무렵에 군대를 거느리고 있던 폼페이우스는 피우스의 지원군으로 원정을 떠나고 싶었지만, 오히려 카툴루스는 그에게 무장 해제를 명령했다. 그러나 폼페이우스는 도시 가까운 곳에 군대를 주둔시켜 놓고 이런저런 핑계를 대 가며 군대를 유지하고 있었다. 그러는 가운데 원로원 의원 루키우스 필리푸스가 발의하여 원로원이 그의 출정을 결의했다. 들리는 바에 따르면, 그러한 출정 명령에 놀란 어느 의원이 필리푸스에게 이렇게 물었다.

"폼페이우스를 부총독으로 삼아 스페인에 파견하는 것이

적절한 조치인가요?"

그러자 필리푸스가 이렇게 대답했다고 한다.

"아니요. 나는 총독을 대신할 사람을 보내는 셈이지요."

이는 그해에 스페인에 파견되었던 총독 두 명이 제구실을
해내지 못하고 있음을 빗대어 한 말이었다.

18

[기원전 76년에] 폼페이우스가 스페인에 도착해 보니, 새로운 사
령관에 대한 평판을 들은 사람들이 많은 기대를 품고 있었다.
그가 피우스의 사람들에게 새로운 희망을 불어넣어 주자, 세
르토리우스와 맺은 동맹이 그리 돈독하지 않았던 나라들은 불
안을 느낀 듯 줄을 바꿔 서기 시작했다. 이에 세르토리우스는
폼페이우스의 자존심을 상하게 하는 말을 퍼뜨리면서 비웃음
조로 이렇게 말했다.

"만약 그 늙은 할망구만 아니었으면 애송이를 잡아다가
종아리를 때려 주었어야 한다."

여기에서 할망구는 피우스를 뜻했다.

그러나 실제로 세르토리우스는 폼페이우스를 두려워했
기 때문에, 그의 움직임을 가까이에서 살펴보며 그와 전쟁을
벌이기에 앞서 신중을 기했다. 사람들의 기대와 달리 피우스
의 삶은 사치스러워졌고, 쾌락에 푹 빠져 있었다. 실제로 피우
스의 행동은 갑자기 변하여 사치와 허영에 빠졌기 때문에, 그
와 반대로 늘 삶이 단조롭고 근검하려고 노력하는 폼페이우스
는 놀라운 호의와 명성을 얻었다. 폼페이우스는 자기의 욕망
을 다스릴 줄 알았고 절제할 줄 알았다.

전쟁의 양상은 여러 차례 바뀌었지만, 폼페이우스에게 가
장 가슴 아픈 일은 세르토리우스에게 라우론(Lauron)을 빼앗
긴 것이었다. 폼페이우스는 적군을 포위했다고 생각하며 자랑
스러워했는데, 알고 보니 거꾸로 자기가 완전히 포위되어 있

었다. 그는 군대를 움직이는 것이 두려워 눈앞에서 라우론이 불타는 광경을 지켜볼 수밖에 없었다.

그러나 발렌티아(Valentia) 가까이에서 폼페이우스는 헤렌니우스(Herennius)와 페르펜나를 무찔렀다. 이들은 전쟁 경험이 많은 용장들로, 조국을 버리고 다른 장군들과 함께 세르토리우스 휘하에 머물고 있었다. 이 전쟁에서 폼페이우스는 적군을 1만 명 넘게 죽였다.

19

이번의 전투로 우쭐해진 폼페이우스는 피우스와 승리를 나누어 갖고 싶지 않았기 때문에 그가 오기에 앞서 서둘러 세르토리우스를 공격했다. 날이 저문 가운데, 양쪽 군대는 수크로(Sucro)강 변에서 전투에 들어갔다. 양쪽 모두 피우스가 도착하기에 앞서 전쟁을 치르고 싶어 했다. 폼페이우스는 전공을 독차지하고 싶었기 때문이고, 세르토리우스는 적군의 수가 늘기 전에 승부를 결정짓고 싶었기 때문이다.

이 전투에서 어느 쪽이 이겼는지는 확실하지 않다. 양쪽 모두가 왼쪽 날개인지 오른쪽 날개인지 한쪽에서만 이겼기 때문이었다. 그러나 둘 가운데 세르토리우스가 더 많은 명성을 얻었다. 그가 정면에서 적군을 맞아 싸웠기 때문이었다.

폼페이우스는 말을 타고 싸우다 키가 큰 보병을 만났다. 눈앞에서 마주친 두 사람은 서로 손을 붙잡고 상대편 손을 향해 칼을 내리쳤는데, 결과는 각기 달랐다. 폼페이우스는 조금 다쳤지만 상대는 팔이 잘려 나갔다.

그때 적군이 폼페이우스를 향해 몰려왔고, 폼페이우스의 병사들이 도주했다. 이에 폼페이우스도 예상과 다른 방식으로 도주했는데, 그러다가 적군에게 말을 빼앗겼다. 금으로 만든 마구(馬具)를 쓴 그 말은 매우 값진 것이었다. 적군은 전리품을 나누어 갖는 데 정신이 팔려 도망하는 폼페이우스를 더 이상 추격하지 않았다.

　그러나 날이 밝으면서 두 장군은 승리를 쟁취하고자 다시
군대를 끌고 나왔다. 그때 피우스가 군대를 이끌고 나타나자
세르토리우스는 군대를 뒤로 물려 사라졌다. 그의 병사들은
이런 식으로 흩어졌다가 다시 모이는 전술에 익숙했다. 세르
토리우스는 혼자서 어슬렁거리다가도 어느 결에 병사를 15만
명이나 모아 쳐들어오는 일이 허다했는데, 그 모습이 마치 겨
울에 급류가 몰아치는 듯했다.

　전투가 끝난 뒤에 폼페이우스는 피우스를 만나러 갔다.
두 사람 사이가 가까워지자 폼페이우스는 호위병들에게 부월
(斧鉞, fasces)을 낮추도록 함으로써 상사에게 존경을 표시했다.
그러나 피우스는 폼페이우스가 자기에게 군례(軍禮)를 바치는
것을 허락하지 않고, 오히려 여러 방면에서 폼페이우스를 배
려하며 집정관으로서의 위엄이나 나이 먹은 티를 내지 않았
다. 다만 그들이 같은 진영에 머무를 때면, 야간 암호만은 피우
스의 막사에서 결정해 폼페이우스에게 전달했다.

　그러나 대체로 피우스와 폼페이우스의 진영은 분리돼 있
었다. 영악하기 짝이 없는 적군이 두 사람의 교신을 끊고 갈라
놓을 뿐만 아니라 짧은 시간에 이곳저곳에 출몰하면서 끝없이
괴롭혔기 때문이었다. 드디어 적군은 로마군의 보급을 끊고,
전국을 약탈하며 바다를 장악함으로써 자신들이 지배하는 스
페인에서 두 장군이 끊어진 보급로 때문에 다른 지방으로 옮
겨 갈 수밖에 없도록 만들었다.

20

폼페이우스는 자신의 개인 재산을 전쟁 비용으로 쓰면서 무일
푼이 되자 원로원에 보상을 요구했다. 그리고 이를 들어주지
않는다면 군대를 이끌고 이탈리아로 돌아가겠노라고 협박했
다. 그 무렵의 집정관은 루쿨루스였다. 루쿨루스는 폼페이우

스와 사이가 좋지 않았지만, 돈을 마련하려고 애를 많이 썼다.

　왜냐하면 폼페이우스가 세르토리우스와 치르던 전쟁을 멈추고 돌아와 페르시아의 미트리다테스(Mithridates)와 벌일 전쟁을 맡을지도 모른다고 걱정했기 때문이었다. 폼페이우스는 그 전쟁을 자신이 맡고 싶었다. 미트리다테스에 대한 시민의 감정이 매우 나빠, 자신이 미트리다테스를 무찌르면 큰 명성을 얻으리라고 기대했던 것이다.

　그러던 터에 [기원전 72년에] 세르토리우스가 막료들의 손에 시해(弑害)되었다. 주모자들 가운데 한 사람이었던 페르펜나는 자신이 그 권력을 이어받고자 했다. 그는 실제로 그럴 만한 병력과 장비를 갖추고 있었지만, 뛰어난 판단력을 갖춘 인물은 아니었다.

　이에 폼페이우스는 곧 전선으로 나갔으나 페르펜나에게 별다른 전략이 없는 것을 알고는 10개 코호르트의 병력을 유인책으로 보내면서 벌판 여기저기에 흩어져 있도록 지시했다. 그 모습을 본 페르펜나가 곧바로 짓쳐들어오며 추격하자 폼페이우스가 나가 그들을 완전히 무찔렀다.

　페르펜나의 부하 장군들은 대부분 전투에서 죽고 페르펜나만 폼페이우스 앞에 끌려왔다. 폼페이우스가 페르펜나를 죽이도록 명령한 일을 두고, 폼페이우스가 너그럽지도 못했을 뿐 아니라 지난날 시킬리아에서 있었던 일(§ 10)을 배은망덕하게 갚았다고 그의 정적들은 험담했다. 그러나 폼페이우스는 로마의 미래를 걱정하여 올바른 판단을 내린 것이다.

　페르펜나에게는 문서들이 많았는데, 그 가운데 어느 것은 로마의 유력 정치인들이 지금의 정부를 무너뜨리고 세르토리우스를 이탈리아로 불러들이려는 음모를 담고 있었다. 폼페이우스는 이 문서를 공개하는 것이 지금 이 문제를 여기에서 덮는 것보다 더 위험하다고 생각하여 페르펜나를 처형한 다음 읽어 보지도 않고 문서들을 태워 버렸다.

21

그 무렵에 폼페이우스는 오랫동안 스페인에 머무르며 혼란을 진정시키고 격동기의 국가에서 나타나는 여러 문제를 해결했다. 그런 다음 기회가 맞아떨어져 로마로 돌아오니, 나라가 온통 노예 전쟁에 휩싸여 있었다. 전쟁의 진압 책임을 맡았던 크라수스는 폼페이우스가 돌아오기에 앞서 전쟁을 끝내려다가 상황을 최악으로 몰아넣었고, 결국 노예 1만 2천3백 명을 죽이고서야 전쟁을 마칠 수 있었다.

그러나 크라수스가 어렵게 승리했음에도 행운은 폼페이우스의 편이었다. 폼페이우스는 패잔병 5천 명을 섬멸한 다음 원로원에 편지를 보내 크라수스보다 선수를 쳤다. 크라수스는 노예 검투사들과 근접전에서 승리했지만, 전쟁을 완전히 끝낸 것은 자신이라고 말한 것이다. 로마인들은 그 결론을 마음에 들어 했고, 여기저기 그런 말을 퍼뜨림으로써 폼페이우스에 대한 호감을 드러냈다.

이 때문에 로마 시민은 스페인에서 있었던 일이나 세르토리우스에 관한 이야기를 하면서도, 이번 전쟁이 폼페이우스가 아닌 다른 사람의 손으로 승리를 거두었다는 말은 농담으로도 하지 않았다. 이렇듯 많은 사람이 폼페이우스에게 엄청난 존경을 표시하고 한껏 기대했지만, 한편으로는 의혹의 눈빛으로 그를 바라보며 두려워했다.

사람들은 폼페이우스가 군대를 해산하지 않을 것이며, 군대와 절대 권력을 이용하여 술라에게 맞설 것이라고 수군거렸다. 폼페이우스가 돌아올 때 많은 사람이 거리로 나와 그에게 경의를 표시했는데, 그 가운데에는 그를 존경하여 나온 사람보다 무서워 나온 사람이 더 많았다. 그러나 폼페이우스는 개선식이 끝나면 군대를 해산할 것이라고 선언함으로써 사람들의 의혹을 씻어 버렸다.

그런데도 여전히 시샘하는 눈초리로 그를 비난하는 말이

뒤따랐다. 그가 원로원보다 민중에 더 마음을 쓰고 있으며, 민중의 호감을 사고자 술라가 없앤 호민관 제도를 부활시키려 한다고 사람들은 말했다. 이는 사실이었다. 로마 시민으로서는 호민관을 부활시키는 일보다 더 열광하고 열망할 만한 일이 없었다.

폼페이우스의 처지에서 본다면, 시민의 호감을 살 방도가 없던 터에 사람들이 자기에게 그 문제로 기대를 걸고 있었다. 그러니 호민관 제도를 부활시켜 민심을 사로잡을 수 있다면 이보다 더 좋은 기회가 없다고 그는 생각했다.

22

[기원전 71년에] 폼페이우스는 두 번째 개선식을 마친 뒤 집정관에 선출되었다. 그러나 민중이 그를 우러러본 것은 개선식을 했다거나 집정관이 되었다는 사실 때문만이 아니라 두 번의 행사에서 보여 준 그의 탁월한 처신 때문이었다. 사연은 이랬다.

그 시대에 가장 부유하고 능력 있는 웅변가이자 위대한 정치가는 크라수스였다. 크라수스는 폼페이우스뿐만 아니라 모든 사람을 우습게 보았지만, 폼페이우스의 도움 없이는 집정관 선거에 나설 엄두를 내지 못했다. 폼페이우스의 처지에서 보면 크라수스에게 도움이나 친절을 베풀 기회가 없을까 오랫동안 기다리던 터여서, 그가 도움을 요청했을 때 속으로는 무척 반가웠다.

이에 폼페이우스는 마치 기다리고 있었던 것처럼 크라수스의 제안을 받아들여, 군중에게 크라수스를 동료 집정관으로 뽑아 준다면 매우 영광스럽겠다고 말함으로써 그를 지지했다. 그러나 집정관에 뽑힌 뒤로 두 사람은 하는 일마다 의견이 달라 늘 부딪혔다.

원로원에서는 크라수스의 영향력이 더 컸지만, 민중 사이에서는 폼페이우스의 영향력이 더 강력했다. 폼페이우스는 그

동안에 없어졌던 호민관 제도를 부활시켰을 뿐만 아니라 [술라 시대에 통과된 법에 따라 오직 원로원 의원만 행사하던] 재판권을 기사 계급에 돌려주었기 때문이었다.

그러나 민중 모두에게 가장 감동을 준 것은 그가 군 복무를 마치고 퇴역할 때 보여 준 모습이었다. 로마의 장군은 법정 기간 동안 군 복무를 마치면 말을 타고 군중집회장에 들어선 다음, 감찰관이라는 두 명의 고관 앞에서 자기가 모셨던 장군의 이름을 모두 열거하며 전장에서 활약한 전공을 보고한 뒤 퇴역하는 것이 관례였다. 이때 그의 공과에 따라 상과 벌을 받게 된다.

폼페이우스가 퇴역할 즈음의 감찰관은 루키우스 겔리우스(Lucius Gellius)와 클로디아누스 렌툴루스(Clodianus Lentulus)였다. 장군들이 사열대를 지나가자 폼페이우스가 광장에서 내려왔다. 다른 장군들은 직책에 맞는 온갖 치장을 달고 나왔지만, 폼페이우스는 손수 말을 몰고 나타났다.

폼페이우스는 연단 가까이 모습을 드러내더니 시종(lictor)들에게 길을 트게 하고 혼자 호민관 앞으로 다가왔다. 관중은 놀라 침묵을 지켰고, 고관들은 놀라면서도 한편으로는 그의 모습을 기쁜 눈으로 바라보았다. 선임 감찰관이 그에게 물었다.

"위대한(Magnus) 폼페이우스 장군이여, 내가 그대에게 묻노니, 그대는 법률에 정해진 군무를 모두 마쳤습니까?"

이에 폼페이우스가 큰 소리로 대답했다.

"나는 법률에 따라, 또한 대장군인 나 자신의 의무에 따라 맡은바 직무를 완수하였습니다."

이 말을 들은 군중은 그에게 큰 환호를 보냈다. 누구도 군중의 외침을 막을 수 없었다. 감찰관들이 자리에서 일어나 그를 집까지 배웅함으로써 그에게 환호하며 따라오는 군중을 기쁘게 해 주었다.

폼페이우스의 임기가 끝날 무렵이 되자 크라수스와의 관계는 더욱 나빠졌다. 그때 기사 계급에 소속되어 있으면서도 정치 문제에는 발을 들여놓지 않던 카이우스 아우렐리우스(Caius Aurelius)라는 인물이 민회 단상에 오르더니 이렇게 말했다.

"유피테르(Jupiter) 신이 나의 꿈속에 나타나, 두 사람이 임기를 마치기에 앞서 화해하도록 권고하라는 계시를 저에게 내렸습니다."

이 말을 들은 폼페이우스는 아무 말 없이 서 있었지만, 크라수스가 먼저 손을 내밀어 폼페이우스에게 인사한 다음 이렇게 말했다.

"시민 여러분, 여러분은 폼페이우스가 어린 청년이었을 적부터 그를 대장군으로 기꺼이 불러 주었고, 그가 원로원 의원이 되기에 앞서 두 번이나 개선식을 치러 주었습니다. 그런 그에게 내가 먼저 머리를 숙이는 것이 수치스럽다거나 비천한 행동이라고 생각하지는 않습니다."

이 말과 함께 두 사람은 화해하고 임기를 마쳤다. 자리에서 물러난 뒤에도 크라수스는 처음 정계에 나왔을 때처럼 처신했지만, 폼페이우스는 변호사 활동도 하지 않고, 차츰 광장에도 발길을 끊었으며, 군중 앞에 모습을 드러내지도 않았다. 그러나 폼페이우스가 대중 앞에 나타날 때면 늘 따르는 사람이 많았다.

폼페이우스의 주변에 사람이 몰리지 않은 모습을 보기란 어려웠으며, 그 자신도 위엄과 화려함을 갖추고 군중 앞에 서는 것을 매우 즐겼다. 그러면서도 폼페이우스는 군중과 친밀한 접촉이나 제휴를 삼감으로써 자신의 위엄을 지켜야겠다고 생각했다.

민주적인 평등 사회에서는, 좋은 것이든 나쁜 것이든 명성이란 덧없는 것이어서, 평화가 찾아와 긴 소매 옷을 입고 살게 된 영웅들은 그 명성을 잃어버리는 경향이 있다. 전쟁에서 큰 공적을 이룬 사람은 사회에서 윗자리를 계속 누리고 싶어 하지만, 그런 공적을 이루지 못한 사람은 어떤 형태로든 그 도시에서 자기들이 이익을 배당받지 못한 사실을 견디지 못하게 된다.

그러므로 전쟁에서 공적을 이루고 개선식을 치른 인물이 광장에 나타날 때면, 민중은 의기소침해지면서 영웅을 모욕한다. 그러나 영웅이 자리에서 물러나면 민중은 영웅의 명성을 시샘하지 않는다. 이런 해석이 얼마나 맞는 말인지는 그 뒤의 사태가 잘 보여 주고 있다.

24

해적 세력은 처음에는 킬리키아(Kilikia)에 자리를 잡고 몇몇이 모험심을 품고 살금살금 약탈하다가, 페르시아의 미트리다테스 치하[기원전 88~85, 83~81, 74]의 전쟁 기간 동안에 그를 도와준 일을 빌미로 더욱 대담해졌다. 그러다가 로마 성문 앞에서 내란이 일어나 바다를 지킬 겨를이 없자, 해적들은 차츰 그 영역을 넓히면서 선박뿐만 아니라 황폐한 섬과 연안 도시까지 약탈했다.

그러자 돈으로 권력을 산 사람, 명문가의 후손들, 최고의 지식을 갖추었다는 사람들도 해적선을 타고 함께 약탈하기 시작했다. 그들은 해적이 마치 명성 높은 직업이라도 되는 것처럼 생각했다. 정박하는 항구를 요새화하고, 여러 곳에 해적선을 위한 등대를 세우자 해적선들이 그곳을 들락거렸다. 이런 곳에는 단순히 유능한 선원과 노련한 조타수, 가볍고 빠른 배만 있는 것이 아니었다.

해적들에 대한 두려움보다도 더 주민들을 화나게 하는 것은 그들의 호화로운 장비였다. 해적들은 돛에 금을 입히고, 자주색 술(絨)을 달고, 노에 은박을 입혀 마치 자신들이 불의에 저항하는 것처럼 자랑스러워하는 모습을 보여 주었다. 해적들은 요란하게 피리를 불고 현악기를 연주하면서 해안에 내릴 때마다 술판을 벌였으며, 지도자를 납치하고 내키는 대로 도시를 약탈하였고, 도시를 인질 삼아 돈을 요구하며 로마의 위신을 크게 손상시켰다. 알려진 바와 같이, 해적선의 수는 1천 척이 넘었고, 4백 개 도시가 약탈을 겪었다.

그 밖에도 해적들은 클라로스(Claros), 디디마(Didyma), 사모트라키아(Samothracia)의 성소(聖所), 헤르미오네(Hermione)에 있는 크토니아 지모(地母) 신전(Chthonios), 에피다우로스에 있는 아스클레피오스(Asklepios) 신전, 이스트모스와 타이나론(Tainaron)과 칼라우리아(Kalauria)에 있는 포세이돈 신전, 악티온(Aktion)과 레우카스(Leucas)에 있는 아폴론 신전, 사모스와 아르고스와 라키니움(Lacinium)에 있는 헤라 신전을 유린했다.

또한 해적들은 소아시아 남쪽의 해적 요새인 올림포스의 신전에 불경(不敬)한 제물을 바치고 거기에서 비밀스러운 예식을 치렀는데, 그러한 예식 가운데 미트라스(Mithras)[4] 신에게 바치는 예식은 그들이 처음 시작한 뒤로 오늘날까지 이어져 내려온다.

또한 해적들은 뭍으로 올라와 도로를 따라 가며 약탈하고 이웃 마을을 유린함으로써 로마인들을 크게 모욕했다. 언젠가는 자주색 관복을 입은 법정관 섹스틸리우스(Sextilius)와 벨리누스(Bellinus)와 함께 그들의 호위병들을 잡아갔다. 또한 개선식을 올린 바 있는 안토니우스의 딸이 자기 나라로 돌아가고 있었는데, 그를 납치하여 많은 몸값을 받고 풀어 주었다.

그러다가 로마인들에게 가장 모욕적인 일이 벌어졌다. 잡혀 온 포로가 자기는 로마인인데 이름이 무엇이라고 소리치면, 해적들은 그 이름을 듣고 거짓으로 놀라는 체하며 자기의

---

4   미트라스는 페르시아인들이 믿는 빛과 진리의 신을 뜻한다.

허벅지를 친 다음[5] 로마인 앞에 엎드려 용서를 비는 시늉을 했다. 그들이 그토록 겸손하게 간청하는 것을 본 로마인은 그들이 진심으로 그러는 줄 믿었다.

뒤이어 해적들은 더 이상 실수하지 않으려는 것처럼, 로마인에게 장화를 신기고 겉옷을 입혔다. 이와 같이 해적들은 로마인을 조롱하고 놀려 대다가 마침내 사다리를 바다에 내려놓으면서 즐겁게 내려가도록 간청했다. 만약 포로가 내려가지 않으려 하면 해적들은 그를 배 밖으로 밀어내어 빠뜨려 죽였다.

25

해적 세력이 온 지중해를 덮어 로마인들은 항해할 수도 없었고 무역도 끊겼다. 이제 물자가 부족하고 굶주림이 다가오자 로마인들은 폼페이우스에게 권한을 주어 해적들에게서 바다를 해방하는 일에 마음 쓰게 했다. 이때 폼페이우스의 가까운 동지인 가비니우스(Gabinius)가 법안을 제출했는데, 이는 단순히 폼페이우스를 칭송하는 정도가 아니라 그를 전제 군주로 만들어 인민을 모두 지배하도록 허락하는 내용이었다.

이 법은 지브롤터(Columnae Herculis) 안쪽의 모든 바다와 해안에서 4백 훠롱(furlong)[6]에 이르는 육지까지 모두 통치할 권한을 그에게 주는 것이었다. 이 정도 넓이라면 로마 제국의 모든 영토와 그 안에 있는 대국과 대왕을 포함하는 것이었다. 그 밖에도 그는 공국 일곱 개를 다스릴 총독 열다섯 명을 뽑을 수 있으며, 그가 바라는 만큼 공금을 쓸 수 있고, 징세관(徵稅官)을 뽑을 수 있으며, 육군과 수병을 온전히 갖춘 함선 2백 척을 지휘할 수 있었다.

5　동서를 가리지 않고 '손으로 자기 허벅지를 치는 짓'은 '아차, 이를 미처 몰랐구나!' 하는 놀라움이나 탄식의 뜻을 담고 있다.

6　1훠롱은 201미터이다.

[기원전 67년] 민회에서 [이제 서른아홉 살의 폼페이우스에게 그와 같은 막강한 권력을 부여하는] 이 법안이 낭독되자 민중은 손뼉을 치며 환영했다. 그러나 원로원의 유력 인사들은 그 정도의 무한한 절대 권력을 그에게 주는 것은 시샘의 문제가 아니라 실제로 두려운 일이라고 생각했다. 그래서 그들은 법안에 반대했다. 그 가운데 카이사르만이 찬성했는데, 이는 그가 조금이라도 폼페이우스를 감싸고 싶어서가 아니라 그렇게 함으로써 민중을 즐겁게 하고 지지를 받고 싶었기 때문이었다. 나머지 사람들은 격렬하게 폼페이우스를 비난했다. 그때 집정관 한 사람이 폼페이우스에게 이렇게 말했다.

"만약 그대가 로물루스처럼 국부가 되려 하다가는 그가 어떻게 죽었는지도 모르게 죽은 것처럼 당신도 그렇게 죽을지 모릅니다."

그는 그런 말을 했다가 민중에게 맞아 죽을 뻔했다. 이번에는 카툴루스가 연단에 올라와 법안에 반대하는 발언을 하자 민중은 얼마 동안 존경하는 마음으로 조용히 그의 말을 들었다. 그는 폼페이우스를 칭찬하면서 비난하는 말을 하지 않더니, 이렇게 발언을 이어 갔다.

"로마는 이토록 위대한 인물을 아껴 두어야지, 끝없이 계속되는 전쟁과 위험으로 내몰아서는 안 됩니다. 여러분이 이처럼 위대한 인물을 잃는다면, 그다음에는 누구에게 그 일을 맡길 것입니까?"

이에 군중이 입을 모아 대답했다.

"당신이 맡으시오."

카툴루스는 군중을 더 이상 설득하지 못하고 연단에서 내려왔다. 이번에는 로스키우스 오토(Roscius Otho)가 연단에 올라 무슨 말인가 하려고 했지만, 군중은 들으려 하지 않았다. 그래서 그는 민중이 폼페이우스 한 사람에게 대권을 주고 싶지 않다면 그에게 동료 장군을 따라 붙이는 것이 어떠냐는 뜻으로 손가락을 펴 보였다.

들리는 바에 따르면, 오토의 발언에 군중이 분노하여 어찌나 크게 소리를 질렀던지, 날아가던 까마귀가 군중 사이로 떨어졌다고 한다. 이런 일이 있은 뒤로, 까마귀가 떨어지는 것은 공기 가운데 진공이 생겨서가 아니라 군중이 크게 소리침으로써 기류가 큰 폭으로 흔들려 떨어지는 것이라고 사람들은 믿기 시작한 듯하다.

26

이러는 동안에 민회가 해산했다. 그러나 법안 투표일이 되자 폼페이우스는 조용히 시골로 내려갔다가 법안이 통과되었다는 소식을 듣고 밤중에 시내로 들어왔다. 그가 돌아올 때 시민이 자기를 둘러싸고 환영하면 이를 시기하는 사람들이 있으리라고 생각했기 때문이었다.

날이 밝자 폼페이우스는 군중 앞에 나타나 제사를 올린 다음, 민회에 나가 투표로 결정된 그 밖의 많은 일을 처리하고, 병력도 두 배로 늘렸다. 그 결과 전함은 5백 척으로 늘어나고, 무장 병력은 12만 명으로 증원되었으며 기병 5천 명이 추가되었다. 그는 원로원 의원 가운데에서 스물네 명을 뽑아 지휘관이나 법정관으로 임명하고 재정관을 두 명 뽑았다.

마침 물가까지 금세 떨어지자 군중은 폼페이우스라는 이름만으로도 전쟁이 끝났다며 기뻐했다. 폼페이우스는 지중해와 연안을 13개 지역으로 나누어 사령관을 임명하고, 각지에 병력을 흩어 출진했다. 그는 만나는 해적마다 쳐부수고 나포하여 항구로 끌고 왔다. 겨우 목숨을 부지한 패잔병들은 마치 벌 떼가 둥지를 찾아들듯이 모두 킬리키아로 모여들었다.

폼페이우스는 전함 60척을 이끌고 몸소 항진했다. 그러나 그는 이곳을 직접 공격하기에 앞서 티레니아해(Mare Tyrrhe-num), 리비아해, 사르디니아 연안, 코르시카, 시킬리아의 해적을 소탕했는데 겨우 40일이 걸렸다고 한다. 이는 그 자신의 꺾일 줄 모르는 정열과 막료들의 열정 덕분이었다.

27

그러나 로마에 있던 집정관 피소(Piso)는 폼페이우스의 공로에 화가 나고 시샘이 생겨 군수품 조달을 방해하고 병사를 해산시키려 했다. 이에 폼페이우스는 함대를 브룬디시움으로 보내고 자기는 토스카나를 거쳐 로마로 들어갔다. 소식을 들은 시민이 모두 거리로 쏟아져 나와, 마치 며칠 전의 환송식도 잊은 듯이 그를 맞이했다. 바라지도 않게 사태가 빨리 진정되고 시장에 물자가 넘쳐 나자 그들은 크게 기뻐했다. 가비니우스가 이미 피소의 퇴진에 관한 법안을 작성해 두었고, 피소는 집정관 자리를 잃을 위기에 놓여 있었기 때문이었다.

그러나 폼페이우스는 그러지 못하도록 막고 피소에게 적대적인 행동을 하지 않았으며, 모든 일을 합리적으로 처리하고, 바라던 바를 얻은 다음 브룬디시움으로 돌아가 함대를 이끌고 다시 출항했다. 그는 눈앞의 일이 바빠 서두르느라 다른 도시들은 그냥 지나쳤지만 아테네만은 그럴 수 없어, 상륙하여 제물을 바치고 떠나면서 시민을 상대로 연설했다. 그가 떠날 때, 성문에는 두 개의 시구가 크게 쓰여 걸려 있었다. 문 안쪽에는 이렇게 쓰여 있었다.

    그대는 자신을 인간으로 보겠지만
    그대는 신이로다.

바깥쪽에는 이렇게 쓰여 있었다.

    우리는 그대를 기다렸노라.
    우리는 경배하노라.

우리는 보았노라.

그리고 그대를 보내노라.

아직도 큰 무리를 지어 떠돌던 해적들은 폼페이우스를 찾아와 용서를 빌었다. 폼페이우스는 해적들을 인간답게 상대해 주었고, 배와 사람을 잡은 다음에는 더 이상 해코지하지 않았다. 그래서 그들은 폼페이우스가 자신들을 살려 줄 것이라는 희망을 품은 채, 처자식을 거느리고 다른 장수가 아닌 그를 찾아와 항복한 것이다. 폼페이우스는 이들을 모두 용서해 주었다. 그리고 그들의 도움을 받아, 자신들의 죄가 무겁다는 것을 알고 숨어 있던 잔당들을 추격하여 잡아낸 뒤 처벌했다.

28

그러나 가장 강력하고 그 수가 많은 해적은 가족과 보물과 전투에 필요하지 않은 사람들을 타우로스(Tauros)산맥 가까운 곳에 있는 성과 요새로 보낸 다음, 자기들은 킬리키아의 코라케시움(Coracesium)만(灣)에서 폼페이우스와 벌일 결전을 기다리고 있었다. 이 전투에서 폼페이우스는 해적을 일망타진했다.

마침내 해적은 자신들이 장악하고 있던 도시와 섬을 내놓으며 항복 사절을 보냈다. 이 섬과 요새들은 어떤 침투나 공격에도 함락되지 않을 만큼 튼튼하게 축조되어 있었다. 이렇게 전쟁은 끝났고 석 달 만에 해적은 소탕되었다. 폼페이우스는 많은 해적선을 붙잡았는데 그 가운데에는 동판으로 뱃머리를 무장한 전함만 90척이었다.

폼페이우스는 2만 명에 이르는 해적 포로를 죽일 뜻이 없었다. 그렇다고 해서 그들을 풀어 주어, 가난하고 호전적이며 수가 많은 그들이 무리를 짓도록 할 수도 없다고 그는 생각했다. 인간의 심성을 살펴보면, 이들은 처음부터 거칠거나 반사회적이지 않다. 그들은 자연스럽지 못하게 나쁜 습성에 젖어

폼페이우스

그렇게 되었을 뿐이다. 따라서 풍습과 삶의 터전이 바뀌면 인성도 부드러워질 수 있다. 들짐승도 평화로운 삶을 누리다 보면 거친 야성을 버린다.

이런 생각에 폼페이우스는 해적들을 바다에서 육지로 옮겨 도시에서 살게 하거나 농사를 짓게 하여 길들임으로써 온화한 삶을 살게 하리라고 결심했다. 그래서 어떤 무리는 개척지가 더 필요한 킬리키아의 반쯤 폐허가 된 작은 도시로 이주하여 원주민과 어울려 살았다.

폼페이우스는 또한 최근에 아르메니아 왕 티그라네스(Tigranes)의 침략을 받아 황폐해진 도시 솔리(Soli)를 재건하여 많은 해적을 그곳에 정착시켰다. 그는 또한 기름지면서도 전쟁을 겪어 많은 사람을 잃었던 아카이아의 디메(Dyme)에 해적들이 살 곳을 마련해 주었다.

29

폼페이우스의 정적들은 그러한 조치가 잘못되었음을 알았고, 그의 가까운 막료들도 그가 크레타의 메텔루스 피우스에게 보여 준 처사를 못마땅하게 여겼다. 피우스는 폼페이우스가 스페인에서 활약할 때 함께 일한 막료의 친척이었는데, 폼페이우스가 해적 소탕 임무를 맡기에 앞서 그곳 총독을 맡고 있었다. 당시 크레타는 킬리키아 다음으로 큰 해적 소굴이었다.

피우스는 그곳에서 많은 해적을 토벌했다. 그러자 살아남아 포위되어 있던 해적들은 피우스에게 죽느니 차라리 폼페이우스에게 항복해야겠다고 생각했다. 그래서 그에게 사절을 보내, 사실은 크레타도 폼페이우스의 관할 지역이며 바다에서 거리를 계산해 보아도 그의 지휘 아래 있다고 말하면서, 자기들도 폼페이우스에게 항복하고 싶다는 뜻을 전달했다.

폼페이우스는 해적의 청원을 받아들여 피우스에게 전투를 멈추게 하고, 그곳 여러 도시에 편지를 보내 이제 더는 피우스의 지시를 받지 말라고 지시했다. 이어서 자신의 막료 가운데 루키우스 옥타비우스(Lucius Octavius)를 장군으로 임명하여 보냈다. 그런데 옥타비우스는 포위된 해적의 근거지로 들어가 해적과 싸운 것이 아니라 오히려 해적과 한통속이 되어 그들 편에 서서 피우스에게 항전했다.

이로 말미암아 폼페이우스는 끔찍한 압제자일 뿐만 아니라 황당한 사람이라는 평판을 들었다. 사악한 범죄자들에게 자신의 이름을 빌려줌으로써 마치 악행을 가려 주는 망토처럼 써먹을 수 있도록 해 주었기 때문이었다. 그가 옥타비우스를 보낸 것은 피우스에 대한 질투심 때문이었다.

사람들의 말에 따르면, 아킬레우스는 어떤 때는 어른스러운 일도 했지만 젊었을 때는 공명심에 눈이 멀기도 했다. 과거에 그는 정적 헥토르(Hector)를 죽이지 말라고 다른 사람들에게 신호를 보냈는데, 이는 호메로스의 시구처럼,

누군가 그를 죽여 명성을 얻게 되면
자신이 첫째의 지위를 잃을까 두려워함이라.
(『일리아스』, XXII : 207)

폼페이우스는 이렇듯 공적(公敵)들의 편에 서서 싸워 그들의 생명을 구해 주곤 했다. 이는 땀 흘려 승리를 얻은 장군에게서 공적을 빼앗고자 함이었다. 그러나 피우스는 이에 굽히지 않고 해적들을 잡아 응징하였으며, 병사들 앞에서 옥타비우스를 모욕한 다음 멀리 쫓아 버렸다.

30
해적과의 전쟁이 끝나고 나서, 한가로이 지내던 폼페이우스가 여러 도시를 방문한다는 소식이 로마에 들어오자 [기원전 66년에] 대중의 인기가 높던 호민관 만리우스(Manlius)가 법안을 제

출했다.

그 법안에 따르면, 루쿨루스가 지배하던 로마의 모든 통치권과 병권을 폼페이우스에게 주고, 이에 더하여 지난해 취임한 집정관 글라브리오(Glabrio)에게 있던 비티니아(Bithynia)의 통치권과 함께 미트리다테스왕과 티그라네스왕에 대한 교전권도 폼페이우스에게 줌으로써 글라브리오가 본디부터 가지고 있던 해군과 해상권까지 그가 장악하도록 하는 것이었다. 이는 로마의 최고 통치권을 오로지 한 사람의 손에 맡긴다는 것을 뜻했다.

이는 지난날의 법에서 제외되었던 공국들, 이를테면 프리기아, 리카오니아, 갈라티아, 카파도키아, 킬리키아, 북(北)콜키스(Upper Colchis), 아르메니아에 대한 통치권은 물론이고, 루쿨루스가 미트리다테스왕과 티그라네스왕을 정복하면서 행사했던 병권까지 모두 폼페이우스가 장악하는 것이었다.

이렇게 되면 루쿨루스는 자신이 이룩한 공적의 영광을 잃고, 전쟁을 몸소 수행한 장군이 아니라 승리를 즐기는 방관자가 되는 꼴이며, 더 나아가서 부당하고도 배은망덕한 대우를 받는 것이었지만, 그러한 문제는 귀족들의 관심 대상이 아니었다.

다만 귀족들은 폼페이우스에게 그토록 많은 권력을 줌으로써 자기들이 독재자를 옹립하는 것은 아닌가 생각했다. 그래서 개인적으로는 만리우스의 법안을 탐탁하지 않게 생각하면서 이를 부결시킴으로써 자유를 포기하지 않기로 서로 격려했다. 그러나 표결의 날이 오자 그들은 군중이 어떻게 나올지 두려워 아무 말도 하지 않았다.

그때 카툴루스가 연단에 올라 그 법안과 이를 제안한 호민관을 길게 비난하였으나 아무도 그의 말에 귀를 기울이지 않았다. 그는 단상에서 원로원 의원들에게 큰 소리로 외쳤다.

"우리 조상들이 그랬듯이, 나 자신도 산이나 거친 바위 굴안으로 들어가 몸을 피함으로써 자유를 지켜야겠습니다.”

그러나 만리우스가 제출한 법은 끝내 통과되었다. 들리는 바에 따르면, 술라가 전쟁을 수행하면서 로마를 장악한 다음 휘둘렀던 절대 권력이, 폼페이우스도 없는 사이에 그에게 부여하도록 법이 선포되었다고 한다. 그러나 편지를 받고 어떤 법이 통과되었는지 알게 된 폼페이우스는 축하하고자 옆에 둘러선 막료들을 바라본 다음, 눈살을 찌푸리고 허벅지를 치면서 이렇게 말했다고 한다.

“아, 내 일은 도무지 끝날 줄을 모르는구나. 이토록 전쟁에서 벗어나지 못한 채 사람들의 질투를 받으며 살아가느니 차라리 이름 없는 백성으로 태어나 아내와 더불어 시골에 묻혀 남은 인생을 살고 싶구나.”

폼페이우스가 그런 말을 하자 가까운 막료들조차도 그의 능청스러움을 참을 수 없었다. 루쿨루스에 대한 증오가 그의 타고난 권력욕에 불을 질렀으며, 그가 루쿨루스에 대한 증오를 즐기고 있다는 사실을 막료들은 잘 알고 있었다.

31

폼페이우스는 곧 행동으로 본심을 드러냈다. 각지에 포고령을 내려 모든 군대가 자신의 지시를 따르게 하고, 자기에게 알현하도록 속지(屬地)의 총독과 왕들을 불렀다. 그는 또한 지방을 돌아다니면서 루쿨루스가 이룩한 것들을 모두 바꾸고, 그가 처벌한 것을 사면하고, 그가 시상(施賞)한 것을 취소함으로써 그를 추종하는 사람들에게 이제 루쿨루스는 더 이상 권력자가 아님을 보여 주고자 온갖 수단을 썼다.

이에 루쿨루스가 친구를 통해 항의하자 폼페이우스는 그와 회담을 갖기로 했다. 그들은 갈라티아에서 만났다. 두 사람 모두 위대하고 성공한 장군이었으므로, 둘이 만날 때 시종들은 월계수로 치장한 부월을 들고 나타났다. 그러나 루쿨루스는 그늘이 많은 초원을 지나왔고, 폼페이우스는 나무도 없이 메마른 지방을 오랫동안 지나왔기 때문에 폼페이우스의 화관이 모두 말라 있었다.

이를 본 루쿨루스의 시종들은 자기들이 가지고 있던 싱싱한 월계수를 폼페이우스의 시종들에게 나누어 주면서 부월을 치장하도록 했다. 어떤 사람들은 이 장면이 폼페이우스가 루쿨루스에게서 영광과 승리의 결과를 가로채고 있는 전조라고 주장했다. 루쿨루스는 폼페이우스보다 먼저 집정관을 지냈고 나이도 더 많았지만, 폼페이우스는 개선식을 두 번 치렀기 때문에 위엄이 더 높았다.

처음 만났을 때 루쿨루스와 폼페이우스는 상대편의 전공을 찬양하고 승리를 축하하며 예의와 우정을 갖춰 인사를 나누었다. 그러나 곧바로 이어진 회담에서 그들은 공의롭고 이성적인 합의에 이르기는커녕 서로를 비난했다. 폼페이우스는 루쿨루스가 공금을 횡령했다며 비난하고, 루쿨루스는 폼페이우스가 권력을 남용했다고 비난하며 서로 다투어 막료들이 겨우 뜯어말렸다.

그 무렵에 루쿨루스는 갈라티아에 머물면서 자기가 아끼는 병사들에게 점령된 땅의 일부를 나눠 주고 다른 것들도 선물했다. 루쿨루스가 있던 곳에서 그리 멀지 않은 곳에 진영을 차리고 있던 폼페이우스는 어떻게든 그의 지휘권을 약화시키려고 애를 썼다.

폼페이우스는 자신이 보기에 반항적인 성격으로 말미암아 루쿨루스에게 도움이 되지 않거나 그에게 적개심을 품었다고 여겨지는 1천6백 명을 빼놓고 군사를 모두 철수시켰다. 그리고 폼페이우스는 루쿨루스의 공적을 깎아내리면서, 그는 지난날 우스꽝스럽고 허깨비 같은 왕들과 싸웠지만 이제는 실전으로 훈련되고 패전으로 단련된 군대와 싸워야 할 일이 남아 있다고 선언했다. 그의 말은 페르시아 왕 미트리다테스가 방패와 칼과 병마로 무장하고 있음을 뜻한 것이었다.

이에 루쿨루스도 지지 않고 응수했다. 그의 말을 들어 보면, 게으른 까마귀는 남들이 힘들게 싸워 죽인 시체에 내려앉아 전쟁이 남긴 썩은 고기나 뜯어 먹는데, 폼페이우스도 그렇게 전쟁의 망령과 그림자나 쫓아다니고 있다는 것이었다. 또한 폼페이우스 일당이 세르토리우스와 레피두스와 스파르타쿠스의 추종자들을 무찌른 것도 알고 보면 피우스와 카툴루스와 크라수스가 이룩한 승리를 가로챘다는 것이었다.

그러므로 그가 폰토스(Pontos)나 아르메니아와 벌였던 전쟁에서 전공을 가로채려 한 것이나, 도망 노예를 무찌르고 이런저런 방법으로 전공을 차지하려 한 것도 그리 놀랄 일이 아니라고 루쿨루스는 주장했다.

32

이런 일이 있은 뒤에 루쿨루스는 그곳에서 병력을 철수하였고, 폼페이우스는 페니키아와 보스포로스 해협을 지킬 수 있도록 함대를 배치한 다음 미트리다테스왕을 정복하러 진군했다. 미트리다테스는 보병 3만 명과 기병 2천 명을 거느렸으면서도 감히 전쟁을 일으키지 못하고 있던 터였다. 처음에 그는 정복하기 어려운 산간에 진영을 차렸다가 물이 부족하다 여겨 그곳을 포기했다.

그러나 폼페이우스는 그 산에 진영을 차렸다. 식물이 무성한 것으로 보나 골짜기의 지형으로 볼 때 물이 있으리라고 판단한 그는 여기저기 파 보도록 부하들에게 지시했다. 그러자 물이 쏟아지기 시작했고, 병사들은 이곳에 주둔해 있던 페르시아 왕이 어찌 그런 사실을 몰랐을까 하며 의아해했다.

그런 뒤에 폼페이우스는 페르시아 왕의 진지로 쳐들어가 포위했다. 45일을 견딘 왕은 환자와 쓸모없는 병사를 죽인 뒤에, 가장 뛰어난 병력만 이끌고 몰래 포위망을 벗어났다. 폼페이우스는 에우프라테스강까지 그를 추격하여 가까운 곳에 진영을 차렸다. 폼페이우스는 왕이 강을 건너 도망치면 잡기 어려우리라 생각하고 밤중에 전열을 가다듬어 공격했다.

들리는 바에 따르면, 이 무렵에 페르시아 왕은 다가올 일을 알려 주는 꿈을 꾸었다고 한다. 꿈속에서 그는 순풍을 타고 흑해를 건너고 있었는데, 어느덧 보스포로스 해협이 눈에 들어왔다. 그는 기뻐하며 배에 탄 사람들에게 인사했다. 그들도 이제 완전히 구제되었다고 생각하며 기뻐했다. 그런데 갑자기 왕 혼자만 일행에서 외떨어져 난파된 나뭇조각에 매달려 있었다.

미트리다테스왕이 그와 같은 악몽에 시달리고 있을 때, 막료들이 침대로 다가와 그를 깨우면서 폼페이우스의 병사가 쳐들어오고 있다는 소식을 들려주었다. 왕은 진지를 지키며 싸울 수밖에 없어 장군에게 군대를 이끌고 나가 전열을 갖추도록 했다.

적군의 수가 더 많고, 공격에 대비하고 있다는 것을 안 폼페이우스는 어둠 속에서 공격하기가 어렵다고 판단했다. 그는 그들이 도망하지 못하도록 포위하고 있다가 날이 밝으면 공격하기로 했다. 그러나 경험 많은 장군들은 곧장 쳐들어가자고 간청했다. 달빛이 비쳐 그리 어둡지 않으니 사람들을 분명히 알아볼 수 있다는 것이었다.

그때의 상황은 미트리다테스왕에게 몹시 불리했다. 로마 병사들은 지평선에 걸린 달빛을 등에 받고 있어 그림자가 앞으로 길게 뻗어 적군에까지 이르고 있었다. 그래서 페르시아군은 자신과 적군의 사이를 정확히 가늠할 수가 없었고, 그들이 가까이 왔을 것으로 어림잡고 목표도 정하지 않은 채 창을 던지니 맞을 턱이 없었다. 이를 본 로마군이 소리치며 쳐들어가니 페르시아군은 더 이상 버티지 못하고 공포에 질려 우왕좌왕하며 도망쳤다. 로마군은 이들을 추격하여 1만 명을 죽이고 그들의 진영을 점령했다.

미트리다테스왕은 처음에 기병 8백 명과 함께 로마 진영을 뚫고 탈출했으나 곧 모두 흩어지고 세 명만 남았다. 그 가운데 하나가 애첩 히프시크라테이아(Hypsikrateia)였다. 그는 늘 남자다운 성격과 탁월한 용맹을 보여 왕은 그를 히프시크라테스(Hypsicrates)라고 부르기를 좋아했다.[7] 그때에도 그는 페르시아 남성들처럼 옷을 입고 말을 탄 채 긴 여행을 하면서도 지치지 않았고, 싫어하는 내색 없이 왕과 말을 보살피며 시노라(Sinora)에 이르렀다. 시노라는 왕이 돈과 보물을 보관하던 곳이었다.

이곳에서 왕은 값진 옷을 꺼내 함께 피난 온 사람들에게 나누어 주었다. 그는 또한 자신들의 뜻과 달리 적군의 손에 잡혔을 때를 대비하여 막료들에게 독약을 나누어 주었다. 그런 다음 그는 티그라네스왕을 만나려고 아르메니아로 떠났다. 그러나 아르메니아의 왕은 그의 입국을 거절하면서 그를 잡아 오는 사람에게는 1백 탈렌트의 상금을 주겠노라고 선언했다. 이에 그는 다시 에우프라테스강 상류를 건너 콜키스로 도주를 계속했다.

33
그런 뒤에 폼페이우스는 아버지에게 반란을 일으킨 티그라네스 왕자의 부탁을 받고 아르메니아로 쳐들어갔다. 왕자는 아라크세스(Araxes)강 변에서 폼페이우스를 맞이했다. 이 강은 에우프라테스강과 같은 곳에서 시작하여 동쪽으로 흘러 카스피해로 들어갔다. 두 사람은 함께 진군하면서 지나는 도시들을 정복했다.

---

7   라틴계의 여성 이름은 -a로 끝나고 남성의 이름 -es로 끝난다. 그래서 남성의 이름은 요네스(Jones)이고 그의 짝을 이루는 여성의 이름은 요안나(Joanna)이다.

최근에 루쿨루스에게 무참히 패배했던 티그라네스왕은 폼페이우스가 루쿨루스보다 더 온화하고 정중하다는 소문을 듣게 되었다. 그래서 그는 로마 수비대를 성으로 불러들인 다음, 막료와 가족들을 이끌고 스스로 항복했다. 이때 티그라네스왕이 말을 타고 로마 병영으로 들어가려 하자 폼페이우스의 시종 두 명이 다가와 말에서 내려 걸어갈 것을 부탁했고, 그는 그 요청에 따랐다. 사실 이제까지 로마 병영 안에서는 말을 타고 다닌 사람이 없었다.

티그라네스왕은 그런 식으로 폼페이우스의 군령(軍令)을 따랐고, 심지어 칼을 빼 로마 병사에게 맡기고 폼페이우스 앞에 이르렀다. 그가 왕관을 벗어 발아래 놓는데, 그 모습이 참으로 굴욕스럽게 보였다. 심지어 그는 몸을 던지듯이 폼페이우스의 무릎 아래 꿇어앉으려 했다. 그러나 그에 앞서 폼페이우스는 손으로 그를 잡아끌어 옆자리에 앉히더니 왕자를 다른 쪽에 앉혔다. 그러고는 루쿨루스가 왕에게서 빼앗은 시리아, 페니키아, 킬리키아, 갈라티아, 소페네는 루쿨루스의 몫이 될 수밖에 없겠지만, 로마인들에게 지은 죗값으로 6천 탈렌트만 지불한다면 지금 차지하고 있는 땅은 그대로 다스려도 된다고 말했다. 또한 그의 아들을 소페네의 왕으로 임명하겠다고 했다.

티그라네스왕은 그러한 강화 조건에 만족했다. 로마 병사가 그를 왕으로 부르며 환호하자 그는 일반 사병에게 은화 반(半) 미나, 백인대장에게 10미나, 각 군무 위원에게는 1탈렌트씩을 주겠노라고 약속했다. 그러나 왕자는 부왕의 행동이 불만스러웠다. 저녁 식사에 초대받은 왕자는 영예를 얻으려고 폼페이우스에게 의지한 것이 아니며, 이런 식의 식사를 대접해 줄 로마인들은 얼마든지 있다고 말했다.

그 말이 끝나자 폼페이우스는 그를 묶어 개선식에 자랑거리로 쓰고자 가두어 두었다. 얼마 지나지 않아 파르티아 왕 프라아테스(Phraates)가 사절을 보내, 그 젊은 왕자는 자기 사위이니 풀어 줄 것을 호소하면서, 에우프라테스강 이쪽은 자기가 다스리고 저쪽은 로마가 다스리라고 제안해 왔다. 이에 폼페이우스는 이렇게 대답했다.

"왕자는 장인에게 맡기기보다 아버지에게 맡기는 것이 좋고, 국경 문제는 정의에 따라 결정하는 것이 좋소."

34

[기원전 65년에] 폼페이우스는 아르메니아의 통치를 아프라니우스(Afranius)에게 맡기고 미트리다테스를 찾아 진군했는데, 이때 어쩔 수 없이 카우카소스(Kaukasos)산맥에 살고 있는 부족의 마을을 지나게 되었다. 이 부족 가운데 가장 강성한 무리는 알바노이인(Albanian)과 이베레스인(Iberian)들이었다.

이베레스인은 모스키아(Moschia)산맥을 지나 흑해 연안까지 뻗어 있었고, 알바노이인은 동쪽으로 카스피해까지 뻗어 있었다. 처음에 알바노이인은 폼페이우스가 자유롭게 통과할 수 있도록 허락했으나, 그의 군대가 자기 나라에서 겨울을 맞게 되어 로마식 농신제인 사투르누스 축제(Saturnus Festival)를 지내자 4만 명이 넘는 군대를 이끌고 쳐들어왔다.

알바노이인은 폼페이우스를 공격하려고 키르노스(Cyrnus)강을 건넜다. 이 강은 이베리아산맥에서 시작하여 아르메니아에서 흘러오는 아라크세스강과 합친 다음 열두 갈래로 나뉘어 카스피해로 흘러 들어간다. 다른 사람들의 말에 따르면, 아라크세스강은 키르노스강과 만나지 않고 홀로 흐르다가 카스피해로 흘러 들어간다고 한다. 폼페이우스는 적군이 강을 건너지 못하도록 할 수 있었지만, 그들이 지장 없이 강을 건너오게 한 다음 습격하여 많은 병사를 죽였다.

이에 알바니아 왕이 사절을 보내 용서를 빌자 폼페이우스는 그들의 잘못을 용서하고 강화 조약을 맺은 다음 이베레스인을 정벌하러 떠났다. 이베레스인은 사람 수에서 다른 부족보다 적지 않은 데다가 더 호전적이었으며, 폼페이우스를 수치스럽게 만듦으로써 미트리다테스왕을 기쁘게 해 주고 싶은 열망에 사로잡혀 있었다.

이베레스인은 메디아족이나 페르시아인에게 정복된 적이 없는 데다가 알렉산드로스 대왕이 카스피해 연안의 히르카니아(Hyrkania)에서 서둘러 떠났기 때문에 마케도니아의 지배를 받지도 않았다. 그럼에도 폼페이우스는 이들을 상대하여 9천 명을 죽이고 1만 명을 사로잡았다. 그런 다음에 콜키스로 진군하여 파시스(Phasis)강에서 세르빌리우스(Servilius)왕을 만났다. 그때 세르빌리우스는 함대를 이끌고 흑해를 순찰하고 있었다.

35

그러나 보스포로스와 마이오티스(Maeotis) 호수 가까이에 몰려 살고 있는 부족에게로 몸을 숨긴 미트리다테스를 추격하기란 매우 어려운 일이었다. 그런 상황에서 알바노이인이 반란을 일으켰다는 소식이 들어왔다.

이에 화가 난 폼페이우스는 이들을 무찌르고자 군대를 돌려 키르노스강을 건넜으나, 이방 민족은 강변을 따라 말뚝으로 담장을 치고 있어 공격하는 것이 말도 할 수 없을 정도로 어려웠다. 더욱이 그는 물도 없는 오지(奧地)를 행군해야 했기 때문에 소가죽 부대 1만 개에 물을 담아 적군을 추격하도록 지시했다.

폼페이우스가 알아보니 적군은 아바스(Abas)강 변에서 전투태세를 갖추고 있었는데, 그 수가 보병 6만 명과 기병 1만 2천 명이었으며, 무기는 허술했고 대부분 야생 동물 가죽으로 지은 옷을 입고 있었다. 그들을 이끄는 장수는 왕의 아우 코시스(Cosis)였다. 접전이 일어나자 코시스는 장창으로 폼페이우스의 가슴받이 이음새를 찔렀으나 폼페이우스가 곧 반격하여 그를 찔러 죽였다.

들리는 바에 따르면, 이 전투에서 아마존의 여전사들(Am-azones)이 테르모돈(Thermodon)강 부근의 산에서 내려와 이방 민족 편에서 싸웠다고 한다. 그러나 전쟁이 끝난 뒤에 로마군이 그들의 물품을 약탈할 때, 여전사들의 방패와 장화를 발견했지만 아마존의 여전사들은 보이지 않았다.

아마조네스들은 흑해 쪽으로 뻗은 카우카소스산맥의 어느 지역에서 살았는데, 알바노이의 국경 근처는 아니었다. 겔라이(Gelai)족과 레게스(Leges)족이 그 사이에 살았다. 아마조네스족은 해마다 두 달씩 테르모돈강 가에서 그 두 부족을 만나 얼마 동안 함께 살다가 헤어져 자기 부족의 방식대로 살아가고 있다.

36

이 전쟁이 끝난 뒤에 폼페이우스는 흑해와 카스피해를 향해 진군했지만, 떠난 지 사흘 만에 독사 떼를 만나 소(小)아르메니아로 철수했다. 폼페이우스가 이곳에 머무는 동안 엘리마이아(Elymaia)족과 메디아족의 왕이 사절을 보내 그에 대한 우정 어린 답장을 보냈으나, 고르디에네(Gordyene)를 침략하고 티그라네스의 부족들을 약탈한 파르티아 왕에게는 아프라니우스의 군대를 보내 적군을 몰아내고 아르벨라(Arbela)까지 추격했다.

미트리다테스왕의 애첩들이 끌려왔으나 폼페이우스는 그 가운데 누구에게도 손을 대지 않고 그들의 부모나 혈육에게 돌려보냈다. 그들은 모두 장군이나 제후의 딸이거나 아내들이었다. 그들 가운데 스트라토니케(Stratonicé)라는 여인은 미트리다테스의 총애를 한 몸에 받았는데, 매우 값진 성채를 가지고 있었다.

스트라토니케는 아마도 가난하고 늙은 리라 연주자의 딸이었던 것으로 보인다. 그 여인은 왕이 베푼 술자리에서 단숨에 미트리다테스를 사로잡았다. 왕은 곧장 그 여인을 데리고 침소로 들어가면서 그 아비에게는 왕다운 인사를 차리지 않아 늙은 악사를 몹시 슬프게 했다.

그러나 악사가 아침에 일어나 보니 탁자에는 금은으로 만든 식기가 가득하고 많은 몸종이 둘러서 있으며, 내시와 시동(侍童)이 값진 옷을 들고 그에게 다가왔다. 밖에는 왕의 막료들이나 탈 수 있는 호화로운 말이 서 있었다. 그는 이 모든 일이 자기를 놀리려는 일이라 생각하고 밖으로 달아나려 했다.

그러자 시종이 악사를 잡고 이르기를, 이는 얼마 전에 죽은 어느 부호의 막대한 재산을 왕이 차지하여 그대에게 하사한 것이며, 그가 남긴 수많은 재산 가운데 일부에 지나지 않는다고 말했다. 이런 식으로 어렵게 설득이 끝나자 그는 자주색 옷을 입고 말을 몰아 시내로 가면서 이렇게 소리쳤다.

"이게 모두 내 것이라고."

자신을 비웃는 사람들에게 그 악사는 자기의 행동이 전혀 놀랄 일이 아니며, 오히려 자신은 지금 미칠 듯이 좋아 자기가 만나는 사람들을 돌로 때려죽이지 않는 것이 이상하다고 말했다. 스트라토니케는 이런 아버지의 딸이었다. 그 여인은 폼페이우스에게 자신의 성채를 바치며 항복하고 많은 재물을 바쳤다.

그러나 폼페이우스는 로마의 신전을 치장하고 자신의 개선식에 도움이 될 만한 것만 받은 다음 나머지는 돌려보냈다. 마찬가지로 이베리아의 왕도 금으로 만든 침대와 식탁과 왕좌(王座)를 보내며 받아 줄 것을 간청했으나 폼페이우스는 모두 재무관에게 보내 국고에 넣었다.

37

카이논(Kainon) 요새에서 폼페이우스는 미트리다테스의 개인 문서들을 찾았는데, 이 글들은 왕의 성격을 잘 보여 주는 것이어서 폼페이우스는 적지 않게 만족했다. 왕의 비망록 가운데에는 여러 가지 사건 말고도, 그가 아들 아리라테스(Arirates)를 죽였으며, 승마 경주에서 자기를 이긴 사르디스 출신의 알카이오스(Alkaios)를 죽인 이야기도 들어 있었다. 편지 가운데에는 자신과 애첩들의 꿈을 해석한 이야기도 들어 있었고, 애첩 모니메(Monimé)가 그에게 보낸 음탕한 편지와 그에 대한 답장도 들어 있었다.

또한 폼페이우스 진영에서 공병(工兵)을 맡았던 테오파네스(Theophanes)의 기록에 따르면, 아프리카의 카이킬리우스 메텔루스의 사절이었던 루틸리우스 루푸스(Rutilius Rufus)가 미트리다테스왕에게 편지를 보내 아시아에 있는 로마인을 학살하라고 부추겼다고 한다. 그러나 대부분의 사람이 인정하듯, 이 이야기는 테오파네스가 악의적으로 꾸며 낸 것이다. 그는 자기와 성격이 다른 루푸스를 미워했다. 그래서 그는 루푸스가 자신의 저술에서 폼페이우스의 아버지를 몹시 나쁘게 묘사한 것을 일러바침으로써 폼페이우스의 환심을 샀다.

38

폼페이우스는 카이논에서 아미소스(Amisus)로 넘어갔는데, 이곳에서 그는 지나친 야심으로 말미암아 잘못된 길로 들어섰다. 그는 지난날에 적군이 아직 살아 있는데도 칙령을 내려 장군들에게 전리품과 영예를 내린 바 있는 루쿨루스를 몹시 비난한 적이 있었다. 그런 일은 전쟁이 완전히 끝났을 때 승자가하는 일이었기 때문이었다.

그러나 미트리다테스가 아직 보스포로스 해협을 완전히 장악하고 막강한 세력을 거느리고 있는데, 폼페이우스 역시 전쟁이 끝나기라도 한 것처럼 장군들에게 영지와 전리품을 나누어 주었다. 많은 지도자와 제후와 열두 명의 페르시아 대공(大公)이 그를 찾아왔다. 이 과정에서 그는 다른 제후를 치켜세우고 싶었던 탓에 파르티아 왕에게 통상으로 쓰던 '왕중왕'이라는 칭호를 쓰지 않았다.

더욱이 폼페이우스는 먼저 시리아를 되찾고 싶은 열망이 지나쳐 아라비아를 넘어 홍해(紅海)까지 진격했는데, 이는 사방으로 둘러싸인 대해로 나감으로써 자신의 무공을 넓히고자 함이었다. 이어서 그는 아프리카에서 생애 처음으로 대양까지 진출하였으며, 스페인을 정복함으로써 서쪽 국경선을 대서양까지 확장하였고, 세 번째로는 최근에 알바노이인의 영역까지 진격하여 영토가 거의 카스피해까지 이르렀다.

이제 폼페이우스는 정복지를 홍해까지 연장하고자 군대를 이끌고 다시 진격했다. 그 밖에도 그는 무장한 미트리다테스를 사로잡는다는 것이 얼마나 어려운 일이며, 전쟁을 치를 때보다도 추격하는 것이 더 어렵다는 사실을 깨달았다.

39

이에 따라 폼페이우스는 도망자들에게 자기보다 더 강력한 적인 굶주림을 안겨 주어야 한다면서, 보스포로스로 가는 상선의 항로를 막고자 그곳에 전함을 배치하고 이 명령을 어길 경우에는 사형시켰다. 막강한 군대를 이끌고 진군하던 그는 땅에 묻히지도 않은 채 널려 있는 시체 더미를 만났다.

이들은 3년 전에 트리아리우스(Triarius)의 지휘 아래 미트리다테스와 싸우다 죽은 무리였다. 폼페이우스는 그들을 정중하게 묻어 주었다. 반면에 루쿨루스는 이런 상황을 소홀히 다루었고, 민중은 그의 이런 점을 싫어했다.

부장인 아프라니우스가 아마노스(Amanus)산맥 둘레에 있는 아라비아인을 정복한 뒤, [기원전 64년에] 폼페이우스는 시리아로 쳐들어가 합법적인 왕이 없다는 구실로 이곳을 로마의 영토로 선언했다. 또한 그는 유대 땅을 복속시켰으며, 아리스토불로스(Aristobolos)왕을 사로잡았다.

폼페이우스는 또한 도시를 몇 개 세우고 독재자를 몰아냄으로써 도시를 해방했다. 그는 이 기간에 도시와 왕들의 분쟁을 해결하면서 대부분의 시간을 재판하는 데 썼는데, 자신이 직접 갈 수 없을 때는 막료들을 보내 처리했다.

아르메니아인들과 파르티아인들이 영토 분쟁을 해결해 달라고 폼페이우스에게 부탁하자 그는 세 명의 중재자와 재판관을 보내 해결해 주었다. 그리하여 그의 덕망과 너그러움에 못지않게 권력도 강력해졌다. 이러한 처신은 그의 막료나 측근들이 저지르는 실수로 말미암은 비난을 막아 주었다. 잘못을 저지른 사람을 책망하고 억압하는 일은 그에게 천성적으로 맞지 않았다. 그와 함께 일을 해 본 사람들은 막료들이 착취와 압제를 저질러도 그가 해결해 줄 것이라며 기다리게 되었는데, 이런 일들이 그에게는 큰 도움이 되었다.

40

폼페이우스에게 큰 영향을 미친 사람은 데메트리오스였다. 그는 해방 노예로서 학식이 높았으나 자신의 행운을 남용했다. 그에 관해서는 다음과 같은 이야기가 알려져 있다.

철학자 소(少)카토(제36장 「소카토전」, § 13)가 젊어 그리 유명하지도 않고 꿈이 고결하지도 않았던 시절에 안티오키아(Antiochia)를 보고 싶어 간 적이 있었다. 그 무렵에 폼페이우스는 그곳에 없었다. 이야기를 들어 보니, 카토는 늘 하던 대로 걸어서 갔는데, 함께 여행하던 친구들은 말을 타고 있었다.

카토가 성문을 바라보니 군중이 흰옷을 입고 마중을 나왔는데, 길 한편에는 젊은이들이 서 있고, 다른 한편에는 소년들이 서 있었다. 이런 식의 의전을 좋아하지 않던 카토는 그들이 자기에 대한 존경을 표시하러 나온 줄로 알고 화가 났다. 그래서 카토는 친구들에게 말에서 내리도록 한 뒤 함께 걸어갔다.

군중이 가까이 오자 머리에는 화관을 쓰고 손에는 지팡이를 든 우두머리가 앞에 나서서 데메트리오스와는 언제 헤어졌으며, 그는 언제 오느냐고 물었다. 친구들이 어이없어 웃자 카토가 이렇게 말했다.

"아, 가여운 도시로구나!"

그러고 나서 카토는 아무 대답도 없이 지나갔다. 그러나 폼페이우스는 데메트리오스의 화려하고 거슬리는 행동에 화내지 않고 견딤으로써 그를 감싸 주었다.[8]

이를테면 여러 차례 식사 모임이 있을 때마다 폼페이우스는 손님들을 차분히 기다렸는데, 데메트리오스는 단정치 못하게 이미 겉옷의 두건을 뒤로 젖히고 식탁 의자에 비스듬히 누워 있었다고 한다. 그는 이탈리아로 돌아오기에 앞서 로마 교외에 아름다운 땅과 가장 아름다운 유원지를 사들여 값지게 정원을 꾸민 다음, 자기 이름을 따 '데메트리오스의 집'이라고 불렀다.

폼페이우스는 세 번째 개선식을 치르고서도 단출하고 허름한 집에 살았다. 그런 일이 있은 뒤에 폼페이우스는 자신의 이름을 딴 유명하고 아름다운 극장을 지으면서 그 옆에 자기가 살 집을 지었는데, 그 모습이 마치 큰 배 옆에 작은 나룻배가 붙어 있는 듯했다.

그 집은 지난날 그가 살던 집보다는 조금 나았지만 다른 사람의 시기를 불러일으킬 정도는 아니었다. 뒷날 그 집을 사들인 새 주인은 집이 너무 검소한 데 놀라면서 폼페이우스가 식사하던 곳이 어디냐고 물을 정도였다. 우리가 들은 이야기는 그런 것들이었다.

---

8 이 문장에서 갑자기 데메트리오스가 등장하여 독자들이 혼동할 수 있다. 이 부분에서 플루타르코스의 기술은 정교하지 않았거나 판본의 전수 과정에서 몇 줄이 누락되었을 수 있다. 안티오키아의 주민들은 성으로 들어오는 카토의 검소한 모습을 보자 그가 카토임을 모르고 화려한 데메트리오스의 선발대 정도로 낮춰 보았기 때문에 일어난 사건이었다. 데메트리오스는 그토록 화려함을 좋아하는 인물이었으나, 폼페이우스는 그의 탁월한 능력을 사랑하여 그의 지나침을 탓하지 않았다.

41

페트라(Petra) 근처에 있던 아라비아 왕은 지난날 로마 세력을 대수롭지 않게 여겼으나, 이제는 폼페이우스가 너무 무서워 시키는 대로 하겠노라는 편지를 보냈다. 이에 폼페이우스는 자신의 목적을 그에게 알리고자 페트라로 진격했다. 이 전쟁으로 말미암아 폼페이우스는 부하들에게 적지 않은 불평을 들었다.

부하들이 생각하기에 이번 전쟁의 목적은 미트리다테스를 잡는 것이었다. 그들은 알려진 바와 같이 늘 전쟁의 불씨를 쥔 채로 스키티아와 파이오니아(Paeonia)를 거쳐 이탈리아를 쳐들어오려 준비하고 있는 저 고질적인 숙적(宿敵)을 무찌르자고 요구했다.

그러나 도망치는 적군을 추격하기보다는 차라리 적군과 전투를 벌여 아라비아 왕을 무찌르는 일이 더 쉽다고 생각했던 폼페이우스는 쓸데없이 적군을 추격하느라 힘을 빼고 싶지 않았고, 전쟁이 없는 동안에 다른 일을 하면서 시간을 벌고 싶었다. 이 문제를 해결해 준 것은 운명이었다. 그가 페트라에 가까이 이르러 그날로 막사를 치고 가까운 곳에서 말을 타며 운동하고 있을 때, 폰토스에서 전령이 기쁜 소식을 가져왔던 것이다.

창끝에 화관을 매달고 오는 것으로 미루어 그 소식이 어떤 것인지를 곧 알 수 있었다. 전령을 본 병사들이 곧 무리를 지어 폼페이우스에게 달려갔다. 폼페이우스는 운동을 마저 하고 싶었지만, 병사의 아우성과 간청에 따라 말에서 내려 전령과 함께 막사로 들어갔다.

[기원전 63년] 그 무렵에는 통상적인 연단도 없었고, 그것을 대신할 만한 것도 없었다. 여느 때 같으면 흙을 높이 쌓아 연단을 만들었지만 그럴 겨를이 없었다. 병사들이 서둘러 길마를 쌓아 연단을 만들었다. 폼페이우스는 그곳에 올라가 병사들에게 이렇게 선언했다.

"미트리다테스는 죽었다. 그의 아들 파르나케스(Pharnaces)가 아버지에 거역하여 반란을 일으키자 자살했다. 이제 폰토스의 왕 파르나케스의 권리는 모두 나와 로마인들에게 돌아왔다."

42

이런 일이 벌어지자 당연히 기쁨에 겨운 병사들은 신전에 제물을 바치면서 미트리다테스 한 사람의 죽음이 적군 1만 명의 죽음과 같다고 생각했다. 그 뒤에 폼페이우스는 상상하지도 못했을 정도로 쉽게 전공을 이루고 아라비아에서 곧장 물러나 중간의 여러 지방을 서둘러 통과한 다음 아미소스에 이르렀다.

폼페이우스가 그곳에 가 보니 파르나케스가 보낸 온갖 선물과 왕실 가족의 시체와 미트리다테스의 시체가 도착해 있었다. 시체를 방부 처리하던 의사가 미트리다테스의 두개골에서 뇌수를 제거하지 않아 부패한 탓에 그의 얼굴을 알아볼 수 없었지만, 흉터를 보고 확인할 수 있었다.

폼페이우스는 망자(亡者)의 저주가 두려워 미트리다테스의 얼굴을 똑바로 바라보지 못했으나 그 영혼을 달래고자 시신을 시노페(Sinopé)로 보냈다. 그는 미트리다테스가 쓰던 무기와 갑옷에 놀랐다. 칼집을 차던 요대(腰帶)는 4백 탈렌트짜리였는데 푸블리우스(Publius)가 훔쳐 아리아라테스(Ariarathes)에게 팔았고, 미트리다테스의 의형제였던 카이우스(Caius)는 술라의 아들이었던 화우스투스(Faustus)의 성화에 못 이겨 그에게 왕관을 주었다. 그것은 빼어난 예술품이었다. 그때까지만 해도 폼페이우스는 이러한 사실을 모르고 있었는데, 뒷날 파르나케스가 이를 알고 도적질한 무리를 처벌했다.

이곳에서 이런저런 일들을 처리한 폼페이우스는 장관을 이루며 귀국길에 올랐다. 미틸레네(Mitylene)에 이른 그는 테오파네스에 대한 고마움의 표시로 그 도시를 해방했으며, 전통적인 시회(詩會)에 참석했는데, 주제는 오직 그의 공적에 관한 것이었다. 그는 아름다운 그곳의 극장에 감탄했고, 그보다 더 크고 아름다운 것을 로마에 짓고자 그 설계도를 가져왔다.[9]

로도스에 이르렀을 때 폼페이우스는 그곳에 많은 철학자가 있다는 말을 듣고 그들에게 각기 1탈렌트씩을 선물로 주었다. 포세이도니오스(Poseidonios)는 헤르마고라스(Hermagoras)를 논박하는 『탐구론(*Investigation in General*)』을 지어 폼페이우스에게 바쳤다.

아테네에 이른 폼페이우스는 이곳 철학자들에게도 넉넉히 선물을 주었을 뿐만 아니라 도시 재건에 쓰도록 50탈렌트를 선사했다. 그는 로마에 이르러 어느 누구보다도 더 찬란하게 환영받고 싶었고, 자신이 가족을 그리워한 만큼 가족들도 자신을 그리워하기를 바랐다. 그러나 하늘은 찬란한 행운의 선물에 늘 액운을 섞어 아픔을 주듯이, 신은 이번에도 매우 쓰라린 일을 은밀하게 준비해 놓고 있었다.

폼페이우스가 원정을 다니느라 오랫동안 집을 비운 사이 아내 무키아(Mucia)가 바람을 피우고 있었기 때문이었다. 그는 집에서 멀리 떨어져 있을 때 그런 소식을 듣고 별로 신경을 쓰지 않았으나, 이탈리아에 가까이 오자 틈을 내어 사실을 알아본 듯하다. 그는 아내에게 이혼장을 보냈지만 자신이 왜 아내를 내쳤는지는 그 무렵에도 글로 남기지 않았을뿐더러 그 뒤에도 아무 말을 하지 않았는데, 그 이유가 키케로(Cicero)의 편지에 남아 있다.[10]

---

9   이 극장은 기원전 55년에 완공되었는데, 4만 명을 수용할 수 있었다.(§ 40 참조)

10 이 편지는 지금 전해지지 않는다. 키케로는 『아티쿠스(Atticus)에게 보낸 편지』(I : 12)에서 폼페이우스는 무키아와 이혼하면서 몹시 가슴 아파했다고 말했다.

43

폼페이우스가 귀국하기에 앞서 로마에서는 그에 얽힌 온갖 소문이 무성하여 도시가 술렁거렸다. 시민들이 생각하기에, 폼페이우스는 곧장 군대를 이끌고 로마로 들어와 거침없이 왕정을 이룩할 것만 같았다. 크라수스는 재산과 자식들을 챙겨 비밀리에 도시를 빠져나갔는데, 이는 그가 진실로 폼페이우스를 두려워해서 그랬는지, 아니면 폼페이우스에 대한 소문이 사실인 것처럼 꾸며 민중의 적개심을 더 자극하려고 그랬는지는 알 수 없다. 아마도 뒤의 판단이 맞을 듯싶다.

[기원전 62년에] 폼페이우스는 이탈리아에 들어서자 군대를 모아 놓고 시기적절하게 노고를 치하한 뒤, 각기 고향 집에 돌아가 기다리다가 개선식에 참가하라고 부탁했다. 군대가 해산하자 그제야 사람들은 폼페이우스의 진심을 알고 환호했다.

폼페이우스가 군대도 거느리지 않고 가까운 막료 몇몇만 대동한 채, 마치 잠시 외국에서 머물렀다 돌아오기라도 하듯이 '위대한 여행'에서 돌아오는 모습을 바라본 로마 시민은 존경심을 보이고자 물밀듯이 달려갔다. 결국, 그의 군대 수보다 더 많은 군중이 그를 호위하며 로마로 들어왔다. 만약 그 무렵에 그가 공화정을 뒤엎고 왕이 되려 했다면 그가 해산한 군대의 도움을 받을 필요도 없었을 것이다.

44

그 무렵의 법에 따르면, 원정에서 돌아오는 장군은 개선식이 열리기에 앞서 도시로 들어올 수 없게 되어 있었다. 그래서 폼페이우스는 원로원에 편지를 보내 집정관 선거를 뒤로 미루어 달라고 요청하며, 자기는 개인적으로 피소를 후보로 지지하려 하니 허락해 달라고 부탁했다. 카토가 이에 반대하여 폼페이우스는 뜻을 이루지 못했지만, 그는 법과 정의를 지키고자 공개적으로 용감하게 연설한 카토를 칭찬했다. 그는 카토의 마음을 움직일 수 있는 다른 방도를 찾기 시작했다.

카토에게는 조카딸이 둘 있었는데, 폼페이우스는 그 가운데 하나를 아내로 삼고 다른 하나를 며느리로 삼고 싶다고 카토에게 제안했다. 그러나 카토는 폼페이우스가 돈과 혼맥(婚脈)으로 자신을 휘어잡으려 한다는 사실을 잘 알고 있었다. 그러나 카토의 누이와 아내는 카토가 대(大)폼페이우스와 사돈이 되는 것을 거절한 일을 달갑지 않게 생각했다.

그러는 사이에 아프라니우스를 집정관으로 만들고 싶었던 폼페이우스는 여러 부족에게 엄청난 돈을 뿌렸고, 민중은 그 돈을 받으려고 그의 정원에 몰려들었다. 그러나 이 사건은 폼페이우스에게 오명을 씌워 그는 명성을 크게 잃었다. 집정관이라 함은 모든 사람 가운데 가장 높은 지위이며 폼페이우스 자신도 수많은 전공을 세운 뒤에야 오른 직책이지만, 지금에 와서 그는 그릇이 되지 않는 사람이 돈으로써 그 자리를 살수 있도록 만들었기 때문이었다. 그런 모습을 본 카토는 집안아낙들에게 이렇게 말했다.

"폼페이우스와 사돈을 맺었더라면 우리도 저런 욕을 먹었을 것이다."

이 말을 들은 여인들은 카토의 판단이 자기들보다 더 지혜롭다고 생각했다.

45

폼페이우스의 개선식은 너무도 거창하여 이틀이 걸렸음에도 시간이 더 필요했다. 준비된 것 가운데 남은 것만으로도 개선식을 한 번 더 치를 수 있을 정도로 엄청났다. 우선 그가 정복한 나라의 이름을 적은 명패가 먼저 들어왔다.

폰토스, 아르메니아, 카파도키아, 파플라고니아, 메디아, 콜키스, 이베리아, 알바니아, 시리아, 킬리키아, 메소포타미아, 페니키아, 팔레스티나, 유대, 아라비아 그리고 그의 손에 멸망

폼페이우스

한 해적과 도적 떼의 이름이 거기에 적혀 있었다. 명패에 따르면, 1천 개가 넘는 지역이 정복되었고 9백 개의 도시를 함락하였으며, 8백 척의 해적선을 나포하였고, 39개 도시가 새로이 섰다.

그뿐만 아니라 정복지로 말미암아 5천만 드라크마의 세수(稅收)가 8천5백만 드라크마로 늘었고, 2만 탈렌트에 이르는 금화와 은화와 그릇이 국고에 들어갔는데, 병사들에게 나누어 준 상금은 여기에 들어 있지 않았다. 병사들 가운데 가장 적게 받은 사람의 몫이 1천5백 드라크마였다. 개선식에 끌려온 포로를 보면 해적들 말고도 티그라네스왕과 왕자와 왕비 조시메(Zosime), 유대의 왕 아리스토볼로스, 미트리다테스의 여동생과 아이들 다섯 남매, 스키티아 여인과 이베리아인과 알바니아와 콤마게네(Commagene)족이 바친 볼모가 뒤따라왔다.

승전기(勝戰旗)도 많아, 폼페이우스와 그의 막료들이 이긴 전투의 수와 같았다. 그러나 로마 역사에서 일찍이 없었던 장관은 그가 세 개의 대륙에서 승전을 거두었다는 점이었다. 세 번의 원정에서 그는 처음에 남쪽의 리비아를, 두 번째로 북쪽의 유럽을, 세 번째로는 서부 아시아를 정복하였는데, 이로써 그는 세 번의 전쟁에서 온 세계를 정복한 것이다.

46

폼페이우스의 행적을 어떻게든 알렉산드로스 대왕과 견주어 보고 싶은 사람들은, 알렉산드로스의 전성기가 서른세 살이었던 점을 유념하면서 그 무렵 폼페이우스의 나이가 서른네 살이 채 못 되었다고 주장한다. 그러나 그때 폼페이우스의 나이는 마흔 살에 가까웠다.[11] 알렉산드로스가 최고의 행운을 누리

---

11 이 부분에서 플루타르코스는 착각한 것 같다. 기원전 61년 폼페이우스가 전쟁에 이기고 개선식을 치렀을 때의 나이는 마흔다섯 살이었다.

던 그 나이에 만약 폼페이우스가 일생을 마쳤더라면 그는 얼마나 행복했을까? 그러나 그 뒤의 성공은 그에게 오직 오명만을 안겨 주었고, 실패는 돌이킬 수 없는 것이 되었다.

폼페이우스는 정당한 노력을 기울여 얻은 권력을 정당하지 않게 행사했다. 그가 권력을 강화할수록 명성은 떨어졌고, 마침내 그는 자신이 느끼지도 못하는 사이에 자기 권력의 막강함 때문에 무너졌다. 도시를 방어하면서 가장 튼튼했던 부분이 적군에게 함락되면 그 힘이 고스란히 그들에게 넘어가는 것과 마찬가지로, 카이사르는 폼페이우스의 권력과 영향력에 힘입어 국권을 찬탈할 수 있었다. 카이사르는 자신이 다른 정적들에게 맞설 수 있도록 가장 강력한 도움을 준 바로 그 인물인 폼페이우스를 무너뜨렸다. 그동안의 사정을 살펴보면 다음과 같다.

폼페이우스에게 온갖 수모를 겪은 루쿨루스가 아시아에서 돌아오자 원로원은 호화로운 개선식을 베풀었으며, 폼페이우스가 돌아오자 루쿨루스가 그의 기세를 꺾어 주기를 바라면서 루쿨루스에게 공직을 맡아 줄 것을 강력하게 요청했다. 그러나 루쿨루스는 이미 우둔해지고 권력에 대한 열정도 식어, 있는 재산을 가지고 즐기면서 편하게 살고 싶었다.

그러던 루쿨루스는 폼페이우스가 귀국하자 폼페이우스가 이미 무효로 만들었던 법령을 되살리는 등, 과감하게 공세를 취해 그를 이길 수 있었다. 그러기까지는 원로원에서 카토가 지원한 것이 큰 도움을 주었다. 일이 이토록 어렵게 뒤틀리자 폼페이우스는 어쩔 수 없이 민중 호민관을 찾아가 모험심이 많은 젊은이를 모았다.

그런 젊은이들 가운데에서 가장 거칠고 천박한 인물이 바로 클로디우스(Clodius)였다. 클로디우스는 폼페이우스를 끌고 가 민중의 발아래 무릎 꿇게 만들고 광장의 먼지 속에 몸을 나뒹굴게 했으며, 그를 이리저리 끌고 다니면서 민중을 기쁘게

폼페이우스

하고 그들의 비위를 맞추었다. 그러면서도 클로디우스는 자신이 폼페이우스를 욕 먹이는 것이 아니라 그를 돕고 있음을 강조하며 대가를 요구했다.

클로디우스는 결국 보상을 받았다. 이렇게 변한 폼페이우스는 다른 누구보다도 자신을 정치적으로 도와준 친구 키케로를 배신하게 된다. 키케로가 기소당할 위험에 빠져 도움을 요청했을 때 폼페이우스는 키케로를 만나 주지도 않았으며, 키케로를 도와 달라고 부탁하려는 사람들이 찾아오면 문을 열어 주지도 않은 채 뒷문으로 빠져나갔다. 이에 재판 결과가 두려웠던 키케로는 [기원전 58년에] 몰래 로마를 빠져나가 망명했다.

47

[기원전 60년에] 카이사르가 스페인에서 돌아왔다. 그는 지금의 자신에게 큰 도움이 될 뿐만 아니라 미래에 권력을 안겨 줄 정책을 폈는데, 이는 폼페이우스와 로마에 매우 해로운 일이었다. 카이사르가 생애 처음으로 집정관에 출마하여 살펴보니 크라수스와 폼페이우스가 서로 다투고 있는 형국이었다. 만약 자기가 어느 한쪽에 붙는다면 다른 쪽과는 정적이 될 수밖에 없다는 것을 알아차린 카이사르는 두 사람을 화해시키려고 노력했다. 이러한 작업은 공익을 위한 영광스러운 작업 같았지만, 사실은 가치 없는 명분을 위한 일이었다. 그는 음모자처럼 교묘하게 일을 꾸민 것이었다.

두 적대 세력은 마치 한배에 탄 공동체와 같아서 로마라는 배가 흔들리는 것을 막아 주었지만, 막상 그들이 손을 잡자 모든 것을 압도하고 모든 것을 넘어뜨릴 수 있는 막강한 힘이 그들에게 주어졌다. 이 모든 사건이 일어나는 과정에서 카이사르와 폼페이우스 사이에 벌어진 다툼으로 말미암아 뒷날 나라가 어려워졌다고 사람들은 말했다.

그러나 카토의 생각은 달랐다. 카토의 주장에 따르면, 오직 마지막에 일어난 사건만을 두고 비난하는 일은 옳지 못하다. 국가를 어려움에 빠뜨린, 가장 위험한 첫 번째 패착은 폼페이우스와 카이사르 두 사람 사이가 불편하고 적대적이어서 일어난 것이 아니며, 도리어 그들이 화합했기 때문에 일어났다고 카토는 말했다.

어쨌거나 카이사르는 집정관에 선출되었다. 그는 먼저 도시를 세우고 땅을 나누어 준다고 약속함으로써 분노에 찬 극빈자들의 호감을 샀지만, 이런 정책은 집정관으로서의 품위를 떨어뜨렸고, 자신의 직함을 집정관이 아니라 호민관처럼 만들어 버렸다. 그의 동지인 비불루스(Bibulus)가 이 정책에 반대하고 카토가 비불루스를 적극 지지하려 하자, 카이사르는 폼페이우스를 민중의 연단 앞에 불러 세운 뒤 자신의 제안에 동의하느냐고 장황하게 물었다. 폼페이우스가 동의한다고 대답하자 카이사르는 다시 이렇게 물었다.

"그렇다면, 이런 개혁안에 대하여 저항이 일어난다면 그대는 민중의 편에 서겠습니까?"

그러자 폼페이우스가 대답했다.

"그렇게 할 것이오. 무력으로 반대하는 사람이 있다면 나도 칼이나 방패를 들고 도우러 오겠소."

그날에 이르기까지 폼페이우스가 이보다 더 천박하고 오만한 말을 한 적이 없다고 사람들은 생각했다. 폼페이우스의 막료들은 그를 위해 변명하면서 엉겁결에 그런 말이 튀어나온 것이 틀림없다고 말했다. 그러나 그 뒤에 일어난 일로 미루어 보건대, 폼페이우스는 모든 일에서 카이사르에게 매달려 있었음이 분명했다.

이를테면 폼페이우스는 카이사르의 딸 율리아와 결혼했는데, 그 여인은 이미 카이피오(Caepio)와 약혼하여 며칠 뒤 결혼하기로 되어 있었다. 폼페이우스는 카이피오의 분노를 달래고자 술라의 아들 화우스투스와 약혼했던 자기 딸을 파혼시킨 다음 그에게 시집보냈다. 그리고 카이사르는 피소의 딸 칼푸르니아(Calpurnia)와 결혼했다.

48

이런 일이 있은 뒤에 폼페이우스는 도시를 군대로 가득 채우고 모든 일을 거칠게 처리했다. 집정관 비불루스가 루쿨루스 및 카토와 함께 토론의 광장으로 내려가자 군중은 비불루스에게 달려들어 그의 시종이 들고 있던 부월(斧鉞)을 부수고, 어떤 사람들은 그의 머리에 오물을 뒤집어씌웠는데, 이 과정에서 그를 따르던 호민관 둘이 상처를 입었다. 군중이 이렇게 광장에서 정적들을 몰아낸 뒤에 폼페이우스의 무리는 토지 분배에 관한 법을 통과시켰다.

이와 같이 미끼에 걸려든 군중은 폼페이우스의 정책에 전혀 간섭하지 않고 그들이 제안한 법안을 묵묵히 통과시킴으로써 곧 길들인 동물처럼 순종했다. 폼페이우스는 루쿨루스와 다투던 법령들을 이런 식으로 통과시켰다. 카이사르에게는 5년 동안 4개 군단을 거느리고 갈리아 지역의 두 곳과 일리리쿰(Illyricum)을 다스릴 수 있는 권한을 주었으며, 카이사르의 장인인 피소와 폼페이우스에게 가장 천박하게 아첨하던 가비니우스는 이듬해 [기원전 58년] 집정관으로 선출되었다.

이런 일이 진행되는 가운데 비불루스는 8개월 동안 집 안에서 문을 닫아걸고 지냈다. 그는 집정관 직책을 맡고 있으면서도 집회에는 나타나지 않은 채, 폼페이우스와 카이사르를 비난하고 중상하는 내용으로 가득한 정령(政令)들을 발표했다. 카토는 마치 신의 계시를 받은 예언자처럼 로마와 폼페이우스의 앞날에 다가올 미래를 원로원에서 연설했다. 루쿨루스는 정치 투쟁을 비난하면서 정치 활동을 하기에는 자신이 너무 늙었다는 이유로 일선에서 물러났다. 그 소식을 들은 폼페이우스는 빈정거리듯이 이렇게 말했다.

"노인들에게는 사치스러운 삶이 정치 활동보다 더 해롭다."

그러나 폼페이우스는 나약하게도 젊은 아내와 함께 대부분의 시간을 별장과 정원에서 보내면서 정치가 어찌 되어 가는지 관심을 보이지 않았다. 이에 민중 호민관이었던 클로디우스가 그를 우습게 보고 매우 대담한 정책을 펼쳤다. 그는 키케로를 추방하고, 사령관이라는 이름으로 카토를 키프로스로 보냈다.

민중을 기쁘게 해 주는 정치적 조처를 함으로써 민심이 자기에게 쏠리고 있다는 사실을 알아차린 클로디우스는 곧장 폼페이우스가 만들어 놓은 조치들을 폐지하려고 시도했다. 그는 폼페이우스가 포로로 잡아 온 아르메니아 왕 티그라네스를 자신의 포로로 만들고, 폼페이우스의 의지가 어느 정도인지를 떠볼 속셈으로 그의 막료들을 기소했다.

드디어 [기원전 56년에] 밀로(Milo)의 공개 재판에 폼페이우스가 나타나자 클로디우스는 천박하고 외설스럽기 짝이 없는 건달들을 손가락으로 불러 모으고 자신은 높다란 의자에 앉아 이렇게 물었다.

"방탕한 전제 군주가 누구입니까?"

"폼페이우스입니다."

"동성애를 즐길 수 있는 남자를 찾는 사람이 누구입니까?"

"폼페이우스입니다."

"한 손가락으로 머리를 긁는 사람[12]이 누구입니까?"

"폼페이우스입니다."

클로디우스가 겉옷을 흔들며 물을 때마다 건달들은 마치 잘 훈련된 합창단이 노래하듯이 큰 소리로 대답했다.

---

12   성적 상대를 찾는 몸짓을 뜻한다.

49

이런 일들이 폼페이우스를 화나게 했다는 것은 더 말할 나위도 없다. 그는 이런 식의 욕설에 익숙하지도 않았고 그런 싸움을 해 본 경험도 없었다. 그가 모욕을 겪고, 키케로를 배신한 대가를 톡톡히 치른다는 사실을 원로원이 고소하게 여기고 있다는 점이 그를 더욱 괴롭게 만들었다.

그러던 어느 날 군중집회에서 충돌이 벌어져 몇 사람이 다치고, 클로디우스의 하인이 칼을 빼 들고 군중 사이에 숨어 폼페이우스를 향해 오다가 발각되었다. 폼페이우스는 마구잡이로 달려드는 클로디우스의 공격이 무섭기도 하던 터에 이 사건을 반격의 구실로 삼았다. 클로디우스가 호민관으로 있는 동안 폼페이우스는 집회에 나가지 않고 늘 집 안에 머물면서 원로원과 귀족들의 분노를 어떻게 달랠지 막료들과 의견을 나누고 있었다.

쿨레오(Culleo)는 폼페이우스에게 율리아와 이혼하고 카이사르에게 보여 준 호의를 원로원으로 돌리라고 요구했지만, 폼페이우스는 그 말을 듣지 않았다. 그러나 클로디우스의 최대 정적이자 원로원에서 사랑받고 있는 키케로를 귀국시켜야 한다고 생각하는 사람들의 의견에는 동의했다. 폼페이우스는 많은 병력을 거느리고 키케로의 귀국을 요구하는 청원자인 그의 동생을 호위하여 집회장으로 갔다. 이 과정에서 여러 사람이 다치고 죽었지만, 그는 끝내 클로디우스를 제압했다.

[기원전 57년에] 통과된 법에 따라 귀국한 키케로는 곧 폼페이우스와 원로원을 화해시키고, 곡물법(穀物法)을 발의하여 로마에 있는 모든 땅과 바다에 대한 관할권을 폼페이우스에게 주었다. 항구와 무역 거래소와 곡물 배급소, 다시 말해 항해와 농업에 관한 전권이 [5년 동안] 폼페이우스의 권한 아래로 들어갔다.

이렇게 되자 클로디우스가 반발하고 나섰다. 그의 주장

에 따르면, 곡물법은 실제로 곡물이 부족해서 발의된 것이 아니었다. 이 곡물 부족 사태는 점점 시들어 가고 있는, 정신적으로도 의기소침해 있는 폼페이우스의 권력에 다시 활력을 불어넣으려는 빌미에 불과하다는 뜻이었다. 그러나 다른 역사가들의 말을 들어 보면, 이러한 일련의 사태는 집정관 스핀테르(Spinther)가 꾸민 일이라고 한다. 그는 폼페이우스를 높은 자리에 묶어 둠으로써 그 무렵 로마에 망명해 있던 이집트 왕 프톨레마이오스(Ptolemaios)가 귀국할 때 자신이 직접 왕을 수행하려 했다는 것이다.

그러자 민중 호민관 카니디우스(Canidius)가 새로운 법령을 발의했는데, 이 법에 따르면 폼페이우스는 군대를 거느리지 않고 오직 시종 두 명만을 데리고 이집트로 가서 프톨레마이오스왕과 알렉산드리아 시민 사이를 화해시키도록 했다. 폼페이우스는 이 법안에 불만을 품지 않았지만 원로원은 마치 폼페이우스의 신변을 걱정하기라도 하는 듯이 이 법안을 부결시켰다. 그러나 그 무렵에 군중집회에 뿌려진 문서나 원로원에서 발견된 문서에 따르면, 폼페이우스를 사령관으로 만들어 로마에 놔 두기를 원한 사람은 프톨레마이오스였다고 한다.

티마게네스(Timagenes)가 실제로 주장하는 바에 따르면, 프톨레마이오스는 특별한 이유도 없고 또 그럴 필요도 없는데 이집트를 떠났다. 프톨레마이오스가 자기 나라를 버린 것은 테오파네스의 설득 때문이었다고 한다. 또한 테오파네스는 폼페이우스에게 새로운 사령관 직책을 맡김으로써 그에게 많은 이득을 안기고 싶었다고 한다. 그러나 테오파네스는 비열한 사람이었던지라 이 말을 믿을 수 없다. 폼페이우스는 애초에 천성이 그런 사람이 아니기 때문이다. 그는 그런 식으로 남에게 신세를 지면서까지 재산을 모을 만큼 천박한 야망을 드러낼 사람은 아니었다.

폼페이우스

50

이렇게 곡물 문제에 관한 권한을 장악한 폼페이우스는 자신의
요원과 막료들을 여러 곳으로 보내고 스스로는 시킬리아와 사
르디니아와 아프리카로 건너가 곡물을 모았다. 그가 거둔 곡
물을 싣고 떠나려할 때 바다에 높은 파도가 일어 선장이 출항
을 멈칫거렸다. 이에 폼페이우스는 먼저 배에 올라 닻을 올리
라고 명령하면서 이렇게 소리쳤다.

"배는 떠나야 할 이유가 있지만, 목숨을 아낄 이유는 없다."

이와 같은 열정과 용기에 행운까지 따라 주어, 그의 배는
바다를 메우고 곡물은 시장에 넘쳤다. 그가 장만한 곡식은 이
방 민족들에게 주고도 남아 마치 샘물이 솟듯이 넘쳐흘렀다.

51

국내에서 그런 일이 벌어지는 동안, 카이사르는 갈리아족과
전투를 벌이며 커다란 명성을 얻었다. 사람들은 그가 로마에
서 멀리 떨어져 있으면서 벨가이(Belgae)족과 게르만(Suevi)족
과 브리타니(Britanni)족과 전투를 벌이기에 여념이 없다고 생
각했지만, 그는 로마의 중심지에서 폼페이우스가 꾸미고 있는
매우 중대한 계획을 좌절시키고자 은밀하고도 교묘하게 일을
추진하고 있었다.

영혼으로 자기 몸을 감싸듯이, 카이사르는 갑옷처럼 자신
을 감쌀 군대를 만들고자 병력을 훈련시켰는데, 이는 이민족
들을 무찌르고자 함만이 아니었다. 마치 사냥개에게 사냥과
추격을 훈련시키듯이, 그는 전쟁을 이용해 군대를 훈련시킴으
로써 무적의 강군을 만들었다.

그러는 동안에 카이사르는 여러 방법으로 모은 금은과 전
리품과 온갖 재물을 로마로 가지고 돌아와, 민중을 매수하고
건설관과 법정관과 집정관과 그 아내들에게 나누어 주며 그들
을 자기편으로 만들었다. 그리하여 [기원전 56년에] 카이사르가

알프스를 넘어 루카(Luca)에서 겨울을 보낼 때 수많은 남녀 평민들이 그를 보고자 몰려들었고, 폼페이우스와 크라수스를 비롯하여 원로원 의원 2백 명이 그를 찾아왔으며, 집정관과 법정관의 부월이 그의 대문 앞에 120개나 널려 있었다.

카이사르는 모든 사람에게 앞으로 좋은 일이 있으리라는 희망을 안기면서 돈을 나누어 주었다. 그러면서 카이사르와 폼페이우스와 크라수스는 서로 협정을 맺었는데, 그에 따르면 폼페이우스와 크라수스가 집정관에 출마하면 카이사르는 많은 병사를 귀국시켜 그들의 선거를 돕게 하고, 그들은 선출되자마자 각 지방과 군대를 장악하며, 카이사르의 사령관 임기를 5년 더 연장시켜 준다는 것이었다.

이런 사실이 세상에 알려지자 국가 원로들이 불쾌하게 생각했다. 심지어 마르켈리누스(Marcellinus)는 민회에서 일어나 폼페이우스와 크라수스를 앞에 세워 놓고 집정관으로 출마할 것인지 아닌지를 따져 물었다. 많은 시민이 대답하기를 요구하자 폼페이우스가 먼저 일어나, 자신은 집정관에 출마할 수도 있고 출마하지 않을 수도 있다고 애매하게 대답했다.

크라수스는 좀 더 정치적으로 대답했다. 그는 국가의 공익을 위해 도움이 될 수 있다고 생각되는 길을 가고 싶다고 대답했다. 마르켈리누스는 폼페이우스에 대한 공격을 이어 갔는데, 말이 너무 지나치다고 여긴 폼페이우스는 그를 이렇게 비난했다.

"그대는 매우 정의롭지 못한 사람이오. 침묵을 지켜야 할 자리에서 웅변을 토하고, 굶어야 할 자리에서 너무 먹어 음식을 토하는 것은 은혜를 모르는 짓이기 때문이오."

52

이렇게 되자 나머지 인물들이 집정관 후보에서 사퇴했지만, 카토는 루키우스 도미티우스가 후보를 사퇴하지 않도록 격려

폼페이우스

하면서, 자기들은 지금 관직을 얻고자 싸우는 것이 아니라 자유를 위해 독재자와 싸우는 것이라고 말했다. 카토의 생각이 완강한 것을 본 폼페이우스와 그의 무리는 카토가 원로원을 모두 자기편으로 만든 다음에 시민 가운데 생각이 건전한 사람들까지도 자기편으로 만들까 두려웠다.

따라서 폼페이우스는 도미티우스가 토론의 광장으로 내려가지 못하도록 막은 뒤, 무장병들을 보내 도미티우스의 무리와 함께 횃불을 들고 가던 사람을 죽이고 나머지 무리를 쫓아 버렸다. 카토는 마지막까지 버티며 도미티우스를 지키려고 싸우다가 오른팔에 상처를 입었다. 폼페이우스의 무리는 그런 방법으로 자신들이 바라던 공직을 차지했는데, 그 뒤의 처신도 올바르지 않았다.

민중이 카토를 법정관으로 뽑고자 투표하고 있을 때, 폼페이우스의 무리는 먼저 군중을 해산시켰다. 그들은 신탁이 불길하여 그런다는 핑계를 댔지만, 그 뒤 그들은 군중에게 뇌물을 주고 카토가 아닌 바티니우스(Vatinius)를 법정관 당선자로 선포했다.

그들은 또한 호민관 트레보니우스(Trebonius)와 합의한 뒤에 법을 제안하여, 카이사르에게는 두 번째로 임기 5년을 연장해 주고, 크라수스에게는 시리아를 맡기는 동시에 파르티아를 정벌할 수 있는 권한을 주고, 폼페이우스에게는 아프리카 전체와 동·서 스페인과 4개 군단의 병력을 주었다.

폼페이우스는 카이사르의 요청에 따라 이들 병력 가운데 2개 군단을 그에게 주어 갈리아족과 싸우도록 했다. 그러나 [기원전 54년에] 크라수스는 집정관 임기가 끝나 자신의 속령(屬領)으로 떠났다. 폼페이우스는 극장을 새로 열어 신에게 헌정(獻呈)하는 날에 체육회와 음악회를 열고 짐승들의 싸움을 벌였다. 이날 사자 5백 마리가 죽었는데, 그 가운데에서도 가장 끔찍했던 장면은 코끼리들끼리 벌인 싸움이었다.

53

이와 같은 행사로 폼페이우스가 민중에게 찬양과 사랑을 받은 것은 사실이지만, 한편으로 민중은 언짢아했다. 그가 가까운 막료들에게 속지와 병사를 넘기고, 자신은 아내 율리아와 함께 이탈리아의 명승지 이곳저곳을 돌아다니며 시간을 보냈기 때문이었다. 폼페이우스가 아내를 사랑한 것도 사실이지만, 율리아도 남편을 깊이 사랑하여 곁을 떠날 수 없었기에 그들은 함께 여행을 떠났다.

폼페이우스는 이미 너무 나이가 많아 그토록 젊은 여자를 사랑한다는 것이 어려웠음에도, 그를 향한 아내의 사랑은 민망할 정도로 소문이 자자했다. 폼페이우스에 대한 아내의 이와 같은 사랑은 오직 아내만을 사랑하는 그의 지극한 자제심과 가혹하지 않으면서도 우아한 품위, 그리고 창녀였던 플로라가 증언하였듯이, 모든 여인을 사로잡은 매력 때문으로 보인다.

언젠가 건설관을 뽑을 때, 갑자기 싸움이 벌어져 폼페이우스 곁에서 여러 사람이 죽고 폼페이우스는 피를 뒤집어써 옷을 갈아입었다. 하인들이 허둥대며 피 묻은 옷을 가지고 집으로 들어갔는데, 이를 본 그의 젊은 아내는 정신을 잃고 쓰러져 그 충격으로 아이를 유산했다. 그래서 장인인 카이사르에 대한 폼페이우스의 허물을 잘 알고 있는 사람들도 아내에 대한 그의 사랑을 비난할 수 없었다.

율리아는 다시 딸을 낳았지만 산고(産苦)로 곧 죽고, 아기도 며칠 뒤에 죽었다. 폼페이우스는 알바(Alba)의 저택에 아내를 묻으려 했으나 시민이 군신(軍神)의 광장에 시체를 묻었는데, 이는 폼페이우스나 친정아버지인 카이사르에 대한 존경심보다는 젊은 여인에 대한 연민 때문이었다.

민중은 국내에 있는 폼페이우스보다 외국에 나가 있는 카이사르에게 더 많은 존경을 보였던 것 같다. 서로의 야망을 억제했다기보다는 오히려 숨기고 있었던 장인과 사위의 관계가 끊어지면서 나라는 곧 파도가 일렁이는 바다가 되었고, 곳곳에서 불만에 찬 목소리가 들끓었다.

　　이어 파르티아에서 크라수스가 죽었다는 소식이 들어오자, 이제까지 내란을 막아 주던 거대한 장벽이 무너졌다. 폼페이우스와 카이사르는 크라수스가 무서워 그나마 서로에게 공정한 경쟁을 벌이고 있었다. 그러나 격투기에서 승부를 기다리던 제3의 선수가 사라지자, 한 시인이 희극적으로 묘사한 바와 같은 장면이 벌어졌다.

　　격투기 선수들은
　　몸에 기름을 바르고
　　손에 가루를 뿌렸도다.
　　(코크 엮음, 『그리스 희극 단편(斷編)』, III : 484)

인간의 본성에 견주어 보면 운명이란 참으로 하잘것없는 것이다. 운명의 여신은 인간의 욕망을 만족시켜 줄 수 없기 때문이다. 그토록 넓은 제국과 영토도 두 사람을 만족시키기에는 너무 좁았다. 그들은 "세 명의 신, 곧 제우스와 포세이돈과 하데스(Hades, 지옥의 신)가 우주를 셋으로 나누어 각기 한 쪽을 차지했다"(『일리아스』, XV : 189)는 사실을 잘 알고 있으면서도, 로마 영토가 두 사람에게는 넉넉하다고 생각하지 않았다.

54

언젠가 폼페이우스는 민중에게 연설하면서 이런 말을 한 적이 있다.

　　"나는 내가 기대했던 것보다 더 일찍 모든 직책을 맡았고, 남들이 예상했던 것보다 더 빨리 그 자리에서 물러났다."

　　폼페이우스가 군대를 일찍 해산한 것이야말로 그의 말이

사실이었음을 잘 보여 주고 있다. 그 무렵에 카이사르가 군대를 해산하지 않을 것처럼 보이자 폼페이우스는 로마 관료들을 움직여 카이사르에게 대적할 방법을 찾으려 했다. 그러나 폼페이우스는 그보다 더 혁명적인 방법을 강구하지도 않았고, 그 스스로는 카이사르를 믿지 않는 것처럼 보이고 싶지 않아 차라리 그를 무시하려 했다.

그러던 터에 민중이 카이사르에게 뇌물을 받아 자기 뜻대로 움직이지 않는다는 것을 안 폼페이우스는 집정관을 뽑지 않은 상태로 로마를 이끌어 갔다. 그러자 독재관을 뽑아야 한다는 의견이 들끓었다. 이러한 여론을 이끌던 민중 호민관 루킬리우스(Lucilius)는 폼페이우스를 독재관으로 뽑아야 한다고 민중을 설득했다.

이에 카토가 반대하고 나섬으로써 루킬리우스가 호민관 자리를 잃을 처지가 되자 폼페이우스의 막료들이 루킬리우스를 감싸고 들었다. 그들은 폼페이우스가 어떤 직책을 요청한 적도 없으며 바라지도 않는다고 말했다. 이때 카토가 나서서 폼페이우스를 칭찬하면서 그가 나라의 법과 질서를 지키도록 일해야 한다고 주장했다.

이에 폼페이우스는 마지못한 듯 자리를 지켰고, [정권의 공백이 생긴 지 7개월이 지난 기원전 53년에] 도미티우스와 메살라(Messala)가 집정관으로 뽑혔다. 그러나 다시 정치적 혼란이 일어났다. 더 많은 시민이 독재관 선출 문제를 들고 나오면서 소란을 피우자, 자신들이 무너지지나 않을까 두려워한 카토와 그 무리는 폼페이우스가 독재관이 되어 가혹한 전제 정치를 하기 전에 다른 직책을 주기로 했다.

이에 따라 폼페이우스의 정적인 비불루스가 폼페이우스를 단독 집정관으로 선출하도록 제안했다. 비불루스의 말에 따르면, 이렇게 함으로써 로마는 널리 퍼진 무질서에서 벗어나거나 강력한 독재자의 노예가 될 것이었다. 그러한 의견을 제안한 사람이 폼페이우스의 정적임을 생각할 때, 그 제안은 어딘가 낯설었다. 이때 카토가 일어섰다. 사람들 모두 그가 그 제안에 반대할 것이라 생각하며 조용히 기다리고 있는데, 카토가 이렇게 제안했다.

"이미 [폼페이우스를 독재관으로 추대하자는] 제안이 나왔으니 나는 다른 의견을 제안할 뜻은 없습니다. 어떠한 정부도 무정부 상태보다는 좋으며, 이와 같은 혼란기에는 폼페이우스보다 더 나라를 잘 다스릴 사람이 없습니다."

원로원이 그 제안을 받아들여, 만약 폼페이우스가 집정관으로 선출된다면 그는 단독 집정관이 될 것이며, 만약 그가 동료 집정관을 뽑고자 한다면 두 달 뒤에 선택할 수 있도록 하는 정령(政令)을 발표했다. [기원전 52년에] 이런 방법으로 폼페이우스가 집정관으로 선출되자 과도 집정관(Interrex)[13]인 술피키우스(Sulpicius)가 이를 선포했다. 폼페이우스는 카토가 이제까지 많이 도와준 것에 감사하고, 정무를 수행하면서 개인적으로 그에게 조언을 받음으로써 정중한 방법으로 인사를 차렸다. 그 말을 들은 카토는 이렇게 대답했다.

"이제까지 내가 한 말들은 나라를 위해 한 것이지 폼페이우스를 위해 한 것이 아니기 때문에 내가 칭찬 들을 일이 없습니다."

그리고 카토는 폼페이우스의 초대를 받을 때는 개인적으로 기꺼이 충고해 줬고, 그를 만날 수 없으면 공개적으로 자기의 의견을 털어놓았다. 카토는 모든 일에서 그런 인품의 소유자였다.

---

13   과도 집정관은 정상적으로 선출된 집정관이 궐석(闕席)일 때 잠정적으로 권력을 맡는 대리인을 의미한다. 그러나 그런 상황에서 그의 권한은 어느 때보다 막중했다.

55

로마로 돌아온 폼페이우스는 메텔루스 스키피오(Metellus Scip-
io)의 딸 코르넬리아(Cornelia)와 결혼했다. 그는 이미 결혼했던
여자였다. 그는 크라수스의 아들 푸블리우스의 아내였으나,
얼마 전에 푸블리우스가 파르티아에서 죽어 남편과 잠자리도
함께해 보지 않은 몸으로 과부가 되었다. 그 여인은 젊은 날의
아름다움 말고도 매력이 많았다. 문학에 능통했고, 수금(竪琴)
을 잘 탔으며, 기하학에 빼어났고, 철학적 대화를 나누면서 지
식 쌓기를 좋아했다.

그 밖에도 코르넬리아는 젊은 여인들에게서 흔히 볼 수
있는 불쾌한 오만함과 거리가 먼 성품의 소유자였다. 친정 쪽
가문과 명성도 나무랄 데 없었다. 그럼에도 신랑과 나이 차이
가 너무 많다는 사실이 다른 사람들에게 불쾌감을 주었다. 그
여인은 폼페이우스의 아내가 아니라 며느리가 되기에 적절한
나이였기 때문이었다.

또한 폼페이우스에게 비판적이었던 사람들의 말에 따르
면, 사람들은 그를 의사처럼 여기고 어지러운 나라를 맡겼는
데, 그는 그들을 외면했다는 것이다. 나라가 평화로웠더라면
그와 같은 편법으로 집정관에 선출될 수 없었다는 점에서 그
가 집정관으로 선출되었다는 사실 자체가 위기 상황이었음에
도, 그는 화관을 쓰고 결혼식을 치렀다는 비난을 들었다.

그러나 폼페이우스는 부패와 뇌물 사건을 처리하면서 재
판에 법을 엄격히 적용하였고, 모든 일에 품위와 공정을 지키
면서 중재자 노릇을 했고, 무장 병력을 입회하게 함으로써 법
정의 질서를 평온하게 지킬 만큼 공정한 사람이었다. 그러나
장인인 스키피오가 재판에 회부되자 폼페이우스는 배심원
360명을 자기 집에 불러 도움을 부탁했다.

이런 일이 있은 뒤에 스키피오가 배심원들을 이끌고 토론
의 광장으로 나오는 것을 본 검사는 재판을 포기했다. 이로 말

미암아 평판이 나빠지던 터에 사태를 더욱 꼬이게 만드는 일이 일어났다. 폼페이우스는 앞서 재판에 회부된 사람을 칭송해서는 안 된다는 법을 만든 적이 있었는데, 카이사르의 막료인 무나티우스 플란쿠스(Munatius Plancus) 장군이 재판에 회부되자 폼페이우스가 플란쿠스를 칭송하는 일이 벌어졌다.

그러자 배심원 가운데 한 사람이었던 카토가 귀를 막으면서, 법을 위반하며 피고를 칭송하는 말을 듣는 것은 온당하지 않다고 말했다. 결국, 카토는 배심원으로 투표하기에 앞서 재판에서 배제되었지만 플란쿠스는 다른 배심원들에게서 유죄 판결을 받았고, 이로써 폼페이우스는 불명예를 떠안았다.

그런 일이 있고 나서 며칠이 지나, 집정관을 지낸 히프사이우스(Hypsaeus)가 재판에 회부되었다. 히프사이우스는 목욕을 마치고 저녁을 먹으러 가는 폼페이우스를 길목에서 기다리고 있다가 그가 나타나자 그 앞에 무릎을 꿇으며 도와 달라고 간청했다. 그러나 폼페이우스는 그 곁을 지나가면서 밥맛만 잃게 할 뿐 아무것도 얻을 것이 없다고 모욕적으로 말했다.

이런 식으로 폼페이우스는 편파적이라는 평판을 받으며 비난의 대상이 되었다. 그러나 폼페이우스는 모든 일을 질서 있게 처리하였고, 장인을 동료 집정관으로 뽑아 그해의 남은 임기 5개월 동안 업무를 잘 수행했다. 폼페이우스는 또한 4년 동안 그의 속령을 다스릴 권한을 부여받았으며, 1년에 1천 탈렌트를 받아 자기 병사를 먹이고 유지하는 데 썼다.

56

그 모습을 본 카이사르의 막료들은 로마의 패권을 위해 지금도 수많은 전쟁에서 적군과 싸우고 있는 카이사르에게도 어떤 배려를 해 달라고 요구했다. 그에게 집정관 임기를 한 번 더 연장해 주거나 아니면 속령에 대한 통치권을 연장해 주어야 한다고 막료들은 주장했다.

그들의 말에 따르면, 누구도 카이사르가 노력해 얻은 대가를 이어받아 영광을 빼앗아 갈 수 없으며, 공업(功業)을 이룬 사람은 흔들림 없이 권력과 영광을 누려야 한다는 것이었다. 이런 논쟁이 벌어지는 동안, 폼페이우스는 자신이 카이사르에게 호의를 품고 있다는 인상을 보여 줌으로써 카이사르에게 쏠리는 비난을 막아 주었다. 폼페이우스는 이렇게 말했다.

　　"카이사르는 나에게 편지를 보내 자기의 후임자에게 사령관 직책을 넘겨주고, 자신은 그 자리에서 물러나고 싶다고 말했습니다. 그러나 나는 카이사르가 로마에 머무르지 않은 상태에서도 집정관 직책을 맡도록 허락하는 것이 옳다고 생각합니다."

　　그러자 카토와 그의 동지들이 반대하고 나섰다. 그들의 말에 따르면, 카이사르가 시민이 부여하는 어떤 직책을 맡으려면 그에 앞서 무장을 모두 해제하고 시민의 한 사람으로 돌아와야 한다는 것이었다. 이런 주장에 대해 폼페이우스가 아무런 이의를 제기하지 않고 마치 자신의 패배를 받아들이는 듯한 자세를 보이자, 사람들은 카이사르에 대한 그의 진심을 더욱 의심했다.

　　폼페이우스는 또한 파르티아 전쟁을 핑계로 대면서 사람을 보내 카이사르에게 빌려주었던 자기 병사들을 데려갔다. 카이사르는 폼페이우스의 진심을 잘 알고 있으면서도 넉넉한 상금을 주어 병사들을 고국으로 돌려보냈다.

57

[기원전 50년에] 네아폴리스(Neapolis)에 머물던 폼페이우스가 몹쓸 병에 걸렸다가 회복되자 그곳의 시민들은 프락사고라스(Praxagoras)의 조언에 따라 그의 회복을 감사하는 제사를 드렸다. 이웃 마을들도 이를 본받아 제사를 드리니 온 이탈리아가 크고 작은 제사로 며칠 동안 축제를 열었다. 여러 지방에서 축

하하려고 올라온 무리가 묵을 곳이 없어, 거리와 마을과 항구에는 제사를 드리고 축제에 참여한 무리로 가득 찼다. 머리에 화관을 쓰고 손에 횃불을 밝힌 무리가 폼페이우스를 환영하고 그를 따라 길을 걸으며 꽃을 뿌리니, 로마로 돌아오는 그의 행진은 매우 아름답고 찬란했다.

그러나 이 일은 다른 무엇보다도 내란을 불러온 처사였다고 사람들은 말했다. 민중이 그토록 환호하는 동안 폼페이우스의 교만함은 더욱 심해져서 세상을 제대로 바라보지 않게 되었으며, 늘 그의 업적을 지켜 주던 조심성은 바람결에 날아가 버리고, 이제는 카이사르의 세력을 우습게 보는 확신에 흠뻑 빠지고 말았기 때문이었다.

폼페이우스가 느끼기에, 이제는 카이사르를 견제하고자 병력을 동원할 일도 없고 성가신 준비를 할 일도 없으며, 그를 쓰러뜨리는 일은 그를 키워 주던 일보다 쉬웠다. 이런 일이 벌어지고 있을 때, 폼페이우스가 카이사르에게 빌려주었던 병사들을 인솔한 아피우스가 갈리아에서 돌아왔다. 아피우스는 그곳에서 카이사르가 이룩한 업적을 별것 아닌 듯이 말하면서 카이사르에 대한 나쁜 이야기들을 폼페이우스에게 들려주었다. 그러면서 그는 폼페이우스에게 이렇게 말했다.

"만약 장군께서 카이사르의 적대 세력을 이용하여 그를 쳐부수려 한다면, 이는 장군께서 자신의 군사력과 명성을 모르기 때문입니다. 장군께서 그곳에 모습만 나타내도 카이사르는 자기 군대의 손에 무너질 것입니다. 카이사르에 대한 병사들의 증오심은 그만큼 높고, 장군에 대한 애정은 그만큼 깊습니다."

그 말을 들은 폼페이우스의 들뜬 마음은 정적 카이사르를 경멸하는 확신으로 바뀌었다. 그때부터 그는 전쟁을 두려워하는 병사를 조롱했다. 어떤 사람들이 만약 카이사르가 로마로 쳐들어온다면 그를 막을 수 있는 병력이 아무도 없을 것이라고 말하자, 폼페이우스는 점잖은 표정에 웃음을 지으며 걱정하지 말라고 타이르면서 이렇게 말했다.

"이탈리아 어느 곳에서든 내가 땅을 한 번 구르기만 해도 보병과 기병들이 일어날 것이오."

58

이 무렵 카이사르도 굳은 용기를 품고 국사에 몰두했다. 로마에서 그리 멀지 않은 곳에 머무르던 카이사르는 늘 로마로 병사를 보내 선거에 참여하도록 하고, 여러 관리에게 은밀히 돈을 뿌려 매수했다. 그런 인물 가운데에는 뇌물 1천5백 탈렌트를 받고 카이사르 편으로 넘어간 집정관 파울루스(Paulus)가 있었다. 또한 카이사르에게서 엄청난 빚을 탕감받은 민중 호민관 쿠리오(Curio)도 넘어갔다.

쿠리오의 친구로서 그의 채무 변제에 관련을 맺고 있던 안토니우스(Marcus Antonius)도 카이사르에게 넘어갔다. 들리는 바에 따르면, 카이사르 부대의 백인대장 가운데 한 사람은 원로원 청사 가까이에 있다가 원로원이 카이사르의 임기를 연장해 주지 않기로 했다는 말을 듣자 자신의 칼에 손을 얹으며 이렇게 말했다고 한다.

"그렇다면 이것으로 해결해 주마."

카이사르의 음모와 목적은 바로 백인대장의 말에 잘 담겨 있었다. 쿠리오가 카이사르를 위해 제시한 요구는 민중들이 보기에는 공평해 보였다. 쿠리오는 두 가지 방법을 제시하면서 그 가운데 하나를 선택하라고 했다. 하나는 폼페이우스도 함께 무장을 해제하는 것이고, 다른 하나는 폼페이우스와 마찬가지로 카이사르도 무장을 해제하지 않는 것이다.

폼페이우스와 카이사르 두 사람이 공의롭고 동등한 조건으로 무장을 해제하고 평범한 시민으로 돌아가든가, 아니면 두 사람 모두 지금의 병력을 유지해야만 힘을 겨룰 때 혼란이 일어나지 않는다는 것이었다. 만약 그렇지 않고 어느 한쪽만 무장을 해제하여 상대편의 힘을 두 배로 키워 준다면 남은 사람은 두려움에 빠지게 되기 때문이었다.

이 말을 들은 집정관 마르켈루스(Marcellus)는 카이사르를 강도라고 부르면서, 만약 카이사르가 무장을 해제하지 않으면 그를 투표에 부쳐 공적(公敵)으로 몰 것이라고 주장했다. 그럼에도 안토니우스와 피소의 도움을 받은 쿠리오는 일을 밀고 나가 원로원의 의견을 묻기로 했다.

쿠리오는 카이사르가 무장을 해제하고 폼페이우스는 사령관 직책을 유지해야 한다고 생각하는 의원들을 한쪽에 서게 했다. 그러자 많은 의원이 그쪽으로 몰려가 섰다. 이어서 그는 두 사람 모두 무장을 해제하고 누구도 지휘권을 맡아서는 안 된다고 생각하는 의원들은 다른 쪽으로 서도록 발의했다. 그러자 오직 22명만 폼페이우스 편을 들었고, 나머지 의원들은 쿠리오의 편을 들었다.

쿠리오는 자신이 이겼다고 생각하여 민중에게 달려가 그 사실을 알렸고, 민중은 손뼉을 치며 쿠리오를 맞아 화관을 씌우고 꽃다발을 안겨 주었다. 군대 지휘관은 시내에 들어올 수 없었으므로 그 무렵 폼페이우스는 원로원에 없었다. 그때 마르켈루스가 자리에서 일어났다. 그는 더는 이곳에 앉아 그런 연설을 듣고 싶지 않으며, 10개의 군단이 이미 알프스를 넘어 오고 있으니 그들을 막아 조국을 지킬 수 있는 사람을 파견하고 싶다고 말했다.

59

이런 일을 겪은 시민은 마치 나라에 커다란 재난이라도 닥친 것처럼 슬픔에 젖었다. 원로원의 지지를 받은 마르켈루스는 토론의 광장을 지나다 폼페이우스를 만나 그 앞에서 이렇게 말했다.

"폼페이우스 장군님, 이 나라를 위기에서 지켜 주시기 바랍니다. 그러자면 이미 있는 병력을 동원하고 다른 병력도 더 모아야 합니다."

이듬해에 집정관으로 선출된 렌툴루스도 같은 말을 했다. 그러나 폼페이우스가 새롭게 병력을 모으려 하자 어떤 사람들은 소집 명령을 거부하였고, 아주 적은 인원만 내키지 않는 표정으로 성의 없이 따라나섰으며, 대부분의 사람은 사태를 원만하게 해결하라고 소리쳤다.

안토니우스가 원로원의 결정에 항의하며 카이사르에게서 온 편지를 읽어 주었는데, 그 안에 담긴 제안이 민중에게는 더 매혹적이었다. 카이사르의 제안은, 폼페이우스와 자신이 모두 속령의 통치권을 포기하고 군대를 해산한 다음 자신들의 문제를 민중에 맡겨 그 결정에 따르자는 것이었다.

그러나 그때 집정관 직위에 있던 렌툴루스는 원로원을 소집하려 하지 않았다. 그러던 터에 킬리키아에서 돌아온 키케로는 다음과 같은 조건을 내걸며 문제를 해결하려고 노력했다. 곧 카이사르는 갈리아 지방의 통치를 포기하고 군대를 해산하되, 2개 군단을 거느리고 일리리쿰에 머무르면서 다음 집정관 선거 때까지 그곳에서 기다린다는 것이었다.

폼페이우스가 이 제안 또한 불만스럽게 여기자, 카이사르의 막료들은 그렇다면 2개 군단의 병력을 1개 군단으로 줄이겠노라고 제안했다. 그러자 이번에는 렌툴루스가 반대했고, 카토가 나서서 그렇게 되면 폼페이우스는 또 한 번 속는 어리석음을 저지르는 것이라고 소리쳐 그 타협안은 없던 일로 돌아갔다.

60
드디어 [기원전 49년 1월에] 카이사르가 이탈리아에서 가장 큰 도시인 아리미눔(Ariminum)을 함락시킨 다음 병력을 모두 이끌고 로마로 진격해 온다는 소식이 들려왔다. 그러나 이 소식은 사실이 아니었다. 카이사르는 기병 3백 명과 중무장 보병 5천 명을 거느린 채 내려오고 있었으며, 나머지 병력은 알프스산맥 너머에 머물러 있었다. 그러나 카이사르는 그 병력이 모두 올 때까지 기다리지 않았다. 그는 정적들에게 전쟁에 대비할 수 있는 시간을 주기보다는, 그들이 혼란에 빠져 무슨 일이 일어날지 전혀 예상하지 못한 상태일 때 기습하고 싶었기 때문이었다.

  카이사르는 자신이 다스리던 속령의 국경을 끼고 흐르는 루비콘(Rubicon)강에 이르자 바로 강을 건너지 않고 잠시 미루었다. 그는 조용히 서서 자신의 이번 모험이 얼마나 중대한 일인지를 생각하고 있었다. 그는 마치 벼랑에서 입을 벌리고 있는 깊은 구렁으로 몸을 던져 뛰어내리기라도 하려는 듯, 이성의 눈을 감고 위험을 장막으로 가린 채, 둘레에 서 있는 사람들에게 그리스어로 이렇게 외쳤다.

  주사위는 던져졌다

  (*Alea iacta est*, Let the die be cast).[14]

그런 다음 그는 부대를 이끌고 강을 건넜다. 카이사르가 쳐들어온다는 소식이 들려오자 로마는 온통 지난날에 볼 수 없었던 소란과 후회와 두려움에 빠졌다. 원로원 의원들은 허둥대며 모여 서둘러 폼페이우스에게 달려가고, 관리들이 그 뒤를 따랐다. 볼카티우스 툴루스(Lucius Volcatius Tullus)가 폼페이우스에게 군대를 동원하라고 요청하자 폼페이우스는 잠시 뜸을 들이다가 머뭇거리는 목소리로 이렇게 말했다.

  "카이사르에게서 데려온 군사들은 출진할 준비가 되어

14   제32장 「카이사르전」, §32 참조.

있고, 앞서 징발한 3만 명은 쉽게 모을 수 있을 것 같소."

이에 툴루스가 소리쳤다.

"폼페이우스 장군, 그대는 우리를 속였습니다."

그리고 툴루스는 카이사르에게 화해의 사절을 보내라고 충고했다. 그러자 화보니우스(Favonius)라는 사람이 나섰다. 그는 본디 나쁜 사람은 아니었지만 남들이 보기에 그는 카토의 대담한 연설을 흉내 내며 허세를 부리던 사람이었다. 그가 이렇게 말했다.

"발을 한 번만 굴러도 병력이 몰려온다고 약속하더니 어디 한번 그렇게 해서 병력을 모아 보시죠."

그러나 시기적으로 적절하지 않은 이 빈정거림을 폼페이우스는 잘 견뎌 냈다.[15] 그러자 카토가 나서더니 지난날 자기가 폼페이우스에게 했던 말을 상기시켰다. 폼페이우스는 이렇게 대답했다.

"그대가 한 말은 예언에 가까운 것이었지만, 내가 한 일은 그보다 더 깊은 우정에서 나온 것이었소."

61

이제 카토는 폼페이우스를 장군으로 뽑아 무한한 권력을 주자고 제안하며, 이 비극적 상황을 불러온 사람이 이 일을 끝내야 한다고 덧붙여 말했다. 그리고 카토는 곧 자신에게 맡겨진 속령인 시킬리아로 떠났고, 다른 원로원 의원들도 각기 자신의 속령으로 떠났다. 이탈리아 거의 전체가 혼란에 빠지면서 일이 더욱 어렵게 되었다. 로마 성 밖에 살고 있던 사람들은 서둘러 성안으로 들어왔고, 성안에 있던 사람들은 성을 버리고 밖

15   그때 폼페이우스는 이렇게 대답했다고 한다. "여러분이 나를 따른다면 그렇게 될 수도 있을 것입니다. 꼭 필요한 일이라면 로마나 이탈리아를 떠나는 일을 그렇게 두려워할 것도 없습니다."[아피아노스, 『로마사(5) : 내전사』, II : 37]

으로 달아났다.

그러한 혼란 속에서 로마인들이 갖추고 있던 훌륭한 성품은 나약해지고 오히려 반항심만 커져 관리들도 어떻게 할 수가 없었다. 부풀어 오르는 공포심을 억누를 수도 없었고, 폼페이우스가 자신의 판단에 따라 행동하도록 내버려 두지도 않았다. 시민들이 두려워하든, 괴로워하든, 혼란스러워하든, 그들이 어떻게 느끼고 있든, 그들의 생각은 곧 폼페이우스의 마음을 흔들어 놓았다.

하루에도 서로 다른 보고가 들어와 폼페이우스는 카이사르에 대한 올바른 정보를 얻을 수 없었다. 또한 오다가다 들은 이야기도 수없이 들어왔는데, 그런 보고를 믿지 않으면 보고한 사람은 짜증을 냈다. 이런 상황에서 폼페이우스는 정령(政令)을 발표하여 지금의 사태를 내란으로 규정하고 원로원 의원들은 모두 자기를 따르되, 따르지 않고 로마에 남는 사람들은 카이사르의 도당이라고 선언한 다음 저녁 늦게 로마를 떠났다.

전쟁이 일어나면 통상적으로 치르던 제사도 지내지 않고 집정관들도 달아났다. 이러한 두려움이 감도는 가운데에서도 폼페이우스는 사람들이 부러워할 장점을 보여 주었다. 많은 사람이 그의 장군 직책을 미워했으나, 정작 그를 미워하는 사람은 없었다. 자유를 찾아 로마를 떠난 사람이 폼페이우스를 따라 로마를 떠난 사람보다 많지 않다는 것을 사람들은 잘 알고 있었다.

62

이런 일이 있은 지 며칠이 지나 카이사르가 로마로 들어와 점령했다. 그는 모든 사람을 너그럽게 대하면서 시민의 두려움을 씻어 주었다. 그러나 호민관 메텔루스만은 예외였다. 그는 카이사르가 국고에서 돈을 빼내 가는 것을 막으려 했다. 그러자 카이사르는 그를 죽이겠노라고 협박했다. 이어서 카이사르는 그보다 더 거친 말을 했다.

"실제로 죽이는 것이 죽이겠다고 떠벌리기보다 쉽다."

이렇게 메텔루스를 몰아낸 카이사르는 자신이 바라던 바를 얻은 뒤에 폼페이우스를 추격했다. 카이사르는 폼페이우스의 병력이 스페인에서 돌아오더라도 이탈리아에는 발을 들여놓지 못하도록 하고 싶었다. 그러나 폼페이우스는 브룬디시움을 점령한 다음, 그곳에 운송 수단이 넉넉한 것을 알고 집정관들을 배에 태워 30개 코호르트의 병력과 함께 자기보다 먼저 디라키움(Dyrrhachium)으로 보냈다.

그러고 나서 폼페이우스는 장인 스키피오와 처남 그나이우스(Gnaeus)를 시리아로 보내 함대를 마련하도록 했다. 그런 다음 그는 성문을 막고 경보병으로 성벽을 지키게 하면서 브룬디시움 시민에게 자신들의 집에서 조용히 기다리라고 명령했다. 폼페이우스는 성안의 길마다 구덩이를 파고 그 안에 끝이 날카로운 기둥을 박은 다음 보이지 않게 덮어 둔 뒤, 오직 두 갈래 길에만 함정을 파지 않고 두었다가 그 길을 따라 바다로 나갔다.

셋째 날이 되자 폼페이우스는 쉬는 시간에 남아 있는 주력 부대를 배에 태우고 갑자기 신호를 보내 아직도 성벽을 지키던 병사들에게 서둘러 바닷가로 나와 배에 타도록 한 다음 디라키움으로 보냈다. 브룬디시움에 도착한 카이사르는 성안이 황폐한 것을 보고 폼페이우스가 [9일 동안 그곳에서 버티다가] 달아난 것을 알았다.(카이사르, 『이탈리아 내전사』, I : 25~27) 그는 추격하다가 함정에 빠질 뻔했지만 그곳 주민이 함정을 알려준 덕분에 그 도시를 피해 돌아 추격했다. 해변에 이르러 보니 전함 두 척 말고는 모두 바다로 나가고 없었다. 배 안에는 겨우 몇 사람만 남아 있었다.

폼페이우스

오늘날에 와서, 폼페이우스가 브룬디시움을 버리고 바다로 달아난 것은 그의 전략 가운데 가장 탁월한 선택이었다고 평가하지만, 그 무렵에 카이사르는 폼페이우스의 전략에 깜짝 놀랐다. 그 무렵 폼페이우스는 성벽이 튼튼한 도시를 장악하고 있는 데다가, 스페인에서 지원군이 오게 되어 있었으며, 바다를 지배하고 있었음에도 이탈리아를 포기했기 때문이었다. 이를 두고 키케로는 폼페이우스가 테미스토클레스의 상황보다는 페리클레스의 상황에 놓여 있었으면서도 페리클레스보다는 테미스토클레스의 작전을 흉내 냈다고 비난했다.[16]

더욱이 그 무렵에 카이사르는 전쟁을 오래 끄는 것을 몹시 두려워한다는 점을 몸소 보여 준 바 있었다. 폼페이우스의 막료인 누메리우스(Numerius)를 사로잡은 카이사르는 그를 폼페이우스에게 보내 동등한 조건으로 협상할 것을 제의했다. 그러나 폼페이우스는 협상하지 않고 누메리우스를 데리고 도망쳤다.

그리하여 카이사르는 피 한 방울 흘리지 않고 60일 만에 이탈리아 전역을 차지했다. 카이사르는 곧 폼페이우스를 추격하려 했지만 함선이 없었다. 이에 방향을 돌려 스페인으로 쳐들어갔다. 그곳에 남아 있던 폼페이우스의 군대를 장악하고 싶었기 때문이었다.

64

그러는 동안에 폼페이우스는 많은 군사를 모집했다. 해군은 함선을 5백 척이나 거느렸고, 경전함과 쾌속선이 엄청나게 많아 누구도 맞설 수 없을 정도였다. 기병대 7천 명은 가문과 재

---

16   펠로폰네소스 전쟁을 치르면서 페리클레스는 항전했지만 테미스토클레스는 페르시아로 망명했다.(키케로, 『아티쿠스에게 보낸 편지』, VII : 11)

산과 용기라는 면에서 로마와 이탈리아의 꽃이라 부를 만했다. 여러 부족으로 이루어진 보병은 훈련이 필요하여 그가 직접 조련했는데, 그는 마치 한창 때처럼 몸소 훈련에 참여하면서 잠시도 게으름을 피우지 않았다.

이제 쉰여덟 살의 대(大)폼페이우스가 한낱 보병처럼 완전 무장을 갖추고 훈련했는데, 말을 타고 달리며 칼을 뽑고 다시 칼집에 넣으니 병사가 크게 감동했다. 그는 다시 창을 잡고 던졌는데, 정확하게 맞힐 뿐만 아니라 그 거리가 젊은이들도 미치지 못할 만큼 멀리 나갔다.

폼페이우스의 명성이 높아지자 여러 종족의 왕과 제후가 그를 찾아오고, 로마에서도 지도자들이 찾아와 그들만으로도 원로원을 구성하기에 충분했다. 카이사르를 섬기며 갈리아 원정에도 참여했던 라비에누스(Labienus)도 주군(主君)을 버리고 폼페이우스를 찾아왔다.

갈리아에서 폼페이우스의 손에 죽은 브루투스의 아들 브루투스도 찾아왔다. 브루투스는 폼페이우스가 자기 아버지를 살해했다는 것을 알고 있었기 때문에 폼페이우스에게 말도 걸지 않고 인사도 하지 않던 터였으나, 이제는 폼페이우스가 로마를 구원할 인물이라 생각하여 그의 휘하로 들어왔다.

키케로는 원로원 연설과 글에서 나라를 구출하는 데 다른 방법이 있다고 주장했지만, 지금에 와서는 조국을 위해 자신의 모든 것을 내걸고 싸우는 무리와 자리를 함께하지 않는 것은 부끄러운 일이라 생각하고 폼페이우스를 찾아왔다.

티디우스 섹스티우스(Tidius Sextius)는 이미 늙고 한쪽 다리를 절면서도 마케도니아까지 찾아왔다. 많은 사람이 그를 보고 웃으면서 빈정거렸지만, 그가 들어오는 것을 본 폼페이우스는 자리에서 일어나 달려가 맞이함으로써 이미 늙고 벼슬에서 물러난 사람도 조국의 안전을 위해 위험의 길로 뛰어들어야 함을 몸으로써 증명해 보였다.

원로원이 열리고 카토의 발의에 따라 정령이 하나 통과되었다. 그에 따르면, 전쟁터가 아니면 어디에서도 로마인을 죽일 수 없으며, 로마에 복속된 어느 도시도 약탈해서는 안 된다는 것이었다. 그 내용은 폼페이우스 쪽에 매우 유리했다. 로마 시민은 폼페이우스와 너무 멀리 떨어져 있었고 너무 병들어 전쟁에 참여하지는 못했지만, 마음으로는 폼페이우스 편에 서 있었을 뿐만 아니라 말로만이라도 정의의 편에서 싸우고 있었기 때문이었다. 그래서 로마인들은 폼페이우스가 이기기를 바라지 않는 사람들을 신과 인간의 적이라고 생각했다.

그러나 카이사르가 정복자로서 자비를 베풀었던 것 또한 사실이다. 스페인에서 카이사르는 폼페이우스의 군대를 무찌른 뒤, 포로로 잡은 장군들을 폼페이우스에게 보내고 병사들은 자기편으로 만들었다. 그런 다음 알프스산맥을 넘고 이탈리아를 빠르게 관통하여 [기원전 49년] 동지(冬至)가 지난 바로 뒤에 브룬디시움에 입성했다. 그곳에서 바다를 건너 오리쿰(Oricum)을 점령한 카이사르는 포로로 잡혀 있던 폼페이우스의 막료 비불리우스(Vibullius)를 폼페이우스에게 보내, 두 사람이 회담을 열어 사흘 안에 군대를 해산하고 우호 조약을 맺은 다음 함께 이탈리아로 돌아가자고 제안했다.

이것이 또 다른 함정이라고 생각한 폼페이우스는 바다로 나가 육군과 해군에 강력한 기반이 될 만한 요충지들을 차지하는 한편, 바다를 거쳐 들어오는 병사들에게 유리한 해군 기지와 상륙 거점을 장악했다. 그렇게 되자 바람만 불면 곡식과 군사와 돈이 폼페이우스에게 모여들었다.

그런가 하면, 바다와 육지에서 모두 어려움에 빠져 있던 카이사르는 전투를 서두를 수밖에 없어 폼페이우스의 방어선을 공격하며 그가 전투에 나오도록 도발했다. 이러한 작은 전투에서 카이사르는 늘 이겼다. 그러던 어느 날 카이사르는 많은 병사를 잃고 거의 전멸할 뻔한 패배를 겪은 뒤에 가까스로 몸을 건져 나왔다.

폼페이우스는 찬란한 승리를 거두고 적군 2천 명을 죽였다. 그러나 폼페이우스는 도망병을 뒤쫓아 그들의 병영까지는 추격하지 않았는데, 이는 그가 적군을 추격할 형편이 못 되었던 탓인지 그러기가 두려워서였는지는 알 수 없다. 이 일을 겪은 카이사르는 자신의 막료에게 이렇게 말했다.

"만약 오늘 적군에게 승리할 줄 아는 장군이 있었더라면 저들이 승리했을 것이다."

66

이렇게 승리한 폼페이우스의 막료들은 마음이 들떠 빨리 전쟁을 치름으로써 문제를 모두 결정짓고 싶었다. 그러나 폼페이우스는 멀리 떨어져 있는 왕과 장군과 도시 국가들에는 승리한 장군의 품위를 담아 편지를 보내면서도 막료들이 바라는 대로 전쟁을 서두르는 데 두려움을 느꼈다.

적군은 결코 지지 않는 용사들로서 오랫동안 정복 전쟁에 익숙해 있지만, 또한 그들은 오래 행군하고, 진지를 바꾸고, 참호를 파고, 성벽을 쌓는 따위의 작업으로 많이 지쳐 있는 데다가 나이도 많아 전쟁을 질질 끌기보다는 당장에 결판내고 싶어 한다는 사실을 폼페이우스는 잘 알고 있었다.

막료들이 그토록 지나치리만큼 승리를 확신하고 있음에도, 폼페이우스는 이런저런 말로 부하들을 조용히 기다리도록 설득하는 데 성공했다. 그러나 전투가 끝난 뒤에, 군수 물자가 부족한 카이사르가 진지를 허물고 아타마니아(Athamania)를 거쳐 테살리아(Thessalia)로 물러나자 폼페이우스의 막료들은 더 이상 참지 못하고 카이사르가 도망치고 있다고 외쳤다.

어떤 사람은 카이사르를 추격하자고 주장하고, 어떤 사람은 이탈리아로 쳐들어가자고 외치고, 어떤 사람은 공직 선거에 출마할 채비로 토론의 광장 가까운 곳에 집을 장만하려고 부하나 막료들을 로마로 보냈다. 어떤 사람은 이미 전쟁이 끝났다는 기쁜 소식을 폼페이우스의 아내인 코르넬리아에게 알리고자 몸소 레스보스섬으로 배를 몰고 갔다. 폼페이우스가 아내를 안전한 곳에 두고 싶어 그 섬으로 보냈기 때문이었다.

원로원이 소집되자 아프라니우스는 이탈리아야말로 이번 전쟁의 가장 큰 전리품이기 때문에 이곳을 확실히 장악해야 하며, 아울러 시킬리아, 사르디니아, 코르시카, 스페인 그리고 갈리아의 땅 전체도 차지해야 한다는 의견을 제시했다. 그러나 폼페이우스의 관심은 온통 고국 땅에 쏠려 있었다. 지금 가까운 곳에서 손을 흔들며 구원 요청을 하고 있는 동포들이 노예와 독재자의 아첨꾼들에게 모욕을 겪게 하는 것은 온당하지 않다고 그는 생각했다.

폼페이우스가 생각하기에, 자신은 지금 카이사르를 추격해야 할 운명인데도 카이사르에게 두 번씩이나 지고 쫓기는 것은 자신의 명성을 위해서도 좋은 일이 아니며, 자기를 따라온 스키피오와 집정관급의 고위 관리들을 테살리아와 그리스에 남겨 둔 채 자기만 로마로 돌아가는 것도 옳지 않았다.

그들을 그곳에 남겨 두면 그 돈과 많은 병력이 카이사르의 손에 들어갈 것이 분명했다. 게다가 자신이 이토록 멀리까지 나와 싸우는 것은 조국 로마를 사랑하기 때문이었다. 그는 로마가 더는 상처를 입지 않고 나쁜 소식도 듣지 않은 채 조용히 자신의 주군(主君)을 기다려 주기를 바랐던 것이다.

67

작전을 결정한 폼페이우스는 카이사르를 추격하되 전투를 피하면서 포위하여 괴롭히는 한편, 가까이 접근하여 보급을 끊었다. 폼페이우스가 그런 작전을 쓴 데에는 그럴 만한 이유가 있었다. 기병들 사이를 떠돌다가 자신의 귀에 들어온 소문에 따르면, 기병대가 카이사르를 무찌른 다음에는 곧 폼페이우스를 타도한다는 것이었다.

또 어떤 사람의 말에 따르면, 폼페이우스가 카토에게 중요한 임무를 맡기지 않고 해안에 머물게 하면서 짐이나 지키도록 한 것도 카이사르가 몰락한 다음에 곧바로 자신의 권력을 카토에게 빼앗길지 모른다고 두려워했기 때문이었다고 한다.

그래서 폼페이우스가 조용히 적군을 추격하기만 하자 그를 비난하는 목소리가 높아졌다. 폼페이우스는 카이사르와 싸우는 것이 아니라 조국과 원로원을 상대로 싸우고 있으며, 대장군 직책을 내려놓지 않고, 세계를 지배하겠노라고 주장하는 무리를 자기 시종과 호위병으로 잡아 두려 한다는 비난이 무성하게 나돌았다.

도미티우스 아헤노바르부스(Domitius Ahenobarbus)는 폼페이우스가 저 위대한 아가멤논(Agamemnon)이며 '왕중왕'이라고 치켜세움으로써 남들의 눈살을 찌푸리게 했다. 더 강력하게 폼페이우스를 비난하는 사람들에 견주어 그다지 불쾌감을 자아내지는 않았지만, 화보니우스는 적절하지 않은 때에 이런 농담을 크게 외쳤다.

"젠장, 올해도 투스쿨룸(Tusculum)으로 돌아가 그 맛 좋은 무화과를 먹을 수 없다는 말인가?"

스페인 전투에서 병력을 잃고 [카이사르에게 뇌물을 받았다는 이유로] 반역죄로 기소되었던 아프라니우스는 자신을 고발한 사람들이 온갖 곳에서 부당 거래를 하는 폼페이우스를 고발하지 않는 것이 놀랍다고 말했다. 폼페이우스의 정적들은 이와 비슷한 중상을 수없이 퍼부음으로써 폼페이우스가 처음에 품었던 목표를 흔들어 놓았다.

폼페이우스는 본디 명성만을 따르는 노예였으며, 친구들을 실망시키는 일을 싫어하는 사람이었던 까닭에 자신의 좋은 계획을 버리고 정적들이 바라는 바대로 끌려다녔다. 이런 일

폼페이우스

은 배 한 척을 이끄는 선장도 할 짓이 아니었으니, 여러 나라와 수많은 군대를 홀로 이끄는 장군으로서야 더 말할 나위도 없었다.

폼페이우스는 환자들의 병적인 요구 사항을 결코 들어주지 않는 의사를 좋아하던 사람이었지만, 이제는 자신의 치료를 받고 병이 나아 목숨을 건진 사람들이 자기를 해코지할까 두려워하게 되었다. 그는 막료들의 병든 욕망에 무릎 꿇은 꼴이 되었다. 어떤 사람들은 벌써부터 집정관이나 법정관이 되고 싶어 병사들의 막사를 찾아다니고, 스핀테르나 도미티우스나 스키피오는 [기원전 63년 이래] 카이사르가 맡고 있던 대제사장을 이어받고자 서로 다투며 일을 꾸미고 모략하고 있었으니, 카이사르의 눈에는 그들이 건전한 사람들로 보이지 않았다.(카이사르, 『이탈리아 내전사』, III : 83)

폼페이우스의 부하들은 카이사르를 상대하는 것이 마치 아르메니아의 티그라네스왕이나 나바타이아(Nabathaea)족의 왕과 싸우는 것 같았다. 그들의 상대인 카이사르와 그 군대는 질풍처럼 몰아쳐 도시 1천 곳을 함락했고, 3백 개 부족을 정복했으며, 헤아릴 수도 없이 많은 전쟁을 치르면서 게르만족과 갈리아족을 섬멸했으며, 1백만 명을 포로로 잡았고, 전쟁터에서 그만큼 많은 병사를 살해한 무리였는데, 그들을 상대로 싸우는 폼페이우스의 군대는 그들과 수준을 비교할 수 없는 집단으로 변해 가고 있었다.

68

그럼에도 폼페이우스의 막료들은 그를 끈덕지게 설득하고 한편으로는 병사를 선동하여 군대를 화르살로스(Pharsalos) 평원으로 내려오게 한 다음, 작전 회의를 억지로 열도록 폼페이우스에게 요구했다. 그 자리에서 기병대장 라비에누스가 먼저 일어서더니 자신은 전쟁터에 나가 적군을 무찌르기 전에는 살아 돌아오지 않겠노라고 맹세했고, 남은 무리도 모두 함께 맹세했다.

그날 밤 폼페이우스는 꿈을 꾸었다. 그가 극장으로 들어가자 관객들이 손뼉을 쳤다. 그는 전리품으로 베누스 빅트릭스(Venus Victrix)의 신전을 장식했다. 꿈에서 깨어난 폼페이우스는 한편으로는 고무되면서도 다른 한편으로는 우울했다. 폼페이우스는 카이사르가 베누스의 후손이기 때문에 그에게 영광이 내려지지나 않을까 두려웠다.

폼페이우스가 꿈에서 깨어났을 때 막사 밖에서는 병사들이 이리저리 뛰어다니며 커다란 혼란에 빠져 있었다. 더욱이 아침 순찰 시간이 되어 나가 보니 카이사르 진영 위로 커다란 불빛이 일어나 얼마 동안 조용히 떠 있다가 폼페이우스의 진영으로 날아왔다. 카이사르도 순찰하다가 그 불빛을 보았다고 한다.

날이 밝아 카이사르가 진영을 스코투사(Skotusa)로 옮기려 하자 병사들은 막사를 허물고 노예들과 함께 짐 실은 짐승들을 먼저 보내고 있었다. 그때 초병이 달려와, 적진에서 많은 방패가 이리저리 움직이고 있으며, 전투하러 나오는 듯한 움직임이 소란스럽게 들린다고 보고했다. 뒤이어 또 다른 초병이 달려와 적군의 최전방 부대가 이미 전투 대형을 갖추었다고 보고했다. 이에 카이사르는 이렇게 말했다.

"우리가 기다리던 날이 왔다. 이제부터 우리는 굶주림과 물자의 부족을 상대로 싸우는 것이 아니라 인간과 싸우게 되었다."

그러고 나서 카이사르는 막사 앞에 자주색 겉옷을 내걸게 했다. 그것은 전투를 알리는 로마식 신호였다. 이를 본 병사들은 기뻐 소리치며 막사에서 뛰어나와 무기를 손에 잡았다. 장교들이 병사들을 각자의 위치에 배치하자 병사들은 혼란을 일으키지 않고 마치 합창단이 준비하듯이 훈련에서 익힌 대로 매우 조용히 전투 대형을 이루었다.

69

폼페이우스는 안토니우스와 싸우고자 오른쪽 날개를 맡았다. 그의 장인 스키피오는 루키우스 칼비누스(Lucius Calvinus)를 맡도록 중앙에 배치했다. 루키우스 도미티우스는 왼쪽 날개를 맡되 주력 부대인 기병의 지원을 받게 했다. 폼페이우스는 자기의 병력이 카이사르를 압도하고 제10군단을 흩뜨려 놓고자 기병대를 모두 중앙에 배치했다.

흔히 들리는 바에 따르면, 이 제10군단은 어느 부대보다도 용맹하여 전투가 벌어지면 카이사르는 늘 이 부대의 대오에 섰다고 한다. 그러나 적군의 왼쪽 날개가 엄청난 기병대로 둘러싸인 것을 본 카이사르는 그 찬란한 대오에 놀라, 예비군에서 6개 코호르트를 보내 제10군단의 배후에 진을 치되 조용히 지키면서 적군의 눈에 띄지 않게 하라고 지시했다.

그러나 카이사르는 폼페이우스의 기병대가 짓쳐 나오면 이들이 전방 부대를 제치고 앞으로 나가되 창은 던지지 말도록 했다. 유능한 병사들은 참지 못하고 먼저 창을 던진 뒤 무기를 뽑기 때문이었다. 따라서 카이사르는 병사들에게 창을 들어 적군의 얼굴과 눈을 집중적으로 공격하라고 지시했다. 카이사르의 말에 따르면, "화초처럼 잘생긴 이 군대 무용수들"은 젊은이의 아름다움을 다치는 것이 두려워 도망칠 것이고, 특히 창이 눈을 겨누면 얼굴을 피하려 든다는 것이었다. 그래서 카이사르는 그러한 전술을 썼다.

폼페이우스가 말을 타고 전열을 돌아보니 적군은 대오를 짓고 조용히 서서 공격할 때를 기다리는데, 자기 부하들은 대부분 전투 경험이 없는 탓에 가만히 있지 못하고 거친 물결을 타고 흔들리는 듯했다. 이러다가는 처음 접전에서 깨질지도 모른다고 두려워한 폼페이우스는 전방 부대에 창을 앞으로 빼 들고 각자 위치를 지키면서 적군의 공격을 기다리라고 명령했다. 그것을 본 카이사르는 적군의 전술이 잘못되었음을 알았다.

카이사르의 말에 따르면, 폼페이우스는 병사를 기다리게 함으로써 재빠른 공격으로 속력의 힘을 더해 공격할 수도 있었던 기회를 놓쳐 버렸다는 것이다. 이처럼 돌진하는 공격은 적병과 가까워졌을 때 모든 병사에게 충동적인 열정을 불러일으켜 용기 있게 달려 나가도록 한다. 그런데 폼페이우스는 병사들에게 그러한 속력을 빼앗아 버렸고, 가만히 뿌리를 내린 것처럼 서 있게 함으로써 전의(戰意)를 꺾어 놓았다. 카이사르의 군사는 2만 2천 명이었지만 폼페이우스의 군대는 그 두 배를 조금 넘었다.

70

드디어 전투 개시 신호가 떨어지고 나팔 소리가 전의를 부추기자, 수많은 병사가 자기 몫을 해내려 했다. 그러나 전투에 참여하지는 않았지만 그 자리를 지켜보던 몇몇 로마 귀족과 그리스인들은 끔찍한 위기가 다가오는 모습을 바라보면서 경쟁심과 욕망이 주권 국가 로마를 어떤 궁지로 몰아가고 있는가를 생각했다. 양쪽 병사들은 무기도 같았고, 피를 나눈 형제들이었으며, 휘장도 같았다. 그토록 많은 도시 국가의 병력이 동지를 향해 칼을 겨누는 모습은, 인간이 감정의 지배를 받을 때 천성이 얼마나 맹목적이고 광기 어린 모습으로 바뀌는가를 보여 주었다.

만약 폼페이우스와 카이사르가 이미 정복한 땅을 다스리면서 삶을 즐기고자 했다면, 땅과 바다의 가장 넓고 아름다운 곳들이 그들의 몫이 되었을 것이며, 만약 아직도 승전에 목마른 부분을 채우고 싶었다면 파르티아인과 게르만족을 무찌르는 것으로 만족할 수도 있었다.

폼페이우스

더 나아가서 스키티아와 인도 정복이라는 더 중요한 문제가 남아 있었다. 그들과 싸웠다면 야만족을 문명화한다는 부끄러운 구실이나마 댈 수 있었을 것이다. 그리고 스키티아 기병대나 파르티아의 궁수나 인도의 재산은 폼페이우스와 카이사르 휘하 7만 명의 병사를 막아 낼 수 없었다.

이 이방 민족들은 로마를 알기도 전에 폼페이우스와 카이사르의 이름을 먼저 들어 알고 있었다. 폼페이우스와 카이사르가 공격하여 정복한 민족들은 그만큼 멀리 떨어져 있었고, 혈통도 다양했으며, 문명이 뒤떨어져 있었다. 그러나 두 사람은 서로 싸우려 했고, 그것도 조국을 지키려는 영광스러운 열정 때문에 움직이는 것이 아니었다.

그날에 이르기까지 불패의 장군으로 불렸던 폼페이우스와 카이사르가 저러고 있으니 참으로 개탄스러운 일이었다. 두 집안 사이에 맺은 동맹도, 딸이자 아내인 율리아의 매력도, 그들의 혼맥도 이제 와서 보니 처음부터 그 동기가 의심스러웠고, 서로의 이익을 위해 함께 가자던 맹세는 거짓에 지나지 않았다. 그 안에 진정한 우정은 없었다.

71

이제 화르살로스 평원은 병사와 말과 무기로 가득 찼다. 양쪽에서 전투 신호가 울리자 카이사르 진영에서는 카이우스 크라시아누스(Caius Crassianus)[17]가 먼저 짓쳐 나갔다. 백인대장인 그는 휘하의 120명을 이끌고 나가면서 카이사르에게 거창하게 약속한 바 있었다. 그가 제일 먼저 진영을 뛰쳐나와 적진으로 달려가는 것을 본 카이사르가 그에게 물었다.

"그대는 오늘의 전투가 어떨 것이라고 생각하는가?"

---

17   카이사르는 『이탈리아 내전사』(III : 91)에서 그의 이름을 크라스티누스(Crastinus)로 기록했다.

그러자 백인대장 크라시아누스가 오른팔을 앞으로 뻗으면서 큰 소리로 이렇게 외쳤다.

"오늘 장군께서는 위대한 승리를 거둘 것입니다. 저는 오늘 죽든 살든, 장군께 칭송을 들을 것입니다."

백인대장은 그 말을 마음에 새기며 앞으로 달려 나갔다. 여러 무리가 그를 따랐다. 그는 적진에 몸을 던졌다. 많은 적군이 그의 칼 아래 쓰러졌다. 그가 진격하며 앞줄의 적병을 쓰러뜨리고 있을 때 적병 하나가 그를 가로막고 칼로 그의 입을 찔렀는데, 그 힘이 얼마나 셌던지 칼끝이 목뒤로 삐져나왔다. 크라시아누스가 죽자 전투는 더욱 열기를 띠었다.

그러나 폼페이우스는 오른쪽 날개의 병사를 출진시키지 않고 평원 너머를 유심히 바라보면서 왼쪽 기병대가 오기를 기다리다가 기회를 잃었다. 뒤늦게 폼페이우스의 병사들은 카이사르를 포위하고 수가 그리 많지 않은 그의 전방 기병대를 보급선까지 물리치고자 자신의 기병을 앞으로 배치했다. 그때 카이사르가 신호를 보내자 기병대가 뒤로 물러서며 적군의 포위를 저지하려고 배치해 둔 보병 3천 명이 앞으로 나왔다.

폼페이우스의 기병대를 만난 카이사르의 보병들은 지시받은 대로 창을 들고 적군의 얼굴을 공격했다. 그러자 그런 방식의 전투 경험도 없을뿐더러 그런 공격을 예상하지 못하고 알지도 못했던 폼페이우스의 기병대는 입과 눈만 노리고 달려드는 적군의 창을 막아 낼 용기나 인내심이 없어 말 머리를 돌리거나 손으로 얼굴을 가리면서 치욕스럽게 도주했다.

그러자 카이사르의 병사들은 도망치는 기병대를 내버려 두고 이번에는 보병을 공격했다. 기병대가 도망함으로써 더 이상 엄호받지 못하는 보병을 공격하니, 이들을 포위하고 공격하기란 매우 쉬운 일이었다. 카이사르 병사가 적군의 옆구리를 공격하고 동시에 제10군단이 정면을 공격하자 폼페이우스의 군대는 더 이상 버티지 못하고 도주했다. 그들은 자기들

폼페이우스

이 적군을 포위한 줄로만 알았는데 이제 보니 자기들이 포위되어 있었다.

72

보병대가 패주하면서 일으킨 먼지 자욱한 전쟁터를 바라보면서, 폼페이우스는 기병대의 운명이 어찌 되었는지를 알았다. 이때 그가 무슨 생각을 했는지는 말로 표현하기가 어렵다. 그는 넋이 나가 미친 사람처럼 보였다. 그는 자신이 '위대한 폼페이우스'라는 사실도 잊은 듯했다. 그는 아무 말 없이 전장을 벗어나 천천히 걸어갔는데, 이는 마치 호메로스의 다음과 같은 시구를 떠올리게 했다.

위대하신 제우스 신께서 옥좌에 앉아
트로이 용사 아이아스(Aias)에게 두려움을 내리시니
그는 넋을 잃고 서서
일곱 마리 소가죽으로 만든 방패를
등 뒤로 던지고
무리를 바라보며 떨고 있도다.
(『일리아스』, XI : 544)

그런 마음 상태로 그는 막사 안으로 들어와 말없이 의자에 앉았다. 도망병들을 쫓아온 추격병이 들이닥치자 그는 이렇게 한마디 말을 남겼다.

"저들이 내 막사에까지 왔단 말인가?"

그리고 다른 말 없이 자리에서 일어나 자신의 운명에 걸맞은 옷을 갈아입고 도주의 길로 나섰다. 그의 병사들도 도망하자 막사 수비병과 시종들은 무참하게 죽었다. 카이사르의 부대에 종군한 아시니우스 폴리오(Asinius Pollio)의 기록에 따르면, 이 전쟁에서 카이사르가 잃은 병력은 겨우 6천 명이었다

고 한다.[18]

폼페이우스의 진영을 점령한 카이사르 병사들은 저들이 얼마나 방탕하고 어리석었던가를 알았다. 모든 막사가 은매화(myrtle) 가지로 둘러싸여 있고, 꽃으로 장식한 의자가 놓여 있으며, 식탁에는 술병들이 가득했다. 술병은 여기저기 널려 있고, 장식들은 전쟁하러 온 사람이 아니라 제사를 지내거나 축제를 치르러 온 사람들 같았다. 그렇게 얼빠진 희망과 바보스러운 마음가짐으로 그들은 전쟁터에 왔던 것이다.

73

진영을 조금 벗어난 폼페이우스는 말고삐를 놓고 잠시 멈추었다. 따르는 부하는 적고, 추격병도 멀리 가 버렸다. 그는 34년 동안 오로지 정복하고 모든 것을 차지만 하다가, 이제 늘그막에 생애 처음으로 전쟁에 지고 도망하면서 자신의 삶을 돌아보았다. 그토록 오랜 세월 동안 전쟁과 다툼을 겪으면서 얻었던 권세와 영광이 어쩌면 이렇게 단 몇 시간 만에 모두 사라질 수 있을까? 조금 전까지만 해도 당당하게 보병과 기병대의 사열을 받던 자신이 어떻게 이제는 보잘것없고 초라하게 도망치는 몸이 되어, 그를 추격하던 적군도 쳐다보지 않는 신세가 되었을까를 생각했다. 라리사를 지나 템페(Tempe) 계곡에 이른 그는 목이 말라 계곡물에 얼굴을 묻고 물을 마셨다.

다시 일어선 폼페이우스는 템페 계곡을 지나 마침내 바닷가에 이르렀다. 그는 어느 어부의 오두막에서 남은 밤 동안 쉬었고, 아침이 되어 작은 배를 얻어 탔다. 해방 노예들은 자기가 데려가고, 노예들은 카이사르를 찾아가 자유롭게 살도록 했

18 　카이사르의 『이탈리아 내전사』(III : 99)에 따르면, 이때 폼페이우스는 1만 5천 명의 병력을 잃었고 2만 4천 명이 포로가 되었으며, 카이사르는 병력 2백 명과 백인대장 30명을 잃었다고 한다.

다. 해안을 따라 내려가던 그는 막 바다로 나가려던 커다란 상선을 만났다. 선장은 로마인으로서 비록 폼페이우스와 아는 사이는 아니었지만, 첫눈에 상대가 누군지 알아보았다.

선장의 이름은 페티키우스(Peticius)였다. 페티키우스는 지난밤 우연히 꿈을 꾸었는데, 평소에 자주 보지도 않았던 폼페이우스가 초라하고 풀 죽은 모습으로 자기에게 뭐라고 말을 하고 있었다. 페티키우스는 선원들에게 그 꿈 이야기를 하고 있었다. 본디 선원이라는 직업이 심심한 터여서 뭔가 일이 일어나기를 기다리는 법인데, 때마침 선원 하나가 선장에게 말했다.

"지금 배 한 척이 해안을 따라 내려오고 있는데, 배에 탄 몇 사람이 겉옷을 흔들면서 손을 뻗어 구원을 요청하고 있습니다."

그 말을 들은 페티키우스는 그쪽을 바라보고는 그가 어젯밤 꿈에 본 폼페이우스임을 첫눈에 알아보았다. 선장은 머리를 쓰다듬으며 작은 배를 그리로 대도록 지시한 다음 손을 뻗어 폼페이우스를 잡으며 맞이했다. 행색을 보니 폼페이우스가 지금 어떤 운명을 겪고 있는지 알 만했다. 간청하거나 따지는 일 없이 선장은 폼페이우스와 그가 함께 태워 주기를 바라는 무리를 배에 태웠다.

함께 배에 탄 무리는 지난날 집정관을 지낸 렌툴루스 스핀테르(Publius Cornelius Lentulus Spinther)와 렌툴루스 크루스(Lentulus Crus) 형제, 화보니우스였다. 이들을 태우고 닻을 올린 지 얼마 되지 않아, 폼페이우스는 해안에서 허둥대며 달려오는 데이오타로스(Deiotarus)왕을 함께 배에 태웠다.

저녁 먹을 시간이 되자 선장은 정성껏 음식을 마련했다. 시종도 없이 자신의 신발 끈을 푸는 폼페이우스를 본 화보니우스가 급히 달려가 신발을 벗겨 주고 향유를 바르는 일을 도와주었다. 그때부터 화보니우스는 마치 노예가 주인을 섬기듯이 폼페이우스를 꾸준히 도와주었는데, 발을 씻고 음식을 마련하는 일에까지 마음 씀씀이가 간곡하여 그의 정중함과 꾸밈 없는 소박함은 에우리피데스가 지은 다음의 시구를 연상시켜 주었다.

참으로 고결한 일일지니,
자비로운 영혼의 베풂이여
(노크 엮음, 『그리스 비극 단편』, II : 671)

74

그 뒤에 해안을 따라 암피폴리스(Amphipolis)로 내려가던 폼페이우스는 아내 코르넬리아와 아들을 배에 실을 생각으로 레스보스섬의 미틸레네로 들어갔다. 섬에 이른 그는 아내에게 전갈을 보냈다. 그러나 그 내용은 아내가 기쁜 마음으로 받고자 했던 것이 아니었다. 그 여인은 이제 남편이 디라키움에서 전쟁을 끝내고 카이사르를 추격하는 일만 남았기를 바랐다.

코르넬리아의 그와 같은 바람을 눈치챈 심부름꾼은 감히 인사도 하지 못하고 말이 아닌 눈물로써 남편이 겪고 있는 불행을 전달했다. 그리고 여인에게 남편을 만나고 싶다면 지금 서둘러 남편이 있는 배로 가자고 재촉했다.

그 배마저 폼페이우스의 것이 아니었다. 그 말을 들은 코르넬리아는 정신을 잃고 땅에 쓰러져 한동안 말도 하지 못했다. 드디어 어렵게 정신을 차린 여인은 지금이 울며 탄식할 때가 아님을 알고 도시를 가로질러 바다로 나갔다. 폼페이우스가 아내를 껴안자 코르넬리아는 비틀거리며 이렇게 말했다.

"여보, 이렇게 당신을 만나는군요. 당신의 운명이 아니라 내 박복(薄福)함 때문에 이제는 작은 배 한 척에 몸을 의지하게 되었군요. 나와 결혼하기 전에는 함대 5백 척을 이끌고 이 바다를 제패했는데....... 나처럼 불행한 여인을 내버려 두지 않고 왜 나를 찾아와 당신까지 그 불행을 겪으려 하십니까? 나의 첫 남편 푸블리우스가 파르티아인들에게 죽었다는 소식을 듣기에 앞서 죽었더라면 나는 얼마나 행복한 여인이었겠습니까! 그리고 그가 죽은 뒤에라도 내가 바라던 대로 자살할 수 있었더라면 얼마나 행복했을까요? 그러나 그때 죽지 못하고 살아남아 이제는 폼페이우스 대장군까지 파멸에 이르게 하는가 보군요."

75
들리는 바에 따르면, 코르넬리아의 말을 들은 폼페이우스는 이렇게 대답했다고 한다.

"코르넬리아, 당신은 인생의 운명이 하나뿐인 줄 알았고, 오로지 행운만 있는 줄 알았던 것이 사실이며, 그런 생각이 그대를 속였을 뿐이오. 나도 마찬가지요. 내 행운이 보통 사람들보다 좀 더 길었을 뿐이라오. 그러나 우리는 불운도 견뎌 내야 하오. 어차피 인생은 죽어야 할 운명이니 우리는 운명을 다시 시험해 보지 않을 수 없소. 내 행운이 이토록 불행으로 곤두박질쳤듯이, 지금의 불행에서 다시 지난날의 행운으로 도약하리라는 희망을 나는 가지고 있다오."

코르넬리아는 시내로 사람을 보내 세간과 종들을 데려오도록 했다. 미틸레네의 시민이 폼페이우스를 환영하면서 시내로 들어가자고 요청했지만, 그는 정복자 카이사르가 인간적이며 자비로운 사람이니 그에게 복종하며 행복하게 살라고 시민에게 당부했다. 그러면서 폼페이우스는 그곳에 살고 있던 철학자로 자신을 만나러 온 크라티푸스(Cratippus)에게 눈을 돌려 신의 섭리에 대해 짧게 불평을 늘어놓았다.

크라티푸스는 폼페이우스의 논리에 이의를 제기하지 않고, 폼페이우스가 좀 더 희망을 품게 하려고 노력했다. 크라티푸스는 그러한 상황에서 폼페이우스를 논박하여 상처를 주고 싶지 않았다. 폼페이우스가 신의 섭리에 대하여 의문을 제기했을 때, 크라티푸스는 나라가 지금 이토록 잘못 다스려지고 있다면 차라리 왕정으로 가는 것이 필요하다고 말했을 수도 있다. 크라티푸스는 아마도 폼페이우스에게 이렇게 묻고 싶었을 것이다.

"폼페이우스 장군이시여, 만약 그대가 카이사르를 이겼더라면, 그대가 그 사람보다 더 훌륭하게 운명을 이용했을까요? 그 증거를 우리에게 보여 줄 수 있겠습니까?"

그러나 이러한 신성(神聖)의 문제는 더 이상 우리가 논의할 문제가 아니어서 이대로 남겨 둘 수밖에 없다.[19]

76

아내와 막료들을 배에 태운 폼페이우스는 항해하는 동안 음식과 물을 얻어야 할 곳이 아니면 정박하지 않았다. 그가 처음으로 배를 댄 곳은 팜필리아(Pamphylia)의 아탈레이아(Attaleia)였다. 그곳에서 그는 킬리키아에서 온 삼단 노의 군선(軍船)을 만났다. 병사들이 그를 도우러 몰려들었고, 원로원 의원 60명이 그를 둘러쌌다. 아직도 자신에게는 함선이 있고, 카토가 많은 병력을 이끌고 아프리카로 건너갔다는 소식을 들은 폼페이우스는 막료들을 향해 이렇게 말했다.

"내가 압도적으로 우세한 해군을 이용할 수도 없는 곳에서 육군으로 싸운 점이라든가, 지상군이 졌을 때 적군을 대적할 수 있도록 막강한 지원 병력을 가까운 곳에 두지 못한 것이 잘못이었소."

해군을 너무 멀리 둔 것 말고는 폼페이우스가 치명적으로

19 진테니스(C. Sintenis)나 아미요(J. Amyot)는 이 문장을 크라티푸스의 말로 인용하고 있다. 판본에 따라서는, "그러나 이와 같은 신성(神聖)의 문제는 신의 뜻으로 남겨 둘 수밖에 없다"고 번역되어 있다.

실수한 것도 없었다. 다만 카이사르의 지휘가 훌륭했을 뿐이다. 어쨌든 지금의 상황에서 무언가 결심하고 최선을 다할 수밖에 없었던 폼페이우스로서는 가까운 도시에 사신을 보내기도 하고 몸소 방문하기도 하며 군자금과 함대를 부탁했다. 그러나 자신이 대비하기에 앞서 카이사르가 재빨리 쳐들어와 자신을 잡을지도 모른다는 점이 두려웠던 폼페이우스는 먼저 임시로라도 몸을 피할 만한 곳을 찾기 시작했다.

그래서 막료들과 상의했지만 폼페이우스의 무리가 안전하게 몸을 피할 만한 곳이 없었다. 여러 나라의 왕을 고려해 본 그는 취약하기 짝이 없는 지금으로서는 파르티아 왕국만이 자기를 받아들이고 보호해 줄 수 있는 최선의 장소이며, 거기에서 힘을 기른 다음 거대한 군대를 이끌고 반격하자는 의견을 내놓았다. 막료들 가운데에는 아프리카 동북부의 유바(Juba)로 가자는 의견을 내놓은 사람도 있었다.

그러나 레스보스섬 출신의 테오파네스가 생각하기에, 폼페이우스가 그곳에서 뱃길로 사흘밖에 되지 않는 이집트로 가서 아버지 대에서부터 폼페이우스에게 신세를 진 바 있는 프톨레마이오스를 만나지 않고,[20] 그토록 배신하기를 좋아하는 파르티아를 찾아간다는 것은 정신 나간 짓이었다.

테오파네스가 보기에, 이미 혼인으로 인연을 맺었던 카이사르를 찾아가 이인자 자리에 오르면 카이사르 말고는 누구에게도 굽히지 않을 터인데 그것도 거부하고, 아니, 카이사르의 너그러움을 떠보려 하지도 않고, 오히려 크라수스조차 살아 있는 동안에 어쩌지 못한 파르티아의 아르사케스(Arsaces)왕을

---

20 여기에서 프톨레마이오스의 아버지라 함은 앞(§ 49)에서 말한 프톨레마이오스 아울레테스(Ptolemaios Auletes)를 뜻한다. 그는 기원전 56년에 폼페이우스의 도움으로 왕위에 복귀했다. 그 무렵의 왕 프톨레마이오스 디오니시오스는 그의 아들로 열다섯 살의 나이에 누나 클레오파트라와 공동 왕위에 앉아 있었다.

찾아가 몸을 맡기는 것은 이해할 수 없는 결정이었다.

그뿐만 아니라 스키피오 가문에서 맞이한 젊은 아내와 함께 오만하고 부도덕한 이방의 땅에 들어갈 때, 그 여인이 해코지를 겪지 않는다 하더라도 그럴 가능성이 생긴다는 것만으로도 견딜 수 없는 일이었다. 그 여인은 쉽게 자기를 해코지할 수 있는 무리 속으로 들어가는 것이다. 들리는 바에 따르면, 자기 아내가 다칠지도 모른다는 그 마지막 말 한마디에 폼페이우스는 에우프라테스강 쪽으로 가려던 마음을 바꾸었다고 한다. 아직도 악령에 빠지지 않고 조금은 남아 있던 폼페이우스의 이성이 그의 마지막 여행을 이끌고 있었다.

77

이집트로 가기로 결심한 폼페이우스는 아내 코르넬리아와 함께 시리아[Seleucia]에서 온 사람의 군선을 타고 키프로스를 떠났다. 다른 사람들은 폼페이우스의 군선을 타고, 어떤 사람들은 상선을 타고 그를 따랐다. 폼페이우스의 무리가 무사히 지중해를 건넜을 때, 이집트 왕 프톨레마이오스가 자기 누나 클레오파트라와 전쟁을 치르느라 군대를 이끌고 펠루시움[Paramoun]에 주둔해 있다는 소식이 전해졌다. 폼페이우스는 그리로 사절을 보내 자신이 도착했음을 알리고 도움을 요청했다.

그 무렵에 프톨레마이오스왕은 [나이가 열세 살밖에 되지 않는] 어린 소년이었다. 그런 까닭에 전권을 쥐고 있던 포테이누스(Potheinus)가 중신(重臣) 회의를 소집했다. 중신들은 모두 영향력이 큰 인물들이었으며, 포테이누스가 영향력 있는 인물로 만들고자 하는 사람은 곧 그렇게 되었다. 포테이누스는 중신들에게 각자 폼페이우스 문제에 관한 의견을 말하도록 했다.

내시인 포테이누스, 키오스 출신의 수사학자 테오도토스(Theodotos), 이집트 사람 아킬라스(Achillas)의 결심에 따라 저 위대한 폼페이우스의 운명이 결정된다는 것은 참으로 끔찍한 일이었다. 왕의 시종과 스승들도 이 회의의 참석자로 모여 있었다. 일생에 걸쳐 카이사르 밑에 들어가는 것조차 수치스럽게 생각했던 위대한 폼페이우스는 이제 해안에 닻을 내리고 파도에 흔들리는 뱃전에서 전령의 지시를 기다려야 하는 신세가 되었다.

회의에서는 여러 의견이 나왔다. 어떤 사람은 폼페이우스를 쫓아 보내야 한다고 말하고, 어떤 사람은 받아들여야 한다고 말했다. 그러자 테오도토스가 탁월한 언변을 구사하면서 이렇게 말했다.

"폼페이우스를 받아들이면 카이사르의 원수가 되는 동시에 폼페이우스가 상전이 될 것이고, 그를 거절한다면 그는 자기를 몰아냈다고 이집트인들을 원망할 것이며 카이사르는 그를 추격하러 여기까지 올 것이다. 그러므로 최선의 방법은 그를 죽이는 것이다. 그러면 카이사르의 마음을 기쁘게 할 것이고, 아울러 더 이상 폼페이우스를 두려워할 일도 없게 된다. 죽은 무리는 물려고 달려들지 않는다."

그렇게 말하는 그의 얼굴에는 싸늘한 웃음이 지나갔다.

78

폼페이우스를 죽이기로 결정한 이집트인들은 아킬라스에게 그 일을 맡겼다. 아킬라스는 지난날 폼페이우스의 군무 위원이었던 셉티미우스(Septimius)와 백인대장이었던 살비우스(Salvius)와 종 서너 명을 데리고 폼페이우스의 배로 다가갔다. 폼페이우스를 따라왔던 저명인사들은 무슨 일이 벌어지는가 보고자 배로 올라왔다.

폼페이우스 일행이 보기에 손님을 맞이하는 이집트인들의 자세는 왕답거나 화려하지도 않았고, 테오파네스에게 기대한 바와 같지도 않았다. 이집트인 몇몇이 작은 고기잡이배를 타고 다가오는 것을 본 일행은 그들에게 존경심이라기보다는 오히려 의심이 생겨, 저들의 화살의 사정거리를 벗어나려면 배를 먼바다로 더 물리는 것이 좋겠다고 폼페이우스에게 권고했다.

그러는 사이에 배가 가까이 와 셉티미우스가 먼저 배에 오르더니 로마어로 폼페이우스를 '대장군'이라고 불렀다. 그런 다음에 아킬라스가 그리스어로 인사한 다음, 바닥이 모래로 된 바다의 깊이가 너무 얕아 삼단 노의 함선으로는 해안에 접근할 수 없다고 말했다.

그러는 동안에 바라보니 병력을 태운 이집트의 군선이 나타났고, 해안에는 무장한 병사가 가득하여 마음을 바꿔 달아나려 해도 그럴 수 없는 지경에 이르렀다. 오히려 그렇게 확신 없이 처신하다가는 살인자들에게 구실만 줄 것 같았다.

폼페이우스는 죽음이 다가오고 있는 것을 알고 슬픔에 젖어 있는 아내를 안아 준 다음 두 백인대장에게 해방 노예인 필리푸스(Philippus)와 몸종인 스키테스(Scythes)를 데리고 앞에 있는 배에 오르라고 지시했다. 그러는 사이에 아킬라스가 이미 손을 뻗쳐 폼페이우스를 배로 끌어 내렸다. 그때 폼페이우스는 소포클레스의 다음과 같은 시를 읊었다.

> 독재자를 찾아가는 사람은 그 누구일지라도
> 자유민으로 왔다가 노예가 되누나.
> (노크 엮음, 『그리스 비극 단편』, II : 316; 아피아노스, 『로마사(5) :
> 내전사』, II : 84)

79

그 말을 막료들에게 마지막으로 남기고 폼페이우스는 어선으로 옮겨 탔다. 육지까지는 거리가 제법 멀었으나, 가는 동안에 일행 가운데 어느 누구도 그에게 우정 어린 말을 건네지 않았다. 폼페이우스가 셉티미우스에게 눈을 돌리며 말했다.

"내가 잘못 보지 않았다면, 그대는 지난날 내 막료가 아니었던가?"

섭티미우스는 아무 말도 하지 못하고 아무런 호의를 보이지 않으면서 고개만 끄덕였다. 그런 다음 다시 무거운 침묵이 흘렀다. 폼페이우스는 프톨레마이오스왕을 만나면 들려줄 인사말을 그리스어로 적은 두루마리를 읽기 시작했다. 배가 해안에 다가가자 코르넬리아는 남편의 막료들과 함께 무슨 일이 일어날지 불안하게 바라보다가, 배가 해안에 닿자 이집트 왕의 신하들이 모여 있는 것을 보고 그들이 남편을 환영하는 줄 알고 기뻐했다.

폼페이우스가 필리푸스의 손을 잡고 편하게 일어서려는 순간에 섭티미우스가 등 뒤에서 달려들어 그를 칼로 찔렀고, 그다음에는 살비우스가, 그리고 그다음에는 아킬라스가 찔렀다. 폼페이우스는 두 손에 잡은 겉옷으로 얼굴을 가리며, 자기 삶의 무의미함에 대해 아무 말이나 행동도 하지 않고 신음 소리만 흘렸다. 그는 그렇게 쉰아홉의 나이로 일생을 마쳤는데, 그날이 바로 생일 다음 날이었다.

80

배 위에서 살인을 목격한 무리가 비명을 지르니 그 소리가 해안까지 들렸다. 그들은 서둘러 닻을 올리고 달아났다. 그들이 바다를 빠져나가자 강한 바람이 불어 이집트인들은 더 이상 추격하지 못하고 돌아왔다. 그들은 폼페이우스의 목을 자른 다음 벌거벗은 몸통을 바다로 던져 참혹한 꼴을 보고 싶은 무리에게 보여 주었다.

그러나 필리푸스는 그들이 구경을 마치고 돌아갈 때까지 시체 곁에서 기다렸다. 필리푸스는 폼페이우스의 시체를 바닷물에 씻은 다음 겉옷으로 쌌다. 그가 장례용품을 얻을 방법이 없어 해안을 둘러보니 작은 고기잡이배의 낡은 조각들이 있었다. 화장할 불더미를 만들려고 땔감을 찾아보니 완전하지는 않았지만 벌거벗은 시체를 태우기에는 넉넉했다.

필리푸스가 나뭇조각을 모아 화장 더미를 만들고 있을 때 한 로마인이 다가왔다. 그는 이미 늙었지만 젊었을 적에 폼페이우스의 휘하에서 전쟁을 치른 적이 있는 사람이었다. 그가 물었다.

"위대한 폼페이우스의 장례를 치르려는 그대는 누구시오?"

필리푸스가 대답했다.

"나는 폼페이우스 장군의 해방 노예입니다."

그러자 그 노인이 말했다.

"그대는 이 영광스러운 일을 그대 혼자서 하려 하지 마시오. 나에게도 영광스러운 특권을 누릴 수 있도록 기회를 나누어 주시구려. 저 위대한 로마 대장군의 장례식을 내 손으로 치르는 행복을 찾음으로써 나의 고난을 위로받을 수 있다면 나는 젊은 날 이국땅에서 떠돈 삶을 후회하지 않을 것이오."

폼페이우스의 장례식은 그렇게 끝났다. 이튿날 루키우스 렌툴루스가 키프로스를 떠나 이곳을 지나가게 되었다. 이곳에서 무슨 일이 일어났는지 모르던 그는 화장 더미 곁에 서 있는 필리푸스를 보고 슬그머니 다가와 물었다.

"아, 여기에서 삶을 마친 이분은 누구인지요?"

잠시 생각하던 렌툴루스는 이렇게 탄식하며 말을 이었다.

"아마도 이는 위대한 폼페이우스이겠군요."

조금 시간이 지나 해변으로 올라간 렌툴루스도 이집트 병사들에게 잡혀 죽었다. 이것이 폼페이우스의 말로이다.

오래지 않아 이집트에 온 카이사르는 이와 같은 끔찍한 일이 벌어진 것을 알았다. 어떤 사람이 폼페이우스의 머리를 가져오자 카이사르는 살인자에 대한 혐오감으로 고개를 돌렸다. 폼페이우스의 인장 반지를 받아 든 카이사르는 울음을 터뜨렸다. 반지의 문양은 발톱으로 칼을 잡고 있는 사자의 모습이었다. 카이사르는 아킬라스와 포테이누스를 잡아 죽였다.

프톨레마이오스왕은 강변에서 벌어진 카이사르와의 전투에서 지고 어디론가 사라졌다. 그러나 궤변가 테오도토스는 카이사르의 복수를 겪지 않았다. 테오도토스는 이집트를 떠나 비참하게 이리저리 떠돌며 세상 사람들의 미움을 받았다. 카이사르를 죽이고 권력을 잡은 브루투스는 아시아에서 테오도토스를 찾아내 온갖 고문을 가한 뒤에 죽였다. 폼페이우스의 시신을 받은 코르넬리아는 알바에 있는 남편의 별장에 그를 묻어 주었다.

나는 하루의 자랑스러운 개선식보다는
조국의 앞날을 생각했노라.
— 폼페이우스

위대한 장군은 자신이 적군보다 강성할 때는
적군이 전쟁에 뛰어들지 않을 수 없게 만들고,
자신이 적군보다 약할 때는
적군이 전쟁을 일으키지 않게 하는 것이다.
— 플루타르코스

1

이제까지 아게실라오스와 폼페이우스의 생애를 우리 앞에 펼쳐 보았으니, 그들의 생애에서 무엇이 달랐는지를 하나씩 살펴보고자 한다.

첫째로, 폼페이우스는 가장 공정한 방법으로 명성과 권력을 얻었다. 그는 자신의 능력으로 생애를 개척했으며, 술라가 독재자들의 손에서 이탈리아를 해방할 때 값지게 이바지했다.

그러나 아게실라오스는 신과 인간에게 죄를 지으면서 자신의 왕국을 이룩했다. 그의 형은 자기 아들 레오티키데스를 적통(嫡統)의 왕자로 인정했지만 아게실라오스는 그 조카가 사생아라는 이유로 왕통에서 몰아냈다. 그러면서도 아게실라오스는 신탁이라는 이름으로 자신이 절름발이라는 사실을 왕이 되는 구실로 이용했다.

둘째로, 폼페이우스는 술라가 살아 있을 때도 그에 대한 존경을 거두지 않았을 뿐만 아니라 그가 죽었을 때는 레피두스의 반대를 받으면서도 장례를 치러 주었고, 그의 딸을 아들 화우스투스의 아내로 맞아들였다.

그러나 아게실라오스는 대수롭지 않은 구실을 대어 리산 드로스를 몰아내고 모욕했다. 술라는 자신이 폼페이우스에게 베푼 만큼 폼페이우스에게서 받았지만, 아게실라오스의 경우 에는 리산드로스가 그를 스파르타 왕으로 삼았고, 그리스 연 합군 사령관으로 만들어 주었다.

셋째로, 폼페이우스가 정치 생활에서 권리와 정의를 지키 지 못한 것은 그의 가족 관계 때문이었다. 폼페이우스는 카이 사르와 스키피오의 사위였기 때문에 그 두 사람이 저지른 실 수에 대부분 연루되어 있었다.

그러나 아게실라오스는 아테네인들에게 저지른 잘못으 로 보아 죽어 마땅한 스포드리아스가 단지 아들의 애인이라 는 이유로 살려 주었으며, 포이비다스가 테베인들과 유지하던 평화를 반역적으로 깨뜨렸을 때는 그를 적극 도와줄 수 있는 구실을 만듦으로써 분명한 악행을 저질렀다.

한마디로 말해서 폼페이우스는 친지들에 대한 우정 때문 이거나 영문을 잘 모른 채 로마인들에게 잘못을 저질러 비난 을 받았지만, 아게실라오스가 보이오티아 전쟁을 일으킨 것은 스파르타인들에게 품었던 완고함과 분노 때문이었다.

2

더 나아가서, 두 사람이 겪은 재앙이 순전한 불운 탓일 수도 있 다고 생각해 보자. 폼페이우스의 불운은 로마인들이 예측할 수 없었지만, 아게실라오스의 경우에는 '절름발이 군주'를 세 워서는 안 된다는 신탁을 스파르타인들이 미리 알고 있었음에 도 이를 따르지 못하도록 했다.

만약 리산드로스가 아게실라오스를 도우려는 뜻에서 신 탁의 의미를 거짓으로 꾸미지만 않았더라면, 설령 그의 조카

레오티키데스가 사생아라는 사실이 천만번 확증되었다 하더라도 에우리폰 가문은 팔다리가 멀쩡한 적통의 왕을 뽑는 데 어려움이 없었을 것이다.

반면에, 아게실라오스가 레욱트라 전투에서 참패하고 돌아온 병사를 다루면서 겪어야 했던 국가적 혼란을 극복하고자 "오늘 하루 법은 잠들었다"고 말함으로써 사태를 해결한 일은 어떤 정치적 결단에서도 볼 수 없던 일이며, 폼페이우스의 정치 경력과는 견줄 수도 없이 훌륭한 일이었다. 그러나 폼페이우스가 자신의 위대한 권력을 주위에게 선보이는 방식은 그와 달랐다. 그는 어떤 법을 직접 만들면 자신은 그 법을 지키지 않아도 된다고 생각했던 것이다.

자신의 동료를 구하려고 어쩔 수 없이 법을 어겨야 할 때, 아게실라오스는 자신의 계획 때문에 다른 시민이나 동료들이 불필요하게 다치지 않을 방법을 강구했다. 더 나아가서, 아게실라오스가 아시아에 출정했다가 귀국 명령을 받자마자 스파르타로 돌아온 사건은 누구보다도 훌륭한 정치적 덕망을 보여주었다고 나는 말하고자 한다. 그는 폼페이우스처럼 자기를 위대하게 만들려고 국가를 돕지 않았고, 조국의 번영을 바라보며 자신의 명성과 권력을 저버렸으니, 오늘날에 이르기까지 알렉산드로스 대왕을 제외하면 그런 미덕을 가진 인물이 없었다.

3

다른 관점에서 바라보면, 폼페이우스가 치른 전쟁과 전리품, 그 많은 개선식, 그 많은 병력, 그가 이긴 수많은 전투는 아게실라오스가 이룬 업적과는 비교할 수 없을 정도다. 많은 위업을 남겨서 자신이 원하는 대로 누군가를 평가할 수 있는 역사가인 크세노폰조차 아게실라오스의 전공을 폼페이우스에 빗댈 수는 없었을 것이다.

적군에 대한 자비심이라는 측면에서 보더라도 두 사람은

아게실라오스와 폼페이우스의 비교

매우 달랐다고 나는 생각한다. 아게실라오스는 자기 왕통의 선조인 테베인들을 노예로 삼았고, 조국과 남매 사이라고 할 수 있는 메세니아족을 멸망시켰다.[1] 그 과정에서 그는 거의 스파르타를 잃을 뻔했고, 그리스에서 주도권을 잃었다.

그런가 하면, 폼페이우스는 해적들에게 도시를 마련해 줌으로써 그들의 삶을 바꿔 놓았고, 아르메니아 왕 티그라네스를 개선식에 포로로 끌고 와 자랑할 수도 있었지만 그러지 않고 그를 동맹자로 만들면서 이렇게 말했다.

"나는 하루의 자랑스러운 개선식보다는 조국의 앞날을 생각했노라."

그러나 멀리 바라보는 안목과 전쟁 수행 능력으로 지도자의 탁월함을 판단한다면 아게실라오스가 폼페이우스를 훨씬 앞서 있다. 먼저 아게실라오스는 적군 7만 명의 침략을 받고서도 조국을 황폐하게 만들거나 버리지 않았다. 그에게는 적은 병력만 있었을 뿐이고, 그마저도 레욱트라 전투에서 패배한 병력이었다.

그러나 폼페이우스는 카이사르가 5천3백 명의 적은 병력으로 기껏 도시 하나를 점령했음에도 불구하고, 넋을 잃고 로마를 벗어나 도주했다. 그러한 처사가 적은 병력을 가진 상대에게 체통 없이 항복한 것인지, 아니면 적군의 병력이 많은 것으로 잘못 안 탓이었는지는 알 길이 없다.

폼페이우스는 도망하면서 아내와 자식들은 데려갔지만 다른 시민을 무방비 상태로 버려두었다. 그는 조국을 위해 그 싸움에서 이기든가, 자신의 동료이자 장인이었던 카이사르의 강화 조건을 받아들였어야 한다. 그러나 결과가 보여 주는 바

---

[1]   테베는 헤라클레스의 고향이었고, 스파르타의 왕들은 그의 후손들이었다. 따라서 스파르타와 마찬가지로 메세니아도 헤라클레스의 후손들이었다.

와 같이, 폼페이우스는 군사 지휘권의 기한을 연장해 주거나 집정관으로 임명하는 것조차 해 주지 않으려 했던 카이사르에게 로마의 통치권을 넘겨주었다. 결국, 카이사르는 메텔루스를 시켜 그를 포함한 모든 시민이 카이사르의 전쟁 포로가 되었다고 선언하도록 했다.

4

더 나아가서, 위대한 장군의 덕목이라면 자신이 적군보다 강성할 때는 적군이 전쟁에 뛰어들지 않을 수 없게 만들고, 자신이 적군보다 약할 때는 적군이 전쟁을 일으키지 않게 하는 것이다. 아게실라오스는 늘 그런 방법으로 조국을 지켰다.

그러나 폼페이우스의 경우는 그와 달랐다. 오히려 카이사르가 세력이 허약할 때는 자신이 상처를 입지 않도록 싸움을 피하고, 자신이 지상전에서 유리하면 폼페이우스를 끌고 들어와 그를 깨뜨리고 전리품과 군수품을 차지하면서 바다까지 장악했다. 만약 폼페이우스가 쥐고 있던 이점(利點)들을 스스로 놓지만 않았더라면 카이사르는 싸워 보지도 못하고 멸망했을 것이다.

폼페이우스의 실수에 대한 변명을 강력하게 앞세우는 것은 오히려 그와 같은 장군을 심하게 비난하는 일이 된다. 만약 폼페이우스가 젊은 나이 탓에 시민의 소란과 아우성에 놀라 마음이 비굴하게 나약해져 자신의 가장 안전한 계획을 포기했다면, 그것은 자연스러운 일이고 용서받을 수도 있다.

그러나 저 위대한 폼페이우스가, 그의 진영은 곧 로마나 다름없다고 로마인들이 칭송하였고, 그의 막사는 곧 원로원이나 다름이 없었으며, 로마의 집정관과 법정관과 그 밖의 관리들을 반역자나 반란군으로 불렀고, 누구의 지휘도 받지 않으면서 대장군의 이름으로 모든 전쟁에서 눈부신 승리를 거두었던 그가, 이제는 화보니우스와 도미티우스의 조롱에 마음이 흔들리고 아가멤논 같은 인물이라는 평판이 두려워 로마의 패권과 자유를 위험에 빠뜨린다면 누가 그를 용서하겠는가?

만약 폼페이우스가 스스로 불명예에 빠지는 것을 그토록 고민했다면, 그는 처음부터 카이사르에 맞서 로마를 위해 싸웠어야 하고, 도망하면서 이는 테미스토클레스의 전략이라고 변명하지 말아야 했고, 테살리아로 도망하기에 앞서 지연작전을 편 것을 부끄러워했어야 한다.

하늘이 폼페이우스에게 화르살로스 평원에서 패권을 잡을 수 있다고 점지해 준 것도 아니고, 그가 그리로 내려가 전쟁을 하든가 다른 사람에게 승리의 화관을 넘겨주라는 천사의 목소리가 내려왔던 것도 아니다. 오히려 그가 화비우스 막시무스나 마리우스나 루쿨루스나 아게실라오스를 본받아 싸우고 싶었더라면, 그에게는 제해권을 활용하여 차지할 수 있는 수많은 평원을 비롯해 몇천 개의 도시와 대륙이 있었다.

조국을 지키려는 열정으로 테베인과 싸우고 싶어 스파르타가 온통 소란에 빠졌을 때도 아게실라오스는 이에 당당하게 맞섰고, 이집트에서는 왕의 조롱과 비난과 의심을 받으면서도 참고 견디며 왕을 조용히 기다리게 했다. 그런 어려움 가운데에서도 아게실라오스는 자기가 바라는 대로 최선의 의견을 따름으로써 이집트인들의 뜻을 거스르면서도 이집트를 구출했다.

아게실라오스는 자신의 외로운 노력으로써 그토록 극심한 격동기에 스파르타를 지켜 냈을 뿐만 아니라 테베와 싸워 승리를 거두고 승전비를 세웠다. 이렇듯 그는 뒷날 테베에 대한 승리를 조국에 안겨 주었다. 만약 시민의 바람대로 군대를 이끌고 나가 싸웠더라면 일어날 수도 있었던 파멸에서 조국을 구한 것이다.

아게실라오스는 자신이 안전한 길로 이끌어 주었던 시민들에게 칭송을 받았지만, 다른 사람들로 말미암아 그릇된 길로 접어들었던 폼페이우스는 자신이 항복한 것 때문에 비난을 들었다. 어떤 사람의 말에 따르면, 폼페이우스는 장인인 스키피오에게 속았다고 한다.

오늘날 역사가들의 말에 따르면, 스키피오는 아시아와 벌였던 전쟁에서 노획한 수많은 전리품을 독차지하고 싶어 그것들을 받는 대로 숨겨 두고, 전쟁 비용이 부족하다는 이유로 전투를 더욱 독려했다고 한다. 그러나 이 말이 사실이더라도 위대한 장군이라면 그런 일에 쉽게 속아서는 안 되며, 자기가 궁극적으로 추구해야 할 가치가 무엇인지를 혼동해서도 안 된다. 앞에서 우리는 두 사람이 살아온 삶의 방식을 살펴보았다.

5

이제 폼페이우스와 아게실라오스가 이집트로 간 사실을 살펴보고자 한다. 폼페이우스는 살고 싶어 그리로 도망했지만, 그는 명예로운 이유나 개인적인 용무도 없이 돈을 벌려고 갔다. 그는 뒷날 조국에 대한 복수전을 펼칠 때 필요한 돈을 장만하려고 이민족에게 봉사했다.

우리는 이집트인들이 폼페이우스에게 저지른 잘못을 비난하지만, 이집트인들 역시 아게실라오스가 자신들에게 저지른 잘못을 자신들의 대문 앞에 늘어놓는다. 폼페이우스는 이집트인들을 믿다가 해코지를 겪었지만, 아게실라오스는 자기를 믿고 있던 이집트인들을 저버리고 그들의 적군을 찾아가 이집트인들을 공격했다.

펠로피다스
PELOPIDAS

기원전 410~364

용맹을 중요하게 생각하는 것과
목숨을 가볍게 여기는 것은
다른 문제이다.
— 대(大)카토

잘못된 상(賞)은
받는 이에게 시샘을 불러일으키고
주는 이를 미워하게 만든다.
— 플루타르코스

1

대(大)카토(Cato the Elder)의 시대에, 전쟁만 일어나면 앞뒤 가리지 않고 용맹을 떨치는 사람이 있었다. 세상 사람들이 그를 칭찬하자 대카토가 이렇게 말했다.

"용맹을 중요하게 생각하는 것과 목숨을 가볍게 여기는 것은 다른 문제이다."

카토의 말은 참으로 옳다.

마케도니아 왕 안티고노스(Antigonos)의 군대에 용맹한 병사가 있었다. 그런데 그는 건강이 좋지 않아 늘 비실거렸다. 왕이 그에게 물었다.

"너는 어째서 얼굴이 그리 창백하냐?"

병사가 대답했다.

"몸에 숨은 병이 있기 때문입니다."

그 병사를 몹시 측은히 여긴 왕은 어의(御醫)를 불러 무슨 방법을 써서라도 그 병을 고쳐 주라고 지시했다. 그 덕분에 병사는 병을 고쳤다. 그런데 그 뒤로 병사는 전쟁에서 위험한 일을 하지도 않았고, 지난날처럼 용맹하지도 않았다. 이에 화가 난 왕이 그를 불러 물었다.

"너는 지난날처럼 용맹하지 않으니 무슨 이유로 그리 사

펠로피다스

람이 바뀌었단 말이냐?"

그러자 병사가 숨김없이 대답했다.

"대왕께서 제가 용기를 잃게 만드셨습니다. 지난날 아플
때는 목숨이 소중한 줄을 몰랐는데 이제 병이 낫고 보니 생각
이 달라진 것입니다."

그와 같은 이유에서 시바리스(Sybaris)의 어떤 사람은 이런
말을 남겼다.

"스파르타인들은 자신들의 삶이 너무 힘들고 원망스러워
전쟁터에 나가면 저렇듯 죽기로 싸우니 위대하다고 말할 것이
없지요."

여자처럼 사치에 빠져 살던 시바리스인들이 보기에, 야망
과 명예에 대한 열정으로 죽음을 두려워하지 않는 사람들은
마치 삶을 싫어하는 것처럼 보였을 것이다. 그러나 스파르타
인들은 죽음과 삶에서 모두 행복을 추구했으니, 그들의 그러
한 심성은 다음의 비가(悲歌)에 잘 나타나 있다.

삶과 죽음의 어느 쪽이
명예로운 것이 아니라
바라노니,
그 두 가지가
모두 명예롭게 이루어지기를.......

치욕스럽게 살려고 발버둥친 것만 아니라면 죽지 않으려고 애
쓰는 사람을 비난할 수 없듯이, 목숨을 가볍게 여긴 사람이라
면 그 죽음을 용감하다고 칭찬할 일도 아니다. 그러므로 호메
로스는 그의 작품에서 늘 용맹하고 탁월한 영웅을 훌륭하게
무장하여 전쟁에 출전하게 한다. 그리스의 법은 방패를 버린
병사는 처벌하되 창과 칼을 내려놓은 병사는 처벌하지 않고,
적군에게 상처를 입히기에 앞서 자신을 먼저 보호하도록 가르

친다. 그가 나라를 다스리거나 군대를 지휘하는 사람일 경우에는 더욱 그렇다.

2

아테네의 유명한 용병(傭兵)대장이었던 이피크라테스가 분석한 바에 따르면, 경보병은 손과 같고, 기병대는 발과 같고, 중무장 보병은 갑옷과 같고, 장군은 머리와 같다고 한다. 따라서 장군이 사려 깊지 않게 위험 속으로 뛰어들고 지나치게 용맹을 보인다면, 그는 자기 자신뿐만 아니라 자신에게 안위(安危)를 기대고 있는 병사까지 모두 망치게 될 것이다.

그러므로 달리 보면 스파르타의 장군 칼리크라티다스(Kallikratidas)가 훌륭한 사람일 수는 있지만, 예언자에 대한 그의 대답은 지혜롭지 않았다. 예언자가 제물(祭物)에 나타난 징조를 보니 그가 죽을 것 같았다. 그래서 예언자가 말했다.

"제물의 징조로 보건대 장군께서는 조심해야겠습니다."

그러자 그가 이렇게 대답했다.

"스파르타는 나 한 사람에게만 의지하는 게 아니라오."

싸우고, 항해하고, 명령에 따라 진격할 때면 칼리크라티다스는 다만 '한 사람일 뿐'이었다. 그러나 장군으로서의 그는 모든 병사의 삶을 한 몸에 지니고 있었으니, 그로 말미암아 많은 병사가 죽었을 때 그는 '한 사람'이 아니었다. 그런 점에서 보면 오히려 안티고노스의 말이 더 훌륭했다. 그가 안드로스(Andros) 앞바다에서 싸울 때 막료가 말했다.

"적군의 함선이 우리보다 훨씬 많습니다."

그 말을 들은 왕이 이렇게 말했다.

"그렇다면 너는 나를 몇 척의 배로 셈했느냐?"

안티노고스는 많은 경험과 유능함을 갖춘 장군 한 명의 가치가 그만큼 대단하다고 말했던 것이다. 또한 그러므로 아테네 장군 카레스(Chares)가 상처 입은 자기 몸과 창에 뚫린 방패를 아테네인들에게 보여 주었을 때, 동료인 티모테오스는 이런 말을 했다.

"나는 사모스를 포위하고 싸울 때 쇳덩어리가 내 곁에 떨어지는 것을 보고 몹시 부끄러웠습니다. 내가 대군을 지휘하는 장군이 아니라 철없는 젊은이처럼 행동했다는 생각이 들었기 때문입니다."

티모테오스의 말이 옳다. 장군이 자신을 위험에 드러냄으로써 문제를 모두 훌륭하게 해결할 수 있다면 모름지기 그는 손과 몸을 아낌없이 내놓으면서 "훌륭한 장군은 적어도 늦게까지 살다가 병으로 죽어야 한다"고 말하는 사람들을 무시해야 하겠지만, 이겨 보았자 얻을 것이 없고, 자기가 쓰러지면 모든 사람이 죽을 수도 있는 전쟁이라면 아무도 그가 일개 병사처럼 싸우다 죽어야 한다고 요구하지 않는다.

이는 내가 펠로피다스와 마르켈루스(Marcellus)의 전기를 쓰면서 서론으로 제시한 내용이다. 그들은 전쟁에서 용맹하게 싸운 장군들이다. 두 사람 모두 탁월한 전사였고, 위대한 전쟁에서 이겨 조국을 영예롭게 했으며, 더욱이 기록에 따르면 끈질긴 적군을 만나 싸웠다.

마르켈루스는 지난날 도무지 패배를 모르던 한니발을 물리쳤고, 펠로피다스는 바다와 육지를 제패했던 스파르타를 격전 끝에 정복했다. 그러나 그들은 장군이 살아서 지휘를 계속했어야 할 가장 중요한 시기에 자신을 돌보지 않고 무모하게 돌진했다. 그러므로 나는 두 사람의 닮은 점을 들어 여기에서 비교 평전을 쓰게 되었다.

3

히포클로스(Hippoklos)의 아들 펠로피다스는 테베 명문가의 후손으로, 그리스 역사에서 가장 위대한 군인이자 정치인이었던 에파미논다스와 같은 시대를 살았다. 넉넉한 가정에서 자란 펠로피다스는 유산도 많아 도움이 필요한 사람을 돕는 데 인색하지 않음으로써 자신이 돈의 노예가 아니라 돈의 주인임을 보여 주었다. 아리스토텔레스는 이런 말을 한 적이 있다.

"부자는 탐욕에 눈이 멀거나 방탕에 빠져 돈을 제대로 쓰지 못하고 오히려 돈의 노예가 되는데, 방탕한 사람은 쾌락의 노예가 되고 인색한 사람은 돈벌이의 노예가 된다."(아리스토텔레스,「장미」,『단편』, § 56)

많은 사람이 펠로피다스의 너그러움과 인자함으로 말미암아 도움을 받고 고마워했지만, 오직 에파미논다스만은 그에게 금전의 도움을 바라지 않았다. 그러나 펠로피다스는 그와 함께 가난을 나누었고, 검소하게 옷을 입었으며, 소박한 식사를 즐기고, 어려울 때를 대비하였으며, 병졸처럼 열심히 일했다.

그리스의 비극 시인 에우리피데스의 작품에 나오는 카파네우스(Kapaneus)[1]처럼, 펠로피다스는 "재산이 많았지만 그로 말미암아 결코 교만하지 않았으며"(에우리피데스,『애원하는 사람들』, § 863), 자신이 테베에서 가장 가난한 사람들보다 더 많은 돈을 쓰고 그들보다 사치스러운 삶을 산다는 사실을 부끄럽게 여겼다.

물려받은 가난에 익숙해진 에파미논다스는 철학을 통해 가난을 쉽게 견뎠으며, 처음부터 독신으로 살고자 했기 때문에 가난을 견딜 수 있었다. 그와 달리 펠로피다스는 명문가의 딸과 결혼하고 자식까지 두었지만, 국가를 위해 자신의 모든 것을 바침으로써 재산이 점점 줄어들었다. 그의 친구들은 그토록 가볍게 여기는 돈이 인생살이에서 필요하다고 그를 나무랐다. 그러자 그는 다리를 절며 앞을 못 보는 니코데모스(Niko-

---

[1]   카파네우스는 그리스 신화에 나오는 전사로서 제우스의 지시에 따르지 않고 테베를 공격한 일곱 용사(Seven against Thebes) 가운데 한 사람이었다. 테베를 공격하다가 제우스의 분노를 사 불에 타 죽었다.

demos)를 가리키며 이렇게 말했다.

"그래, 자네 말이 맞아. 니코데모스를 돕기 위해서라도 돈은 필요하다네."

4

펠로피다스와 에파미논다스 둘 다 고결함을 따르려는 천성을 지녔고 또 그럴 만한 자질을 타고났지만, 펠로피다스는 육체를 단련하는 데 몰두했고 에파미논다스는 마음을 닦는 데 더 몰두했다는 점에서 다르다. 그러므로 펠로피다스는 체력을 단련하고 사냥하는 데 시간을 썼지만, 에파미논다스는 강의를 듣고 철학을 공부하는 데 시간을 썼다.

펠로피다스와 에파미논다스 둘 다 세상 사람들의 존경을 받을 만한 장점이 있었지만, 지혜로운 사람들의 말에 따르면, 그 가운데에서도 가장 훌륭했던 것은 두 사람이 처음부터 끝까지 고난과 전쟁과 공직 생활을 거치면서 변함없는 신의와 우정을 나누었다는 점이라고 한다.

서로 다투고 시샘하고 미워하던 테미스토클레스와 아리스티데스, 키몬과 페리클레스, 니키아스와 알키비아데스의 정치 역정(歷程)을 기억하는 사람들은 펠로피다스와 에파미논다스의 영예롭고 갸륵한 우정을 바라보면서, 이 두 사람이야말로 적군을 대하듯이 경쟁의식을 가지고 다투었던 사이가 아니라 정치와 군사에서 진정한 동지였다고 칭송할 것이다.

테베의 이 두 영웅이 진정으로 위대한 것은 그들의 높은 덕망 때문이었다. 그들은 세속 사회에서 흔히 볼 수 있는 영광이나 돈을 추구하지 않았고, 젊은 날부터 자기 시대에 자신들의 노력으로 조국이 가장 강성하고 영광된 나라가 되기를 진심으로 바랐으며, 이와 같은 목표를 위해 두 사람은 상대방의 성공을 자신의 성공인 것처럼 생각했다.

많은 사람이 펠로피다스와 에파미논다스의 돈독한 우정

이 [기원전 418년에 스파르타와 싸운] 만티네이아 전투(제17장 「알키비아데스전」, § 15)까지 거슬러 올라간다고 생각한다. 그 무렵에 그들은 테베의 동맹국으로서 테베의 도움을 받고 있던 스파르타 편에서 함께 싸웠다. 그들은 서로 가까이에서 중무장 보병들 사이에 섞여 아르카디아인들에 대항해 싸우고 있었다. 그때 그들이 배속되어 있던 스파르타의 날개가 무너지면서 병력 대부분이 달아났다. 그러나 두 사람은 서로 방패를 마주 묶고 적군의 공격을 막아 냈다.

펠로피다스는 앞쪽으로 일곱 군데를 다치고 적군과 아군이 뒤섞인 시체 더미 위에 쓰러졌다. 에파미논다스는 이미 펠로피다스가 죽었다고 생각했지만, 친구의 시체와 무기를 지키려고 앞으로 나갔다. 그는 혼자서 처절하게 싸웠다. 그는 펠로피다스의 시체를 홀로 거기에 눕혀 두기보다는 차라리 자신도 그 자리에서 함께 죽기로 작정했다. 그러나 그도 안타깝게 어려움에 빠졌다. 가슴은 창에 찔리고, 손은 칼을 맞았다. 모든 희망이 사라졌을 때 스파르타의 왕 아게시폴리스가 오른쪽 날개에서 달려와 두 사람을 구출했다.

5

이런 일이 있은 뒤에 스파르타인들은 겉으로는 테베인들을 우방이요 동맹으로 여겼지만, 속으로는 그들의 야심과 세력 확장을 의심의 눈길로 바라보았다. 더욱이 스파르타인들은 테베의 이스메니아스(Ismenias)와 안드로클레이데스(Androkleides)가 이끄는 당파를 미워했다. 펠로피다스가 몸담았던 이 당파는 자유와 민중 정부 형태를 좋아한다고 세상 사람들은 생각했다.

그러므로 돈이 많고 온건하지 않은 과두 정치파의 아르키아스, 레온티다스, 필리포스는 모반을 꾸몄다. 그들은 군대를 이끌고 그곳을 지나가던 스파르타인 포이비다스를 설득하여 카드메이아를 기습적으로 함락하고 반대파를 몰아낸 다음, 몇

몇 사람과 손을 잡고 테베를 스파르타에 예속하는 정부를 구성하도록 설득했다.

반역자들의 꾐에 넘어간 포이비다스는 [기원전 382년 겨울] 페르세포니아(Persephonia)의 축제[2]가 열리던 때에 예상치도 않게 테베를 습격하여 성채를 점령했다. 이때 이스메니아스는 체포되어 스파르타로 끌려갔다가 얼마 뒤에 죽었고, 펠로피다스와 페레니코스(Perenikos)와 안드로클레이데스와 여러 사람이 반역자로 공포(公布)되어 도망하는 신세가 되었다. 그러나 에파미논다스는 테베에 남았다. 철학에 몰두한 그는 은자(隱者)로 취급받았고, 가난하다는 점도 한몫을 했기 때문이었다.

6

스파르타는 월권행위를 저지른 포이비다스에게서 지휘권을 빼앗고 벌금 10만 드라크마를 물렸지만, 카드메이아에는 지난날과 다름없이 수비대를 주둔시켰다. 그리스 사람들은 잘못을 저지른 사람을 처벌하면서도 잘못된 제도 그 자체를 그대로 두는 스파르타의 모순된 처사에 놀라움을 금할 수 없었다.

테베인들의 처지에서 보면, 자신들은 조상 때부터 내려오던 정체성을 잃고 아르키아스와 레온티다스의 노예가 되었지만, 육지와 바다를 장악하고 있는 스파르타가 쓰러지지 않는 한 그 지원을 받는 독재자들의 손아귀에서 벗어날 희망이 없었다. 한편, 테베의 망명객들이 아테네에 살면서 민중뿐만 아니라 귀족에게도 존경받고 있다는 것을 알아차린 레온티다스와 그의 무리는 비밀리에 그 망명객들을 죽일 계획을 꾸몄다.

레온티다스는 잘 알려지지 않은 자객들을 아테네로 보내 비겁한 방법으로 안드로클레이데스를 죽였지만, 남은 무리를

---

2   페르세포니아의 축제는 농업과 가족의 여신인 데메테르와 페르세포네를 위해 여자만이 참가하는 고대 그리스 축제로서 해마다 열었다.

처단하는 데는 실패했다. 대신에 스파르타가 아테네에 편지를 보냈다. 그들은 아테네가 테베의 망명객들을 입국시켜 고무한 사실을 비난하면서, 동맹국의 공적(公敵)으로 판정받은 망명객들을 추방하라고 요구했다.

그러나 아테네인들은 자신들의 전통에 따라 인도주의적인 성품을 보여 주었을 뿐만 아니라 [기원전 403년에 아테네의 '30인의 참주(Oi Triakonta Tyrannoi)'를 몰아내려고 트라시불로스(Thrasybulus, 제17장 「알키비아데스전」, § 1) 장군을 보내 지원함으로써] 자기들이 민주 정체를 되찾을 때 가장 많이 도와준 테베인들에게 정중히 보답했다.

옛날에 아테네인들이 나라 안의 독재자들과 투쟁하는 과정에서 보이오티아를 통과할 때, 테베는 보이오티아인들에게 그들을 본 척이나 들은 척도 하지 말라는 정령(政令)을 내린 적이 있었는데,[3] 아테네인들은 그 일이 고마워 아테네에 머무르는 테베의 망명객들을 해코지하지 않았다.

7

펠로피다스는 망명객 가운데 가장 어렸지만, 개인적으로 망명객을 만날 때마다 조국 해방을 위해 계속 선동했다. 그는 망명객들이 모인 장소에서 이렇게 말했다.

"조국에 적국의 수비대가 주둔하도록 내버려 두고 동포를 그들의 노예로 남겨 둔 것은 정의롭지도 않을뿐더러 명예롭지도 않습니다. 우리 동포들이 그저 목숨만 부지하며 살도록 놔두어서는 안될 뿐더러, 언제까지고 아테네인들의 결정에 의지해 살 수도 없고, 민중을 설득할 수 있는 정치인들에게 늘

---

3   그 무렵에 스파르타는 아테네의 망명객들을 붙잡아 보내라고 테베에 요구하면서 그들을 보호하는 사람은 처벌하겠노라고 위협했지만 테베는 그러한 요구에 따르지 않고 아테네인들을 보호해 주었다.(제19장 「리산드로스전」, § 27 참조)

우는소리를 하면서 자비를 애원할 수도 없습니다. 아니, 그럴 바에야 차라리 최고의 덕성을 이루고자 목숨을 버리는 모험을 감행해야 합니다. 트라시불로스(제17장 「알키비아데스전」, § 1)의 용맹함을 본받아, 그가 테베를 떠나 배를 타고 나가 아테네의 독재자들을 무찌른 것처럼, 우리도 아테네를 벗어나 조국 테베를 해방해야 합니다."

펠로피다스의 주장에 설득된 망명객들은 테베에 남아 있는 동지들에게 밀사를 보내 자신들의 계획을 설명했다. 테베의 동지들이 계획에 동의하자 최고의 명사였던 카론(Charon)은 동지들이 쓸 수 있도록 자신의 집을 내놓았고, 필리다스(Phillidas)는 반역자인 두 육군 사령관(Polemarchos) 아르키아스와 필리포스의 비서가 되어 그들의 내부 정보를 파악했다. 한편, 에파미논다스는 오랫동안 테베 젊은이들에게 고결한 정신을 불어넣고 있었다. 그는 젊은이들에게 체육관에서 스파르타 청년들과 레슬링을 할 때는 이기라고 독려하면서, 조국의 청년들이 이겨 우쭐해하면 이렇게 꾸짖었다.

"그대들은 스파르타를 이긴 것을 오히려 부끄럽게 여겨야 한다. 여러분이 비겁하여 여러분보다 육체적으로 열등한 저들의 노예가 되었기 때문이다."

8

[기원전 379년 겨울] 거사 날짜가 결정되자 가장 젊은 사람들이 조국으로 진격하는 위험한 일을 맡기로 하고, 나머지 무리는 페레니코스의 지휘 아래 아테네 서쪽의 트리아시오 평원에 남기로 결정했다. 만약 젊은이들이 적군의 손아귀에 걸려 죽으면 남은 무리가 그들의 아이와 부모들을 보살펴 주기로 약속했다. 펠로피다스가 공격진의 맨 앞에 서고, 멜론(Melon)과 다모클레이데스(Damokleides)와 테오폼포스(Theopompos)가 그 뒤를 이었다.

그들은 모두 명문가의 자제로, 영웅으로서의 공업(功業)을 이루고 영광을 차지하는 문제에서는 경쟁자였지만 서로 신의와 우정이 깊었다. 열두 명의 결사대는 뒤에 남은 무리와 작별 인사를 나누고 앞서 카론에게 편지를 보냈다. 그들은 모두 짧은 겉옷 차림에 사냥개를 거느리고 덫을 들고 있었다. 길에서 만나는 사람들이 그들을 의심하지 않고 전국을 떠도는 사냥꾼으로 여기도록 하기 위해서였다.

전령에게서 결사대가 오고 있다는 소식을 들은 카론은 위험이 다가오는데도 마음의 흔들림 없이 그들을 맞이할 준비를 함으로써 자신의 언행에 대한 책임을 졌다. 그런데 함께 일하는 무리 가운데에 히포스테니다스(Hipposthenidas)라는 사람이 있었다.

그는 본디 악인은 아니었으며 애국심도 있고 망명객들에게 호감도 느끼고 있었다. 그러나 위험한 거사를 꾸미는 데 필요한 담대함이 부족해, 결사대가 가까이 오고 있음을 알자 갑자기 머리가 어지러워지면서 끝내 의심에 빠지게 되었다. 테베 안에 있는 무장 군인들을 무찌르려면 어떤 방법으로든 스파르타 제국을 무너뜨려야 하는데, 믿을 것이라곤 아무것도 가진 것 없는 망명객들에 대한 기대뿐이라는 점이 그의 마음을 뒤흔든 것이다.

조용히 집으로 돌아온 히포스테니다스는 친구 가운데 한 사람을 멜론과 펠로피다스에게 보내, 이번 거사를 미루고 아테네로 돌아가 더 좋은 기회가 올 때까지 기다리자고 요청하려 했다. 이 일을 맡은 사람은 클리돈(Chlidon)이었다. 서둘러 집으로 돌아온 클리돈은 말을 꺼낸 뒤에 굴레를 찾았다. 그러나 무언가 수상쩍게 여긴 그의 아내가 굴레를 숨기고는 이웃집에서 빌려 갔다고 말했다.

싸움이 벌어지면서 욕설이 오갔다. 아내는 이번 여행이 남편과, 남편에게 사람을 보낸 모두에게 재앙이 되라고 악담

　　　　　　　　　　　　펠로피다스

했다. 아내와 다투느라 하루를 거의 보낸 클리돈은 아내의 악담을 불길하게 여겨 결사대에 히포스테니다스의 요청을 전달하러 가는 길을 포기했다. 덕분에 이 거사가 중도에 멈추는 일은 없게 되었다. 역사를 돌아보면, 이와 같이 위대하고 정의로운 거사도 어이없는 일 때문에 그 출발에서부터 절호의 기회를 놓칠 수 있다.

9

펠로피다스와 동료들은 농부의 옷으로 갈아입고 헤어져 서로 다른 지점을 거쳐 성안으로 들어갔다. 아직 대낮이었지만 바람이 불고 눈이 내리면서 날씨가 변덕을 부려, 주민들이 모두 눈보라를 피해 집으로 들어갔기 때문에 결사대를 알아보지 못했다. 안에서 거사를 기다리고 있던 무리는 결사대를 맞이하여 카론의 집으로 안내했다. 망명객 수를 헤아려 보니 모두 48명이었다.

그 무렵에 독재자들의 주변에서도 일이 진행되었다. 앞서 말했듯이, 정체를 숨기고 반역자들의 비서로 들어갔던 필리다스는 망명객들의 계획을 잘 알고 이에 완벽하게 협조했다. 망명객들은 거사를 일으키기로 한 날에 반역자 아르키아스와 그의 막료들에게 술이나 함께하자고 제안했다. 그 자리에는 결혼한 여인들도 오기로 되어 있었다. 망명객들의 계획에 따르면, 반역자들이 술에 몹시 취하여 마음이 완전히 풀어졌을 때 그들을 자객들의 손에 넘길 예정이었다.

그러나 잔치의 여흥이 고조되지도 않았는데 누군가 갑자기 반역자들에게 정보를 제공했다. 망명객들이 성안으로 숨어들었다는 그 정보는 거짓이 아니었지만, 내용이 불확실하고 매우 모호했다. 당황한 필리다스가 화제를 바꾸려고 노력했지만, 아르키아스는 카론에게 사람을 보내 곧 들어오라고 지시했다.

그때는 저녁이어서 카론의 집에 모여 있던 펠로피다스와 동지들이 행동 개시를 준비하며 갑옷을 입고 무기를 챙기고 있었다. 그때 누군가가 갑자기 문을 두드렸다. 안으로 들어온 사람은 반역자들의 시종이었는데, 카론을 부르러 왔다는 소식을 알리니 사람들이 모두 크게 당황했다.

카론의 무리는 거사 계획이 발각되었다고 생각하여 용기를 발휘해 보지도 못한 채 넋을 잃었다. 그러나 펠로피다스의 무리는 곧 카론이 반역자들의 부름에 당당하게 출두해야 한다고 결정했다. 카론은 본디 담대한 데다가 위험을 맞이해서도 꿋꿋한 용기를 보이는 사람이었지만 이번 일에는 동료들이 얽혀 있는 문제인지라 몹시 걱정이 많았다.

카론은 거사가 실패하여 많은 사람이 목숨을 잃으면 누군가 자기를 배신자로 의심하지나 않을까 두려웠다. 그래서 그는 아내의 처소에서 아들을 데리고 나왔다. 아들은 아직 어렸지만 아름답고 늠름하여 또래들보다 성숙해 보였다. 카론은 아들을 펠로피다스에게 넘겨주면서 이렇게 말했다.

"만약 나에게서 간교한 속임이나 배신의 기미가 조금이라도 보인다면 내 아들을 적군으로 여겨 어떤 자비심도 보이지 않기를 바랍니다."

많은 사람이 카론의 고결한 처사에 감동하여 눈물을 흘리며 분개한 목소리로 이렇게 대답했다.

"우리 가운데 누구도 지금의 위기를 맞아 패륜을 저지르거나 조금이라도 그대를 의심하거나 비난한다고 생각하지 않기를 바랍니다. 그리고 그대의 아들이 이 사건에 연루되어 해코지를 겪는 일이 있어서는 안 됩니다. 만약 일이 잘못되면 그대의 아들이 독재자들의 손에서 벗어나 조국과 그대의 막료들을 위해 복수해야 합니다."

그러나 카론은 아들을 두고 가면서 이렇게 물었다.

"아버지와 아버지의 동료들과 함께 장렬하게 죽는 것보

다 더 영예롭고 안전한 삶이 어디에 있겠습니까?"

그런 다음 카론은 신에게 기도를 드리고 동료들을 모두 껴안으며 격려한 다음 반역자들의 숙소를 향하여 떠났다. 가는 길에 그는 자신의 속마음을 적들에게 드러내 보이지 않으려고 표정과 목소리를 가다듬었다.

10

카론이 아르키아스의 집 앞에 이르자, 아르키아스가 필리다스와 함께 나와 이렇게 말했다.

"카론, 내가 듣자니, 어떤 사람들이 이 성안에 들어왔는데, 시민 일부가 그들과 손을 잡고 있다더군요."

카론은 속으로 몹시 당황했지만, 서둘러 마음을 가라앉히고 이렇게 물었다.

"시내에 들어온 사람들은 누구이고, 그들을 숨겨 준 사람은 누구인가요?"

그 물음에 아르키아스가 분명히 대답하지 못하자 카론은 그 정보가 거사에 가담한 사람의 입에서 나온 것이 아님을 알고 이렇게 말했다.

"헛된 소문에 마음 쓰지 마십시오. 그러나 제가 사정을 알아보겠습니다. 비록 소문에 들리는 이야기라도 무시해서는 안 되니까요."

곁에 있던 필리다스도 카론의 말에 동조하면서 아르키아스를 데리고 다시 방으로 들어가 술에 취하게 만든 다음, 여자들을 불러 흥을 돋우라고 아르키아스를 부추겼다. 카론이 집에 돌아와 보니 결사대원들은 목숨을 건지거나 승리하리라는 희망을 버린 채 반역자들을 더 많이 죽이고 장렬하게 죽을 각오를 하고 있었다. 카론은 펠로피다스에게만 사실을 말했고, 다른 사람들에게는 아르키아스가 자기를 다른 일로 불렀다며 이야기를 꾸며 댔다.

이와 같이 첫 번째 폭풍이 채 가시지도 않았을 때, 운명의 여신은 두 번째 폭풍을 보냈다. 곧 아테네에서 전령이 왔는데 보낸 사람은 아르키아스와 이름이 같은 사제로서 그의 손님이자 친구였다. 편지 내용을 보면, 이번에 진행되는 거사를 자세히 알고 있는 사람이 제보한 것이었다. 그러나 그 무렵에 반역자 아르키아스는 몹시 술에 취해 있었다. 전령은 그에게 편지를 건네면서 이렇게 말했다.

　"아르키아스 사제께서 이 편지를 곧바로 열어 보라고 말씀하셨습니다. 매우 중대한 일이라고 합니다."

　그러자 아르키아스가 웃으며 대답했다.

　"중대한 일이라면 내일 하지."

　그는 편지를 베개 밑에 넣고 필리다스와 이런저런 이야기를 다시 나누기 시작했다. 그의 이 말은 오늘날까지도 그리스 사람들 사이에 격언으로 전해 내려온다.

11

거사가 예정된 시간이 다가오자 결사대는 두 무리로 나누어 길을 떠났다. 한 무리는 펠로피다스와 다모클레이데스의 지휘를 받아 서로 가까이에 사는 레온티다스와 히파테스(Hypates)를 죽이기로 하고, 다른 무리는 카론과 멜론의 지휘 아래 아르키아스와 필리포스를 죽이기로 결정했다. 그들은 갑옷 위에 여인의 옷을 입고 소나무와 전나무 가지를 엮은 모자로 얼굴을 가렸다.

　그런 까닭에 자객들이 연회장에 도착하자 반역자들은 오래 기다리던 여인들이 온 줄로만 알고 처음에는 소리치며 박수를 쳤다. 결사대는 방으로 들어가 안을 둘러보고 비스듬히 누워 있는 반역자들의 얼굴을 살펴본 다음, 아르키아스와 필리포스가 앉아 있는 탁자로 달려가 그들이 누구인지를 확인했다. 필리다스는 손님들에게 여자들이 왔으니 안심하고 조용히 있으라고 설득했다.

　남은 무리는 육군 사령관들과 함께 저항했지만 술에 너무 취해 있어 자객들은 그들을 별일 없이 처단했다. 그러나 펠로피다스의 무리는 위험에 빠졌다. 그들이 공격 대상으로 삼은 레온티다스는 용맹하고 강인한 사람이었기 때문이었다. 그때 레온티다스는 집으로 돌아가 문을 잠그고 잠들어 있었다. 문을 두드려도 한참 동안 대답이 없더니 시종이 나와 빗장을 열었다. 문이 열리자마자 그들은 달려들어 시종을 죽이고 침실로 쳐들어갔다.

　소란스러운 발걸음 소리에 사달이 일어났음을 알아차린 레온티다스는 칼을 빼 들었지만 불을 끔으로써 자객들이 서로 뒤엉키게 만드는 일을 깜박 잊었다. 레온티다스는 밝은 불빛을 받으며 문 앞에서 맨 먼저 들어오는 케피소도로스(Kephisodoros)를 찔러 죽였다. 그가 쓰러지자 다음으로 펠로피다스와 싸움이 붙었다. 복도가 좁고 케피소도로스의 시체가 누워 있어 검투에 어려움이 많았다.

　그러나 끝내 펠로피다스가 이겼다. 레온티다스를 처치한 펠로피다스와 그의 무리는 히파테스를 처치하러 달려갔다. 그들은 앞서 한 것처럼 문을 부수고 쳐들어갔다. 그들의 거사를 알아차린 히파테스는 이웃집으로 도주했지만 결사대가 그를 바짝 추적하여 죽였다.

12

이렇게 거사에 성공한 펠로피다스의 동지들은 멜론의 무리와 합류한 다음, 아티카에 남겨 두고 온 망명객들에게 사람을 보내 소식을 알렸다. 그들은 자유를 위해 투쟁하도록 시민을 소집하고 성루(城樓)에 걸린 전리품들을 모았으며, 창과 칼을 만드는 이웃의 대장간을 부수고 얻은 무기로 시민을 무장시켰다.

　에파미논다스와 고르기다스(Gorgidas)도 무장한 병력을 이끌고 달려와 도왔다. 그들의 병력은 젊은이와 노병들로 이루어져 있었다. 이제 테베는 온통 흥분에 싸인 가운데, 많은 시민이 소리치며 집 안의 등불을 밝히고 이리저리 뛰어다녔다.

그러나 시민은 민회를 구성하지 않았다. 시민은 사태의 전개에 두려움을 느끼고 있었으며, 사건의 진상을 자세히 알지도 못하는 터라 날이 밝기만을 기다렸다. 이때 스파르타 지휘관들이 곧바로 결사대를 공격하지 않은 것은 스파르타의 입장에서 보면 실수였다고 사람들은 생각했다.

그 무렵 스파르타의 수비대는 1천5백 명이었고, 많은 시민이 결사대를 도우러 도시를 빠져나갔기 때문이었다. 그러나 함성과 불길과 곳곳에서 쏟아져 나오는 무리를 보고 수비대는 겁에 질려 조용히 성채를 지키고 있을 뿐이었다.

날이 밝자 아티카에서 돌아온 망명객들이 무장을 하고 민회를 구성했다. 그때 에파미논다스와 고르기다스가 펠로피다스와 동지들을 민회로 데리고 나오자 사제들이 꽃다발을 들고 그들을 둘러쌌다. 그리고 펠로피다스의 무리가 조국과 신들을 지키고자 돌아왔노라고 군중에게 선포했다. 그 장면을 바라보던 민회는 자리에서 일어나 박수를 치며 구원자이자 은인들이 왔다고 환영했다.

13

이런 일을 치른 뒤에 보이오티아의 공동 사령관(Boiotarches)[4]으로 선출된 멜론과 카론과 펠로피다스는 곧 성채를 둘러싸고 사방에서 공격했다. 세 사람은 스파르타의 지원군이 도착하기에 앞서 점령군 수비대를 몰아내고 카드메이아를 해방하고 싶었다. 그들은 가까스로 전투에서 승리했다. 수비대는 조건 없

---

4   보이오티아는 각 지방에서 선출한 공동 사령관의 합의제로 통치했는데, 공동 사령관의 수는 대체로 일곱 명이었다.

펠로피다스

이 항복하고 테베를 떠났다.

멜론과 카론과 펠로피다스 세 사람은 메가라에 미처 이르기에 앞서 거대한 병력을 이끌고 테베로 쳐들어오는 클레옴브로토스를 만났다. 스파르타인들은 테베에서 시장이나 총독을 지낸 관리들 가운데 헤리피다스와 아르키소스(Arkissos)를 재판에 부쳐 처형하고, 리사노리다스(Lysanoridas)에게는 무거운 벌금을 매긴 뒤 펠로폰네소스로 추방했다.

용기로 보나 위험도로 보나 영웅다운 투쟁으로 보나 트라시불로스의 의거와 닮았고, 행운의 여신이 도와주었다는 점에서도 닮았던 두 사건을 두고 그리스인들은 자매와 같았다고 말한다. 그토록 수도 적고 열악한 조건에서 오로지 용기와 지혜로써 수적으로도 많고 강력했던 적군을 무찌르며 조국에 축복을 안겨 준 사건을 역사 속에서 찾기란 좀처럼 쉬운 일이 아니다.

더욱이 그 뒤를 이어 펼쳐진 정치 상황의 변화는 거사를 더욱 영광스럽게 만들었다. 이 거사는 육지에서 최고 권력을 휘두르던 스파르타를 무너뜨려 위신에 상처를 준 것이다. 이 거사에서 펠로피다스가 의지했던 성채나 보루는 남달리 튼튼했던 것도 아니고, 다만 그와 열한 명의 결사대가 개인 집에서 이룩한 일이었다. 비유하여 표현하자면, 도저히 무너지거나 흩어지지 않을 것 같았던 스파르타의 족쇄가 그날 산산이 부서진 셈이었다.

14

스파르타인들은 테베에 보복하고자 대군을 이끌고 보이오티아를 침략했다. 겁에 질린 아테네인들은 테베와 맺은 동맹을 깨뜨리고 도시 안에서 테베에 호의적이었던 사람들을 박해하여, 어떤 사람은 죽고 어떤 사람은 추방되고 어떤 사람은 벌금을 물게 되었다. 누구에게서도 도움을 받을 수 없는 테베는 절망에 빠졌다. 그러나 공동 사령관이 된 펠로피다스와 고르기다스는 아테네인들이 스파르타에 저항하도록 이간책을 썼다.

스파르타에는 스포드리아스라는 인물이 있었다. 그는 군인으로서의 명성은 높았지만 판단력이 조금 모자라 헛된 희망과 야심을 품고 있었다. 스포드리아스는 변절한 테베인들의 뒤를 밀어 주고자 테스피아이에 남아 있었는데, 펠로피다스와 고르기다스가 그에게 자기들의 막료를 밀사로 보냈다. 상인이었던 밀사는 스포드리아스를 많은 돈으로 매수하려 했지만, 정작 그를 움직인 것은 뇌물이 아니라 그럴듯한 충고였다. 밀사는 이렇게 조언했다.

"지금 장군께서는 큰 꿈을 가지시고 피라이우스를 점령해야 합니다. 그곳에는 지금 아테네 수비병이 없으므로 기습하면 쉽게 차지할 수 있고, 그렇게 되면 스파르타인들은 아테네를 점령한 것보다 더 기뻐할 것입니다. 더욱이 지금 테베인들은 아테네인들을 배신자로 여기며 분노하고 있기 때문에 장군께서 그곳을 침공한다 해도 그들은 아테네를 돕지 않을 것입니다."

마침내 스포드리아스는 밀사의 설득에 넘어가 밤중에 아티카를 침략했다. 그는 엘레우시스까지 쳐들어갔으나 거기에서 병사들은 전의(戰意)를 상실했다. 심지어 그들의 의도까지 발각되자, 스파르타와 아테네가 위험하고도 어려운 전쟁을 시작하도록 만든 그는 곧 테스피아이로 돌아왔다.(제21장 「아게실라오스전」, § 24~26)

15

이런 일을 겪은 뒤로 아테네인들은 온갖 노력을 기울여 테베인들과 다시 동맹을 맺었다. 그러면서 스파르타에 반감을 품은 그리스인들을 동맹에 끌어들여 바다에서 스파르타에 대한 적대 행위를 시작했다. 한편, 테베인들은 보이오티아에서 스파르타인들과 늘 작은 전투를 치렀다. 그들로서는 그다지 중요하지도 않은 전쟁이었다.

그러나 그럴 만한 이유가 있었다. 테베인들은 그렇게 실전 훈련을 쌓으며 사기를 드높이고, 역경에서도 몸을 단련함으로써 끝없이 이어지는 전쟁에서 살아남을 수 있는 경험과 용기를 얻었던 것이다. 그런 까닭으로, 들리는 바에 따르면, 아게실라오스가 상처를 입고 보이오티아에서 돌아오자 안탈키다스가 이런 말을 했다고 한다.

"장군께서는 전쟁을 바라지도 않고 어떻게 싸우는지도 모르는 테베인들에게 어떻게 싸우는가를 가르쳐 준 대가를 지금 톡톡히 받고 있습니다."(제21장 「아게실라오스전」, § 26)

그러나 사실대로 말하자면, 테베인들에게 전투를 가르쳐 준 사람은 아게실라오스가 아니라 바로 테베의 지도자들이었다. 그들은 적절한 때와 장소에서 마치 어린 사냥개를 훈련하듯이, 테베인들에게 적군을 공격하는 경험을 쌓게 하고 승리의 영광을 맛보게 한 뒤에 안전하게 데리고 왔는데, 그런 인물 가운데 가장 칭송을 받은 사람이 바로 펠로피다스였다.

일단 테베가 펠로피다스를 군사령관으로 선출한 뒤로 그의 조국은 단 한 해도 그에게 공직을 맡기지 않은 적이 없었다. 그렇게 그는 신성 부대(Hieros Lokhos, Sacred Band)의 지도자로서, 그리고 무엇보다도 군사령관으로서 죽는 날까지 조국에 헌신했다.

그 뒤로 스파르타인들은 플라타이아이(Plataiai)에서 패배하여 도주했고, 테스피아이에서는 카드메이아를 점령하고 있던 포이비다스가 전사했다. 타나그라(Tanagra)에서는 많은 병력이 전사했고, 총독 판토이다스(Panthoidas)가 죽었다. 그러나 이런 전투들은 테베인들에게 승리에 대한 열정과 용맹을 더해 주기는 했지만 패전한 스파르타의 전의를 꺾지는 못했다. 그러한 전쟁은 격전도 아니었고, 정규전도 아니었으며, 운 좋은 기습이었고, 적군보다 먼저 후퇴하거나 후퇴하는 적군을 바짝 추격함으로써 얻은 작은 승리였기 때문이었다.

16

그러나 테기라에서 벌어진 전투는 레욱트라 전투의 서막이라 할 수 있는 것으로서, 펠로피다스의 명성을 더욱 높여 주었다. 그가 승리로 이끌었다는 사실에 동료들도 이의가 없었고, 적군도 패배에 변명의 여지가 없었다.

펠로피다스는 스파르타의 편을 들면서 그들을 보호하고 자 2개 사단[5]의 병력을 갖추고 있던 오르코메노스(Orchomenos)를 공격할 계획을 세우고 기회가 오기만을 노렸다. 그러던 터에 그곳 수비대가 로크리스(Lokris)를 공격하러 떠났다는 정보를 얻은 그는 본진이 비어 있으리라 생각하고 신성 부대와 기병 몇 명을 이끌고 진격했다.

그러나 로크리스에 이르렀을 때, 스파르타에서 파견한 다른 부대로 수비대가 교체되었다는 사실을 알게 된 펠로피다스는 테기라를 거쳐 퇴각했다. 그가 산자락을 돌아 퇴각할 수 있는 길은 그곳밖에 없었다. 중도에 있는 평원은 멜라스(Melas)강이 가로막고 있었다. 이 강은 시작하는 곳에서부터 범람하여 늪과 호수를 이루고 있어 건너갈 수 없었다.

이 늪지대에서 조금 내려가면 테기라의 아폴론 신전이 있었다. 이 신전은 오랫동안 신탁을 받던 곳으로서 에케크라테스(Echekrates)라는 예언자 사제가 제사를 받들고 있었는데, 페르시아 전쟁 때까지도 번창했었다. 신화에 따르면, 이곳에서 아폴론이 태어났다고 하며, 그 옆에 있는 산이 델로스(Delos)였

---

5   본문에는 'division'으로 되어 있으나 오늘날의 사단(師團)과 매우 다르고 규모도 적었기 때문에 현대의 군제에 익숙한 독자들에게는 오해를 불러일으킬 수 있다. 그 규모에 관해서는 다음 절을 참고할 것.

다. 이 산 밑에서부터 멜라스강은 범람을 멈춘다.

신전 뒤편에서는 물줄기가 두 갈래로 쏟아져 나오는데, 물맛이 좋고 수량도 풍부하며 시원했다. 그 한 줄기의 이름은 '종려 샘'이며, 다른 하나는 '올리브 샘'이라고 부른다. 아폴론의 어머니인 레토 여신이 아폴론과 아르테미스 쌍둥이를 낳은 곳은 두 나무 사이가 아니라 두 샘물 사이였다.

또한 가까운 곳에 주민들이 아폴론에게 제사를 드리던 프토이온(Ptoion)산이 있는데, 그 산에서 갑자기 수퇘지가 튀어나와 여신을 놀라게 했다고 한다. 아폴론과 아르테미스의 손에 죽은 용(龍) 피톤(Python)과 거인 티티우스(Tityus)의 이야기도 이곳에서 태어난 아폴론 신화와 얽혀 있다.

나는 그런 이야기들을 입증할 많은 자료를 여기에 모두 기록할 수 없다. 우리의 오랜 전통에 따르면, 아폴론은 헤라클레스나 디오니시오스처럼 인간으로 태어났으나 덕망을 쌓아 육신을 벗어 버리고 신이 된 무리와는 다르기 때문이다. 우리의 고대 성현들이 이와 관련하여 말한 바에 따르면, 아폴론은 여러 신 가운데에서도 오직 누구의 몸에서 태어나지도 않고 죽지도 않은 유일한 분이다.

17

그 뒤 테베인들이 오르코메노스에서 돌아오는 길에 테기라로 들어섰는데, 같은 시간에 스파르타인들도 로크리스에서 되돌아오다가 서로 만났다. 협곡을 지나다 적군을 만나자 테베 병사가 펠로피다스에게 달려와 이렇게 소리쳤다.

"장군님, 우리가 적군의 손아귀에 들어왔습니다."

그러자 펠로피다스가 이렇게 되물었다.

"왜 적군이 우리의 손아귀에 빠졌다고 말하지 않느냐?"

펠로피다스는 곧 후방에 있던 기병대를 모두 앞으로 배치하여 적군을 막도록 하고, 자신은 중무장 보병 3백 명으로 밀집 대형(密集隊形)[6]을 이룸으로써 자기보다 수가 더 많은 적군의 진영을 가장 쉽게 돌파할 수 있는 길을 찾았다. 스파르타 병사들은 2개 사단이었다. 그리스의 저명한 역사학자 에포로스(Ephoros)의 주장에 따르면, 1개 사단의 병력은 5백 명이라고 하며, 칼리스테네스는 7백 명이라 하고, 폴리비오스(Polybius)를 비롯한 몇몇 역사학자는 9백 명이라고 한다.

승리를 확신한 스파르타의 지휘관 고르골레온(Gorgoleon)과 테오폼포스는 테베인들을 향해 진격했다. 첫 전투는 양쪽 사령관들이 서 있는 자리에서 벌어졌다. 스파르타 지휘관들이 펠로피다스에게 돌진했으나 곧 무너지고 그의 주변에 있던 무리는 상처를 입거나 죽었다.

이에 스파르타 전군은 겁에 질려 테베 병사들에게 길을 열어 주었다. 그들은 그렇게 하면 테베인들이 그 길을 통과하여 반대편으로 나가리라고 생각했다. 그러나 펠로피다스가 그들의 예상과 달리 여전히 그곳에서 대형을 유지한 채 계속 짓쳐 나가면서 적군을 죽이자 스파르타 병사들은 방향을 돌려 도망했다.

그러나 가까이에 주둔해 있던 오르코메노스인의 군대와 스파르타의 지원군이 오리라고 걱정한 테베 병사들은 적군을 오래 추격하지 않았다. 테베 병사들은 정면 대결에서 적군을 무찔렀고, 전군을 지휘하여 당당하게 적진을 돌파했다. 그들은 승전비를 세우고 죽은 무리의 전리품을 거둔 다음 기개 높게 고향으로 돌아왔다.

스파르타는 이제까지 그리스나 이민족과 전투를 벌여 수적으로 열세인 적군에게 패배한 적이 없었다. 아니, 대등한 병

---

6 밀집 대형(phalanx)은 고대 그리스의 전투 대형으로서 창기병(槍技兵)이 네모꼴을 이루며 싸우는 진형(陣形)을 의미한다. 방진(方陣)으로 번역하는 경우도 있다.

력과 싸워 패배한 적도 없었다. 따라서 그들은 어떤 전투에서
도 지지 않는다는 자부심을 가지고 있었고, 그들이 적국에 가
까이만 가도 그 명성으로 말미암아 적군을 겁에 질리게 하는
데 충분했다. 그들의 적국은 설령 대등한 병력을 갖추었더라
도 스스로 이길 수 없다는 패배감에 젖어 있었다.

그러나 이 전투가 끝나면서 그리스인들은 알게 되었다.
이제 전사(戰士)들을 배출하는 곳은 바비케(Babyke)족과 크나
키온(Knakion)족 사이에 있는 에우로타스강만이 아니었다. 그
곳이 어디든, 젊은이들이 비굴함을 부끄럽게 여기고, 고결한
명분을 따르고자 하며, 위험을 두려워하기보다는 치욕을 겪지
않으려는 모든 곳에서 전사들이 태어나기 시작했다.

18

들리는 바에 따르면, 신성 부대를 창설한 사람은 고르기다스
였다고 한다. 처음에는 시민 가운데 3백 명을 뽑아 훈련을 시
키고 운영했으며, 수도인 카드메이아를 지켰으므로 '수도 부
대(Poles lokhos, City Band)'라고 불렀다. 그 무렵에는 성채가 있
는 곳을 흔히 수도라고 불렀다. 그러나 다른 사람들의 말에 따
르면, 이 부대는 서로 사랑하는 사람들로 조직되었다고 한다.

이 말을 처음 한 사람은 테베의 명장 팜메네스(Pammenes)
였다. 그의 말에 따르면, 호메로스의 작품에 등장하는 네스토
르(Nestor)가 씨족과 부족으로 군대를 조직하도록 그리스인들
에게 요구하며 다음과 같이 말한 것은 장군으로서 지혜롭지
않았다고 한다.

씨족은 씨족끼리 돕고,
부족은 부족끼리 돕게 하라.
(『일리아스』, II : 363)

팜메네스는 네스토르가 서로 사랑하는 사람끼리 군대 생활을 하도록 지도해야 했다고 지적했다. 씨족이나 부족으로 이루어진 군대는 위험에 빠졌을 때 서로 배려하지 않기 때문이다. 그와 달리 사랑하는 사람들끼리 뭉친 군대는 쉽게 흩어지거나 무너지지 않는다.

사랑하는 사람과 그 애인들은 상대방 앞에서 비겁함을 보이는 것을 부끄럽게 여겨, 위험에 빠지면 서로 지켜 주고자 더욱 용맹해지기 때문이다. 사람들이 눈앞에 있는 남들보다 보이지 않는 애인을 더 생각하는 것은 이상한 일이 아니다.[7] 어떤 군인이 전투하다가 쓰러지자 적군에게 칼을 빼 주면서 이렇게 당부했다고 한다.

"등에 칼을 맞고 죽은 모습을 내 애인에게 보여 주고 싶지 않으니 나의 가슴을 찔러 주시오."

이 말은 전사들의 진심이었다. 이는 헤라클레스의 조카이자 그의 마부였던 이올라오스(Iolaos)가 삼촌과 함께 전투를 치르면서 사랑을 받았다는 이야기와도 맥락을 같이한다. 아리스토텔레스의 『단편』(「장미」, § 97)에 따르면, 그가 살아 있을 때까지도 이올라오스의 무덤은 사랑하는 사람과 애인이 신의를 맹세하는 곳이었다고 한다. 플라톤이 『향연』(§ 179)에서 "애인이란 신이 영감을 불어넣어 준 친구"라고 말한 것을 보면, 그의 부대를 '신성 부대'라고 부른 것은 자연스러운 일이었다.[8]

들리는 바에 따르면, '신성 부대'는 [기원전 338년의] 카이로네이아 전투 이전까지 패배한 적이 없었다고 한다. 어느 날 마케도니아의 필리포스왕이 시체가 쌓여 있는 곳을 돌아보다가

---

7   이 대목에서 플루타르코스가 그저 '사랑하는 사람들' 또는 '전우'라고 쓰지 않고 굳이 "사랑하는 사람과 애인(lovers and the beloved)"이라고 쓴 것은 그 무렵에 유행하던 군대 안 동성애를 은유적으로 표현한 것이다.

8   위의 인용구에 등장하는 '애인'은 모든 종류의 연애를 지칭한다기보다는 당시 유행하던 남성끼리의 연애에 한정한 표현이다.

발걸음을 멈추었다. 그곳에는 밀집 대형을 이룬 3백 명의 시체가 갑옷을 입은 채 장창을 잡고 마주 보며 누워 있었다. 이에 놀란 왕이 이들이 누구냐고 묻자, 그의 막료는 서로 사랑하던 사람들과 연인들의 주검이라고 대답했다. 그 말을 들은 그는 눈물을 흘리며 이렇게 말했다.

"여기에 누워 있는 병사가 불명예스럽게 죽었다고 생각하는 사람이 있다면, 그는 처참한 죽음을 맞으리라."[9]

19

시인들의 기록에 따르면, 테베인들 사이에서 그와 같이 남자들끼리 서로 사랑하는 일을 관례로 만든 것은 [스토아학파의 저명한 철학자 크리시포스(Chrysippos)를 사랑하여 그가 자살하게 만든] 라이오스(Laios)왕의 열정이 아니라 당시의 입법자들이었다고 한다.

그 시대의 입법자들은 거칠고 충동적인 젊은이들의 천성을 완화하고 달래기 위해 그들이 일할 때나 놀이를 즐길 때 피리 소리를 많이 들려주었다. 테베인들은 빼어나고 영예로운 젊은이들에게 피리 연주를 들려줌으로써 체육관과 같은 특별한 장소에서 사랑을 나누도록 북돋아 주고 그들의 성정(性情)을 부드럽게 만들어 주었다.

이런 점에서 본다면, 군신(軍神) 아레스(Ares)와 사랑의 신 아프로디테 사이에서 태어난 것으로 알려진 화목(和睦)의 여신 하르모니아(Harmonia)가 머물 장소를 도시 한곳에 마련한 것은 매우 잘한 일이었다. 테베인들이 생각하기에, 명예심과 웅변술을 갖춘 또래의 젊은이들이 전사의 힘과 용기를 갖추고 매우 가깝게 서로 어울릴 때, 하르모니아 여신이 상징하는 조

---

9   이 말의 행간에는 그 무렵 동성애를 불명예스럽게 여기는 풍조에 대하여 필리포스왕이 비난하는 뜻을 담고 있다.

화로움을 함께 얻는다면 더욱 완벽하고 질서 있는 삶을 살 수 있으리라고 생각했다.

그런데 고르기다스는 신성 부대를 전체 밀집 대형 맨 앞줄에 분산 배치함으로써 그 부대의 탁월함이 눈에 띄지 않게 만들었고, 그들이 공동의 목표에 집중하지 못하도록 했다. 그런 식의 배치는 그토록 탁월한 무리를 열등한 병사들 사이에 흩어 놓음으로써 일반 사병들과 같은 존재로 만들어 버렸다. 그러나 신성 부대가 테기라 전투에서 용맹을 보이면서 흩어지거나 갈라지지 않고 스스로 용맹하게 싸우는 모습을 보여 준 뒤로, 펠로피다스는 그들을 한 부대로 엮어 전투가 가장 치열하게 벌어지는 곳의 전방에 배치했다.

말의 경주를 보면, 굴레를 쓰고 전차를 끄는 한 무리가 한 필의 말보다 더 빠르다. 이는 그들의 합쳐진 몸무게가 공기를 더 힘차게 가르기 때문이 아니라 서로의 앞을 다투는 경쟁심 때문이다. 그와 마찬가지로 용맹한 젊은이들은 전공을 이루려는 열정으로 서로 고무되었을 때 공동의 목표를 향해 더 정열적이고도 헌신적으로 일한다고 펠로피다스는 생각했다.

20

이제 [기원전 371년] 스파르타는 그리스의 다른 부족과는 평화 협정을 맺으면서도 오직 테베와는 전쟁을 멈추지 않았다. 스파르타의 왕 클레옴브로토스는 중무장 보병 2천 명과 기병 1천 명을 이끌고 보이오티아를 침공했다. 새로운 파멸에 마주친 테베인들에게 위기가 다가오자, 지난날 볼 수 없었던 두려움이 보이오티아를 엄습했다.

그 무렵 펠로피다스가 집을 나오는데 아내가 따라 나오더니 눈물을 흘리며 목숨을 잃지 말라고 남편에게 애원했다. 그 말을 들은 펠로피다스가 이렇게 말했다.

"여보, 그런 말은 병졸들에게나 하는 말이오. 군대의 지휘관에게는 병사들의 목숨을 지켜 달라고 말해야 하오."

펠로피다스가 병영에 이르러 보니 공동 사령관 사이에 전쟁을 할지 말지에 대한 합의가 이뤄지지 않은 상태였다. 펠로피다스는 제일 먼저 개전을 주장하는 에파미논다스를 지지했다. 에파미논다스는 공동 사령관은 아니었지만 신성 부대의 지휘관이었다. 조국의 자유를 위해 헌신한 에파미논다스에게 테베가 그런 직위를 상징적으로 부여한 것은 잘한 일이었다. 전쟁을 개시하는 쪽으로 위원회가 의결하자 레욱트라에 스파르타와 싸울 병영이 설치되었다. 이곳에서 펠로피다스는 아주 뒤숭숭한 꿈을 꾸었다.

그 무렵 레욱트라 평원에는 스케다소스(Scedasos)의 두 딸이 묻혀 있었는데, 주민들은 그곳 지명을 따 레욱트리다이(Leuktridai)라고 불렀다. 그들은 처녀의 몸으로 스파르타인들에게 겁탈당한 뒤 수치심을 견디지 못해 자살한 여인들이었다. 이처럼 끔찍하고 불법적인 일을 겪은 그들의 아버지는 스파르타에 억울함을 호소하였으나, 아무런 응답이 없자 스파르타에 저주를 퍼붓고는 딸들의 무덤 앞에서 할복자살했다.

그런 일이 있고 나서 스파르타인들에게는 레욱트라인들의 복수를 조심하라는 예언과 신탁이 있었지만, 스파르타인들은 대부분 그것이 무슨 뜻인지 충분히 이해하지 못했다. 라코니아 해변과 아르카디아의 메갈로폴리스(Megalopolis)에도 레욱트라와 같은 이름이 있었기 때문이었다. 이런 일들이 레욱트라 전투가 일어나기 오래전에 있었던 일임은 더 말할 나위도 없다.

21

펠로피다스가 잠을 자는데, 꿈속에 그 자매가 나타나 무덤 앞에서 눈물을 흘리며 스파르타인들을 저주하였고, 그들의 아버지 스케다소스는 이번 전쟁에서 승리하기를 바란다면 빨간 머리 처녀를 제물로 바치라고 펠로피다스에게 요구했다. 펠로피다스로서는 그 요구가 너무도 부당하고 끔찍하여 잠에서 깨어나자마자 예언자들과 지휘관들에게 꿈 이야기를 들려주었다. 어떤 사람들은 그와 같은 요구를 소홀히 여기거나 거부하는 일이 있어서는 안 된다고 주장하면서 예부터 들려오는 인신(人身) 희생의 사례를 들었다.

이를테면 테베의 왕 크레온(Kreon)이 아들 메노이케우스(Menoikeus)를 제물로 바친 일, 헤라클레스의 딸 마카리아(Makaria)가 스스로 제물이 된 일, 스파르타인들에게 죽음을 겪고 신탁에 따라 그들 왕실의 명령으로 살가죽이 벗겨져 보관되어 있다는 현자(賢者) 페레키데스(Pherekydes)의 일, 신탁에 따라 조국 그리스를 구원하고자 테르모필라이 계곡에서 스스로 제물이 된 레오니다스의 일(헤로도토스, 『역사』, VII, § 220),[10] 테미스토클레스가 살라미스 해전에 앞서 젊은이들을 디오니소스 카르니보루스(Dionysus Carnivorous)에게 제물로 바친 일이 있었다.(제7장 「테미스토클레스전」, § 13)

그들은 이러한 제물의 의식을 치른 뒤 모두 전쟁에서 승리했던 사례를 들었다. 그와 반대로, 아가멤논을 상대했던 무리와 맞서기 위해 아가멤논과 같은 장소에서 출발하려던 아게실라오스는 그의 딸을 제물로 바치라는 계시를 들었다. 곧이어 아울리스에서도 꿈을 꾸다 같은 계시를 받은 그는 마음이 약해 실행에 옮기지 못했고, 원정에서 패배하면서 불명예를 얻었다.(제3권 제21장 「아게실라오스전」, § 6)

그런가 하면, 또 다른 사람들은 자기들을 지배하고 있는 절대자들이 그처럼 무도하고 야만적인 희생 제물을 받아들일 리 없다고 선언했다. 그들은 이렇게 주장했다.

"세상을 지배하는 것은 어깨에 1천 마리의 용을 거느린 신

10   제7장 「테미스토클레스전」, §9의 각주 6 참조.

화 속의 티폰(Typhon)이나 거인(Gigantes)이 아니라 모든 신과 인간의 아버지입니다. 인간의 살육과 유혈로써 기쁨을 얻는 신성한 존재가 있다고 믿는 것은 어리석은 일입니다. 설령 그런 괴물이 있다 해도, 그들은 신의 권능을 더는 갖지 않았으므로 숭배하지 말아야 합니다. 연약한 영혼과 타락한 영혼만이 그토록 잔인하고도 섭리가 아닌 욕망을 낳거나 그에 사로잡혀 있습니다."

22

지휘관들 사이에 의견이 달라 서로 다투자 펠로피다스는 마음이 더욱 괴로웠다. 그때 회의가 열리고 있는 곳으로 암말 한 필이 달려 들어오는데, 붉은 갈기가 매우 아름답고 씩씩하며 울음소리가 너무도 우렁차 모두 탄복했다. 그때 예언자 테오크리토스(Theokritos)가 잠시 생각에 잠기더니 펠로피다스에게 이렇게 소리쳤다.

"머리 빨간 제물이 바로 나타났습니다. 이야말로 길조(吉兆)입니다. 처녀를 기다릴 것 없이 하늘이 보내 준 이 말을 제물로 바치십시오."

그리하여 그들은 그 말을 처녀들의 무덤으로 데리고 가 꽃다발로 장식하고 기도로써 축성(祝聖)한 다음 제물로 바치니 모두 기뻐했다. 그들은 펠로피다스의 꿈 이야기와 제물 이야기를 온 진영에 알렸다.

23

전투가 시작되자 에파미논다스는 왼쪽으로 비스듬히 밀집 대형을 펼쳐 스파르타군의 오른쪽 날개를 그리스 병력에서 멀리 떨어뜨리는 한편, 중무장 보병을 세로로 세워 적진을 관통해 클레옴브로토스의 배후를 치려 했다. 이를 알아차린 적군은 전열을 바꾸었다. 그들은 오른쪽 날개를 펴 원형을 이루면서 많은 수를 이용하여 에파미논다스를 둘러싸려 했다.

이때 펠로피다스가 자기 위치를 벗어나, 클레옴브로토스가 오른쪽 날개를 펴지도 못하고 되돌리지도 못하게끔 신성부대 3백 명을 이끌고 달려들어 그의 전선을 가로막았다. 그러자 스파르타 병사들의 전열이 흐트러지면서 선발대가 도착하기에 앞서 서로 뒤엉켰다.

그러나 스파르타 병사들은 모두 백전노장이었다. 그들은 이미 전투 대형을 바꿀 때 우왕좌왕하거나 혼란에 빠지지 않는 기술을 몸에 익혔기 때문에 종대나 횡대를 가리지 않고 어떤 위험이 닥쳐와도 자리를 찾아 대형을 이루며 평소에 하던 대로 싸울 준비가 되어 있었다.

그런데 그 순간에 에파미논다스가 적군의 수를 무시한 채 오른쪽 적진으로 깊이 돌격하였고, 펠로피다스가 믿을 수 없는 속력과 용맹으로 짓쳐 들어가니 스파르타군은 용맹과 전투 기술도 소용없이 도망하다 죽었는데, 테베의 이와 같은 전과는 역사에 유례가 없던 일이었다. 비록 에파미논다스는 공동 사령관이었고 펠로피다스는 아무 직책도 없이 모든 병력 가운데 적은 병력만을 지휘했지만, 그는 에파미논다스보다 더 큰 전공을 세움으로써 그에 못지않은 영광을 누렸다.

24

그러나 테베 군사들이 펠로폰네소스를 침공할 무렵, 펠로피다스와 에파미논다스는 모두 공동 사령관으로서 민중의 많은 지지를 받고 있었다. [기원전 370년에] 테베는 엘리스, 아르고스, 아르카디아의 모든 지역과 라코니아 대부분을 스파르타 연맹에서 떼어 냈다. 이 무렵 동지(冬至)가 가까워지고 한 해도 며칠 남지 않았다. 새해가 시작되면 공동 사령관의 임기를 다시 시작해야 하는데, 이를 어기는 사람은 사형을 받았다.

이 법이 무섭기도 한 데다가 혹독한 겨울을 피하고 싶었던 다른 공동 사령관들은 고향으로 돌아가고 싶었지만 펠로피다스는 가장 먼저 에파미논다스를 공동 사령관으로 추천하고 민중이 자기편에 서도록 선동한 다음 스파르타를 공략하고자 에우로타스강을 건넜다. 그는 적국의 도시를 여럿 함락하고 바다에 이르는 영토까지 약탈했다.

펠로피다스가 이끄는 그리스 병력은 7만 명이었는데 그 가운데 테베 병사는 12분의 1에 지나지 않았다. 그러나 펠로피다스와 에파미논다스의 명성이 높아 전체 투표나 정령(政令) 절차를 거치지 않고서도 병사들은 모두 불평 없이 그들의 지휘를 따랐다. 살고 싶은 사람은 자기를 살려 주는 사람의 명령에 따른다는 것이 자연법칙 가운데 가장 먼저이고 중요한 법칙이다.

날씨가 좋거나 배가 항구에 정박해 있을 때는 선원들이 선장에게 대담하게 대들지만, 폭풍이 불고 위험이 닥치면 선장을 인도자처럼 바라보며 그에게 희망을 건다. 그와 마찬가지로 아르고스와 엘리스와 아르카디아 사람들은 서로 협의체를 구성하여 그리스에서 종주권을 지키고자 테베와 경쟁하고 다투다가도, 전쟁이 일어나고 위험이 닥쳐오면 스스로 테베의 장군들에 복종하며 그들의 지휘에 따랐다.

이 전투에서 테베인들은 아르카디아 전체를 통일했다. 그들은 메세니아를 스파르타의 속박에서 해방하고 지난날 다른 나라로 떠났던 주민들을 다시 불러들여 이토메(Ithomé)에 정착하게 해 주었다. 펠로피다스는 켄크레아이(Kenchreai)를 거쳐 돌아오는 길에 해로를 막고 통과하지 못하도록 달려드는 아테네 병사를 무찔렀다.

25

그와 같은 공적을 바라보며 온 그리스 사람들이 테베 병사들의 용맹에 기뻐하고 그들의 행운을 놀라워했다. 그러나 시민 가운데에는 이를 시샘하는 무리도 있어, 명예롭지도 않고 적절하지도 않은 방법으로 펠로피다스와 에파미논다스를 맞이할 준비를 하고 있었다. 그들은 고국으로 돌아오자마자 재판에 회부되었다. 법에서 규정한 대로 새해 첫 달(Boukatios)에 공동 사령관 직책을 사임하지 않고 넉 달이나 더 해외에 머무르며 메세니아와 아르카디아와 라코니아에서 전투를 치렀다는 것이 죄목이었다.

펠로피다스가 먼저 재판을 받았다. 그래서 그는 더 위험했다. 그러나 두 사람 모두 무죄 판결을 받았다. 에파미논다스는 자기를 음해하는 세력의 비난을 참을성 있게 견뎌 냈다. 불굴의 용기와 인내심이 정치적 상처를 이기는 길이라고 생각했기 때문이었다. 그러나 에파미논다스보다 천성이 더 격정적이었던 펠로피다스의 막료들은 이참에 정적들에게 복수하라고 그를 부추겼다.

그러던 터에 일이 벌어졌다. 곧 그 무렵에 메네클레이다스(Menekleidas)라는 웅변가가 있었다. 지난날 카론의 집에서 거사를 논의할 때 펠로피다스와 멜론과 함께 있었던 그는 탁월한 웅변가이면서도 지난번 거사에서 다른 용사들만큼 영예를 받지 못했다.

성격이 원만하지 못하고 악의적이었던 메네클레이다스는 자신보다 잘나가는 사람들을 중상하는 데 자기의 재주를 쓰기로 마음먹었고, 재판이 끝난 뒤에도 그런 버릇을 멈추지 않았다. 이렇게 그는 에파미논다스를 공동 사령관 자리에서 몰아내고 얼마 동안 공직을 맡지 못하도록 했다. 그러나 그는 펠로피다스의 대중적 명성까지 끌어내릴 힘은 없었다. 그래서 그는 펠로피다스를 카론과 충돌하도록 만들기로 했다.

어떤 사람이 명성 높은 인사를 따라잡을 수 없을 경우에, 누군가가 그 명망가를 어느 누구보다 못난 사람으로 평가하면 시샘하던 사람들은 대체로 위로를 받는다. 그런 방법으로 메네클레이다스는 민중 연설에서 카론의 업적을 끝없이 칭송하면서 그의 전공을 과장했다. 더욱이 메네클레이데스는 레욱트라 전투가 일어나기에 앞서 있었던 플라타이아이 전투에서 카론이 기병대를 이끌고 거둔 승리를 기념하는 물건을 만들고자 했다.

마침 그 무렵에 키지코스 출신의 화가인 안드로키데스(Androkides)가 테베의 부탁을 받아 다른 전투를 묘사한 그림을 그리고 있었는데, 거의 완성 단계에 이르러 있었다. 그러던 터에 테베가 스파르타에 항쟁하다가 그림이 완성되기에 앞서 전쟁이 끝나, 그림은 그 상태로 테베인들의 손에 넘어갔다. 이에 메네클레이다스는 민중을 설득하여 그 그림에 카론의 이름을 적어 넣음으로써 펠로피다스와 에파미논다스의 명성을 흐리고자 했다.

그러나 메네클레이다스의 처사는 참으로 어리석었다. 플라타이아이 전투보다 훌륭했던 전투와 승리가 지난날에 훨씬 더 많았기 때문이었다. 들리는 바에 따르면, 플라타이아이 전투에서 테베는 게란다스(Gerandas) 등 별로 대단치도 않은 스파르타 지휘관과 병사 40명을 죽인 일 말고는 중요한 업적이 없었다고 한다. 펠로피다스는 그러한 결정이 위법이라고 공격하면서 이렇게 말했다.

"전쟁의 공로를 놓고 어느 개인을 칭송하는 것은 테베의 전통이 아닙니다. 승리의 영광은 테베 시민 모두의 몫입니다."

이 재판 과정에서 펠로피다스는 계속해서 카론을 너그럽게 칭송하며, 그와 반대로 남을 중상하는 메네클레이다스가 얼마나 가치 없는 인물인가를 보여 주었다. 그는 테베의 시민에게 이렇게 물었다.

"우리 시민 가운데 고결한 일을 하지 않은 사람이 어디에 있습니까?"

재판 결과, 메네클레이다스는 벌금형을 받았으나 그 액수가 너무 많아 갚을 길이 없자 계속하여 정부를 전복하려고 노력했다. 이 이야기는 내가 지금 쓰고 있는 펠로피다스가 어떤 사람이었던가를 보여 주는 사례이다.

26

그 무렵 페라이(Pherae)의 참주 알렉산드로스가 전쟁을 일으켜 테살리아 전체를 차지하려는 음모를 꾸미자 그곳 사람들이 테베에 사절을 보내 군대와 지휘관을 보내 달라고 요청했다. [기원전 369년에] 에파미논다스가 펠로폰네소스에서 공무로 바쁜 것을 알고 있던 펠로피다스는 자신이 그 임무를 대신 맡겠노라고 나섰는데, 이는 그가 자신의 능력을 그대로 두고 빈둥거릴 수 없는 성격 탓도 있으려니와, 에파미논다스에게는 도와주어야 할 장군이 필요 없다고 생각했기 때문이었다.

펠로피다스가 군대를 이끌고 테살리아로 진격하여 라리사를 차지하니 알렉산드로스가 찾아와 화친을 요구했다. 펠로피다스는 알렉산드로스를 참주가 아니라 법에 따라 온화하게 테살리아를 다스리는 군주로 만들고 싶었다. 그러나 알렉산드로스는 돌이킬 수 없을 만큼 잔혹한 인물이었다. 그의 무도함과 탐욕을 나무라는 사람이 너무 많아 펠로피다스는 그를 매몰하게 대했고, 그는 호위병들을 데리고 떠났다. 이런 일이 있은 뒤에 펠로피다스는 참주의 통치에서 테살리아를 해방하고 서로 화목하게 살도록 한 다음 마케도니아로 떠났다.

마침 마케도니아에서는 프톨레마이오스가 마케도니아 왕 알렉산드로스와 전쟁을 벌이고 있었다. 양쪽이 서로 펠로피다스를 초청하여 사태의 잘잘못을 판정하고 중재하여 피해를 본 쪽과 동맹을 맺어 달라고 요청했다. 마케도니아에 도착한 펠로피다스는 사태를 원만히 해결하고 망명자들을 돌아오

펠로피다스

도록 한 다음, 마케도니아 왕의 동생 필리포스(Philippos)[11]와 귀족 자제 30명을 볼모로 삼아 테베에 살게 함으로써 테베가 힘과 신의뿐만 아니라 정의로운 나라임을 그리스인들에게 보여 주었다.

필리포스는 뒷날 왕이 되어 그리스를 복속시켰지만, 그 무렵 그는 어린 소년으로 테베에서 팜메네스 장군과 함께 살았다. 이때 필리포스는 에파미논다스의 열렬한 추종자가 되었는데, 아마도 필리포스가 그의 위대한 전투 능력을 깊이 이해해 주었기 때문이었던 듯하다.

그러나 에파미논다스의 전투 능력은 그의 자질 가운데 아주 작은 부분에 지나지 않았다. 에파미논다스는 전쟁 수행 능력뿐만 아니라 자제심, 정의감, 너그러움, 정중함에서 진실로 뛰어난 인물이었는데, 필리포스는 본성이 그래서였는지 아니면 그를 닮고 싶지 않았기 때문인지, 그런 덕성을 나누어 갖지는 못했다.

27

이런 일이 있고 나서, 다시 페라이의 알렉산드로스가 쳐들어와 괴롭힌다며 테살리아인들이 도움을 호소했다. 그래서 [기원전 368년에] 테베는 이스메니아스와 함께 펠로피다스를 중재 사절로 파견했다. 그는 병력을 이끌고 가지 않은 데다가 전쟁이 일어나리라는 것을 예상하지도 않았던 터라, 사태가 어려워지자 테살리아인들로 군대를 모집해야 했다.

이 무렵에 마케도니아 문제도 다시 복잡해졌다. 프톨레마이오스가 왕을 죽이고 정권을 잡자 왕의 막료들이 펠로피다스에게 도움을 요청했기 때문이었다. 그곳에 가고 싶었지만 자신의 병력이 없었던 펠로피다스는 현지에서 용병을 모집하여

---

11   이 사람이 곧 알렉산드로스 대왕의 아버지 필리포스왕이다.

곧 프톨레마이오스를 쳐부수러 진격했다.

그러나 펠로피다스의 병력이 접근하자 프톨레마이오스는 펠로피다스의 용병들을 매수하여 자기편으로 만들어 데려갔다. 그러면서도 프톨레마이오스는 펠로피다스의 이름과 평판이 두려워 그를 찾아갔다. 아울러 그를 윗사람으로 대접하고 환영하면서 호의를 베풀어 줄 것을 간청했다. 또한 프톨레마이오스는 자신이 죽은 왕의 형제들을 위한 섭정으로 물러나고 테베와 동맹을 맺는 것에 동의하면서, 이를 보증하고자 자기 아들과 막료 50명을 인질로 보내겠노라고 말했다.

펠로피다스는 프톨레마이오스 일행을 테베로 보낸 다음에도 자기를 배신한 용병들에 대한 괘씸한 생각을 지울 수 없었다. 그러던 터에 그는 프톨레마이오스가 자기 재산과 처자식들을 모두 화르살로스에 피신시켜 놓았음을 알게 되었다. 자신을 모욕한 프톨레마이오스를 응징하리라 마음먹은 펠로피다스는 테살리아인들을 모아 군대를 조직한 다음 화르살로스로 쳐들어갔다.

그러나 펠로피다스가 그곳에 도착하니 참주 알렉산드로스가 병력을 이끌고 성 앞에 나타났다. 비록 그가 버려진 인생이고 피로 얼룩진 인생이라고는 하지만, 펠로피다스는 그가 용서를 빌러 온 줄 알고 스스로 앞으로 나갔다. 펠로피다스는 테베의 명성과 존엄을 생각해서라도 알렉산드로스가 자기를 해치지 못할 것이라고 예상했다.

그러나 펠로피다스의 무리가 무장하지도 않고 부하들을 거느리지도 않은 것을 확인한 알렉산드로스는 곧 그들을 체포하고 화르살로스를 점령했다. 이 광경을 본 시민들은 놀라움에 떨었다. 이처럼 무모하고도 무도한 짓을 하는 사람이라면 정무를 처리하면서도 자신들의 목숨을 하찮게 집어던지리라고 생각했기 때문이었다.

펠로피다스

이 소식을 들은 테베인들은 크게 분노하여 군대를 파견했다. 그러나 어떤 일로 언짢았던 에파미논다스는 다른 장군을 지명 하여 보냈다. 참주 알렉산드로스는 펠로피다스를 페라이로 호 송해 오고 나서 처음에는 그와 이야기하고 싶은 사람들을 만 나게 해 주었다. 알렉산드로스는 그런 꼴을 겪은 펠로피다스 가 몹시 초라하고 가여운 몰골이 되어 있으리라고 생각했다. 그러나 펠로피다스는 오히려 슬픔에 빠진 페라이인들을 격려 했다. 그는 또한 알렉산드로스에게 이런 글을 보냈다.

"그대가 날마다 불쌍하고 순박한 시민을 고문하고 죽이 면서도 나를 살려 두다니 참으로 어이없는 일이오. 그대가 알 다시피, 내가 이곳에서 빠져나가면 그대에게 복수할 것이 분 명한데……."

이 글을 본 알렉산드로스는 그의 고결한 정신과 담대함에 놀라 막료에게 이렇게 물었다.

"펠로피다스는 왜 그토록 죽음을 재촉한다더냐?"

그 말을 전해 들은 펠로피다스가 이렇게 대답했다.

"그대가 지금보다 신에게 더 많은 죄를 지어야 더 일찍 죽 을 테니까……."

그 뒤로 알렉산드로스는 감옥 밖 사람들이 펠로피다스를 면회하지 못하도록 했다.

알렉산드로스의 아내 테베(Thebe)는 이아손(Iason)의 딸이 었는데, 간수들에게 펠로피다스가 고결하고 용맹한 인품을 갖 춘 인물이라는 소문을 듣고는 그를 만나 이야기를 나누어 보 고 싶었다. 감옥을 찾아온 그 여인은, 이 위대하고도 불운에 빠 진 펠로피다스를 바로 알아보지 못했다.

테베는 머리칼과 옷과 겉모습을 보고 펠로피다스가 명성 에 걸맞지 않게 수치를 겪는다고 생각하면서 눈물을 흘렸다. 그 모습을 본 펠로피다스는 처음에는 그 여인이 누구인지 몰라 놀라기만 했다. 그러나 그가 이아손의 딸이라는 말을 듣고 보니, 그의 친정아버지가 자신의 가까운 친구임을 알게 되었다. 그 여인이 말했다.

"장군의 부인이 가엾습니다."

그 말을 들은 펠로피다스가 이렇게 대답했다.

"나는 그대가 가엾소. 사슬에 묶여 있지도 않으면서 알렉산드로스에게 갇혀 살다니......"

여인은 그 말에 깊은 충격을 받았다. 그의 말처럼 여인은 참주의 야만적인 모욕에 눌려 살았기 때문이었다. 그뿐만 아니라 남편은 방탕한 데다가 자기 남동생을 성적으로 학대했다. 그 뒤에도 이어서 여인은 펠로피다스를 찾아와 자신의 아픔을 숨김없이 털어놓으며 남편에 대한 분노와 증오를 품게 되었다.

29

테살리아로 쳐들어간 테베 장군들이 경험 부족에 불운까지 겹쳐 아무런 전과도 올리지 못한 채 불명예스럽게 돌아오자 테베 정부는 그들에게 각자 벌금 1만 드라크마를 매기고, [기원전 367년에] 에파미논다스가 병력을 이끌고 쳐들어가게 했다. 테살리아인들 사이에 커다란 동요가 일어났다. 에파미논다스의 명성에 비춰 볼 때 머지않아 참주의 말로가 다가올 것이라고 그들은 기대했다. 또한 알렉산드로스의 장군과 막료들은 민중이 반란이라도 일으키지 않을까 커다란 두려움에 싸였다.

민중은 이제 참주가 처벌받는 모습을 볼 것이라는 기대에 앞날이 기쁘기만 했다. 그러나 에파미논다스는 자신의 영광보다는 펠로피다스의 안전에 더 마음을 썼다. 마음이 산란해진 알렉산드로스가 절망감에 빠져 포로들에게 짐승 같은 짓을 하지나 않을까 두려웠던 것이다. 그는 전투를 미루고 돌아가는 방법을 택하면서도 전쟁을 준비함으로써 참주를 긴장하게 했다. 그는 또한 이리저리 병력을 움직임으로써 적이 뻔뻔한 짓이나 무모한 짓을 못 하게 할 뿐만 아니라 원한을 품고 폭발하지도 못하게 했다.

에파미논다스는 알렉산드로스가 얼마나 야만적이고 부당하며 정의를 가볍게 여기는지를 잘 알고 있었다. 언젠가 그는 살아 있는 사람을 땅에 묻었고, 어떤 때는 사람에게 돼지와 곰의 가죽을 씌워 사냥개들이 물어뜯게 한 다음 화살로 쏘아 죽이는 것을 즐거움으로 삼았다.

심지어 그는 자신의 동맹국이었던 멜리보이아(Meliboia)와 스코투사의 시민이 가득 모여 회의를 할 때 호위병을 이끌고 그곳으로 찾아가, 그들을 포위한 다음 어린 사람들부터 죽였다. 그는 또한 [자기 아버지를 죽이고 왕이 된] 삼촌 폴리프론(Polyphron)을 죽이고 나서 그 창에 꽃다발을 씌워 신전에서 축성한 다음 티콘(Tychon)이라고 이름을 붙였는데, 이는 '행운'이라는 뜻이었다.

언젠가 알렉산드로스는 에우리피데스의 비극 『트로이의 여인들(Troiades)』을 극장에서 보다가 불쑥 일어나 나가면서 주연 배우에게는 자기가 없더라도 낙심하지 말고 더 열심히 연기하라고 알렸다. 그가 자리를 뜬 것은 배우의 연기가 마음에 들지 않아서가 아니었다. 그토록 많은 사람을 죽인 자신이 공연 가운데 헤카베(Hekabe)와 안드로마케(Andromache)의 슬픔[12]을 보면서 눈물 흘리는 모습을 관객들에게 들키고 싶지 않았기 때문이었다. 그런 그는 에파미논다스의 명성과 탁월함을 듣고

---

12 헤카베(Hekabe, Hekuba)는 트로이 왕 프리아모스(Priamos)의 아내로, 열아홉 명의 자녀를 낳았다. 그는 적장 아킬레우스(Achilleus)의 영혼을 달래고자 적군이 자기 딸을 제물로 바치는 아픔을 겪었다. 안드로마케는 헤카베의 며느리였는데 트로이 전쟁에서 아킬레우스에게 친정아버지와 7형제가 살해되는 슬픔을 겪는다. 남편마저 전사하자 안드로마케는 강제로 아킬레우스의 며느리가 되어 비극적인 삶을 살았다.(『일리아스』, VI: 429, 491)

겁에 질렸는데, 다음의 시가 그의 모습을 잘 보여 주고 있다.

싸움닭이
노예처럼 날개를 늘어뜨리고
쭈그려 앉아 있도다.[13]

알렉산드로스는 서둘러 에파미논다스에게 사절을 보내 자신의 행위를 변명했다. 에파미논다스는 그런 인간과 협정을 맺고 우방이 되는 것이 내키지 않았지만, 30일 동안 휴전하고 펠로피다스와 이스메니아스를 데리고 고국으로 돌아왔다.

30

그 무렵에 아테네와 스파르타가 동맹을 맺고자 페르시아 대왕에게 사절을 보냈다는 사실을 알게 된 테베는 펠로피다스를 페르시아에 사신으로 보냈다. 그의 명성에 비춰 보았을 때 이러한 조치는 매우 탁월한 것이었다.

첫째로, 펠로피다스는 페르시아에 소문난 명망가였기 때문이었다. 스파르타와 전투를 치러 얻은 승리의 영광은 이미 아시아 곳곳에 빠르게 퍼져 있었다. 레욱트라 전투 소식이 알려지고, 뒤이어 새로운 전승 소식이 내륙의 오지(奧地)까지 퍼져 나갔다.

둘째로, 여러 나라에서 온 총독과 장군과 지휘관들이 페르시아 왕을 알현할 때, 그들 모두가 놀라운 심정으로 펠로피다스에 관해 이야기했던 것이다.

"바다와 육지에서 스파르타를 무찌름으로써 타이게토스(Taygetos)와 에우로타스 사이의 좁은 땅으로 몰아넣은 사람도 바로 펠로피다스입니다. 스파르타로 말하자면, 얼마 전까지만

13   제17장 「알키비아데스전」, § 4 참조.

펠로피다스

해도 아게실라오스를 앞세워 수사와 엑바타나를 차지하려고 페르시아 왕과 싸울 만큼 대단한 나라였습니다."

그런 인물이 자기를 찾아왔다는 사실이 페르시아 왕을 매우 즐겁게 했음은 더 말할 나위도 없다. 위대한 사람들이 존경하는 마음으로 자기를 알현했다는 것을 보여 주고 싶었던 왕은 펠로피다스를 높이 칭찬했다. 왕은 그를 직접 만나 그의 의견에 귀를 기울였다. 그의 의견은 아테네 사절들의 말보다 믿음직했고, 스파르타 사절들의 말보다 간결했다.

페르시아 왕은 펠로피다스와의 만남을 더욱 즐거워했고, 왕으로서 그에 대한 신뢰를 보이면서 자신이 그를 가장 신임하고 있다는 사실을 다른 나라의 사신들이 볼 수 있도록 공개적으로 그에 대한 존경심을 드러냈다. 그러나 왕은 스파르타의 사신 안탈키다스에게 더 많은 존경심을 보여 주었다고 사람들은 생각했다. 왕은 연회에서 썼던 화관을 향수에 적셔 안달키다스에게 보낸 적도 있었다.

페르시아 왕은 펠로피다스에게 그토록 섬세한 호의를 보이지는 않았지만, 대신에 엄청나게 많은 호화 예물을 보냈을 뿐만 아니라 그가 요구한 것들, 이를테면 그리스인들에게 자유를 주고, 에파미논다스가 이토메산의 언덕에 세운 메세니아의 새로운 수도인 메세네에 주민들이 거주하도록 하고, 테베를 페르시아의 오랜 우방으로 여겨 줄 것 등의 요구를 들어주었다. 펠로피다스는 자신의 요구에 대한 응답을 들은 뒤, 왕이 호의로 준 몇 가지 상징적인 선물만 받고 자기 나라로 돌아왔다. 이와 같은 행동은 다른 나라 사신들을 머쓱하게 만들었다.

그 가운데에서도 아테네는 너무 많은 선물을 받아 온 티마고라스(Timagoras)를 사형에 처했다. 그는 죽어 마땅했다. 들리는 바에 따르면, 그는 선물로 금과 은을 받았으며, 비싸고 긴의자와 이를 조립할 수 있는 노예를 데려오면서 그리스에는 그 의자를 다룰 줄 아는 사람이 없기 때문이었다고 말했다. 티마고라스는 또한 젖소 80마리와 소몰이꾼을 데려왔는데, 그 이유인즉 자기는 몸이 약해 우유를 먹어야 하기 때문이라고 말했다.

마지막으로 그는 해안으로 나갈 때 가마를 타고 갔는데 그 비용 4탈렌트도 왕에게서 받은 것이었다. 그러나 아테네인들을 가장 분노하게 만든 것이 선물 때문만은 아니었던 듯하다. 어쨌거나 그의 방패 담당자였던 에피크라테스(Epikrates)는 왕에게서 선물 받은 이야기를 고백하면서 이렇게 말한 적이 있다.

"해마다 정무 위원(Archon)을 아홉 명씩 뽑느니 차라리 가난하고 궁핍한 시민 아홉 명을 사신으로 뽑아 페르시아 왕에게 보내는 법령을 만드는 것이 좋겠습니다. 그렇게 하면 그들이 선물을 받아 부자가 될 터이니까요."

그 말을 듣고 시민들은 그저 웃을 뿐이었다. 테베인들은 그들이 바라는 바를 모두 얻었기 때문에 아테네인들은 더욱 분노했다. 무력을 갖춘 사람들에게 존경을 표시하는 사람들의 현란한 수사(修辭)보다는 펠로피다스의 명성이 훨씬 더 강력했다는 사실을 아테네인들은 받아들이고 싶지 않았다.

31

펠로피다스가 돌아오자 시민들은 그가 메세네 사람들에게 거주권을 주고 그리스에 독립을 안겨 준 공적을 높이 치하했다. 그러나 페라이의 알렉산드로스는 지난날의 나쁜 버릇이 도져, 적지 않은 테살리아의 도시들을 파괴했다. 알렉산드로스는 또한 마그네시아(Magnesia)의 주민들과 프티오티스(Phtiotis)의 아카이아인들 사이에 군대를 주둔시켰다.

그러자 펠로피다스가 페르시아에서 돌아온 것을 알고 있던 그곳 시민은 곧 테베에 사절을 보내 그가 군대를 이끌고 와 도와줄 것을 요청했다. 테베인들은 마그네시아와 아카이아인들이 요청하는 바를 정령으로 가결했다. 그리고 모든 준비를 마친 다음 펠로피다스를 사령관으로 파견하려는 때 [기원전 364년 7월 13일에] 일식이 일어나 온 도시가 어두워졌다.

그러자 이처럼 징조가 불길한 상황에서 겁에 질려 있는 병사 7천 명을 강제로 극한 상황에 이끌고 갈 생각이 없던 펠로피다스는 오직 기병대 3백 명만 이끌고 가리라 생각했다. 그의 부대는 외국인 지원병들로 이루어져 있었다. 펠로피다스가 출발하려 하자 예언자들이 길을 막았고 시민들도 출정에 동의하지 않았다. 그들은 일식을 하늘이 유명한 사람에게 내리는 중요한 조짐이라고 생각했다. 그러나 펠로피다스가 겪었던 모욕은 알렉산드로스에 대한 적개심을 더욱 북돋웠다.

그뿐만 아니라 펠로피다스는 지난날 테베인들과 대화를 나누었을 때 이미 참주의 가문이 무너지고 있으리라고 기대했을 것이다. 그러나 무엇보다도 펠로피다스를 고무한 것은 공명심이었다. 스파르타인들이 시킬리아의 참주 디오니시오스(Dionysios)를 돕고자 장군과 총독을 보내고, 아테네인들이 알렉산드로스에게 돈을 받고 그를 은인으로 추대하여 동상을 세우려는 것을 보면서, 펠로피다스는 테베인들만이 참주에게 억압받고 있는 사람들을 구원하러 군대를 보냄으로써, 그리스 안에서 폭력에 의존하면서 법을 지키지 않는 왕실을 무너뜨린 유일한 민족임을 진심으로 보여 주고 싶었다.

32

화르살로스에 도착한 펠로피다스는 곧 병사를 모아 알렉산드로스를 향해 진격했다. 알렉산드로스는 자신의 병력이 펠로피다스보다 갑절이나 많은 것을 알고 용기를 얻어 그를 대적하고자 테티스(Thetis) 신전까지 나아갔다. 알렉산드로스가 대군을 이끌고 온다는 소식을 들은 펠로피다스는 이렇게 말했다.

"우리가 무찔러야 할 적군은 많을수록 좋다."

평야 한가운데에는 '개의 머리'라는 뜻의 키노스케팔라이 (Kynoskephalai)라고 부르는 산이 있었는데 절벽이 매우 가팔랐다. 양쪽 보병들은 그 산을 차지하고자 진격했다. 기병대 수가 더 많고 용맹했던 펠로피다스는 적의 기병대를 공격하여 쳐부수고 평야까지 추격했다. 그러나 알렉산드로스가 그보다 앞서 언덕을 차지했다. 뒤이어 테살리아의 중무장 보병들이 도착하여 고지에 오르려 했지만 알렉산드로스가 그 전방 부대를 공격하여 죽이고 남은 부대들에 화살을 쏘아 대니 더 이상 어쩔 수가 없었다.

이를 본 펠로피다스는 기병대를 후퇴시켜 모여 있는 적군의 보병을 공격하도록 지시한 다음, 자신은 방패를 들고 언덕에서 싸우는 병사들과 합류했다. 후미(後尾)에서 뛰쳐나온 그가 전방에서 길을 뚫으니 병사들의 용기가 더욱 치솟았다. 적군은 새로운 부대가 전혀 다른 기세로 바뀌어 달려들고 있다고 생각했다.

적군은 처음 두세 차례는 잘 막아 냈으나 펠로피다스의 병사가 용맹스럽게 진격해 오고 추격하던 기병대까지 돌아와 함께 공격하는 모습을 보자 조금씩 밀리기 시작했다. 높은 곳에서 전세를 바라보던 펠로피다스는 적군이 아직 도망하고 있지는 않지만 이미 커다란 혼란에 빠진 것을 알고 알렉산드로스를 찾았다. 알렉산드로스는 오른쪽 날개에서 용병들을 지휘하며 격려하고 있었다. 그를 본 펠로피다스는 판단력을 잃었다. 오로지 그를 죽이겠다는 생각에 빠져 자기 자신과 본분을 잊고 부대에서 훨씬 앞으로 뛰쳐나가 소리치며 참주를 향해 돌진했다.

그러나 알렉산드로스는 그의 공격에 맞서지 않고 호위병들 사이로 들어가 숨었다. 펠로피다스는 앞서 오는 용병들을 죽였다. 그러나 적군은 대부분 거리를 두고 싸우면서 창을 던졌다. 창이 그의 갑옷을 뚫고 들어가 온몸이 상처로 뒤덮였다.

테살리아인들이 그의 안전을 걱정하여 언덕에서 달려 내려왔
으나 펠로피다스는 이미 죽은 뒤였다. 곧이어 기병대가 진격
하여 적군의 밀집 대형을 부수고 멀리까지 몰아냈다. 평야에
는 적군의 시체 3천 구가 널려 있었다.

33
펠로피다스의 주검 앞에 선 테베인들은 슬픔을 가눌 수 없었
다. 어떤 사람은 그를 아버지라 부르고, 어떤 사람은 구원자라
부르고, 어떤 사람은 위대하고 아름다운 가르침을 남겨 준 스
승이라고 불렀다. 이는 놀라운 일이 아니었다. 테살리아인들
과 동맹국들도 그들의 정령(政令)으로 탁월한 인간에게 마땅
히 바쳐야 할 영광을 넘치도록 바치면서 그에게 얼마나 감사
하고 있는가를 슬픔으로 표현했다.

　들리는 바에 따르면, 함께 전투에 참여했던 병사들은 갑
옷을 벗거나 말의 굴레도 벗기지 않고 상처도 싸매지 않은 채
뜨거운 군장(軍裝) 그대로 먼저 시신 앞에 달려와 아직도 그가
살아 있기라도 한듯 둘레에 전리품을 쌓고 자신의 머리칼과
말갈기를 잘라 바쳤다. 막사로 돌아간 병사들은 불도 켜지 않
고 저녁도 먹지 않으니, 침묵과 절망이 온 병영을 뒤덮었다.

　병사들은 위대한 승리를 거둔 것이 아니라 마치 참주에게
지고 노예가 된 듯한 분위기였다. 펠로피다스의 죽음이 도시
에 알려지자 관리들이 시신을 옮기고자 청년과 소년과 사제들
을 데려왔다. 그들은 또한 승리의 기념패와 꽃다발과 황금 갑
옷도 함께 가져왔다. 그의 시신을 옮기려 할 때 테살리아인들
가운데 가장 존경받는 인사가 앞으로 나오더니 펠로피다스의
장례를 자기들이 맡아 치를 수 있는 영광을 달라고 간청하며
이렇게 말했다.

　"펠로피다스 장군의 막료 여러분, 그리고 동맹군 여러분!
우리는 지금 슬픔에 빠져 있지만, 여러분이 우리에게 영광과

위로의 기회를 주시기 바랍니다. 이제 우리 테살리아인들은 살아 있는 펠로피다스 장군을 모실 수도 없고, 그가 느낄 수 있도록 영광을 바칠 수도 없습니다. 그러나 만약 우리에게 그의 주검을 수습하고 치장하고 매장할 수 있도록 허락해 주신다면 이번 슬픔이 테베인들에게보다 우리에게 더 큰 아픔이었다는 것을 여러분이 믿으실 것이라고 우리는 생각했습니다. 여러분은 다만 위대한 장군을 잃었지만 우리는 장군과 함께 자유마저 잃었습니다. 이제 그를 돌려 보내 드리지 못한 우리가 무슨 면목으로 또 다른 장군을 보내 달라고 여러분께 부탁할 수 있겠습니까?"

테베인들은 그들의 간청을 받아들였다.

34

지난날 시킬리아의 역사학자 휠리스토스(Philistos)는 디오니시오스(Dionysios I)[14]의 화려한 장례식을 바라보면서 놀라움을 표시한 적이 있었다. 그런 화려함은 비극을 과장한 것처럼 보인다. 장례식이란 상아나 황금이나 자주색 휘장으로 꾸며지는 것이 아니라고 생각하는 사람들의 눈으로 보면 펠로피다스의 장례식은 호화롭기 그지없었다. 알렉산드로스 대왕은 그의 가까운 친구이자 장군이었던 헤파이스티온(Hephaistion)이 죽었을 때 자신의 말과 노새의 갈기를 자르고 성채의 흉벽(胸壁)을 헐어 버림으로써 도시 전체가 슬픔에 싸인 것처럼 보여 주고자 했다.

또한 장례식이 진행되는 동안, 알렉산드로스 대왕은 도시의 주민들까지 아름답게 꾸미지 못하게 하고 허름한 모습으로 다니게 했다. 이와 같은 영광은 참주의 뜻에 따라 강제로 이루

---

14   제25장 「디온전」(§ 3 이하)에 등장하는 시라쿠사이의 참주 디오니시오스 1세를 뜻한다.

어진 것이어서, 영예를 받는 사람은 시샘의 대상이 되고 그러한 영예를 바치는 사람에게는 증오를 느끼게 한다. 그러한 영예의 표시는 장엄하지도 않고 거룩하지도 않았으며, 넘쳐 나는 재산을 마음 상하는 예식에 헛되게 쏟아붓는 인간들이 저지르는 야만의 허세에 지나지 않는다.

그러나 펠로피다스는 평민의 몸으로 외국에서 죽었으며, 아내와 자식과 친척도 그의 죽음을 지켜보지 못했다. 이런 그를 위해 누가 부탁하지도 않았고 강요하지도 않았는데 그토록 많은 사람이 나와 운구하고 꽃을 바쳤으며, 수많은 도시에서 그에게 영광을 바쳤으니 이는 그가 참으로 다복한 사람이었음을 보여 주는 일이었다.

아이소포스(Aesopos, 이솝)가 말했듯이, 승리의 나팔 소리를 들으며 죽는 것은 슬픈 일이 아니라 가장 축복받을 일이다. 그러한 죽음은 축복의 기쁨을 가장 안전하게 지켜 주고, 운명의 여신이 변덕을 부릴 여유가 없기 때문이다. 디아고라스(Diagoras)가 올림픽에서 승자가 되고, 그의 아들이 다시 승자가 되고, 또다시 그의 손자와 손녀가 승자가 되었을 때 어느 스파르타인이 그에게 이렇게 인사했다.

"디아고라스 선생, 이제 죽을 때가 되었습니다. 그대가 올림포스 신이 될 수야 없지 않겠소?"

그러나 모든 올림픽 경기와 피티아 경기에서 승리한 용사도 펠로피다스가 거둔 여러 승리 가운데 하나와도 견줄 수 없다고 나는 생각한다. 그는 여러 번 전쟁을 치르면서 승리했고, 온갖 명성과 영광 속에 살다가 열세 차례나 공동 사령관을 지낸 다음, 독재자를 무너뜨리는 위대한 과업을 이룸으로써 죽으면서까지 테살리아의 자유를 찾아 주었다.

35

펠로피다스의 죽음은 동맹국들에 큰 슬픔을 안겨 주었지만 얼은 것도 많았다. 그의 죽음을 안 테베인들은 복수를 서둘렀다. 그들은 말키타스(Malkitas)와 디오게이톤(Diogeiton)의 지휘 아래 중무장 보병 7천 명과 기병 7백 명을 이끌고 페라이로 쳐들어갔다. 그러나 가서 보니 알렉산드로스는 이미 쇠약해 있었고 병력도 없었다.

테베 병사들은 그가 빼앗은 테살리아를 시민에게 돌려주고, 마그네시아와 프티오티스에서 수비대를 철수시킨 다음 그들을 해방시켜 주었으며, 테베인들이 요구하면 그들과 함께 적국에 대항하여 싸우겠다는 맹세를 받아 냈다. 테베인들은 그 정도에서 만족했다. 그러나 하늘은 알렉산드로스를 용서하지 않고 펠로피다스를 위해 복수해 주었으니 그 이야기는 다음과 같다.

앞에서 내가 말했듯이, 알렉산드로스의 아내 테베는 펠로피다스의 가르침을 받은 뒤로 남편의 위세와 겉모습을 더는 두려워하지 않았다. 알렉산드로스가 그토록 위세를 부린 것은 호위병들 때문이었다. 남편의 의심에 대한 두려움과 잔인함에 대한 증오로 가득 찬 그 여인은 세 오빠 티시포노스(Tisiphonos), 피톨라오스(Pytholaos), 리코프론(Lykophron)과 함께 남편을 죽일 계획을 꾸몄다. 밤이면 그의 집은 온통 경비로 삼엄했다.

왕비 테베와 남편이 자는 침실은 2층에 있었는데 그 앞에는 개가 지키고 있었다. 개들은 알렉산드로스와 그의 아내와 먹이 주는 시종이 아닌 사람들에게는 매우 사나웠다. 그리하여 계획을 실행할 무렵이 되자 테베는 오빠들을 집 안에 깊이 숨겨 두고 밤이 되어 혼자 남편의 침실로 들어갔다. 들어가 보니 남편은 잠들어 있었다. 잠시 뒤에 밖으로 다시 나온 그는 남편이 조용히 잠들도록 개를 다른 곳으로 옮기라고 하인에게 지시했다. 그리고 젊은 남자들이 올라올 때 발소리가 나지 않도록 계단에 양털을 깔았다.

오빠들이 무사히 2층으로 올라와 침실 문 앞에 이르자 테베는 안으로 들어가 남편의 머리맡에 걸린 칼을 들고 나와 그가 일찍 잠들어 있음을 알려 주었다. 그러나 오빠들은 겁에 질려 차마 그를 죽이지 못했고, 이에 화가 난 여인은 그들을 꾸짖으며, 남편을 깨워 오빠들이 꾸민 계획을 말해 주겠노라고 말했다. 이에 부끄럽기도 하고 두렵기도 한 오빠들은 안으로 끌려 들어가 침대 둘레에 섰다.

테베가 불을 비추는 가운데 한 명이 폭군의 다리를 잡아 누른 다음, 한 명이 머리채를 잡고 늘어지자 나머지 한 명이 칼로 그를 찔렀다. 그의 죄를 생각하면 너무 쉽게 죽였다고 생각할 수 있다. 그러나 그는 아내의 손에 죽은 처음이자 유일한 폭군이 되었고, 죽어서도 온갖 모욕을 당했다. 페라이 사람들은 그의 시체를 집어 던지고 발로 짓밟았다. 사람들은 그가 저지른 무도한 행위에 걸맞은 대접을 받았다고 생각했을 것이다.

마르켈루스
MARCELLUS

기원전 271~208

로마에 전쟁이 일어나면
지도자와 저명인사들이 많이 죽었다.
— 플루타르코스

로마 공화국은
적국에 항복한 비겁자들을
필요로 하지 않는다.
— 포로 송환을 거부한 원로원의 결의

1

들리는 바에 따르면, 마르쿠스 클라우디우스(Marcus Claudius)
는 마르쿠스의 아들로서 다섯 번이나 집정관을 지냈다고 한
다. 그리스의 스토아학파 철학자이자 정치인이었던 포세이도
니오스(Poseidonios)의 말에 따르면, 그는 가문에서 처음으로 마
르켈루스라는 이름을 썼는데, 이는 군신(軍神) 마르스(Mars)에
서 따온 것으로 '군인다운 사람(martial)'이라는 뜻이라고 한다.

마르켈루스는 전쟁 경험이 많았으며, 몸이 건장했고 팔심
도 좋았다. 또한 타고난 싸움꾼으로 전쟁을 할 때면 성미가 불
같았다. 그러나 평소에는 온순하고 인간적이었으며, 그리스의
학문과 기율을 사랑하여 그 분야에 뛰어난 사람들을 칭송했
다. 그러나 그는 직업으로 말미암아 바라는 만큼 지식을 쌓고
수행하지는 못했다. 호메로스는 이런 시를 읊은 적이 있다.

하늘은 그가
어려서부터 늙어 죽을 때까지
피땀 흘리며
전쟁터에서 살게 했도다.
(『일리아스』, XIV : 86)

여기에 가장 어울리는 이들은 바로 그 시대 로마의 지배 계급이었다. 젊어서는 시킬리아를 차지하려 카르타고와 싸웠고, 황금기에는 이탈리아를 지키려 갈리아와 싸웠고, 늙어서는 한니발과 카르타고인들과 싸웠으니, 그들은 늙어서도 군대 생활에서 벗어나지 못했다. 명문가 태생인 그들은 용맹하여 늘 전쟁터에서 부하들을 지휘하고 이끌었다.

2

마르켈루스는 온갖 싸움에 뛰어났고 실전 경험도 많았지만, 일대일 격투에 더욱 뛰어나 어떤 도전도 거절한 적이 없고, 결투에서는 늘 도전자를 죽였다. 시킬리아에서 전투가 벌어졌을 때는 형 오타킬리우스(Otacilius)가 위험에 빠지자 방패로 보호하면서 달려드는 적군을 모두 죽이고 형을 구출했다.

　　그때 마르켈루스는 어린 나이에 그런 공로를 세움으로써 사령관에게 화관(花冠)과 상금을 받았다. 명성이 높아지자 시민은 그를 고등 건설관(Curule aedile)[1]으로 임명했다. 그 뒤에 사제들은 다시 그를 제관(Augur)으로 임명했다. 이는 사제의 일종으로서 날아가는 새를 보고 미래에 나타날 조짐을 예언하도록 법률에 규정되어 있었다.

　　마르켈루스는 건설관으로 재직하면서 원로원에 내키지

I　　건설관(Aedile)은 로마 관직으로서 공공건물과 도로 건설을 감독·지휘하는 책임을 맡았다. 건설 공사가 많았던 당시 로마에서 그들은 축제를 진행하는 책임과 함께 치안권도 행사하는 실력자였다. 건설관에는 고등 건설관(Curule Aedile)과 평민 건설관(Plebeian Aedile)이 있었다. 고등 건설관은 다리가 굽은 의자(curule)에 앉았기 때문에 그와 같은 이름을 얻었다. 로마 고위직 가운데 굽은 다리 의자에 앉을 수 있는 직함은 건설관 말고도 법정관·집정관·군무 위원 등이 있었다. 그 무렵 건설과 토목 공사는 대체로 군인 몫이었기 때문에 그 사업을 공병(military engineering)이 맡았다. 여기에서 뒷날 민간인이 하는 토목 공사(civil engineering)가 분리되었다.(제12장 「루쿨루스전」, §1의 각주 3 참조)

않는 탄핵을 제출한 적이 있었다. 그에게는 자기와 이름이 같은 아들 마르쿠스가 있었다. 그는 아름다운 소년으로서 겸손하고 훌륭한 교육을 받아 시민의 칭송을 받았다.

마르켈루스에게는 카피톨리누스(Capitolinus)라는 친구가 있었는데, 뻔뻔스럽고 음탕한 사람이었다. 그런 그가 마르켈루스의 아들에게 성적 접촉을 요구했다. 처음에 소년은 자기 힘으로 저항했지만 그의 행위가 그치지 않자 이를 아버지에게 알렸다.

불같이 화가 난 마르켈루스는 카피톨리누스를 원로원에 고발했다. 피고 카피톨리누스는 온갖 변명과 구실을 대며 민중 호민관에게 호소했다. 그러나 변명이 받아들여지지 않자 카피톨리누스는 아예 그런 일이 없었다고 잡아뗐다. 그 사건에 대한 목격자도 없던 터라 원로원은 소년을 불렀다.

소년이 나타났고, 그의 붉어진 얼굴과 눈물과 억누를 수 없는 분노와 수치심으로 가득한 모습을 본 원로원 의원들은 더 이상의 증거가 필요 없다 생각하고 카피톨리누스에게 유죄 판결과 함께 벌금형을 선고했다. 마르켈루스는 그 돈을 받아 은배(銀杯)를 만들어 신전에 바쳤다.

3

22년에 걸친 제1차 포에니 전쟁(기원전 265~241)이 끝나자 이번에는 [기원전 225년에] 갈리아족이 쳐들어왔다. 알프스의 산자락에 자리 잡고 있는 이탈리아 땅에서는 켈트족 일파인 인수브레스(Insubres)족이 살고 있었다. 그들은 자기들만의 힘으로도 강성한 부족이었는데, 거기에 갈리아족 용병(Gaesatae)까지 동원하여 쳐들어왔다. 갈리아족의 침략이 포에니 전쟁과 겹치지 않은 것만으로도 로마로서는 무척 다행한 일이었다.

그러나 갈리아족은 마치 운동 경기의 결승 진출자처럼 조용히 기다리다가, 나머지 결승 진출자가 결정되자 선수복으로 갈아입은 것과 같았다. 게다가 로마는 자신들의 거주지와 너무 가까운 국경에서 싸워야 한다는 사실 때문에 몹시 놀랐다. 그뿐만 아니라 로마인들은 다른 어느 종족보다도 갈리아족을 두려워하는 것으로 보였다.

　　로마는 [기원전 390년에] 갈리아족에게 정복된 적이 있었다. 본래 로마 사제들은 전쟁이 일어나도 군 복무가 면제되었지만, 그때부터 갈리아와 전쟁을 벌일 때만은 예외 없이 법에 따라 입영하게 되었다. 로마인들이 이번 전쟁을 얼마나 걱정했는지는 그들이 전쟁을 준비하는 데에서도 나타났다. 그토록 많은 사람이 한꺼번에 입영한 적은 전례가 없던 일이었다. 신전에 바친 제물도 엄청나게 많았다. 본디 로마인들은 야만적이고 자연스럽지 않은 제사를 드리지 않았다.

　　신에게 경건하고 온유한 제사를 드리는 일은 그리스의 정신에 알맞은 것이었지만, 이번 전쟁을 겪으면서 그들은 『시빌라의 예언서(Libri Sibyllini)』[2]에 기록된 신탁에 더욱 압박을 받았다. 그 신탁에 따라 그들은 이번 전쟁에서 그리스 남녀 한 쌍과 갈리아족 남녀 한 쌍을 소[牛]시장(Forum Boarium)에서 산 채로 묻었다. 이와 같은 희생제(犧牲祭)를 기억하여 그들은 지금도 11월 어느 날에 이 신비스럽고도 비밀스러운 제사를 지낸다.

4

초반의 여러 전투에서 로마 병사들은 크게 이기기도 하고 크게 지기도 하여 승부를 결정짓지 못했다. 그러다가 마침내 집정관 플라미니우스(Flaminius)와 푸리우스(Furius)가 대군을 이끌고 인수브레스족을 막으러 출진했다. 그러나 그들이 떠나려던 무렵에 피케눔으로 흐르던 강물이 핏빛으로 바뀌고, 아리

2　　제6장 「푸블리콜라전」, § 21의 각주 9 참조.

미눔에서는 하늘에 달 세 개가 보인다는 보고가 들어왔다.

집정관 선거가 있던 날에 날아가는 새를 관찰하던 제관들은 그들의 당선을 선포했을 때 나타난 징조가 상서롭지 않다는 신탁을 받았다고 말했다. 이에 따라 원로원은 장군들 진영에 편지를 보내, 집정관은 서둘러 귀국하며 장군의 직책을 사직하고, 집정관 직위에 있는 동안에는 적군을 상대로 어떤 작전도 수행해서는 안 된다고 알렸다.

편지를 받은 플라미니스는 야만족과 싸워 그들을 깨뜨리고 그들 나라로 쫓아내지 않고서는 편지를 열어 보고 싶지 않았다. 이 때문에 그가 많은 전리품을 가지고 귀국했을 때 시민은 그를 맞이하러 나가지 않았다. 그가 귀국 명령을 받고도 복종하지 않음으로써 민중을 무시했다고 생각했기 때문이었다. 시민은 그의 개선식조차도 허락하지 않으려 했다.

플라미니스가 돌아온 뒤에 민중은 그를 동료 집정관과 함께 집정관 직책에서 물러나도록 강요하여 일개 시민으로 내쳤다. 그 정도로 로마인들은 신의 뜻을 존중했고, 신탁과 선조들의 의식(儀式)을 소홀히 처리한 사람에게 너그럽지 않았다. 위대한 승리를 거두었음에도 관리들은 적군을 물리치는 일보다 종교의 계율을 존중하는 것이 더 중요하다고 생각했다.

5

이를테면 그라쿠스(Gracchus) 형제(제43장과 제44장)의 아버지로서, 정직함과 용맹함으로 로마인들에게 가장 존경을 받았던 집정관 티베리우스 셈프로니우스 그라쿠스(Tiberius Sempronius Gracchus)가 [기원전 163년에] 스키피오 나시카(Scipio Nasica)와 카이우스 마르키우스(Caius Marcius)를 후임 집정관으로 임명한 일이 있었다. 그러나 그들이 부임한 뒤에 셈프로니우스가 어느 종교 경전을 보니 거기에는 그가 미처 몰랐던 고대 율법이 적혀 있었다.

마르켈루스

그 율법에 따르면, 어떤 관리가 날아가는 새의 모습을 보고 예언을 얻고자 도시를 벗어나 집이나 막사를 얻었다가 어떤 뚜렷한 이유로 미처 예언을 얻지 못한 채 도시로 돌아왔다가 다시 나갈 경우에, 그 사람은 처음에 얻었던 집이나 막사를 버리고 다른 곳을 얻어 예언을 들어야 한다는 것이었다.

그러나 이러한 사실을 몰랐던 셈프로니우스는 후임 집정관을 임명하기에 앞서 같은 집을 두 번 이용했던 것으로 보인다. 뒤늦게 자신의 실수를 알게 된 그는 이를 원로원에 알렸다. 원로원은 이 사소한 일을 그냥 넘기지 않고 후임 집정관들에게 알리니 그들은 임지(任地)를 떠나 서둘러 로마로 돌아와 집정관 직책을 내놓았다.

내가 지금 기록하고 있는 이 시대에도 저명한 사제 둘이 직분을 잃었는데, 코르넬리우스 케테구스(Cornelius Cethegus)는 제물로 바친 동물의 내장을 잘못 다루었기 때문이었고, 퀸투스 술피키우스(Quintus Sulpicius)는 제사를 드릴 때 머리에 썼던 모자(filum)가 날아갔기 때문이었다.

더욱이 독재관 미누키우스(Minucius)가 카이우스 플라미니우스를 자신의 기병대장으로 임명할 때는 찍찍거리는 뒤쥐(sorex) 소리가 났다는 이유로 민중이 두 사람을 모두 파면하고 다른 사람을 임명했다. 그들은 그와 같이 대수롭지 않은 일에도 엄격했지만, 고대 의식에서 벗어나거나 규칙을 바꾸는 일이 없었으므로 미신에 빠지지 않았다.

6

처음 이야기로 되돌아가서, [기원전 222년에] 플라미니우스와 그의 동료 집정관이 사임한 뒤에 이른바 과도 정부(interreges)[3]가

---

3   로물루스(Romulus)가 죽고 로마가 왕정에서 공화정으로 넘어가는 사이에 잠시 있었던 정부 체제를 뜻한다. 이때 선임된 임시 집정관을 과도 집

마르켈루스를 집정관으로 다시 임명했다. 취임한 그는 그나이우스 코르넬리우스(Gnaeus Cornelius)를 동료 집정관으로 임명했다.

들리는 바에 따르면, 갈리아족이 여러 차례 화해안을 제시했고 원로원에서도 이에 호의적이었지만, 마르켈루스는 전쟁을 계속하도록 민중을 부추겼다고 한다. 결국 협정은 체결되었으나, 그 뒤에 갈리아족 용병들이 전쟁을 재개한 듯하다. 그들은 알프스를 넘어와 인수브레스족을 선동했다. 용병의 병력만도 3만 명이었는데 여기에 합세한 인수브레스 병력은 그보다 더 많았다.

그리하여 승리를 자신한 그들은 곧장 파두스강 북쪽에 자리 잡은 아케라이(Acerrae)로 진격했다. 브리토마르토스(Britomartos)왕은 갈리아 용병 1만 명을 이끌고 그곳에서부터 파두스강 일대를 약탈했다. 이와 같은 사실을 안 마르켈루스는 중무장 보병과 일부 기병대와 함께 동료 집정관 코르넬리우스를 아케라이에 남겨 두고 자신은 나머지 기병대와 매우 가볍게 무장한 보병 6백 명만을 이끌고 밤낮으로 진격하여 클라스티디움(Clastidium)에서 갈리아 용병 1만 명을 만났다.

이곳은 얼마 전까지만 해도 로마의 지배를 받았던 갈리아족 마을이었다. 마르켈루스는 병사를 쉬게 할 겨를도 없었다. 그의 도착을 재빨리 안 이민족들은 모두 헤아려 보았자 얼마 되지도 않는 마르켈루스의 병력을 우습게 생각했다. 갈리아족의 눈에는 그 가운데에서도 기병대가 우습게 보였다. 자기들은 말을 타고 자란 전사로서 전투력이 우세한 데다가 마르켈루스의 병력과는 비교도 되지 않을 만큼 많았기 때문이었다. 따라서 그들은 대규모 병력을 투입하여 곧장 쳐들어왔다. 그들의 공격은 위협적이었다.

정관(Interrex)이라고 불렀다.(제4장 「누마전」, § 2, 7 참조)

갈리아족은 자기들의 왕이 직접 진두지휘하는 것을 보면서 단숨에 적군을 깨뜨릴 것이라고 생각했다. 이에 마르켈루스는 적군이 자신과 부하들을 둘러싸지 못하도록 부대를 앞으로 진격시키면서 날개를 살짝 펴 적군의 옆구리를 공격하도록 했다. 그러는 사이에 이미 적진 가까이 이르렀다. 그가 공격하려고 방향을 돌리는 순간에 적군의 맹렬한 모습에 놀란 그의 말이 갑자기 돌아서 뒷걸음질했다.

이 광경을 본 병사들이 불길한 징조로 여겨 혼란에 빠지지나 않을까 걱정스러웠던 마르켈루스는 재빨리 말 머리를 다시 돌려 적군을 바라보게 하면서 그 자신은 태양을 향해 경배를 드렸다. 말의 움직임에 목적이 있었던 것처럼 보이기 위해서였다. 로마인들은 신에게 경배를 드릴 때면 제자리를 한 바퀴 도는 버릇이 있었던 것이다. 들리는 바에 따르면, 그는 적진 가까이 이르자 유피테르 훼레트리우스(Jupiter Feretrius) 신에게 전리품 가운데 가장 훌륭한 갑옷을 제물로 바치겠노라고 약속했다고 한다.

7

그러는 동안에 갈리아 왕이 마르켈루스를 바라보더니, 휘장으로 보아 그가 지휘관이라 판단하고 말을 달려 앞으로 나아가 크게 소리치며 창을 휘둘렀다. 왕은 다른 갈리아족보다 몸집이 컸고, 금과 은과 온갖 색깔의 자수를 놓은 갑옷은 마치 빛을 뿜어내듯이 눈에 띄었다. 그래서 마르켈루스도 그가 누군지 알아보았다. 마르켈루스의 눈길을 끈 것은 그 사람보다도 그의 갑옷이었다.

마르켈루스는 자신이 신전에 바치기로 약속한 갑옷이 바로 저것이라고 생각했다. 마르켈루스는 곧장 갈리아 왕에게 돌진하여 창으로 가슴을 찔렀다. 말이 전속력으로 달려가니 그 힘에 밀려 왕은 땅으로 떨어졌다. 마르켈루스가 그때까지 살아 있던 왕을 두세 번 더 찌르니 그가 곧 죽었다. 말에서 뛰어내린 마르켈루스는 시체에서 갑옷을 벗기고 하늘을 바라보며 소리쳤다.

"유피테르 훼레트리우스 신이시여, 지금 이 전쟁에서 싸워 이긴 장군과 지휘관들을 굽어보소서. 간절히 바라오니, 제가 지금 제 손으로 적장을 죽이고 빼앗은 이 갑옷이 증거가 되게 하소서. 저는 적국의 지배자이자 왕을 죽인 세 번째 로마 장군이로소이다. 이에 가장 아름답고 값진 전리품을 바치니 저희에게 무운(武運)을 허락하시고 남은 전쟁에서 승리하게 하소서."

기도가 끝나자 기병대가 전투에 합세하여 적군의 기병대뿐만 아니라 자기들을 공격하고 있던 보병까지 함께 무찌름으로써 승리를 얻어 내니, 이는 참으로 놀랍고도 경이로운 일이었다. 들리는 바에 따르면, 그토록 적은 기병대로 그토록 많은 기병대와 보병을 무찌른 사례는 역사에서 전무후무했다고 한다.

적군 대부분을 죽이고 그들의 무기와 소지품을 거두어들인 다음 마르켈루스가 동료 집정관에게 돌아와 보니 그는 그무렵에 가장 크고 인구가 많던 도시 근처에서 어렵게 싸우고 있었다. 그 도시의 이름은 메디올라눔(Mediolanum, Milano)이었는데 갈리아족은 그곳을 자기들의 수도로 생각했다. 그들은 이곳을 지키려고 죽을힘을 쏟았기 때문에 코르넬리우스는 공격하는 것이 아니라 공격받고 있었다.

그러나 마르켈루스가 나타나자 갈리아 용병들은 자기들이 전쟁에서 지고 왕까지 죽었다는 소식을 듣고 물러났다. 메디올라눔이 함락되자 갈리아족은 다른 도시마저 넘겨주고 로마인들에게 모든 처분을 맡겼다. 로마인들은 받아들일 만한 조건으로 평화 조약을 맺었다.

마르켈루스

8

원로원은 마르켈루스에게만 개선식을 허락하는 결의를 발표
했다. 찬란함과 재물과 전리품과 포로의 규모로 볼 때 이에 견
줄 만한 개선식은 일찍이 없었다. 그러나 무엇보다도 보기 드
문 장관은 그가 이민족의 왕에게서 빼앗은 갑옷을 유피테르
훼레트리우스 신전에 바치는 광경이었다. 그는 곧고 높은 참
나무 기둥을 잘라 기념패 모양을 만든 다음 순서에 맞추어 전
리품을 걸었다.

행렬이 움직이기 시작하자 마르켈루스가 손수 기념패를
들고 전차에 오르니, 그 모습은 그날 시내를 통과하는 기념 행
렬 가운데 어느 것보다도 아름답고 돋보였다. 그 뒤로 화려한
갑옷을 입은 병사가 줄지어 따르고, 그날을 기념하고자 지은
송가(頌歌)와 함께 신과 장군의 승리를 찬양하는 합창이 울려
퍼졌다.

유피테르 훼레트리우스 신전에 이른 마르켈루스는 기념
패를 세우고 축성했는데, 그러한 의식은 로마 역사에서 그가
세 번째이자 마지막이었다. 첫 번째는 로물루스가 카이니눔
(Caeninum) 왕 아크론(Acron)을 죽였을 때이고,(제2장 「로물루스
전」, §16) 두 번째는 코르넬리우스 코수스(Cornelius Cossus)가 토
스카나의 톨룸니우스(Tolumnius)를 죽이고 그의 재산을 빼앗
았을 때이다. 그리고 마르켈루스가 갈리아 왕 브리토마르토스
를 죽이고 갑옷을 빼앗아 왔을 때가 세 번째인데, 그 뒤로는 누
구도 그런 공적을 세우지 못했다.

어떤 사람들의 기록에 따르면, 전리품을 바친 신을 유피
테르 훼레트리우스라고 부르는데, 이는 승전 기념품을 전차인
훼레트론(feretron)으로 실어 날랐기 때문이라고 한다. 이 말은
본디 그리스어였는데 그런 식의 단어가 그 무렵까지 라틴어에
섞여 이어져 오는 경우가 많았다.

다른 사람들의 주장에 따르면, '번개를 치는 신'이라는 뜻

으로 유피테르에게 그런 이름이 붙었으며, 라틴어로 '친다'는 것을 훼리레(*ferire*)라고 발음했다고 한다. 그러나 또 다른 사람들의 주장에 따르면, 그 이름은 적군을 '공격한다'는 단어에서 온 것이라고 한다. 그래서 지금도 그들은 적군을 공격할 때 '훼리(*feri*)'라고 외친다.

흔히 로마인은 전리품(spoil)을 스폴리아(*spolia*)라고 불렀고, 따로 오피마(*opima*)라고 부르는 경우도 있다. 지금도 그들이 하는 말을 들어 보면, 누마(Numa)왕은 전리품을 세 등급으로 나누었는데, 일등급은 유피테르 훼레트리우스에게 바치는 것이고, 이등급은 군신 마르스에게 바치는 것이고, 삼등급은 사비니족의 군신(軍神) 퀴리누스(Quirinus)에게 바치는 것으로 결정했다는 것이다.

그리고 일등급 전리품을 노획하여 가져오는 병사에게는 3백 아스(as)를 상으로 주었고, 이등급에는 2백 아스를 주고, 삼등급에는 1백 아스를 주었다. 그러나 일반적으로 시행한 방법에 따르면, 일등급으로 여기는 '오피마'는 격전을 치르고 적장을 죽인 장군에게 수여했다. 이에 대한 설명은 이 정도로 마칠까 한다.

이번 승리와 종전에 너무도 기뻤던 로마인들은 델포이에 있는 피티아의 아폴론 신에게 감사의 뜻에서 (......)[4] 황금으로 만든 접시를 바쳤고, 동맹국들에도 전리품을 넉넉히 보냈으며, 동맹이자 우방이었던 시라쿠사이의 왕 히에론(Hieron)에게도 선물을 두둑이 보냈다.

9

[기원전 218년에] 한니발이 이탈리아를 침략하자 로마는 마르켈루스에게 함대를 주어 상대하게 했다. [기원전 216년의] 칸나이

---

4   페린은 이 부분의 표현에 무언가 누락된 것 같다고 주석했다.(V, p. 457)

(Cannae)에서 비극이 벌어졌을 때, 로마 병사 몇천 명이 죽고 겨우 몇 명만이 카누시움(Canusium)으로 도망하여 목숨을 건졌다. 첫 전투에서 한니발이 로마의 가장 화려한 부대를 타도하자 로마인들은 그가 곧 로마로 쳐들어오리라고 예상했다.

이에 마르켈루스는 자신의 병력 가운데 1천5백 명을 보내 로마를 지키게 하는 한편, 원로원의 지시에 따라 카누시움으로 갔다. 그곳에서 마르켈루스는 남아 있던 군대를 모아 성채 밖으로 나감으로써 자신이 이 도시를 버리지 않으리라는 의지를 보여 주었다. 로마인들 가운데 지도자와 저명인사 여럿이 전쟁에서 목숨을 잃었다.

이 무렵 화비우스 막시무스(Fabius Maximus)는 총명하고 신실(信實)하여 많은 사람에게 존경받고 있었지만, 전략을 수행하는 과정에서 피해에 대한 두려움이 너무 지나쳐 비굴할 정도로 소극적이라는 비난을 받고 있었다. 이에 그가 수비에는 훌륭한 장군이지만 공격에는 적절하지 않은 인물이라고 생각한 민중은 마르켈루스에게 눈을 돌렸다. 마르켈루스의 용맹함과 적극적인 성격을 화비우스의 조심성과 지혜로움에 잘 융합하는 것이 좋겠다고 여긴 민중은 때로는 두 사람 모두를, 때로는 번갈아 가며 집정관과 총독으로 임명하여 현지로 파견했다.

포세이도니오스의 말에 따르면, 화비우스는 방패였고 마르켈루스는 창이었다고 한다. (제14장 「화비우스 막시무스전」, §19) 한니발의 말을 빌리면, 화비우스는 스승처럼 무서웠고 마르켈루스는 경쟁자로서 무서웠다고 한다. 이를테면 한니발은 화비우스로 말미암아 남에게 상처를 줄 수 없었고, 마르켈루스로 말미암아 자신이 상처를 입었다는 것이다.

10

전쟁에 승리한 한니발의 군대는 거만하고 방심했다. 그들이 진영을 벗어나 곳곳을 다니며 약탈할 때, 마르켈루스는 그들을 공격하여 죽임으로써 그 세력을 천천히 꺾어 나갔다. 그다음으로 마르켈루스는 네아폴리스(Neapolis, Napoli)와 놀라(Nola)로 진격하여 두 도시를 도왔다. 네아폴리스에서 그는 그곳 주민들을 보고 로마의 변함없는 우방임을 확인했으나, 놀라에 들어가 보니 분위기가 화목하지 않았다. 원로원이 한니발에게 우호적인 민중을 잘 다루지 못하고 있었기 때문이었다.

그곳에는 가문도 좋고 명성도 높은 반티우스(Bantius)라는 인물이 있었다. 그는 칸나이 전투에서 빼어난 용맹으로 카르타고 병사를 많이 죽였다. 그가 끝내 온몸에 화살을 맞고 시체 더미에 넘어져 있는 것을 본 한니발이 그의 용맹스러움에 탄복하여, 몸값도 받지 않고 풀어 주었을 뿐만 아니라 선물까지 줌으로써 그는 한니발의 막료이자 '손님'이 되었다. 이와 같은 호의에 대한 보답으로 그는 한니발의 열렬한 지지자가 되어 민중 봉기를 위해 막강한 영향력을 행사하고 있었다.

그렇다고 로마가 어려운 전쟁을 치를 때 참전하여 명성을 얻은 반티우스를 죽일 수는 없다고 마르켈루스는 생각했다. 굳이 그런 방법을 쓰지 않더라도, 마르켈루스는 명예욕에 사로잡힌 사람의 마음을 자기편으로 끌어들일 수 있는 말솜씨가 있었다. 그래서 마르켈루스는 어느 날 반티우스가 자신에게 인사하자 그가 누군지 모르는 척하면서 그의 이름을 물음으로써 대화를 나눌 구실과 기회를 찾으려고 했다. 그가 대답했다.

"저는 루키우스 반티우스입니다."

이에 마르켈루스는 놀라면서 반기는 듯이 이렇게 말했다.

"아니, 그대가 정말 반티우스란 말이오? 칸나이 전투에서 누구보다 뛰어난 전공을 세워 로마인들이 칭송하는 바로 그 반티우스 말이오? 그는 상처를 입은 아이밀리우스 파울루스(Aemilius Paulus)를 끝까지 포기하지 않고 그에게 쏟아지는 화살을 대신 맞은 장군이라는 것을 내가 압니다."

반티우스가 그렇다면서 그 전쟁에서 입은 상처를 보여 주자 마르켈루스가 말을 이었다.

"조국에 대한 우정의 표시를 그렇게 간직하고 있는 사람이 어째서 진작 우리를 찾아오지 않았던가요? 적군에게도 존경받는 장군의 용맹스러운 우정을 우리가 못 본 체하리라고 생각했습니까?"

이와 같은 인사에 이어 마르켈루스는 그에게 전마(戰馬) 한 필과 은 5백 드라크마를 선물로 주었다.

11

이런 일이 있은 뒤로 반티우스는 다시 마르켈루스를 열렬히 지지하는 동지가 되어 반대파에 소속된 무리를 무섭게 비난했다. 반대파의 수는 많았다. 로마 병사가 적군과 싸우러 성 밖으로 나가면 반대파는 군수품을 약탈했다. 따라서 마르켈루스는 병력을 성안으로 끌어들이고 군수품을 성문 가까이에 저장한 다음, 놀라의 시민에게는 그곳에 가까이 오지 못하도록 지시했다. 그렇게 하자 병력이 밖에서는 전혀 보이지 않았다.

한니발은 성안에서 소요가 일어난 줄로만 알고 그를 틈타 병력을 진격시키고 싶은 생각이 들었다. 적군이 다가오자 마르켈루스는 자기가 서 있는 성문을 열게 하고 잘 훈련된 기병대를 이끌고 짓쳐 나가 곧바로 공격하면서 전투를 시작했다. 조금 뒤에는 보병들이 다른 문에서 뛰쳐나와 고함을 지르며 적군을 공격했다. 그러자 한니발이 로마 병사를 대적하고자 진열을 나누려는데, 이번에는 세 번째 성문이 열리면서 병사들이 달려 나오고 네 번째 문마저 열리며 사방에서 로마 병사가 몰려나왔다.

뜻밖의 공격에 정신을 빼앗긴 카르타고 병사들은 나중에 뛰어나온 군사들 때문에 이미 싸우고 있는 적군을 상대하기가 더 어려워졌다. 한니발의 군사들이 로마 군사들 앞에서 도망쳐 자기 진영까지 몰려가는 동안 많은 병사가 죽거나 상처를 입었는데, 이는 그들로서는 처음 겪는 일이었다. 들리는 바에 따르면, 카르타고 병사들은 5천 명이 죽었고, 로마 병사들의 전사자는 5백 명을 넘지 않았다. 그러나 리비우스(Titus Livius)의 기록은 조금 다르다. 그는 이렇게 말했다.

"로마 군사들의 승리는 그리 대단한 것이 아니었고, 적군을 그렇게 많이 죽이지도 않았다. 그러나 이번 전쟁은 마르켈루스의 이름을 크게 떨치게 해 주었으며, 칸나이 전투에서 패배한 로마인들에게 커다란 용기를 안겨 주었다. 그들은 자신들이 결코 항거할 수도 없고 정복할 수도 없는 적군과 싸운 것이 아니라, 자기들과 마찬가지로 패배할 수도 있는 적군과 싸웠다고 생각했다."(리비우스, 『로마사』, XXIII : 16)

12

그런 까닭에 [기원전 215년에] 집정관 루키우스 포스투미우스(Lucius Postumius)가 갈리아족과 싸우다가 패배하여 죽자 민중은 외국에 나가 있는 마르켈루스를 고국으로 불러들여 그의 직책을 이어받으라고 요구했다. 관리들이 반대하였으나 민중은 마르켈루스가 지휘를 마치고 돌아올 때까지 기다렸다. 마르켈루스는 압도적인 표 차로 집정관에 당선되었다.

그러나 그 무렵에 천둥소리가 들렸다. 제관(Augur)들이 이를 불길한 전조로 여기면서도 민중이 마르켈루스를 지지하고 있다는 사실이 두려워 반대하지 못하자, 마르켈루스는 스스로 그 직책에서 물러났다. 다만, 그는 군사 지휘권까지 내놓지는 않고 놀라의 총독 직책을 잇겠다고 선언한 다음, 자기 부대로 돌아가 카르타고를 지지하는 무리를 처벌했다.

이에 곧 한니발이 마르켈루스에게 달려와 싸움을 걸었으나 그는 교전을 회피했다. 그러다가 적군이 더 넓은 지역에서 약탈하면서 더 이상 접전을 기대하지 않자, 그제야 마르켈루

마르켈루스

스는 군사들을 이끌고 그들을 치러 나갔다. 마르켈루스는 보병들에게 해전에서 쓰는 장창을 나누어 준 다음 기회를 노리다가 거리를 두고 적군을 공격하는 법을 가르쳤다. 카르타고 병사들은 장창을 쓰지 않고 짧은 창을 들고 육박전을 펼치는 전사들이었다. 이 전투에서 카르타고 병사가 싸우다가 등을 돌려 서둘러 도망친 이유가 바로 거기에 있었다. 이때 카르타고는 5천 명이 목숨을 잃었고 6백 명이 포로로 잡혀갔으며 코끼리 네 마리가 죽고 두 마리를 빼앗겼다.

그러나 그보다 더 중요한 일이 일어났다. 이 전투를 치른 지 사흘째가 되는 날, 스페인과 누미디아(Numidia) 출신으로 이루어진 기병대에서 3백 명이 넘는 무리가 로마 쪽으로 넘어간 것이다. 한니발에게 이런 경우는 일찍이 없는 일이었다. 여러 종족으로 이루어진 그의 외인부대는 오랫동안 그의 지휘 아래 완벽한 조화를 이루고 있었다. 이후 이 탈영병들은 오로지 마르켈루스와 그 후임 장군들에게 충성했다.

13

[기원전 214년에] 화비우스 막시무스를 동료로 삼아 세 번째로 집정관에 뽑힌 마르켈루스는 배를 타고 시킬리아로 떠났다. 전쟁에서 이긴 한니발은 군사들을 부추겨 시킬리아를 정복하고자 했다. 더욱이 그 섬의 시라쿠사이는 참주 히에론이 죽은 뒤로 큰 혼란에 빠져 있었다. 이런 탓에 로마는 지난날 아피우스(Appius)를 사령관으로 임명해 군대를 파견한 적이 있었다. 이제 지휘를 맡은 마르켈루스는 지난번 칸나이에서 참패할 때 참전했던 로마 병사들 때문에 괴로움을 겪었다.

그 전투에서 한니발에 대항하여 싸웠던 병사들 가운데 어떤 사람은 도망하고, 어떤 사람은 생포되었는데, 그 수가 얼마나 많았던지 남은 병력으로는 로마의 성을 지키기도 어려울 정도였다. 그나마 포로들 가운데 많은 무리는 아직도 사기와 자존심이 높아, 한니발은 적은 몸값만 지불하면 풀어 주겠노라고 제안했다. 그러나 로마인들이 그들을 받지 않아 어떤 사람은 처형되었고, 어떤 사람은 이탈리아 밖의 나라에 노예로 팔려 갔다.

더욱이 포로들 가운데 살아서 로마로 탈주해 온 무리도 많았는데, 로마는 그들을 시킬리아로 보내 한니발과 벌이는 전쟁이 끝날 때까지 이탈리아에 돌아오지 못하도록 했다. 그 무리가 이제 마르켈루스를 찾아와 그 앞에 엎드려 통곡하면서 영예로운 군 복무를 다시 할 수 있도록 허락해 달라고 애원했다. 그들은 지난번 패배는 불운으로 빚어진 것이었을 뿐, 자기들이 비겁해서 벌어진 일이 아님을 행동으로 보여 주겠노라고 약속했다.

그들을 측은히 여긴 마르켈루스는 원로원에 편지를 보내 병력에 부족한 자리가 생기면 때에 따라 적군의 포로가 되었던 병사들로 충원할 수 있도록 해 달라고 요청했다. 그러나 오랜 토론을 거친 끝에 원로원은 그런 비겁한 무리는 공화국에 필요하지 않다고 선언했다. 다만 그 결론에 따르면, 만약 마르켈루스가 그들을 굳이 받아들이고자 한다면 그렇게 해도 되지만, 그들이 설령 무공을 세우더라도 통상적으로 받는 화관이나 상금은 받을 수 없었다.

그러한 결정에 마르켈루스는 몹시 분노했다. 그래서 시킬리아에서의 전쟁이 끝나고 로마에 돌아온 그는 그토록 뛰어난 무공을 세우고 돌아와 그토록 많은 시민을 불행에서 구출해 준 병사들을 받아들이지 않은 원로원의 결정을 비난했다.

14

그 무렵, 시킬리아에서 시라쿠사이의 지휘관 히포크라테스(Hippokrates)가 부당한 행위를 했다는 소식을 들은 마르켈루스는 가장 먼저 그곳에 있는 레온티니(Leontini)를 기습하여 함락시켰다. 히포크라테스가 카르타고인들의 비위를 맞추고 참주의 지위를 지키고자 레온티니에 살고 있던 로마인을 여럿 죽였기 때문이었다.

히포크라테스는 그곳 주민들을 해치지는 않았지만, 그들에게 항복한 로마 병사를 모두 몽둥이로 때려죽이도록 지시했다. 히포크라테스는 먼저 시라쿠사이인들에게 편지를 보내, 마르켈루스가 레온티니 시민 모두를 칼로 찍어 죽이고 있다며 거짓으로 알려 주었다. 이 소식을 듣고 도시가 온통 혼란에 빠졌을 때 히포크라테스는 그리로 갑자기 쳐들어간 뒤 스스로 왕이 되었다.

마르켈루스는 모든 병력을 이끌고 달려가 시라쿠사이에 이르렀다. 그는 도시 가까운 곳에 병영을 차린 다음, 그리로 사절을 보내 레온티니에서 실제로 일어난 일을 시민에게 알리려 하였으나 소용없었다. 이미 히포크라테스에게 권력이 모두 넘어간 터라 두려움에 싸인 시라쿠사이인들이 그의 말을 들으려 하지 않았기 때문이었다. 마르켈루스는 육로와 해로로 시라쿠사이를 공격했다. 그는 아피우스에게 보병의 지휘를 맡기고 자신은 온갖 무기와 화살을 갖춘 오단 노의 함선 60척을 이끌고 진격했다.

더욱이 마르켈루스는 함선 여덟 척을 하나로 묶어 거대한 좌대(座臺)를 만들고 그 위에 공성기(攻城機)를 세웠다. 그는 이 무기를 앞세우고 성으로 나아가면서 자신의 명성과 무기의 엄청난 성능을 확신했다. 그러나 이 모든 무기가 저 유명한 아르키메데스(Archimedes)의 눈에는 별것 아닌 것으로 보였고, 실제로 그가 만든 방어기와 견주어 볼 때 참으로 하찮은 것이었다.

심지어 아르키메데스는 이처럼 값진 기계들을 만들고자 심혈을 기울이지도 않았다. 그 대부분은 재미 삼아 기하학을 응용하여 만든 소품(小品)에 지나지 않았다. 지난날 언젠가 시라쿠사이 왕 히에론이 그에게 진심으로 부탁하기를, 그와 같은 기술을 추상적인 개념에 머무르게 하지 말고 실생활에 도움이 되도록 해 보라면서 그를 설득했다. 그래서 아르키메데스는 자신의 철학에 따라 스스로 필요하다고 느끼는 분야에 자신의 기술을 적용시켰다. 그 가운데 대중의 마음속에 강하게 각인된 것이 바로 방어용 병기였다.

오늘날 칭송과 찬양을 받는 공학 기술을 처음으로 개발한 사람은 에우독수스(Eudoxus)와 아르키타스(Archytas)였다. 그들은 기하학 문제를 푸는 데 섬세한 도구들을 사용하였으며, 기계로 작성한 도면의 도움을 받아 언어나 도표만으로 입증할 수 없는 문제들을 감각적인 발상으로 풀었다. 이를테면 여러 기하학 수치를 구성하는 데 필요한 기하 평균선(mean proportional line) 두 개를 찾는 문제를 풀면서 기하학자들은 기계 도구를 비롯해 원뿔에서 착안한 메솔라베(mesolabe)라는 도구를 이용했다.

플라톤은 이와 같은 방법에 분노하면서, 그들이 기하학의 순수한 탁월함을 타락시키고 파괴했다고 비난했다. 추상적 사유(思惟)를 통해 형태 없는 사물을 연구하는 학문인 기하학을 감각의 세계로 떨어뜨리고, 더 나아가서는 저급한 노동을 해야 하는 대상의 도구로 만든다는 것이었다. 이와 같은 이유로 기계학은 기하학과 전혀 다른 학문이 되었고, 오랫동안 철학의 멸시를 받음으로써 군사학의 한 영역으로 여겨지게 되었다는 것이 플라톤의 주장이었다.

히에론왕의 친척이자 막료였던 아르키메데스는 일정 이상의 힘만 있으면 아무리 무거운 물체도 들어 올릴 수 있다는 글을 올렸다. 들리는 바에 따르면, 그는 강력한 예시(例示)로 자신의 말을 입증하려는 듯이, 자기가 지구를 떠나 어느 곳에서 지렛대와 그 받침을 설치할 수 있다면 지구를 움직일 수 있다고 단언했다고 한다.

이에 놀란 히에론왕은 그러한 가설을 실험으로 입증하여

마르켈루스

가벼운 힘으로써도 무거운 물건을 움직일 수 있음을 보여 달라고 부탁했다. 이에 아르키메데스는 여러 사람이 힘들여 해안에 끌어 올린 상선을 움직여 보기로 했다. 그 배는 왕실 함대의 상선으로서 돛대가 세 개나 달려 있었고 매우 컸다.

아르키메데스가 그 상선에 많은 승객과 일상의 짐을 실은 다음, 자신은 그 배에서 멀찌가니 떨어져 앉아 별로 힘도 들이지 않고 조용히 손으로 도르래를 조작했다. 그러자 배가 수평을 이루며 부드럽게 끌려오는데 마치 물 위를 항해하는 듯했다. 그 모습에 놀라고 그 기술의 능력을 충분히 이해한 왕은 자신을 위해 모든 전쟁에서 공격할 때나 방어할 때 쓸 수 있는 무기를 만들어 달라고 설득했다.

아르키메데스는 그때껏 무기를 만든 적이 없었다. 그는 전쟁을 막고 평화의 축제를 즐기는 데 생애를 바쳤기 때문이었다. 그러나 전쟁이 일어난 무렵에 그의 무기는 시라쿠사이인들이 곧 쓸 수 있도록 준비되어 있었고, 그 기구와 함께 발명자도 곁에 있었다.(리비우스,『로마사』, XXIV : 34)

15

로마 군사들이 육지와 바다로 쳐들어오자 시라쿠사이인들은 너무 두려운 나머지 할 말을 잊었다. 엄청난 수의 군대가 저토록 거칠게 쳐들어온다면 누구도 막을 수 없으리라고 그들은 생각했다. 그때 아르키메데스가 기계를 움직여 상륙 부대에 온갖 화살과 큰 바위를 날려 보내니 요란한 소리를 내며 날아갔다. 어떤 무기로도 그 무게를 견뎌 낼 수 없었다. 돌멩이와 화살이 쏟아지듯 내려와 군인들을 덮치자 대열은 커다란 혼란에 빠졌다. 그와 함께 커다란 기둥이 갑자기 성벽에서 삐져나와 함선을 들었다 놓으니 그대로 가라앉았다.

다른 배들은 뱃머리가 기중기의 쇠갈고리에 걸려 허공으로 치솟았다가 고물부터 물속으로 고꾸라졌고, 어떤 배는 성안에서 뻗어 나온 기계에 걸려 이리저리 흔들리면서 절벽에 부딪힌 다음 튕겨 나와 성 밑으로 떨어지니, 그 안에 타고 있던 병사들이 난파선과 함께 사라졌다. 어떤 배는 물에서 솟아 허공에 매달린 채로 이리저리 끔찍스럽게 흔들리면서 안에 타고 있던 선원들을 털어 내듯이 사방으로 떨어뜨렸고, 그제야 빈 채로 성벽에 부딪히거나 갈고리에서 떨어졌다.

그때 마르켈루스는 배의 갑판에 공성기를 싣고 접근했다. 그 배는 삼부카(sambuca)라는 현악기를 닮아 삼부카라고 불렀는데, 아직 해안에서 좀 떨어져 있었기 때문에 10탈렌트(talent)[5]의 무게에 이르는 돌덩이의 사정(射程)거리에 들어가지는 않았다. 그러다가 두 번째와 세 번째 돌이 날아와 큰 소리를 내며 파도를 일으켰다. 그 돌이 공성기의 좌대를 치니 형체가 부서지면서 떨어져 나갔다. 이에 크게 당황한 마르켈루스는 되도록 빨리 함선을 뒤로 물리도록 하고 육군도 물러서도록 지시했다.

작전 회의를 연 마르켈루스는 할 수만 있다면 밤을 틈타 성벽에 접근하기로 했다. 아르키메데스가 쓰고 있는 발사기는 그 엄청난 힘으로 미루어 보건대 화살이나 돌을 머리 위로 멀리 날려 보낼 수는 있지만, 바로 턱밑의 적군을 공격할 수 있는 공간이 없으리라고 판단했기 때문이었다. 그러나 아르키메데스는 이미 오래전에 코앞의 적군에게도 쏠 수 있는 '전갈'이라는 이름의 비상용 발사기를 만들어 성벽의 작은 총안(銃眼)에 적군이 알아챌 수 없게 설치하고 표적이 다가오기를 기다렸다.

16

로마 병사들은 자기들이 들키지 않았으리라고 생각하면서 성

---

5   무게로 칠 때 1탈렌트는 약 27킬로그램보다 조금 무거웠다.

밑으로 다가갔다가 다시 소나기 같은 화살 세례를 받았다. 돌이 수직으로 떨어지고 성의 모든 총안(銃眼)에서 화살을 쏘자 로마 병사들은 다시 물러섰다. 그러나 그들이 바다로 나와 도망하는데도 화살이 쏟아져 많은 병사가 죽었다. 배들도 많이 부서졌는데 적군에게 보복할 방법이 없었다. 아르키메데스가 성 뒤편에서 발사기 대부분을 조립해 두고 보이지 않는 곳에서 수많은 화살을 장난하듯 쏘니, 로마 병사들이 보기에는 마치 신과 싸우는 것 같았다.

17

그러나 마르켈루스는 도망하면서도 공병들에게 이렇게 농담을 했다.

"저놈의 브리아레오스(Briareos)[6] 같은 기하학자와 싸우는 것을 멈춰야겠다. 저 인간은 물잔으로 물을 퍼 담듯이 우리 배를 바다에 내다 버리고 우리의 삼부카를 이토록 치욕스럽게 침몰시키고 한꺼번에 수많은 화살을 우리에게 쏟아부으니, 손이 1백 개 달린 괴물도 못 견디겠다."

실제로 그때 모든 시라쿠사이인은 아르키메데스의 도구에 지나지 않았다. 그의 머리가 모든 것을 움직이고 조종했다. 다른 무기들은 모두 놀고 있었고, 오직 그의 무기만이 공격과 수비 양면에서 도시를 지키는 데 이용되었다. 로마 병사들은 성 밖으로 밧줄이나 나무토막이 튀어나오는 것만 봐도 겁에 질려 이렇게 소리쳤다.

"아르키메데스가 우리에게 또 무기를 시험하고 있다."

그러면서 그들은 도망쳤다. 이를 본 마르켈루스는 싸워서 성을 함락시키는 방법을 포기하고 오랫동안 포위하는 방법

---

6 브리아레오스는 그리스 신화에 나오는 괴물로, 손이 100개이고 머리가 50개였다.

으로 전략을 바꾸었다. 아르키메데스는 고결한 생각과 심오한 영혼과 풍부한 과학 지식을 지닌 인물이었다. 그의 발명품들은 초인적인 총명함으로 말미암아 그에게 엄청난 명성을 안겨 주었지만, 그는 그러한 공학 기술에 대해서는 아무런 글도 쓰지 않고, 후대에 아무것도 남기지 않았다.

아르키메데스는 인간의 삶에 필요한 도구를 다루는 기술이나 공학을 비천(卑賤)하게 여겼고, 삶의 필요와는 관계없는 아름다움과 미묘한 진리를 연구하는 일에 몰두했다. 이 두 분야는 서로 비교할 수 없이 다른 영역이라고 생각한 아르키메데스는 두 학문의 주제가 어떻게 다른지 보여 주고자 했다. 순수 학문은 위엄과 아름다움을 추구하며, 생활 공학은 정교함과 뛰어난 힘을 추구한다. 결국, 기하학의 심오하고 어려운 문제들은 다른 학문의 단순하고 명징한 언어로 이해하기가 불가능했다.

어떤 사람들은 아르키메데스의 성공이 그의 타고난 천재적 소양에서 온 것이라고 말하는가 하면, 어떤 사람들은 그것이 그가 쏟은 초인적 노력 덕분이었다고 생각하는데, 남들이 보기에는 그것이 별다른 노력 없이 쉽게 이룬 것처럼 보였을 뿐이라고 나는 생각한다. 세상 사람들은 자신만의 노력으로는 기하학 원리를 입증할 수 없었다. 그러나 아르키메데스의 글을 읽고 난 다음에는 곧 이렇게 탄식했다.

"아, 나도 내 힘으로 알 수 있었는데……"

문제의 결론에 이르고 싶은 사람에게 그는 그토록 쉽고 빠른 길을 가르쳐 준다. 그러므로 아르키메데스가 집 안에 세이렌(Seiren)[7]을 모셔 놓고 그들의 노래에 흠뻑 빠져, 식사하는 것도 잊은 채 몸을 돌보지 않았다는 이야기를 믿지 않을 수 없

---

7   세이렌은 그리스 신화에 나오는 괴수로, 안테모이사(Anthemoessa)섬에 살면서 노래를 불렀는데, 그곳을 지나던 선원들이 그 노래를 듣다가 거기에서 늙어 죽거나 바위에 부딪혀 죽어 섬이 온통 선원들의 백골로 하얗게 뒤덮여 있었다.

다. 그는 어떤 초월적인 힘에 끌려 목욕탕에 들어가거나 몸에
향유를 바르는 일이 자주 있었는데, 그럴 때면 목욕탕의 물을
데우는 불의 재[灰] 위에 기하학 도면을 그리거나 향유를 칠한
몸의 기름 위에 손가락으로 선을 그리면서 큰 기쁨을 느꼈다.
그때마다 그는 음악의 신 무사이(Musai)의 완전한 포로가 되었
다. 그렇게 아르키메데스는 수많은 업적을 남겼다.

　　들리는 바에 따르면, 아르키메데스는 친척들과 친구들에
게 유언을 남겼는데, 그 내용을 보면 자신의 무덤 위에 구(球)
가 들어 있는 원기둥을 세우고 그 위에는 이렇게 글을 새겨 달
라고 부탁했다고 한다.[8]

　　"원기둥과 그 안에 들어 있는 구(球)의 부피 사이의 비율
은 얼마인가?"[9]

18

아르키메데스는 그런 인물이었다. 그가 관심을 기울이는 동안
그는 자신의 능력으로 성을 지키는 데 성공했다. 그사이 마르
켈루스는 시킬리아에서 가장 유서 깊은 도시 메가라(Megara)
를 함락했다. 마르켈루스는 또한 히포크라테스의 부대가 참
호를 파고 있을 때 그들을 공격하여 병영을 함락하고 8천 명을

8　　기원전 75년에 이곳을 지나던 키케로는 이 무덤이 황량하게 버려져 있는
　　것을 보았다고 기록했다.(키케로,『토스카나 분쟁사』, V : 64)
9　　아르키메데스가 연구한 것은 다음의 수학 문제이다. 지름 20센티미
　　터, 길이 20센티미터인 원기둥이 있다. 그 원기둥의 부피(A)는 10×10×
　　20π=2,000π세제곱센티미터이다. 그런데 그 원기둥(x)에서 좌우로 꽉
　　찬 구(球, B)를 들어냈을 때(A—B), 남은 원기둥의 부피(C)와 안쪽 구
　　(球)의 부피(B) 사이의 비율은 어떻게 되는가? 그 수식은 다음과 같다. 원
　　기둥의 부피=$\pi r^2 \times 2r = 2\pi r^3$, 구의 부피=$4/3\pi r^3$, 따라서 원기둥과 구의 부
　　피 사이의 비율은 $4/3\pi r^3 : 2\pi r^3 = 2 : 3$이다. 그리하여 원기둥 안에 담겨 있
　　는 구의 부피는 같은 높이의 원기둥에 견주어 3분의 2이다. 이 문제가 얼
　　마나 어려운가는 그 시대에 아르키메데스가 아직 π를 3.14 정도로만 이해
　　했지 그 정교한 수치를 모르고 있었던 때였다는 점을 고려해야 한다.

죽였다. 더 나아가 마르켈루스는 시킬리아 대부분을 차지하고 카르타고의 지배 아래 있던 도시를 되찾았으며, 자신에게 반대하는 무리를 곳곳에서 무찔렀다.

그런 일이 있고 나서 어느 날 마르켈루스는 시라쿠사이를 벗어나려는 스파르타인 다미포스(Damippos)라는 사람을 붙잡았다. 시라쿠사이가 몸값을 치르고 그 사람을 되찾아 가고 싶어 했으므로 그 문제를 상의하러 마르켈루스는 몇 차례 오가면서 회담을 가졌다. 그 과정에서 눈여겨보니 어느 성루의 감시가 소홀하여 그리로 사람이 몰래 들어갈 수 있다는 사실을 알아냈다. 그 성루 가까이 있는 성벽도 올라가기에 수월했다. 그래서 마르켈루스는 포로 협상을 핑계 삼아 그곳에 다가가 성루의 높이를 자세히 측정하고 그곳에 쓸 사다리도 준비했다.

마침내 기회가 왔다. 어느 날 시라쿠사이인들이 달과 사냥의 여신 아르테미스를 위한 축제를 열면서 술과 운동 경기에 빠져 있었다. 마르켈루스는 새벽에 그들이 알아차리기에 앞서 기습하여 성루를 차지하고 무장 군인들로 그 둘레의 성을 차지한 다음 헥사필라(Hexapyla)까지 진격했다.

시라쿠사이인들이 이를 알고 혼란에 빠져 이리저리 뛰어다니자 마르켈루스는 사방에서 한꺼번에 나팔을 불게 하여 그들이 겁에 질려 도망치게 했다. 그렇게 하면 온 도시가 함락된 줄로 알고 주민들이 도망칠 것이라고 그는 믿었다.

그러나 시라쿠사이에서 가장 튼튼하고 아름다우며 넓은 아크라디나(Achradina)는 함락되지 않았다. 이 도시는 외곽이 요새화되어 있을 뿐만 아니라 북쪽으로는 네아폴리스가 자리 잡고 있었고, 남쪽으로는 티케(Tyche)가 자리 잡고 있었기 때문이었다.

19

네아폴리스와 티케마저 점령한 마르켈루스는 날이 밝자 헥사

마르켈루스

필라를 거쳐 시라쿠사이 시내로 들어갔고, 장교들이 그의 승리를 축하했다. 그러나 들리는 바에 따르면, 그는 높은 곳에 올라 거대하고 아름다운 도시를 내려다보며 다가올 운명에 대한 측은함으로 눈물을 흘렸다고 한다. 그는 곧 벌어질 자기 병사들의 약탈을 겪고 나면 이 도시의 모습이 어떻게 바뀔까를 마음에 두었다.

마르켈루스의 막료들 가운데에는 병사들의 약탈을 막을 만큼 용기 있는 사람이 없었다. 아니, 오히려 많은 장교가 실제로 이 도시를 불태워 초토화해야 한다고 주장했다. 마르켈루스는 그러한 제안을 받아들이고 싶지 않았다. 그는 자기 뜻과는 달리 강요에 못 이겨 재산과 노예의 약탈만은 허락했지만, 부하들이 자유민을 유린하지 못하도록 하는 한편, 시라쿠사이 시민을 죽이거나 분노하게 하거나 노예로 만드는 일을 엄격하게 금지했다.

이처럼 마르켈루스는 병사들을 자제시키려고 노력했다. 그래도 그는 시라쿠사이가 처참한 운명을 겪는다고 생각했고, 그의 부하들이 약탈의 즐거움을 한껏 누리는 모습과 그토록 거대하고 찬란했던 영화가 그토록 짧은 시간에 사라지는 모습을 함께 보면서 동정과 슬픔을 멈출 수 없었다.

들리는 바에 따르면, 그날 로마 병사가 시라쿠사이에서 약탈한 재산은 뒷날 그들이 카르타고에서 약탈한 것보다 적지 않았다고 한다. 그 뒤 오래지 않아 [기원전 212년부터 3년에 걸쳐] 남은 도시들도 배신자들로 말미암아 로마로 넘어가 점령당한 뒤 약탈을 겪었다. 다만 왕실 재산만은 국고로 들어갔다.

그러나 무엇보다도 마르켈루스를 슬프게 한 것은 아르키메데스의 죽음이었다. 그날도 아르키메데스는 도형을 그리며 문제를 풀고 있었다. 문제를 푸는 데 어찌나 몰두해 있었던지 적군이 쳐들어오고 도시가 함락된 것도 몰랐다. 그런데 갑자기 어느 군인이 뛰어 들어와 아르키메데스에게 가자고 말했다.

그러자 아르키메데스는 아직 문제를 다 풀지 못했다면서 해답이 나올 때까지 기다리라고 말했다. 이에 화가 난 병사는 칼을 빼 그를 죽였다. 그러나 다른 기록에 따르면, 로마 병사가 칼을 빼 들고 들어와 곧 죽이겠노라며 그를 협박했다고 한다. 그를 바라본 아르키메데스는 문제를 다 풀지 않고서는 떠날 수 없으니 그때까지만 기다려 달라고 애원했지만, 병사는 그 말을 듣지도 않고 그를 죽였다고 한다.

세 번째 기록에 따르면, 아르키메데스는 해시계와 구체(球體)와 상한의(象限儀, 태양의 크기를 육안으로 측정할 수 있는 사분원 형태의 도구) 같은 몇 가지 수학 기구를 들고 마르켈루스를 만나러 가는 길이었다고 한다. 그런데 그를 호송하던 병사가 그 통에 금이 들어 있는 줄 알고 가로챌 욕심으로 그를 죽였다고 한다. 그 죽음의 까닭이 어떠했든, 역사학자들이 한결같이 말하는 바에 따르면, 마르켈루스는 그를 죽인 병사를 보자 썩은 시체 바라보듯이 눈을 돌렸다고 한다. 그리고 아르키메데스의 가족을 찾아 영예롭게 살도록 해 주었다.

20

외국인들이 보기에 로마인들은 전쟁을 수행하는 데 능숙하고 쉽게 꺾이지 않는 전사들이었지만, 정중하거나 인간미 있는, 바꿔 말하면 시민적인 덕성을 갖춘 민족이라는 사실은 잘 알지 못했다. 로마인들이 예상보다 더 정의를 지키는 민족이라는 것을 그리스인들에게 처음으로 보여 준 사람이 바로 마르켈루스였다.

마르켈루스는 자신에게 뭔가를 베푼 사람들에게는 자신도 반드시 베풀었으며, 그런 방법으로 도시와 개인에게 이익을 제공했다. 따라서 엔나(Enna)나 메가라나 시라쿠사이 주민들이 수치스러운 일을 겪었다면, 이는 그런 일을 겪은 사람들의 잘못이지 모욕을 준 사람들의 잘못이 아니었다. 그러한 점

마르켈루스

을 보여 주는 실례는 많지만 나는 그 가운데 하나만 여기에 쓰고자 한다.

시킬리아에 엔기온(Engyion)이라는 도시가 있었는데, 그리 크지는 않아도 매우 유서 깊은 곳이었다. 이곳은 모신(母神, Magna Mater)이라 부르는 여신들이 나타나는 곳으로 유명했다. 들리는 바에 따르면, 크레타 사람들이 그 여신들을 위해 지은 신전에는 창과 구리로 만든 투구가 전시되어 있었다고 하는데, 이들 가운데 어떤 것의 이름은 그 여신들을 숭배했던 메리오네스(Meriones)라 하고 다른 것들은 오디세우스(Odysseus)라고 불렀다.

그 무렵에 이 도시에는 니키아스(Nikias)라는 유력 인사가 살았다. 그는 카르타고인들을 열렬히 추종하는 이 도시를 로마 쪽으로 돌리려고 시민을 설득하면서 의회에서 이를 대담하고도 공개적으로 주장하는 한편, 자기 뜻에 반대하는 무리가 지혜롭지 못하다고 비난했다.

그러나 니키아스의 영향력과 권세가 두려웠던 민중은 그를 붙잡아 카르타고인들에게 넘길 계획을 세웠다. 이와 같은 음모가 진행되자 민중이 자신을 감시하고 있다는 사실을 눈치챈 니키아스는 공공 집회에 나가 모신에 대해 온당치 않은 연설을 탄식하듯이 늘어놓으면서 신들이 현현한다는 믿음을 부정하고 깎아내렸다. 그의 연설을 들은 정적들은 그가 스스로 운명을 재촉하고 있다는 사실을 즐겁게 바라보았다.

정적들이 니키아스를 체포하려고 군중집회를 열자, 군중 앞에서 연설하던 그는 갑자기 바닥에 꼬꾸라졌다. 얼마 동안 사람들은 당연히 말을 잊고 망연자실했다. 그러자 그는 머리를 들어 두리번거리더니 낮고 떨리는 목소리로 중얼거렸다. 목소리는 조금씩 높아지면서 날카로워졌다. 겁에 질려 벙어리가 된 군중을 바라보던 그는 겉옷을 찢고 외투를 벗어 반쯤 벌거숭이가 된 몸으로 회당 입구를 향해 달려 나가면서 모신이 자기를 따라온다고 소리쳤다.

모신이 니키아스와 함께 있다는 말에, 미신에 사로잡혀 겁에 질린 군중은 감히 그를 잡으려 하지 못하고 길을 비켜 주며 그가 성문으로 달려가도록 내버려 두었다. 그는 계속하여 신들린 사람처럼 손짓하고 소리치며 달려갔다. 남편의 계획을 잘 알고 있던 그의 아내는 모신의 신전 앞에 엎드려 애원하고 있었다. 그는 신들려 허둥대는 남편을 찾는 척하다가 아무도 막는 사람이 없자 남편과 함께 무사히 성문을 빠져나갔다. 그리하여 그의 식구 모두가 시라쿠사이에 있는 마르켈루스에게로 몸을 피했다.

그 무렵에 마르켈루스는 엔기온 사람들에게 무례와 모욕을 겪었던 터라, 엔기온에 이르면 그곳 주민들을 모두 사슬에 묶어 처벌하려던 참이었다. 그때 곁에 있던 니키아스가 눈물을 쏟으며 마르켈루스의 손을 잡고 그 앞에 무릎을 꿇더니, 얼마 전까지만 해도 자기를 죽이려던 동포들을 살려 달라고 애원했다. 이에 마음이 바뀐 마르켈루스는 그들을 모두 풀어 주고 해코지하지 않았다. 그리고 니키아스를 어여삐 여겨 넓은 땅과 많은 선물을 주었다. 이는 철학자 포세이도니오스가 남긴 이야기이다.

21

로마인들이 마르켈루스에게 서둘러 귀국하여 내전을 진압하라고 부르자 그는 시라쿠사이에서 가장 아름답고 정교한 예술품들을 잔뜩 가지고 돌아왔다. 이는 자신의 개선식과 로마를 아름답게 꾸미고자 함이었다. 그 이전까지만 해도 로마에는 그와 같은 우아하고 정교한 예술품이 없었다. 따라서 로마인들은 그런 예술을 알지 못했고, 당연히 사랑할 줄도 몰랐다.

로마에는 이민족들의 무기와 피 묻은 전리품만 가득했고 이곳저곳에 전승 기념물과 상패만 그득한 터라, 그들은 예술

마르켈루스

품을 보며 기뻐하거나 마음 편하게 여기지도 않았고, 전쟁을 좋아하지 않고 사치만을 즐기는 방관자도 없었다.

그리하여 에파미논다스는 보이오티아의 평원을 바라보며 "군신 아레스가 춤추는 무대"라고 말했고, 크세노폰은 그의 『헬레니카』(III : 4, 17)에서 에페소스를 가리켜 "전쟁의 작업장"이라고 불렀다.

내가 보기에 그 시절의 사람들은 로마를 가리켜 핀다로스 (Pindaros)의 『올림픽과 피티아 경기의 송가』(II : 1)에서 나온 말처럼, "전쟁을 좋아하는 군신 아레스의 놀이터"로 여겼다. 이 때문에 그리스의 우아함과 매력과 신실(信實)함을 담고 있는 물품들로 로마를 가꾸는 마르켈루스를 바라보며 시민들은 그를 더욱 좋아하게 되었다.

그러나 나이 든 시민들은 화비우스 막시무스를 더 좋아했다. 그는 타렌툼(Tarentum)을 함락했을 때 예술품들을 손상하지 않고 가져오지도 않았으며, 오직 돈과 값진 물건들만을 가져왔기 때문이었다. 그는 조상(彫像)들을 그곳에 그대로 두면서 이렇게 말했다.

"그 분노한 신들은 그대로 타렌툼인들에게 남겨 두어라."(제14장 「화비우스 막시무스전」, § 22)

그러면서 노인들은 마르켈루스가 사람뿐만 아니라 신상까지도 포로처럼 끌고 와 개선식을 장식함으로써 도시를 흉물스럽게 만들었다고 비난했다. 더욱이 사람들은 전쟁과 농사에만 익숙해 있고, 사치스럽고 편안한 일에는 경험이 없어 마치 에우리피데스(Euripides)의 희곡에 등장하는 헤라클레스처럼,

평범하고 꾸밀 줄 모르고,
다만 위기가 닥쳐오면
용감하고 진실한 사람들
(노크 엮음, 『그리스 비극 단편』, § 507)

이 게을러지고, 예술과 예술가에 대해 이러니저러니 수다나 떨면서 온종일 잡담으로 소일하게 되었다는 것이었다. 그러한 비난을 받으면서도 마르켈루스는 자부심을 품고 그리스인들에게 이렇게 선언했다.

"나는 무지한 로마인들이 그리스의 찬란하고 아름다운 예술품들을 찬양하고 존경하도록 가르쳤다."

22

그러나 마르켈루스의 정적들은 그가 개선식을 치르는 데 반대했다. 아직 시킬리아에서 전쟁이 끝나지 않았기 때문이라고 둘러댔지만 사실은 세 번째로 치르는 개선식에 대한 시샘 때문이었다. 그래서 그는 전체적으로 중요한 행사는 로마 동쪽의 알바누스(Albanus)산까지만 하고, 로마로 들어올 때는 약식(略式)으로 하는 것에 동의했다.

이러한 약식 행렬을 그리스어로는 '에우아(eua)'라 하고, 로마어로는 '오바(ova)'라고 한다. 나중에는 '오바티오(ovatio)'라고 했다. 이럴 경우에 개선장군은 네 마리 말이 끄는 전차를 타지도 않고, 월계관을 쓰지도 않으며, 그를 칭송하는 나팔을 불지도 않으며, 신발을 신고 걸어서 들어오는데, 옆에서는 피리를 불고 은매화(myrtle)로 만든 화관을 쓴다. 따라서 그의 모습은 무섭다기보다는 오히려 전사답지 않고 매우 우호적이다.

당시의 정식 개선식과 약식 개선식은 공적의 크기가 아니라 그것을 이룬 방법의 차이에 따라 나누어 진행되었다. 전쟁과 살육으로 승리한 장군의 개선식은 무장을 하고 풍성하게 월계관을 쓰고 치르는 것이어서 호전적이고 위압적이었다. 그들은 행렬에서 정결 의식(淨潔儀式)을 치름으로써 그들의 무기에 담긴 죄를 씻어 내고자 했다.

그러나 전쟁을 치르지 않고 회담과 설득과 논쟁으로 모든 문제를 해결한 장군에게는 감사의 송가(頌歌)와 같이 평화적인 축제 행렬로써 개선을 축하하는 특권을 주도록 법에 규정되어 있었다. 왜냐하면 피리는 평화를 상징하는 악기이고, 은매화는 누구보다도 폭력과 전쟁을 싫어하는 사랑의 여신 아프로디테를 상징하는 나무이기 때문이다.

정식 개선식에서도 '에우아'라고 소리치는 것을 보면, 약식 개선식에서 '오바'라고 소리치는 것이 그리스어의 '에우아스모스(euasmos)'에 왔다고 여기는 사람들의 주장은 잘못된 것이다. 그리스인들은 그들의 언어와 일치시키려고 그 단어를 억지로 꿰맞췄다. 그들은 늘 술의 신 디오니소스에게 무언가를 바치도록 권고받는데, 그들은 바로 이 신을 에우이우스(Euius)나 트리암보스(Thriambos)라고 부른다는 점을 그 증거로 내세웠다.

그러나 이 설명은 사실과 다르다. 일반적으로 장군들은 정식 개선식을 치를 때면 소를 제물로 바치고, 약식 개선식에서는 양을 제물로 바쳤다. 이때 로마인들은 양을 '오바'라고 부르는데, 여기에서 약식 개선식을 '오바'로 부르게 되었다.

그런데 한 가지 주목할 사실은 스파르타의 입법자들이 로마인들과 다르게 희생 제물을 규정하였다는 사실이다. 곧 스파르타에서는 전투에 따른 승리가 아니라 적군을 속이거나 설득하는 방법으로 승리하고 돌아오는 개선장군은 양이 아니라 소를 제물로 바치고, 전투를 벌여 이기고 돌아오는 장군은 수탉을 제물로 바친다.

스파르타인들이 비록 호전적이라고는 하지만, 그들은 논의와 지혜로써 승리한 장군이 폭력이나 용맹으로써 승리한 장군보다 더 위대하다고 생각했다. 전쟁에 따른 승리와 외교에 따른 승리 가운데 진실로 어느 쪽이 더 값진 것인가는 독자들이 판단할 일이다.

23

[기원전 210년에] 마르켈루스가 네 번째로 집정관에 당선되자 그의 정적들은 시라쿠사이인들을 부추겼다. 당장 로마로 와서 자신들이 항복했음에도 마르켈루스에게 가혹 행위를 겪었다고 원로원에 고발하라고 주문한 것이다. 그 시간에 마르켈루스는 신전의 언덕(Capitolia)에서 제사를 드리고 있었다.

원로원 회의가 열리고 있을 때, 시라쿠사이인들은 그리로 가서 청문회를 열어 자기들의 억울한 사정을 들어주고 공정하게 판결해 달라고 요청했다. 마르켈루스의 동료 집정관은 그들을 몰아내려 하면서, 마르켈루스가 자리에 없을 때 그런 요청을 하는 법이 어디 있냐며 크게 항의했다. 그 소식을 들은 마르켈루스는 곧 원로원으로 달려왔다.

마르켈루스는 먼저 집무실 의자에 앉아 일상 업무를 처리한 다음, 일을 마치자 의자에서 내려와 시민 자격으로 소청(訴請)을 듣는 피고석에 앉아 시라쿠사이인들에게 기소 내용을 발표할 기회를 주었다. 그러나 시라쿠사이인들은 위엄과 확신에 찬 그의 얼굴을 보자 겁에 질렸다.

마르켈루스가 무적의 무장을 갖추고 있을 때보다 자주색 관복을 입고 있는 지금이 더 강인하고 상대하기가 버겁다고 그들은 생각했다. 그러나 그의 정적들에게 용기를 얻은 시라쿠사이인들은 그를 비난하기 시작하더니 온갖 탄식을 섞어 정당한 평결을 요구했다. 그들의 소청 요지는 이랬다.

"우리는 로마의 동맹이자 우방이면서도 다른 장군들이 감히 적국에게도 저지르지 않는 일을 마르켈루스에게서 겪었습니다."

이에 대하여 마르켈루스는 이렇게 응답했다.

"여러분은 로마에 큰 해악을 끼쳤으나 여러분이 우리로 말미암아 피해를 보지는 않았습니다. 다만 여러분이 전쟁으로 나라를 잃은 사람들로서 어쩔 수 없는 피해를 본 것은 사실입니다. 그리고 여러분의 도시가 정복된 것은 여러분의 잘못 때문이었습니다. 여러분은 여러 차례 내 권고와 설득을 거절했습니다. 여러분의 잘못은 여러분의 참주로 말미암아 어쩔 수 없이 전쟁에 내몰린 것이 아니라, 전쟁을 일으키고자 그 참주를 뽑은 것이었습니다."

양쪽의 진술이 끝나고 관례에 따라 시라쿠사이인들은 원로원을 나갔다. 마르켈루스는 자신의 사회(司會)를 동료 집정관에게 맡기고 그들과 함께 밖으로 나와 원로원 문 앞에 서서, 평결에 대한 두려움이나 시라쿠사이인들에 대한 분노로 표정을 바꾸지 않은 채 정중하고 예의 바르게 평결을 기다렸다. 드디어 그에게 무죄가 선언되자 시라쿠사이인들은 그의 무릎 앞에 엎드려 눈물을 흘리며 이렇게 말했다.

"장군께서는 이번 청문회에 참석한 사절들에 대한 분노를 삭이시고 시라쿠사이를 불쌍히 여겨 주시기 바랍니다. 시라쿠사이는 장군께서 저희에게 베풀어 주신 호의를 늘 가슴 깊이 담고 있을 뿐만 아니라 고맙게 여기고 있습니다."

이에 마르켈루스는 마음을 풀고 사절들과 화해했으며, 그 뒤로 다른 시라쿠사이인들도 늘 우호적으로 대했다. 그는 그들에게 자유와 법과 재산을 되돌려 주었고, 원로원도 이에 동의했다. 이로 말미암아 그는 시라쿠사이인들에게 많은 칭송을 들었다. 또한 그들은 마르켈루스나 그의 후손들이 시킬리아에 올 때면 화관을 쓰고 맞이하며, 신전에 제사를 드리도록 법을 만들었다.

24

이런 일을 치른 뒤에 마르켈루스는 한니발을 물리치러 떠났다. 칸나이 전투에서 참패한 뒤로 집정관 대부분과 장군들은 한니발과의 싸움을 회피하는 것을 유일한 목표로 세우고 있었다. 어느 누구도 한니발과 정면 대결을 벌일 용기를 내지 못했지만 마르켈루스만은 생각이 달랐다. 한니발을 무찌를 수 있을 때를 기다리다가는 이탈리아가 저도 모르는 사이에 지쳐버릴 것이라고 그는 생각했다. 그의 판단에 따르면, 화비우스는 이 긴 전쟁에서 안전만 추구하다가 나라의 병폐를 고칠 수 있는 길을 잃었다.

마르켈루스가 보기에, 아무것도 하지 않고 기다리기만 하는 전쟁의 결말은 오히려 로마의 멸망을 뜻했다. 이는 마치 의사가 처방을 쓰기 두려워 머뭇거리다가 환자의 기력이 떨어지는 것을 보고 병이 사라진다고 착각하는 것과 같다고 그는 생각했다. 그래서 마르켈루스는 먼저 삼니움(Samnium)족이 반란을 일으킨 도시부터 정복하여 그곳에 가득 쌓여 있던 군량미와 자금을 마련하고 한니발의 경비병 3천 명을 죽였다.

그런 다음 한니발이 아풀리아(Apulia)의 총독 그나이우스 풀비우스(Gnaeus Fulbius)와 군무 위원 열한 명을 죽이고 그의 군대를 크게 깨뜨리자, 마르켈루스는 로마에 편지를 보내 자기는 이미 한니발에게서 승리의 기쁨을 빼앗고자 진격하고 있으니 용기를 잃지 말라고 격려했다. 그러나 리비우스의 『로마사』(XXVII : 2)에 따르면, 그 편지를 읽은 로마 시민은 슬픔을 지우기는커녕 더욱 두려워했다고 한다.

마르켈루스는 풀비우스보다 뛰어난 사람인데, 그마저 패배한다면 로마는 더욱 위험해지리라고 그들은 생각했다. 그러나 마르켈루스는 고국에 보낸 편지에서 말한 것처럼 곧 한니발을 루카니아(Lucania)까지 추격하여 그에 가까이 이르렀다. 한니발이 누미스트로(Numistro) 근처 언덕에 안전히 자리 잡은 것을 안 그는 평야에 진영을 차렸다.

다음 날, 한니발이 평야로 내려오자 마르켈루스는 전열을 가다듬었다. 전투는 운명을 가를 정도로 결정적이지는 않았지만 치열하고 길어, 3시에 시작하여 온갖 어려움을 겪은 뒤 날이 저물어서야 끝났다. 날이 밝자 마르켈루스는 병력을 이끌

마르켈루스

고 나가 시체들 사이에 전열을 세운 다음, 다시 한니발이 나와 싸우도록 부아를 돋웠다. 그럼에도 한니발이 군대를 철수하자 마르켈루스는 적군의 시체를 약탈하고 자기 병사를 묻어 준 다음 다시 추격했다.

적군이 많은 병력을 매복해 두었지만, 마르켈루스는 이를 잘 피해 가며 소규모 접전에서 자신의 이점을 살려 이김으로써 칭송을 받았다. 그 덕분에 집정관 선거가 다가왔을 때 원로원은 한니발과 싸우고 있는 마르켈루스를 고국으로 불러들이기보다는 시킬리아의 집정관을 불러들이는 것이 더 좋으리라고 판단했다. 원로원은 그러한 결정에 따라 귀국한 집정관에게 퀸투스 풀비우스를 독재관으로 선언하도록 요청했다.

독재관은 민회나 원로원에서 선출하는 것이 아니라 집정관이나 법정관(Praetor) 가운데 한 사람이 민회에 나와 그가 적임이라고 생각하는 사람을 지명하게 되어 있었다. 그래서 그렇게 선언한(declare) 사람을 독재관(Dictator)이라 부르는데, 이는 라틴어에서 지명(指名) 또는 선언과 같은 뜻의 디케레(*dicere*)에서 나온 용어이다.

그러나 다른 사람의 기록에 따르면, 독재관은 선거나 거수(擧手)로써 선출되는 직책이 아니며, 정무를 수행하면서도 자기가 옳다고 판단하는 바에 따라 직접 관직을 임명하고 법령을 공표하는 자리였다고 한다. 무언가를 공표한다는 것을 그리스어로는 디아타그마타(*diatagmata*)라 하고 로마어로는 에딕타(*edicta*)라고 했는데, 거기에서 딕타토르(Dictator)라는 이름이 유래하였다고 한다.

25

시킬리아에서 돌아온 마르켈루스는 원로원에서 동료 집정관 [코르넬리우스가] 풀비우스를 독재관으로 내정한 것이 마음에 들지 않았다. 그렇다고 그걸 보고 있기도 싫었던 그는 밤중에 시킬리아로 돌아갔다. 이런 상황에서 민중이 다시 풀비우스를 독재관으로 지명하자 원로원은 마르켈루스에게 편지를 보내 풀비우스의 지명을 지지해 달라고 요청했다.

마르켈루스는 이에 동의하여 풀비우스를 독재관으로 선언함으로써 민중의 뜻을 지지했다. 그리고 그 자신은 이듬해 [기원전 209년에] 지방 총독으로 임명되었다. 이어서 그는 화비우스 막시무스와 약속하기를, 화비우스는 타렌툼을 공격하고 자기는 한니발과 싸움으로써 한니발이 타렌툼을 구원하러 가지 못하도록 막기로 했다.

마르켈루스는 카누시움에서 한니발을 만났다. 한니발이 진영을 자주 옮기며 전투를 회피하자 마르켈루스는 계속 그를 위협하면서 소규모 전투를 벌여 괴롭혔고, 마침내 한니발이 참호 밖으로 뛰쳐나왔다. 전투는 밤이 되어서야 멈추었다.

다음 날 마르켈루스는 다시 전열을 갖추고 싸우러 나갔다. 이에 울화가 치민 한니발은 병사를 모아, 이날은 지난 어느 때보다도 더 치열하게 싸우라고 당부하면서 이렇게 말했다.

"너희들도 보다시피, 우리가 저 인간을 몰아내지 않으면 이기고서도 숨을 돌릴 수 없고, 천하를 제패하고서도 쉴 수가 없다."

그날 뒤로 그들은 거듭하여 싸웠다. 그러나 이번 전투에서는 마르켈루스가 분별을 잃었던 것으로 보인다. 그 때문에 그는 고초를 겪었다. 곧 오른쪽 날개가 공격을 받자 그는 앞으로 나가도록 군단에 지시했다. 이러한 위치 이동은 부대를 큰 혼란에 빠뜨려 적군에게 승리를 안겨 주었다. 이 전투에서 그는 2천7백 명의 병사를 잃었다. 진영으로 물러난 그는 병사들을 모아 놓고 이렇게 말했다.

"내가 수많은 로마의 무기와 병사들의 시체를 보았지만, 진실한 로마인은 하나도 보이지 않았다."

병사들이 용서를 빌자 마르켈루스는 이렇게 대답했다.

마르켈루스

"패배한 무리는 용서받을 수 없고, 이긴 용사만이 용서받을 것이다."

그리고 마르켈루스는 내일 다시 싸우겠노라고 선언했다. 그가 이처럼 전투를 서두른 것은 로마 시민에게 패배의 소식보다 승리의 소식을 먼저 알려 주고 싶었기 때문이었다. 그는 연설을 마치면서 전적이 가장 나쁜 부대(cohort)에는 밀 대신 보리를 주라고 지시했다. 그래서 병사들은 전투가 끝난 뒤 무척 힘들어했지만, 모두 자기들의 부상보다 마르켈루스의 지적을 더 아프게 여겼다.(리비우스, 『로마사』, XXVII : 12~13)

26

날이 밝자 전투가 임박했음을 알리는 표지인 장군의 붉은 전포(戰袍)가 막사에 내걸렸다. 어제 벌인 전투에서 불명예스럽게 패배한 부대들은 자청하여 오늘 전투에서 앞장설 기회를 얻었고, 군무 위원들이 그 나머지를 이끌고 전열을 이루었다. 그들이 쳐들어온다는 말을 듣고 한니발이 말했다.

"오, 헤라클레스여, 불운도 행운도 받아들일 줄 모르는 저 사람을 어찌해야 합니까? 이겨도 쉴 줄 모르고 져도 쉴 줄 모르는 인간은 저 사람 하나밖에 없습니다. 저 사람은 이기면 용기가 솟아 더 싸우고, 지면 부끄러워 더 싸우니 우리는 평생을 저 사람과 싸워야 할까 봅니다."

다시 싸움이 붙어 서로 이기고 지니, 이번에는 한니발이 코끼리 부대를 앞장세워 로마 진영을 공격하도록 지시했다. 로마 부대의 전방이 공격을 받아 커다란 혼란에 빠지자 군무 위원 가운데 한 사람이었던 플라비우스(Flavius)가 군기(軍旗)를 뽑아 들고 나서더니 깃발에 꽂힌 쇠창으로 앞장선 코끼리를 쳤다. 창에 찔린 코끼리가 한 바퀴 돌아 자기 부대 뒤쪽으로 달려가면서 코끼리 부대 전체가 큰 혼란에 빠졌다. 이를 본 마르켈루스가 기병대에 지시를 내려 전열이 흐트러진 적군을 전속력으로 공격하게 하니 그들이 더욱 큰 혼란에 빠졌다.

로마 기병대가 용맹스럽게 적군을 추격하여 그들의 막사에까지 몰아붙이니, 죽고 다친 코끼리들에 치여 많은 카르타고 병사가 죽었다. 들리는 바에 따르면, 이 전투에서 카르타고 병사 8천 명이 죽었으며, 로마 병사도 3천 명이 죽고 나머지도 상처를 입었다고 한다. 그 덕분에 한니발은 그 밤을 조용히 쉬다가 마르켈루스에게서 멀리 떨어진 곳으로 진영을 옮길 수 있었다. 병사 대부분이 다쳐 더 이상 추격할 수 없었던 마르켈루스는 쉽게 움직일 수 있는 캄파니아(Campania)로 물러났다가 시누에사(Sinuessa)에서 여름을 보내며 병사를 쉬게 했다.

27

그러나 마르켈루스의 공격에서 벗어난 한니발은 병사를 풀어 놓았다. 그들은 거침없이 돌아다니며 이탈리아 전역에 불을 질렀다. 그러자 로마에서는 마르켈루스를 비난하는 목소리가 일기 시작했다. 그의 정적들은 푸블리키우스 비불루스(Publicius Bibulus)에게 마르켈루스를 탄핵하도록 부추겼다. 민중 호민관이었던 비불루스는 웅변이 뛰어나고 거친 사람이었다. 그는 군중집회를 열어 마르켈루스의 지휘권을 다른 장군에게 넘기도록 요구하라고 군중을 설득했다. 그는 이렇게 말했다.

"마르켈루스는 놀이 삼아 전쟁을 치른 뒤에 마치 경기장에서 나온 사람처럼 따뜻한 목욕탕에서 쉬고 있습니다."

그 말을 들은 마르켈루스는 부관에게 군대를 맡기고 비난에 맞서 변론하고자 로마로 갔다.

로마에 이르러 보니 그에 대한 고발에 따라 탄핵이 준비되고 있었다. 재판 날짜가 되자 군중은 플라미니우스 광장(Circus Flaminius)에 모여들었다. 먼저 비불루스가 일어나 마르켈루스를 비난했다. 마르켈루스의 자기 변론은 짧고 간단했다. 양쪽의 이야기를 들은 지도자들이 단호한 목소리로 마르켈루스를 찬양하며 이렇게 말했다.

　"시민 여러분은 마르켈루스를 비겁한 사람으로 유죄 판결함으로써 적군보다도 더 잘못된 판단을 내리는 실수를 해서는 안 됩니다. 그는 한니발조차 전투를 회피했던 우리의 유일한 지도자입니다. 한니발은 그가 아닌 다른 장군들과 싸우려고 끝없이 노력했습니다."

　지도자들의 연설이 끝나자 마르켈루스가 유죄 판결을 받으리라는 희망이 사라지고 고발자들은 크게 실망했다. 마르켈루스는 무죄 판결을 받았을 뿐만 아니라 그 여세를 몰아 [기원전 208년에] 사실상 다섯 번째로 집정관에 임명되었다.

28

집정관에 취임한 마르켈루스는 먼저 에트루리아(Etruria)에서 반란을 선동하는 무리를 잠재우고 직접 그 도시로 찾아가 평온을 되찾아 주었다. 그는 시킬리아에서 가져온 전리품으로 신전을 세우고 '명예의 신(Honour)'과 '덕망의 신(Virtue)'을 모시려 했으나 한 신전에 두 신을 모실 수 없다고 반대하는 사제들의 주장에 막혔다. 그래서 그는 처음부터 있던 신전에 부속 건물을 하나 더 지었지만 사제들의 반대가 불쾌했고, 그런 반대가 상서롭지 못한 일이라고 생각했다.

　실제로 상서롭지 않은 일이 여러 차례 일어나 그의 마음을 어지럽게 만들었다. 몇 군데 변변치 않은 신전이 벼락을 맞았고, 유피테르 신전에서는 생쥐가 금을 갉아 먹었으며, 소가 사람의 말로 중얼거렸다거나, 아기가 코끼리 머리를 달고 태어났다는 소식이 들려왔다. 또 시민들이 속죄의 의식과 제물을 드리는데, 예언자들이 조짐이 불길하다고 말하자 시민들은 마르켈루스가 로마에 남아 있기를 바랐다.

　그러나 마르켈루스는 온통 전쟁 생각만 하고 있었다. 어느 누구도 그보다 더 한니발과 운명을 결정짓는 전쟁을 하고 싶어 안달인 사람이 없었다. 잠을 잘 때 꿈속에서도, 막료나 친구들과 대화하면서도, 신전에서 제사를 드릴 때도 그는 오로지 한니발을 만나 단판걸이를 하는 것만 생각했다. 그의 꿈은 오도 가도 못하는 성(城)이나 성채 안에 양쪽 군대가 갇힌 채 한쪽이 끝장날 때까지 싸워 보는 것이었다고 나는 생각한다.

만약 마르켈루스가 이미 명예를 누릴 만큼 누리지 않았고, 전략적 판단에서 누구와도 견줄 만한 위대한 장군이 아니면서도 그랬더라면, 나는 그가 나이에 걸맞지 않게 젊은이의 객기를 부리다가 희생된 사람이라고 말하지 않을 수 없었을 것이다. 그러나 그가 [기원전 208년에] 다섯 번째로 집정관에 취임했을 때 그의 나이는 이미 예순을 넘었다.

29

예언자가 말한 대로 희생 제물과 정화(淨化) 의식을 드린 다음, 마르켈루스는 동료 집정관과 함께 출정하여 반티아(Bantia)와 베누시아(Venusia) 사이의 평원에 자리 잡은 한니발에게 싸움을 걸었다. 한니발은 도전에 대응하지 않다가 저들이 에피제피리이(Epizephyrii)의 로크리(Lokri)인들에게 지원군을 보냈다는 정보를 듣고 페텔리아(Petelia) 언덕에 병사를 매복해 두었다가 적군 2천5백 명을 죽였다.

이에 더욱 싸우고 싶은 충동을 느낀 마르켈루스는 진영을 뛰쳐나와 적진으로 다가갔다. 양쪽 군대 사이에는 방어하기에 좋은 언덕이 있었는데 온통 숲으로 뒤덮여 있었다. 그 위에 올라가면 사방을 살펴볼 수 있고, 물도 흘렀다.

로마군은 한니발이 그토록 지리적 여건이 좋은 곳에 먼저 도착했으면서도 왜 그곳을 점령하지 않고 이런 방식으로 적군에게 넘겨줄까 하고 이상하게 생각했다. 물론 한니발도 그곳이 진영을 차리기에 좋은 곳임을 알고 있었지만, 매복하기에 더 좋은 곳이라고 판단했다. 그래서 그는 숲과 웅덩이에 투창병과 장창병을 많이 숨겨 두었다. 그는 이곳의 지리적 이점이 적군을 유인하기에 충분하다고 확신했다.

한니발의 예상은 어긋나지 않았다. 곧 로마 진영에서 그곳을 점령할 필요성에 대한 논의가 벌어졌는데, 그곳을 점령했을 때 얻을 수 있는 이득이 많다는 주장을 펼치는 사람이 많았다. 더욱이 그들은 그곳에 진영을 차릴 경우와, 만약 그렇지 못하다면 그곳을 요새화할 경우에 얻게 될 이점을 강조했다. 그리하여 마르켈루스는 적은 수의 기병만을 거느리고 언덕에 올라 정찰해 보기로 했다.

그에 앞서 마르켈루스는 제관(祭官)을 불러 희생 제물을 바치게 했다. 첫 번째 동물을 죽인 제관이 그에게 간을 보여 주는데 윗부분이 없었다. 두 번째 동물의 배를 가르니 간의 윗부분이 엄청나게 컸다. 그리하여 첫 번째 동물에서 나타난 불길한 걱정이 사라졌던 것처럼 보였다.

그러나 제관은 이런 징조가 더욱 두려운 일이라면서 걱정했다. 먼저 불길하고 걱정스러운 징조가 나타났다가 상서로운 징조로 바뀌어 나타나는 것이 더욱 수상쩍다는 것이었다. 그러나 마르켈루스가 보여 준 처사는 그리스 시인 핀다로스의 시구를 생각나게 한다.

불더미나 철벽으로써도
타고난 운명을
어쩔 수 없다네.
(베르크 엮음, 『그리스 서정시 단편』, 232)

마르켈루스는 동료 집정관 크리스피누스(Crispinus)와 군무 위원인 아들, 그리고 모두 합쳐 보았자 220명밖에 되지 않는 기병을 데리고 길을 나섰다. 병사들 가운데 로마인은 한 사람도 없었고, 그에게 변치 않는 충성과 용맹을 보여 주었던 40명의 프레겔라이(Fregellae)족을 빼면 모두 에트루리아인들이었다.

산은 온통 숲으로 덮여 있었고 꼭대기에는 적군 한 명이 망을 보고 있었다. 마르켈루스는 그를 보지 못했지만 그는 마르켈루스가 다가오는 것을 보았다. 로마군이 다가오고 있음을 그가 알리자, 매복병들은 그들이 가까이 오기를 기다렸다가 갑자기 일어나 사방에서 창을 던지고 찔렀다. 또한 도망병들을 따라가 죽이고, 대드는 적군을 쳐서 죽였다.

매복병에게 공격받은 에트루리아인들은 모두 도망했지만, 프레겔라이족은 마르켈루스를 둘러싸고 보호했다. 크리스피누스는 창을 두 번 맞자 말을 타고 도망했으며, 마르켈루스는 적병이 휘두른 랑케아(lancea, 끝이 널찍한 창)를 옆구리에 맞고 쓰러졌다.

모두 합쳐 보았자 몇 명 되지 않는 프레겔라이족은 쓰러진 마르켈루스를 그 자리에 남겨 둔 채 부상한 그의 아들만을 데리고 도망쳐 진영으로 돌아왔다. 죽은 병사는 40명을 채 넘지 않았으나 시종 다섯 명과 기병 18명이 잡혔다. 부상을 입은 크리스피누스는 며칠 뒤에 죽었다. 단 한 번의 전투로 집정관 두 명이 죽은 참극은 일찍이 로마 역사에서 없었던 일이었다.

30

한니발은 다른 무리에 대해서는 대수롭지 않게 여겼지만, 마르켈루스가 죽었다는 소식을 듣자 숙소에서 뛰쳐나와 시신 곁에 서서 그의 장대한 몸과 얼굴을 한동안 바라보았다. 자신에게 그토록 고통을 안겨 주던 원수를 죽인 적장답지 않게, 한니발은 교만한 말을 하지도 않았고 기뻐하는 모습을 보이지도 않았다. 예상하지 못했던 결말에 놀란 한니발은 마르켈루스의 손에서 인장 반지(seal-ring)[10]를 뺀 다음 영예롭게 수의를 입히

10   인장 반지는 반지에 도장을 새긴 것으로서 그 당시에는 이것으로 문서에

고 치장하여 화장하라고 지시했다.

한니발은 마르켈루스의 유골을 은항아리에 담고 황금 관을 씌워 아들에게 보냈다.[11] 그런데 누미디아인들이 유골을 호송하던 사람들을 습격하여 빼앗으려 했고, 이에 저항하는 무리와 싸움이 벌어져 격렬하게 싸우는 동안에 유골이 모두 흩어졌다. 그 소식을 들은 한니발은 곁에 있던 사람들에게 이렇게 말했다.

"너희들이 본 것처럼, 하늘의 뜻을 거스를 수가 없구나."

한니발은 누미디아인들을 처벌했지만 유골을 모아 돌려보내려고 더 애쓰지는 않았다. 마르켈루스가 죽은 것이나, 이런 이상한 방법으로 그의 장례식을 망친 것도 모두 하늘의 뜻이라고 여겼기 때문이었다. 이 이야기는 로마의 전기학자 코르넬리우스 네포스(Cornelius Nepos)와 로마의 역사학자 발레리우스 막시무스(Valerius Maximus)의 기록에서 본 것이다. 그러나 리비우스의 『로마사』(XXVII : 27)와 아우구스투스 카이사르(Augustus Caesar, Octavius)의 말에 따르면, 유골은 아들에게 전달되어 성대한 장례를 치른 뒤 묻혔다고 한다.

마르켈루스가 세운 기념물은 로마에 있는 것 말고도 시킬리아의 카타나(Catana) 체육관이 있었고, 그가 시라쿠사이의 보물 창고에서 가져온 조각상과 그림은 사모트라키아의 카베이로이(Kabeiroi)라는 신전과 린도스(Lindos)의 아테나 신전에 소장되어 있었다. 포세이도니오스의 기록에 따르면, 그의 조각상에는 다음과 같은 글이 새겨져 있었다고 한다.

지나가는 나그네여,

결재했다. 리비우스의 『로마사』(XXVII : 28)에 따르면, 한니발은 그 인장을 자기가 사용했다고 한다.

11 리비우스의 기록에 따르면, 한니발은 마르켈루스가 죽은 자리에 묻어 주었다고 한다.(『로마사』, XXVII : p. 27 끝)

이 사람은 로마의 위대한 별이자
명문가 자손 클라우디우스 마르켈루스라오.
그는 전쟁을 치르는 동안에
일곱 번 집정관을 지내며
많은 적군을 죽였도다.

이 글을 쓴 사람은 두 번의 총독과 다섯 번의 집정관을 합하여 계산했다. 그의 가문은 아우구스투스 카이사르로 이어졌다. 아우구스투스는 율리우스 카이사르의 누이인 옥타비아(Octavia)와 카이우스 마르켈루스(Caius Marcellus) 사이에서 난 아들[12]이다. 그는 사촌 동생인 카이사르의 딸[아티아]과 결혼한 지 얼마 지나지 않아, 건설관으로 일하다가 죽었다. 그의 명예를 기리고자 어머니 옥타비아는 그의 이름을 딴 도서관을 짓고, 카이사르는 극장을 지어 주었다.

---

12 이 사람은 뒷날 카이사르의 뒤를 이은 아우구스투스의 아버지이다.(제32장 「카이사르전」, § 67 참조)

> 장군으로서 최고의 미덕은
> 승리하면서도 다치지 않는 것이다.
> ......장군이
> 수색병처럼 죽어서는 안 된다.
> ― 플루타르코스

1

앞의 이야기들은 역사가들이 마르켈루스와 펠로피다스에 관해 쓴 기록들 가운데에서 가치 있다고 여겨지는 것들을 내가 뽑은 것이다. 타고난 성품이나 성격에서 본다면 그들은 닮은 데가 아주 많았다. 두 사람 모두 용맹스러웠고, 부지런했으며, 열정적이었고, 너그러웠다.

마르켈루스는 자신이 정복한 도시에서 많은 사람을 죽였지만, 에파미논다스와 펠로피다스는 승리한 뒤에도 사람들을 죽이거나 주민들을 노예로 팔아넘기지 않았다는 점에서 달랐다. 들리는 바에 따르면, 그들이 만약 지금까지 살았더라면 테베인이 오르코메노스인을 그렇게 다루지는 않았을 것이라고 한다.

공적(功績)으로 따져 본다면, 갈리아족을 무찌른 마르켈루스의 업적은 위대하고 놀랍다. 그토록 적은 기병대를 이끌고 그토록 많은 기병대와 보병을 이기고 적장을 죽인 것은 다른 장군들의 기록에서 찾아보기 어려운 일이다. 이런 점에서 펠로피다스의 공적은 마르켈루스만 못하다. 그도 적군을 무찌르는 공적을 세우기는 했지만, 적군을 무찌르려다 패배하고 오히려 참주의 손에 먼저 죽었기 때문이다.

마르켈루스가 이룬 업적은 펠로피다스가 레욱트라와 테기라에서 거둔 가장 찬란하고도 유명한 승리와 견줄 만하다. 마르켈루스가 속임수나 매복으로 적군을 무찔렀다는 기록은 본 적이 없다. 그러나 펠로피다스는 망명지에서 몰래 돌아와 테베의 참주들을 죽였다. 이는 비밀스럽고도 교묘하게 이룩한 그의 업적 가운데 가장 뛰어난 일이었다.

로마인들을 가장 괴롭힌 상대는 한니발이었다. 이는 펠로피다스 시대에 스파르타가 테베인들을 가장 괴롭힌 상대였다는 사실과 비슷하다. 그런 스파르타가 테기라와 레욱트라에서 펠로피다스에게 패배한 것은 틀림없는 사실이다. 그런데 폴리비오스(Polybius)의 『역사』(XV : 11)[1]에 따르면, 한니발은 마르켈루스에게 한 번도 패배한 적이 없으며, 적어도 스키피오가 나타날 때까지는 누구에게도 지지 않았다고 한다.

그러나 리비우스나 카이사르나 네포스나 그리스 작가들과 누미디아의 유바(Juba)왕이 남긴 기록과 마찬가지로, 나는 마르켈루스가 전쟁에 결정적인 영향을 미칠 정도는 아니더라도 자잘한 전투에서 한니발을 이겼다고 믿는다. 물론 카르타고인들이 그러한 전투에서 전략적으로 패배한 척했을 수도 있지만 말이다.

그러나 로마인들은 많은 병력을 잃고, 장군이 죽고, 제국 전체가 혼란에 빠졌다가도 시간이 지나면 다시 적군을 맞이하는 용기를 되찾았다는 점에서 칭송을 들어 마땅하다. 로마군은 뛰어난 장군 덕분에 이런 용기를 얻을 수 있었다. 그는 장병들을 오랫동안 짓눌러 온 두려움과 실의를 벗겨 주었고, 적군과 싸우면서 용기와 야망이 넘치도록 고무했으며, 승리를 포기하지 않도록 격려하고, 온갖 열정으로 그들을 이끌었다.

I   이 책은 몽테스키외(Baron de Montesquieu)의 『법의 정신』에 중요한 전거(典據)가 되었다.

펠로피다스와 마르켈루스의 비교

마르켈루스가 바로 그 사람이었다. 그 무렵 로마인들은 잇따른 전쟁을 겪으면서 한니발의 공격을 피할 수만 있어도 다행으로 생각했지만, 마르켈루스는 패배하면서 겨우 목숨만 부지하는 것을 부끄럽게 여기고, 작은 패배도 원통하게 여기며, 승리를 얻지 못하면 괴로워하도록 시민을 가르쳤다.

2

펠로피다스는 자신이 지휘한 전쟁에서 한 번도 진 적이 없고, 마르켈루스는 동시대 어느 로마 장군보다도 많이 이겼다. 따라서 어려운 전쟁에서 한 번도 진 적이 없는 펠로피다스와 수많은 전쟁에서 이긴 마르켈루스가 동등하게 보일 수도 있다.

마르켈루스는 시라쿠사이를 정복했고, 펠로피다스는 스파르타를 정복하지 못한 것이 사실이다. 그러나 처음으로 스파르타에 상륙하여 전쟁을 치르면서 에우로타스강을 건넌 펠로피다스의 업적은 시킬리아를 정복한 마르켈루스보다 위대한 것이었다고 나는 생각한다.

펠로피다스는 에파미논다스의 도움이 없이도 레욱트라에서 승리하고 스파르타를 침공할 수 있었는데, 마르켈루스도 그처럼 누구의 도움도 없이 혼자서 공업을 이루었다. 마르켈루스는 홀로 시라쿠사이를 함락했으며, 동료의 도움을 받지 않고 갈리아족을 물리쳤으며, 장군들이 모두 한니발과 전투하기를 꺼릴 때 그를 전장에서 맞아 전세를 역전시킬 정도로 용맹을 보여 준 첫 번째 장군이었다.

3

진실로 말하건대, 나는 펠로피다스와 마르켈루스의 죽음을 칭송할 수 없다. 아니, 나는 그들이 마지막 전투에서 어이없이 죽은 사실에 속이 상하고 화가 난다. 내가 한니발을 칭송하는 이유는 그가 수많은 전투를 겪으면서도 상처를 입지 않았다는 사실 때문이다.

　나는 크세노폰이 페르시아 키로스(Cyrus)왕의 생애를 다룬 작품 『키로파이데이아(*Kyropaideia*)』에 등장하는 크리산테스(Chrysantes)를 참으로 좋아한다. 그는 한창 기세가 올라 막 적군을 공격하려는 순간에 후퇴의 나팔 소리가 들리자 적군이 도망하게 버려둔 다음 품위를 지키면서 늠름하게 물러났다.

　펠로피다스의 죽음에는 변명의 여지가 조금 있다. 전투의 기회가 왔을 때 늘 그랬던 것처럼, 그는 분노에 찬 복수심에 떠밀려 가듯이 전쟁터로 나갔기 때문이다. 장군으로서 최고의 미덕은 승리하면서도 다치지 않는 것이다. 그러나 에우리피데스의 시구처럼,

　　어차피 죽어야 할 목숨이라면
　　장렬하게 삶을 끝내야 한다.

펠로피다스는 죽음을 피하는 것보다 참주를 죽여 공업을 세우는 길을 선택했다. 그는 분노했을 뿐만 아니라 참주를 죽이는 순간을 결혼의 첫날밤과 같은 것으로 생각했으니, 전적으로 분별없이 전쟁에 뛰어들었다고만은 할 수 없다. 그토록 공의(公義)롭고 영광스러운 일을 달성하려 할 때에 그보다 더 훌륭한 처신을 찾기는 어려웠을 것이다.

　그러나 마르켈루스의 경우는 다르다. 사태가 그리 절박하지도 않았고, 위기에 빠져 판단력을 잃을 만큼 열정을 느끼지도 않았는데도, 그는 경솔하게 위험에 뛰어들어 장군처럼 죽지 못하고 한낱 수색병처럼 죽었다. 그는 다섯 차례 집정관을 지내고 세 번의 개선식을 치르며 얻은 영광과 여러 왕에게서 노획한 전리품과 기념패를 카르타고인들에게 팔려 온 이베리아인들과 누미디아족의 발밑에 던져 버렸다.

　누구보다 용맹스러웠고, 가장 영향력이 컸으며, 가장 명

망 높은 장군인 마르켈루스가 한낱 프레겔라이족 수색병들 사이에서 허망하게 죽자, 그의 적군들조차도 이를 자신들의 승리로 받아들이지 않으려 했다.

내가 이렇게 말한다고 해서 그들을 비난하려는 소리로 들어서는 안 된다. 나는 지금 그들 편에 서서 분노하며 그들의 용맹을 외치고 있을 뿐이다. 그들은 그 용맹 때문에 그 밖의 미덕을 모두 희생했다. 그들은 목숨을 아끼지 않고, 자기 목숨이 마치 조국이나 막료나 동맹과는 관계없이 오직 자기만의 것인 양 값없이 죽었다.

펠로피다스가 죽었을 때는 그에게 신세 진 동맹국들이 그의 장례를 치러 주었다. 그러나 마르켈루스는 그에게 상처 입은 적군이 장례를 치러 주었다. 펠로피다스의 장례는 부럽고 행복할 만한 것이었다.

그러나 은혜를 입은 사람들에게 감사의 보답으로 받는 호의보다 더 위대하고 아름다운 것은 자기로 말미암아 괴로움을 겪고 미워하던 사람들에게서 용맹하다는 칭송을 듣는 것이다. 펠로피다스는 여러 이해관계와 필요로 인해 장례의 호의를 얻었으나, 마르켈루스는 오직 자신이 가진 미덕만으로 그만한 대우를 받았다.

디온
DION

기원전 408?~354

정치가 아름답고 장엄하려면
지혜와 공의로움에 더하여
힘과 행운이 함께 따라야 한다.
— 플라톤

불의한 처사를 칭송하지도 않고
불운한 사람을 고소하다는 듯
모욕하지도 않는 것이
역사가가 가야 할 바른길이다.
— 플루타르코스

1

소시우스 세네키오(Sosius Senecio)에게,[1]

그리스 시인 시모니데스의 시에 다음과 같은 구절이 있다.

트로이 사람들은
코린토스인들이 그리스의 다른 민족들과 함께
자기들에게 쳐들어왔던 사실을 두고
그리 분노하지 않는다.

(베르크 엮음,『그리스 서정시 단편』, III/4 : 412)

왜냐하면 트로이의 편에 서서 열렬히 싸웠던 글라우코스
(Glauchos)가 코린토스인이었기 때문이었다. 그와 마찬가지로
로마인이나 그리스인들은 플라톤이 이끌던 아카데미아에 대
해 나쁜 감정을 품지 않을 것이다. 이번에 다루려는 디온과 마
르쿠스 브루투스(Marcus Brutus)의 공통점을 보면 그 사실을 알
수 있다. 곧 디온은 플라톤의 직계 제자였으며, 브루투스는 플

I   제1장「테세우스전」, §1의 각주 1 참조.

디온

라톤의 가르침 속에 성장했던 것이다.

그러므로 디온과 브루투스는, 말하자면 동문수학(同門受學)하여 위대한 경기장에 나선 사람들이었다. 이 점에서 볼 때, 두 사람의 처신에 닮은 점이 많았다는 사실은 그다지 놀랄 일이 아니다. 그들은 "정치가 아름답고 장엄하려면 지혜와 공의로움에 더하여 힘과 행운이 함께 따라야 한다"는 스승의 가르침을 잘 따르고 있음을 보여 주었다. 운동 경기의 지도자였던 히포마코스(Hippomachos)는 이런 말을 한 적이 있다.

"내 제자들이 설령 시장에서 고기를 나르고 있더라도, 그들의 걸음걸이를 먼발치에서만 보면 알아볼 수 있다."

그와 마찬가지로 함께 공부한 사람들의 행동에서 어조가 비슷하고 처신하는 방식이 일치하는 모습을 발견한다고 해도, 이는 전혀 이상한 일이 아니다.

2

더욱이 두 사람의 운명이라는 측면에서 보면, 그들은 스스로 결정한 일보다는 자신들에게 들이닥친 삶을 살았다는 점에서 닮았다. 두 사람은 자신들이 추구했던 위대한 공적의 결과를 얻으려던 목표를 이루지도 못한 채, 죽을 때가 아닌 때에 죽었다. 그러나 가장 놀라운 것은 두 사람 모두 상서롭지 못한 유령이 꿈에 선명하게 나타났다는 사실이다. 그들에게 죽음이 다가오고 있음을 하늘이 알려 준 것이다.

그런 사실을 부인하는 사람들의 말에 따르면, 정신이 멀쩡한 사람에게는 하늘에서 보내는 유령 같은 것이 보이지 않고, 어린아이나 바보스러운 여인이나 몸과 마음이 성치 않은 남자들이 미신이나 악령에 사로잡혀 그와 같은 헛되고 이상한 환상에 빠진다고 한다.

원래 디온과 브루투스는 탄탄한 지성과 철학적 수련을 거친 사람들이어서 자기들 앞에 나타났던 유령에 쉽게 넘어갈 사람들이 아니다. 그런 이들이 그와 같은 유령을 분명히 보고 다른 사람들에게 이야기할 정도였다면, 나는 옛날 사람들이 말하던 아주 이상스러운 신념들을 믿을 수밖에 없다. 이를테면 천박하고 나쁜 유령들이 착한 사람에 대한 시샘과 고결한 처신에 대한 반감으로 그들을 흔들어 놓아, 두려움에 떨도록 만드는 경우가 있을 것이다.

유령들은 착한 사람들이 자기들보다 더 영광스러운 길로 들어가 훌륭한 자리를 차지하지 못하도록 만들고 싶을 것이다. 그러나 나는 이 『영웅전』의 제12권에서 유령 문제를 더 자세히 다루기로 하고,[2] 여기에서는 나이가 더 많은 디온의 생애부터 기록하고자 한다.

3

시라쿠사이의 참주 디오니시오스 1세(Dyonisios the Elder)는 [기원전 405년] 권력을 잡자마자 헤르모크라테스(Hermokrates) 장군의 딸과 결혼했다. 그러나 그 무렵은 독재 정체(政體)가 굳건하지 못한 시기여서, 시라쿠사이의 시민이 난동을 일으켜 끔찍하고도 불법적으로 왕비를 핍박하자 그 여인은 자살했다.

그 뒤로 왕권을 장악한 디오니시오스왕은 다시 두 여인과 한꺼번에 결혼했는데, 로크리스 출신의 도리스(Doris)라는 여인과 시라쿠사이 출신인 히파리노스(Hipparinos)의 딸 아리스토마케(Aristomache)였다. 히파리노스는 디오니시오스가 장군으로 뽑혀 전권을 휘두를 무렵 그의 막료였다.

---

2   이 대목이 주는 의미가 있다. 플루타르코스가 '제12권'이라는 용어를 쓴 것으로 보아 그는 처음부터 전집을 구상하고 이 글을 썼음을 알 수 있다. 「페리클레스전」은 제10권이었고(§ 2) 「데모스테네스전」은 제5권이었는데(§ 3) 그 권차(卷次)는 임의적이었던 듯하다. 그 제12권이 누구를 뜻하는 것인지는 알 수 없다. 「누마전」(§ 8)과 「키몬전」(§ 1)에 유령에 관한 글이 보인다.

들리는 바에 따르면, 디오니시오스는 같은 날에 두 여인과 결혼을 치렀는데, 누구와 첫날밤을 보냈는지는 알 수 없다고 한다. 그러나 그 뒤로 왕은 두 여인을 꼭 같이 사랑하여 함께 밥을 먹고 잠자리는 하루 걸러 바꾸었다. 시라쿠사이 시민은 왕이 두 여인 가운데 타향 출신의 도리스보다는 자기 고향 출신인 아리스토마케를 더 사랑해 주기를 바랐다.

그러나 운 좋게도 도리스가 먼저 아들을 낳아 세자를 세움으로써 외국인이라는 약점을 극복했다. 왕의 바람에도 아리스토마케는 오랫동안 아기를 낳지 못했다. 그러자 왕은 도리스의 친정어머니가 아리스토마케에게 독약을 먹여 아기를 낳지 못하게 했다며 장모를 처형했다.

4

지금 여기에서 이야기하려는 디온은 바로 그 아리스토마케 왕비의 동생이었다. 처음에 그는 왕의 처남이라는 이유로 명예를 얻었지만, 나이가 들면서 그 스스로 지혜로움을 보여 왕의 각별한 사랑을 받았다. 왕은 그를 사랑한 데에서 더 나아가, 재무관에게 디온이 바라는 것은 무엇이든 갖도록 했다. 다만 그날 있었던 일은 그날 왕에게 보고하도록 했다.

일찍부터 고결한 성품을 타고났던 디온은 너그럽고 남자다운 사람이었지만, 하늘의 도움으로 [기원전 388년에] 플라톤이 이곳을 방문했을 때 만난 것을 계기로 크게 성숙했다. 아마도 그런 일은 사람의 뜻으로 이뤄진 것이 아니라 하늘의 뜻이었던 것으로 보인다. 하늘은 시라쿠사이의 자유를 위한 기반을 미리 마련해 주고 폭군을 몰아내고자 이탈리아로 가던 플라톤을 시라쿠사이로 보내 디온을 제자로 삼게 한 것 같다.

그 무렵에 디온은 매우 어렸지만, 플라톤의 제자들 가운데 누구보다도 빨리 학문을 깨쳤고 덕성을 따를 준비가 가장 잘되어 있는 젊은이였다. 이는 플라톤의 『인식론』(VII : 327)에도 기록되어 있고, 여러 가지 일화도 그런 점을 입증하고 있다. 그러기 전까지, 디온은 폭군에게 복종하는 데 익숙한 사회에서 성장한 탓에 비굴하고 겁먹은 삶에 길들어 있었고, 조정에서는 겉치레로 머리를 조아리고, 쾌락과 방종을 가장 좋은 삶으로 여기며 사치와 탐식(貪食)에 젖어 있었다.

그런 디온이 문득 사람을 덕성으로 이끌어 주는 합리적 철학의 맛을 알게 되자 그의 영혼은 곧 불길처럼 타올랐다. 위대한 철학의 부름에 감복한 그는 디오니시오스왕에게도 자기와 같은 충격을 주리라고 순진하고도 충동적으로 생각한 나머지, 참주에게 틈날 때마다 그 위대한 철학자를 만나 강의를 들어 보라며 열성적으로 노력한 끝에 드디어 그런 기회를 만들었다.

5

디오니시오스왕과 플라톤이 만난 자리에서의 대화는 대체로 인간의 덕성에 대한 것이었다가 나중에는 용맹에 관한 문제로 화제가 바뀌었다. 그때 플라톤이 이렇게 말했다.

"모든 인간 가운데 참주야말로 가장 천박합니다. 정의에 관해 말씀드리자면, 의인의 삶에는 축복이 따르지만 공의롭지 않은 사람에게는 재앙이 따를 것입니다."

플라톤의 말에 마음이 찔린 디오니시오스왕은 그의 말을 더는 들으려 하지 않았다. 자리를 함께한 청중이 플라톤을 칭송하면서 그의 논리에 매혹되는 것을 보자 왕은 몹시 화가 치밀었다. 드디어 왕은 화를 벌컥 내면서 플라톤에게 이렇게 물었다.

"그대는 무슨 일로 시킬리아에 오셨는지요?"

이에 플라톤이 이렇게 대답했다.

"의인을 찾으러 왔습니다."

그러자 왕이 다시 말했다.

디온

"저런, 그대는 아직도 그런 인물을 만나지 못했나 보군요."

디온은 이 정도에서 왕의 분노가 멈추리라 생각했다. 플라톤도 이쯤에서 대화를 끝내고 싶었다. 그리하여 디온은 플라톤을 배로 돌려보냈다. 그 배는 스파르타 출신의 폴리스(Pollis)를 태우고 그리스로 가게 되어 있었다. 그러나 디오니시오스 왕은 플라톤을 싣고 가다가 가능하면 죽여 버리되, 그럴 수 없다면 노예로 팔아 버리라고 폴리스에게 은밀히 지시했다.

플라톤은 자신이 설령 노예가 된다 할지라도 의인으로만 살 수 있다면 행복한 일이지 상처받을 일이 아니라고 생각했다. 들리는 바에 따르면, 폴리스는 아이기나(Aigina)로 가던 길에 플라톤을 노예로 팔아 버렸다고 한다. 그 무렵에 아이기나는 아테네와 전쟁을 치르고 있는 터여서, 그 섬을 지나가는 아테네인들을 붙잡아 노예로 팔도록 하는 정령(政令)을 실시하고 있었다.

이와 같은 사건이 있었음에도 디오니시오스왕은 여전히 디온을 칭송하며 신뢰했다. 이를테면 왕은 그에게 가장 중요한 사절의 직책을 맡겨 카르타고에 파견했는데, 디온은 이 업무를 훌륭하게 처리함으로써 커다란 명성을 얻었다. 참주가 디온의 말에 늘 귀를 기울이면서 디온은 왕에게 두려움 없이 직언할 수 있는 유일한 인물이 되었다.

언젠가 디오니시오스왕이 지난날 [기원전 485~478년] 시킬리아의 군주였던 겔론(Gelon)을 비난하며 그의 이름처럼 그가 웃음거리(gelos)였다고 조롱한 적이 있었다. 듣는 이들이 모두 왕의 농담에 즐거워하는 체했지만 디온은 그 말을 언짢게 여기면서 이렇게 말했다.

"오늘 대왕께서 왕이 되실 수 있었던 것은 지난날 겔론왕이 이루어 놓은 제도로 말미암아 민중이 대왕을 믿었기 때문이었다는 사실을 기억하시기 바랍니다. 그러나 대왕께서 지금과 같이 말씀하신다면 이제 누구도 대왕과 같은 분을 군주로 신뢰하려 하지 않을 것입니다.”

실제로 겔론은 절대적인 권력으로 시킬리아를 다스리면
서도 모든 사람이 우러러볼 정도로 나라를 공의롭게 이끌어
갔지만, 디오니시오스 시대에는 사람들이 그의 지배를 받는
것을 매우 부끄럽게 여겼다.

6

디오니시오스왕은 로크리스 출신 왕비에게서 자녀 셋을 낳았
고, 아리스토마케와의 사이에서 네 자녀를 낳았다. 그들 가운
데 소프로시네(Sophrosyne)와 아레테(Arete)라는 두 딸이 있었
다. 소프로시네는 이복 오빠인 디오니시오스 왕자와 결혼했
고, 아레테는 작은아버지인 테아리데스(Thearides)와 결혼했다
가 남편이 죽자 외삼촌인 디온과 다시 결혼했다.

디오니시오스왕의 병이 깊어 죽음이 가까워 오자 디온은
아리스토마케 왕비의 몸에서 태어난 왕자들의 문제에 대해 왕
에게 유언을 들으려 했다. 그러나 왕세자의 비위를 맞추려는
어의(御醫)들의 반대로 말미암아 왕을 만나지 못했다. 역사학
자 티마이오스(Timaeus)의 기록에 따르면, [기원전 367년에] 왕이
수면제를 요구하자 어의들이 독약을 먹여 영원히 잠들게 했다
고 한다.

디온이 새로 왕위에 오른 소(少)디오니시오스왕과 그의
막료들을 처음 만나 정치 현안에 대해 토론했을 때, 그의 지혜
는 단연 빼어나서 다른 사람들은 아이들처럼 보였다. 또한 그
의 주장은 너무도 당당해서, 그에 비하면 다른 사람들은 참주
의 노예마냥 젊은 왕의 비위를 맞추는 데 급급한 것처럼 보였
다. 게다가 카르타고가 시킬리아를 위협한다는 소식을 듣고
사람들이 모두 두려워할 때 그가 한 말은 모두를 놀라게 만들
었다. 그는 이렇게 말했다.

“만약 왕께서 카르타고와 평화롭게 지내고자 하신다면

디온

저는 곧 배를 타고 그리로 건너가 될 수 있는 한 가장 좋은 조
건으로 조약을 맺어 전쟁을 멈추게 할 것이며, 만약 왕께서 전
쟁을 바라신다면 저는 제 돈으로 삼단 노의 함선 50척과 그 운
용에 필요한 물품들을 제공할 것입니다."

7

디오니시오스왕은 디온의 아량에 놀라면서도 그의 담대함에
기뻐했다. 그러나 디온의 넓은 도량으로 말미암아 자신들이
왕에게서 신임을 잃고 있다고 여긴 다른 신하들은 그에게 적
개심을 보이기 시작했다. 그들은 왕이 디온에게 분노를 느낄
수 있는 일이라면 무엇이든 고자질하면서, 그가 해상권을 빌
미로 왕의 자리를 노리고 있다거나, 또는 해군을 이용하여 누
나 아리스토마케의 몸에서 태어난 조카들을 왕위에 올리려 한
다고 모함했다. 그러나 그들이 무엇보다도 그를 시기하고 미
워한 이유는, 삶을 대하는 태도가 남달랐던 디온이 자신들과
어울리지 않으려 했기 때문이었다.

간신들은 왕위에 오를 때부터 쾌락과 아첨 속에서 자란
젊은 왕과 가까이 지내며 그의 사랑을 얻기 위해 아첨했고, 술
과 여자와 온갖 음탕한 짓으로 그를 타락시켰다. 이런 생활을
하면서 왕은 불 속에 들어갔다 나온 무쇠처럼 연약해져, 잔인
하던 본성을 점차 잃었다. 그러나 그런 현상은 왕이 정치에 너
그러워져서가 아니라 게을러졌기 때문이었다.

이렇듯 젊은 왕의 방종은 조금씩 더 짙어졌고, 이른바 부
왕(父王)이 왕국을 잘 통제하려고 만들어 두었던 '강인한 굴레'
도 점점 더 느슨해졌다. 들리는 바에 따르면, 젊은 왕은 등극하
는 날부터 시작하여 90일 동안 연이어 술판을 벌였는데, 그 기
간에 아무도 들어가 그를 만나지 못했고 어떤 정무도 처리되
지 않았으며, 술과 음탕한 이야기와 노래와 춤과 농담만이 질
펀했다고 한다.

8

당연한 일이겠지만, 디온이 쾌락이나 젊은이들의 철없는 짓에 마음을 두지 않는다는 사실은 간신들을 불쾌하게 만들었다. 그들은 디온의 처사 가운데 칭찬받을 만한 덕망도 트집을 잡아 비방했다. 디온이 위엄 있게 처신하면 교만하다 비난하고, 말이 당당하면 방자하다고 비난했다. 그가 남을 꾸짖으면 비난한다고 욕하고, 자기들과 함께 어울려 타락하지 않으면 자기들을 무시한다고 투덜거렸다.

디온의 성격은 참으로 고결하여 남들과 잘 어울리지 못했고, 그래서 상대하기도 어려웠다. 이 때문에 나이가 젊거나 귀가 얇은 사람들에게 디온은 불쾌하고도 짜증 나는 존재였다. 그와 가까운 사람 또는 그의 고지식함과 고결함을 아끼는 사람들조차 그의 인간관계에 문제가 있음을 알았는데, 이는 디온이 자기에게 도움을 바라는 사람들을 처리하는 정치인으로서는 너무 거칠고 무례했기 때문이었다. 그런 탓에 플라톤은 매우 예언적으로 다음과 같은 편지(『인식론』, IV : 말미)를 그에게 보낸 적이 있다.

"그대는 아집을 경계할지니, 그것은 '고독의 동반자(companion of solitude)'라네."

그러나 그 무렵에 사람들은 누구보다도 디온을 존귀하게 여겨 그가 폭풍 같은 참주에게 바른말을 할 수 있는 유일하고도 중요한 조언자라고 생각했는데, 그들이 그렇게 생각하는 것은 디온에게 호의를 품어서가 아니라 참주의 의도에 반대할 수 있고 디온이 그들에게 가장 필요한 인물이기 때문이라는 것을 디온 자신도 잘 알고 있었다.

9

디오니시오스가 저토록 타락한 것은 제대로 교육을 받지 못한 탓이라고 생각한 디온은, 어린 왕에게 교양을 가르침으로써

309

그가 문학과 과학을 깨달아 인격을 갈고닦도록 이끌고자 했다. 그렇게 되면 왕은 덕성을 갖추는 일을 두려워하지 않고, 숭고하며 고결한 삶에서 즐거움을 찾을 수 있을 것이었다. 그러나 왕은 본디부터 그런 자질을 타고난 사람이 아니었다.

들리는 바에 따르면, 그의 아버지는 아들이 지혜를 얻고 지각 있는 사람이 되면 자기를 몰아낼 계획을 세울까 두려워했다. 그래서 아들을 방에 가두어 놓고 다른 사람들을 만나지도 못하게 하고 세상일을 배우지도 못하게 하면서, 장난감 마차나 등잔이나 의자나 탁자를 만들게 했다는 것이다.

아버지 디오니시오스왕은 모든 사람을 의심했으며 호위병조차도 믿지 않았다. 그는 칼이 두려워 이발할 때에도 가위를 쓰지 말고 석탄불로 머리카락을 태우도록 했다. 그의 형제나 아들들도 입은 옷 그대로 왕실에 들어오지 못하고, 입던 옷을 모두 다른 것으로 갈아입고 경비병들이 몸을 샅샅이 살핀 다음에야 들어오게 했다. 언젠가는 그의 동생 레프티네스(Leptines)가 왕에게 어느 지역을 설명하면서 땅바닥에 그 지역을 그리려고 곁에 있던 병사의 창을 빌렸는데, 이에 왕은 불같이 화를 내면서 창을 빌려준 병사를 사형시킨 적이 있었다. 그는 늘 이렇게 말했다.

"나는 지각 있는 내 막료들을 경계한다. 그들이 왕의 신하로 살기보다는 왕이 되고 싶어 한다는 것을 나는 잘 알고 있기 때문이다."

디오니시오스는 높은 지위에 올랐던 마르시아스(Marsyas) 장군을 죽였는데, 그가 왕을 죽이는 꿈을 꾸었기 때문이라는 것이었다. 왕은 그때 이런 말을 했다.

"그가 나를 죽이는 꿈을 꾼 것은 평소에 나를 죽이려 했기 때문이었다."

디오니시오스왕은 플라톤을 볼 때면 화를 냈는데, 이는 플라톤이 자기를 가장 용맹한 사람이라고 말하지 않았기 때문이었다. 그는 그만큼 겁이 많아 숱한 죄를 저질렀다.

10

앞서 말한 바와 같이, 젊은 왕이 저토록 움츠러들고 인격이 뒤틀린 것은 제대로 교육을 받지 못한 탓이라고 생각한 디온은 왕에게 공부를 권했다. 그러면서 그 시대에 가장 위대한 학자인 플라톤에게 간청하여 시킬리아로 모셔 와 왕의 스승으로 삼았다. 디온은 이와 같은 교육으로 왕이 가장 고결하고 아름다운 삶의 모습을 보고 배우며, 플라톤의 가르침에 따라 세상일의 질서를 세우도록 이끌고자 했다.

왕이 그런 삶을 살게 된다면, 그 자신은 물론 백성도 행복하게 만들 수 있을 것이었다. 지금은 왕권의 강압에 못 이겨 억지로 충성을 바치는 백성들이 성군이 된 그를 따라 선의와 충성심에 기초한 나라를 만들고, 절제와 정의를 실현하며 살아가기를, 디온은 진심으로 바랐다.

아버지 디오니시오스가 늘 말했던 것처럼, 왕에게 복종하도록 '강인하게 묶어 두는 굴레'는 공포나 폭력이나 수많은 함대나 이방인 몇천 명으로 이루어진 호위병이 아니다. 그것은 덕성과 정의에서 우러난 선의와 용맹과 민중의 호의이다.

그러한 덕성은 잔인하고 거친 굴레보다 연약할지 모르지만, 권력을 영원히 지켜 주는 힘으로서는 더 강력하다. 설령 왕이 호화로운 옷을 입고 찬란한 가구로 꾸민 저택에 살지라도, 그 행실과 언행이 여염의 사람보다 고결하지 못하고, 그 영혼의 궁궐이 왕답게 꾸며지지 않았다면 천박하고 영혼이 없는 사람에 지나지 않는다.

11

디온은 자주 왕을 설득하며 플라톤의 사상을 교묘하게 담아 전달했다. 이에 디오니시오스왕은 플라톤을 만나 함께 지내면

디온

서 가르침을 받고 싶은 생각이 간절했다. 그리하여 왕은 곧 플라톤에게 여러 차례 편지를 보냈고, 디온과 이탈리아에 있던 피타고라스(Pythagoras)학파의 여러 학자도 많은 편지를 보내어서 시킬리아로 와서 권력의 바다에서 떠돌고 있는 젊은 왕을 중후한 이성으로 바로잡아 달라고 간청했다.

이에 따라 플라톤은, 『인식론』(VII : 328)에서 말하였듯이, 오직 이론에만 빠져 행동하지 않는 지식인이라는 비난이 부끄럽기도 하고, 또 한 나라를 이끌어 가는 사람을 깨우치게 해 줌으로써 실의에 빠진 시킬리아를 구출하겠다는 생각에서 그들의 요구에 고집을 꺾고 그리로 가기로 했다.

그러나 젊은 왕의 삶이 바뀌는 것을 두려워한 디온의 정적들은 시킬리아에서 추방된 철학자 휠리스토스를 귀국시키라고 왕을 설득했다. 휠리스토스는 학문이 깊고 두 참주가 살아온 방법도 잘 아는 사람이었다. 디온의 정적들은 휠리스토스를 불러들여 플라톤에 대항하는 세력을 만들고 싶었다. 부왕 시절에 휠리스토스는 오랫동안 왕궁의 수비대장으로 일했다. 들리는 바에 따르면, 그는 부왕 디오니시오스의 모후(母后)와 내연 관계를 맺고 있었는데 왕도 그런 사실을 모르지 않았다고 한다.

그런데 디오니시오스왕의 동생인 레프티네스가 어느 유부녀와 간통하여 두 딸을 얻자 동생은 왕과 아무런 상의도 없이 그 가운데 하나를 휠리스토스에게 시집보냈다. 이에 화가 난 왕은 그 유부녀를 족쇄에 채워 감옥에 집어넣은 다음 휠리스토스를 시킬리아에서 추방했다. 그래서 휠리스토스는 몇몇 친구와 함께 아드리아(Adria)에 살면서 자기 저술의 대부분을 거기에서 쓴 것으로 보인다.

부왕이 살아 있는 동안에 휠리스토스는 귀국할 수 없었지만, 내가 앞서 말한 바와 같이, 부왕이 죽자 디온을 시샘하던 무리가 그의 귀국을 서둘렀다. 그들은 이 사람이야말로 플라톤보다 더 자기들의 목적에 부합하는 인물로서 왕의 충실한 친구가 되리라고 생각했다.

12

휠리스토스가 귀국하여 왕과 가까운 사이가 되자, 디온을 모함하고 비난하는 사람들은 디온이 테오도테스(Theodotes)나 헤라클레이데스(Herakleides) 같은 인물들과 함께 정부를 전복하고자 모의한다고 왕에게 모함했다. 물론 디온은 왕이 플라톤을 만나 학문을 닦음으로써 오만과 잔인함을 버리고 합법적이고도 훌륭한 군주가 되기를 바랐던 듯하다.

그러나 만약, 왕이 디온의 그와 같은 노력을 받아들이지 않고 온유한 군주가 되기를 거절한다면, 왕을 물러나게 한 다음 시라쿠사이 시민에게 권리를 돌려주리라고 그는 결심했다. 이는 디온이 민주 정치를 신봉해서가 아니라 건전하고도 건강한 귀족 정치를 이룩할 수 없는 참주보다는 차라리 민중의 정부가 더 낫다고 생각했기 때문이었다.

13

그와 같은 상황에서 [기원전 368년 새해에] 플라톤이 시킬리아에 도착했다. 그는 놀랄 정도로 정중하고도 우의에 가득 찬 환영을 받았다. 그가 함선에서 내리자 화려하게 장식한 왕실 마차가 해안에서 기다리고 있었다. 하늘이 자신의 왕정에 큰 축복이라도 내렸다는 듯이 왕은 성대하게 감사의 제사를 올렸다. 더욱이 왕의 잔치가 검소해지고 신하들은 정중해졌으며 왕이 온유한 마음으로 정사를 처리하자 시민들은 이제 그가 정치를 개혁하리라는 원대한 희망에 부풀어 올랐다.

들리는 바에 따르면, 문학과 철학을 공부하려는 사람들이 이리저리 몰려다니는 모습이 보이고, 군중이 기하학 도면을 그리느라 모랫바닥이 먼지로 뒤덮였다고 한다.[3] 들리는 바에 따르면, 그런 일로 며칠이 지나자 궁중의 뜰에서는 나라를 위해 일상적으로 치르던 제사를 올리는 자리에서 제관이 이렇게 빌었다.

"우리 대왕의 가문이 백대(百代)에 이르도록 평강하소서."

그때 곁에 있던 왕이 그 말을 듣고 이렇게 소리쳤다.

"왕실을 저주하고 있군."

이러한 상황은 휠리스토스와 그의 무리를 몹시 짜증 나게 만들었다. 그토록 짧은 시간에 젊은 왕의 마음을 저토록 바꿔 놓을 정도인데, 시간이 흐르고 플라톤이 왕과 더욱 가까워진다면 그 영향력을 꺾을 수 없으리라고 그들은 생각했다.

14

이제 디온의 반대파들은 더 이상 숨어서 그를 공격하지 않고 서로 드러내 놓고 이렇게 말했다.

"디온이 플라톤의 철학으로 디오니시오스왕의 넋을 빼놓아, 왕은 스스로 왕권을 포기하고 자기 조카인 아리스토마케의 자식들에게 왕권을 넘겨주려 한다."

그 말을 들은 옆 사람이 이렇게 말했다.

"지난날 아테네인들이 수많은 육군과 함대를 이끌고 쳐들어왔지만 뜻을 이루지 못하고 전멸하더니, 이번에는 아카데미아의 신비한 철학과 기하학을 주장하는 궤변 철학자 한 사람을 앞장세워, 왕이 호위병 1만 명과 함선 4백 척과 기병 1만 명과 그보다 많은 보병을 포기하고 왕위에서 스스로 물러나라고 설득하고 있다. 그의 영토와 재산으로 누리고 있는 행복과 호화로움을 디온과 그의 조카들에게 넘겨주려고 말이다."

---

3   필기도구가 발달하지 않았던 그 무렵에 사람들은 모랫바닥에 도면을 그리면서 기하를 공부했다.

그와 같은 일이 벌어지자 디오니시오스왕은 처음에는 정말 그럴까하고 의심하더니, 마침내 드러내 놓고 디온에게 화를 내며 적대적인 태도를 보였다. 그러던 터에 디온이 카르타고와 평화 조약을 협상하면서 보낸 편지가 왕에게 전달되었다. 그 편지에서 디온은 카르타고인들이 디오니시오스왕과 평화를 교섭할 때 반드시 자신이 배석하여 이런저런 일들을 잘 도울 수 있도록 하라는 내용이 담겨 있었다.

티마이오스의 기록에 따르면, 왕은 이 편지를 휠리스토스에게 보여 주고 상의한 다음 디온에게 좋은 말로 화해하듯 구슬려, 이제 두 사람 사이에는 다툴 일이 없어졌다고 단호하게 말했다. 그러고는 함께 신전의 언덕을 내려와 바닷가로 나갔다. 그 자리에서 왕은 디온의 편지를 보여 주며 그가 왕을 배신하고 카르타고와 내통했다고 비난했다. 디온이 변명하려 했으나 왕은 들으려고도 하지 않고 [기원전 366년 연말에] 때마침 그곳에 있던 작은 배에 그를 태워 이탈리아 해안으로 보내라고 수병들에게 지시했다.

15

사람들은 이런 과정이 너무 잔인하다고 생각했다. 왕실의 여인들은 통곡했지만 시라쿠사이 시민은 오히려 혁명이라도 일어나 정부가 빠르게 바뀌리라는 기대감에 부풀어 있었다. 왕을 믿지 못하는 사람들이 늘어난 가운데, 디온의 추방이 그러한 불신을 부채질했기 때문이다.

이와 같은 사정을 잘 알고 있던 디오니시오스왕은 디온의 친척 여인들을 위로하고자, 디온은 추방된 것이 아니라 여러 곳을 여행하고 있으며, 그가 국내에 남아 있었더라면 왕 자신이 너무 분노하여 실수라도 저지르지나 않을까 하는 걱정에 잠시 고국을 떠나보낸 것이라고 말했다.

왕은 또한 디온의 친척들에게 배 두 척을 보내, 디온이 원

디온

하는 만큼 재산과 노예를 실어 펠로폰네소스에 있는 그에게 보내 주라고 지시했다. 본디 디온은 재산이 많아 그 삶이 마치 왕족 같았는데, 거기에 그의 막료들도 힘을 모아 그에게 재산을 보내 주었다.

그 밖에도 왕실 여인들과 그를 지지하는 사람들이 될 수 있는 한 많은 재물을 보내 주었다. 그리스 사람들은 디온의 재산이 엄청나게 많아지자 망명자의 재산이 저 정도라면 그곳 왕의 권세는 어떨까 하고 상상하게 되었다.

16

디오니시오스왕은 남아 있는 플라톤을 신전의 언덕으로 옮겨 살게 하면서 호의라도 보이려는 듯이 호위병을 두었는데, 이는 플라톤이 디온을 따라가 자신에 대해 나쁜 말을 퍼뜨리지 못하도록 막고자 함이었다. 그러나 맹수가 사람과 자주 만나면서 순화하듯이, 시간이 흐르고 자주 만나는 동안 왕은 플라톤에게 애정을 품게 되었는데, 이런 점이 곧 왕의 덕목이었다. 왕은 플라톤이 오직 자기만을 아끼고 누구보다 자신을 칭송해 주기를 바랐다. 왕은 이제 플라톤이 자기보다 디온을 더 사랑하지만 않는다면 플라톤에게 국정 운영이라도 맡길 준비가 되어 있었다.

그러나 그와 같은 왕의 애정이 플라톤에게는 견딜 수 없는 재앙이었다. 남을 끔찍하게 사랑하는 대부분의 사람이 그렇듯이, 본디 왕은 시샘이 많고, 갑자기 분노하다가 갑자기 화해의 손을 내밀기 때문이었다. 디오니시오스왕은 지나칠 정도로 플라톤의 말에 귀를 기울이고 그의 철학을 따르다가도, 플라톤의 학문이 자기를 타락시키고 있다는 이유로 자기와 플라톤을 떼어 놓으려는 사람들을 만나면 자신의 공부를 부끄럽게 생각했다.

그러한 상황에서 전쟁이 일어나자 왕은 플라톤을 고향으

로 돌려보내며 여름이 되면 디온을 귀국시키겠노라고 약속했다. 그 약속은 곧 깨졌다. 그러나 왕은 시라쿠사이에 있는 디온의 재산에서 들어온 수입을 플라톤에게 보내 주며 전쟁 때문에 디온의 귀국이 늦어지는 것을 사과했다. 전쟁이 끝나자 왕은 디온을 불러들인 뒤, 앞으로는 조용히 지내면서 정부 개혁을 시도하지도 말고 그리스인들에게 자기를 나쁘게 말하지도 말라고 부탁했다.

17

플라톤이 디온을 아카데미아로 끌어들여 공부하도록 노력한 덕분에 디온은 철학에 마음을 쏟았다. 디온은 아테네 언덕에 있는 고급 주택가에서 잘 알고 지내던 칼리포스(Kallipos)와 함께 살았지만, 기분 전환을 하려고 시골에도 별장을 사 두었다.

그 뒤에 디온은 시킬리아로 돌아가면서 아테네에서 가장 친한 친구인 [플라톤의 조카] 스페우시포스(Speusippos)에게 그 집을 주었다. 플라톤은 디온이 때맞추어 매력적인 인물들과 품위 있고 재치 있는 언사를 주고받으며 함께 어울림으로써 그의 성품도 원만하고 다감해지기를 바랐는데, 스페우시포스가 바로 그런 인물이었다.

티몬(Timon)이 그의 시집 『실리(Silli)』에서 표현하였듯이, 스페우시포스는 "탁월한 재담꾼"이었다. 누군가 플라톤에게 소년 합창단을 보내 달라고 부탁했을 때 디온이 그들의 연습을 맡고 경비를 모두 지불하여 격려한 적도 있다. 플라톤은 이처럼 디온이 아테네인들을 즐겁게 해 주도록 격려했다. 여기에는 자기보다는 디온이 아테네인들에게 더 많은 호감을 받도록 해 주려는 뜻이 있었다.

디온은 여러 도시를 찾아다니며 그곳의 명사들이나 훌륭한 정치인들을 만나 즐겁게 지냈다. 그러면서 자신이 천박하거나 교만하거나 가벼운 사람이 아니라 엄청난 자제력과 덕성

　　　　　　　　　　　　　　디온

과 기백을 갖추었을 뿐만 아니라 학문과 철학에 몰두하고 있다는 사실을 행동으로 보여 주었다. 이에 많은 사람이 앞다투어 그에게 호의를 보였고, 많은 도시가 그에게 공식적으로 그의 명예를 높여 주었다. 그 무렵에 디오니시오스왕은 테베와 전쟁을 치르면서 스파르타와 굳은 동맹을 맺고 있었지만, 스파르타인들은 그가 분노하리라는 것을 마음에 두지 않고 디온에게 시민권을 주었다.

들리는 바에 따르면, 디온은 메가라 출신인 프토이오도로스(Ptoiodoros)가 자기를 초청해 준 데 대한 답례로 그의 집을 찾아간 적이 있었다고 한다. 아마도 프토이오도로스는 아테네에서 가장 돈이 많고 영향력이 큰 사람이었던 듯하다. 그런데 그의 집에 이르러 보니 그를 만나러 온 사람들이 많고 업무도 바빠 그를 만날 수 없었다. 이에 디온의 막료들이 화를 내며 집주인을 비난하자 디온이 그들을 돌아보며 이렇게 말했다.

"그 사람을 비난하지 말게. 우리도 시라쿠사이에 살 때 그러지 않았던가?"

18

시간이 흐르면서 디온에 대한 디오니시오스왕의 시샘은 더욱 심해졌다. 그는 디온이 그리스에서 명성이 높다는 사실이 두려웠다. 그리하여 왕은 디온의 토지에서 들어온 수입을 그에게 보내던 것을 막고, 그의 재산을 재산 관리자에게 넘겨주었다.

한편 왕은 플라톤을 제대로 대접하지 않아 자기에게 나쁜 평판이 생긴 것을 만회하고 싶은 마음에 명망 높은 여러 학자를 궁정으로 불러들였다. 왕은 토론에서 그들을 압도하고 싶어 했지만 플라톤에게 배운 지식이 충분하지 못하여 마음먹은 대로 되지 않았다.

그리하여 디오니시오스왕은 플라톤을 더욱 그리워하면서 플라톤이 머무는 동안에 더 많이 배우지 못한 자신의 잘못을 후회했다. 독재자들이 대부분 그렇듯이, 늘 자기가 하는 일에 허세를 부리거나 고집을 꺾지 않는 왕은 플라톤을 다시 부르고자 수단을 가리지 않았다. 왕은 아르키타스와 그의 피타고라스학파 제자들을 앞세워 플라톤을 불렀다.

처음부터 왕이 아르키타스 무리와 친해진 것도 플라톤을 통해서였다. 그리하여 그들이 플라톤을 데려오라며 아르케데모스(Archedemos)를 보낼 때, 왕은 배 한 척과 그를 맞이할 친구들도 함께 보냈다. 또한 왕은 플라톤에게 편지를 보내 그가 오지 않으면 디온에게 베풀던 은전을 모두 취소할 것이며, 그가 다시 오면 은전을 베풀겠노라고 분명히 전달했다.

한편, 디온의 아내와 누이들도 플라톤에게 여러 차례 편지를 보냈다. 왕이 앞으로는 더 가혹하게 굴지 못하도록 해 달라고 당부한 것이다. 그리하여 플라톤은 스스로 고백한 것처럼, [기원전 361년에] "세 번째로 스킬라(Skylla)만(灣)을 건넜는데" 그 모습은 호메로스의 다음 시구를 연상하게 해 준다.

남풍이 내 마음에 고통을 안겨 주며
빠르게 다가오는데
나를 저 끔찍스러운 카리브디스(Charibdis)[4]로
되돌아가게 하려 함이라.
(『오디세이아』, XII : 426~428)

19

플라톤이 시라쿠사이에 도착하자 디오니시오스왕은 몹시 기뻤다. 시라쿠사이 시민도 희망에 부풀었다. 이제는 플라톤이

---

4   카리브디스는 안타이오스의 누이이며 바다의 여신이자 엄청난 여자 괴물이다. 그의 어머니는 땅과 창조의 여신이자 지모신인 가이아이고, 아버지는 바다의 신이자 올림포스의 중심인 포세이돈이다.

휠리스토스를 물리치고, 그의 철학이 폭군을 진정시켜 주기를 진심으로 기도했다. 부인들도 플라톤을 지극히 모셨으며, 왕은 그가 몸수색을 받지 않고서도 궁궐에 출입할 수 있는 특권을 주었다.

왕은 플라톤에게 큰돈과 값진 선물을 여러 차례 보냈으나 그는 받지 않았다. 그럴 때면 곁에서 지켜보던 키레네(Cyrene) 출신의 아리스티포스(Aristippos)가 이렇게 말했다.

"디오니시오스왕은 안전하게 선심을 쓴다. 필요한 사람에게는 적게 주고, 받지 않겠다는 플라톤에게는 너무 많이 준다."

플라톤이 왔을 때 디오니시오스왕은 친절했다. 그러나 플라톤이 디온의 이야기를 꺼내자 처음에는 말을 미루더니 나중에는 흠잡을 소리를 하거나 불평을 터뜨렸다. 왕이 이와 같은 사실을 숨겼기 때문에 다른 사람들은 그런 사정을 알지 못했다. 왕은 플라톤에게 온갖 친절을 베풀고 영예를 더함으로써 디온에게 쏠리고 있는 그의 관심을 자기에게 돌리고자 노력했다. 플라톤도 처음에는 왕의 실언과 거짓됨을 드러내지 않고 견디면서 분노를 감추었다.

두 사람 사이는 그렇게 되면서 서먹해졌다. 그러나 아무도 그런 사정을 알지 못한 채 별 일이 없겠거니 생각하고 있을 때, 키지코스 출신으로 플라톤의 가까운 친구였던 헬리콘(Helikon)이 일식(日蝕)을 예언했다. 그가 예언한 대로 일식이 일어나자 왕은 그를 높이 칭찬하며 은 1탈렌트를 상으로 내렸다. 그러자 키레네의 철학자 아리스티포스가 다른 철학자들에게 농담을 하면서 이런 말을 했다.

"나는 좀 더 기이한 현상도 예언할 수 있다네."

친구들이 물었다.

"그게 뭐지?"

그러자 그가 이렇게 대답했다.

"머지않아 플라톤과 디오니시오스왕은 원수가 될 걸세."

드디어 디오니시오스왕은 디온의 재산을 공매 처분하여
그 돈을 챙기고, 플라톤의 거처를 수비대로 옮겨 용병들이 그
를 돌보도록 했다. 용병들은 플라톤이 왕에게 왕위에서 물러
나 호위병 없이 살라고 설득했다고 믿었기 때문에 그를 미워
하여 죽일 기회를 엿보고 있었다.

20

아르키타스와 피타고라스학파 사람들은 플라톤이 위험에 빠
진 것을 알았다. 그들은 디오니시오스에게 사절을 보내 플라
톤을 돌려보내 달라고 요구하면서 플라톤이 시라쿠사이로 올
때 자신들이 보증을 섰던 사실을 상기시켰다. 왕은 플라톤에
게 성대한 잔치를 베풀고 여행에 필요한 물품들을 장만해 줌
으로써 자기가 그에게 품었던 악의가 사실이 아닌 체했다.

왕은 이런저런 이야기를 나누던 끝에 플라톤에게 이렇게
말했다.

"선생님께서는 아카데미아로 돌아가시어 다른 철학자들
에게 나를 지나치게 비난하지 않으시리라고 믿습니다."

그 말에 플라톤은 웃음을 지으며 이렇게 대답했다.

"누가 대왕께 우리 아카데미아에 대해 무슨 말을 했는지
모르겠지만, 하늘은 우리를 그런 주제나 다루고 있을 만큼 한
가하게 만들지 않을 것입니다."

들리는 바에 따르면, 플라톤은 그렇게 시라쿠사이를 떠났
다고 한다. 그러나 플라톤은 『인식론』(VII : 349)에서 그와 같은
언급에 전혀 동의하지 않았다.

21

디온은 디오니시오스의 처사에 분개하던 터에 왕이 자기의 누
이이자 디온의 아내인 아레테에게 한 일을 듣고 나서는 완전
히 원수가 되었다. 그 내막은 플라톤이 디오니시오스왕에게

디온

은밀히 보낸 편지에 담겨 있는데, 내용인즉 이렇다.

디온이 추방되고 플라톤이 처음 아테네로 돌아갔을 때, 왕은 디온이 자신의 아내가 재혼하는 문제에 반대하지 않는지 알아봐 달라고 플라톤에게 부탁했다.

당시 그에 대한 보고에 따르면, 그 내용이 사실인지 디온의 정적들이 꾸며 낸 이야기인지는 알 수 없으나, 아레테와의 결혼이 내키지 않았던 디온은 애초에 아내와 단란하게 살지 않았다는 것이었다. 부탁을 받은 플라톤은 아테네로 돌아온 뒤에 디온과 이런저런 이야기를 나눈 다음, 디오니시오스왕에게 여러 가지 이야기를 편지로 써 보냈다.

플라톤이 왕에게 보낸 편지는 누구나 알아볼 수 있었지만 어떤 특별한 문제에 관해서는 왕만 알아볼 수 있는 방법으로 글을 썼다. 편지에서 플라톤은 자신이 디온과 그 문제에 관해 이야기를 나누었는데, 그가 왕의 처사에 몹시 분노하고 있다고 썼다.(『인식론』, VII : 362) 그럼에도 그때까지만 해도 왕과 디온 사이에는 화해할 수 있는 한 가닥 희망이 있어, 왕은 자기 여동생인 디온의 아내가 어린 아들과 함께 살도록 해 주었다.

그러다가 디온의 부부 생활이 멀어지고 플라톤이 두 번째로 시라쿠사이를 찾아왔다가 서로 마음을 상한 채 귀국하자, 디오니시오스왕은 아레테의 의사와 달리 자신의 친구인 티모크라테스(Timokrates)에게 동생을 시집보냈다. 이런 점에서 왕은 그의 부왕인 디오니시오스 1세의 이성적인 처사를 본받지 못했다.

부왕에게는 테스테(Theste)라는 딸이 있었는데, 그의 남편 폴리크세노스(Polyxenos)가 디오니시오스왕과 원수 사이였다. 생명의 위협을 느낀 폴리크세노스는 두려운 마음에 시킬리아를 벗어나 망명했다. 이에 디오니시오스왕은 동생을 불러 남편의 도주를 알고 있으면서도 오빠에게 말하지 않은 사실을 꾸짖었다. 그러나 테스테는 낙심하거나 두려워하지 않고 이렇게 대답했다.

"오빠는, 제가 만약 남편의 망명을 미리 알았더라도 그와 더불어 배를 타고 운명을 함께하지 않을 만큼 천박하고 비굴한 여자라고 생각하셨습니까? 저는 남편의 망명을 모르고 있었습니다. 저는 폭군 디오니시오스왕의 여동생이기보다는 망명객 폴리크세노스의 아내로 불리는 것을 더 영광스럽게 생각합니다."

들리는 바에 따르면, 왕은 그 말을 듣고 동생의 의지에 감동했다고 한다. 시라쿠사이 여인들도 그 여인의 덕망에 감동하여 디오니시오스가 왕위에서 물러난 뒤에도 그 여인의 명예를 존중하고 왕실 가문으로서 대우를 계속했으며, 그 여인이 죽자 시민은 공적으로 그의 장례를 치러 주었다. 이 이야기는 여담이기는 하지만 기록할 만한 가치가 있으므로 여기에 적어 둔다.

22

이때부터 디온은 디오니시오스와 전쟁을 벌이기로 마음을 고쳐먹었다. 플라톤은 이 일에 관여하지 않았는데, 디오니시오스와 나눈 정리(情理) 때문이기도 했지만 그때 그는 나이가 너무 많았기 때문이었다. 플라톤의 조카 스페우시포스와 그의 동지들이 디온을 도와 군대를 꾸린 뒤 시킬리아로 들어갈 준비에 들어갔다. 시킬리아인들은 두 팔 벌려 디온이 오기를 열렬히 기다리고 있었다.

플라톤이 시라쿠사이에 머무르는 동안 스페우시포스는 그곳 주민들과 어울리며 그들의 감정이 어떤지를 살폈던 것 같다. 처음에는 주민들이 스페우시포스의 무리에게 말을 꺼내는 것조차 두려워하면서 이번 일은 디오니시오스가 주민들을 떠보려고 파 놓은 함정이 아닌지 의심했지만, 시간이 흐르자 조금씩 그를 믿기 시작했다.

디온

시킬리아의 주민들 모두가 긴장하면서 말하기를, 함대나 보병이나 기병대를 데려올 것도 없이 디온이 작은 배를 타고 몸만 와도 되며, 디오니시오스에게 맞서려면 그의 몸과 이름만 시킬리아인들에게 빌려주면 된다는 것이었다. 디온은 다른 사람들을 시켜 병력을 모으면서 자신의 목적을 드러내지 않았다.

디온은 여러 정치인과 철학자들에게서 지지를 받았는데, 그 가운데 키프로스 출신의 에우데모스(Eudemos)와 레우카디아(Leukadia) 출신의 티모니데스(Timonides)가 있었다. 에우데모스가 죽었을 때 아리스토텔레스가 그와 대화한 기록으로 『영혼에 관하여(Phaedo)』를 쓸 만큼 그는 유명한 사람이었다.

디온의 동지들은 더 나아가 아카데미아에서 공부한 예언자였던 테살리아 출신의 밀타스(Miltas)를 끌어들였다. 그러나 디오니시오스가 추방한 1천 명 남짓한 인사들 가운데 단 25명만이 거사에 참여했으며, 그 나머지는 무서워 참여를 포기했다. 병력이 모이기로 한 곳은 자킨토스(Zakynthos)섬이었다.

그들은 모두 8백 명을 넘지 않았지만 많은 전쟁에서 이름을 날린 사람들이었으며, 몸이 훌륭하게 단련되어 있고 경험과 용맹에서 세상 누구와도 견줄 수 없었다. 그들은 디온이 시킬리아에 상륙하면 만나기로 한 무리에게 용기를 불어넣어 주기에 충분한 능력을 갖춘 인물들이었다.

23

처음에 병사들은 자기들의 원정이 디오니시오스왕을 타도하려는 것이라는 말을 듣자 크게 실망하여, 그가 분노했거나 절망한 나머지 희망 없는 거사에 몸을 던지고 있다며 디온을 비난했다. 그들은 또한 출발하기에 앞서 미리 이번 거사를 설명해 주지 않은 지휘관과 장교들에게 화를 냈다. 그러자 디온이 나서서 참주의 실정을 자세히 거론하며 이렇게 말했다.

"나는 여러분을 병사들로 데리고 온 것이 아니라 오랫동안 봉기를 준비해 온 시라쿠사이인들과 그 밖의 시킬리아인들을 지휘할 사령관으로 데리고 온 것입니다."

디온의 뒤를 이어 아카이아의 명문가 출신으로 명성이 높아 이번 원정에 참가한 아르키메네스(Arkimenes)가 나서서 사정을 설명한 뒤에야 비로소 병사가 수긍했다.

때는 [기원전 357년] 한여름인데 바다에서 북풍(Etesiai)이 불어오고 달빛이 휘황했다. 디온은 아폴론 신전에 바칠 제물을 넉넉히 장만한 다음, 완전 무장한 병사들과 함께 신전을 향하여 엄숙하게 행진했다. 제사를 마치자 디온은 자킨토스 경기장에서 병사들을 위해 잔치를 베풀었다.

의자에 비스듬히 누운 병사들은 평범한 시민이 가질 수 없는 금은 그릇과 식탁을 바라보면서 놀라움을 감출 수 없었다. 이미 인생의 황금기를 지나 부러울 것 없이 살고 있는 디온이 성공에 대한 확신과 동지들의 아낌없는 협조가 없이는 굳이 이런 거사를 벌일 리 없다고 병사들은 생각했다.

24

제사와 일반적인 기도가 끝나자 월식이 시작되었다. 월식은 주기적으로 생기는 일이며, 달과 태양 사이에 지구가 끼여 그 그림자가 달에 비치는 것이라는 사실을 잘 알고 있는 디온으로서는 놀라운 일이 아니었다. 그러나 병사들이 크게 놀라 동요하자 그들을 고무할 만한 조치가 필요했다. 이에 예언자 밀타스가 병사들 가운데 서서 이렇게 말했다.

"이는 상서로운 일이니 여러분은 기뻐하십시오. 곧 좋은 결과가 나타날 것입니다. 하늘이 지금 우리에게 월식을 보여 주는 것은 곧이어 우리에게 빛나는 일이 벌어질 것을 알려 주는 것입니다."

그러고 보니 폭군 디오니시오스보다 더 빛나는 존재가 없었고, 그 빛은 이제 그들이 시킬리아에 나타나자마자 사라지게 되어 있었다. 병사들 모두 밀타스의 해석을 믿었다. 그때 디온이 타고 가던 배의 앞머리에 벌 떼가 날아와 붙었다. 이를 본 밀타스는 디온과 그의 막료들에게 조용히 말했다.

"이번 거사가 처음에는 뜻한 바대로 잘되겠지만, 잠시 좋았다가 곧 사그라질까 두렵습니다."

들리는 바에 따르면, 디오니시오스왕에게도 하늘에서부터 여러 가지 전조가 내려왔다고 한다. 독수리가 나타나더니 왕의 호위병에게서 창을 빼앗아 날아오른 다음 바다에 빠뜨렸다. 또한 어느 날 아크로폴리스(Acropolis) 신전을 씻어 내린 바닷물에 짠맛이 없어져 종일 마실 수 있었는데, 모든 사람이 이를 목격했다. 또한 몸뚱이에서 다른 부분은 멀쩡한데 오직 귀가 없는 돼지 떼가 왕에게 몰려왔다. 들리는 바에 따르면, 이를 본 밀타스가 이렇게 말했다고 한다.

"이는 민중이 왕에게 충성하지 않고 반란을 일으킨다는 뜻입니다. 돼지의 몸뚱이에 귀가 없다는 것은 그들이 독재자의 지시를 듣지 않는다는 뜻입니다. 물맛이 달콤했다는 것은 이제 시라쿠사이 시민에게 슬픔과 압제가 사라지고 평화로운 날이 온다는 뜻입니다. 독수리는 제우스 신의 시종을 뜻하며 창은 권력의 상징이니, 이는 폭군을 몰아내겠다는 하늘의 높은 뜻을 보여 준 것입니다."

이 모든 이야기는 역사학자 테오폼포스(Theopompos)의 책에 기록되어 있다.

25

디온의 병사들은 상선 두 척, 작은 수송선 한 척 그리고 30명이 노를 젓는 함선을 이끌고 출항했다. 병사들의 무기 말고도 디온은 방패 2천 개와 수많은 화살과 창, 바다를 건널 때 부족함이 없을 정도의 군수품을 마련했다. 그들은 항해하는 동안 순풍을 맞으며 먼바다로 나아갔다.

휠리스토스가 이아피기아(Iapygia)에서 함대를 거느리고 자신들을 기다리며 경계하고 있다는 사실을 알고 있었던 디온은 해안 가까이 항해하기가 두려웠다. 열이틀 동안 순풍을 탄 그들은 열사흘째 되는 날, 시킬리아 끝자락에 있는 파키노스(Pachynos)에 이르렀다.

선장 프로토스(Protos)는 이곳에 서둘러 상륙하자고 주장했다. 만약 이곳에서 바람을 만나 해안에서 멀어지면, 가까스로 도착한 곳(串)을 벗어나 여러 날 동안 바람에 밀리면서 여름철에 드물게 불어오는 남풍을 기다려야 하기 때문이었다. 그러나 적진 가까운 곳에 배를 정박하기가 두려웠던 디온은 그 해안에서 멀리 떨어진 곳에 상륙하기를 바라면서 파키노스를 지나쳤다.

그때 북풍이 거세게 몰아치고 파도가 일렁이며 함선을 시킬리아 해변에서 멀리 떨어진 곳으로 떠내려 보냈다. 천둥과 번개가 일고 대각성(大角星, Arktouros)이 떠오르자 엄청난 폭우가 쏟아졌다. 이에 혼란에 빠진 선원들이 방향을 잃고 허둥대다 문득 바라보니, 자신들이 아프리카의 케르키나(Cercina) 해안에 표류하고 있다는 것을 알았다. 디온 일행이 주변을 살펴보니 섬 주변은 너무 거칠고 가팔라 배를 댈 수가 없었다.

해안을 떠돌다가 겨우 절벽과의 충돌을 모면한 그들은 상앗대로 배를 밀어 난파되지 않으려고 온갖 애를 썼고, 그러다 가까스로 폭풍이 멎었다. 그때 지나가는 배가 있어 물어보니 대(大)시르티스(Syrtis Megale)곶이라는 곳이었다.

그러나 이제는 바람이 없어 배들이 이리저리 표류하여 절망하고 있는데, 때마침 남풍이 불어와 배를 육지에서 바다로 밀어냈다. 그들은 기대하지도 않은 남풍을 만난 행운을 믿을 수가 없었다. 바람이 조금씩 일다가 점점 강해지자 그들은 닻을 모두 올리고 신에게 감사를 드린 다음 아프리카를 떠나 시킬리아로 향했다.

디온

디온 일행은 닷새 동안 배를 빠르게 몰아 시킬리아의 작은 도시 미노아(Minoa)에 닻을 내렸다. 그곳은 카르타고 영토였다. 그리고 우연히도 그곳의 사령관은 카르타고의 시날로스(Synalos) 장군이었는데, 그는 한때 디온의 '손님'으로 지낸 사이였다. 해안에 나타난 원정군이 디온의 부대인 것을 몰랐던 그는 그들의 상륙을 저지하려 했다. 그러나 디온의 군대는 무장하고 상륙을 감행했다.

시날로스 장군과 나눴던 우정을 감안한 디온이 살생을 저지르지 말라고 지시한 덕에 수비대를 죽이는 일은 없었지만, 그의 군대는 카르타고 병사를 물리치고 도시를 점령했다. 그러나 곧 두 장군은 서로를 알아보고는 반갑게 인사를 나누었다. 디온은 시날로스에게 도시를 돌려주었고, 시날로스는 디온의 병사들에게 식사와 필요한 물품들을 제공했다.

26

우연히도 그 무렵에 디오니시오스왕이 시라쿠사이를 떠나 그곳에 없다는 사실이 디온의 병사들을 더욱 고무했다. 그때 디오니시오스는 함선 80척을 이끌고 이탈리아로 항진하고 있었다. 오랜 항해에 지친 디온은 미노아에서 좀 더 휴식을 취하고 싶었지만 병사들이 따르지 않았다. 그들은 디오니시오스왕이 자리를 비운 틈을 타 시라쿠사이를 점령하고 싶은 마음에 디온에게 곧바로 출정하자고 요구했다.

그리하여 디온은 넘치는 무기와 장비를 시날로스에게 맡기면서 필요할 때 보내 달라고 부탁하고는 시라쿠사이를 향해 진군했다. 그가 진군하는 동안 에크노모스(Eknomos) 일대의 아크라가스(Akragas) 사람들로 이루어진 기병대 2백 명과 겔라(Gela)족 몇 명이 합세했다.

디온이 쳐들어오고 있다는 소식이 재빨리 시라쿠사이에 전달되었다. 그 무렵 나라를 비운 디오니시오스왕을 대신하여 도시를 다스리던 사람은 티모크라테스였는데, 지난날 디온의 아내이자 왕의 여동생인 아레테의 재혼한 남편이었다. 그는 왕에게 디온이 쳐들어온다는 소식을 알리고자 전령을 서둘러 보내는 한편, 자신은 주민들의 동요와 소란을 막으려고 노력했다. 주민들은 몹시 흥분했으며, 디온이 쳐들어온다는 소식을 믿지 못하여 숨죽인 채 겁에 질려 있었다.

그런데 디오니시오스왕에게 소식을 전달하러 가던 전령에게 어이없는 일이 벌어졌다. 바다를 건너 이탈리아에 도착한 전령은 카울로니아(Caulonia)에 머무르는 왕을 찾아 레기움(Rhegium) 지역을 지나던 도중에 친구를 만났다. 전령은 방금 제사를 마치고 남은 고기를 운반하던 친구에게 고기를 얻어 들고 가던 길을 서둘렀다.

밤길을 가던 전령은 지친 나머지 어느 길가의 숲에 쓰러져 잠들었다. 그때 지나가던 늑대가 냄새를 맡고 달려와 고기가 든 짐 가방을 물고 달아났는데, 불운하게도 왕에게 보내는 편지가 그 짐에 들어 있었다. 잠에서 깨어난 전령은 없어진 가방을 찾으려고 한참 동안 애썼으나 소용없었고, 그러자 편지도 없이 왕을 찾아가기보다는 달아나기로 결심했다.

27

그 때문에 디오니시오스는 뒤늦게야 다른 사람에게서 디온이 쳐들어왔다는 소식을 들었다. 그러는 동안에 디온은 진군을 계속하면서 카마리나(Kamarina)족과 합류했고, 시라쿠사이 주변에서는 적지 않은 시민이 봉기하여 그의 부대에 들어왔다.

더욱이 티모크라테스와 함께 시라쿠사이 서쪽의 고원 지대인 에피폴라이(Epipolai)를 지키고 있던 레온티니족과 캄파니아족은 디온이 자기들의 고향을 먼저 공격한다고 퍼뜨린 거짓 정보에 속아, 자기 동포들을 돕고자 대오에서 이탈하여 고향으로 돌아갔다.

디온

디온은 거기에서 가까운 아크라이(Akrai)에 진영을 차리고 있다가 그 소식을 듣자 밤중에 병사를 일으켜 시라쿠사이에서 10훠롱 떨어진 아나포스(Anapos)강으로 진군했다. 그곳에서 진군을 멈춘 디온은 강변에서 제사를 드리고 떠오르는 태양을 향해 기도를 드렸다. 그때 신이 승리를 약속했노라고 예언자가 선언했다.

디온이 제사를 드리고자 머리에 화관을 쓴 것을 본 병사들도 감격하여 화관을 만들어 썼다. 5천 명이 넘는 병사가 행군에 참여했다. 그들이 오면서 가져온 무기들은 변변치 않았지만, 사기가 높아 그러한 약점을 극복하기에 충분했다. 그리하여 디온의 명령이 떨어지자 그들은 기쁜 마음으로 조국의 자유를 외치며 달려 나갔다.

28

시라쿠사이 시내에 있던 사람들 가운데 지체가 높거나 학문이 깊은 사람들은 새 옷으로 갈아입고 디온 일행을 맞이하러 성문으로 나갔다. 민중은 참주의 막료들을 습격하여 하늘도 용서하지 않는 밀고자들을 잡아냈다. 그들은 민중 사이에 섞여 시내를 분주히 돌아다니면서 시민들의 감정과 탄식을 참주에게 보고하던 무리였다. 민중은 그들을 찾아내어 때려죽임으로써 가장 먼저 응징했다.

결국, 신전의 언덕에 주둔해 있던 수비대와 합류할 수 없게 된 티모크라테스는 말을 타고 도시를 탈출했다. 그는 달아나면서 자신이 대단치도 않은 위험에 겁먹고 도시를 포기했다는 비난을 듣지 않으려고 디온의 병력을 과장하여 선전함으로써 듣는 이들을 공포와 혼란에 빠뜨렸다. 그러는 사이에 디온은 찬란한 갑옷 차림으로 병사를 이끌고 시라쿠사이 가까이에 나타났다.

디온은 한편에는 동생 메가클레스(Megakles)를 거느리고 다른 한편에는 아테네 출신의 칼리포스를 거느렸는데, 두 사람 모두 화관을 썼다. 용병 1백여 명이 호위병으로 디온을 따랐으며, 다른 장교들은 질서 정연하게 나머지 부대를 인솔했다. 시라쿠사이 시민이 그들을 바라보면서 이 도시에 48년 동안 멈추었던 자유와 민주 정치를 되살려 준 그들을 환영하는데, 마치 종교 행렬처럼 성스러웠다.

29

테메니티스(Temenitis) 성문을 거쳐 성안으로 들어간 디온은 나팔을 불어 시민을 진정시키고, 다음과 같은 포고문을 발표했다.

"참주를 무너뜨리려고 온 디온과 메가클레스가 이에 선언하노니, 시라쿠사이를 포함하여 시킬리아에 사는 시민은 이제 모두 자유이다."

디온은 민중에게 연설하고 싶었다. 그가 에피폴라이 평원의 동쪽 아크라디나를 지나가자 길 양쪽에 서 있던 시라쿠사이 시민은 식탁 위에 희생 제물의 고기와 그릇을 차려 놓고, 그가 지나가자 꽃을 던지면서 마치 신이라도 지나가는 듯이 맹세하고 기도했다. 디온은 신전의 언덕 밑에 디오니시오스왕이 만들어 세운 높고 화려한 해시계 옆에 섰다.

디온은 해시계 위에 올라가 그들에게 자유를 주노라고 연설했다. 기쁨에 젖은 시민들은 디온과 메가클레스를 장군으로 선출하여 막강한 권력을 부여하는 한편, 그들과 함께 정무를 수행할 20인 위원회를 뽑았는데, 그 가운데 열 명은 디온과 함께 망명지에서 돌아온 사람들이었다. 예언자들의 눈에는 디온이 대중에게 연설하면서 참주의 야망 찬 기념물을 밟고 선 것이 매우 상서로운 징조로 보였다. 그러면서도 그가 딛고 올라선 것이 해시계였다는 사실 때문에 그의 거사가 시계처럼 빨리 뒤바뀌지나 않을까 두려워했다.

그런 일이 있은 뒤에 디온은 에피폴라이를 함락하고 그곳에 투옥되어 있던 시민들을 풀어 주었다. 그리고 그는 디오니시오스왕과 벌일 전투에 대비하여 신전의 언덕 둘레에 성을 쌓았다. 성을 함락한 지 이레째 되는 날에 디오니시오스가 함선을 이끌고 성안으로 들어왔다. 그때 디온이 지난번에 시날로스에게 맡겨 두었던 갑옷과 무기들을 실은 마차가 도착했다. 디온은 전투에 참여하고자 하는 시민에게 무기를 나누어 주었고, 무기를 받지 못한 나머지 시민은 자기 능력껏 무장한 다음 마치 실전 부대처럼 디온에게 협조했다.

30

처음에 디오니시오스왕은 은밀히 디온에게 사절을 보내 휴전을 협상하려 했다. 이에 디온은 시민들 모두가 자유의 몸이 되었으니 그들과 휴전을 공개적으로 논의하자고 제안했다. 그러자 사절들이 왕에게서 더 너그러운 조건의 제안을 받아 가지고 왔다.

왕은 시라쿠사이 시민이 투표로써 결정하는 바에 따라 세금을 낮추고 병역을 완화하겠노라고 약속했다. 시민은 그 제안을 비웃었고, 디온은 디오니시오스가 왕위에서 물러나지 않는 한 협상은 없다고 사절들에게 대답했다. 아울러 그가 왕위에서 물러나면 재위하던 시절에 저지른 죄를 묻지 않을 것이며, 자신과 가까운 친척 관계임을 고려하여 그에게 합당한 특권을 주겠노라고 제안했다.

디오니시오스가 이에 동의하고 다시 사절을 보내, 신전의 언덕에서 시민 대표들과 만나 서로 양보함으로써 서로에게 유익한 쪽으로 논의하자고 제의했다. 디오니시오스가 왕위에서 물러난다는 소문과 함께, 그가 디온의 요구에 따라서가 아니라 스스로 기쁜 마음으로 물러난다는 이야기가 디오니시오스의 성채에서 여러 차례 들려왔다.

그러나 이는 왕의 비열한 속임수이자 시라쿠사이 시민에

대한 악행의 일부에 지나지 않았다. 그는 시민 대표를 엄중히 가두고, 용병들에게 아침까지 독주를 잔뜩 마시게 한 다음 신전의 언덕을 둘러싸고 있는 성벽을 공격하라고 보냈다.

시라쿠사이 시민은 왕이 반격하리라고는 전혀 예상하지 못했다. 야만스러운 용병들은 고함을 지르며 용맹하게 성벽을 뜯어내면서 시민을 공격하기 시작했다. 누구도 감히 그들을 막으려 하지 못하고, 디온이 이끌고 온 병사들만이 저항했다. 그러나 그들조차 처음에는 어쩔 줄을 몰랐다.

도망치는 시라쿠사이 시민의 아우성과 거친 행동에 휘말린 병사들은 상부의 지시를 알아듣지 못했다. 그러는 와중에 그들은 시민들 사이에 섞여 우왕좌왕하면서 대오를 벗어났다. 아무도 자기 지시를 알아듣지 못하자, 디온은 어찌해야 할지를 몸소 보여 주고자 용병을 향해 앞장서 달려 나갔다.

그리하여 디온의 둘레에서 격렬하고 끔찍한 전투가 벌어졌다. 적군과 아군 모두가 그를 알아보고 한꺼번에 소리치며 그에게 몰려들었다. 그는 이미 늙어 전투를 감당할 수 없었지만, 용맹스럽게 적군과 맞서 싸우다가 끝내 날아오는 창에 팔을 다쳤다.

디온의 가슴받이는 이미 해져 적군의 창과 육탄 가격을 막기 어려웠고, 온갖 창의 공격으로 갑옷이 여기저기 찢어지면서 마침내 땅에 쓰러졌다. 부하들이 달려들어 그를 구출하자 티모니데스에게 지휘권을 넘긴 디온은 말을 타고 도시를 돌아다니며 도망하는 시라쿠사이 시민을 모았고, 아크라디나를 지키던 수비대를 이끌어 왕의 용병 부대를 향해 달려갔다. 새로운 병력이 용맹스럽게 쳐들어오자 이미 지치고 낙심해 있던 적군은 절망했다.

첫 전투에서 시라쿠사이 병사를 무찌르고 도시를 장악하리라고 기대했던 적군은 이제 새롭게 전열을 갖춘 병사가 예상하지도 못하게 나타나 항전하자 신전의 언덕으로 물러섰다.

디온

그러나 이번에는 그리스 병사가 더 세차게 달려들어오니, 적군은 등을 돌려 자기들의 성채로 도망쳐 들어갔다. 이 전투에서 디온의 부대는 74명만 죽었으나 디오니시오스 진영에서는 많은 병사가 죽었다.

31

이번 전투의 승리는 빛났다. 시라쿠사이 시민은 디온의 병사들에게 1백 미나(mina)를 상금으로 주고 병사들은 그에게 황금관을 씌워 주었다. 그때 디오니시오스왕의 사절이 편지를 들고 찾아왔다. 디온의 아내와 가족들이 그에게 보낸 편지였다. 편지 가운데에는 "히파리노스가 아버님께 드림"이라고 겉봉에 쓴 것이 있었다. 그는 디온의 아들이었다.

티마이오스의 말에 따르면, 아들의 이름은 어머니 아레테의 이름을 따 아레타이오스(Aretaios)였다고 한다. 그러나 이 점에 관한 한 나는 디온의 가까운 막료였던 티모니데스의 말이 맞는다고 생각한다.[5] 그 밖에 시라쿠사이 시민에게 온 편지를 읽어 보니 여인들의 애원이 담겨 있었다.

민중은 디온의 아들에게서 온 편지를 읽지 말라고 말했다. 그러나 디온은 편지를 열어 보았다. 겉봉에는 디온의 아들 이름이 적혀 있었지만 그 내용은 디오니시오스왕이 디온에게 보낸 것이었고, 사실은 시라쿠사이 시민이 들어 보라는 소리였다. 편지 내용은 애원과 자기변명이었으나 사실은 디온을 향한 증오를 불러일으키도록 계산된 것이었다.

거기에는 디온이 참주에게 진심으로 협력했다는 사실과 함께, 그의 사랑하는 누이들과 자식과 아내에 대한 협박과, 탄식을 자아내게 하는 지독한 요구도 있었다. 이를테면 디온에

5   이 부분은 문맥이 완전하지 않다. 플루타르코스는 티모니데스가 과연 그 아들에 관해 뭐라고 말했는지를 밝히지 않았다.

게 왕정을 무너뜨리지 말고 디온이 왕위를 차지하라는 내용과 함께, 자신을 미워한 시민들에게 결코 자유를 허락하지 말고 그들의 잘못을 잊지도 말며, 차라리 디온이 권력을 차지하여 막료와 처자식의 안전을 도모하라는 내용이었다.

32

편지 낭독을 마쳤을 때, 시라쿠사이 시민은 마땅히 디온의 굳건한 의지와 탁월한 공적에 놀라움을 보여 줘야 했지만 그런 일은 일어나지 않았다. 디온은 명예와 정의를 지키고자 끈끈한 혈육의 정리까지도 마다했지만, 그가 자신의 혈육들을 보호하기 위해 디오니시오스왕의 요구를 들어줄지도 모른다고 생각한 민중은 디온을 의심하고 두려워하면서 곧 다른 지도자를 찾아 눈길을 돌렸다.

마침 그 무렵에 헤라클레이데스가 항구로 들어오고 있다는 소식을 들은 민중은 모두 흥분했다. 헤라클레이데스는 망명객 가운데 한 사람으로서 군사 전략에 뛰어나 두 세대의 디오니시오스왕에 걸쳐 탁월한 공적을 이뤄 잘 알려진 인물이지만, 결단력이 부족하고 변덕스러우며 권력과 명예심을 좇아 공명심이 강한 사람이었다. 헤라클레이데스는 지난날 펠로폰네소스 전쟁 때 디온과 다툰 뒤로 스스로 판단하여 참주를 몰아내고자 이미 봉기한 바 있었다.

헤라클레이데스가 삼단 노의 함선 일곱 척과 수송선 세 척을 이끌고 시라쿠사이에 도착해 보니 디오니시오스왕은 이미 성채에 포위되었고, 민중은 승리에 들떠 있음을 알았다. 언변이 뛰어나 대중의 추종을 쉽게 얻어 내는 사람이었던 헤라클레이데스는 디온의 무게에 짓눌려 있던 민중을 쉽게 끌어들임으로써 이 전쟁에서 이기는 길을 모색했다.

민중은 디온이 너무 엄숙하여 대중적인 인물은 아니라는 사실을 알았다. 그런 터에 갑자기 권력을 잡은 민중은 오만에

디온

빠졌다. 그들은 민중으로서 결집을 이루지도 못한 상태에서 자기들에게 아첨할 지도자를 뽑으려 했다.

33

그리하여 민중은 먼저 자기들 마음대로 민회를 열어 헤라클레이데스를 해군 사령관으로 선출했다. 그러자 디온이 연단에 올라 이렇게 주장했다.

"이런 식으로 헤라클레이데스를 해군 사령관으로 임명한다는 것은 여러분이 지난날 내게 준 권한을 무효로 만드는 것입니다. 다른 사람을 해군 사령관으로 임명하면 나는 이제 더 이상 해군 사령관이 아니기 때문입니다."

그러자 시라쿠사이 시민은 내키지 않았지만 헤라클레이데스에게 내린 직위를 취소했다. 그런 다음 디온은 헤라클레이데스를 사사로이 자기 집으로 불러, 지금처럼 사소한 일로도 서로의 명분에 상처를 입기 쉬운 상황에서 명예를 놓고 다투는 것은 지혜롭지도 않고 현명한 선택도 아니라며 정중히 나무랐다.

그리고 디온은 정식으로 민회를 다시 소집하여 헤라클레이데스를 해군 사령관에 임명하도록 하고, 자기와 똑같은 수준의 호위병을 그에게 배치하도록 민중을 설득했다. 그 뒤로 헤라클레이데스는 말과 행동에서 디온에게 예의를 차리고 진실로 감사히 여기면서, 하급자로서 사령관 직무를 수행했다.

그러나 헤라클레이데스는 뒤로는 민중을 거짓 선동하여 디온에 반대하는 봉기를 일으키도록 일을 꾸미고 소란을 일으켜 그를 어려움에 빠뜨렸다. 이를테면 디온이 성채에 갇힌 디오니시오스가 탈출하게 만든다면 그는 참주를 살려 주었다는 비난을 들을 것이었다. 그와 반대로 왕에게 아무런 공격도 하지 않고 그저 계속 포위만 한다면, 그는 사령관 직무를 수행하면서 민중을 계속 자기 손아귀에 두려고 전쟁을 지연시킨다는 비난을 듣게 될 것이었다.

34

그 무렵 시라쿠사이에는 소시스(Sosis)라는 인물이 살았다. 그는 매우 천박하고 경솔했지만, 사람들은 그가 아무 말이나 떠드는 것도 이 나라에 언론의 자유가 있기 때문이려니 생각했다. 그런 소시스가 디온에 대한 나쁜 음모를 꾸미고 있었다. 그는 민회에서 일어나 큰 소리로 이렇게 외쳤다.

"시라쿠사이 시민은 어리석은 술주정뱅이인 디오니시오스왕을 술도 마시지 않고 냉정하기만 한 디온으로 바꾸는 일에만 정신을 쏟고 있으니 걱정스러운 일입니다. 나는 나 자신이 디온의 공적(公敵)임을 선언하는 바입니다."

그러고 나서 그는 광장을 빠져나갔다. 그다음 날 소시스는 옷도 입지 않고 머리와 얼굴은 피투성이가 된 채 마치 누군가에게 쫓기듯 거리를 뛰어다녔다. 그런 몰골로 민회에 뛰어든 그는 자신이 디온의 병사들에게 상처를 입었다고 말하면서 다친 머리를 시민들에게 보여 주었다. 많은 사람이 그와 함께 분노하며 이렇게 소리쳤다.

"지금 디온은 엄청난 참주의 행태를 저지르고 있습니다. 그는 살인을 하고 생명을 위협함으로써 시민의 언론 자유를 유린하고 있습니다."

민회가 혼란스러워하며 소란에 빠지자 디온이 앞으로 나와 자신을 변호하면서 이렇게 말했다.

"소시스는 디오니시오스 호위병의 동생이며, 그 형은 시민들 사이에서 동생이 혼란과 분파를 일으키도록 교사해 왔습니다. 우리를 서로 불신하고 불만에 빠지도록 만들지 않고서는 디오니시오스의 왕정이 안전할 수 없었기 때문입니다."

그와 함께 외과의들이 소시스의 상처를 살펴보더니, 그 상처가 무기로 내려찍혀 생긴 것이 아니라 면도날로 그은 것이라는 사실을 밝혀냈다. 만약 무기로 내려쳐 생긴 상처라면 그 무게로 말미암아 가운데가 깊이 파일 터인데, 소시스의 상처는 길게 뻗어 내려가다가 고통스러워 중간에서 멈춘 뒤에 다시 시작하고 있었다. 그때 몇몇 저명인사가 면도칼을 들고 민회에 나타나 사건의 내막을 설명했다.

"우리는 거리를 걸어가다가 소시스를 만났는데 온몸이 피투성이였습니다. 그는 지금 막 디온의 병사들에게 공격을 받아 쫓겨 오는 길이라고 말했습니다. 그래서 우리는 곧 그가 달려온 곳을 달려가 보았지만 아무도 보이지 않고, 그가 나온 골목의 돌 밑에서 이 면도날을 발견했습니다."

35

소시스의 사건은 이렇게 진상이 밝혀졌다. 그와 같은 증거 말고도 그의 노예들이 증언한 바에 따르면, 그날 아직 날이 밝지도 않았는데 소시스가 면도칼을 들고 밖으로 나갔다는 것이다. 이에 디온의 정적들은 디온에 대한 고발을 취하했으며, 민중은 소시스에게 사형을 언도한 다음 디온과 화해했다. 그러나 민중은 여전히 디온의 병사를 적지 않게 의심했다. 더욱이 지금 휠리스토스가 디오니시오스를 돕고자 대군을 이끌고 이아피기아에서 오고 있어서 그에 대한 전투는 대부분 바다에서 벌어져야 할 텐데, 디온의 용병들은 모두 육전대여서 전투에 쓸모가 없다고 여기고 있었다.

배를 다루는 일에 능숙했던 그곳의 민중은 함대 전투를 통해 방어전을 펼치려 했고, 이제 디온의 육군은 거추장스러운 존재일 뿐이었다. 결국, 민중은 해전에서 휠리스토스를 크게 무찔렀고, 자부심으로 가득 찬 그들은 휠리스토스를 야만스럽게 처단했다. 그러나 역사학자 에포로스의 기록에 따르면, 시라쿠사이 병사가 휠리스토스의 좌초한 배를 나포하자 그가 자살했다고 하는데, 그 말이 맞는다.

그러나 처음부터 디온과 함께 이 전쟁을 치른 티모니데스가 철학자 스페우시포스에게 보낸 편지에 따르면, 휠리스토스는 배가 해안으로 올라와 나포되었을 때까지도 살아 있었는데, 시라쿠사이인들이 그 늙은이의 가슴받이를 뜯어내어 벌거벗긴 다음 온갖 모욕을 주었다고 한다. 그런 다음 그들은 그의 목을 자르고 몸뚱이는 아이들에게 주어, 그것을 끌고 가 아크라디나를 거쳐 채석장에 버리도록 했다고 한다.

그러나 티마이오스는 그러한 모욕 행위를 과장하여 말하기를, 아이들이 죽은 휠리스토스의 부러진 다리를 밧줄로 묶어 시내를 끌고 다녔으며, 이를 본 시민들은 그 모습을 보며 비웃었다고 한다. 언젠가 휠리스토스가 디오니시오스에게 "빠른 말을 타고 왕위에서 벗어나 달아나지 말고, 다리를 질질 끌게 될 때까지 왕위를 지키라"고 말했기 때문이었다. 그러나 그는 생전에 그렇게 말한 사람은 자기가 아니라 다른 사람이었노라고 분명히 밝힌 적이 있다.

36

휠리스토스가 디오니시오스왕에게 보여 준 열정과 충성을 당당하게 증오할 만한 구실을 찾은 티마이오스는 이처럼 그에 대한 비난을 늘어놓았다. 물론, 휠리스토스가 살아 있는 동안에 그에게 해코지를 겪은 사람들은 그의 시체가 겪은 모욕을 길게 기록하는 것을 용인할 수도 있을 것이다.

그러나 후대에 태어나 과거의 역사를 기록하는 사람이라면, 따라서 역사를 기록하는 본인이 해코지를 당한 바가 없다면, 선한 사람들조차 흔히 겪었을 법한 불행 때문에 죽은 이를 일부러 무례하게 다루거나 악의적으로 비난해서는 안 된다.

그러나 에포로스가 휠리스토스를 치켜세운 것도 잘한 일은 아니다. 에포로스는 휠리스토스의 공의롭지 못한 처신과 천박한 본성에 마치 대단한 동기라도 있었던 것처럼 떠받들고, 그의 행동에 그럴싸한 구실을 붙여 주려고 탁월한 기술을 발휘했다. 에포로스는 참주 디오니시오스의 총애를 가장 많이 받은 휠리스토스가 마치 참주와 경쟁이라도 하려는 듯 사치와 권력을 즐겼고, 화려한 혼맥을 자랑했다는 사실을 대단한 업적처럼 칭송했다. 그는 이런 잘못에서 자유롭지 못하다. 진실로 말하건대, 휠리스토스의 처사를 칭송하지도 않고 불운한 사람을 고소하다는 듯 모욕하지도 않는 것이 역사가가 가야 할 바른길이다.

37

휠리스토스가 죽자 디오니시오스는 디온에게 사절을 보내, 자신의 성채와 군수 물자와 용병과 그들의 5개월 치 봉급을 모두 디온에게 넘겨줄 터이니 자신이 무사히 이탈리아로 건너가 기아르타(Gyarta)에서 나오는 수입으로 여생을 살게 해 달라고 요구했다. 기아르타는 매우 넓고 비옥한 시라쿠사이의 영토로, 해안에서 섬 안쪽으로 뻗어 있었다. 그러나 디온은 그러한 제안을 받아들이지 않고 시라쿠사이 시민에게 의견을 물어보라고 대답했다. 디오니시오스를 산 채로 붙잡고 싶어 하던 시민은 사절들을 쫓아 보냈다.

그러자 참주는 맏아들인 아폴로크라테스(Apollokrates)에게 성채를 맡기고, 자기는 순풍을 기다리다가 부하들과 가장 아끼는 보물을 배에 싣고 헤라클레이데스의 감시를 피해 바다로 나갔다. 이로 말미암아 민중에게 몹시 비난을 들은 헤라클레이데스는 민중 지도자 가운데 하나인 히포(Hippo)를 시켜 시민들에게 땅을 공평하게 나누어 주겠다고 제안하도록 한 다음, 자유란 평등에 기초를 둔 것이며 아무것도 갖지 못한 노예에게는 가난만이 있을 뿐이라고 주장했다.

히포를 지원하며 디온의 반대파를 이끌어 오던 헤라클레이데스는 자신의 제안에 따라 디온 부대의 봉급을 몰수하고, 새로 장군을 뽑아 디온의 속박에서 벗어나자며 시민을 설득하여 정령(政令)을 통과시켰다. 결국, 독재라는 오랜 질병을 앓던 민중은 단박에 벌떡 일어나 아직 무르익지도 않은 자유를 누리려고 시도하다가 스스로 이룬 과업을 무너뜨렸고, 지속적이고 온건한 방식으로 나라의 병을 고치고자 했던 디온까지 미워하게 되었다.

38

시라쿠사이 시민이 새로운 사령관을 뽑으려고 민회를 소집한 것은 한여름이었다. 그런데 그날따라 천둥이 치고 하늘에서 온갖 불길한 징조가 15일이나 이어져 민중이 모일 수 없게 되자 미신을 믿는 사람들은 두려움에 빠져 장군을 선출하지 못했다. 기다림 끝에 날씨가 개어 민중 지도자들이 민회를 진행하려는데, 이번에는 짐 실은 황소가 거리에 나타났다.

평소에는 사람이 많은 곳에서도 온순하던 황소가 무슨 이유가 있었는지, 몰이꾼에게 화가 난 탓이었는지 멍에를 부수고 광장으로 뛰어들어 군중을 흩어 도망치게 했다. 황소는 여러 곳을 들이받아 민중을 큰 혼란에 빠뜨렸는데, 이때 황소가 짓밟은 땅은 뒷날 적군이 짓밟은 땅과 같았다고 한다.

그러나 시라쿠사이 시민은 이런 사태에 신경 쓰지 않고 25명의 장군을 선출했는데, 헤라클레이데스도 그 가운데 들어 있었다. 그들은 또한 디온도 모르게 그의 군대에게 밀사를 보내 디온을 버리고 민중 편에 서면 시라쿠사이 시민과 꼭 같은 시민권을 주겠노라고 약속했다. 그러나 디온의 병사들은 그 제안을 거절하면서 주군(主君)에 대한 열정과 충성심을 보여주었다.

디온의 병력들은 무기를 들고 그를 둘러싼 채 시내를 빠져나가면서 누구에게도 폭력을 쓰지 않았다. 그들은 만나는 시민을 향해 배은망덕한 인간들이라고 소리 높여 욕설을 퍼부었다. 디온의 병사가 수가 적고 공격해 오지 않는 것을 본 민중은 자기들의 수가 더 많은 것을 믿고 그들을 공격했다. 민중은

디온

디온의 병사가 시내를 빠져나가기에 앞서 그들을 쉽게 제압하여 죽일 수 있으리라고 생각했다.

39

이제 디온은 동포들에게 칼을 겨눠야 할지 아니면 자신이 병사들과 함께 죽어야 할지를 결정해야 하는 운명을 앞에 두고 시라쿠사이인들을 뚫어져라 바라보았다. 그는 시민들에게 손을 들어 흔들면서 적군이 성 너머로 자신들을 바라보고 있는 곳을 가리켰다. 그러나 그의 애원도 군중의 동요를 막을 수 없었다.

도시 전체가 마치 바다 위에 떠 있는 배처럼 정치인의 선동에 흔들렸다. 그러나 디온은 시민 모두를 공격하지 말고, 다만 공격해 오는 사람들에게만 소리를 지르면서 무기를 휘두르라고 병사들에게 지시했다. 그러자 민중은 거리를 따라 도망쳤다. 아무도 따라오는 사람이 없음을 확인한 디온은 부하들의 발길을 돌려 레온티니로 진군했다.

그러나 그런 모습을 보여 줌으로써 여인들의 웃음거리가 된 시라쿠사이 지도자들은 불명예를 씻고자 시민들을 무장시킨 다음 다시 디온을 추격했다. 그들은 디온이 강을 건널 무렵에 그를 따라잡았다. 기병대가 전투 대형을 이루고 달려들자, 이제 디온은 더 이상 아버지와 같은 온유함과 자비로움으로 실수를 거듭하지 않겠다는 듯이 분노했다. 그가 병사들의 전열을 가다듬어 싸우니, 적군은 앞서보다도 더욱 치욕스럽게 도망쳐 도시로 쫓겨 들어가면서 몇 명이 죽고 다쳤다.

40

레온티니 시민은 디온을 정중히 맞아들인 다음 그의 병사들을 자기들 군대에 편입하고 시민권을 주었다. 그들은 또한 시라쿠사이에 사절을 보내 디온의 병사들을 정당하게 대우해 주라고 요구했다. 그러나 시라쿠사이인들은 오히려 디온을 비난하는 사절을 레온티니로 보냈다.

이에 연맹 국가들이 레온티니에 모여 논의한 결과, 시라쿠사이인들에게 잘못이 있다고 결의했다. 연맹 회의의 결의에도 시라쿠사이인들은 아랑곳하지 않고 교만한 자존심을 내세웠다. 그들은 누구에게도 복종하지 않았고, 인민에게 노예처럼 맹종하는 장군들만 있었기 때문이었다.

41

그런 일이 있고 나서, 네아폴리스 출신의 닙시우스(Nypsius)가 디오니시오스의 함대를 이끌고 시라쿠사이로 쳐들어왔다. 그는 성채 안에 갇혀 있는 왕의 병사들에게 줄 음식과 돈을 가져왔다. 그들을 대적한 해전에서 시라쿠사이인들은 크게 승리를 거두고 함선 네 척도 나포했다. 그러나 민중은 곧 승리에 젖어 방종에 빠졌다. 기율이 없는 그들은 술에 취해 흥청거리며 본분을 잊은 채, 이제 적군의 요새를 장악한 것이나 다름없다고 생각했다가 오히려 성채와 도시를 모두 잃었다.

적장 닙시우스가 살펴보니 성안에는 수비대가 남아 있지 않았고, 시민들은 아침부터 밤까지 술에 곯아떨어져 있었고, 장군들은 잔치를 즐기면서 술 마시는 무리를 말리려 하지 않았다. 닙시우스는 이 기회를 틈타 포위한 군사를 공격하여 완전히 제압한 다음, 용병을 도시에 풀어 만나는 시민을 마음대로 유린하도록 허락했다. 시라쿠사이인들은 곧 자신들의 잘못을 깨달았지만, 때는 이미 늦어 적군을 대적하지도 못하고 무너졌다.

적군은 도시를 완전히 유린했다. 그들은 남자들을 죽이고 성을 허물었으며 울부짖는 아녀자들을 끌고 신전의 언덕으로 올라갔다. 시라쿠사이 장군들은 완전히 성을 잃은 것으로 여겨 포기했기 때문에 민중을 이끌고 항전할 수 없었다. 적군은

디온

이미 시민과 구분할 수 없을 정도로 곳곳에 섞여 있었다.

42

시라쿠사이가 그토록 어려움에 놓이고 아크라디나가 위기에 빠지자 이제 누구에게 희망을 걸어야 하는가를 모두 잘 알았지만, 디온에게 저지른 자기들의 죄가 부끄러웠던 그들은 누구도 먼저 그 이름을 입에 올리지 못했다. 그러나 체면을 차릴 수 없을 만큼 사정이 절박해지자, 시민군과 기병대 몇몇이 레온티니에 있는 디온과 펠로폰네소스의 병력을 불러들여야 한다고 소리쳤다. 그와 같이 결의하면서 그의 이름까지 등장하자 시라쿠사이인들은 기뻐 소리치며 눈물을 흘렸다.

디온이 스스로 두려움을 모를 뿐만 아니라, 적진에서 자신들을 용맹하게 만들어 준 사람이었음을 기억하던 그들은 디온이 이 위기 상황에서 자기들 앞에 나타나 용맹함을 보여 주기를 열망했다. 이에 따라 시라쿠사이인들은 헬라니코스(Hellanikos)를 대표로 삼아, 그가 시민군에서 뽑은 아르코니데스(Archonides)와 텔레시데스(Telesides)를 비롯한 기병 네 명을 거느리고 디온에게 가도록 보냈다. 대표들이 전속력으로 달려 레온티니에 이르니 곧 날이 저물었다.

시라쿠사이의 대표들은 말에서 내리자 제일 먼저 디온의 발아래 엎드려 눈물을 흘리며 시라쿠사이의 재앙을 보고했다. 곧이어 몇몇 레온티니 주민과 펠로폰네소스인 여럿이 디온 근처에 모여들었다. 그들은 어떤 사람들이 서둘러 달려와 애원하는 것으로 보아 다급한 일이 벌어졌다고 짐작했다. 디온은 곧 방문객들을 이끌고 민회로 갔다.

그곳 주민들이 진지한 모습으로 모여들자 아르코니데스와 헬라니코스가 일행을 거느리고 그들 앞에 나타났다. 그들은 시라쿠사이의 비극을 간단히 설명한 다음, 자기들이 잘못을 저질렀고, 그 결과로 자기들에게 해코지를 겪은 사람들보다 더 무거운 벌을 마땅히 받았으니, 이제 자기들이 디온을 따라온 병사들에게 무례함을 저지름으로써 일어난 분노를 거두고 시라쿠사이를 도와 달라고 애원했다.

43

사절들이 말을 마치자 광장에는 무거운 침묵이 흘렀다. 디온이 일어서서 말을 시작하려 했지만 눈물이 앞을 가리면서 목이 메었다. 곁에 있던 병사가 그를 위로하며 진정하라고 권고했다. 잠시 뒤에 슬픔에서 벗어난 디온이 연설을 시작했다.

"펠로폰네소스 병사들과 동맹국 병사 여러분! 나는 우리가 어찌 행동할지를 상의하고자 여러분을 이곳에 모이게 했습니다. 시라쿠사이가 멸망하고 있는 지금, 이 자리에서 나는 사사로운 관계를 논의할 수는 없습니다. 그러나 만약 조국을 구원할 수 없다면 나는 조국으로 돌아가 불타는 폐허 위에 내 무덤을 만들고자 합니다. 그러니 만약 여러분께서 지난날의 모든 일을 덮고 기꺼이 우리를 도와야겠다는 마음이 있다면, 이 세상에서 가장 어리석고 불행한 시라쿠사이를 회복할 수 있도록 도와주시기를 바랍니다.[6]

이곳은 본디 오로지 여러분이 손수 세웠습니다. 그러나 만약 여러분이 아직도 시라쿠사이를 용서할 수 없어 그들의 운명을 버린다 하더라도, 나는 여러분이 지난날 나에게 베풀어 준 용기와 열정에 신이 값진 상을 내려 주시기를 빕니다. 그리고 여러분이 어려웠을 때 제가 여러분을 버리지 않았듯이, 저는 제 동포들이 불행에 빠졌을 때도 그들을 버리지 않을 사람이라는 것을 기억해 주기 바랍니다."

병사들은 디온의 연설이 아직 그치지 않았는데도 자리에서 일어나, 자신들을 이끌고 어서 전선으로 가자고 소리쳤다.

6   시라쿠사이는 본디 코린토스가 식민지로 개척했다.

시라쿠사이 사절들은 정열적으로 그들을 껴안으며 디온과 그의 병사들에게 신의 가호가 있기를 기원했다. 소란이 가라앉자 디온은 병사들에게 각기 숙소로 돌아가 저녁을 먹고 출정 준비를 마친 다음 다시 이곳으로 모이라고 지시했다. 그는 밤을 무릅쓰고 출진하기로 결심했다.

44

시라쿠사이에 있는 디오니시오스의 병사들은 온종일 도시를 약탈하다가 밤이 되자 성채로 물러나면서 몇 명이 목숨을 잃었다. 이에 우쭐해진 시라쿠사이 지도자들은 적군이 이제까지의 약탈로 흡족하여 더 이상 쳐들어오지 않기를 바라면서, 이제는 디온이 와서 도와주지 않아도 된다고 민중 앞에서 주장했다. 시라쿠사이 병사의 용기는 결코 그리스 병사에 뒤지지 않으니, 만약 디온이 군대를 이끌고 들어오면 그들을 성안에 들이지 말고, 오직 자기들만의 힘으로 도시와 자유를 지키자고 그들은 주장했다.

그에 따라 시라쿠사이는 다시 새로운 사절을 디온에게 파견했다. 장군들 가운데 뽑힌 사절은 디온의 입성을 거부했으나, 그와 달리 기병대와 몇몇 명망 있는 지도자는 그에게 서둘러 돌아오라고 요구했다. 그리하여 이제까지 천천히 진군하던 디온은 빠른 속력으로 진군했다. 밤이 되자 디온의 정적들은 그를 막고자 성문을 장악했다.

그 무렵에 닙시우스는 엄청난 병력을 이끌고 다시 성채를 나와 과거 어느 때보다도 더 격렬하게 성벽을 모두 허물고 시내를 돌아다니며 약탈했다. 이번에도 살육이 벌어져 디오니시오스의 병사들은 남자나 여자나 어린아이를 가리지 않고 죽였다. 그들은 시민을 산 채로 잡기보다는 죽이는 쪽을 택했고, 시민을 죽이는 것에 못지않게 시설도 파괴했다.

시라쿠사이인들을 끔찍이도 미워했던 디오니시오스는

이제 전투의 명분까지 잃으면서, 이 도시를 몰락하는 참주의 무덤으로 만들고자 했다. 그의 군대는 디온의 지원군이 오기에 앞서 서둘러 시설을 모두 불태웠다. 가까이 있는 건물은 횃불로 불태우고 멀리 있는 것은 불화살을 쏘아 불태웠다. 적군은 달아나는 시라쿠사이인들을 쫓아가 거리에서 죽이고, 불을 질러 집 안으로 들어간 사람을 밖으로 끌어내어 죽였다. 달아나는 시민들 위로 불타는 집이 무너져 내렸다.

45

다른 무엇보다도 이번 재앙으로 시라쿠사이는 만장일치로 디온에게 도움을 요청했다. 적군이 성채로 들어가 문을 닫았다는 소식을 들었던 그는 더 이상 행군을 재촉하지 않았다. 그러나 날이 밝자 먼저 기병대가 들어와 적군이 두 번째로 성을 장악했다는 소식을 알렸다.

뒤이어 그의 정적들까지 그에게 빨리 입성해 달라고 간청했다. 더욱이 약탈이 심해지자 헤라클레이데스가 동생을 보내고, 테오도테스는 삼촌을 보내 도와 달라고 요청했다. 이제는 누구도 적군에 대항하여 싸울 수 없었고 자신도 상처를 입었을 뿐만 아니라 도시가 거의 파괴되었기 때문이었다. 이 놀라운 소식을 들었을 때, 디온은 아직도 시라쿠사이 성문에서 60휘롱 떨어진 곳에 있었다.

디온은 병사들에게 시라쿠사이의 위기를 알려 주며 도움을 부탁한 다음, 이제는 걷지 않고 달려갔다. 가는 길목마다 전령이 여럿 찾아와 길을 재촉했다. 병사들이 놀라운 속도로 용맹스럽게 행군하여 헤카톰페돈(Hekatompedon)이라는 곳의 성문을 지날 무렵, 그는 곧 경보병 부대를 보내 그들을 본 시라쿠사이인들이 용기를 얻도록 했다. 그런 다음, 자신은 따라온 시라쿠사이 시민들과 함께 중무장 보병을 이끌고 진군하면서 지휘권을 나누고 부대를 재편했다. 그는 여러 곳에서 한꺼번에 적군을 공격하고자 했다.

46

준비를 마친 디온은 신에게 제사를 드린 다음 시내로 들어가
적군 앞에 병사들의 모습을 드러냈다. 기쁨과 전투의 함성이
시라쿠사이인들의 애원하는 목소리에 섞여 더 크게 들려왔다.
시민들은 디온을 구원자요 신이라 부르고, 그의 병사를 자기
들의 형제이자 시민이라고 불렀다. 디온이 누구보다도 위험에
앞장서서 불구덩이 거리에 나뒹구는 시체 더미를 넘어 달려가
니, 이를 본 민중은 위험한 처지에 빠진 자신들을 돌아보기보
다는 그의 안전을 더 걱정했다.

　적군은 참으로 무시무시해 보였다. 그들은 잔인했고, 무
너진 성벽을 따라 방어벽을 만들었기 때문에 접근하여 싸우기
가 어려웠다. 병사들은 시내에 번진 불길로 말미암아 더욱 혼
란에 빠져 용감하게 나아갈 수가 없었다. 병사들은 주택가에
번지는 불길이 사방으로 둘러싸고 있어 잿더미를 밟고 지나가
자니 커다란 불덩이들이 떨어져 몹시 위험스러웠다. 그들은
연기와 재를 뚫고 지나가며 서로 뭉쳐 대오를 흩뜨리지 않으
려고 애썼다.

　더욱이 적군과 전투가 벌어졌을 때 길이 좁고 울퉁불퉁하
여 몇 사람만이 겨우 접근전을 펼 수 있었다. 그러나 시라쿠사
이 병사들은 함성을 질러 용기를 북돋우면서 닙시우스의 병사
를 무찔렀다. 적군은 모두 가까이 있는 성채로 쫓겨 들어가 목
숨을 건졌다.

　뒤에 처져 있던 무리는 디온의 병사들에게 추격을 받아
무참하게 죽었다. 그러한 위기 상황에서 승리의 기쁨을 누리
거나 그토록 엄청난 전과를 기뻐할 겨를도 없이, 병사들은 불
타는 주택가로 달려가 밤새도록 애쓴 끝에 겨우 불길을 잡을
수 있었다.

날이 밝자 시내에는 선동가들이 전혀 보이지 않았다. 그들이 자기들의 잘못을 깨닫고 도망했기 때문이었다. 그러나 헤라클레이데스와 테오도테스는 제 발로 디온을 찾아와 이렇게 말했다.

"우리가 잘못했습니다. 우리는 우리가 장군을 배신한 것처럼 장군이 우리를 버리지 않기 바랍니다. 그대는 모든 덕망에서 뛰어났으니 그대의 정적들보다 더 훌륭하게 분노를 이기시기 바랍니다. 우리는 지난날 온갖 문제에서 그대의 덕망에 시비를 걸었으니 우리는 그대에 견주어 못난 사람들입니다."

헤라클레이데스와 테오도테스가 디온에게 그토록 간청했으나 디온의 막료들은 이렇게 주장했다.

"야비하고 시샘 많은 저들을 용서하면 안 됩니다. 차라리 헤라클레이데스를 군인들에게 넘겨주어 민중에 아첨하는 무리를 이 나라에서 몰아내야 합니다. 저들은 참주 디오니시오스에 못지않게 나쁜 전염병에 걸려 있는 무리입니다."

그러나 디온은 막료들의 분노를 누그러뜨리려고 노력하면서 이렇게 말했다.

"다른 장군들은 무력과 전쟁을 위해 자신을 단련한 사람들이지만, 헤라클레이데스는 오랫동안 아카데미아에서 분노와 시샘과 경쟁심을 이기는 방법을 공부했습니다. 어떤 사람이 친구와 은인에게만 친절을 베푼다면 그에게 자제심이 있다고 할 수 없으며, 해코지를 입은 사람이 해코지를 입힌 사람에게 자비를 베풀고 온유할 때 극기(克己)라고 말할 수 있습니다. 나는 나 자신이 헤라클레이데스보다 능력과 지혜에서 뛰어난 것이 아니라 선량함과 공의로움에서 그보다 훌륭한 사람임을 보여 주고 싶습니다. 그것이 진정으로 뛰어난 것이기 때문입니다.

전쟁의 승리는 비록 인간끼리는 나눌 수 없더라도 운명의 여신과 함께 그 공로를 나누어야 합니다. 설령 헤라클레이데스가 시기심 때문에 신의 없고 야비한 사람이 되었다 하더라도, 나는 분노에 사로잡혀 스스로 이룬 덕망을 훼손하고 싶지 않습니다. 비록 법률의 눈으로 보면 복수는 까닭 없이 악행을 저지르는 것보다 더 정의로울 수 있지만, 본질에서는 모두 마음이 약한 데서 오는 것입니다. 그뿐만 아니라 인간의 천박함이 슬픈 일이기는 하지만, 끝없는 사랑과 고결한 성품으로써도 바뀔 수 없을 만큼 사악하고 완고하지는 않습니다."

48

연설이 끝나자 디온은 헤라클레이데스와 테오도테스를 석방했다. 그는 방어벽을 복구하는 일에 신경 쓰면서 시민 각자에게 말뚝을 만들어 작업장으로 가져오라고 지시했다. 그는 자신의 병사들에게는 밤새워 일을 시키면서도 시민들을 쉬게 하며 적군이 머무는 성채를 둘러싼 울타리를 걷어 냈다.

날이 밝자 시민과 적군 모두가 그런 일을 그토록 빨리 완수한 데 놀랐다. 그는 또한 죽은 시라쿠사이 시민들의 장례를 치렀으며, 적군에 잡혀간 포로 2천 명의 몸값을 치르고 되찾아 온 다음 민회를 소집했다.

그때 헤라클레이데스가 나타나 디온을 육군과 해군의 전권을 행사하는 사령관으로 뽑아야 한다고 제안했다. 귀족들이 이를 받아들여 지명을 요청했지만 수병과 노동자들은 격렬히 반대했다. 헤라클레이데스가 비록 다른 점에서는 내세울 것이 없는 인물이기는 하지만, 디온보다는 더 서민적이고 대중을 더 잘 이끌 수 있는 인물이라는 것을 잘 알고 있었던 그들은 그가 해군 사령관 직책을 잃는 것에 분노했다.

이런 상황을 이해한 디온은 해군 사령관 직책을 헤라클레이데스에게 넘겨주었지만, 민중이 토지와 가옥을 재분배해 달라고 요구했을 때 이에 반대하고 지난날의 정령까지 무효로 만들어 버림으로써 민중의 반감을 샀다.

해군 사령관의 직분을 다시 맡은 헤라클레이데스는 메세

네로 옮겨 가자마자 다시 변심하여 디온이 참주가 되려 한다고 말함으로써 육군과 해군의 배신을 교묘히 유도한 다음, 스파르타 출신의 화락스(Pharax)를 내세워 비밀리에 디오니시오스와 접촉했다.

시라쿠사이 귀족들이 이 사실을 알아차리자 먼저 육군에서 불만이 일어나고, 시라쿠사이 안에서는 혼란과 함께 식량 부족 현상이 일어났다. 이로 말미암아 디온은 많은 것을 잃었다. 그의 막료들은 헤라클레이데스처럼 천박함과 시샘으로 비뚤어지고 타락한 인간에게 권력을 내주었다는 이유로 디온을 비난했다.

49

그 무렵에 화락스는 아크라가스의 영토인 네아폴리스에 주둔하고 있었다. 디온은 그리로 진군했지만 그들과 곧 전투를 벌일 마음이 없었다. 그러자 헤라클레이데스와 그의 수병들이 몰려와 욕설을 퍼부으면서, 디온은 전투하고 싶은 게 아니라 그저 장군 직분을 유지한 채 권력을 오래 누리고 싶을 뿐이라고 말했다. 그 말에 분노한 디온은 전투에 나섰다가 패배했다. 그러나 패배의 정도가 심각한 것은 아니었고, 그 이유도 적군에 졌다기보다는 내부의 질서가 무너졌기 때문이었다. 디온은 다시 전열을 갖추어 진격하면서 병사를 설득하고 격려했다.

날이 저물자 헤라클레이데스가 시라쿠사이로 진군하고 있다는 보고가 들어왔다. 헤라클레이데스가 디온이 없는 틈을 타 시라쿠사이를 먼저 점령하여 그를 몰아내기로 작전을 세웠기 때문이었다. 이에 디온은 곧 가장 열정적인 정예군을 이끌고 7백 훠롱에 이르는 거리를 밤새도록 말을 달려 다음 날 9시무렵에 시라쿠사이 성문에 이르렀다.

헤라클레이데스는 온갖 노력을 기울였지만, 그의 함선이 너무 늦게 도착한 탓에 다시 바다로 나가 뾰족한 방안도 없이 떠돌다가 스파르타의 가이실로스(Gaesylos)를 만났다. 가이실로스는 지난날 길리포스(Gylippus)가 그랬던 것처럼(제15장 「니키아스전」, § 19) 시킬리아 병사를 지휘하고자 스파르타에서 오는 길이라고 자신을 설명했다.

이에 헤라클레이토스는 기쁜 마음으로 가이실로스를 자기편으로 맞아들여 부적처럼 소중히 여기면서, 자신의 동지들에게 그를 디온에 대항하는 세력으로 소개했다. 이어서 그는 비밀스럽게 시라쿠사이에 전령을 보내 민중은 가이실로스의 지휘를 받으라고 지시했다. 그러나 그 음모를 알아차린 디온은 시라쿠사이에는 이미 지휘관이 너무 많으며, 만약 지금 상황에서 꼭 스파르타 지휘관이 필요하다면 자신도 스파르타 시민권이 있으므로 자신이 지휘하면 된다고 대답했다.

그러자 가이실로스는 자신이 지휘관이 되어야 한다는 주장을 거두고 디온을 찾아가 헤라클레이데스와 화해할 것을 권고하면서, 헤라클레이데스는 이미 화해하겠노라는 뜻을 엄숙히 맹세하였으며, 그가 다시 배신을 저지르면 자신도 디온 편에 서서 그를 응징하겠노라고 맹세했다.

50

이런 일을 겪은 뒤에 시라쿠사이인들은 함대를 해산했다. 함대가 있어 보았자 수병들의 경비만 들어가고 사령관들 사이에 불화만 일으킬 뿐 쓸모가 없기 때문이었다. 그들은 또한 디오니시오스의 부대가 주둔해 있는 성채를 포위하여 공격했다. 자신을 도울 사람들이 다가오지 못하고 보급품이 떨어지자 디오니시오스의 병사들 사이에 소란이 일어났다.

이에 디오니시오스의 아들 아폴로크라테스는 희망을 버리고 디온과 강화 조약을 맺었다. 그는 성채에 있던 무기와 장비를 모두 디온에게 넘겨준 다음, 어머니와 누이와 부하들을 함선 다섯 척에 태우고 아버지가 있는 곳으로 떠났다. 디온은 그들이 떠나도록 내버려 두었다. 시라쿠사이에 있던 시민들 가운데 그 장면을 보지 않은 사람이 없다.

시라쿠사이인들은 이 감격스러운 날과 해방된 시라쿠사이 위에 떠오르는 태양을 볼 수 없는 사람들을 안타깝게 여기면서 그들을 불렀다. 오늘날에 이르기까지 디오니시오스의 몰락만큼 운명의 무상함을 장엄하게 보여 준 적이 없었다. 그토록 적은 병력으로 그토록 강고했던 참주를 몰아내면서 시라쿠사이인들이 느꼈을 기쁨과 자부심이 어떠했을지를 우리는 상상할 수 있다.

51

아폴로크라테스가 떠나고, 디온이 디오니시오스왕의 성채가 있는 언덕으로 올라가니 문 앞에 서 있던 여인들이 기다리지 못하고 뛰어나왔다. 디온의 누나 아리스토마케는 디온의 아들의 손을 잡고 있었으며, 그 뒤에는 디온의 본처였던 아레테가 눈물을 흘리며 나왔다. 그 여인은 이제 다른 남자의 아내가 된 몸으로서 지난날의 남편에게 뭐라 인사하고 말해야 할지 몰랐다. 디온이 먼저 누나에게 인사하고 다시 아들을 반기자 아리스토마케가 아레테를 그에게 보내며 이렇게 말했다.

"동생아, 네가 해외에서 망명 생활을 하는 동안 우리 삶도 불행했다. 이제 네가 승리자가 되어 돌아와 우리의 슬픔을 모두 거두어 가는구나. 그러나 네 아내 아레테만은 기뻐할 수 없다. 나는 네가 살아 있음에도 이 여인이 다른 남자에게 시집갈 수밖에 없는 모습을 바라보아야 하는 슬픔을 겪었다. 이제 운명의 여신은 다시 너를 우리의 주인으로 만들어 주었는데, 너는 이 여인이 져야 했던 아픔을 어찌하려느냐? 이 여인은 지금 너를 삼촌으로 맞아야 하느냐, 남편으로 맞아야 하느냐?"

누나의 말이 끝나자 디온은 눈물을 흘리며 아레테를 정답게 껴안은 다음, 아들을 아내에게 넘겨주며 본래의 집에 가서 살라고 말했다. 그 뒤 디온은 디오니시오스의 성채를 시라쿠사이 시민에게 넘겨주고 아내를 따라가 그곳에서 살았다.

52

이렇게 참주 추방의 거사는 성공했지만, 먼저 막료들의 노고를 위로하고, 동맹국들에 사례하며, 더욱이 아테네의 동지들과 병사들에게 명예와 사례를 베풀기에 앞서 지금의 행운을 즐긴다는 것은 공의롭지 못하다고 여긴 디온은 자기 재산을 풀어 남들에게 넉넉히 베풀었다.

그러나 디온 스스로는 단순하고 검소하게 삶으로써 사람들을 놀라게 했다. 시킬리아와 카르타고뿐만 아니라 그리스인들조차도 그의 성공을 눈여겨보았고, 그 시대의 민중도 그를 위대한 인물로 우러러보면서 그가 어느 사람보다도 용맹함과 행운의 축복을 받았다고 여겼다.

그럼에도 디온은 입고 먹고 사는 문제에서 마치 지난날 아카데미아에서 플라톤과 함께 살던 때와 꼭 같이 검소하게 살았으며, 고난과 위험을 다 마치고 이제는 즐겁게 삶을 누리는 승전 부대의 지휘관처럼 굴지 않았다. 그런 그에게 플라톤은 편지(『인식론』, IV, § 320)를 보내 "지금 세상 사람들이 그대를 바라보고 있다"고 말했지만, 디온은 플라톤의 말처럼 세상 사람들의 시선을 의식한 것이 아니라 오직 한곳, 곧 아카데미아가 자기를 어떻게 보고 있는가를 생각했다.

디온은 자기를 평가하는 사람들이 위대한 전공이나 용맹이나 승리를 찬양하는 것이 아니라, 자신의 행운을 얼마나 신중하고 품위 있게 누리고 있는지, 또 자신의 엄청난 재산을 얼마나 검소하게 쓰는지 주시하고 있다는 것을 잘 알고 있었다. 그는 우아하게 처신해야 하는 상황에 놓여 있었다.

앞서(§ 8) 말했듯이 아집은 '고독의 동반자'라고 플라톤이 편지를 보냈음에도, 디온은 자신의 삶에서 중후한 자세를 유지했고 민중을 다룰 때에도 엄격함에서 벗어나거나 흐트러지지 않았다. 그는 기질적으로 부드러운 사람이 아니었으며, 지나치게 방종한 시라쿠사이인들의 성격을 바꾸려는 생각을 품었던 사람이었다.

53

이제 헤라클레이데스가 다시 디온에게 반기를 들었다. 먼저 디온이 그를 정무 회의에 초대했으나 참석을 거절하면서, 자신은 평민 출신이기 때문에 정무 회의보다는 민회에 참석하겠노라고 말했다.

그런 다음 헤라클레이데스는 디온이 디오니시오스의 성채를 파괴하지 못하도록 말린 처사와, 민중이 디오니시오스 1세의 무덤을 파헤쳐 시신을 훼손하려던 처사를 말린 것과, 코린토스에 사람을 보내 정치 자문을 구함으로써 조국의 시민을 모독한 점을 비난했다. 실제로 디온은 코린토스에 사절을 보내 도움을 요청하면서 그들이 자기편을 들어주어 자신이 마음속으로 생각하는 민주 정치를 쉽게 이룰 수 있기를 희망했다.

디온은 시라쿠사이에서 아무런 제재도 없이 진행되는 민중의 정치에 제동을 걸어야 한다고 생각했다. 그가 보기에 시라쿠사이의 그와 같은 정치는 진정한 의미의 민주 정치라기보다는, 플라톤이 말한 "정치의 저잣거리(bazar of politics)"(『국가론』, VIII : 557)와 같은 것이었다.

따라서 디온은 민중의 정치와 군주의 정치가 잘 조화를 이루면서 자리를 잡으려면 어느 정도는 스파르타의 방식과 크레타의 방식에 따라 귀족들이 정치를 이끌면서 중요한 정책을 수행하는 것이 바람직하다고 생각했다. 그는 코린토스가 귀족의 과두 정치로 기울어 있어 정치를 민회에 거의 넘겨주지 않는다고 생각했다.

그러면서 디온은 헤라클레이데스가 자신의 정책에 가장

디온

강력한 반대자가 될 것이라고 예상했다. 그가 생각한 대로 헤라클레이데스가 소동을 일으키고 변덕을 부리며 사회를 혼란에 빠뜨리자 디온은 지난날 그를 죽이려던 사람들을 말리지 않았다. 그러자 민중이 곧 달려가 헤라클레이데스를 죽였다.

그럼에도 디온은 그의 장례를 성대히 치르고 병사들과 함께 무덤까지 운구 행렬을 따라가면서 그를 추모하는 연설을 들려주었다. 그제서야 시라쿠사이 시민도 헤라클레이데스와 디온이 함께 시라쿠사이의 정치를 맡는 것은 애초에 불가능했다는 사실을 알게 되었다.

54

앞서 말했듯이, 그 무렵에 디온에게는 칼리포스라는 아테네 출신의 친구가 있었다. 플라톤(『인식론』, VI : 333)에 따르면, 두 사람은 함께 아카데미아에서 철학을 공부하면서 가까워진 것이 아니라 언젠가 신비 의식(神秘儀式)에 참석했다가 알게 되었다고 한다. 그는 디온과 참전한 적도 있고, 찬란한 승리를 거둔 다음에는 머리에 화관을 쓰고 함께 시라쿠사이에 개선한 적도 있었다고 한다.

그러나 가장 가깝고 고결했던 막료들이 전쟁에서 스러진 데다가 헤라클레이데스마저 죽음으로써, 이제 시라쿠사이 시민에게는 지도자가 없고 자신만이 디온의 병사들에게 신임을 받는다는 사실을 깨달은 칼리포스는 인간의 비열함을 드러내기 시작했다.

그리하여 칼리포스는 친구인 디온을 죽이고 그 대가로 시킬리아를 차지하려는 생각을 품게 되었다. 어떤 사람의 기록에 따르면, 칼리포스는 그를 죽이는 대가로 디온의 정적들에게 20탈렌트를 받은 다음, 가장 비열하고 악독한 방법으로 디온의 병사를 매수하여 살인 음모에 끌어들였다고 한다.

칼리포스는 항상 병사들 사이에서 디온에 대해 오가는 나

쁜 말을 모으고 또 지어내어 디온에게 일러바침으로써 그의
신임을 얻었고, 디온을 나쁘게 말하는 사람들을 찾아낸다는
명목으로 은밀하게 자기가 만나고 싶었던 디온의 정적들을 만
날 권한을 얻었다. 그러면서도 칼리포스의 악의적인 음모는
세상에 드러나지 않았다.

이런 방법으로 칼리포스는 불만 세력을 빠르게 찾아내어
한데 모았다. 칼리포스의 음모에 동참하자는 제의를 받은 무
리가 디온을 찾아가 그에 관한 이야기를 했지만, 디온은 그런
보고에 불안해하거나 초조해하기보다는 오히려 칼리포스가
자신의 지시를 충실히 수행하고 있다고 생각했다.

55

디온을 죽이려는 음모가 익어 갈 때, 디온은 엄청나게 크고 끔
찍하게 생긴 유령을 보았다. 디온이 집 현관에 앉아 뭔가 생각
에 빠져 있을 때 반대편 주랑(柱廊)에서 무슨 소리가 들리기에
머리를 돌려 바라보니, 아직 어둡지도 않은데 키가 큰 여인이
마치 복수의 여신(Fury)처럼 차려입고 빗자루로 집을 쓸고 있
었다.

이에 놀라 두려워진 디온은 막료들을 불러 자신이 본 바
를 들려주고 그날 밤을 함께 지내자고 부탁했다. 막료들과 함
께 밤을 보내면서도 그는 막료들이 돌아가면 유령이 다시 나
타날까 두려워했지만 그런 일은 없었다. 며칠 뒤에 어린아이
라고 볼 수 없는 그의 아들이 대단하지도 않은 일로 어린아이
처럼 슬퍼하더니 지붕 위에서 뛰어내려 죽었다.

56

디온이 그처럼 어려움을 겪고 있을 때 칼리포스는 자신의 음
모를 강력하게 밀어붙였다. 그는 자식도 없는 디온이 디오니
시오스왕의 아들 아폴로크라테스에게 사람을 보내 그를 후계

디온

자로 삼으려 한다는 소문을 퍼뜨리면서, 아폴로크라테스가 디온의 처조카이자 누님의 손자이니 그럴 만하다고 둘러댔다.

그 무렵에 디온이나 그의 아내나 여동생들도 돌아가는 사태가 수상하다는 낌새를 알아차렸고, 여러 사람이 살인 음모를 귀띔해 주었다. 그러나 헤라클레이데스의 말로와 죽음에 대한 지속적인 죄책감 때문에 당시의 결정이 자기 일생의 얼룩이라고 생각한 디온은 여러 차례 자살을 암시했다. 그는 정적들뿐만 아니라 동료들에게도 이렇게 감시를 받으며 사느니 차라리 자객의 칼에 죽고 싶다고 말했다.

디온의 여인들이 사태를 주의 깊게 알아보고 있다는 사실에 위기를 느낀 칼리포스는 여인들을 찾아와 음모를 꾸미고 있다는 사실을 부인하면서 그들이 요구한다면 어떤 맹세도 할 수 있다고 눈물을 흘리며 말했다. 그러자 여인들은 그에게 맹세의 의식을 요구했다. 그 의식은 다음과 같은 방법으로 충성을 맹세하는 것이었다.

곧 칼리포스가 대지의 모신(母神)인 데메테르와 제우스의 딸 페르세포네의 신전으로 가서 성스러운 의식을 치른 다음, 여사제의 제의를 입고 손에 타오르는 횃불을 들고 맹세하는 것이다. 칼리포스는 그 의식을 치르면서 디온에게 충성을 맹세했다. 그러나 그의 행동은 그가 맹세한 코레이아(Coreia) 여신, 곧 페르세포네의 축제일까지 시간을 끌려는 수작에 지나지 않았다.

칼리포스는 [기원전 353년] 마침내 그 축제일에 디온을 죽였다. 아마도 그는 날짜에 대해 그리 깊이 생각하지 않았던 듯하다. 자신을 위한 비밀 의식의 집행자가 그를 따르는 신도를 죽인다면, 여신은 그 날짜가 축제일이 아니더라도 분노했을 것이기 때문이다.[7]

7   문맥으로 미루어 볼 때, 칼리포스는 페르세포네 신전에서 치르는 비밀

많은 사람이 암살 음모에 가담했다. 디온이 막료들과 함께 어느 방에서 의자에 앉아 쉬고 있을 때 몇몇 자객이 집을 둘러쌌고, 다른 무리는 집 안에 있는 사람들이 탈출하지 못하도록 문과 창을 지켰다. 실제로 살인을 저지른 무리는 자킨토스섬 출신들로서 칼도 들지 않고 외투도 입지 않고 있었다. 그들이 들어오자 밖에 있던 무리가 문을 닫아걸고, 안으로 들어온 무리는 디온을 죽이려고 목을 졸랐다. 그러나 그의 숨이 끊어지지 않자 밖을 향해 칼을 들여보내라고 소리쳤다. 그러나 누구도 문을 열고 들어오려 하지 않았다.

방 안에는 디온의 무리도 많았다. 그러나 그들은 디온이 죽는 것을 놔 두어야 자신이 살 수 있다고 생각해서 감히 디온을 도우려 하지 않았다. 시간이 잠시 흐른 뒤에 시라쿠사이인 리콘(Lycon)이 창문으로 자킨토스인에게 칼을 넘겨주었다. 칼을 받은 그 자킨토스인은 마치 제사상의 제물을 다루듯이 디온의 목을 잘랐다. 디온은 이미 가격을 겪기 전에 힘이 빠지고 몸을 떨었다.

자객들은 또한 디온의 누나와 임신 중인 아내를 감옥에 집어넣었다. 아내의 투옥은 가장 비참했다. 그는 옥중에서 아들을 낳아 간수들의 동의를 얻어 그곳에서 아이를 키웠다. 칼리포스는 여러 일을 처리하느라 정신이 없었던 탓에 여인들 문제에 신경 쓸 겨를이 없었다.

58

디온을 죽인 칼리포스는 대단한 인물이 되어 시라쿠사이의 권력을 장악했다. 그는 자신의 조국 아테네에 편지를 보냈다. 아

의식의 전수자였고, 디온은 그의 권고에 따라 의식에 참여했던 것으로 보인다.

테네는 그가 저지른 죄악에 대하여 신에 대한 두려움 다음으로 두려워했어야 할 존재였다. 그러나 아테네는 가장 존경받을 만한 성인이 태어난 나라이기도 하지만, 달리 보면 가장 비난받아야 할 천민이 태어나는 곳이라는 말이 사실이었던 듯하다. 실제로 아테네의 토양은 가장 감미로운 꿀과 가장 치명적인 독초를 함께 키워 내고 있다.

인간들은 그와 같이 무도한 방법으로 권력을 잡은 칼리포스의 악행을 알아보지 못했지만, 하늘은 그를 용서하지 않고 벌을 주었다. 칼리포스는 카타네(Catane)를 정복하러 출정한 사이에 곧 시라쿠사이를 잃었다. 들리는 바에 따르면, 그는 "나라를 잃고 겨우 치즈 기계를 얻었다"고 말했다고 한다.[8] 그 뒤로 그는 다시 메세네를 공격하다가 많은 병사를 잃었다. 죽은 이들 가운데에는 디온을 죽인 무리도 들어 있었다.

시킬리아의 어느 도시도 칼리포스를 받아들이지 않고 미워하며 쫓아내자, 그는 13개월을 카타네에서 머물다가 레기움으로 쳐들어갔다. 그러나 그곳에서도 어려움에 빠지고 병사를 먹여 살릴 수 없게 되자 디오니시오스 1세의 아우 레프티네스와 폴리페르콘(Polyperchon)이 그를 죽였다.

칼리포스를 죽인 칼이 곧 디온을 죽인 칼이었다고 하니 그것도 운명인 듯하다. 그 칼은 길이가 짧은 스파르타식 무기로서 정교한 장인(匠人)이 만든 것이었다. 칼리포스는 그렇게 천벌을 받았다.

디온의 누나 아리스토마케와 아내 아레테는 감옥에서 풀려나와 시라쿠사이 출신의 히케타스(Hiketas)라는 사람의 손에 넘어갔다. 지난날 디온의 막료였던 히케타스는 여인들에게 매우 친절하고 정중한 것처럼 보였다. 그러나 시간이 흐르자 디

---

8   아마도 그 무렵 시킬리아에 살던 그리스인들의 말로, 치즈 기계를 카타나(catana)라고 부른 것 같다.

온의 정적들이 하는 말을 들은 히케타스는 그들을 펠로폰네소스로 보내는 척하면서 배에 태웠다. 그는 사공에게 가는 도중에 그들의 목을 베어 바다에 던지라고 지시했다.

　　그러나 다른 사람의 말에 따르면, 사공은 어린 아들과 함께 그들을 산 채로 바다에 던져 버렸다고 한다. 그리고 히케타스도 그에 걸맞은 천벌을 받았다. 그는 티몰레온(Timoleon)의 손에 죽었고, 시라쿠사이인들이 그의 두 딸을 죽임으로써 디온의 원한을 풀어 주었다. 이에 대해서는 내가 「티몰레온전」(§ 32~33)에서 길게 다루었다.

브루투스
MARCUS BRUTUS

기원전 85~42

사람들이 남의 부탁을 거절하지 못하는 것은
젊은 날에 수양을 쌓지 못했기 때문이다.
— 브루투스

내란이 폭군보다 나쁘다.
— 화보니우스

1

마르쿠스 브루투스는 유니우스 브루투스(Junius Brutus)[1]의 후
손이다. 고대 로마인들은 여러 왕과 함께 손에 칼을 빼 든 유니
우스의 동상을 신전의 언덕에 세웠는데, 이는 그가 기원전 509
년에 민중을 이끌고 폭군 타르퀴니우스(Lucius Tarquinius)[2]를 퇴
위시키는 데 결정적으로 이바지하였다는 상징의 의미를 담고
있다. 유니우스는 그의 손에 들린 칼을 닮아서인지, 천성이 냉
혹하고 학문을 닦은 적이 없었다. 폭군 타르퀴니우스에 대한
그의 분노는 자기의 두 아들을 죽일 정도로 잔혹했다.

  그러나 내가 지금 기록하려는 마르쿠스 브루투스는 철학
에서 교양을 얻고 수련을 거치면서 많이 다듬어졌으며, 적극
적인 행동으로 온화한 성품을 얻어, 덕망이라는 면에서도 가
장 조화로운 인물처럼 보였다. 그 덕분에 카이사르(Julius Cae-
sar) 암살 사건으로 브루투스를 미워하는 사람들조차도 그 사
건에 얽힌 좋은 일은 브루투스에게로 돌리고, 나쁜 일은 그의
친척이자 친구로서 브루투스만큼 순수하고 진실하지 못했던

---

1   유니우스 브루투스의 생애는 제6장 「푸블리콜라전」(§ 6)에 자세히 기록
     되어 있다. 거기에는 그의 이름이 루키우스 브루투스(Lucius Brutus)로
     되어 있다.
2   플루타르코스는 타르퀴니우스(기원전 535~495)의 이름을 타르퀸스
     (Tarquins), 타르퀴누스(Tarquinus), 타르퀴니우스(Tarquinius)로 혼동
     하여 쓰고 있으나 여기에서는 타르퀴니우스로 통일했다.

카시우스(Gaius Cassius)의 탓으로 돌렸다.

　　브루투스의 어머니 세르빌리아(Servilia)는 세르빌리우스 아할라(Servilius Ahala)의 후손이다. 지난날 [기원전 439년에] 스푸리우스 마일리우스(Spurius Maelius)가 민중을 선동하여 정권을 잡으려 했을 때, 칼을 감추고 토론의 광장으로 나가 그에게 뭔가 사사로이 할 말이 있다는 듯이 끌어당기고, 마일리우스가 그의 말을 들으려고 머리를 내밀자 칼로 찔러 죽인 사람이 바로 아할라다. 역사가들은 대체로 그와 같은 이야기를 사실로 받아들인다.

　　그러나 카이사르 암살 사건으로 브루투스를 미워하여 나쁘게 말하는 사람들은 그가 폭군 타르퀴니우스를 몰아낸 유니우스의 후손이라는 사실을 부인한다. 유니우스는 역모를 꾀한 자신의 두 아들을 자기 손으로 처단하여 자식이 없기 때문이라는 것이다. 따라서 브루투스의 선조는 그런 명문가가 아니라 브루투스라는 이름의 또 다른 하급 관리였다가 뒷날 관직에 오른 사람이라고 한다.

　　그러나 철학자 포세이도니오스에 따르면, 들려오는 이야기처럼 유니우스의 두 아들이 모두 처형된 것은 사실이지만 그에게는 어린 셋째 아들이 있어 가문을 이었다고 한다. 포세이도니오스는 더 나아가서 말하기를, 자기가 살던 시대에도 브루투스라는 이름의 저명인사들이 있었는데, 그 생김새가 브루투스의 동상과 많이 닮았다고 한다. 그의 가문에 대한 이야기는 이쯤으로 마치려고 한다.

2

브루투스의 어머니 세르빌리아는 소(少)카토(Cato the Younger)와 [아버지가 다르고] 어머니가 같은 남매 사이로서, 브루투스는 로마인들 가운데 누구보다도 그를 존경했다. 그러니까 카토는 브루투스의 외삼촌인데 나중에 브루투스가 그의 딸 포르키아

(Porcia)를 아내로 맞이했으니 카토는 그의 장인이기도 하다.

그리스 철학자들 가운데 브루투스와 친숙하지 않은 사람은 사실상 없었는데, 그 가운데에서도 플라톤의 제자들과 가깝게 지냈다. 브루투스는, 그들의 말을 빌려 표현하자면, 신(新)아카데미아나 중기 아카데미아에 특별히 관심을 두지는 않았고, 고대 아카데미아에 심취했다.[3]

따라서 브루투스는 아스칼론(Ascalon) 출신의 안티오코스(Antiocos)를 늘 찬양했으며, 그의 동생 아리스토스(Aristos)와 매우 가까워 함께 생활했다. 아리스토스는 학문에서는 다른 학자들에 견주어 조금 떨어지기는 했지만 지혜와 인품에서는 누구보다도 뛰어난 사람이었다.

브루투스의 글에는 또한 엠필로스(Empylos)라는 인물이 자주 등장하는데, 브루투스의 친구로서 함께 생활했다. 유명한 수사학자였던 그는 '브루투스전(Brutus)'이라는 제목으로 카이사르의 암살 사건에 관련된 탁월한 글을 남겼다. 브루투스는 라틴어로 글을 쓰고 연설하는 것을 충분히 학습했지만, 그리스어로 격언을 말하는 법도 익힌 그는 스파르타식으로 반짝이는 화술을 보여 주었다. 이를테면 그는 전쟁을 치르던 페르가몬(Pergamon) 사람들에게 이런 편지를 보냈다.

"그대들이 돌라벨라(Dolabella)에게 돈을 보냈다고 들었다. 만약 그것이 스스로 내켜서 한 짓이라면 내게 사과하라. 만약 그것이 내키지 않게 억지로 한 짓이라면 내게도 돈을 보내 그것이 내키지 않은 일이었음을 입증하라."

또한 사모스 사람들에게는 다음과 같은 편지를 보냈다.

"당신들의 변명은 하찮고, 지원금은 더디게 온다. 결과가

---

3   고대 아카데미아는 플라톤 시대의 아카데미아를 나누어 설명한다. 기원전 3세기 무렵의 아르케실라오스(Arcesilaos) 시대를 중기라 하고, 기원전 2세기 무렵 클레이토마코스(Kleitomachos)와 카르네아데스(Karneades) 시대를 신아카데미아 시대라고 한다.

어떠할 것이라고 생각하는가?”

그는 또 이런 편지도 썼다.

“크산토스(Xanthos)인들은 내 호의를 무시하였고, 그 무모함의 대가로 그들의 조국은 무덤이 되었지만, 파타라(Patara)인들은 내게 의탁하여 지금 자유를 만끽하고 있다. 크산토스인들을 따를지 파타라인을 따를지는 그대들의 선택에 달렸다.”

브루투스의 글은 이렇듯 비범했다.

3

브루투스는 젊었을 때 외삼촌인 카토와 함께 키프로스의 프톨레마이오스(Ptolemaios)를 정벌하러 간 적이 있었다. 그런데 프톨레마이오스가 자살하면서 로도스섬에 잠시 머물러야 했던 카토는 친구인 카니디우스를 보내 프톨레마이오스왕의 재산을 정리하도록 지시했다. 그러나 카니디우스가 청렴하지 않으리라는 걱정을 했던 카토는 브루투스에게 편지를 보내 서둘러 키프로스로 가라고 지시했다.

그때 브루투스는 큰 병에 걸려 팜필리아에서 요양하고 있었다. 그는 카니디우스가 카토에게 명예롭지 못한 대접을 받는 상황을 유감으로 여긴 데다가, 자기처럼 공부나 하는 젊은이가 별다른 의미도 없고 자유롭지도 못한 정무에 발을 들여놓는 것이 싫었다. 그러나 외삼촌의 부탁을 거절할 수 없어 어쩔 수 없이 키프로스로 갔다. 그러나 그는 이 일을 잘 처리하여 카토의 칭찬을 들었으며, 왕의 재산을 돈으로 바꾸어 배에 싣고 로마로 돌아왔다.

4

그 무렵에 로마는 폼페이우스와 카이사르의 편으로 갈라서서 곧 내란이 일어날 듯 어수선했다. 지난날 브루투스의 아버지가 폼페이우스의 선동으로 말미암아 죽었기 때문에, 사람들은 그가 카이사르 편에 서리라고 예상했다. 그러나 그는 개인의 감정보다는 공의로움이 먼저라고 생각했을 뿐만 아니라, 명분으로 보더라도 폼페이우스가 카이사르보다 더 떳떳하다고 생각하여 폼페이우스 편에 섰다.

원래 브루투스는 아버지를 죽인 원수와 말하는 것이 불효라고 여겨 폼페이우스를 만나면 말도 하지 않았지만, 이제는 폼페이우스를 국가 지도자로 우러러보면서 그 지시에 따라 킬리키아 총독으로 임명된 세스티우스(Sestius)의 부관이 되어 그를 따라갔다.

그러나 킬리키아에서는 할 일도 별로 없는 데다가, 폼페이우스와 카이사르의 권력 투쟁이 임박했던 터라 브루투스는 위험을 무릅쓰고 스스로 마케도니아로 갔다. 들리는 바에 따르면, 브루투스가 들어오는 것을 본 폼페이우스는 너무도 기뻐 자리에서 일어나 장병들이 보는 앞에서 마치 상관을 맞이하듯이 끌어안았다고 한다.

[기원전 48년 8월 테살리아의 화르살로스에서 벌어진] 전쟁 기간에도 브루투스는 폼페이우스와 함께 용무를 볼 때가 아니면 쉬는 시간이나 전투가 벌어지기 앞서까지 책을 읽거나 글을 썼다. 그때는 몹시 더운 여름이라 병사들은 늪지대에서 숙영했는데, 브루투스 부대의 천막은 그때까지도 도착하지 않았다. 그는 휘하의 병사들이 낮잠을 자거나 다가올 미래를 걱정하고 있을 때가 되어서야 약간의 식사를 하고 피부를 보호하기 위한 기름을 바를 짬을 낼 수 있었다. 그러고는 저녁 늦게까지 역사가인 폴리비오스가 쓴 『역사(Historiai)』의 개론을 써서 기록으로 남겼다.

5

들리는 바에 따르면, 카이사르도 브루투스의 신변을 걱정하여 전투가 벌어져도 브루투스가 저항하지 않으면 죽이지 말고 포로로 데려오고, 만약 그가 포로가 되지 않으려고 격렬하게 저항하면 그를 다치게 하지 말고 보내 주라고 부하들에게 지시했다고 한다.

카이사르가 브루투스를 그토록 걱정했던 것은 그의 어머니 세르빌리아 때문이었다는 말도 있다. 카이사르는 젊었을 적에 세르빌리아와 가까운 사이였고, 그 여인도 카이사르를 열렬히 사랑했기 때문에 카이사르는 두 사람이 그토록 사랑하던 시절에 태어난 브루투스가 자신의 아들이라고 생각했을 만한 이유가 충분했다.[4]

또한 들리는 바에 따르면, 카틸리네(Catiline)의 반역 음모(제30장 「키케로전」, § 10 , 제32장 「카이사르전」, § 7)로 말미암아 나라가 위험에 빠졌을 때, 그 이야기가 원로원에 전달되자 카토와 카이사르 사이에 이를 둘러싼 의견 차이로 격론이 벌어졌다. 그 자리에 두 사람이 나란히 서 있을 때, 누군가 밖에서 들어와 카이사르에게 쪽지를 건네주었고, 그가 그것을 조용히 읽었다. 이를 본 카토가 자리에서 일어서더니 분노에 찬 목소리로 이렇게 말했다.

"지금 카이사르는 역적 카틸리네에게 온 편지를 읽고 있습니다."

카토의 말에 원로원이 온통 혼란에 빠지자 카이사르가 그 편지를 카토에게 넘겨주었다. 카토가 펴 보니 그 편지는 자신의 여동생 세르빌리아[5]가 카이사르에게 보낸 음란한 연애편지였다. 이에 카토는 편지를 카이사르에게 집어 던지면서 이

4 브루투스가 태어날 때 카이사르가 열다섯 살이었다는 점을 고려하면, 두 남녀가 간통했다는 말은 사실이 아닐 것이다. 그러나 그로부터 22년이 지난 뒤에 일어난 카틸리네의 반역 사건 무렵에 카이사르와 세르빌리아가 사랑에 빠졌던 것은 사실이다.

5 이 여인은 아마도 소카토의 작은 여동생 세르빌리아가 아니라 큰 여동생 포르키아(Porcia)였을 것이며, 플루타르코스는 두 여인의 이름을 혼동하고 있는 것 같다.(제36장 「소카토전」, § 24 참조)

렇게 소리쳤다.

"집어치우시오, 이 술주정뱅이 같으니라고."

그러고 나서 카토는 다시 비난을 계속했다. 카이사르와 세르빌리아의 염문(艶聞)은 그처럼 요란했다.

6

화르살로스 전투에서 패배한 폼페이우스가 바다로 도주하자 그의 병영도 함락되었다. 브루투스는 아무도 모르게 성문을 빠져나가 갈대가 우거진 늪지를 지나 밤중에 무사히 라리사에 도착했다. 그곳에서 그는 카이사르에게 편지를 썼다. 편지를 받은 카이사르는 그가 살아 있다는 사실이 너무 기뻐어서 돌아오라고 말했다. 카이사르는 그를 용서했을 뿐만 아니라 그에게 높은 직책을 주었다.

그 무렵에 폼페이우스가 어디로 도망했는지 아무도 몰라 혼란스러워하자, 카이사르는 브루투스와 단둘이 멀리까지 산책하면서 폼페이우스의 행방을 물었다. 폼페이우스가 도망했을 법한 곳을 브루투스가 말하자 카이사르는 다른 가능성을 일축하고 이집트로 향했다. 브루투스가 예측한 대로 폼페이우스는 이집트로 도망했지만, 그곳에서 최후를 맞이했다.

카이사르는 또한 브루투스의 요청을 받아들여 카시우스는 물론이고 리비아 왕도 용서해 주었다. 브루투스는 리비아 왕의 변호인으로 일했는데, 그의 의뢰인이 저지른 잘못이 너무 커 용서해 줄 명분이 없었다. 그러나 브루투스가 간청한 덕분에 리비아 왕은 카이사르에게 용서를 받고 영토도 대부분 돌려받았다.[6] 들리는 바에 따르면, 카이사르는 브루투스의 대

---

6 대부분의 주석가들은 이 부분이 플루타르코스의 착오였으리라고 설명했다. 그 무렵에 브루투스는 갈라티아(Galatia)의 왕 데오이타로스(Deoitaros)의 사면을 카이사르에게 요청했으나 성공하지 못했다.

중 연설을 처음 듣고는 막료들에게 이렇게 말했다고 한다.

"나는 저 젊은이가 무엇을 바라는지 알 수 없으나, 그는 자기가 바라는 바를 끝까지 포기하지 않을 것이다."(키케로, 『아티쿠스에게 보낸 편지』, XIV : 1)

브루투스의 처신은 진중하여 누구도 그에게 쉽게 청탁할 수 없었다. 또한 사리를 따져 고결한 원칙에 따라 자신의 목표를 이루었기에, 그는 어디서든 영향력을 발휘하고 효과적으로 처신했다. 공의롭지 않은 청탁은 아무리 아첨해도 그를 움직일 수 없었다. 부끄러움도 모르고 끈질기게 요구하는 사람을 거절하지 못하는 것은 우유부단한 행위이며 큰일을 할 사람에게 가장 수치스러운 일이라고 그는 생각했다. 그는 이런 말을 자주 했다.

"내가 생각하기에, 사람들이 남의 부탁을 거절하지 못하는 것은 젊은 날에 수양을 쌓지 못했기 때문이오."

카이사르는 카토와 스키피오를 타도하러 아프리카로 건너갈 때 브루투스에게 알프스 남쪽의 갈리아족(Gallia Cisalpina)의 통치를 맡겼는데, 이것이 그곳 주민들에게는 큰 행운이었다. 다른 지방 주민들이 오만하고 탐욕스러운 총독을 만나 마치 패전국 시민처럼 학대받은 것과 달리, 브루투스는 마치 지난날의 불행을 위로해 주려고 온 구세주 같았기 때문이었다.

브루투스는 또한 카이사르에 대한 충성이 지극했다. 카이사르가 아프리카에서 돌아오는 길에 이탈리아를 지나며 살펴보니, 브루투스가 다스리는 곳의 도시들은 매우 행복해 보였고, 브루투스 자신도 카이사르의 영광을 드높이면서 기꺼이 협력하고 있었다.

7

그 무렵에 법정관 자리가 몇 비어 있었다. 그 가운데 수도를 관할하는 법정관은 가장 영광스러운 자리여서 사람들은 브루투스나 카시우스 가운데 누군가 그 자리를 맡을 것이라고 기대했다. 그러나 어떤 사람의 말에 따르면, 두 사람은 별로 대단치도 않은 의견 차이로 사이가 안 좋았는데 이번 일로 더 나빠졌다고 한다. 그러나 카시우스가 브루투스의 누이 유니아(Junia)의 남편이었으므로 처남 매부 관계를 무시할 수도 없었다.

또 다른 사람들의 말에 따르면, 카이사르가 두 사람에게 각기 은밀하게 호의를 보임으로써 서로 경쟁하고 미워하도록 일을 꾸몄다고 한다. 그러나 카시우스가 [기원전 54년에] 파르티아 전쟁(Bellum Parthicum, 제16장 「크라수스전」, §18 참조)에서 빛나는 승리를 거두고 유명해진 것과 달리, 브루투스는 자신의 덕망과 명성으로 카시우스와 경쟁했다. 두 사람이 법정관 선출을 놓고 경쟁한다는 이야기를 들은 카이사르는 막료들과 상의하는 자리에서 이렇게 말했다.

"카시우스의 주장이 더 옳지만 수석 법정관은 브루투스에게 돌아갈 수밖에 없군."

그리하여 카시우스는 일반 법정관에 임명되었다. 그러나 일반 법정관에 뽑힌 카시우스의 기쁨은 수석 법정관을 놓친 분노를 덮지 못했다. 브루투스는 모든 점에서 자신이 바라는 만큼 카이사르의 막강한 권력을 나누어 누렸다. 실제로 만약 그가 그렇게 하려고 마음먹었다면 브루투스는 카이사르의 일급 막료로서 가장 막강한 권력을 휘두를 수도 있었다.

그러나 카시우스의 무리가 그를 그렇게 하도록 내버려 두지 않았다. 브루투스는 카시우스와 경쟁을 치른 뒤 그와 아직 화해하지는 않았지만, 카시우스의 막료들이 하는 말은 귀담아들었다. 그들은 이렇게 말했다.

"카이사르의 말만 믿고 그에게 매력을 느끼거나 마음이 여려지지 말아야 합니다. 독재자가 베푸는 친절과 호의에 넘어가서는 안 됩니다. 카이사르가 그대에게 호의와 친절을 보이는 까닭은 그대의 덕망 때문이 아니라 그대의 용맹과 기백을 꺾으려는 것이기 때문입니다."

8

그렇다고 카이사르가 브루투스에게 아무런 의심을 품지 않은 것은 아니었고, 브루투스를 비난하는 말에 대하여 반응이 아주 없지도 않았다. 카이사르는 브루투스의 높은 기상, 솟아오르는 명성, 그 둘레의 동지들을 두려워하면서도 그의 인격을 믿었다. 언젠가 폼페이우스와 돌라벨라(Cornelius Dolabella)가 반란을 모의하고 있다는 말을 들었을 때 카이사르는 이렇게 말했다.

"내가 걱정하는 것은 저 뚱뚱하고 머리 긴 녀석들이 아니라 얼굴이 창백하고 메마른 저 녀석들이라네."(제32장 「카이사르전」, § 62)

카이사르의 말 가운데 "얼굴이 창백하고 메마른 저 녀석들"은 바로 브루투스와 카시우스를 가리켰다. 또 언젠가는 어떤 사람이 카이사르에게 브루투스를 비난하면서 주변에 경호원을 두라고 말하자 그는 가슴에 손을 얹고 이렇게 말했다.

"뭐라고? 브루투스가 이 허약한 몸뚱이의 수명이 다할 때까지 기다리지 못할 것으로 생각하는가?"

이 말은 브루투스가 아니고서는 누구도 자신의 대권을 이어받을 사람이 없다는 뜻이었다. 실제로 카이사르의 권력이 기울고 그의 명성이 빛을 잃으면서 자신이 카이사르의 권력 계승자가 되기를 기다렸다면, 브루투스는 로마의 지배자가 되었을 것이 분명했다. 한편, 성격이 거칠었던 카시우스는 공적인 입장에서 독재자를 미워한 것이 아니라 사사로운 이유로 카이사르를 미워했다. 카시우스는 카이사르를 제거하도록 브루투스를 자극했는데, 들리는 바에 따르면 브루투스는 독재를 반대했고, 카시우스는 독재자를 미워했다고 한다.

그러나 무엇보다도 카시우스가 카이사르를 미워하게 된

것은 사자(獅子) 때문이었다고 한다. 카시우스가 건설관을 지낼 적에 사자 몇 마리를 얻은 적이 있었다. 그가 이 맹수들을 메가라로 실어 왔는데, 카이사르의 부하 칼레누스(Calenus)가 이 도시를 점령하였을 때 카이사르가 그 맹수들을 차지했다고 한다.

그런데 들리는 바에 따르면, 이 사자들이 메가라 시민에게 엄청난 재앙을 안겨 주었다고 한다. 메가라가 함락되자 민중이 쳐들어오는 로마 병사를 막으려고 우리에 갇혀 있던 맹수들을 풀어놓았다는 것이다. 그러나 맹수들은 적군을 물지 않고 무장하지 않은 시민을 공격하여 이리저리 도망하는 무리를 물어뜯었는데, 그 모습은 적군이 보기에도 가여웠다.

9

사람들의 말에 따르면, 이 사자 사건이 카시우스가 뒷날 카이사르를 죽인 가장 중요한 까닭이라고 하지만, 이는 사실이 아니다. 카시우스는 천성적으로 독재자 일당을 증오하여 신랄한 말을 퍼붓곤 했다.

카시우스는 어렸을 적에 술라의 아들 화우스투스와 같은 학교에 다녔다. 어느 날 화우스투스가 자기 아버지의 권력이 얼마나 대단한지 자랑하는 것을 본 카시우스가 벌떡 일어나 그를 쥐어박았다. 화우스투스의 경호원들과 친척들이 이 문제를 법정까지 끌고 가려 하자 폼페이우스가 이를 말리면서 두 아이를 불러 어찌 된 일인지를 물었다. 들리는 바에 따르면, 카시우스는 이렇게 말했다고 한다.

"자, 화우스투스, 용기가 있으면 이분 앞에서 다시 한번 그따위 소리로 나를 화나게 만들어 보아라. 그러면 다시 네 얼굴을 갈겨 주겠다."

카시우스는 그런 사람이었다.

그러나 브루투스가 암살 음모를 꾸민 이유는 달랐다. 그의 막료들이 충동질하였고, 민중도 말과 편지로 그를 자극했기 때문이었다. 이를테면 폭군을 몰아낸 그의 선조 유니우스 브루투스의 동상 앞에는 다음과 같은 글귀가 나붙었다.

　　"브루투스여, 우리에게는 그대가 있노라."
　　"브루투스가 살아 있었더라면."

그뿐만 아니라 브루투스의 법정관 사무실에는 날마다 투서가 가득 쌓였다.

　　"브루투스여, 그대는 자고 있는가?"
　　"그대는 진정 브루투스가 아니던가?"

이런 일이 벌어진 것은 카이사르에게 아첨하는 무리에 대한 반감 때문이었다. 그들이 카이사르에게 부당하게 바친 영예들 가운데에는, 이를테면 밤중에 그의 동상에 왕관을 씌워 놓아 민중이 그를 독재관(Dictator)이 아니라 왕으로 부르도록 부추긴 일이 있었다. 그러나 내가 「카이사르전」에서 지적했듯이 그 결과는 엉뚱한 방향으로 흘러갔다.

10
더욱이 카시우스가 카이사르의 암살 음모를 동료들에게 권유했을 때 그들은 이렇게 대답했다.
　　"브루투스가 주동한다면 우리도 하겠소. 이번 일에 필요한 것은 무력이나 용기가 아니라 브루투스와 같은 사람의 명성이오. 그런 사람이 제물을 바쳐야 하오. 그가 참여했다는 사실만으로도 제물의 정당성을 보증하는 셈이오. 그가 참여하지 않는다면 사람들은 거사에 멈칫거릴 것이고 거사 뒤의 일을 걱정할 것이오. 이번 거사가 영예로운 일이었다면 브루투스가 참여하지 않았을 이유가 없다고 사람들은 말할 것이기 때문이오."

이러한 여론을 확인한 카시우스는, 앞서 말하였듯이, 두 사람이 다툰 뒤 처음으로 브루투스를 찾아갔다. 그들의 우정이 되살아났을 때 카시우스가 물었다.

"그대는 3월 초하루에 열릴 원로원 회의에 참석할 뜻이 있나? 내가 듣자니 그날 카이사르의 막료들이 그를 왕으로 추대한다더군."

이에 브루투스가 짧게 대답했다.

"참석하지 않겠습니다."

카시우스가 다시 물었다.

"만약 그들이 우리를 부른다면?"

그러자 브루투스가 이렇게 대답했다.

"그때는 참석하는 것이 내 의무겠지요. 일신의 안녕을 위해서가 아니라 조국과 자유를 지키고자 죽을 뿐입니다."

그러자 카시우스가 부추겼다.

"브루투스, 로마 시민이 그대가 죽도록 보고만 있겠나? 그걸 그대가 모르는가? 그대 책상에 쌓인 글들을 보낸 사람들이 로마에서 가장 위대하고 영향력 있는 무리가 아니라 방직공이나 장사꾼이라고 생각하나? 그들이 다른 법정관에게 요구하는 것은 선물이나 연극이나 검투사의 경기이지만, 그대에게 요구하는 것은 독재자를 몰아내는 일이라네. 그대는 그 점에서 그대 가문에 빚을 진 셈이네. 그들이 기대하고 바라는 바를 그대가 보여 준다면, 그들은 그대를 위해 무엇이든 감수할 마음의 준비가 되어 있다네."

말이 끝나자 카시우스는 브루투스를 껴안고 입을 맞춤으로써 다시 옛날의 동지로 돌아가 화해하고, 둘은 친구들을 만나러 갔다.

11

그 무렵 폼페이우스의 막료 가운데 카이우스 리가리우스(Cai-
us Ligarius)[7]라는 사람이 있었다. 그는 폼페이우스의 친구라는
이유로 재판을 받다가 카이사르의 도움으로 풀려났다. 그러
나 그는 그런 사정에 대해 고마움을 느끼기는커녕, 자신의 목
숨을 위태롭게 만든 것은 권력이라 여기고 카이사르의 원수가
되어 브루투스의 가까운 막료가 되었다. 언젠가 이 사람이 아
프다는 말을 듣고 브루투스가 문병을 가 이렇게 말했다.

"리가리우스, 지금이 어느 때라고 아파 누워 있는가?"

그 말을 들은 리가리우스는 팔꿈치를 짚고 자리에서 벌떡
일어나 브루투스를 툭 치면서 이렇게 말했다.

"브루투스, 그대가 그대다운 큰일을 한다니 이제 나는 다
나았소."

12

그런 일이 있은 뒤에 브루투스의 무리는 자기들이 신임하는
명사들의 생각을 은밀히 알아보면서 그 주변의 가까운 인물들
을 모으는 한편, 죽음을 두려워하지 않는 용감한 무리도 뽑기
시작했다. 그런 까닭에 그들은 키케로에게는 접근하지 않았
다. 그 당시 키케로는 사람들에게 호의를 불어넣게 하는 재능
뿐만 아니라 신뢰를 주는 시민으로서 으뜸가는 인물이었는데
도 말이다.

그들은 키케로가 너무 늙고 천성적으로 신중한 데다가 안
전을 도모하고자 모든 일에 너무 꼼꼼히 따지는 버릇이 있어,
민첩하게 움직여야 하는 이번 거사에서 그들의 용기를 무디게
할지도 모른다는 사실을 두려워했다.

7   아마도 이 사람은 제30장 「키케로전」(§ 39)에 등장하는 퀸투스 리가리우
     스(Quintus Ligarius)와 같은 인물일 것이다.

그 밖에 브루투스는 자신의 막료들 가운데 에피쿠로스학파인 스타틸리우스(Statyllius)와 카토의 열렬한 추종자인 화보니우스도 무리에서 뺐다. 얼마 전에 브루투스가 철학 논의를 하는 것처럼 둘러대면서 비슷한 이야기를 꺼냈을 때 화보니우스가 이렇게 말했기 때문이다.

"내란이 폭군보다 나쁘다."

그러자 스타틸리우스는 또 이렇게 거들었다.

"어리석고 변덕스러운 민중을 위해 위험한 격랑에 뛰어드는 것은 지혜롭고 지각 있는 사람이 할 짓이 아니다."

그러나 그 자리에 함께 있던 라베오(Labeo)는 두 사람의 의견에 반대했다. 그때 이 문제를 결정하는 것은 어려운 일이라고 판단한 브루투스는 아무 말도 하지 않다가 시간이 지난 뒤에 라베오에게 자기들의 의도를 설명했다. 그러자 그도 동의하고 참여했다.

그들은 또한 알비누스 브루투스(Albinus Brutus)에게도 거사를 상의하기로 결정했다. 알비누스는 달리 수완이 있거나 용맹하지는 않았지만, 로마 시민을 위해 검투사들을 여럿 거느리고 있어 영향력이 컸을 뿐만 아니라 카이사르의 신임도 두터웠다.

카시우스와 라베오가 알비누스를 만나 거사 계획을 상의했더니 알비누스는 아무런 대답도 하지 않았다. 그러나 알비누스는 개인적으로 브루투스를 만나 이야기하면서 브루투스가 이번 거사의 주동자라는 사실을 알고는 쉽게 찬동하고 협조했다. 그 밖에도 유력한 명사들이 브루투스가 주도했다는 소문을 듣고 음모에 가담했다.

그들은 선서를 하거나 신전에 나아가 성스럽게 맹세하지는 않았지만, 이번 거사를 가슴 깊이 담아 두고 비밀스럽게 일을 추진했다. 예언과 신탁에서 거사를 미리 알려 주는 말들이 오갔지만 아무도 그것을 믿지 않았다.

13

로마에서 가장 위대하다는 사람들의 존엄과 가족과 덕망이 자기에게 달려 있고, 온갖 위험이 도사리고 있다는 사실을 잘 알고 있던 브루투스는 공공 집회에 나갈 때면 자신의 생각을 드러내지 않으려고 노력했다. 그러나 집에 들어와 밤이 되면 그럴 수가 없었다. 어떤 때는 자다가 벌떡 일어나기도 하고, 골똘히 생각하다가 괴로워했다. 그 모습을 본 그의 아내는 그에게 무슨 괴로움이 있거나 어려운 계획으로 마음고생하고 있다는 것을 알아차렸다.

앞서 말했듯이, 브루투스의 아내 포르키아는 외삼촌 카토의 딸이자 외사촌 동생이었다. 그는 이미 결혼한 여자였으나 젊어서 남편 마르쿠스 칼푸리누스 비불루스(Marcus Calpurinus Bibulus)[8]가 죽자 아들 비불루스를 데리고 브루투스와 결혼했다. 비불루스는 계부인 브루투스에 관한 작은 회고록을 썼는데, 그것이 지금까지 전해 내려오고 있다.

포르키아는 천성이 곱고 남편을 사랑했으며, 긍지를 가진 여인으로서 남편의 고민에 대해 아무 말도 묻지 않으려고 다음과 같이 스스로를 시험해 보았다. 곧 포르키아는 시녀들을 모두 밖으로 내보낸 뒤에 이발사들이 사용하는 손톱깎이 칼로 자기 허벅지를 깊이 찔렀다. 그러자 피가 많이 흐르면서 고통이 심해지고 열이 올라갔다. 이를 본 브루투스가 매우 놀라며 당황하자 여인은 남편에게 이렇게 말했다.

"여보, 나는 카토의 딸입니다. 나는 여느 소실들처럼 당신의 잠자리나 봐주고 밥이나 해 주려고 온 여자가 아니라 당신과 고락을 함께하고자 당신에게 시집온 여자입니다. 당신은 나에게 흠 없는 남편이지만, 지금 당신은 고민에 시달려 그토

---

8   마르쿠스 칼푸리누스 비불루스는 기원전 59년에 카이사르의 동료 집정관이었다.

록 괴로워하면서도 나에게는 말하려고 하지 않으니, 이제 나는 어떻게 당신에 대한 사랑을 보여 줄 수 있겠습니까? 여자들은 천성적으로 비밀을 지키지 못한다는 것을 저도 잘 압니다. 그러나 나는 가정 교육을 잘 받았고 훌륭한 어른들과 함께 지내면서 천성을 더욱 굳게 다져 왔습니다. 나는 카토의 딸이자 브루투스의 아내라는 사실이 모두 행복합니다. 그러나 이제까지는 과연 내가 그만한 자격이 있는 사람인지 확신이 없었습니다. 이제야 나는 그런 고통을 이길 수 있는 사람임을 깨달았습니다."

말을 마친 포르키아는 그제야 상처를 보여 주면서 자신이 스스로 고통을 이길 수 있는지 시험한 이유를 남편에게 설명해 주었다. 그러자 브루투스는 손을 하늘로 쳐들어 올린 다음 이렇게 빌었다.

"이번 거사가 성공하여 제가 포르키아의 남편으로서 자격 있는 사람임을 보여 줄 수 있도록 해 주소서."

그리고 아내의 상처를 낫게 하려고 애썼다.

14

원로원이 소집되었다. 그날 카이사르도 참석하리라고 예상되자 브루투스의 무리는 이때 거사하기로 결정했다. 그날은 저명인사들이 모두 모여도 의심받지 않을 것이고, 많은 사람이 한자리에 모여 거사를 치름으로써 자유를 얻고자 하는 자신들의 명분을 널리 알리기에도 좋았다. 원로원 소집 장소가 폼페이우스의 기념관인 것도 하늘의 뜻인 듯했다.

극장 건물의 현관 입구 주랑(柱廊)에는 폼페이우스의 동상이 서 있었다. 이 건물은 폼페이우스가 주랑과 극장 형식으로 만들어 자신을 기념하도록 헌정한 것이었다. [기원전 44년] 3월 15일에 회의가 소집된 것도 폼페이우스를 위해 카이사르에게 복수하라는 하늘의 뜻이 담긴 듯했다. [로마인들은 이날을

브루투스

'Ides of March'라고 부른다.][9]

  그날이 오자 브루투스는 아내만 알게 단검을 가슴에 품고 집을 나섰다. 다른 사람들은 카시우스의 집에 모여 그 아들의 성년식(*toga virilis*)을 치른 다음 토론의 광장으로 나갔다. 그곳을 나온 무리는 서둘러 폼페이우스의 기념관으로 달려가 회의에 참석하러 올 카이사르를 기다렸다. 그곳에 있던 사람들이 그 끔찍한 거사를 앞두고 있다는 사실을 누군가 알았더라면, 저들이 저토록 무표정하고 조용하다는 데 매우 놀랐을 것이다.

  관리들 대부분은 법정관이어서 처리할 일들이 있었다. 어떤 사람들은 마치 시간이 넉넉하다는 듯이 청원하거나 소송을 제기한 사람의 말을 조용히 들으며 사건마다 정확한 판단으로 평결을 내리느라 고생하고 있었다. 브루투스의 평결에 불만을 품은 누군가가 큰 소리를 치고 증거를 내밀면서 카이사르에게 상고하려 하자 브루투스가 곁에 있는 사람을 돌아보며 이렇게 말했다.

  "카이사르는 이번에 내가 법대로 처결한 이 판결을 막지 않을 것이고, 앞으로도 그럴 일은 없을 것이오."

15

그러는 사이에 여러 가지 일이 일어나 사람들을 놀라게 하고 당황하게 만들었다.

  첫째로, 가장 중요한 문제는 날이 밝았는데도 카이사르가

---

9   로마인들은 3월, 5월, 7월, 10월의 보름을 이데스(Ides)라고 부르는데, 이 날(Ides of March, 3월 15일)은 카이사르가 위험하다는 신탁을 받은 날이어서 서양인들은 이날을 흉일(凶日)로 친다. 조지 클루니(George Cloo-ney)가 2011년에 감독하고 대통령 후보로 주연하여 한국에서는 '킹메이커'라는 이름으로 상영된 영화의 원래 제목이 'The Ides of March'였다. 따라서 서양인들은 "몸조심하라"는 말을 할 때면 "Beware of the Ides of March"라고 말한다.

나타나지 않는다는 사실이었다. 그날따라 카이사르의 아내는 예감이 불길하다면서 남편의 외출을 막았고, 예언자도 같은 말을 했다.

둘째로, 브루투스의 무리에 있는 카스카(Casca)에게 어떤 사람이 다가와 손을 잡으면서 이렇게 말했다.

"카스카 선생, 당신은 내게 숨기는 일이 있었던데, 브루투스에게 다 들었소."

카스카가 너무 놀라 말도 못 하고 있는데, 그가 웃음을 터뜨리면서 이렇게 물었다.

"친구, 당신은 어떻게 건설관에 출마할 정도로 그 많은 돈을 벌었소?"

그 사람의 말을 얼른 이해하지 못한 카스카는 비밀이 드러난 줄로만 알았다.

셋째로, 원로원 의원 포필리우스 라이나스(Popilius Laenas)가 여느 때보다 더 다정하게 브루투스와 카시우스에게 인사를 나누면서 이렇게 말했다.

"두 분께서 하시는 일이 잘 이뤄지기를 나도 진심으로 빕니다. 멈칫거리지 마세요. 세상 사람들이 다 알고 있는걸요."

그렇게 말하고 라이나스가 떠나자 두 사람은 거사가 모두 알려진 것이 아닌가 여겨 걱정에 빠졌다. 그런 상황에서 브루투스는 아내가 집에서 죽었다는 연락을 받았다. 그의 아내 포르키아는 거사를 걱정하면서 스스로를 감당하지 못하다가 마치 술 취한 사람처럼 울며 소리치더니 토론의 광장에서 오는 전령에게 브루투스가 어찌 되었는지 묻고는 다시 사람을 보내 알아보도록 했다. 시간이 지나자 여인은 끝내 긴장을 견디지 못하고 늘어져 미친 사람처럼 넋을 잃었다.

브루투스의 아내는 자기 방으로 돌아갈 겨를도 없이 하녀들과 함께 앉아 있다가 힘이 빠지고 사람을 알아보지도 못하면서 얼굴색이 변하고 말을 하지 못했다. 하녀들이 비명을 지르고 이웃 사람들이 놀라 달려와 문 앞에 몰려들었다. 그리고 브루투스의 아내가 죽었다는 소문이 순식간에 퍼져 나갔다. 그러나 그는 곧 깨어나 하녀들의 간호를 받았다. 아내가 죽었다는 놀라운 소식에 브루투스는 크게 당황했지만 사사로운 일이라는 생각에 마음 쓰지 않고 자신의 공적 업무를 계속했다.[10]

16

그때 카이사르가 가마를 타고 온다는 소식이 들어왔다. 그는 예언자에게 오늘은 나가지 말라는 말을 들었던 터라, 정무를 처리하지 않고 몸이 좋지 않다는 구실을 대며 회의를 연기할 참이었다. 그가 가마에서 내려오자 조금 전에 브루투스에게 거사가 성공하기를 빈다며 말을 걸었던 바로 그 라이나스가 급히 카이사르에게 다가가 말을 걸었고, 카이사르는 서서 그의 말을 들었다. 음모자들은 [앞으로 나는 그들을 이렇게 부르고자 한다] 그가 무슨 말을 하는지 알아들을 수는 없었지만, 아마도 그가 이번 거사를 밀고하는 것이라고 의심했다.

자신들의 음모가 발각되어 실패할지도 모른다는 불안에 빠진 음모자들은 서로 눈길을 주고받았다. 체포될 때까지 기다리지 말고 자결하자는 뜻이었다. 실제로 카시우스와 몇몇 사람은 가슴속에 감춘 칼을 잡고 자결을 준비했다. 그때 브루투스가 라이나스의 표정을 보니, 무언가 간절히 요청하는 모습이었지 밀고하는 모습 같지는 않았다.

거사 내용을 모르는 사람들이 주변에 서 있었기 때문에 브루투스는 뭐라고 말을 할 수는 없었지만, 즐거운 표정을 지으며 카시우스와 그의 막료들을 격려했다. 시간이 조금 지나자 라이나스는 카이사르의 손에 입을 맞추고 물러섰다. 그는

---

10 뒤(§ 23)에 이어지는 이야기로 미뤄 볼 때, 포르키아는 이때 죽지 않고 소문만 그렇게 난 것이었다.

사사로운 일로 뭔가 카이사르에게 간절히 부탁하고 있었던 것이 분명했다.

17

원로원 의원들이 카이사르를 회의장으로 안내하자, 다른 음모자들이 마치 할 말이라도 있다는 듯이 카이사르의 의자를 둘러쌌다. 들리는 바에 따르면, 그때 카시우스는 폼페이우스의 동상을 향해, 마치 동상이 말을 알아듣기라도 하는 것처럼 무슨 말인가를 했다고 한다.

집정관 트레보니우스(Caius Trebonius)가 문으로 들어오는 안토니우스를 붙잡고 이러니저러니 말을 붙이며 그가 안으로 들어오는 것을 늦추었다.[11] 카이사르가 회의장 안으로 들어오자 원로원 의원들이 일어서서 카이사르를 찬양했다. 그러나 카이사르가 자리에 앉자마자 음모자들이 한꺼번에 그를 둘러쌌다.

그때 음모자들은 툴리우스 킴베르(Tullius Cimber)를 앞으로 내세워 추방당한 자신의 형을 위해 탄원하도록 했다. 그러자 다른 사람들도 킴베르의 탄원에 합세하여 카이사르의 손을 잡고 그의 가슴과 머리에 입을 맞추었다. 처음에 카이사르는 음모자들의 탄원을 거절했으나, 그들이 뜻을 굽히지 않자 그들의 손에서 벗어나려고 애썼다.

그때 툴리우스 킴베르가 두 손으로 그의 외투를 벗겼고, 뒤에 서 있던 카스카가 칼을 뽑아 먼저 찔렀다. 그러나 상처는 깊지 않고 어깨를 스치는 정도였다. 그러자 카이사르도 칼을 빼 들고 라틴어로 크게 소리쳤다.

---

11   이때 안토니우스를 붙잡고 말을 걸며 입장을 방해한 사람이 알비누스 브루투스였다는 「카이사르전」(§ 66)의 기록은 플루타르코스의 착오이다.[아피아노스, 『로마사(5) : 내전사』, II : 117]

"저주받을 놈 카스카야, 이게 무슨 짓이냐?"

이에 카스카가 그리스 말로 형을 부르면서 도와 달라고 소리쳤다. 여러 차례 칼을 맞은 카이사르는 자객들의 손에서 벗어나려고 길을 찾았다. 그때 브루투스도 칼을 빼 들고 있는 모습을 본 카이사르는 카스카를 잡고 있던 손을 놓더니, 외투로 머리를 감싼 다음 자객들의 칼에 몸을 맡겼다. 자객들은 우르르 몰려들어 그를 칼로 찌르다가 서로 다쳤다. 브루투스도 살인에 참여했다가 손을 다쳤다. 음모자 모두가 피를 뒤집어썼다.

18

카이사르가 죽자 브루투스는 회의장 가운데로 나아가 연설로써 원로원 의원들을 진정시키려 했다. 그러나 겁에 질린 의원들이 엉클어져 입구에 소동이 일어났고, 누구도 그들을 쫓아가 잡지 않았다. 이미 그들은 이번 거사에서 다른 사람들은 아무도 죽이지 않을 것이고, 모든 사람에게 자유를 돌려주리라 굳게 결심했기 때문이었다. 음모자 대부분은 이번 거사를 논의하면서 카이사르뿐만 아니라 안토니우스도 죽이기로 결정했다. 그도 법을 어긴 정치인이었으며, 왕정을 선호하였고, 군대와 유착하여 영향력을 뻗치고 있었기 때문이었다.

안토니우스는 천성적으로 오만하고 야심이 커 집정관의 권위를 강화했을 뿐만 아니라 그 무렵에는 카이사르의 가까운 막료이기도 했다. 그러나 브루투스는 안토니우스의 처단에 반대했다. 그는 일을 정의롭게 처리해야 한다고 주장하면서 안토니우스의 마음이 바뀌리라는 데 희망을 걸었다.

안토니우스는 야심만만하여 명성을 추구하지만, 본디 심성이 착해 일단 카이사르가 죽으면 조국이 자유를 찾을 수 있도록 도와줄 것이며, 그에게 고결한 길을 갈 수 있도록 모범만 보여 주면 그는 누구보다 먼저 그 길을 가리라고 브루투스는 판단했다. 그리하여 브루투스는 안토니우스의 목숨을 살려 주었다. 그러나 안토니우스는 체포되는 것이 두려워 평민 복장으로 갈아입고 도주했다.

브루투스와 동지들은 신전의 언덕으로 올라갔다. 피 묻은 손으로 칼을 빼 든 그들은 시민에게 자유를 주겠노라고 외쳤다. 처음에는 시민들이 두려움에 빠져 이리저리 뛰어다니며 소란을 피워 분위기가 어지러웠다. 그러나 음모자들이 더는 사람을 죽이지 않고 재산을 빼앗지도 않자, 민중은 그제야 안심하면서 사람들을 따라 언덕으로 올라갔다.

모여든 군중 앞에서 브루투스는 민중의 마음을 얻고 사건을 자기들 쪽으로 유리하게 설명하고자 연설했다. 군중이 그에게 찬사를 보내며 언덕에서 내려가자고 외쳤다. 그제야 음모자들은 마음을 가라앉히고 토론의 광장으로 내려갔다. 다른 음모자들은 따로 무리를 지어 내려갔으나, 브루투스는 많은 명사들에게 둘러싸인 채 영광스러운 호위를 받으며 회당의 연단으로 올라갔다.

모습을 드러낸 브루투스를 본 군중은 술렁거리면서 소란을 일으킬 듯했지만 곧 위엄에 눌려 조용히 그의 연설을 기다렸다. 그가 연설을 시작하자 모두 귀를 기울였다. 그러나 카이사르의 측근이었던 킨나(Cinna)가 연단에 올라 카이사르를 비난하자 민중은 불쾌한 감정을 분명히 드러냈다.

군중이 분노하며 킨나를 몹시 비난하자 음모자들은 다시 신전의 언덕으로 물러갔다. 브루투스는 군중이 자기들을 사로잡을까봐 겁을 먹고 자신을 따라온 귀족들을 돌려보냈다. 그는 음모에 가담하지도 않은 이들까지 위험에 빠뜨리는 것은 온당하지 않다고 생각했다.

19

다음 날 대지(大地)의 신전(Temple of Tellus)에서 원로원 회의가 열렸을 때, 안토니우스와 무나티우스 플란쿠스와 키케로가 연단 위로 올라 살인자들을 사면하고 화합하자고 연설했다. 이어서 음모자들의 사면과 함께 집정관이 그들에게 영예를 수여하자는 안건을 민회에 요청하는 정령(政令)을 제출했다. 그 정령을 통과시킨 뒤 원로원은 산회했다. 안토니우스가 자기 아들을 인질로 신전의 언덕에 보내 화해를 제의했고, 브루투스와 동지들은 언덕을 내려와 아무런 구별 없이 인사를 나누며 축하했다.

이어서 안토니우스가 카시우스를 집으로 초대하여 대접하고, 레피두스는 브루투스를 초대하였으며, 그 밖의 인사들도 몇몇 사람에게 초대받았다. 이튿날 아침 일찍 원로원이 소집되었다. 그들은 먼저 내란의 기미를 없앤 데 대하여 안토니우스에게 감사하는 정령을 통과시킨 다음, 그 자리에 있던 브루투스의 부하들을 치하했다.

그들은 끝으로 영지를 나누어 주었다. 브루투스는 크레타를 맡고, 카시우스는 아프리카를 맡고, 트레보니우스는 아시아[터키]를 맡고, 킴베르는 비티니아를 맡고, 알비누스 브루투스는 알프스 남쪽의 갈리아족이 사는 지역을 맡았다.

20

이런 일이 있은 뒤에 카이사르의 유언과 장례에 대한 논의가 시작되었다. 안토니우스는 민중에게 유언을 공개해야 하고, 아무 예우도 없이 비밀리에 장례를 치름으로써 민중을 자극해서는 안 된다고 주장했다. 카시우스는 안토니우스의 주장에 격렬히 반대했다.

그러나 브루투스는 안토니우스의 의견에 따랐는데, 이것이 그의 두 번째 실수였다고 사람들은 생각했다. 그의 첫 번째 실수는 안토니우스를 살려 둠으로써 그가 살인자들을 용서할 수 없는 원수로 몰아붙일 기회를 준 것이었다. 그리고 이번에는 그의 뜻대로 카이사르의 장례를 치르도록 함으로써 두 번째로 치명적인 실수를 저질렀다.

먼저 카이사르의 유언을 펴 보니, 그는 로마 시민 모두에게 한 사람마다 75드라크마씩 지급하고 티베리스(Tiberis)강 건너편, 운명의 여신(Fortuna)의 신전이 서 있는 언덕 위의 정원을 시민에게 넘겨준다고 되어 있었다. 이를 본 민중은 그의 어진 마음씨에 감탄하며 그의 죽음을 한탄했다.

그뿐만 아니라 카이사르의 시신이 광장으로 운구되자 관례에 따라 안토니우스가 조사(弔辭)를 바쳤다. 군중이 자신의 연설에 감동하는 모습을 본 안토니우스는 동정 어린 목소리로 어조를 바꾸며 카이사르의 외투를 들어 보였는데, 그 안은 온통 피투성이였다. 안토니우스는 외투를 펴서 카이사르가 찔린 자리마다 나 있는 여러 개의 구멍을 군중에게 보여 주었다.

더 말할 나위도 없이, 이제 장례 절차는 더 질서를 지킬 수 없게 되었다. 어떤 사람들은 살인자를 죽이라고 소리쳤고, 어떤 사람들은 지난날 [기원전 52년에] 선동 정치를 하던 클로디우스(Clodius)의 경우(「키케로전」, § 28 ; 제32장 「카이사르전」, § 9~10)처럼, 도처에서 의자와 탁자를 들고 나와 쌓아서 거대한 화장대를 만든 다음 그 위에 시신을 얹어 놓고 불을 질렀다. 원래 그곳은 성소와 성역과 성전으로 둘러싸여 있어 그런 일을 해서는 안 되는 곳이었다. 더욱이 시신에 불이 붙자 민중은 불붙은 나무를 들고 카이사르를 죽인 음모자들의 집으로 쳐들어가 불을 질렀다.

음모자들은 그와 같은 사태에 미리 대비해 두었기 때문에 위험을 피할 수 있었다. 그런데 그 무렵에 정치인이 아닌 킨나(Cinna)라는 또 다른 인물이 있었다. 시인인 그는 이번 암살 사건과 아무 관련이 없었고, 실제로 카이사르의 가까운 친구였다. 그는 지난밤 꿈에 카이사르에게 저녁 초대를 받았다. 그는 가고 싶지 않았지만 카이사르가 억지로 끌어당기면서 어두컴

컴하고 긴 길을 따라 어디론가 끌고 갔다. 그는 따라가면서도 내키지 않고 당황스러웠다.

그런 꿈을 꾼 다음 밤새도록 킨나는 열병으로 고생했다. 그럼에도 그는 날이 밝자 카이사르의 장례식에 가 보지 않는 것을 미안하게 여겨 밖으로 나와 군중과 어울렸다. 군중은 이미 미친 사람 같았다. 그를 발견한 군중은 그가 지난번에 군중 앞에서 카이사르를 비난한 정치인 킨나라고 생각해 그를 찢어 죽였다.

21

안토니우스의 변심에 놀란 브루투스와 그의 동지들은 킨나의 죽음에 더욱 놀라 로마를 떠났다. 처음 며칠 동안 그들은 안티움(Antium)에서 지내며 민중의 분노가 사그라지면 곧 로마로 돌아가리라고 생각했다. 민중이란 본디 변덕스럽고 충동적이어서 그럴 날이 빨리 올 것으로 그들은 생각했다.

원로원은 킨나를 찢어 죽인 무리의 죄를 묻지 않았으나, 음모자들의 집을 습격한 무리는 모두 찾아 체포하고 가두었다. 한편, 민중은 이미 안토니우스가 거의 절대적인 권력을 휘두르고 있다는 사실로 말미암아 동요하면서 브루투스가 돌아오기를 기다렸다. 민중은 그가 어서 나타나 법정관으로서 그의 책무인 여러 가지 행사를 치러 주기를 기대하고 있었다.

그러나 지난날 카이사르에게 토지와 도시의 통치권을 받은 노병(老兵)들이 자기를 죽이려고 로마로 모여들고 있다는 사실을 알게 된 브루투스는 로마로 돌아갈 용기를 잃었다. 브루투스가 없음에도 민중이 직접 검투 경기를 열어 성대하고 사치스럽게 행사를 치르자, 브루투스는 많은 맹수를 구입하여 보내면서 한 마리라도 팔거나 남겨 두지 말고 모두 검투사들의 경기에 쓰라고 지시했다.

그러면서 브루투스 자신은 네아폴리스로 가 배우들을 만

났다. 그 무렵에 카누티우스(Canutius)라는 유명한 배우가 있었는데, 브루투스는 막료들에게 편지를 보내 카누티우스는 그리스인이어서 강제로 데려올 수 없으니 잘 설득하여 경기장에 데려가라고 지시했다. 브루투스는 키케로에게도 편지를 보내 무슨 일이 있더라도 행사에 꼭 참석해 달라고 부탁했다.

22

일이 그렇게 진행될 무렵 소(少)카이사르(Younger Caesar)[12]가 나타나면서 국면이 새롭게 바뀌어 갔다. 그는 카이사르의 조카의 아들이었지만 공식적으로 입양되어 상속자가 되어 있었다. 카이사르가 죽었을 때 그는 아폴로니아(Apollonia)에서 열심히 공부하며 파르티아 전쟁에 곧 참전할 생각으로 카이사르를 기다리고 있었다.

카이사르가 죽었다는 소문을 들은 소카이사르는 곧장 로마로 돌아왔다. 그는 민중의 호감을 살 수 있는 첫 작업으로 이름을 카이사르로 바꾸었다. 그리고 양부의 유산으로 물려받은 돈을 시민에게 나누어 줌으로써 안토니우스에 대한 민중의 호감을 지우고, 다시금 엄청난 돈을 뿌리며 지난날 카이사르 밑에서 복무했던 노병들을 끌어모았다. 그 무렵에 키케로가 안토니우스에게 원한을 품고 옥타비우스를 지지하자, 브루투스는 키케로를 비난하면서 다음과 같은 글을 보냈다.

12　소(少)카이사르는 뒷날의 아우구스투스(Augustus)를 말한다. 이 부분은 설명이 복잡하다. 흔히 카이사르라고 불린 소카이사르와 옥타비우스와 아우구스투스는 같은 인물이기 때문이다. 본디 이름이 옥타비우스인 그는 카이사르의 누나의 손자로서, 그의 아버지 곧 카이사르의 누나의 아들 이름도 옥타비우스여서 혼란이 빚어지고 있다. 자신이 카이사르의 후계자임을 알게 된 그는 이름을 카이사르라 고친 뒤, 그의 상속자가 되어 반(反)카이사르파를 숙청하고 삼두 정치를 거쳐 로마 황제로 등극했으며, 그 뒤에는 아우구스투스라는 황제의 칭호를 썼다. 그의 이름을 옥타비아누스(Octavianus)라고 쓴 저술도 있다.

"그대는 독재자를 반대한 것이 아니라 자신을 미워하는 독재자를 두려워했을 뿐입니다. 그대가 글과 연설에서 옥타비우스야말로 훌륭한 인물이라고 말한 것은 그대의 정책이 노예의 길로 접어들었음을 뜻합니다. 그러나 우리 선조는 아무리 정중한 독재자일지라도 받아들이지 않았습니다. 나 자신은 아직 전쟁과 평화에서 어느 길로 가야 할지 결정하지는 못했지만, 노예의 길은 가지 않으리라고 분명히 결심했습니다. 나는 내란의 위험이 두려워 치욕스러운 평화를 받아들이고, 안토니우스를 독재에서 몰아내는 대가로 옥타비우스를 새로운 독재자로 만들려는 그대의 처사에 놀랄 뿐입니다."

23

키케로에게 보낸 첫 번째 편지에서 브루투스는 그런 감정을 드러냈지만, 이미 옥타비우스와 안토니우스의 편으로 무리가 갈리고, 병사들은 마치 경매에 나온 사람들처럼 돈을 더 많이 들고 부르는 쪽으로 몰려갔다. 그러한 사태에 절망한 브루투스는 이탈리아를 포기하기로 결심하고 육로로 루카니아로 간 뒤, 다시 해로를 이용해 엘레아(Elea)로 갔다. 이곳에서 그는 아내 포르키아를 로마로 돌려보내려 했다. 포르키아는 애써 슬픔을 숨기려 하였으나, 그가 고결한 정신의 소유자였음에도, 그림 한 폭을 보다가 슬픔을 터뜨리고 말았다.

그 그림은 그리스인 안드로마케가 [트로이 전쟁의 영웅인] 남편 헥토르와 작별하는 장면을 그린 것이었다. 안드로마케는 팔에 어린 아들을 안고 남편을 뚫어지게 바라보고 있었다. 그 그림을 바라보던 포르키아는 슬픔에 겨워 울음을 터뜨렸다. 그는 하루에도 몇 번씩 그 그림을 찾아와 바라보며 눈물을 흘렸다. 브루투스의 막료 아킬리우스(Acilius)는 이때 포르키아가 읊은 호메로스의 시구를 브루투스에게 전해 주었다.

헥토르여,

그대는 나에게 아버지요,

존경스러운 어머니이며, 나의 오라버니였습니다.

그대 사랑스러운 내 남편이여!

(『일리아스』, VI : 429)

그러자 브루투스가 미소를 지으며 이렇게 말했다.

"헥토르는 이렇게 말했지요.

'그대는 집으로 돌아가

베를 짜든 실을 뽑든

그대가 맡은 일을 보살피고

시녀들에게도 일에 힘쓰도록 이르시오'

(『일리아스』, VI : 491)

라고.

그러나 나는 지금 아내에게 그런 말을 할 수 없다오. 지금 아내는 영웅적인 일을 감당할 만큼 남자 같은 육신을 타고나지 못했기 때문이오. 그러나 그의 정신은 남자에 못지않아, 조국을 지킬 수 있을 만큼 용맹하오."

이 이야기는 포르키아와 전남편 사이에서 태어난 아들 비불루스가 남긴 기록이다.

24

그런 다음 브루투스는 배를 타고 아테네로 갔다. 그곳 시민은 브루투스를 열렬히 환영하면서 공식적인 정령을 발표하여 그를 찬양했다. 브루투스는 손님의 신분으로 친구 집에 머무르며 아카데미아의 테옴네스토스(Theomnestos)와 소요학파(逍遙

學派)[13] 크라티포스(Cratippos)의 강의를 듣거나 그들과 함께 철학에 대한 대화를 나누었다. 사람들은 이제 브루투스가 오로지 학문에만 몰두한다고 생각했지, 그가 전쟁을 준비하고 있다는 사실을 누구도 눈치채지 못했다.

브루투스는 헤로스트라토스(Herostratos)를 마케도니아로 보내 군대를 지휘할 사령관들을 모으는 한편, 아테네에서 공부하던 로마 청년들을 모으는 데 온 힘을 기울였다. 그들 가운데에는 키케로의 아들도 있었는데, 브루투스는 그를 격찬하며 이렇게 말했다.

"깨어서나 잠들어서나 그처럼 고결한 성품과 폭군에 대한 증오심을 품은 젊은이를 만났다는 것이 놀라울 뿐이다."

이제 브루투스는 공개적으로 전쟁을 준비했다. 로마의 수송선이 보물을 가득 싣고 아시아에서 오고 있는데, 그 선장이 명성 높은 사람이라는 사실을 안 브루투스는 그를 만나러 카리스토스(Karystos)로 갔다. 그러고는 그를 만나 선박을 넘겨달라고 설득하면서 대단히 성대한 잔치를 베풀었다. 그날은 마침 브루투스의 생일이었다. 술이 나오자 병사들이 모두 환호했다.

"브루투스의 승리와 로마의 자유를 위하여!"

브루투스는 장병들의 흥을 돋우고자 큰 잔을 가져오게 하

---

13   플라톤이 개설한 아카데미아의 청년들은 자주 아테네 언덕을 거닐며[逍遙] 철학을 담론했다. 어느 날 아리스토텔레스가 제자들과 함께 언덕을 걷는데 돌멩이 하나가 발길에 차였다. 그러자 한 제자가 '웬 돌멩이야!' 하는 뜻으로 "호야(Hoya)"라고 투덜거렸다. 그러자 아리스토텔레스가 "그 돌멩이 하나가 거기에 있다는 사실에도 우주의 섭리가 담겨 있느니라"라고 가르쳐 주었다. 그 뒤로 '호야'라는 단어는 "세상의 하찮은 것 모두에 우주의 섭리가 담겨 있다"는 뜻으로 확대 해석되었다. 미국 조지타운 대학교(Georgetown University)의 학교 상징(emblem)이 '호야'인 데에는 그런 연유가 담겨 있다. 일본의 세계적인 광학[렌즈] 기술 회사의 이름이 호야 컴퍼니(Hoya Company)이다.

여 술을 받은 다음, 별 뜻 없이 호메로스의 다음과 같은 시구를 읊었다.

> 그러나 나는 악랄한 운명과
> 레토(Leto)의 아들의 손에 죽는도다.[14]
> (『일리아스』, XVI : 849)

이런 이야기에서 더 나아가 오늘날까지 역사학자들이 들려준 바에 따르면, 브루투스가 필리포이(Philipphoi)에서 마지막 전투에 출정하며 결정한 암호도 아폴론(Apollon)이었다고 한다.[15] 그는 그 시구를 읊으면서 이미 자신의 비극적 운명을 암시했다고, 역사가들은 결론을 내리고 있다.

25

이런 일이 있은 뒤에 안티스티우스(Antistius)[16]가 이탈리아에서 개인적으로 50만 드라크마를 들고 찾아왔으며, 아직도 테살리아 지방을 떠돌던 폼페이우스의 병사들이 기쁜 마음으로 브루투스의 깃발 아래 몰려들었다. 브루투스는 또한 킨나가 아시아의 돌라벨라에게 데리고 가던 기병 5백 기를 빼앗았다.

브루투스는 다시 데메트리아스(Demetrias)로 갔다. 그곳에는 카이사르가 파르티아와의 전쟁에 대비해 안토니우스를 시켜 마련해 둔 무기가 매우 많았는데, 브루투스는 그것마저 차지했다. 이어서 법정관 호르텐시우스(Hortensius)가 마케도니

---

14 이 시구는 트로이 전쟁 영웅인 그리스의 파트로클로스(Patroklos)가 트로이 왕자 헥토르의 손에 죽으면서 한 말이다.

15 레토의 아들 이름이 아폴론이었는데, 이는 '파괴자'라는 뜻이 있다.

16 키케로의 『필리포스를 논박함』(X : 11)에 따르면, 플루타르코스는 이 사람을 아풀레이우스(Appuleius)와 혼동한 것으로 보인다.(Perrin, VI, Brutus, § 31, p. 181의 각주 1 참조)

아를 브루투스에게 바치고, 주변에 있던 왕과 유력자들도 브루투스 편에 섰다.

그 무렵에 안토니우스의 동생 카이우스 안토니우스(Caius Antonius)가 에피담노스(Epidamnos)와 아폴로니아에 있는 바티니우스(Vatinius)의 부대와 합류하려고 진군하고 있다는 소식이 들려왔다. 그들이 목적지에 도착하기 전에 사로잡고 싶었던 브루투스는 갑자기 군대를 이끌고 길을 떠났다. 그런데 눈보라가 휘몰아쳐 보급 마차와의 거리가 점점 벌어지고 말았다.

에피담노스에 거의 이르렀을 때, 브루투스는 피로와 추위로 식욕 이상 항진증(食慾異常亢進症, *boulimia*)[17]에 걸렸다. 눈길을 헤치고 온 병사와 동물들의 증세는 더 심했다. 몸을 두껍게 둘러싸고 있는 추위로 말미암아 열이 몸 안에 갇혀 영양분이 모두 소진된 탓인지, 녹은 눈에서 나오는 싸늘한 수증기가 몸을 파고 들어가 열을 파괴한 탓인지, 그 병의 정확한 원인은 아직 알 수 없다. 몸의 땀은 체열로 생성되었다가 피부에 닿는 추위로 사라진다. 나는 이 문제를 『도덕론』(§ 691)에서 자세히 다룬 바 있다.

26

이제 브루투스도 지치고 병사들이 먹을 것이라고는 아무것도 남지 않았다. 그의 부하들은 적군에게 투항하지 않을 수 없었으며, 성문으로 나가 초병들에게 먹을거리를 구걸했다. 이때 브루투스의 어려움을 들은 초병들은 먹고 마실 것을 가지고 그를 찾아왔다. 훗날 이 도시를 점령한 브루투스는 이들뿐만 아니라 다른 시민까지도 모두 정중히 대해 주었다.

그 무렵에 카이우스 안토니우스가 아폴로니아로 쳐들어오면서 주변에 있던 병사를 소집했다. 그러나 병사들이 브루

---

17   식욕 이상 항진증은 폭식한 다음 토해 내기를 반복하는 증세이다.

투스 편으로 돌아서자 카이우스는 아폴로니아 시민이 브루투스의 뜻을 따른다는 것을 알아차리고 부트로톤(Buthroton)으로 떠났다. 카이우스 안토니우스는 브루투스를 만난 첫 전투에서 병력을 3개 코호르트만큼 잃었다.

그런 다음 카이우스는 이미 적군의 손에 다시 넘어간 빌리스(Byllis)를 공격했으나 소(少)키케로와 벌인 전투에서 패배했다. 브루투스는 이 젊은이를 장군으로 임명하여 많은 전과를 얻었다. 소키케로는 늪지대에서 카이우스를 공격하려고 자신의 부대를 널리 흩어 놓았으나, 브루투스는 병사들에게 적군을 공격하지 말고, 말을 타고 그 주위를 맴돌면서 그들을 다치게 하지 않도록 하라고 지시했다. 그는 적군이 곧 항복하리라 믿었다. 그리고 실제로 그런 일이 일어났다.

카이우스 안토니우스의 병사들이 장군을 이끌고 항복해 오면서 브루투스의 병사가 많이 늘었다. 들리는 바에 따르면, 그 뒤로 소키케로와 로마에 있던 여러 사람이 카이우스를 죽이라고 브루투스에게 편지를 보냈지만, 브루투스는 오랫동안 카이우스를 정중히 대해 주면서 그의 장군 휘장도 박탈하지 않았다고 한다.

그러나 카이우스가 브루투스의 장군들과 은밀히 내통하면서 반란을 부추기자 브루투스는 그를 배에 실어 바다에 띄워 놓고 감시했다. 한편, 아폴로니아로 도망가서 카이우스에게 매수된 병사들이 브루투스를 그리로 초청한 적이 있었다. 그러자 브루투스는 그들에게 이렇게 답변을 보냈다.

"병사가 장군에게 오라 가라 하는 것은 로마의 관습이 아니다. 그러니 그대들이 내게로 와서 그대들의 배신에 분노한 나에게 사과해야 한다."

마침내 그들이 다시 찾아와 용서를 빌었고, 브루투스는 사과를 받아들였다.

브루투스

그러나 브루투스가 아시아로 건너가려 할 즈음에 로마에서 변화가 일어나고 있다는 소식이 들려왔다. 소식에 따르면, 원로원의 지지를 얻은 옥타비우스가 안토니우스에게 저항하기 시작했다는 것이었다. 그리고 옥타비우스는 이탈리아에서 안토니우스를 몰아냄으로써 브루투스에게 공포의 대상이 되었다. 그러더니 [기원전 43년 여름에] 옥타비우스는 불법적으로 집정관 직위를 강화하여 로마가 바라지도 않는 막강한 군대를 편성했다.

그러나 자신의 처사를 못마땅히 여긴 원로원이 브루투스에게로 눈길을 돌려 그에게 몇몇 영지의 통치권을 부여했다는 사실을 알게 된 옥타비우스는 두려운 생각이 들었다. 이에 옥타비우스는 안토니우스에게 사람을 보내 동맹을 제안하는 한편, 군대를 로마에 진주시킴으로써 스스로 집정관 지위를 지켰다. 그가 『회고록(*Commentaries*)』에서 고백하였듯이, 그때 그의 나이는 겨우 스무 살이었다.

옥타비우스는 집정관에 취임하자마자 국가의 최고 지도자인 카이사르를 재판 없이 처형했다는 이유로 브루투스와 그 무리를 기소했다. 브루투스의 고발인은 루키우스 코르니휘키우스(Lucius Cornificius)였고, 카시우스의 고발인은 마르쿠스 아그리파(Marcus Agrippa)였다. 궐석 재판이 진행되는 가운데 배심원들은 그들에게 유죄를 선고했다.

들리는 바에 따르면, 관례에 따라 전령이 단상에 올라가 브루투스의 출두를 선포했을 때 민중의 입에서는 신음 소리가 들렸으며, 귀족들은 조용히 머리를 떨구었다. 푸블리우스 실리키우스(Publius Silicius)는 울음을 터뜨리다가 발각되어 곧 살생부에 이름이 올랐다. 이런 일이 있은 뒤 [기원전 43년 10월에] 옥타비우스, 안토니우스, 레피두스로 구성된 삼두 정치가 이루어졌다. 그들은 서로 영지를 나눈 다음 2백 명의 살생부를 만들어 처형했는데, 그 가운데에는 키케로도 들어 있었다.

그와 같은 소식을 들은 브루투스는 동지인 키케로와 알비누스 브루투스와 그 밖의 친지들을 죽인 자들에게 복수하고자, 마케도니아의 법정관 호르텐시우스에게 편지를 보내 카이우스 안토니우스를 죽이라고 지시했다. 이 사건으로 말미암아 세월이 흐른 뒤에 마르쿠스 안토니우스는 필리포이에서 호르텐시우스를 사로잡아 자기 동생의 무덤으로 끌고 가 죽였다. 이런 일을 겪으면서 브루투스는 이렇게 말했다.

"키케로의 죽음보다 더 가슴 아픈 것은 그의 죽음을 불러온 그 원인이다. 이는 로마에 남아 있는 동지들의 잘못이다. 그들이 비굴한 짓을 한 것은 독재자의 잔혹함 때문이 아니라 그들 자신의 결함 때문이다. 그들은 멀리 있는 무리가 듣고서도 견딜 수 없는 일을 자기들의 눈으로 보면서도 그 길을 따라갔다."

[기원전 43년 중엽에] 브루투스는 군대를 이끌고 아시아로 건너갔다. 그의 병력은 이미 막강했다. 비티니아와 키지코스에 함선도 마련한 그는 여러 도시의 내정을 수습하고 여러 나라의 유력자들을 만났다. 그는 또한 카시우스에게 사람을 보내 이집트 원정에서 돌아오라고 요청했다. 그 편지에는 이런 말이 있었다.

"지금 우리가 타국을 떠돌며 군대를 모아 폭군을 몰아내려는 것은 조국의 시민에게 자유를 주고자 함이지, 우리 자신의 제국을 세우려 함이 아닙니다. 그러므로 우리는 이 점을 마음 깊이 간직하여, 이탈리아에서 멀리 떠나지 말고 서둘러 조국으로 돌아가 동포들을 도와주어야 합니다."

카시우스가 브루투스의 말에 따라 스미르나(Smyrna)로 돌아오자, 브루투스는 몸소 나아가 카시우스를 맞이했다. 예전에 피라이우스에서 헤어져 브루투스는 마케도니아로 떠나고 카시우스는 시리아로 떠난 뒤로 처음 재회한 것이었다. 그들은 서로의 막강한 군사력을 바라보면서 크게 기뻐하며 용기를

얻었다. 그들이 비참한 망명자의 몸으로 이탈리아를 떠날 때
는 돈도, 무기도, 배 한 척도, 병사 한 명도, 도시 하나도 없었지
만, 이제는 함대와 보병과 기병과 군자금을 마련하여 로마의
정적들과 맞설 수 있게 되었다.

29

이제 카시우스는 브루투스가 자신과 같은 정도의 존경을 받아
마땅하다고 생각했다. 그러나 브루투스는 대부분 자신이 먼저
움직여 카시우스를 찾아갔다. 나이로 보아도 카시우스가 위였
고, 또한 몸이 허약하여 자기만큼 고생을 견딜 수 없었기 때문
이었다.

카시우스는 유능한 군인이라는 평판을 들었고, 가까운 사
람들을 만나면 잘 웃고 농담을 좋아했지만, 화가 나면 거칠었
다. 카시우스의 권위는 공포를 바탕에 깔고 있었다. 그와 달리,
많은 사람이 브루투스의 덕망을 사랑했다. 그가 동지들에게
는 동경의 대상이었고, 귀족들에게는 존경을 받았다. 정적들
조차 브루투스를 미워하지 않았다고 한다.

브루투스는 매우 정중했고, 마음이 넓었으며, 분노나 쾌
락이나 탐욕에 빠지지 않았다. 그리고 목표가 뚜렷했으며, 명
예롭고 공의로운 것을 지키는 데 굽힘이 없었다. 그러나 무엇
보다도 브루투스가 남들의 호의와 찬사를 받은 것은 원칙에
대한 신념 때문이었다. [그 시대 지도자들은 모두 민중의 의심을 받
고 있었다.]

이를테면 폼페이우스가 카이사르를 무찌른 다음, 법에 따
라 그가 군대를 해산하리라고 믿은 사람은 아무도 없었다. 모
두들 그가 집정관과 독재관 또는 다소 덜 불쾌한 어떤 직권을
이용하여 민중에게 아첨하면서 여전히 권력을 움켜잡으리라
고 생각했다.

그뿐만 아니라 지금에 와서는 격정적인 카시우스조차 사

사로이 욕망을 채우고자 정의의 길을 벗어나고 있으며, 전쟁의 위험을 불러일으키고 있을 뿐만 아니라, 동포들의 자유를 위해서가 아니라 개인의 권력을 강화하려다 보니 원칙이 흔들릴 수밖에 없다고 사람들은 생각했다. 생각해 보면, 폼페이우스나 카시우스보다 앞서 산 사람들, 이를테면 킨나 마리우스(Marius)나 변덕스러운 집권자 카르보(Carbo)는 조국을 전리품이나 상품 정도로 여김으로써, 독재자가 되고자 전쟁을 일으켰다고 스스로 고백한 셈이었다.

그러나 들리는 바에 따르면, [앞에서 보는 바와 같이 여러 지도자가 민중에게 의심을 받았지만] 정적들조차도 브루투스가 원칙을 벗어난 사람이라고 비난하지는 않았다고 한다. 더욱이 안토니우스조차도 여러 사람이 듣는 자리에서 이런 말을 했다.

"내가 생각하건대, 카이사르 암살에 가담한 음모자 가운데 오직 브루투스만이 그 거사가 고결하며 위대하다고 스스로 생각하여 그 일을 저질렀다. 그 밖의 사람들은 다만 카이사르를 시샘하고 미워서 암살에 가담했을 뿐이다."

브루투스가 암살을 주도한 것은 분명히 명분에 따른 것이지, 군대를 믿고 저지른 일이 아니었다는 것이 그의 말에 잘 나타나 있다. 브루투스는 위험이 다가오자 아티쿠스(Atticus)에게 보낸 편지에서 이렇게 말했다.

"나는 운명의 여신이 나의 거사에 축복을 내려 줄 것이라고 믿소. 나는 독재자를 응징하고 로마 시민에게 자유를 주고자 이번 일을 일으켰기 때문이오. 나는 이번 거사로 목숨을 잃거나, 노예와 같은 삶에서 벗어나 자유를 얻을 것이오. 동포들이 자유를 맞을지, 죽음을 맞을지는 확실하지 않소. 안토니우스는 권력을 잡아 나나 카시우스나 카토와 같은 명성을 얻을 수 있었지만, 안타깝게도 옥타비우스의 부속품이 되고 말았소. 그는 어리석음에 따른 응보(應報)를 받은 셈이오. 안토니우스가 옥타비우스와 함께 이번 내란에서 살아남는다 해도, 머

브루투스

지않아 그는 옥타비우스와 전쟁을 치르게 될 것이오."

브루투스의 이 글에는 위대한 예언이 담겨 있는 듯하다.

30

브루투스와 카시우스가 스미르나에 함께 머물고 있을 때, 브루투스는 카시우스에게 그가 모은 보물들 가운데 일부를 달라고 부탁했다. 지중해를 장악할 함대를 만드느라 군자금을 모두 썼기 때문이었다. 그러자 카시우스의 막료들이 브루투스에게는 아무것도 주어서는 안 된다고 카시우스를 설득하면서 이렇게 말했다.

"장군께서 남에게 미움을 사면서 절약하여 모은 재산을 브루투스에게 주어서 그가 민중의 호감을 사고 군인들의 존경을 받도록 하는 것은 잘하는 일이 아닙니다."

그러나 카시우스는 자신의 군자금 가운데 3분의 1을 브루투스에게 주었다. 그런 다음 그들은 각자의 과업을 수행하고자 떠나갔다. 카시우스는 로도스섬을 점령하면서 그곳 사람들을 매우 엄격히 다루었다. 카시우스가 섬으로 들어갔을 때, 시민이 환호하면서 그를 주군(主君)이요 왕이라고 부르자 그는 이렇게 대답했다.

"나는 그대들의 주군도 아니요 왕도 아닙니다. 나는 그대들의 주군과 왕을 꾸짖고 죽이는 사람일 뿐입니다."

그런가 하면 브루투스는 리키아(Lykia)로 가 그곳 주민들에게 군자금과 병력을 요구했다. 이에 그곳의 민중 지도자였던 나우크라테스(Naukrates)가 시민을 선동하여 그에게 저항하도록 부추기자, 시민들은 높은 언덕에 올라가 브루투스의 진입을 막았다. 이에 브루투스는 먼저 그들이 아침을 먹는 동안에 기병대를 이끌고 습격하여 6백 명을 죽이고 요새와 마을을 점령한 다음, 아무런 몸값도 받지 않고 포로들을 풀어 줌으로써 은전으로 민중의 마음을 사로잡고자 했다.

그러나 지난번의 희생자들에 대한 분노로 말미암아 그곳 주민들이 완강하게 저항하자, 브루투스는 그들 가운데 가장 호전적인 무리를 크산토스까지 몰아붙이고 그 도시를 포위했다. 크산토스 시민은 도시를 가로지르는 강물 밑으로 잠수하여 탈출하려 했지만, 모두 브루투스의 병사가 쳐 놓은 그물에 걸려 잡히고 말았다. 그물에 방울을 달아 그들이 걸리면 곧 소리가 들렸기 때문이었다.

그러자 이번에는 시민들이 밤에 브루투스 부대를 기습하여 공성기(攻城機) 몇 개를 불태우려 하였으나 이를 알아차린 로마 병사가 그들을 성안으로 물리쳤다. 때마침 바람이 세차게 불어 불길이 병영과 주변 가옥에 옮겨붙었고, 브루투스는 도시가 불길에 싸일까 걱정되어 병사들에게 불을 끄도록 지시했다.

31

그러나 그때 시민들은 갑자기 말로 표현할 수 없을 정도의 끔찍한 광기를 보였는데, 그 모습이 마치 곧 죽으려는 사람 같았다. 나이에 관계없이, 노예든 자유민이든 가리지 않고, 처자식까지 동원하여 자기들을 위해 불을 끄고 있는 로마 병사들에게 활을 쏘거나, 갈대와 나뭇가지 등 불쏘시개를 들고 와 온 도시에 불을 질러 물건을 모두 태우니 불길은 맹렬하게 사방으로 퍼져 나갔다.

불길이 사방으로 치솟으며 온 도시를 삼켜 버릴 듯이 타오르자 크게 상심한 브루투스는 말을 타고 도시 바깥을 돌며 진화를 도우면서 손을 들어 크산토스인들에게 도시를 살리라고 애원했다. 그러나 아무도 브루투스의 말을 듣지 않았다. 오히려 어린아이들까지도 고함을 치며 불길로 뛰어들었고, 어떤 사람들은 성벽에서 거꾸로 뛰어내리고, 어떤 사람들은 아버지의 칼에 자기 목을 들이대어 자살했다.

그렇게 도시가 파괴된 뒤에 살펴보니 어떤 여인은 아이와 함께 목을 매달아 죽었는데 손에는 자기 집을 태우려던 횃불이 들려 있었다. 브루투스는 그와 같은 참상을 더 이상 볼 수 없어 눈물을 흘리며 보고를 듣기만 했다. 그는 병사들에게 리키아인을 살리면 상을 주겠노라고 했지만, 들리는 바에 따르면, 그렇게 해서 구출한 사람이 겨우 150명이었다고 한다. 크산토스인들은 지난날 페르시아의 침략을 받았을 적에도 도시를 모두 불태우고 파괴했는데(헤로도토스, 『역사』, I, § 176) 오랜 세월이 흐른 지금 그들은 다시 파괴의 운명을 맞아 조상의 참극을 되풀이하는 대담함을 보여 주었다.

32

이번에는 파타라 주민들이 강력하게 저항했다. 브루투스는 크산토스의 광기 어린 저항이 이곳에서도 다시 일어나지 않을까 두려워 즉각적인 공격을 멈칫거리면서 고민에 빠졌다. 그러나 그가 몸값도 받지 않고 그곳의 여자 포로들을 풀어 주자, 귀족의 딸이자 아내였던 그들은 파타라로 돌아가 브루투스를 높이 칭찬하면서 그 사람이야말로 너그럽고 공의로운 사람이라고 말했다. 그 여인들이 파타라 주민들에게 항복할 것을 설득하여 그들이 브루투스를 찾아와 귀순했다. 자기들이 기대했던 것 이상으로 브루투스가 인자한 사람이라는 것을 알고 놀랐던 것이다.

그와는 달리, 그 무렵에 카시우스는 로도스인들에게 가지고 있는 금은을 모두 내놓으라고 강요했는데, 받고 보니 그 값이 8백 탈렌트에 이르렀다. 카시우스는 또한 시민에게 5백 탈렌트가 넘는 벌금을 물렸다. 그러나 브루투스는 리키아인들에게 150탈렌트를 거둔 다음 아무런 해코지도 하지 않은 채 병사를 거느리고 이오니아로 떠났다.

브루투스는 그럴 만한 사람들에게 각기 상을 주거나 벌을 주었다. 그 가운데 가장 기억할 만한 일로서 그 자신과 로마 지도자들이 모두 기뻐했던 사실이 있어, 나는 이를 기록하고자 한다. 카이사르에게 패배한 폼페이우스가 이집트의 펠루시움으로 망명하자 이집트의 신하들 사이에서 폼페이우스의 신병 처리를 두고 어전 회의에서 의견이 갈렸다. 어떤 사람은 그를 받아들여야 한다고 말하고, 어떤 사람은 그를 쫓아내야 한다고 말했다.

그런데 그때 그리스의 키오스(Xios)에서 온 테오도토스라는 사람이 왕의 수사학 교사로 있었다. 그 무렵만 해도 본디 인물이 부족하던 터라 그런 사람도 꽤 존경받고 있었다. 그가 어전 회의에서 이런 말을 했다.

"폼페이우스를 받아들이자는 의견이나 그를 몰아내자는 의견 모두 잘못되었습니다. 그 두 가지 방법이 아니더라도 지금 상황에서 가장 유익한 방법이 있기 때문입니다. 그것은 바로 그를 받아들이고 나서 죽이는 것입니다. 죽은 사람은 물지 않습니다."

어전 회의에서 테오도토스의 의견에 따르기로 결정하고, 그들은 폼페이우스를 받아들인 뒤에 죽였다. 이는 누구도 예상하지 못한 일로서 사람이 할 짓이 아니었다. 그러나 그 교활한 궤변 철학자는 이 결과를 자랑스럽게 뽐냈다.(제22장「폼페이우스전」, § 77~80) 그런 일이 있고 나서 얼마 뒤 이곳에 도착한 카이사르는 그 비겁자들을 잔인하게 죽였다. 이때 테오도토스는 운명의 여신에게서 잠시 시간을 빌려 치욕스럽게 목숨을 부지했으나 브루투스의 눈길을 피하지는 못했다. 그 무렵에 아시아에서 돌아온 브루투스가 그를 잡아 죽임으로써 테오도토스는 살아 있을 때보다 죽어서 더 유명해졌다.

[기원전 42년 초에] 브루투스는 사르디스(Sardis)로 카시우스를 불렀다. 카시우스가 사르디스 가까운 곳에 이르자 브루투스는 막료들을 거느리고 나가 그를 맞이했다. 양쪽 병사들은 엄숙하게 정렬하여 두 사람을 '대장군(Imperator)'이라고 불렀다. 그러나 막료와 장군들을 거느리고 큰일을 하다 보면 늘 그렇듯이, 두 사람은 만나자마자 서로를 비난하기 시작했다.

브루투스와 카시우스는 진군하기에 앞서 어느 방으로 들어가 문을 잠그고 무엇이 잘못되었는가를 따지며 서로 비난했다. 방에서 들려오는 고함과 울음소리에 막료들은 그들의 분노에 찬 논쟁을 들으면서 뭔가 일이 잘못되어 가는 것이 아닌가 걱정했다. 그러나 누구도 들어오지 말라는 지시가 내려진 터라 들어가 볼 수도 없었다.

그때 마르쿠스 화보니우스(Marcus Favonius)라는 사람이 나타났다. 지난날 카토의 열렬한 추종자였던 그는 사려 깊지 못하고 철학을 수행하면서도 이성적이라기보다는 충동적이었다. 그가 방 안으로 들어가려 하자 시종들이 막아섰다. 그러나 본디 성격이 불같은 그가 마구잡이로 달려드는 것을 시종들이 막기란 쉽지 않았다.

자신이 로마 원로원 의원이라는 사실 같은 것은 안중에도 없었던 화보니우스는 '개처럼(cynical)'[18] 거친 말씨로 상대를 공격했는데, 사람들은 그의 무례함을 농담으로 받아넘기곤 했다. 그는 이번에도 자기를 막아서는 시종들을 뚫고 방 안으로

---

18 시니컬(cynical)은 본디 '언행이 개처럼 거칠다'는 뜻으로서, 그렇게 사는 무리를 견유학파(Kynismos)라고 불렀다. 소크라테스의 제자였던 안티스테네스(Antisthenes)에서 비롯한 이 학파는 행복이 외적(外的) 조건에 좌우되는 것이 아니므로, 되도록 본성에 따라 자연스럽게 사는 것을 이상으로 삼았기 때문에 관습을 모두 무시하고 문화적 생활을 경멸했다. 알렉산드로스 대왕을 만난 디오게네스가 그 대표적인 인물이었다.

들어가면서, 호메로스의 글에, 아가멤논 사령관이 아킬레우스
와 다툴 적에 네스토르가 중재하면서 한 말을 그럴듯하게 읊
었다.

　　나의 말을 들을지니
　　그대들은 나보다 젊기 때문이니라.
　　(『일리아스』, I : 259)

그러고 나서는 그다음 말을 이어 갔다. 카시우스는 화보니우
스를 보고 웃음을 터뜨렸지만 브루투스는 방 바깥으로 내보내
며 이렇게 소리쳤다.

　　"이런 가짜 견유학파(犬儒學派) 같으니라고."

　　그러나 화보니우스가 끼어들어 두 사람은 싸움을 멈추고
곧 헤어졌다. 카시우스가 브루투스를 저녁 식사에 초대하자 브
루투스는 그 막료들을 불렀다. 잔치가 벌어지고 손님들이 이미
자리를 잡고 앉았을 때 화보니우스가 깨끗이 목욕하고 나타났
다. 브루투스가 그를 향해 초대하지도 않았는데 온 손님이라
면서 빈자리[19]에 앉도록 했다. 그러거나 말거나 화보니우스는
사람들을 밀치고 들어가 상석에 기대앉았다. 술 취한 웃음소리
와 농담이 오가면서 재담과 철학 이야기가 흥을 돋웠다.

35

그다음 날, 법정관을 지냈고 브루투스의 신임을 받고 있는 루
키우스 펠라(Lucius Pella)가 공금을 유용했다는 혐의로 사르디
스인들에게 고발되자 브루투스는 그에게 유죄 판결을 내렸다.

19　원문에는 "uppermost couch"라고 되어 있다. 그대로 번역하면 이는 '윗
　　자리'가 되는데 그런 뜻이 아니다. 로마의 식사 예절에 따르면, 윗자리는
　　요리를 나르도록 비워 두었기 때문에 '빈자리'라는 뜻이 된다.

이 사건은 카시우스를 몹시 화나게 했다. 그에 앞서 며칠 전에 카시우스의 친구 두 명이 꼭 같은 공금 유용죄로 고발된 적이 있었다.

그때 카시우스는 그들을 개인적으로 꾸짖기만 하고 공적으로는 풀어 주었을 뿐만 아니라 직책도 유지하도록 해 주었다. 카시우스는 너그러운 정책이 필요할 때 브루투스처럼 법과 질서를 엄격하게 지키는 것은 잘못된 일이라고 생각했다. 그러나 그와 생각이 달랐던 브루투스는 이렇게 말했다.

"3월 보름(Idus Martiae)에 있었던 [카이사르 살해] 사건을 기억해 보라. 우리는 그가 시민을 약탈했기 때문에 그를 죽인 것이 아니라, 다른 사람들이 시민을 약탈하도록 만들었기 때문에 죽였다. 만약 그에게 정의를 유린할 만한 구실이 있었다면, 우리는 우리 자신의 불의를 견디기보다는 카이사르의 불의를 견디는 것이 더 좋았을 것이다. 카이사르의 불의를 눈감아 주었다면 다만 우리가 비겁했다는 비난을 듣는 것으로 그치겠지만, 지금처럼 온갖 고생을 겪는 우리가 스스로 불의를 저지른다면 우리는 진실로 불의한 사람이 되기 때문이다."

원칙을 지키려는 브루투스의 자세는 그랬다.

36

들리는 바에 따르면, 군대가 아시아를 떠나려 할 무렵에 브루투스는 놀라운 징조를 보았다고 한다. 그는 본디 잠이 적은 데다가 수련과 의지로써 자는 시간을 줄였다. 그는 낮잠을 자는 일이 없었고, 사람들이 모두 자러 갈 때까지 함께 이야기를 나누거나 업무를 처리했다.

그 무렵, 이제 막 전쟁이 벌어졌고, 사람들의 삶과 죽음이 자기 손에 걸려 있어 앞날에 대한 걱정이 많았던 브루투스는 저녁을 먹고 잠시 깜빡 졸다가 깨어나 남은 시간 동안 중요한 업무를 처리했다. 그 짧은 시간에도 그는 업무를 처리하거나 책을 읽다가 백인대장이나 군무 위원들이 찾아오는 제3 점호 시간[20]이 지난 다음에야 잠자리에 들었다.

브루투스가 아시아를 떠나기까지 며칠을 앞둔 어느 날이었다. 밤늦게 갑자기 막사 안이 어두워지더니 병영 전체가 조용해졌다. 그 시간에 그는 이런저런 생각에 빠져 있었다. 그때 누군가 막사 안으로 들어오는 소리가 들렸다. 그가 입구를 바라보니 괴상하고 무섭게 생긴 유령이 서 있는데, 그 모습이 참으로 끔찍했다. 브루투스는 용기를 내어 물었다.

"너는 누구인가? 사람인가, 귀신인가? 내게 온 이유가 무엇인가?"

그러자 유령이 대답했다.

"나는 너에게 원한 맺힌 악령이다. 브루투스, 너는 필리포이 평원(Kampos Philippoi)에서 나를 만나게 될 것이다."

그러자 브루투스가 담담하게 대답했다.

"그러지."

37

유령이 사라지자 브루투스는 시종들을 불러 물어보았지만 유령의 목소리를 들었거나 보았다는 사람은 아무도 없었다. 그 밤을 꼬박 새운 브루투스는 날이 밝자마자 카시우스를 찾아가 유령 이야기를 했다. 본디 에피쿠로스학파에 소속했던 카시우스는 브루투스와 그런 주제를 놓고 자주 이야기를 나눈 적이 있었다. 그는 이렇게 말했다.

"브루투스, 우리 학파의 이론에 따르면, 우리는 실제로 모든 것을 보고 느끼지 않는다오. 우리의 지각은 덧없고 속기 쉬

---

20   로마 병사들은 저녁 6시에서 다음 날 아침 6시까지 야간 당직을 서는데 그 열두 시간을 넷으로 나누어 책임자를 교대하면서 점호했다. 따라서 여기에서 말하는 제3 점호 시간은 야간 당직이 시작된 지 6시가 지난 자정에서 새벽 3시 사이를 뜻한다.

운 것이며, 우리의 지식은 예민하여 실존하지도 않았던 것을 어떤 형태로 바꾸어 놓지요. 인간의 지각은 초[燭]와 같고, 인간의 영혼에는 그 초와 비슷한 유연(柔軟) 물질과 유연 작용을 하는 힘이 있어 자기가 바라는 대로 인식을 꾸며 냅니다. 꿈속에 나타나는 것을 살펴보면 이런 현상을 뚜렷하게 알 수 있소. 곧 꿈속에서 사소한 일을 보아도 현실에서는 엄청난 일로 확대되어 보입니다. 사람의 상상력은 늘 끝없이 움직이며, 이는 곧 환상이나 생각으로 바뀝니다.

이번에 그대가 본 유령도 어렵고 힘든 상황에서 몸이 피곤하다 보니 자연스레 지각을 삐뚤어지게 만든 것이오. 유령이 실존한다고 믿기도 어려울 뿐만 아니라, 설령 있다 하더라도 사람 모습을 하고 있거나 사람 목소리를 내거나 다른 형태로 인간에게 영향을 미친다고 믿을 수도 없소. 내가 생각하기에 만약 그런 능력을 가진 유령이 있다면, 우리는 이 위대한 과업을 수행하면서 저토록 많은 병사나 기병대나 전함에 의존할 것이 아니라 우리에게 신이 가호해 주기를 기도하는 편이 훨씬 더 바람직했을 것이오."

카시우스의 설명을 들은 브루투스는 마음이 편해졌다. 그 뒤로 병사가 함선을 띄우는데 독수리 두 마리가 뱃머리의 깃발 위에 앉아 병사가 주는 모이를 먹으면서 필리포이까지 함께 갔다. 독수리들은 전투가 벌어지기 하루 앞서 날아가 버렸다.

38

지난날에는 브루투스가 진군하는 곳마다 대부분의 부족이 미리 항복했다. 그러나 이번에는 그때 정복되지 않고 남아 있던 도시와 유력한 부족들도 브루투스의 부대에 항복함으로써 그는 [에게해 북쪽에 있는] 타소스(Thasos)섬 앞바다까지 진출했다. 그곳에는 심볼론(Symbolon) 근처의 협곡에 [안토니우스의 부장(副將)인] 노르바누스(Norbanus)가 진영을 차리고 있었다. 그러나 브루투스의 부대가 포위하여 공격하자 그들은 진지를 버리고 물러갔다.

그 무렵에는 옥타비우스가 몸이 아파 늦게 도착했기 때문에 브루투스의 부대는 그들을 섬멸하다시피 했다. 만약 안토니우스가 신속하게 지원군을 몰고 오지 않았더라면 그들은 아마도 전멸했을 것이다. 안토니우스의 진군 속도는 브루투스도 믿을 수가 없을 정도였다. 열흘이 지나자 옥타비우스가 도착하여 브루투스에 맞서 진영을 차렸고, 안토니우스는 카시우스와 마주하며 진영을 차렸다.

로마인들은 두 진영이 마주하고 있는 곳을 필리포이 평원이라고 불렀다. 로마 역사에서 이토록 많은 로마 군대가 마주한 적이 없었다. 병력으로 보면 브루투스가 옥타비우스에 미치지 못했지만, 브루투스 병사들의 무기는 매우 찬란하여 보기에도 아름다웠다. 그들의 무기는 금은으로 장식되어 있었다.

브루투스는 다른 면에서는 장군들에게 검소하고 자제하도록 훈련을 시켰지만 무기만큼은 화려한 것을 제공했다. 병사가 자기 손에 들어온 재산을 사사로이 호화롭게 치장해 놓으면, 그 재산을 지키려는 야망에 불타올라 더 호전적인 모습을 보여 준다고 브루투스는 생각했다.

39

옥타비우스와 안토니우스는 병영에서 정화(淨化) 의식을 치른 다음, 모든 병사에게 제물을 살 수 있도록 약간의 양곡과 5드라크마를 나누어 주었다. 그러나 브루투스와 카시우스는 적군의 가난함과 인색함을 비웃으려는 듯이 먼저 관례대로 평원으로 나아가 병사들의 정화 의식을 치른 다음, 각 부대에 제물로 엄청나게 많은 소를 나누어 주고 병사들에게는 각기 50드라크마를 나누어 줌으로써 사기를 올려 적군을 크게 압도했다. 그러나 정화 의식을 치르는 동안 카시우스에게 상서롭지 않은 일들이 벌어졌다.

먼저 시종(侍從)이 화관을 거꾸로 들고 들어왔다. 들리는 바에 따르면, 그런 일이 있기에 앞서 축제 행렬에서 카시우스의 승전기를 들고 들어오던 기수(旗手)가 미끄러져 넘어지면서 깃발을 땅에 떨어뜨렸다. 그 밖에도 썩은 고기를 먹는 새들이 하루 종일 병영 위를 맴돌았고, 병영 어딘가에서는 벌 떼가 나타났다. 그러자 점쟁이들은 그곳의 문을 닫아걸어 미신을 믿는 사람들의 두려움을 피하려 했다. 이런 일이 벌어지자 에피쿠로스학파의 이론을 따르는 카시우스도 점차 마음이 흔들리기 시작했고, 그런 그의 모습을 본 병사들도 동요했다.

이런저런 이유로 카시우스는 당장에 전투를 벌여 사태를 종결짓고 싶지 않았다. 비록 병력의 수는 많지 않았지만 군수품이 넉넉했으므로 그는 될 수 있는 한 전투를 미루려고 생각했다. 그러나 브루투스는 이런 일이 일어나기에 앞서 전투를 빨리 끝내 동포들에게 자유를 주고 이 전쟁으로 말미암은 엄청난 부담을 덜어 주고 싶었다. 그 무렵에 브루투스의 부대는 소규모 전투에서 몇 차례 승리한 까닭에 마음이 들떠 있었다.

이런 일이 아니더라도 몇몇 병사가 적군에게 넘어가는 일이 벌어지고 다른 병사들도 이탈할 기미를 보이자, 진중 회의에서는 카시우스의 막료들마저 브루투스 편을 들어 전쟁을 재촉했다. 그러나 브루투스의 막료 가운데 아틸리우스(Atilius)가 브루투스의 뜻에 반대하면서 적어도 겨울이 지날 때까지는 전쟁을 미루자고 주장했다. 그러자 브루투스가 물었다.

"그대가 내년 봄까지 전쟁을 미루자는 이유가 무엇인가?"

그러자 아틸리우스가 이렇게 대답했다.

"전쟁을 미루면 그만큼 더 살 수 있으니까요."

아틸리우스의 대답에 자리를 함께하고 있던 카시우스는 울화가 치밀었고, 다른 막료들도 크게 분개하여 곧 내일 전투를 벌이기로 그 자리에서 결정했다.

40

브루투스는 저녁을 먹으면서 희망에 부풀었다. 그는 사람들과 철학 이야기를 나눈 뒤 잠자리에 들었다. 그러나 카시우스의 막료였던 메살라의 기록에 따르면, 카시우스는 가까운 막료들과 술을 몇 잔 마셨는데, 평소와 달리 말이 없고 근심에 싸여 있었다고 한다. 저녁 식사를 마친 그는 다정하게 메살라의 손을 잡고 정다움을 표시할 때 으레 그러듯이, 그리스어로 이렇게 말했다.

"지난날 폼페이우스는 내키지 않는 전쟁을 치렀는데, 지금 내가 바로 그 어려운 지경에 빠져 있다는 것을 그대가 뒷날 증언해 주기 바라네. 그러나 용기를 잃지 말고 운명의 여신을 바라보며 기다려 보세. 우리의 결정이 잘된 것인지 잘못된 것인지는 알 수 없지만, 운명을 믿지 않는 것도 잘하는 일은 아닐 걸세."

메살라의 기록에 따르면, 카시우스는 그 말을 끝으로 자기를 껴안으면서 내일 저녁 식사에 초대했다고 한다. 그날은 카시우스의 생일이었다. 날이 밝자 전투 개시를 알리는 주황색 옷(tunic)이 브루투스와 카시우스의 병영 앞에 걸렸다. 두 사람은 병영 한가운데에서 만났다. 카시우스가 먼저 입을 열었다.

"브루투스, 오늘 우리는 승리를 거두고 서로 앞날을 행복하게 살고 싶소. 그러나 인간의 운명이란 참으로 알 수 없는 것이어서 만약 우리가 진다면 다시 만날 수 없을 터인데, 그대는 도망을 치겠소, 아니면 죽음을 택하겠소?"

브루투스가 이렇게 대답했다.

"카시우스, 내가 젊어 세상 물정을 몰랐을 때 어느 철학자에 대해 말을 경솔하게 했고, 그러고도 실수한 줄 몰랐습니다. 이를테면 카토가 자살했을 때, 나는 그가 운명에 맞서지 않고 도망함으로써 그 자신의 악령에게 무릎 꿇은 것은 생명을 존귀하게 여기지 않는 일이요 남자답지 못한 짓이라고 비난한

　　　　　　　　　　　브루투스

적이 있습니다. 그러나 지금에 이르러 나는 생각이 바뀌었습니다. 만약 운명의 여신이 우리 편이 아니라면, 나는 그에게 새로운 희망이나 시험을 부탁하기보다는 그의 뜻을 따르겠소. 지난 3월 15일 [카이사르를 죽일 적에] 이미 나는 조국에 목숨을 바쳤습니다. 이제 그 뒤의 남은 목숨은 조국의 자유와 영광을 위해 바친 것이었습니다."

브루투스의 말을 들은 카시우스는 미소를 지으며 그를 껴안고 이렇게 말했다.

"이미 그렇게 결심했다면 적진을 향해 나아갑시다. 우리는 승리할 것이고, 설령 승리하지 못하더라도 승자를 두려워하지 맙시다."

그런 일이 있은 뒤에 그들은 막료들을 모아 놓고 전투 대형을 어떻게 짤 것인가를 논의했다. 카시우스가 나이도 더 많은 탓에 그가 오른쪽 날개를 맡는 것이 온당했지만 브루투스는 자신이 그쪽을 맡고 싶다고 카시우스에게 말했다. 카시우스는 그의 부탁을 들어주었을 뿐만 아니라 메살라에게 가장 용맹한 부대를 거느리고 그를 지원하도록 지시했다. 브루투스는 곧 우수하게 무장한 기병대를 이끌고 진격하면서 보병들도 서둘러 따라오라고 지시했다.

41

안토니우스의 병사들은 자기들이 숙영하고 있는 늪지대부터 평원에 이르는 곳까지 해자(垓字)를 파 카시우스가 해안 쪽에서 공격하지 못하도록 할 참이었다. 옥타비우스는 조용히 사태의 추이를 살피고 있었다. 옥타비우스는 몸이 아파 진두에 나서지는 못했지만 그의 부대는 작전에 투입되어 있었다.

옥타비우스의 병사들은 적군이 전투를 벌이리라고는 예상하지 못하고, 다만 저들이 자기들의 해자 작업을 방해하고자 가벼운 창이나 던지면서 고함칠 것이라고 생각했다. 그런

까닭에 옥타비우스의 병사들은 경계를 하지 않고 있다가 고함
소리에 놀랐으며, 해자 작업을 하는 곳에서 비명이 들려오자
커다란 혼란에 빠졌다.

그런 상황에서 브루투스는 군호(軍號)를 적은 쪽지를 장
교들에게 나누어 준 다음, 자신은 말을 타고 병사들 쪽으로 달
려가 전투를 독려했다. 군호가 돌 때 어떤 병사들은 그 의미를
알아듣고 자리를 지켰지만, 대부분의 병사는 그것이 공격 명
령인 줄 알고 소리치며 지체 없이 적진을 향해 달려 나갔다. 이
혼란으로 말미암아 전열이 흐트러지고 서로 뒤엉켰다. 먼저
앞서가던 메살라 부대와 그를 따르던 부대는 옥타비우스의 왼
쪽 날개를 앞서 버렸다. 그들은 적군의 전위 부대와 살짝 스치
듯이 접전을 벌이면서 몇 사람을 죽이고 그들을 관통하며 적
진까지 쳐들어갔다.

옥타비우스의 『회고록』에 따르면, 그 전날 밤에 막료인
마르쿠스 아르토리우스(Marcus Artorius)가 꿈을 꾸었는데, 꿈
속에서 유령이 나타나 옥타비우스에게 어서 침대에서 일어나
병영을 떠나라고 알려 주었다고 한다. 그 예언에 따라 옥타비
우스는 가까스로 그 자리를 벗어났고, 사람들은 모두 그가 그
때 죽은 줄로만 알았다.

적군이 몰려와 옥타비우스가 타고 있는 줄 알았던 빈 가
마를 창으로 마구 찔렀기 때문이었다. 그의 병영에서 메살라
병사들에게 잡힌 포로들은 모두 살해되었으며, 최근에 스파르
타에서 지원군으로 온 병사 2천 명도 그들과 함께 죽었다.

42

옥타비우스 부대를 포위하지 않았던 브루투스 부대는 곧바로
적군을 공격하여 쉽게 혼란에 빠뜨린 다음, 본진 가까이에 있
던 3개 군단을 무찔렀다. 그들은 패주하는 적군을 뒤쫓아 돌격
하며 승세를 몰아 브루투스와 함께 진격했다. 그러나 이때 옥

타비우스의 패잔병들은 브루투스의 승전 부대가 미처 보지 못한 부분을 알아보았다. 옥타비우스 부대가 적진에서 추격병이 빠져나감으로써 노출된 공간을 간파하고 공격한 것이었다.

브루투스 부대의 중군은 옥타비우스에게 항복하지 않고 용맹스럽게 항전했다. 그러나 카시우스가 지휘하던 왼쪽 날개는 혼란에 빠진 데다가 브루투스의 본진에서 어떤 일이 일어나고 있는지를 전혀 몰랐다. 이 틈을 타 옥타비우스 부대가 그들을 공격하여 본진까지 밀고 들어가 진영을 빼앗았다. 그때 안토니우스와 옥타비우스는 병사들과 함께 있지 않았다.

들리는 바에 따르면, 안토니우스는 처음부터 공격을 멈추고 돌아와 늪지대로 물러나 있었고, 옥타비우스는 병영을 떠난 뒤라 어느 곳에서도 모습을 보이지 않았다고 한다. 그때 병사 몇 명이 브루투스를 찾아와 피 묻은 무기와 젊은 옥타비우스의 모습을 설명하면서 자기들이 그를 죽였노라고 보고했다.

그 무렵에 브루투스의 중군도 적군을 크게 무찔렀기 때문에 브루투스는 크게 이기고 카시우스는 크게 패배한 것처럼 보였다. 그러나 바로 여기에 그들이 패망하는 결정적인 원인이 있었다.

곧 브루투스는 카시우스가 크게 승리한 것으로 잘못 알고 그를 도우러 가지 않았고, 카시우스는 브루투스가 죽은 것으로 생각하고 그의 지원을 기다리지 않았다는 점이다. 메살라는 적군의 지휘기(指揮旗) 세 개와 여러 개의 군기를 빼앗았지만 자신의 것은 하나도 빼앗기지 않았으므로 자기들이 완승하였다고 생각했다.

브루투스가 승리를 거두고 돌아와 보니 옥타비우스의 병영은 이미 파괴되었는데, 늘 그랬던 것처럼 승리로 기뻐하고 있어야 할 카시우스의 진지뿐만 아니라 그 어떤 막사도 보이지 않아 놀랐다. 적군이 퇴각하면서 막사를 곧바로 모두 파괴했기 때문이었다.

정찰병이 자세히 살펴보고 나서 브루투스에게 보고한 바에 따르면, 카시우스의 병영에는 수많은 투구가 번쩍이고 은으로 만든 가슴받이가 나뒹굴고 있었다. 그들은 그토록 많은 무기가 수비대의 것 같지 않으며, 그토록 많은 적군이 죽었을 텐데, 적들의 시체가 하나도 보이지 않는 것도 이상하다고 말했다. 이에 불길한 생각이 든 브루투스는 점령한 적진에 경비대를 남겨 두고 적군을 추격하던 병사를 불러들여 자기 부대에 합류시킨 다음 카시우스를 도우러 떠났다.

43

그러는 동안에 카시우스 쪽에서는 다른 일이 벌어졌다. 카시우스는 브루투스 부대가 군호나 명령도 지키지 않고 먼저 튀어나가 승리하더니 적군의 상황을 고려하지도 않고 약탈에만 몰두하는 것을 바라보면서 일이 잘못되어 가고 있는 것에 분노했다.

더욱이 카시우스는 재빨리 준비하여 결행하지 못하고 멈칫거리다가 적군의 오른쪽 부대에 포위되었다. 그러자 기병대는 곧장 바다로 도주했고, 보병까지 도주하자 그는 이를 막으려고 애썼다. 그는 도주하는 기수의 깃발을 빼앗아 땅에 꽂으며 전투를 독려했지만 호위병마저도 자리를 지키려 하지 않았다.

카시우스는 어쩔 수 없이 부하들을 이끌고 평야가 내려다보이는 언덕으로 올라갔다. 그러나 그는 시력이 나빠 자신의 진지가 함락된 것을 아주 보지 못했거나 거의 보지 못했다. 그때 그의 곁에 있던 기병대가 브루투스의 지원군이 달려오는 모습을 보았다. 그러나 카시우스는 그들이 자기를 추격하는 적군인 줄 알았다. 그러면서도 그는 곁에 있던 티티니우스 (Titinius)를 보내 알아보도록 했다.

달려오던 기병대는 다가오는 티티니우스가 카시우스의 심복 막료임을 알아보고 소리치며 말에서 뛰어내려 뜨겁게 껴안았다. 곁에 있던 나머지 무리도 기쁨에 겨워 창을 부딪치며 기뻐했다. 그러나 이것이 곧 비극의 씨앗이었다. 그 장면을 본 카시우스는 티티니우스가 적군에게 사로잡힌 줄로 알았기 때문이었다. 그러면서 그는 이렇게 말했다.

"내 목숨이 아까워 나의 막료를 적군에게 넘겨주었구나."

그러고 나서 빈 막사로 돌아온 카시우스는 해방 노예인 핀다로스(Pindaros)에게 자기를 죽이라고 지시했다. 지난날 크라수스의 재무관을 지내며 [기원전 53년에] 파르티아 전쟁에서 크라수스가 비극적인 죽음을 겪는 모습을 목격했던 카시우스는, 만약 자기에게 그런 상황이 오면 적군의 손에 잡히기에 앞서 자기를 죽이라고 핀다로스에게 명령해 둔 터였다. 그때 카시우스는 그곳에서 도망했지만, 지금 그는 외투를 머리에 쓰고 목을 내밀어 노예의 칼을 받았다.

카시우스의 목이 몸에서 떨어졌다. 그러나 그 뒤로 핀다로스를 본 사람이 아무도 없었으므로 어떤 사람들은 핀다로스가 카시우스에게 그런 요청을 받지 않고 그를 죽였다고 생각했다.

조금 시간이 지나자 카시우스의 부대는 달려오는 병사가 누군지를 알았다. 그들은 티티니우스에게 화관을 씌우고 카시우스에게 보고하러 다가왔다. 그러나 티티니우스는 병사들의 울음소리를 듣고서야 카시우스의 비극적인 죽음과 실수를 알고 자신이 늦게 온 것을 깊이 탄식하며 칼을 뽑아 자살했다.

44

카시우스가 전투에서 졌다는 소식을 들은 브루투스는 그를 도우러 가다가 진영 가까이 이르러서야 그의 죽음을 알았다. 브루투스는 카시우스의 시신을 붙잡고 통곡하며 그를 '마지막 로마인'이라고 부름으로써 그러한 인물이 로마에서 다시는 나타나지 않을 것임을 암시했다.

브루투스는 그를 염습(殮襲)한 뒤 타소스로 보내 장례에 혼란이 없도록 했다. 또한 카시우스의 병사를 모아 놓고 위로한 다음 그들이 아무것도 가진 것이 없음을 보고 2천 드라크마씩 주어 용품을 마련하도록 해 주겠노라고 약속했다.

카시우스의 병사들은 브루투스의 말에 용기를 얻었을 뿐만 아니라 선물이 그토록 많은 데 놀랐다. 브루투스가 카시우스의 진영을 떠날 때 병사들은 환호하면서 이번에 참전한 장군 넷 가운데 오로지 그만이 패배하지 않았다고 칭송했다. 그가 이번 전투에서 이기리라고 믿는 데에는 그럴 만한 이유가 충분히 있었다. 곧 브루투스는 적은 군대로 적군을 물리쳤 왔기 때문이었다. 만약 그가 병력을 모두 투입하여, 그 대부분이 적군을 스쳐 가듯 하지 않고 적군을 바로 공격했더라면 완전한 승리를 거두었을 것이다.

45

브루투스의 병사들 가운데 죽은 무리가 8천 명이었는데, 거기에는 브리게스(Briges)[21]라는 노예들도 있었다. 그러나 메살라의 기록에 따르면, 적군은 그보다 두 배나 더 죽었다고 한다. 따라서 적군들이 더 낙심했다. 그러던 터에 카시우스의 시종이었던 데메트리오스(Demetrios)라는 사람이 카시우스의 몸에서 벗겨낸 외투와 칼을 들고 안토니우스를 찾아와 그가 죽었음을 알려 주었다. 이에 크게 용기를 얻은 안토니우스의 병사들은 날이 밝자마자 전열을 가다듬고 전투에 나섰다. 카시우스 부대까지 맡게 된 브루투스는 지휘하는 데 어려움이 많았다.

브루투스는 수많은 포로를 감시해야 했을 뿐만 아니라, 지휘관이 죽어 크게 패배한 카시우스 부대도 이끌어야 했다.

---

21   브리게스는 본디 트라키아족을 뜻하는 것이었다고 한다.(헤로도토스, 『역사』, VII : 73 참조)

승리에 도취한 브루투스 부대에 증오와 질투를 느낀 그들은 대오만 갖춘 채 전투를 시작하지 않았다. 더욱이 포로 가운데 노예들이 미심쩍게 병사들 사이를 어슬렁거려, 브루투스는 노예들을 모두 죽이라고 지시했다.

그러나 브루투스는 자유민들 가운데 몇 사람을 풀어 주면서, 그들은 적군에 사로잡힌 포로로서 노예이기는 하지만 본디는 자유인이요 로마 시민이었다고 말했다. 자신의 막료와 장교들이 그들을 계속 미워하자 브루투스는 그들의 도주를 방조함으로써 목숨을 구해 주었다.

포로들 가운데 볼룸니우스(Volumnius)라는 배우와 사쿨리오(Saculio)라는 광대가 있었는데, 브루투스는 그들에게 별로 신경도 쓰지 않았다. 그러나 브루투스의 막료들이 그들을 끌고 와 그들이 이 어려운 때에 무례하게 농담을 한다고 고발했다. 브루투스가 아무 말도 하지 않고 일이 어찌 되나 바라만 보고 있을 때, 메살라 코르비누스(Messala Corvinus)가 나서서 말했다.

"여러 사람이 보는 앞에서 이들을 매질한 다음 발가벗겨 적군에 보내, 적장들에게 이 전쟁 중에도 이토록 재미있는 녀석들이 필요한가를 물어보아야 합니다."

그 말을 들은 사람들이 웃음을 터뜨렸으나 카이사르를 제일 먼저 칼로 찔렀던 푸블리우스 카스카가 이렇게 말했다.

"카시우스 장군의 상중(喪中)에 저들이 농담하며 희희낙락한 것은 옳지 않습니다. 브루투스 장군, 장군께서 카시우스 장군을 모욕한 이놈들을 처벌할지 보호할지를 결정해 주시면 그에 따라 저희가 알아서 처리하겠습니다."

그의 말에 브루투스는 불같이 화를 내면서 이렇게 말했다.

"카스카, 그대는 왜 그대 의견을 말하지 않고 내 의견을 묻는가?"

그 말을 들은 무리는 브루투스가 그들을 단죄하라는 말로 알아듣고 그 불쌍한 두 광대를 끌고 나가 죽였다.

46

그런 일을 겪은 뒤에 브루투스는 병사들에게 약속한 상금을 지급하고, 군호와 돌격 명령도 받지 않은 채 적진을 향해 진격함으로써 큰 혼란에 빠졌던 사실을 점잖게 나무란 다음, 이번 전투에 승리하면 테살로니카와 스파르타를 약탈하도록 허락하겠노라고 약속했다.

이 약속은 브루투스의 일생을 통틀어 유일하게 변명할 여지 없이 비난을 들은 사건이었다. 안토니우스와 옥타비우스는 병사들에게 상금을 주면서 이보다 더 잔혹한 짓을 저질렀다. 그들은 이탈리아 전역에서 주민들을 몰아내고 자기들에게 권리도 없는 땅과 도시를 병사들에게 나누어 주었다. 두 사람에게는 정복과 지배만이 전쟁을 벌이는 목표였다.

그러나 브루투스는 민중 사이에 덕망 높은 사람으로서 명예와 정의가 아니면 오직 정복이나 자신의 안전을 위한 전쟁을 허락하지 않았다. 더욱이 지난날 가혹하게 민중을 다스려야 한다고 주장했던 카시우스가 죽은 지금에 와서는 더욱 그랬다. 그러나 배의 키가 부러졌을 때 선원들이 어쩔 수 없이 다른 방도를 찾으려고 노력하듯이, 브루투스도 엄청나게 많은 문제와 어려운 처지에 빠져 비상사태나 다름없는 상황 속에서 군대를 통솔해야 했다.

장군마저 잃은 브루투스는 자신이 거느린 무리 가운데에서 장군을 뽑아 쓰면서 그들이 요구하는 바를 들어주지 않을 수 없었다. 따라서 그는 카시우스 부대를 잘 부릴 수 있다고 장군들이 제언하는 일이라면 무엇이든 그대로 하기로 결정했다. 이런 방식으로 군대를 다루기란 매우 어려운 일이었다. 지휘관이 부족하다 보니 병사들은 병영 안에서는 대담했지만, 적군을 만나는 일을 두려워했다.

47

안토니우스와 옥타비우스의 형편도 더 나을 것이 없었다. 군량미는 이미 떨어졌고, 낮은 지대에 자리 잡은 병영에서 겨울을 지내야 할 일이 아득했다. 그들은 늪지대 둘레에 주둔했기 때문에, 전투를 치른 뒤에 내린 가을비로 막사는 온통 물과 진흙으로 덮여 있다가 겨울이 되자 모두 얼어붙었다. 이렇듯 어려운 상황에서 해군이 크게 졌다는 소식까지 들려왔다.

옥타비우스의 지휘를 받으며 이탈리아에서 오던 큰 함대는 브루투스의 함대를 만나 대패하고, 겨우 살아남은 몇 척의 선원들은 돛과 밧줄을 삶아 먹으면서 돌아왔다. 이 소식을 들은 안토니우스 부대는 브루투스가 그 사실을 알기에 앞서 전투를 벌여 모든 일을 끝내고 싶었다. 공교롭게도 해전과 육전이 같은 날에 벌어졌다.

그러나 해군 사령관의 실수라기보다는 우연한 사고로 말미암아 브루투스는 20일이 지난 다음에야 자신의 함대가 승리했다는 사실을 알았다. 그렇지 않고서야 그가 곧바로 두 번째 전투를 벌일 만한 이유가 없었다. 그들은 군량미도 넉넉하고 지리적으로도 유리한 위치에 있어 겨울철에 고통받을 일이 없었지만, 적군은 겨울을 이겨 낼 가능성이 없었기 때문이다.

그러나 이제 로마는 더 이상 민주정이 지속될 수 없고 왕정으로 돌아가야 할 운명이었는지, 운명의 신은 로마의 지배자가 될 수 있었던 유일한 인물인 브루투스에게 그와 같은 소식을 알려 주지 않았다. 사실 브루투스의 본부 막료들은 해군이 승리했다는 소식을 제때에 들었다.

브루투스가 전투를 벌이기 하루 앞서 저녁나절에 클로디우스(Clodius)라는 병사가 옥타비우스 부대에서 탈주하여, 그들의 함대가 완전히 무너졌으며 서둘러 다음 전투를 준비하고 있다는 소식을 브루투스의 부대에 알려 주었다. 그런데 그 사람이 믿음직스러워 보이지 않다는 이유로 브루투스를 만나게 해 주지도 않아 첩보는 무시되고 말았다. 사람들은 그가 잘 못된 이야기를 들었거나, 브루투스의 호감을 사고자 거짓말을 한다고 생각했다.

48

들리는 바에 따르면, 그날 밤 지난번(§ 36)에 나타났던 그 유령이 브루투스 앞에 다시 나타났는데 이번에는 아무 말도 하지 않고 있다가 사라졌다고 한다. 철학자로서 전쟁 기간에 브루투스와 함께 지낸 푸블리우스 볼룸니우스(Publius Volumnius)의 기록에는 이 유령에 관한 내용이 없고, 다만 맨 앞에 가던 군기에 벌 떼가 달라붙었다고도 하고, 또 장교들 가운데 한 명의 팔에서 장미 향의 땀이 흐르는데 아무리 씻어도 사라지지 않았다고 한다.

또한 볼룸니우스의 말에 따르면, 전투가 벌어지기 바로 앞서 두 진영의 가운데 하늘에서 독수리 두 마리가 싸우다가 브루투스 쪽의 독수리가 싸움을 포기하고 달아났다고 한다. 이때 일어난 일 가운데 에티오피아인에 관한 이야기는 잘 알려져 있다. 곧 진영 문을 열었을 때 어느 에티오피아인이 지나갔다. 이를 본 기수는 재수 없는 놈이라 생각하고 난도질하여 죽였다.

49

브루투스는 부대를 전투 대형으로 바꾸고 적군과 마주했지만 전투를 시작하지 않고 오랜 시간 기다렸는데, 이는 그가 군대를 열병하면서 일부 병사가 적군으로 넘어갈지도 모른다는 의심과 함께 반란을 꾀하는 무리가 있다는 소식을 들었기 때문이었다. 또한 그가 살펴보니, 기병대는 싸울 뜻이 없고 보병이 먼저 진격하기만을 기다리고 있었다.

그러던 터에 군인으로서 매우 훌륭한 자질을 타고났으

며 브루투스 자신이 용맹하다고 칭송했던 장군 한 명이 대오를 벗어나 적진으로 넘어갔다. 그의 이름은 카물라투스(Camulatus)였다. 그 광경을 본 브루투스는 큰 충격을 받았다. 장군의 탈주에 분노한 것과 더불어 또 다른 반역과 탈주가 일어날지도 모른다는 사실로 말미암아 두려움에 빠진 브루투스는 곧 공격을 시작했다.

오후 3시 무렵이 되자 브루투스는 예하 부대를 이끌고 진격하여 크게 승리한 다음, 퇴각하는 적군의 왼쪽 날개를 엄습했다. 그러자 기병대도 보병과 함께 혼란에 빠진 적군을 향해 돌진했다. 그러나 좌우에서 적군의 포위를 막으려고 대열을 길게 늘인 탓에 중앙 진영이 허약해지면서 적군의 공격을 견디지 못하고 이들이 먼저 도주하기 시작했다. 이에 적군이 중앙 진영을 뚫고 곧 브루투스를 포위했다.

브루투스는 군인이자 지휘관으로 용맹스럽게 싸움으로써 지난날 온갖 위험에서 보여 준 판단과 위용을 입증했다. 그러나 지난번 전투와는 달리, 이번에는 커다란 피해를 입고 말았다. 지난번 전투에서 브루투스 부대는 적군의 날개를 꺾었으며, 카시우스의 병력은 크게 무너졌으면서도 실제로 죽은 사람은 많지 않았다.

그런데 그때 패주했던 병사들은 그때의 패배로 말미암아 지금은 겁에 질려 대부분 낙담하고 당황했다. 그러나 소(少)카토의 아들 카토처럼 용맹한 귀족들은 열렬히 싸우고 있었다. 그는 적군에 포위되었으면서도 항복하거나 도주하지 않고 칼을 휘두르며 이렇게 외쳤다.

"내가 마르쿠스 카토의 아들 마르쿠스 카토이다."

그렇게 싸우다가 그는 적군의 손에 처참하게 죽었다.(제36장 「소카토전」, § 73) 그 밖의 여러 용사가 브루투스를 지키려다 모두 그렇게 죽었다.

50

브루투스의 막료 가운데 루킬리우스(Lucilius)라는 용맹한 장군이 있었다.(제38장 「안토니우스전」, § 69) 이민족 병사가 다른 사람은 본 체도 하지 않은 채 오로지 브루투스만 노리고 맹렬히 쳐들어오는 것을 본 그는 목숨을 바쳐 그들을 막으리라 결심했다. 그는 일행과 조금 떨어져 말을 달리면서 자기가 브루투스라고 소리쳤다. 적군은 그의 말을 믿었다. 루킬리우스는 이렇게 말했다.

"나는 옥타비우스를 무서워하지만 안토니우스는 무섭지 않으니 나를 안토니우스에게 데려가라."

적군은 예상하지 못했던 전리품에 기뻐하면서 자기들의 운이 매우 좋다고 생각했다. 그들은 안토니우스에게 이 사실을 먼저 알릴 전령을 보낸 다음, 어둠 속에 루킬리우스를 끌고 갔다. 안토니우스가 기뻐한 것은 더 말할 나위도 없다. 안토니우스는 호위병들을 만나러 밖으로 나갔다.

브루투스가 사로잡혀 온다는 소식을 들은 병사들이 그 주변에 몰려들었다. 어떤 사람들은 그의 불운을 동정했고, 어떤 사람들은 그가 적군들의 먹이가 되면서까지 목숨을 부지하려는 것을 보면서 그의 명성이 헛소문이었다고 생각했다. 그들이 가까이 오자 안토니우스가 말을 멈추면서 브루투스를 만나면 어찌할까 망설이고 있었다. 그런 터에 그의 앞에 나타난 루킬리우스가 우렁찬 목소리로 이렇게 말했다.

"안토니우스 장군, 어느 적군도 마르쿠스 브루투스를 사로잡아 올 수는 없습니다. 그토록 덕망 높은 분에게 그런 운명이 닥쳐오지는 않을 것입니다. 그가 죽었든 살았든, 그대가 본 브루투스의 모습은 덕망 높은 그대로일 것입니다. 내가 여기잡혀 온 것은 그대 부하들을 속인 것입니다. 그대가 나에게 어떤 벌을 내리든 나는 달게 받을 준비가 되어 있습니다."

루킬리우스의 말을 들은 사람들이 모두 놀라자 안토니우

스는 그를 잡아 온 무리를 바라보면서 이렇게 말했다.

"전우들이여, 그대들이 자신들의 실수에 분노하면서 속았다고 생각하리라는 것을 내가 잘 안다. 그러나 여러분은 여러분이 찾던 사람보다 훨씬 값진 포로를 잡아 왔다고 믿기 바란다. 그대들은 적군을 잡아 왔다고 생각했지만 그대들이 내게 데려온 사람은 적군이 아니라 동지이기 때문이다. 맹세코 말하건대, 만약 그대들이 정말로 브루투스를 산 채로 잡아 왔더라면 어찌해야 좋을지 나는 몰랐다. 그러나 지금 여러분이 데려온 이 사람은 적군이 아니라 동지이다."

말을 마친 안토니우스는 루킬리우스를 껴안았다. 그 뒤로 안토니우스는 진심으로 루킬리우스를 막료로 여겼고, 그도 충직하고 진실한 마음으로 안토니우스에게 봉사했다.

51

울창한 숲과 가파른 비탈 사이로 흐르는 냇물을 건넌 브루투스는 더 나아가지 않았다. 날은 이미 저물었다. 바위가 앞을 가린 채 움푹 팬 곳에 앉아 주위를 살펴보니 장교와 막료 몇 명이 함께 따라왔다. 하늘의 별들은 보석처럼 아름다웠다. 볼룸니우스의 기록에 따르면, 그는 두 편의 시를 읊었다고 한다.

제우스 신이시여,
이 재앙을 지어낸 작가들을 잊지 마소서.
(에우리피데스, 『메데이아』, § 334)

볼룸니우스는 두 번째 시구는 잊었다고 한다.

시간이 조금 지나자 브루투스는 자기를 지키려다 죽은 막료들의 이름을 하나씩 불렀는데, 플라비우스(Flavius)와 라베오의 이름을 부르면서 몹시 슬퍼했다. 라베오는 그의 부관(legatus)이었으며,(§ 12) 플라비우스는 공병대장이었다. 그때 어떤 사람이 목이 마르던 터에 브루투스도 목말라하는 것을 보고 물을 뜨러 투구를 들고 물가로 내려갔다.

그때 강 건너편에서 인기척이 들려와 볼룸니우스가 그의 방패 소지병 다르다누스(Dardanus)를 데리고 정탐하러 내려갔다. 조금 뒤에 두 사람이 돌아와 물이 남았느냐고 물었다. 그러자 브루투스는 매우 의미 깊게 웃으면서 이렇게 말했다.

"다 마셨다네. 그대를 위해 다시 떠 오면 되지."

그러고 나서 처음 물을 뜨러 갔던 병사가 다시 내려갔다. 그러나 그는 적군을 만나 중상을 입고 겨우 목숨을 건져 돌아왔다. 그러는 과정에서 브루투스는 자기 부하들이 얼마나 많이 살아남았을지 궁금해 했다. 그때 스타틸리우스가 나서서 이렇게 말했다.

"달리 방법이 없습니다. 제가 적진을 뚫고 들어가 우리 본진을 살펴보고 모두 안전하면 횃불을 올리고 돌아오겠습니다."

그는 진영에 무사히 도착하여 약속대로 횃불을 올렸다. 그러나 시간이 흘러도 그는 돌아오지 않았다. 그러자 브루투스가 이렇게 말했다.

"스타틸리우스가 살아 있다면 돌아올 텐데."

그러나 그는 돌아오는 길에 적군을 만나 죽었다.

52

밤이 깊어지자 브루투스는 몸을 뒤척거리다가 일어나 앉아 노예 클레이투스(Cleitus)에게 뭐라고 말했다. 클레이투스는 아무 말 없이 눈물만 흘렸다. 그런 다음 브루투스는 방패 소지병인 다르다누스를 끌어당겨 개인적인 이야기를 나누었다.

끝으로 브루투스는 볼룸니우스에게 그리스어로 말했다. 그는 지난날의 학창 시절을 회상한 다음 칼을 잡고 자기가 자살하는 데 도와 달라고 부탁했다. 볼룸니우스가 거절하자 그 밖의 막료들도 거절했다. 그때 어떤 병사가 일어나 더 이상 여

브루투스

기에서 지체하지 말고 몸을 피하자고 말했다. 그러자 브루투스가 일어나 이렇게 말했다.

"그래, 무슨 수를 써서라도 몸을 피해야겠지. 그러나 발로 써는 도망할 수 없고 손으로 가야 할 거야."

그런 다음 브루투스는 막료들의 손을 잡고 즐거운 표정으로 이렇게 말했다.

"내 막료들 가운데 누구도 나를 배신하지 않았다는 사실이 몹시 기쁘오. 그러나 조국에 대한 운명의 여신의 처사가 원망스러울 뿐이오. 어제도 그제도 오늘도 나는 정복자들이 오히려 패배한 나를 부러워하리라고 믿소. 덕망 높은 인물이었다는 평판을 후대에 남겼기 때문이오. 무력이나 재산에서 나보다 뛰어났던 인물들도 그러한 평판을 듣지 못했소. 정의와 진리를 말살한 사람은 지배자가 되기에 적합하지 않다고 세상 사람들은 믿고 있다오."

브루투스는 막료들에게 모두 무사히 이곳을 벗어나기를 바란다고 말한 다음, 부하 두셋을 데리고 조금 떨어진 곳으로 갔다. 그 가운데에는 지난날 그와 함께 수사학을 배운 절친했던 친구 스트라토(Strato)도 있었다. 브루투스는 스트라토가 지켜보는 가운데 두 손으로 칼의 손잡이를 거꾸로 잡고 찔러 자살했다.

그러나 다른 사람의 말에 따르면, 그는 스트라토의 도움을 받아 죽었다고 한다. 스트라토가 브루투스의 요구를 거절하지 못하고 눈길을 돌린 채 칼을 앞으로 빼 들자 브루투스가 스트라토를 향해 달려들어 칼이 가슴을 관통하여 죽었다고 한다. [그때가 기원전 42년, 브루투스는 마흔세 살의 나이로 필리포이에서 그렇게 죽었다.]

53

세월이 흘러 메살라가 옥타비우스와 화해한 뒤 스트라토를 그에게 소개할 기회가 있었다. 그때 메살라는 눈물을 흘리면서 이렇게 말했다.

"옥타비우스 장군, 이 사람이 경애하는 브루투스를 위해 마지막으로 봉사한 사람입니다."

옥타비우스는 스트라토를 정중히 대접했다. 그 뒷날의 행적에서, 더욱이 [기원전 31년 옥타비우스가 안토니우스와 클레오파트라의 연합군과 싸운] 악티온 해전에서 스트라토는 여느 그리스인과 마찬가지로 용맹스럽게 싸웠다.

들리는 바에 따르면, 메살라는 필리포이 평원의 전투에서 옥타비우스와 안토니우스에게 가장 적대적인 용사였으나, 악티온 해전에서는 옥타비우스를 열성적으로 지지하며 누구보다 용맹스럽게 싸움으로써 그에게 칭송을 들었다고 한다. 그때 메살라는 이렇게 말했다.

"옥타비우스 장군, 진실로 말씀드리건대, 저는 늘 더 공의로운 사람의 편이었습니다."

브루투스의 시신이 도착하자 안토니우스는 자신의 가장 비싼 외투로 그를 덮어 주었다. 며칠 뒤에 누군가 그 외투를 훔쳐 가자 안토니우스는 그 도적을 잡아 죽였다. 안토니우스는 그의 유골을 어머니 세르빌리아에게 보냈다.[22]

철학자 니콜라오스(Nicolaos)와 발레리우스 막시무스의 『기억할 만한 아홉 권의 언행록』(IV, 4 : 5~6)에 따르면, 브루투스의 아내 포르키아는 자살하려 했지만 그를 지켜보는 친구들의 감시 때문에 죽을 수도 없었다. 그러던 어느 날, 불붙은 석탄 덩어리를 입에 넣고 재빨리 입을 꽉 다물어 자살했다.

그러나 브루투스가 그의 친구들에게 보낸 편지를 보면,

---

22 로마 역사가인 가이우스 수에토니우스(Gaius Suetonius)의 『아우구스투스전』(§ 13)에 따르면, 안토니우스는 브루투스의 머리를 로마에 있는 카이사르 동상의 발밑에 던졌다고 한다.

그는 친구들이 자기 아내를 잘 보살펴 주지 않은 것을 나무라면서 그들의 무관심 때문에 아내가 병으로 고생하다가 그렇게 사느니 차라리 죽음을 선택했다는 사실을 원망하고 있다. 그렇다면 포르키아의 죽음에 관한 니콜라오스의 기록은 틀린 듯하다. 브루투스의 편지가 맞는다면, 병들어 쇠약했던 포르키아는 남편에 대한 사랑이 너무도 간절하여 남편보다 먼저 그렇게 죽었다.

동기야 어디에 있든,
브루투스는
결국 배은망덕한 사람이었다.
— 플루타르코스

정치인이 주군을 쓰러뜨리는 것은
공의로운 동기에서가 아니라
배신감 때문이다.
— 플루타르코스

어려울 때 곁에 있는 친구가
진정한 친구이다.
— 옥타비우스

1

앞에서 살펴본 것처럼, 디온과 브루투스는 매우 고결한 성품을 타고났으며, 보잘것없는 집안에서 태어나 가장 영예로운 지위까지 올랐다. 그러나 이 점에서는 디온이 더 훌륭했다. 디온에게는 브루투스를 도와준 카시우스와 같은 사람이 없었기 때문이다.

카시우스는 덕망과 명성으로써 브루투스를 도와주지는 못했지만 용맹함과 전략과 지도력으로써 브루투스에 못지않게 전쟁의 승리에 이바지했다. 실제로 어떤 작가들의 주장에 따르면, 카이사르 암살 사건은 오로지 카시우스가 앞장선 일이었다고 한다. 브루투스가 거사에 소극적이었을 때 그가 암살 계획을 주도했다는 것이다.

그와 달리 디온은 자신의 노력으로 무기와 함대와 병력뿐만 아니라 거사를 위한 막료와 조력자를 끌어모았다. 그러나 디온은 브루투스처럼 전쟁으로 재산을 불리거나 권력을 장악하지 않았다. 아니, 오히려 그는 망명 생활을 하면서도 전쟁 기간에 동포들을 위해 자기 재산을 쾌척했다.

그뿐만 아니라 브루투스와 카시우스는 망명 생활을 하면서 하루도 편안한 날이 없었다. 그들은 늘 죽음과 추격에 쫓겼기 때문에 최후의 수단으로 전쟁에 의지할 수밖에 없었다. 그들은 동포를 위해 싸웠다기보다는 자신을 지키려고 싸웠다. 그와 달리 디온은 망명 생활을 하면서도 자기를 추방한 참주보다 더 신망을 받으며 더 즐겁게 살았다. 그럼에도 그는 조국 시킬리아를 지키고자 스스로 그토록 위험한 길을 갔다.

2

그리고 시라쿠사이인들이 디오니시오스왕 아래서 겪은 폭정은 로마인들이 카이사르 아래서 겪은 것에 견줄 수 없을 만큼 가혹했다. 디오니시오스는 스스로 폭군이라 부르면서 시라쿠사이에 온갖 병폐를 퍼뜨렸다. 그러나 카이사르의 통치는 비록 그 설립 과정에서는 정적들과 적지 않은 마찰이 있었지만, 그가 집권한 뒤로 민중은 승복하였다. 카이사르의 직책이나 겉모습은 폭군과 같았지만, 그가 주어진 권력을 포악하게 행사하지 않았다는 것을 시민들은 알고 있었다.

아니, 오히려 그 무렵 로마의 병폐는 군주정을 필요로 했고, 카이사르는 가장 정중한 외과의로서 하늘로부터 그러한 사명을 받은 사람이었다. 그러므로 그가 암살되었을 때 로마인들은 그의 죽음을 슬퍼하며 암살자들에게 무섭게 보복했다. 그런가 하면, 디온은 참주 디오니시오스가 도망하도록 내버려두었고, 그 부왕(父王)의 묘지를 파헤치지 않았다는 이유로 동포들의 비난을 받았다.

3

그들의 군사적 업적을 살펴보면, 디온은 완벽한 장군이었다. 그는 자기가 세운 계획을 훌륭히 수행했을 뿐만 아니라 남이 실수를 저질렀을 때도 훌륭하게 사태를 수습했다. 그와 달리 브루투스는 중요한 마지막 전쟁을 치르면서 지혜롭지 못했다. 그는 전투에 졌을 때 전세를 회복할 수 있는 길을 찾지 않고 희망을 버렸는데, 그때의 상황은 폼페이우스의 마지막 상황보다 더 불리하지 않았다. 육지에는 아직 믿을 만한 병력이 남아 있었고, 바다는 아직도 그의 함대가 장악하고 있었다.

더욱이 자기 목숨을 살려 주고, 자기가 살려 달라고 탄원했던 전쟁 포로들을 모두 살려 주고, 자기를 막료로 쓰면서 누구보다도 더 영예롭게 만들어 준 카이사르를 죽였다는 점에서 브루투스는 치명적인 비난을 듣고 있다. 그러나 디온은 이런 비난을 듣지 않는다. 오히려 그는 디오니시오스왕의 신하이자 막료로 일하면서 국가의 질서를 바로잡고 지탱하는 데 도움을 주었다. 그는 조국에서 추방되고, 아내가 모욕을 겪고, 재산을 빼앗기고 나서야 합법적이고도 정의로운 전쟁을 공공연히 시작했다.

이 문제에 대해서는 달리 생각해 볼 수도 있다. 곧 두 사람은 참주에게 적개심을 품었고, 그들의 천박함을 증오했다는 점에서 칭송을 들을 수 있는데, 이때 브루투스의 모습이 더 객관적이고 진지했다. 브루투스는 카이사르에게 아무런 아픔을 겪지 않았음에도, 시민의 자유를 지키고자 자기의 목숨을 거는 위험을 자초했다.

그러나 만약 디온이 디오니시오스왕에게 아무런 해코지를 겪지 않았더라면 그는 전쟁을 일으키지 않았을 것이다. 이러한 사실은 플라톤의 편지에 잘 나타나 있다. 그 편지에 따르

디온과 브루투스의 비교

면, 디온은 처음에는 디오니시오스에게 아무런 반감이 없었다가 그에게 버림을 받은 뒤에야 그를 타도했음이 분명하다.

그뿐만 아니라 브루투스가 정적 폼페이우스를 찾아가 그의 막료가 됨으로써 카이사르의 정적이 된 것은 순전히 공익을 위한 일이었다. 곧 그가 누구를 미워하고 누구를 좋아한 것은 오로지 정의감에서 결정한 일이었다. 그러나 디온이 디오니시오스를 도운 것은 오로지 그의 호감을 얻고자 한 일이었다. 디온은 왕에게 신임을 받았을 때는 신상이 편안했고, 왕의 신임을 잃었을 때에는 너무도 분노하여 전쟁을 일으켰다.

이 때문에 디온의 막료들조차도 그를 의심하여, 그가 디오니시오스를 몰아낸 다음 참주라는 이름보다는 좀 더 부드러운 어떤 이름으로 정권을 잡으려는 것이 아닌가 생각했다. 그러나 브루투스의 경우에는 그의 정적들조차도 카이사르를 암살한 무리 가운데 오로지 브루투스만이 처음부터 끝까지 한 가지 목표, 곧 로마인들에게 지난날의 통치 형태[민주정]를 찾아 주려는 일념을 품은 사람이었다고 말할 정도였다.

4

그러한 고려를 하지 않더라도 브루투스가 카이사르를 제거한 것은 디온이 디오니시오스를 무찌른 것과 비교할 수도 없을 만큼 어려운 일이었다. 디오니시오스는 술과 도박과 여자에 절어 주변 사람 모두에게 사람 취급도 못 받는 처지였다. 그와 달리 대단한 능력과 권력에 행운마저 타고난 카이사르를 아무런 두려움도 느끼지 않고 처단한 것은 브루투스의 목적이 얼마나 투철했던가를 잘 보여 주고 있다.

그 무렵 카이사르의 명성은 너무도 대단하여 저 멀리 떨어진 파르티아나 인도의 왕들까지도 잠을 이룰 수 없을 정도였다. 디온이 시킬리아에 나타났을 때는 몇천 명의 무리가 합세하여 디오니시오스를 무찔렀지만, 카이사르는 그 명성이 어찌나 드높았던지 죽은 다음에도 그 이름이 막료들에게 힘을 실어 주었다. 또한 그의 이름을 이어받은 젊은 애송이[옥타비우스]는 누구의 도움도 받지 않고 로마의 최고 지도자가 되어, 안토니우스의 야망과 권력에 대항하는 세력의 중심으로 우뚝 섰다.

물론, 디온은 온갖 고초를 겪으면서 디오니시오스를 무찔렀지만, 브루투스는 겨우 칼 한 자루로써 무장도 하지 않고 경호원도 없는 카이사르를 죽였으니 디온의 거사가 더 어려웠으리라고 말하는 사람이 있을 수 있다. 두 상황을 견주어 본다면, 그토록 엄청난 권위를 가지고 있는 카이사르를 무장도 하지 않고 경호원도 없는 상태에서 처단하는 데에는 훨씬 더 뛰어난 능력과 영도력이 필요했다고 말할 수 있다.

브루투스는 엉겁결에 몇 사람의 도움을 받아 혼자서 카이사르를 공격하여 죽인 것이 아니었다. 아니, 오히려 브루투스는 오랫동안 일을 추진했으며, 많은 사람의 도움에 힘입어 거사에 성공했고, 그 과정에서 배신자는 단 한 명도 없었다. 이는 브루투스에게 첫눈에 진실한 사람을 알아보는 안목이 있었거나, 다른 사람보다 먼저 좋은 사람들을 선택했다는 뜻이다. 또한 브루투스는 먼저 그들에게 신뢰감을 심어 줌으로써 그들을 진실한 사람이 되도록 이끌었다.

그러나 디온은 사람을 선택하는 데 지혜롭지 못했다. 사악한 무리를 믿었든, 자기가 선택했던 선량한 사람들을 악인으로 만들었든, 그가 생각이 깊은 사람이었더라면 그런 실수를 저지르지 않았을 것이다. 실제로 플라톤도 디온은 자신이 뽑은 막료들 때문에 무너졌다고 비난했다.

5

더 나아가서 디온이 죽은 뒤에 그를 위해 원수를 갚아 준 사람은 아무도 없었다. 그러나 브루투스가 죽었을 때는 그의 정적이었던 안토니우스가 장엄하게 장례를 치러 주었고, 또 다른

디온과 브루투스의 비교

정적이었던 옥타비우스도 그의 영예를 지켜 주었다. 옥타비우스는 알프스 남쪽 갈리아족의 땅 메디올라눔(Mediolanum, Milano)에 있던 브루투스의 동상을 그대로 두었다.

세월이 흐른 뒤에 이곳을 지나던 옥타비우스는 브루투스의 동상을 보았다. 동상은 실물을 빼닮았고 예술성도 빼어났다. 발길을 멈추고 잠시 동상을 바라보던 옥타비우스는 여러 사람 앞에서 그곳 관리들을 모아 놓고 이렇게 말했다.

"그대들은 일찍이 이 도시를 장악함으로써 조약을 어기고 내 정적을 숨겨 주었다."

당연히 관리들은 옥타비우스의 말을 부인하면서 당황하여 서로 얼굴을 돌아보았다. 그들은 옥타비우스가 무슨 말을 하는지 알 수 없었다. 그러자 옥타비우스는 동상을 향해 눈살을 찌푸리면서 이렇게 말했다.

"여기에 서 있는 이 사람은 내 정적이 아니던가?"

그의 말에 관리들은 아무 말도 못 하고 조용히 서 있기만 했다. 그러자 옥타비우스는 빙긋이 웃으면서 이렇게 갈리아족을 칭찬했다.

"그대들은 어려움에 빠져 있는 친구에게 진실했도다. 이 동상을 허물지 말고 그대로 둘지어다."

파울루스[1]
AEMILIUS PAULUS MACEDONICUS

기원전 229~160

[1] 대부분의 판본에는 그리스인인 「티몰레온전」이 제27장이고, 로마인인 「파울루스전」이 제28장으로 되어 있다. 두 영웅을 비교하면서 플루타르코스는 그리스인을 먼저 쓰고 로마인을 나중에 썼기 때문이다. 그러나 본디 이 비교 평전의 원전에는 「파울루스전」이 「티몰레온전」보다 앞에 실려 있었다. 이는 아마도 플루타르코스의 착오였을 것이다. 따라서 독일의 역사학자인 진테니스는 『영웅전』을 번역하면서(Leipzig, 1839) 그리스인을 먼저 쓴다는 원칙에 따라 「티몰레온전」을 앞으로 옮겨 제27장으로 만들고 「파울루스전」을 제28장으로 바꾸어 뒤로 넣었다. 그러면서 그는 「파울루스전」의 1절을 「티몰레온전」으로 옮겨 넣었다. 내용으로 볼 때 그 1절이 두 편의 서론에 해당하기 때문이었다. 그러다 보니 「티몰레온전」에는 1절이 두 번 실려 있고, 「파울루스전」에는 1절 없이 2절에서 시작하는 파행이 벌어졌다. 그래서 이 번역본에서는 제27장 「파울루스전」과 제28장 「티몰레온전」의 순서를 플루타르코스의 원본대로 되돌려 놓았다. 그것이 더 원문에 충실하다고 생각했기 때문이었다. 그리고 문제가 된 「파울루스전」의 1절도 제자리로 되돌려 놓았고, 「파울루스전」의 뒤에 붙어 있던 두 사람의 '비교'도 「티몰레온전」의 뒤에 붙였다.

역사는 거울이다.
― 플루타르코스

돈으로 제국을 사는 것이지
제국이 돈을 벌어 주는 것이 아니다.
그러므로 필리포스왕이
그리스의 도시를 정복한 것이 아니라
필리포스왕의 돈이 그들을 정복한 것이다.
― 마케도니아의 전설

1

나는 처음에 다른 사람들을 위해 이 『영웅전』을 썼으나, 이제
와서 되돌아보면, 역사를 거울삼아 거기에 그려진 인물들의
덕망에 따라 나도 그렇게 살려고 노력함으로써 이 글은 나 자
신을 기쁘게 하는 것이 되었음을 알게 되었다. 그 결과, 내 삶
에서 겪었던 이런저런 주제들을 내가 맞이하는 손님처럼 여기
다 보니 내 일상이 그 영웅들의 인생과 일치하게 되어, [트로이
의 왕 프리아모스가 아킬레우스를 만나 탄복하였듯이],

그가 어찌나 크고 아름다웠던지,
보기에 신과 같았다.

(『일리아스』, XXIV : 630)

이렇듯 그들의 삶에서 가장 중요하고 아름다운 것을 알게 되니,
소포클레스가 『팀파니를 치는 사람들』에서 말한 것처럼,

이보다 더 큰 기쁨이
어디에 있으랴.

(노크 엮음, 『그리스 비극 단편』, II : 270)

439   파울루스

더욱이 도덕을 함양하는 데 이보다 더 효과적인 방법이 어디 있겠는가? 그리스 철학자 데모크리토스(Demokritos)는 이런 말을 한 적이 있다.

"우리는 자신에게 유익한 환상만을 보고, 우리의 천성과 선량한 기질에 알맞은 것들만을 만나게 해 달라고 기도해야 한다. 우리는 비뚤어지고 사악한 환상을 피함으로써 진실하지 않은 교리를 철학 속에 집어넣거나 끝없는 미신에 빠져 길을 잃는 일이 없어야 한다."

그러나 나는 [그런 식의 환상을 믿는] 데모크리토스와 생각이 다르다. 나는 오히려 역사에서 가장 고결하고 본받을 만한 인물들의 기록을 내 마음속에 늘 간직함으로써, 어쩌다 나에게 스며든 천박하고 사악하고 악랄한 생각들을 떨쳐 버리고 내 생각들을 평온하고 공평무사하게 함으로써 환상에서 벗어나게 하여 가장 공의로운 삶을 살고자 한다.

그런 인물들 가운데 나는 이제 코린토스 출신의 티몰레온과 아이밀리우스 파울루스를 독자들에게 소개하고자 한다. 그 두 사람은 그들의 삶을 지배한 원칙이라는 점에서뿐만 아니라 세상사를 처리하면서 겪은 행운의 형태마저도 꼭 닮았다. 그들의 업적이 행운 때문이었는지 지혜로움 때문이었는지, 독자들은 판단하기 어려울 것이다.

2

아이밀리우스 가문이 고대 로마에서 유명한 귀족이었다는 사실에 대해서는 대부분의 역사학자가 동의한다. 그 가문의 시조로서 아이밀리우스라는 이름을 처음 쓴 사람은 철학자인 피타고라스의 아들 마메르쿠스(Mamercus)였는데, 그의 글이 너무도 우아하고 매혹적이어서 라틴어로 '우아하다'는 뜻의 '아이밀리우스(Aemilius)'라는 이름을 얻었다. 역사학자들의 기록에 따르면, 피타고라스는 저 유명한 누마왕의 스승이었다고 한다.(제4장 「누마전」, § 1) 덕망이 높아 훌륭한 명성을 얻은 아이밀리우스의 가문은 행운도 함께 따랐다.

파울루스의 선조인 루키우스 파울루스(Lucius Paulus)는 칸나이 전투에서 불운을 겪으면서도 지혜와 용기를 보여 주었다. 파울루스는 전쟁에 참여하러 가는 친구를 말리려다 그가 말을 듣지 않자 내키지 않게 자기도 친구를 따라 전투에 참가했다. 그러나 막상 전투에 참가하자고 권고하던 친구는 도망병이 되었지만 파울루스는 그와 함께 도망하지 않았다. 그 친구는 무책임하게도 파울루스를 저버리고 도주했으나 파울루스는 자기의 위치를 지키려다가 전사했다.

루키우스 파울루스에게는 딸 아이밀리아(Aemilia)가 있었다. 그 딸이 대(大)스키피오(Scipio the Great)와 결혼하여 아이밀리우스 파울루스를 낳았는데, 지금 내가 쓰고자 하는 바로 그 사람이다. 그가 성인이 되었을 무렵, 로마에는 명성과 덕망이 높은 인물이 많았다. 그 역시 남들과 마찬가지로 뛰어난 인물이었다. 그러나 그는 그 시대 귀족 자제들이 공부하는 것을 따라가지도 않았고, 그들과 같은 삶을 살지도 않았다.

파울루스는 변호사가 되고자 법률을 공부하지도 않았고, 다른 사람들이 모두 충실한 공직자가 되어 민중의 호감을 사고자 교활하게 굽실거리는 짓을 할 때도 그렇게 하지 않았다. 그의 천성이 그런 짓을 할 수 없었던 것은 아니다. 다만 용맹과 정의와 진실로써 명성을 얻는 것이 더 훌륭한 방법이라고 생각했기 때문이었다. 이런 점에서 파울루스는 같은 시대를 사는 무리보다 훨씬 뛰어난 사람이었다.

3

무엇보다도 먼저 파울루스가 지망한 공직은 건설관이었다. 그는 [기원전 192년에] 경쟁자 열두 명을 물리치고 당선되었는데, 경쟁자들은 뒷날 집정관이 되었을 만큼 쟁쟁한 인물들이었다.

더욱이 그는 점성을 보는 제관(Augur)에 당선되었다. 이는 날아가는 새나 하늘의 징조를 보고 미래를 예언하는 관직이었다.

제관의 자리에 있으면서 파울루스는 조상의 관습을 열심히 공부하고 고대의 종교 의식을 철저히 이해함으로써, 이제까지 사람들이 그 직책을 그저 명예에 지나지 않는 것으로 여기던 생각을 바꾸어 예언을 수준 높은 기술로 여기게 했으며, 종교란 신을 섬기는 과학이라고 여기는 철학자들의 입장이 옳다는 것을 입증했다.

파울루스는 제관의 직분을 능숙하고 세심하게 처리했다. 그는 이 일에 몰두하면서 다른 일에 정신을 뺏기지 않았다. 그는 의식을 치르면서 지난날의 것을 빠뜨리지도 않았으며, 없던 의식을 보태지도 않았다. 의식의 사소한 지침에 신경을 쓴다고 동료들이 불평하면 그는 이렇게 설명했다.

"신이 본디 자비롭고 인간의 태만함을 징계하시는 데 더디다 할지라도, 작은 행동을 지나쳐 버리거나 용납하는 것은 로마에 불행한 일이다. 사람들은 처음부터 큰 불법 행위를 저지름으로써 정치를 어지럽히는 것이 아니라, 작은 일에 조심하지 않음으로써 경계심을 늦추어 끝내 큰 재앙을 불러오는 것이다."

파울루스는 또한 군대 생활의 관습과 전통을 엄격히 살피고 유지함으로써 사령관으로 복무하면서도 대중의 인기에 영합하지 않았고, 그 시대의 다른 지휘관이 그랬던 것처럼 병사들의 비위나 맞추고 그들을 부드럽게 다룸으로써 재임하려 하지 않았다. 그는 엄숙한 제사를 드리는 것처럼 병영 생활의 세부 지침을 모두 철저히 설명했고, 명령에 따르지 않는 병사를 엄혹하게 다룸으로써 고대 로마의 위대함을 되찾았다. 적국을 정복하는 일은 동포들을 훈련하는 데 필요한 부수품에 지나지 않는다고 그는 생각했다.

4

로마가 셀레우코스(Seleukus) 왕국의 안티오코스 3세(Antiocus Epiphanes)와 전쟁을 벌이자 경험 많은 장군들이 출정했다. 그 무렵에 서부에서도 반란이 일어났는데, 스페인에서 일어난 소요가 가장 심각했다. [기원전 191년에] 파울루스는 이 전쟁에 법정관(Praetor)으로 파견되었다. 해외에 파견되는 법정관에게는 흔히 여섯 명의 시종이 배속되지만, 파울루스에게는 열두 명이 배속되어 그의 직책을 집정관의 품위에 이르게 했다.

파울루스는 두 번의 격전을 치르면서 이방 민족을 무찌르고 3만 명을 죽였는데, 이 승리는 모두 그의 탁월한 용병술 덕분이었던 듯하다. 그는 유리한 지형을 이용하고 강을 건너 쉽게 승리를 거두었다. 그는 이 전쟁에서 250개 도시의 자발적인 항복을 받았다.

파울루스는 이 도시들을 평정하고 우호를 맺은 다음 로마로 돌아오면서 단 한 푼도 챙기지 않았다. 참으로 그는 모든 면에서 돈에 무심했고, 돈이 생겼을 때는 너그럽게 씀으로써 인색하지 않았다. 오죽 재산이 없었으면 파울루스가 죽었을 때 홀로된 그의 아내가 재혼에 필요한 지참금을 마련하기 어려울 정도였다.

5

파울루스는 마소(Maso)의 딸 파피리아(Papiria)와 결혼했다. 마소는 집정관을 지낸 사람이었다. 파피리아는 매우 훌륭한 아들들을 낳았음에도 파울루스는 그 여인과 이혼했다. [뒤에서 보는 바와 같이 양자로 떠난] 저 유명한 스키피오(Scipio)와 화비우스 막시무스가 모두 그 둘 사이의 소생이다. 오늘날 그가 왜 아내와 이혼했는지를 알려 주는 자료는 없으나, 다음의 이야기로 미루어 보면 왜 아내를 버렸는지 알 수 있을 것 같다. 이를테면 어떤 로마인이 아내와 이혼하자 그의 친구가 책망하면서 이렇

443

게 물었다.

"왜 이혼을 했소? 그 여자가 정숙하지 않았나요? 아름답지 않았나요? 아기를 못 낳았나요?"

그러자 이혼한 남자는 칼케우스(calceus)라는 신발을 벗어 들어 보이면서 이렇게 대답했다.

"이 신발이 멋져 보이지 않나요? 이 신발이 새것이 아니던가요? 그러나 이 신발이 내 발을 어떻게 조이는지는 나밖에는 아무도 모릅니다."

실제로 많은 여인이 엄청나고 악명 높은 잘못을 저질러 이혼을 겪는다. 그러나 부부 사이에 성격이 맞지 않거나 사소하고도 불쾌한 일이 자주 일어나더라도 남들은 알 수 없다. 그러한 갈등들이 서로 살을 맞대고 사는 부부를 돌이킬 수 없을 만큼 멀어지게 만든다.

파울루스는 파피리아와 이혼한 뒤에 재혼하여 두 아들을 낳았다. 그는 이 두 아들을 집에서 키우고 전처에게서 태어난 두 아들은 명문가에 양자로 보냈는데, 큰아들은 집정관을 다섯 번이나 지낸 화비우스 막시무스의 집안으로 들어갔고, 둘째 아들은 파울루스 사촌인 스키피오 아프리카누스의 집안으로 들어가 스키피오라는 성(姓)을 받았다.

파울루스의 딸 가운데 하나는 대(大)카토(Marcus Cato)의 며느리가 되었고,[2] 다른 딸은 아일리우스 투벨로(Aelius Tubelo)의 아내가 되었다. 투벨로는 매우 위대한 인물로서 어느 로마인보다도 더 훌륭하고 고결하게 가난을 극복한 사람이었다.

아일리우스 투벨로 가문은 식구가 열여섯 명이었는데, 작은 집과 작은 농장을 가지고서도 만족하게 살았다. 그들은 아

---

2   이 촌수가 매우 복잡하다. 파울루스가 대카토의 사위인데 파울루스의 딸이 대카토의 며느리로 들어갔다. 그러니까 대카토의 외손녀는 며느리가 되었으며, 파울루스로서는 처남이 사위가 된 것이며, 딸이 처남 댁이 된 것이다. 그뿐만 아니라 파울루스는 장인 대카토가 사돈으로 바뀐 셈이다.

내와 아이들과 함께 한집에서 살았다. 두 번이나 집정관을 지냈고 두 번이나 개선식을 치른 파울루스였지만, 그의 딸은 여러 가족의 아내들과 함께 살면서도 남편의 가난함을 부끄러워하지 않았으며, 오히려 그런 가난을 견디고 사는 남편을 칭찬했다.

그러나 오늘날의 형제나 친척들을 보면 산이나 강이나 성벽으로 유산을 나누고 광활한 토지를 갖지 못하면 끝없이 서로 으르렁거리며 산다. 유산으로 호강을 누리며 살고 싶은 사람들에게 역사는 파울루스의 가정을 통해 깊이 생각해 보도록 하는 사례를 보여 주었다.

6

그 뒤로 [기원전 182년에] 파울루스는 집정관에 임명되어 알프스 일대에 살던 리구리아(Liguria)족의 정벌에 나섰다. 리구스티네(Ligustine)라고도 부르는 이 종족은 매우 호전적이며 기백이 훌륭하고 로마 가까이 있는 까닭에 전투 기술도 뛰어났다. 그들은 알프스에 접경한 북쪽 지방을 점령하고 있었는데, 알프스의 이 지역은 티레니아해 해안에 닿아 아프리카를 바라보고 있었다. 게다가 그 해안에는 갈리아족과 에스파냐족이 엉켜 살고 있었다.

그 무렵에 리구리아족은 해적 행위로 바다를 장악하면서 헤라클레스의 기둥(Columnae Herculis)[3]에 이르기까지 상선들을 약탈하고 있었다. 파울루스가 정벌에 나서자 그들은 4만 명의 병력을 이끌고 저항했다. 그러나 파울루스는 8천 명의 병력으로 다섯 배가 넘는 그들을 깨뜨리고 성안으로 몰아넣은 다음, 인도주의적으로 상대하며 강화 조건도 너그럽게 제시하여 조

---

3   헤라클레스의 기둥은 지브롤터 해협을 뜻한다. 헤라클레스가 이곳까지 진출하여 북쪽과 남쪽에 각기 그의 표징으로 기둥을 세운 데서 유래한다.

약을 맺었다. 그들을 박멸하는 것은 이탈리아의 바람이 아니었다.

왜냐하면 그 해적들이 늘 남쪽으로 내려와 이탈리아를 위협하는 갈리아족의 완충 구실을 했기 때문이었다. 리구리아족은 함선과 도시를 파울루스에게 바쳤다. 파울루스는 그들에게 도시를 돌려주었을 뿐만 아니라, 성벽을 허무는 정도 외에는 그들을 해코지하지 않았다. 그러나 그는 함선만큼은 모두 압수하고 세 쌍이 넘는 노를 사용하는 배는 모두 파괴했다. 그는 또한 바다와 육지에서 잡은 포로들을 안전하게 돌려보냈는데, 그들 가운데에는 로마인도 있었고 외국인도 많았다. 그렇게 그는 집정관 첫 임기 동안의 위업을 완수했다.

그런 일이 있은 뒤로 파울루스는 집정관에 재선되고 싶은 야망을 분명히 드러내면서 출마했으나 낙선했다. 그러자 그는 정치에 몸담을 생각을 버리고 점성 제관으로서 직무에 충실했다. 또한 아들들을 자신이 자라 왔을 때처럼 자연과 선조들의 전통 속에서 가르치되, 여기에 그리스의 학문을 추가했다.

그의 아들들 주위의 문법학자나 철학자나 수사학자뿐만 아니라 조각가, 미술가, 말과 개의 관리인, 사냥 조련사도 모두 그리스인이었다. 파울루스는 공무 처리에 지장이 없는 한, 늘 아이들의 공부와 체력 단련을 지도함으로써 로마에서 가장 존경받는 아버지가 되었다.

7

그 무렵 로마의 대외 관계를 살펴보면, [기원전 171~168년에 걸쳐] 로마는 마케도니아 왕 페르세우스(Perseus)와 전쟁을 치르고 있었다. 그런데 경험이 부족하고 비겁한 장군들이 전쟁을 치욕스럽고 어이없게 이끌었고, 적군에 피해를 주기보다 피해를 보는 일이 많아지자 그들에 대한 비난이 자자했다.

지난날 로마 시민은 저 유명한 안티오코스 대왕을 아시아에서 물리치고 타우로스산맥 너머로 몰아내어 그를 시리아에 묶어 놓았고, 그러면서 1만 5천 탈렌트의 배상금을 받고 강화 조약을 맺은 적이 있었다. 그 얼마 앞서서는 테살리아에서 필리포스왕을 무찌르고 그리스를 마케도니아에서 해방해 준 일도 있었다.

그뿐만 아니라 로마 시민은 어느 왕과도 견줄 수 없는 권력과 용맹함을 갖춘 한니발을 정복한 일도 있었다. 그런 로마가 이제는 아버지에게 물려받은 패잔병들을 이끌고 쳐들어오는 마케도니아의 페르세우스에 맞서 싸워야 하는 딱한 처지가 되었다는 사실은 로마인들이 견디기 어려운 것이었다.

필리포스왕이 전쟁에 진 뒤, 마케도니아 병사들은 오히려 지난날보다 더 용맹하고 호전적인 군대로 바뀌었다는 사실을 로마인들은 모르고 있었다. 이 이야기를 하려면 나는 처음부터 그 상황을 간단히 살펴보지 않을 수 없다.

8

알렉산드로스 대왕(Alexandros the Great)이 죽자 그의 후계자였던 장군 안티고노스가 매우 강력한 권력을 등에 업고 왕위를 계승했다. 안티고노스는 데메트리오스(Demetrios)를 낳았고, 그 데메트리오스가 다시 고나타스(Gonatas)라고도 부르는 안티고노스를 낳았다. 고나타스는 아들을 낳자 이름을 다시 데메트리오스라고 지었다. 데메트리오스는 잠시 왕권을 유지하다가 다시 필리포스를 낳고 죽었는데, 그때 필리포스의 나이가 어렸다.

이에 나라가 어지러워질 것을 걱정한 마케도니아 명사들이 죽은 왕의 사촌인 안티고노스를 찾아가 남편을 잃은 왕비와 결혼시키고 섭정 겸 장군으로 삼았는데, 통치가 온후하고 정치를 잘하자 귀족들이 안티고노스를 왕으로 추대했다. 안티고노스는 도손(Doson)이라는 별명을 얻었는데, 이는 그가 '쉽

파울루스

게 약속하고 그것을 지키지 못한다'는 뜻이었다.

필리포스가 안티고노스의 뒤를 이어 어린 나이에 왕위에
올랐을 때, 마케도니아인들은 고대 마케도니아의 영광을 되
찾고 이제 온 세상을 장악한 로마를 견제할 인물이 오로지 그
뿐이라고 믿었다. 그러나 필리포스가 [기원전 197년에] 스코투사
전투에서 티투스 플라미니누스(Titus Flamininus)에게 패배하면
서 마케도니아인들은 초라한 지위로 몰락했다. 그들은 모든
이권을 로마인들에게 넘겨주고 원만한 배상금을 지불하는 조
건으로 휴전한 것에 만족하는 처지가 되었다.

그러나 시간이 흐르면서 필리포스는 자기의 처지에 대해
커다란 압박을 느꼈다. 로마의 도움으로 왕위를 유지하는 자
는 용기와 기백을 지닌 사람이라기보다는 술과 고기로 만족하
며 살아가는 포로나 다름없다고 생각한 필리포스는 차라리 로
마와 전쟁을 치르기로 마음을 바꾸어, 은밀하고 교묘하게 전
쟁을 준비하기 시작했다.

그리하여 필리포스는 큰길이나 해안에 있는 도시를 허술
하고 황폐하게 만들어 남들이 보기에 무시해도 되는 땅이라는
생각을 갖게 하면서, 다른 한편으로는 내륙 지방에서 거대한
병력을 양성했다. 그는 내륙 지방의 보루와 성채와 도시에 병
력과 군자금과 인력을 집중하여 전쟁을 준비하면서도 이러한
사실이 밖으로 새어 나가지 않도록 철저하게 숨겼다. 그리하
여 그는 병력 3만 명을 무장할 수 있는 장비와 군량미 8백만 부
셸(bushel)[4]을 요새에 비축하고, 용병 1만 명을 고용하여 10년 동
안 조국을 지킬 수 있는 군자금을 마련했다.

그러나 필리포스는 그러한 계획을 실행에 옮기지도 못한
채 [기원전 179년에] 슬픔과 분노에 따른 마음의 병을 얻어 죽었
다. 그가 작은아들 페르세우스의 모함에 빠져 큰아들 데메트

---

4   1부셸은 30.4리터이다. 따라서 8백만 부셸은 약 24만 3천2백 톤이다.

리오스를 정의롭지 않은 방법으로 죽였기 때문이었다. 형이 죽자 왕위를 이어받은 페르세우스는 아버지의 유업에 따라 로마인들에 대한 증오를 몸에 배고 태어났지만, 그의 소심함과 천박함은 그 짐을 감당할 수 없었다.

페르세우스의 악습 가운데에서도 가장 나쁜 것은 탐욕이었다. 들리는 바에 따르면, 그는 왕의 적자(嫡子)가 아니었다고 한다. 곧 필리포스의 왕비가 그나타이니온(Gnathainion)이라는 아르고스 출신 침모(針母)가 낳은 아들을 자기가 낳은 것처럼 꾸며 키웠다는 것이다. 따라서 자신이 적자가 아니라는 사실을 알고 있었던 페르세우스는 형 데메트리오스가 왕이 되지 못하도록 하려고 그를 죽였을 것이다.

9

비록 비천한 출신에 성품도 천박했지만, 막강한 군사력을 쥐고 있던 페르세우스는 한동안 치르는 전쟁마다 승리했다. 그는 막강한 지상군과 함대를 거느린 로마의 집정관급 사령관들을 무찌름으로써 사실상 정복자가 되었다.

이를테면 그는 마케도니아를 처음으로 침략한 푸블리우스 리키니우스(Publius Licinius)를 기병전에서 무찌르며 용사 2천5백 명을 죽이고 6백 명을 사로잡았다. 그런 다음 페르세우스는 오레우스(Oreus) 근처에 정박하려던 로마 함대를 기습하여 화물을 가득 실은 함선 20척을 나포하고 곡식을 가득 실은 수송선을 격침하였으며, 오단 노의 노예선 4척을 나포했다.

페르세우스는 두 번째 전투에서 엘리미아이(Elimiae)를 거쳐 마케도니아로 쳐들어오려는 집정관 호스틸리우스(Hostilius)를 물리쳤으며, 호스틸리우스가 사람들의 눈을 피해 테살리아로 숨어들자 계속 추격하여 싸움을 걸었으나 상대는 감히 나와 싸우지 못했다. 그뿐만 아니라 페르세우스는 여벌로 다르다니아(Dardania)족을 공격함으로써 마치 이제 로마는 더 이

파울루스

상 자신들의 적수가 아니며, 원정이 너무 여유롭다는 듯한 시늉을 했다. 이 전투에서 페르세우스는 이방 민족 1만 명을 죽이고 많은 전리품을 노획했다.

페르세우스는 또한 다누비우스(Danubius, Danube)강을 끼고 살아가는 갈리아족 가운데 바스테르나이(Basternai)라 부르는 부족을 충동질하여 로마에 반란을 일으키도록 했으며, 일리리아(Illyria)의 왕 겐티우스(Genthius)를 구슬려 로마와 벌이던 전쟁에서 자기편으로 끌어들였다. 그 무렵에 페르세우스가 일리리아족을 용병으로 고용하여 남부 갈리아를 지나 아드리아해를 거쳐 이탈리아로 쳐들어온다는 소식이 로마에 들려왔다.

10

페르세우스가 쳐들어온다는 소식을 들은 로마인들은 스스로 장군이 되고 싶어 하는 사람들의 호의나 장담을 뿌리치고, 이 중대한 사건을 감당할 만한 지혜를 갖춘 인물을 장군으로 추대하기로 결정했다. 그렇게 해서 선발된 사람이 바로 파울루스였다.

그때 파울루스는 이미 정치적으로 성공했고 나이도 60세에 가까워졌지만 아직 정정했다. 아들과 손자들 그리고 그에게 영향력을 미치는 막료와 친지들이 그를 찾아와 민중이 집정관으로 추대하면 거절하지 말라고 요청했다. 처음에 그는 민중의 요구에 따를 뜻이 없었고, 그들의 강권을 거절하면서 이제 더 이상 공직에 나가고 싶지 않다고 말했다.

그러나 민중이 날마다 집으로 찾아와 토론의 광장에 나올 것을 요구하며 이름을 외치자 파울루스는 끝내 그들의 요청에 뜻을 굽혔다. 그는 집정관 후보로 나섰으나 관직을 맡을 생각으로 광장에 나온 것이 아니었으며, 이번 전쟁에 힘을 보태 동포들에게 승리를 안겨 주고 싶었을 뿐이었다. 다른 사람들도 모두 그런 바람이었다. 그리하여 파울루스는 [기원전 168년에]

두 번째로 집정관에 올랐다.

관례에 따르면, 이럴 경우에 두 명의 집정관 가운데 누가 이번 전쟁을 맡을 것인지 제비로 뽑게 되어 있다. 그러나 로마는 그런 절차를 무시하고 파울루스에게 마케도니아와의 전쟁을 맡기도록 결의했다. 들리는 바에 따르면, 그가 마케도니아 전쟁 사령관으로 임명되어 민중의 호위를 받으며 장엄하게 집으로 돌아오니, 아직 나이가 어린 그의 딸 테르티아(Tertia)가 울고 있었다. 파울루스가 그를 안고 왜 우느냐고 묻자, 딸은 아버지를 껴안고 입을 맞추면서 이렇게 대답했다.

"아빠, 페르세우스가 죽은 것을 모르셨군요?"

페르세우스는 식구들이 사랑하는 개의 이름이었다. 그러자 파울루스가 이렇게 소리쳤다.

"얘야, 그건 참으로 좋은 징조로구나."

이 이야기는 웅변가 키케로의 『예언(De Divinatione)』(Ⅰ: 103)에 실려 있다.

11

집정관에 당선한 사람은 광장에 나와 자기를 뽑아 준 시민에게 우호적인 연설로 감사를 표시하는 것이 관례였다. 그러나 파울루스는 민회에 나와 이렇게 연설했다.

"지난 첫 임기는 내가 자원하여 집정관을 맡았습니다. 그러나 이번의 취임은 내가 바라던 바가 아니며, 여러분이 나를 장군으로 뽑은 것입니다. 따라서 나는 여러분에게 갚아야 할 마음의 빚이 없습니다. 만약 여러분이 생각하기에 다른 장군이 더 훌륭하게 전쟁을 이끌 수 있다고 여긴다면 나는 이 자리를 물러날 수 있습니다. 그러나 만약 여러분이 나를 믿어 준다면 여러분은 지휘권에 간섭하거나 전쟁 수행과 관련하여 이런저런 말을 해서는 안 되며, 조용히 필요한 군수품만 제공해야 합니다. 만약 여러분이 지휘자에게 이러니저러니 한다면 전쟁은 지난날보다 더 어이없게 패배할 것이기 때문입니다."

이러한 연설은 로마 시민이 더욱 그를 존경하도록 고무했다. 그들은 미래에 대한 기대에 부풀어, 자기들이 아첨꾼을 장군으로 뽑지 않았으며 단호하고 정직한 장군을 선출한 것을 기쁘게 생각했다. 이것이 로마인들이 살아가는 방법이었다. 그들은 이처럼 덕망과 명예를 따름으로써 끝내 세계에서 가장 강성한 민족으로 군림할 수 있었다.

12

이제 파울루스는 전열을 갖춘 뒤 순풍을 타고 큰 어려움 없이 빠르게 전지(戰地)에 도착했는데, 내 생각에는 하늘이 도운 듯싶다. 그러나 그가 용맹했고, 작전이 탁월했고, 막료들이 열심히 싸웠으며, 그도 위험 앞에서 단호한 모습을 보인 점 등이 승리의 요인이었다는 점을 고려하면, 다른 장군들과 마찬가지로, 그의 빛나는 승리를 행운으로 돌릴 수만도 없다.

들리는 바와 같이, 페르세우스의 탐욕스러운 처사도 파울루스에게는 행운이었다고 말할 수 있을 것이다. 그의 탐욕은 마케도니아인들의 기대를 물거품으로 만들었다. 돈을 너무 아끼다가 일을 망쳐 버렸기 때문이다.

그 사건의 앞뒤 사정은 이렇다. 곧 페르세우스의 요청에 따라 바스테르나이족은 기병대와 경보병을 1만 명씩 파견했다. 이들은 직업 군인들로서, 농사를 짓거나 바다에서 고기를 잡을 줄도 모르고 목축도 모르며 오로지 적군을 정복하는 전쟁 기술만 아는 무리였다.

바스테르나이족이 마이디케(Maidike)에 병영을 차리고 마케도니아 병사들과 함께 숙영하게 되었다. 신체가 우람하고 기율이 엄정하며 용맹스러워 적군을 쉽게 위압할 만한 이들을 본 마케도니아 병사들은, 이제 기괴하고 충격적인 저들의 모습과 움직임을 본 로마 병사들이 겁을 먹고 감히 맞서지 못할 것이라며 으쓱했다.

　그러나 그런 방법으로 자기 병사들의 사기가 높아지고 기대에 부풀어 있는 모습을 본 페르세우스는 용병 장교들이 각기 금화[5] 1천 닢을 요구하자 그 엄청난 액수에 놀라고 당황했다. 돈이 아깝다는 생각이 든 그는 용병을 비난하면서 동맹을 파기했다. 그는 로마의 적이 아니라 마치 로마군의 경리 장교라도 된 것처럼 자신이 감당해야 할 전쟁 비용을 정확히 따지려 했다. 그러나 그의 적 로마는 한 수 위의 용사들이었고, 그 군비를 따지지 않는다 하더라도, 병력만 이미 10만 명이 집결한 상황이었다.

　페르세우스는 그토록 막강한 적군과 대치해 있고, 손에 쥔 군자금이 많았음에도 마치 그 돈이 남의 돈이라도 되는 것처럼 세어 보고만 있었다. 그는 리디아(Lydia)나 페니키아인이 아닌 마케도니아 사람이었으나, 자신의 선조인 알렉산드로스 대왕이나 필리포스왕의 미덕을 따르지 않았다. 알렉산드로스나 필리포스는 "돈으로 제국을 사는 것이지 제국이 돈을 벌어 주는 것이 아니다"라는 신념으로 세상을 지배한 사람들이었다. 그래서 다음과 같은 격언이 그 시대에는 보편적인 정서였다.

　필리포스왕이 그리스의 도시를 정복한 것이 아니라
　필리포스왕의 돈이 그들을 정복한 것이다.

그러므로 알렉산드로스 대왕은 인도를 원정하면서 마케도니아 병사가 페르시아에서 약탈한 전리품들을 가져가느라 고생하는 모습을 보자, 먼저 자신의 짐마차를 불태우고 부하들도 그렇게 하도록 명령함으로써 가벼운 장비만 가지고 진군하게

5　본문에는 "a thousand pieces of gold"로 되어 있어 그 액면이 어느 정도인지를 가늠할 수 없다.

했다.

그러나 페르세우스는 자기 자신과 자식들과 왕국을 위해 돈 쓰기를 거부했다. 그는 적은 돈으로 자유롭게 살기보다는 뭉칫돈을 쥔 포로가 되는 길을 선택함으로써 자신이 돈을 얼마나 아끼고 어떻게 지켜 내는가를 로마인들에게 보여 주었다.

13

페르세우스는 갈리아족을 속여 보내고, 일리리아의 겐티우스에게 3백 탈렌트를 주어 자기편에 서서 싸우도록 설득한 다음 그의 사신들이 보는 앞에서 가방에 돈을 넣고 봉인하여 보냈다. 요구했던 돈이 손에 들어왔다고 확신한 겐티우스는 자기에게 파견된 로마 사절을 체포하여 감옥에 집어넣는 끔찍한 짓을 저질렀다.

이를 본 페르세우스는 겐티우스가 로마의 원수가 되도록 만드는 데 돈을 더 이상 쓸 필요가 없다고 생각하여 그 저주스러운 돈 3백 탈렌트를 다시 빼앗아 버렸다. 겐티우스가 로마의 사절을 학대한 사건은 이미 돌이킬 수 없을 정도로 로마인들의 증오를 불러일으켜, 결국 전쟁이 일어났기 때문이었다. 페르세우스는 로마 장군 루키우스 아니키우스(Lucius Anicius)가 둥지에서 새를 낚아 가듯이 겐티우스의 아내와 자식들을 끌고 가는 것을 보면서도 도와주지 않았다.

그러한 적군을 맞이한 파울루스는 페르세우스를 경멸하면서도 그의 장비와 병력에는 놀라움을 멈출 수가 없었다. 페르세우스는 기병 4천 명과 중무장 보병 4만 명을 거느렸기 때문이었다. 더욱이 그는 바다를 뒤로하고 올림포스산의 능선을 따라 자리 잡고 있어 어느 쪽으로도 접근할 수 없었다.

사방을 방벽과 목책으로 둘러싼 페르세우스는 기다리기만 하면 파울루스가 군자금 부족으로 지쳐 물러나리라고 생각했다. 그러나 자신의 목적에 투철했던 파울루스는 여러 가지 방법으로 공격을 시도했다.

　당시 로마 병사들은 방종에 빠져 있었다. 전투가 미루어
지는 것을 견디지 못하고, 장군들에게 되지도 않는 요구를 하
는 병사들을 본 파울루스는 그들을 꾸짖었다. 그러면서 작전
을 준비하고 기다리다가 장군들이 기회를 만들면 로마식대로
무기를 휘두르는 것밖에는 다른 어떤 일에도 관심을 두지 말
라고 지시했다. 그뿐만 아니라 그는 야간 보초병들에게 무기
를 주지 않고 보초를 서게 했는데, 이는 적군이 접근해 올 때
방어할 무기가 없으면 더 경계심을 갖고 졸지 않으려 애쓴다
고 믿었기 때문이었다.

14

그러나 파울루스의 병사들은 물이 없어 몹시 고생했다. 바닷
가에 작은 우물 하나가 있었지만 수질이 좋지 않았다. 가까이
에 높고 숲이 우거진 올림포스산이 있는 것을 본 파울루스는
푸른 숲으로 미루어 볼 때 그 밑에 물길이 있으리라고 판단하
여 산 밑을 따라 여러 개의 샘을 파도록 했다. 그러자 신선한
물이 줄기를 이루며 쏟아졌다. 그런 곳에서는 산의 무게가 지
표를 눌러 물이 밖으로 솟아오르게 되어 있다.

　어떤 사람들의 말에 따르면, 평소에 땅 밑에 물이 고여 있
다가 분출하는 것이 아니라, 물이 땅 밑에서 흐르다가 가벼워
져 구멍을 뚫고 나온다고 한다. 그들의 주장에 따르면, 처음에
는 샘 밑의 땅속에 있던 어떤 물질이 액화(液化)해서 눅눅한 수
증기로 변하고, 이것이 농축되고 차갑게 변하면 물이 되어 흘
러나온다는 것이다.

　바꿔 말하면, 여인의 젖가슴은 무슨 통처럼 젖을 담고 있
다가 밖으로 내보내는 것이 아니라, 유방 안에 있는 영양분을
젖으로 바꾸어 밖으로 내보내는 것이다. 마찬가지로 땅 위의
차가운 샘은 물을 감추어 두거나 가두어 두었다가 깊은 곳에

서부터 강으로 흘려 내보내는 것이 아니라, 땅속의 수증기와 공기를 압축하여 물로 만든 것이다.

아무튼 땅을 팠기 때문에 물이 솟구쳐 나오는 것인데, 이는 마치 여인의 젖가슴에서도 빨아야 젖이 나오는 것과 같은 원리이다. 그러므로 땅을 파야 수증기가 물로 변한다. 단단히 굳어 있고 아무런 인공도 가하지 않은 곳에서는 물이 나오지 않는다. 그런 땅은 습기를 만들어 내는 작용을 전혀 할 수 없기 때문이다.

그러나 이런 주장에 의심을 품을 수도 있다. 예를 들어, 이들의 주장이 맞다면 동물의 몸에 피가 흐르는 게 아니라 상처가 생겨야 비로소 그곳에서 피가 만들어지는 셈이다. 또한 광물을 찾거나 요새를 구축하려고 땅을 판 경험이 있거나 땅 밑에서 물줄기를 만난 경험이 있는 사람들도 이러한 주장을 논박할 것이다.

위의 논리대로라면 그들이 땅을 파 내려 갔을 때 물이 조금씩 흘러나와야 하는데, 실제로는 그렇지 않고 갑자기 물길이 솟구치는 일을 경험했기 때문이다. 다시 말해서 산이나 바위를 깨뜨릴 경우에 갑자기 물이 쏟아지다가 언제 그랬냐는 듯 멈추는 일이 있다. 이 이야기는 이쯤에서 그치고자 한다.

15

파울루스는 며칠 동안 조용히 기다렸다. 들리는 바에 따르면, 역사상 양쪽 군대가 그토록 가까이 마주한 상태에서 그토록 조용히 지낸 적이 없었다고 한다. 파울루스는 온갖 전략을 검토한 끝에 경비가 허술한 접근로를 하나 찾았다. 그 길은 피티온(Pythion)과 페트라를 지나 페라이비아(Perraibia)로 이어져 있었다. 파울루스는 그 길이 무척 험난해서 걱정했지만, 그렇기 때문에 경비가 허술하다는 사실에 더 기뻐했다.

파울루스는 곧 작전 회의를 열었다. 회의에 참석한 지휘관 가운데에는 스키피오 아프리카누스의 사위인 스키피오 나시카가 있었다. 그는 뒷날 원로원의 거물이 된 사람인데, 그가 포위 부대의 선봉이 되겠노라고 나섰다.

두 번째로 나선 사람은 파울루스의 맏아들인 화비우스 막시무스였다. 그는 나이가 어렸지만, 기꺼이 선봉을 자원했다. 이에 파울루스는 매우 기뻐하며 그들에게 병사를 배치했는데, 그 수는 역사가인 폴리비오스가 『역사(Historiai)』(29)[6]에 기록한 것처럼 그렇게 많지는 않았고, 나시카가 어느 왕에게 짤막한 편지를 보내면서 기록한 바와 같이, 로마 출신이 아닌 이탈리아 병사 3천 명과 왼쪽 날개의 5천 명이었다고 한다. 그 밖에 나시카는 기병 120명과, 트라키아인과 하르팔로스(Harpalos)[7]가 이끄는 크레타인의 혼성 부대 2백 명을 이끌고 갔다.

나시카는 바다로 나가는 길로 들어서더니 헤라클레스의 신전 옆에 숙영했다. 마치 바다로 나가 적진의 배후를 둘러싸려는 듯했다. 그러나 병사들이 저녁을 먹고 어둠이 찾아오자 그는 막료들에게 자신의 본디 계획을 알려 준 다음, 밤이 되어 병사들을 반대쪽으로 이끌고 갔다.

바다에서 되돌아온 나시카는 피티온 밑에서 진군을 멈추고 병사들을 쉬게 했다. 이곳에서 바라보니 올림포스산이 10훠롱은 넘게 높이 솟아 있었다. 그곳의 높이를 측량했던 사람의 기록이 다음과 같이 남아 있다.

아폴론의 피티온 곁,
올림포스산의 신성한 봉우리는
수직으로 10훠롱 하고도 100피트,

6   이 책의 제29장은 지금 전해 내려오지 않고 있다.
7   이 사람은 알렉산드로스의 금고지기 하르팔로스와는 다른 인물이다.(제31장 「알렉산드로스전」, §10 참조)

거기서 4피트만 빼면 되는구나.
이 높이를 잰 사람은
에우멜로스(Eumelos)의 아들
크세나고라스(Xenagoras)이니
대왕이시여,
이 사람을 축복하소서.

기하학자들의 말에 따르면, 산으로서 높이가 10훠롱을 넘는
곳이 없고 바다로서 깊이가 10훠롱을 넘는 곳이 없다고 한다.
그러나 크세나고라스는 생각 없이 이를 계산한 것이 아니라
자[尺]와 도구를 써서 측량했다.

16

나시카는 그곳에서 밤을 보냈다. 그러나 파울루스가 제자리에
가만히 있어 무슨 일이 일어나는지 모르고 있던 페르세우스는
행군하다가 탈주한 크레타인에게서 로마 병사가 자기를 둘러
싸고 있다는 소식을 들었다. 그 소식을 들은 그는 심란했지만
병영을 이동하지 않았다. 그는 밀로(Milo)에게 용병 1만 명과
마케도니아 병사 2천 명을 이끌고 서둘러 달려가 적군이 오는
협곡을 막도록 지시했다.

폴리비오스의 『역사』(29)에 따르면, 이들이 깊은 잠에 빠
져 있을 때 로마군이 덮쳤다고 한다. 그러나 나시카의 기록에
따르면, 고지를 장악하려고 치열한 전투가 벌어졌는데, 그때
자신은 달려오는 트라키아 용병의 가슴을 창으로 찔러 죽였으
며, 적군이 물러가고 밀로는 갑옷도 걸치지 못한 채 치욕스럽
게 도주하여 아무 어려움 없이 평야에 이르렀다고 한다.

이런 참극을 겪은 뒤에 페르세우스는 서둘러 병영을 거두
어 물러났다. 앞으로 벌어질 전투를 몹시 두려워한 그는 희망
도 잃었다. 그러나 그는 피드나(Pydna) 전선에서 위험을 무릅

쓰고 항전하거나 병사를 도시에 배치하고 전투가 일어나기를 기다리는 수밖에 없었다. 한번 그들 본토로 밀려 쫓겨나면 엄청난 유혈과 살육 없이는 전세를 되돌릴 수 없기 때문이었다.

현재로서는 병력에서 그가 월등했기 때문에, 만약 페르세우스왕이 병사들을 위해 위험을 무릅쓰고 싸우는 모습을 보여준다면 병사들도 처자식을 지키려고 용맹하게 싸울 수 있었다. 그의 막료들은 그러한 말로 왕을 고무했다. 그리하여 페르세우스는 다시 병영을 설치하고 전열을 가다듬었다.

페르세우스는 진지를 돌아보고 이런저런 지시를 내리면서, 로마 병사가 나타나면 곧 대적하라고 명령했다. 그의 부대는 굳고 평평한 땅에서 싸우기 좋은 밀집 대형 전술을 썼는데, 그곳에 평원이 있어 유리했다. 또한 능선이 이어져 있어 경보병들이 소규모로 싸우다가 물러난 뒤 다시 측면 공격을 하기에 좋았다. 더욱이 평야 가운데로 아이손(Aison)강과 레우코스(Leukos)강이 흐르는데, 늦은 여름철이어서 깊지는 않았지만 로마 병사들에게는 적지 않은 어려움을 안겨 줄 것 같았다.

17

파울루스는 나시카와 병력을 합친 다음 전열을 갖추고 적진으로 내려갔다. 그러나 적진의 전열이 엄정하고 수가 많은 데 놀란 그는 진격을 멈추고 잠시 생각에 잠겼다. 그때 전투를 벌이고 싶어 안달이 난 젊은 장군들이 머뭇거리지 말고 어서 진격하자고 성화를 부렸다. 그 가운데 나시카가 있었는데, 그는 올림포스산에서 승전한 터라 기세가 등등했다. 그러자 파울루스가 웃으며 이렇게 말했다.

"내가 젊었다면 그렇게 하겠네. 그러나 이제까지 많은 전투에서 승리한 경험을 얻은 나는 완패한 무리가 어떤 실수를 했기에 졌는지를 잘 알고 있다네. 행군을 끝내고 방금 도착한 병사들은 전열을 갖추고 완전한 전투태세를 갖춘 적군과 싸워

파울루스

서는 안 된다네."

말을 마친 파울루스는 적군의 목전에 자리 잡은 전위병들에게 부대(cohort)별로 대형을 갖춘 다음 마치 곧 전투를 펼칠 듯한 자세를 취하도록 하고, 다른 부대는 뒤로 물러나 참호를 파고 진지를 구축하라고 지시했다. 그런 방법으로 적군이 알아차리기에 앞서 병력을 모두 뒤로 물린 그는 아무런 혼란 없이 병력을 진지 안으로 집어넣었다.

밤이 오자 저녁을 먹은 병사들은 쉬거나 잠자리에 들었다. 그때 보름달이 하늘 높이 떠오르더니 갑자기 빛을 잃고 어두워져 지상의 모습을 모두 가렸다. 로마 병사들은 관습대로 청동 그릇을 두드리고 횃불을 붙여 하늘을 향해 흔들면서 빛이 돌아오게 하려고 노력했다.

그러나 이것이 무슨 일인지 몰랐던 마케도니아 병사들은 놀라움과 공포에 휩싸였다. 이는 왕이 저렇게 사라지리라는 징조라는 소문이 조용히 퍼져 나갔다. 월식에 따른 이변을 겪어 본 파울루스는 지구의 그림자가 달을 가리는 시간이 지나고 나면 다시 달이 나타나리라는 것을 잘 알고 있었다.

삶이 경건했던 파울루스는 달빛이 다시 비치자 어린 암소 열한 마리를 제물로 바쳐 제사를 드렸다. 날이 밝자 그는 다시 황소 스무 마리를 헤라클레스에게 제물로 바쳤지만 좋은 징조를 얻지 못했다. 그러나 스물한 번째 제물을 바쳤을 때, 그들이 수비를 잘하면 이기리라는 신탁을 얻었다. 이에 따라 파울루스는 제물 1백 마리를 바치는 제사(hekatombe)와 운동 경기를 개최할 것을 엄숙히 맹세하고 병사들에게 전투 대형을 짜도록 지시했다.

그러나 파울루스는 해가 서쪽으로 기울기를 기다렸는데, 이는 아침에 전투하면 햇살이 병사들의 얼굴을 바로 비추기 때문이었다. 그리하여 그는 자기 막사에 앉아 시간이 가기를 기다리며 눈앞에 펼쳐진 평야에서 적군이 어떻게 진영을 차리고 있는지 내려다보았다.

18

들리는 바에 따르면, 파울루스는 적군이 먼저 쳐들어오도록 전략을 꾸몄다고 한다. 곧 로마 병사들은 고삐 풀린 말을 잡으려는 척하며 나갔다가 적군과 엉겨 붙어 싸움을 시작했다는 것이다. 또 다른 기록에 따르면, 알렉산드로스[8] 휘하의 트라키아 병사가 여물을 나르던 로마군의 마차를 공격했는데, 그 뒤에 리구리아인 7백 명이 지원을 나오고 양쪽에서 증원군을 보내면서 전면전으로 확대되었다는 것이다.

파울루스는 바다에 나간 선장처럼 군대 안에서 엄청난 소동이 일어나는 것을 보고 거대한 폭풍이 밀려올 것을 예측했다. 그는 장막에서 나와 자기 부대 앞에 서서 병사들의 전투를 독려했다. 소규모 접전에서 빠져나온 나시카가 바라보니 적군이 자기 진영 가까이 몰려오고 있었다.

나시카의 기록에 따르면, 맨 앞에는 트라키아인들이 쳐들어왔는데 기골이 장대했다. 그들은 흰 바탕에 검은 천을 두른 갑옷을 입고 있는데, 방패와 각반(脚絆, 정강이 보호대)은 번쩍이고, 무거운 쇠로 만든 도끼를 오른쪽 어깨에 메었으며, 그 모습이 몸서리치도록 무서웠다고 한다. 트라키아인들의 뒤로는 용병이 따라왔는데, 그 복장이 다양했다. 거기에는 트라키아 남서 지역에서 살던 파이오네스(Paiones) 부족이 섞여 있었다.

그다음으로 마케도니아 병사의 꽃이라고 부르는 제3사단이 따라왔는데, 젊고 용맹한 이들은 번쩍이는 갑옷과 주홍색 외투를 입고 있었다. 이들이 전열을 갖추자 청동 방패를 든 무리가 뒤에서 튀어나와 밀집 대형을 이루었다. 쇠와 청동으로 만든 무기들이 평야에 가득해지며 언덕에서 어지러운 함성이

8   이 사람은 알렉산드로스 대왕과는 다른, 마케도니아의 장군이었다.

들려왔다. 그토록 용맹하고 재빠르게 달려온 적군은 로마 진영 앞 2훠롱까지 다가와서야 첫 전사자가 생겼다.

19

공격이 시작되어 파울루스가 앞으로 나서 보니, 마케도니아 병사들은 이미 긴 창으로 로마 병사들의 방패를 공격하고 있었고, 창에 막힌 로마 병사들은 칼로써는 적군에게 다가갈 수 없었다. 파울루스가 바라보니, 마케도니아의 다른 병사들은 뒤에 서서 방패를 내려 앞에 선 병사의 앞을 막아 주었고, 장창을 일렬로 빼 들어서 파울루스의 방패 부대를 저지했다.

촘촘히 엮은 방패의 힘과 치열한 돌격에 로마 부대는 놀라움과 두려움에 빠졌다. 파울루스는 그토록 거친 부대를 일찍이 본 적이 없다고 생각했다. 세월이 흐른 뒤에도 그는 그때 본 끔찍한 광경을 자주 회상했다. 그러나 그는 투구와 갑옷도 입지 않은 채 기쁘고 즐거운 표정을 지으면서 말을 타고 병사들 앞을 지나갔다.

폴리비오스의 기록에 따르면, 마케도니아 왕 페르세우스는 전투가 시작되자마자 겁에 질려 헤라클레스에게 제사를 드려야 한다고 말하고는 말을 타고 시내로 들어갔다고 한다. 그러나 신은 비겁한 사람의 더러운 제물을 받지 않고, 온당하지 않은 기도를 받아들이지 않는다. 활을 쏘지도 않은 사람은 과녁을 맞힐 수 없으며, 자리를 지키지 않는 사람은 전쟁에서 이길 수 없으며, 아무것도 하지 않은 사람이 성공할 수 없으며, 비겁한 사람이 영화를 누리지 못하는 것은 당연한 이치이다.

신은 파울루스의 기도를 들어주었다. 그는 창을 들고 싸우면서 자기에게 힘과 승리를 달라고 기도했고, 전투를 하면서도 신이 자기와 함께 머물러 달라고 기도했다. 그런데 포세이도니오스와 같은 사람은 자기가 그 시대에 살았기 때문에 그 전투에 참가한 적이 있다고 말하면서 몇 권의 책에서 페르세우스에 대해 다음과 같이 기록했다.

"페르세우스왕이 그 자리를 떠난 것은 비겁해서도 아니고 제사를 지내고자 함도 아니다. 전투가 일어나기 전날 말에 차여 다리를 다쳤기 때문이었다. 전투가 일어났을 때 그는 몸이 몹시 아팠다. 막료들이 말리는 가운데, 그는 안장을 갖춘 말을 데려오게 하여 올라타고 가슴받이[胸甲]도 입지 않은 채 밀집 대형에 합류했다. 그때 그가 사방에서 날아오던 창에 찔렸다. 창이 정면으로 꽂히지 않고 왼쪽 옆구리를 비스듬히 찌르면서 외투를 찢어 몸에 검붉은 멍이 들었다. 그 상처는 전쟁이 끝난 뒤에도 오랫동안 남아 있었다."

위의 글은 포세이도니오스가 페르세우스왕을 두둔하고자 남긴 글이다.

20

로마 병사들은 마케도니아의 밀집 대형을 도무지 무너뜨릴 수가 없었다. 그러자 로마 진영 가운데에서 펠리그니(Peligni)족 사령관인 살비우스(Salvius)가 자기 부대의 깃발을 적진 가운데로 던져 버렸다. 이탈리아인들은 군기를 빼앗기는 것을 가장 굴욕적이고도 있을 수 없는 일이라고 여겼으므로, 그것을 다시 찾으려고 뛰어들었다가 양쪽이 엄청난 피해를 겪었다.

로마 병사들은 칼로 적의 장창을 밀치거나 방패로 밀어 버리거나 손으로 잡아당기면서 격렬히 싸웠다. 그러자 마케도니아 병사들은 두 손으로 창을 잡고 갑옷이든 무엇이든 가리지 않고 달려드는 로마 병사를 찔렀다.

로마 병사들의 방패와 가슴받이는 마케도니아의 장창을 견디지 못했다. 마케도니아 병사들은 아무 생각 없이 동물과 같은 충동으로 자신들을 향해 밀려 들어오는 펠리그니족과 마루키니(Marrucini)족의 머리를 잘라 뒤로 던지며 진격해 왔다. 시체가 가득했다. 그렇게 1진이 무너지자 2진도 무너졌다. 로

463   파울루스

마 병사들은 비겁하게 도망치지는 않았지만, 결국 올로크로스 (Olokros)산까지 밀려갔다.

포세이도니오스의 기록에 따르면, 이때 파울루스는 옷을 찢으며 분노했다고 한다. 자신의 군대는 물러서고, 적군의 밀집 대형을 공격할 수 없던 로마의 다른 병사들은 아예 비켜서 있었기 때문이었다. 적의 장창 부대는 어찌나 촘촘히 엮여 있는지 어느 곳으로도 공격할 수 없었다. 그러나 땅이 고르지 않고 전선이 길게 펼쳐져 있어, 마케도니아 군대는 오랫동안 방패를 들고 밀집 대형을 유지할 수 없었다.

본디 병력이 많고 그 출신도 다양하면 으레 그렇듯이, 마케도니아의 밀집 대형에도 틈새가 생겼다. 그리고 그 틈이 파울루스의 눈에 띄었다. 그는 그곳을 집중적으로 공격하면서 다른 곳에 대한 공격도 멈추지 않았다. 그는 신속하게 전방에 나타나 병력을 나눈 뒤 적진에서 틈새가 벌어진 곳과 끊어진 부분을 집중적으로 공격했으며, 한 곳이 아니라 동시에 여러 곳을 산발적으로 공격했다.

이와 같은 작전이 장교를 거쳐 병사들에게 전달되자 곧 병력이 적진을 꿰뚫고 들어가 적군을 분리했다. 로마군의 어느 부대는 갑옷이 부실한 적의 측면을 공격하고, 또 어떤 부대는 뒤쪽을 공격하자 밀집 대형의 위력과 효력도 더는 발휘되지 못하고 무너졌다.

그러자 마케도니아 병력은 육박전과 소규모 공격을 해 오면서 단검을 빼 들고 로마 병사들의 길고 단단한 방패를 공격하기 시작했다. 그 무기는 로마군에 견주어 더 열악했고, 그때부터 무겁고 큰 로마의 무기가 무게와 탄력을 받아 마케도니아 병사들의 갑옷을 뚫고 살까지 파고들었다. 적군은 이처럼 불쌍하게 항전하다가 끝내 패전했다.

21

전투는 치열했다. 이 전투에서 대카토의 아들이면서 파울루스의 사위인 마르쿠스 카토가 용맹스럽게 싸우다가 칼을 잃었다. 엄격한 교육을 받았고, 아버지의 영향을 받아 명예를 중요하게 생각했던 그는 자신의 무기를 적군에게 빼앗기고서는 살 가치가 없다고 여겨, 막료들과 친구들에게 칼을 찾도록 도와달라고 부탁했다.

그리하여 여러 용사가 모여들자 그들은 함께 뛰쳐나가 다시 적진에 뛰어들었다. 그들은 처절하게 싸우면서 많은 사람을 죽이고 상처를 입힌 뒤, 어느 곳에 이르자 말에서 내렸다. 널찍하게 트인 전쟁터에서 그들은 잃어버린 칼을 찾기 시작했다.

그러다가 갑옷과 시체 더미에서 칼을 찾은 카토의 무리는 크게 기뻐 승리의 노래를 불렀고, 아직도 저항하고 있는 적군을 향해 더욱 용맹하게 짓쳐 나갔다. 마침내 대오를 지키며 항전하던 마케도니아 정예병 3천 명이 그 자리에서 죽었고 나머지 무리는 도주했다.

많은 사람이 그곳에서 죽어, 평야와 나지막한 언덕은 시체로 뒤덮였다. 레우코스강의 물은 다음 날 로마군이 건너갈 때까지 핏빛이었다. 들리는 바에 따르면, 이곳에서 마케도니아 병사가 2만 5천 명 넘게 죽었다. 포세이도니오스의 말에 따르면 로마 병사는 1백 명이 죽었고, 나시카의 말에 따르면 80명이 죽었다고 한다.

22

이 전쟁은 어느 전쟁보다도 치열했지만 가장 빨리 끝났다. 로마 병사들은 오후 3시에 전투를 시작하여 한 시간 만에 전쟁을 승리로 끝냈다. 그들은 남은 시간에 적군을 추격해서 120훠롱까지 나아갔다가 날이 저물어서야 돌아왔다. 그들이 노예와 횃불을 든 병사들을 만나 환호하면서 막사에 돌아오니, 불빛이 휘황한 가운데 많은 병사가 담쟁이와 월계수로 화관을 만들어 기다리고 있었다.

그러나 파울루스는 깊은 슬픔에 빠져 있었다. 그의 두 아들이 이번 전쟁에 참가했는데, 작은아들 스키피오가 보이지 않았기 때문이었다. 그는 이 아들을 더 사랑했으며, 이 아이가 태어나면서부터 다른 형제들보다 뛰어나다는 것을 잘 알고 있었다. 파울루스의 작은아들은 열정적이었고 야심만만했지만 아직 어린 티를 벗지 못한 터였다. 그가 경험이 적어 적군과 마냥 뒤엉켜 싸우다가 죽었으리라고, 파울루스는 생각했다.

파울루스 장군이 슬픔에 젖어 있다는 사실을 안 장병들은 저녁을 먹다가 일어나 횃불을 들었다. 어떤 사람은 파울루스의 막사로 달려갔고, 어떤 사람은 성벽으로 달려가 시체 더미를 뒤지기 시작했다. 진영에 슬픔이 감돌고 광야는 스키피오의 이름을 부르는 소리로 가득 찼다. 그는 파울루스의 아들이기에 앞서 전투 지휘와 공무에서 타고난 능력을 보였기 때문에 전쟁 초기부터 모든 사람의 추앙을 받았으며, 그의 가문에서도 따라올 자가 없었다.

이미 날이 저물고 파울루스가 절망에 빠져 있을 때, 스키피오가 동료 두서너 명과 함께 적군의 추격을 마치고 나타났다. 온몸이 그가 죽인 적군의 피로 뒤덮여 있었다. 그는 마치 품종 좋은 사냥개처럼 승리의 기쁨에 도취하여 적군을 추격하다가 이제야 돌아오는 길이었다.

이 사람이 바로 뒷날 [기원전 146년과 133년에] 카르타고와 누만티아(Numantia)를 무찌르고 그의 시대에 가장 고결하고 영향력 있는 인물이 된 스키피오[9]이다. 이처럼 운명의 여신은 파

---

9   스키피오 아이밀리아누스 아프리카누스 누만티누스(Scipio Aemilianus Africanus Numantinus, 기원전 189~129)를 가리킨다. 흔히 소(少)스키피오(Scipio the Younger)로 불리는 그는 대(大)스키피오(Scipio Africanus the Elder)의 양손(養孫)이다.(제52장 「스키피오전」 참조)

울루스의 위대한 승리에 대한 역겨운 질투를 뒤로 미룸으로써 그가 위대한 승리의 기쁨을 흠뻑 맛보게 해 주었다.

23

그러는 사이에 페르세우스는 피드나에서 펠라(Pella)로 도주했다. 그의 기병대는 전투에서 살아남아 건재했지만, 뒤따라온 보병들은 그들을 향해 비겁한 반역자들이라고 비난을 퍼부으며 말에서 끌어 내려 두들겨 팼다. 이에 병사들의 반란이 두려웠던 페르세우스는 말을 탄 채 큰길에서 벗어났고, 자주색 외투를 벗어 앞으로 껴안은 채 왕관을 손에 들고 갔다. 그만큼 그는 다른 사람들의 눈에 띄지 않기를 바랐다.

막료들과 함께 이야기를 나누고 싶었던 페르세우스는 말에서 내려 함께 걸었다. 그러나 일행 가운데 어떤 녀석은 늘어진 군화 끈을 조이는 척하고, 어떤 녀석은 말에게 물을 먹여야 한다면서, 어떤 녀석은 목이 마르다면서 뒤로 처지더니 모두 도망쳤다. 그들은 적군의 잔인함보다 왕의 변덕을 더 두려워했다. 왕은 자신의 불행에 몹시 분노하며, 이번 패전도 자기 탓이 아니라 부하들 탓으로 떠넘기려 했다.

페르세우스가 밤중에 펠라에 들어가자 그의 재무를 담당하는 에욱토스(Euctos)와 에울라이오스(Eulaios)가 그동안에 일어난 일을 돌아보면서 용기를 내어 왕에게 충언을 드렸다. 그런데 그 충언이 시기적으로 적절하지 않았다. 왕은 불같이 화를 내면서 단도를 빼 그들을 찔러 죽였다.

이런 일이 있은 뒤에 모두가 그의 곁을 떠나고, 다만 크레타의 에반데르(Evander)와 아이톨리아(Aitolia)의 아르케다모스(Archedamos)와 보이오티아의 네온(Neon)만이 남았다. 군인들 가운데에는 오직 크레타인들만이 그를 따랐는데, 이는 왕에 대한 충성심 때문이 아니라, 벌이 꿀을 탐내듯이 왕의 돈이 탐났기 때문이었다.

파울루스

그때까지만 해도 페르세우스에게는 엄청난 보물이 있었다. 그는 크레타 병사들에게 컵과 대접과 그 밖의 금은으로 만든 장식품들을 나누어 주었는데, 그 값이 50탈렌트어치나 되었다. 페르세우스는 암피폴리스를 지나 갈렙소스(Galepsos)에 이르러서야 두려움이 조금 줄어들었다. 걱정이 풀린 그에게 다시 고질병인 탐욕이 도졌다. 그는 알렉산드로스 대왕에게서 받은 금잔을 충동적으로 크레타 병사들에게 준 것이 너무 후회스러워, 돈으로 그 값을 쳐줄 터이니 돌려 달라고 눈물을 흘리며 호소했다.

페르세우스가 하는 짓을 정확히 이해한 사람들은 그가 감히 "크레타식으로 크레타인들을 속이려 한다"[10]는 사실을 눈치챘다. 그러나 그의 말을 곧이들은 병사들은 왕에게 접시를 반납했다가 끝내 속고 말았다. 페르세우스는 돈으로 갚아 주겠다던 약속을 지키지 않았다.

페르세우스는 막료들을 교묘히 속여 30탈렌트를 빼앗았으나 곧 적군에게 빼앗겼다. 그 뒤로 그는 사모트라키아로 건너가 제우스의 쌍둥이 아들[카스토르와 폴룩스]을 모시고 있는 디오스쿠리 신전(Temple of Dioscuri)에 피난을 요청했다.

24

마케도니아인들은 늘 왕에게 충성한다는 말을 들었다. 그러나 이제 대들보가 무너지고 모든 일이 끝났다고 여긴 그들은 파울루스에게 항복하고 이틀 만에 그를 마케도니아의 지배자로 추대했다. 이와 같은 파울루스의 업적은 드물게 나타나는 하

---

10   크레타 사람들은 거짓말을 잘했다고 한다. 그래서 논리학에는 중요한 명제가 하나 생겼다. 곧 어떤 청년이 "크레타 사람들은 거짓말쟁이이다"라고 말했다. 그런데 사실은 그 청년이 거짓말쟁이였다. 그렇게 되면 "크레타 사람들은 거짓말쟁이"라는 말은 맞는 말인가, 거짓말인가?(『신약 성경』「디도에게 보낸 편지」1:12 참조)

늘의 도움이었다고 말하는 사람들이 있는데, 그도 그럴듯한 이야기이다. 그가 제사를 바치면서 겪은 일도 그러한 하늘의 힘을 잘 보여 주고 있다.

파울루스가 암피폴리스에서 제사를 드릴 때, 번개가 치더니 신전에 불이 붙어 모든 것을 태워 버린 것이다. 그러나 그를 향한 하늘의 가호를 가장 잘 보여 준 사례는 그의 승전 소식이 퍼지는 과정이었다. 파울루스가 피드나에서 승리를 거둔 뒤 나흘째 되는 날, 로마에서는 민중이 승마 경기를 보고 있었다. 그때 파울루스가 페르세우스를 정복하고 마케도니아가 무너졌다는 소식이 갑자기 입구에서 들려왔다.

이 소식이 군중 사이에 퍼지자 기쁨의 환호가 터져나왔다. 온종일 도시가 축제 분위기였다. 승전 소식은 사방으로 퍼져 나갔지만 결국 근거가 없는 소문으로 밝혀졌다. 그러나 며칠 뒤, 그들은 처음에 들려왔던 소문이 사실이었다는 말을 듣고 많이 놀랐다.

25

이탈리아에는 다음과 같은 전설이 내려온다. [기원전 6세기 무렵에] 이탈리아에 살던 그리스인들이 사그라(Sagra)강에서 전쟁을 일으켰을 때도 그날로 그 소식이 펠로폰네소스에 전달되었고, 아시아의 미칼레(Mykale)에서 메디아족과 전쟁이 일어났을 때에도 그 소식이 같은 날에 그리스의 플라타이아이에 알려졌다.

타르퀴니우스가 라틴족을 이끌고 쳐들어와 로마인들이 이들을 물리쳤을 때에도, 승리 직후에 키 크고 잘생긴 남자 둘이 로마에 나타나 그 소식을 알려 주었다. 로마인들은 그들이 디오스쿠리라고 생각했다. 그 두 사람은 토론의 광장 샘가에서 땀에 젖은 말을 씻기고 있었는데, 그들을 처음 만난 사람은 그들이 들려주는 승전 소식을 듣고 놀랐다고 한다.

들리는 바에 따르면, 이 두 기사는 빙긋이 웃으면서 자신들의 말을 듣고 놀란 시민의 수염을 만졌다. 그러자 그의 검은 수염이 붉은색으로 바뀌었고, 그제서야 그는 두 기사가 전한 말을 믿었다고 한다. 그런 일이 있은 뒤에 그 시민은 아헤노바르부스(Ahenobarbus)라는 별명을 얻었는데, 이는 '구릿빛 수염'이라는 뜻이다. 지금도 이 이야기는 사실로 여겨진다.

또한 [서기 91년에] 루키우스 안토니우스 사투르니누스(Lucius Antonius Saturninus)가 도미티아누스(Domitianus) 황제에게 반기를 들고 게르마니아에서 큰 전쟁을 일으키리라 예상되어 로마가 온통 혼돈에 빠졌을 때, 로마 시민 사이에서는 누가 시키지도 않았는데 갑자기 안토니우스가 자살하고 그의 부대는 하나도 살아남지 못했다는 소문이 퍼져 나갔다.

그 소문이 너무도 확실해 보여 여러 관리가 감사의 제사를 드렸다. 그러나 처음 소문을 퍼뜨린 사람을 찾아보니 도저히 누군지 알 수 없었다. 소문의 진원지를 입에서 입으로 찾아보았지만, 그 진원은 끝내 입을 벌린 거대한 바다에 빠지듯이 대중 속으로 사라지고 발설자는 밝혀지지 않았다. 그럼에도 소문은 매우 빠르게 시내로 퍼져 나갔다.

그러나 도미티아누스가 전쟁을 결심하고 행군을 시작했을 때 전령이 도착해 아군의 승리를 알렸다.[11] 전쟁에서 승리를 거둔 곳과 로마는 2만 훠롱이나 떨어져 있었음에도, 승전 소식이 하루도 지나지 않아 로마에 전해진 것이다. 이 이야기는 오늘날까지도 잘 알려져 있다.

26

본래 이야기로 돌아가면, 파울루스의 해군 사령관인 그나이우

---

11 실제로 이 전쟁에서 안토니우스는 게르마니아가 약속한 지원군을 받지 못한 채 아피우스 노르바누스(Appius Norbanus)에게 패배했다.

스 옥타비우스(Gnaeus Octavius)는 사모트라키아에 닻을 내렸다. 신을 존경했던 그는 신전으로 몸을 피한 페르세우스를 어쩌지는 못한 채, 페르세우스가 바다로 탈주하지 못하도록 막고 있었다. 그러나 페르세우스는 오로안데스(Oroandes)라는 크레타인을 매수하는 데 성공했다.

오로안데스는 보물과 함께 페르세우스를 작은 배에 태우고 탈주하는 일을 돕기로 약속했다. 그러나 오로안데스는 참으로 크레타인다웠다. 그는 그날 밤 페르세우스의 보물을 먼저 배에 실었고, 페르세우스에게는 다음 날 아이들과 필요한 종자(從者)들을 데리고 데메트리온(Demetrion) 항구로 오면 날이 저물자마자 떠나겠노라고 말했다.

다음 날 밤에 페르세우스는 떠돌이 생활이나 고생을 해본 적이 없는 아내와 자식들을 데리고 성채의 좁은 문으로 빠져나가 사공을 기다렸다. 그러나 그가 해변을 서성거릴 때 누군가 오로안데스가 이미 해안을 벗어나 전속력으로 달아났다는 소식을 알려 주었고, 그는 견딜 수 없는 슬픔에 신음했다.

날이 밝자 모든 희망을 버린 페르세우스는 다시 피신처로 돌아왔다. 로마 병사들의 눈에 띄었지만 그들에게 잡히지는 않았다. 그는 지난날 자신이 무척 아꼈던 이온(Ion)에게 아이들을 맡겼지만, 이온은 그를 배신하고 아이들을 로마군에게 넘겨 주었다. 그 사실을 알게 된 페르세우스는 새끼를 빼앗긴 짐승처럼 울부짖었고, 결국 아이들을 데리고 있는 로마군에게 제 발로 찾아가 항복했다.

페르세우스는 평소에 깊이 신뢰했던 나시카를 찾았으나 그는 그곳에 없었다. 자신의 불운을 슬퍼하던 페르세우스는 지금 자신에게 무엇이 필요한가를 세심히 저울질한 끝에 그나이우스에게 항복하는 것이 좋겠다고 판단함으로써 탐욕만큼 목숨에 집착한다는 사실을 보여 주었다. 페르세우스는 결국 운명의 여신이 가장 마지막까지 베푸는 자비, 곧 연민을 받을 자격마저도 스스로 내던졌다.

　페르세우스의 요청으로 병사들이 그를 파울루스에게 데려갔다. 페르세우스를 본 파울루스는 제왕의 몸으로서 저토록 몰락한 것은 신의 분노와 본인의 불운 때문이라는 생각이 들어, 자리에서 일어나 막료들과 함께 페르세우스를 맞이하며 눈물을 흘렸다. 페르세우스는 가장 치욕스러운 모습으로 파울루스 앞에 몸을 던지며 그의 무릎을 잡고 비열하게 목숨을 구걸했다. 파울루스는 페르세우스의 모습을 더 이상 지켜볼 수 없어 괴롭고 슬픈 얼굴로 그를 바라보면서 이렇게 말했다.

　"가여운 사람, 그대는 어찌하여 운명의 여신에게 책임을 돌리지 않소? 이런 모습을 보이면, 사람들은 그대의 불운은 억울한 일이 아니요, 지난날의 영화로움은 그대가 받아 마땅한 행운이라기보다는 그대의 공적에 비해 과분하게 주어진 선물이라고 생각하지 않겠소? 게다가 이런 태도가 나의 승리를 깎아내리고, 나의 성공을 우습게 보이도록 만드는 줄 모르시오? 그대는 로마인들의 눈에 뛰어나 보이지도 않고, 실제로 로마의 적수로 걸맞지 않은 모습을 보여 주었소. 불운할지라도 용맹한 사람은 적군에게 존경받지만, 로마인들의 눈에 비겁하게 보인 사람은 설령 그가 성공했더라도 온갖 방법으로 가장 불명예스러운 대접을 받는다오."

27

내키지 않았지만, 파울루스는 페르세우스의 손을 잡아 일으켜 투벨로에게 넘겨준 다음, 아들과 사위와 젊은 장교들을 데리고 막사로 들어갔다. 그는 말없이 조용히 앉아 생각에 잠겼다. 사람들은 그의 침묵에 어리둥절해 했다. 그러자 그는 운명과 인간의 세상살이에 관해 이렇게 말했다.

　"언젠가는 사라질 목숨을 가진 인간이, 자신에게 출세가 찾아오고, 어느 나라와 도시와 왕국을 정복했다고 해서 우쭐해 할 이유가 있는가? 우리 전사들은 운명의 무상함을, 인간 누구에게나 보편적으로 나타나는 허약함을 목격했으니, 이 세상에서 안전하고 무사한 것은 아무것도 없다고 생각해야 하지 않겠는가? 인간은 어떤 경우에 자신감을 가져도 되는가? 우리가 다른 민족을 정복할 때야말로 운명의 여신을 가장 두려워해야 할 때다. 그때 우리는 마치 지금의 나처럼 승리를 기뻐하다가도, 돌고 도는 운명이 오늘은 이 사람의 편에, 내일은 저사람의 편에 선다는 사실을 깨닫고 좌절할 수도 있다.

알렉산드로스 대왕의 후계자로 권력의 최고 정점에 서서 온갖 영예를 누리던 사람이 단 한 시간 만에 몰락하여 그대 발아래 엎드렸을 때, 몇만의 보병과 몇천의 기병에 둘러싸여 있던 왕이 지금은 적군의 손에서 그날 하루 먹을 식사와 물을 받아먹는 것을 보았을 때, 그대들은 세월의 흐름을 이겨 내고 운명의 여신에게서 행운을 보장받을 수 있다고 생각하는가?

젊은이들이여, 헛된 오만을 버리고 겸손한 마음으로 미래를 맞이하게. 언젠가 신이 지금 그대들의 영광에 질투 어린 불쾌감을 보일 수도 있음을, 절대로 잊지 말게."

들리는 바에 따르면 파울루스는 많은 말을 했다고 한다. 그는 마치 말에 굴레를 씌우듯이, 정곡을 찌르는 연설로써 젊은이들의 오만함과 자존심을 누그러뜨린 다음 숙소로 돌려보냈다.

28

그런 일이 있은 뒤에 파울루스는 병사들을 쉬게 하고 자신은 그리스 여러 곳을 돌아다니며 영예와 환대를 누렸다. 그는 여행하면서 민주정을 되찾고 시민의 손으로 정부를 세울 수 있도록 도왔다. 그는 또한 페르세우스 왕실에서 빼앗은 곡식과 기름을 여러 도시에 선물로 나누어 주었다. 들리는 바에 따르면, 물건이 어찌나 많았던지 달라는 사람이나 받는 사람 모두

파울루스

가 물품이 동나는 것을 보지 못했다고 한다.

델포이에 이른 파울루스는 흰 대리석으로 만든 높다란 사각기둥을 보았다. 페르세우스가 그곳에 자신의 황금상을 세우려 했다는 말을 들은 파울루스는 자신의 동상으로 바꿔 세우도록 지시했다. 피정복자는 정복자를 위한 공간을 만드는 것이 합당했기 때문이었다. 들리는 바에 따르면, 올림피아 신전에 이른 그는, 지금까지도 많은 사람의 입에 오르내리는 명언을 남겼다고 한다. 그는 이렇게 말했다.

"페이디아스(Pheidias)[12]가 호메로스의 제우스 신상을 빚은 것 같도다."

그때 정무 위원 열 명이 로마에서 오자 파울루스는 마케도니아인들에게 나라를 돌려주고, 각 도시에는 자유와 독립된 삶을 허락했다. 마케도니아는 로마에 조공으로 1백 탈렌트를 바치도록 했는데, 이는 페르세우스 시대의 조공에 견주어 절반도 되지 않았다. 파울루스는 또한 온갖 놀이와 경기를 열고 신전에 제사를 드리면서 왕실 국고를 열어 잔치를 베풀었다.

파울루스는 행사를 마련하고, 진행하고, 손님들에게 인사를 차리며 접대하고, 귀족들에게 어울리는 친절과 영광을 베풀면서 사려 깊게 행동하여 그리스인들을 놀라게 했다. 그리스인들이 보기에 파울루스는 지난날에도 일에 소홀함이 없더니, 이제 지체 높은 사람이 되어서도 사소한 일까지 신경 쓰고 있었다. 행사 준비가 탁월하기도 했지만, 파울루스는 손님들의 눈에 자신이 모범적인 지도자로 보임으로써 동포들을 기쁘

---

12   기원전 5세기 무렵 아테네의 위대한 조각가였던 그는 제우스의 좌상을 만들었는데, 마치 혼(魂)까지 담은 듯했다. 주변 사람들이 어떻게 그리 훌륭하게 작품을 만들 수 있었느냐고 물었더니, 페이디아스는 호메로스의 『일리아스』(I : 528~530)에서 영감을 받았다고 대답했다. 그 구절은 다음과 같다. "크로노스(Kronos, 제우스의 아버지)의 아들이 검은 눈썹을 숙이니 왕의 불멸의 머리에서 향기로운 고수머리가 흘러내리고 거대한 올림포스가 흔들렸도다."

게 한 사실을 더 기뻐했다. 파울루스가 사소한 일까지 섬세한 것에 사람들이 놀라워하자 그는 이렇게 말했다.

"전쟁에서 전열을 정비하거나 잔치에서 주인 노릇을 하거나 근본정신은 마찬가지이다. 다만 전쟁은 적군을 두렵게 만들고, 잔치는 손님을 기쁘게 만드는 차이가 있을 뿐이다."

그러나 무엇보다도 시민은 파울루스의 자유로운 정신과 넓은 아량을 칭송했다. 파울루스는 페르세우스 왕실에 쌓여 있는 금은보화를 탐내지 않고 모두 재무관에게 주어 국고에 넣도록 했다. 다만 학문을 좋아하는 아들들에게 페르세우스의 서재에서 책을 뽑아 갖도록 허락했다. 그는 또한 전쟁에서 공훈을 세운 병사들에게 포상 물품을 나누어 주면서, 사위인 아일리우스 투벨로에게는 약 2킬로그램짜리 은그릇 하나만을 주었다.

내가 앞서 말했듯이, 아일리우스 투벨로는 열다섯 식구[13]가 한집에서 살았던 바로 그 사람인데, 밭 한 뙈기로 농사를 지었다. 들리는 바에 따르면, 그 은그릇은 그의 용맹을 기려 선사한 것으로 그 집안에서 처음 써 본 은그릇이었다고 한다. 적어도 그때까지 그 자신은 말할 것도 없고 그 아내들조차도 금은으로 만든 그릇을 써 본 적이 없었다.

29

모든 일이 정돈되자 파울루스는 그리스인들에게 작별 인사를 하면서, 로마인들이 마케도니아인들에게 준 자유를 마음속으로 고맙게 간직하고 잘 지키도록 당부한 다음 에페이로스(Epeiros)로 떠났다. 원로원이 그와 함께 페르세우스와 전쟁을 치른 병사들이 그곳 도시들을 약탈해도 좋다고 허락했기 때문이었다. 누구도 예측하지 못한 상황에서 그곳을 급습하고 싶

---

13 앞(§5)에서는 열여섯 식구로 되어 있다.

었던 파울루스는 각 도시마다 열 명씩 중요 인사들을 보내 그 곳 주민들이 가정과 신전에 있는 금은을 자신이 지정한 날에 모두 가져오도록 지시했다.

파울루스는 또한 마치 그 사절들을 보호하려는 척하면서 도시마다 병사와 장교들을 보냈는데, 사실은 수금을 더 잘하기 위해서였다. 지정한 날이 되자 병사들은 한꺼번에 각 도시를 공격하여 단 한 시간 만에 15만 명을 노예로 삼고 70개 도시를 약탈했다. 그러나 이때 약탈한 금품이 11드라크마에도 이르지 못하자, 각 부대가 겨우 이 정도밖에 약탈하지 못하고 병사들에게 돌아갈 배당이 이 정도밖에 안 되는데 전쟁을 일으켰는가 하고 다들 한탄했다.

30

자신의 인자하고 너그러운 품성과 달리 일을 그토록 잔혹하게 처리한 파울루스는 병력을 이끌고 오리코스(Orikos)로 갔다가 이탈리아를 거쳐 페르세우스의 노예선을 타고 티베리스강을 거슬러 올라갔다. 이 배는 16열(列)로 노예들이 노를 젓는데, 노획품과 함께 주홍색과 자주색 옷감으로 호화롭게 장식되어 있었다.

로마 시민은 장대할 것만 같은 개선 행렬을 보고자 도시 밖까지 나왔다. 그들은 개선식을 미리 보고 싶은 마음에, 강을 거슬러 노를 저으면서 천천히 올라오는 전함을 보려고 강둑을 따라 걸었다.

그러나 자신들이 받아 마땅하다고 생각한 만큼 노획물을 배당받지 못한 병사들은 보물들을 노려보며 속을 부글부글 끓였다. 그러면서도 그들은 그런 내색을 하지는 못한 채, 파울루스가 자기들을 지휘하는 동안 고압적이고 거칠었다면서 드러내 놓고 비난했다. 이 때문에 그들은 파울루스가 두 번째로 개선식을 치르는 것을 내켜 하지 않았다. 더욱이 파울루스의 정적이자 군무 위원이었던 세르비우스 갈바(Servius Galba)가 그런 분위기를 눈치채고 파울루스에게 개선식을 열어 주는 것을 반대한다고 과감하게 선언했다.

갈바는 또한 병사들 앞에서 파울루스를 수없이 비방하여 병사들의 분노를 더욱 부채질하는 한편, 민중 호민관들에게는 해가 질 때까지 네 시간밖에 남지 않았으니 다른 날을 잡아 파울루스를 고소하자고 요청했다. 그러자 민중 호민관들이 갈바에게 더 할 말이 있으면 해 보라고 요청했고, 그는 악의적인 중상만 길게 늘어놓으면서 그날 하루를 모두 보냈다.

날이 어두워져 호민관들이 민회를 폐회했지만 병사들은 더욱 거칠어지면서 갈바의 둘레에 모여들어 무리를 이루었다. 그들은 날이 밝지도 않았는데 신전의 언덕을 장악했다. 민중 호민관들이 민회를 열기로 공고한 곳이 바로 그곳이기 때문이었다.

31

개선식을 치를지 말지를 결정하는 날이 되었다. 투표가 시작되어 첫 부족이 개선식을 치르지 않는 쪽으로 투표했다. 다른 부족과 원로원이 그 소식을 전해 들었다. 파울루스를 그토록 모독한 것에 시민이 탄식했지만 그 목소리는 소용없었다. 그러자 원로원 중진들이 나서서 이런 일이 얼마나 모욕적인가를 개탄하며 병사들의 무례함을 나무랐다. 이런 식으로 파울루스의 영광을 박탈하는 일을 중지하고자 아무 일도 하지 않는다면 불법과 폭력이 일어나리라고 원로원 중진들은 지적했다.

원로원 중진들은 무리 지어 군중 사이를 헤쳐 나아가면서 신전의 언덕으로 올라가, 민중에게 하고 싶은 말이 있으니 투표를 중단해 달라고 호민관들에게 요구했다. 투표가 중지되고 침묵이 흐르자 마르쿠스 세르빌리우스(Marcus Servilius)가 앞으로 나왔다. 집정관을 지냈던 그는 어느 전투에서 적군 23명을

파울루스

죽인 적이 있는 용장이었다. 그가 입을 열었다.

"나는 일찍이 파울루스보다 더 위대한 장군을 본 적이 없으며, 이토록 위대하고 찬란한 승리를 거둔 장군에게 이토록 천박하고 무례한 짓을 하는 병사들을 본 적이 없습니다. 일리리아족과 리구리아족을 무찌를 때는 환호하더니, 로마 병사가 저 유명한 알렉산드로스 대왕과 필리포스왕의 후손인 마케도니아를 무찌른 오늘날에 와서는 눈살을 찌푸리는 것도 놀랍습니다.

잘못된 승전 소식이 너무 일찍 로마에 전달되었을 때, 그 소식이 사실이기를 바라면서 신전을 찾아가 제사를 드린 일도 이제 보면 이상하지 않습니까? 이제 여러분의 장군이 실제로 승리하고 돌아왔는데, 여러분은 그들이 신들로부터 얻은 영광을 빼앗고, 또 스스로의 기쁨을 빼앗았습니다. 마치 승리의 장관을 보는 것을 두려워하고, 적군에 대한 승리의 감정을 억누르려는 듯한 모습입니다.

지금 여러분이 개선식을 거부하는 이유가, 장군을 시기해서가 아니라 여러분의 적국에 대한 가여운 생각 때문이라면 차라리 좋겠습니다. 몸에는 전쟁터에서 입은 상처 하나도 보여 줄 것 없고, 겁 많은 여자처럼 몸이 매끈한 여러분이 지금 장군의 업적과 승리를 감히 입에 올리고 있습니다. 여러분은 먼저 자신의 몸에 난 상처를 보고 나서 그들이 비겁했는지 용맹했는지를 판단하라고 배웠을 것입니다."

세르빌리우스는 주위를 돌아보며 가슴을 열어 수많은 상처를 보여 준 다음, 돌아서서 대중에게 보여 주어서는 안 될 부분까지 내보이며 갈바에게 이렇게 말했다.

"그대는 이 상처를 보고 비웃겠지만, 나는 동포 앞에 이 상처가 영광스럽소. 이 상처는 내가 밤낮으로 말을 달리며 동포들을 지키려다 얻은 것들이기 때문이오. 자, 그대는 이제 앞으로 나와 시민과 함께 투표를 시작해 보시오. 나는 장군의 지

휘를 받기보다는 비겁하고 지각없는 아첨이나 하기를 선택한
자가 누구인지 알고 싶소."

32

들리는 바에 따르면, 세르빌리우스의 연설을 들은 병사들이
크게 부끄러워하며 마음을 바꾸자 모든 부족이 함께 개선식을
열기로 가결했다. 기록에 따르면, [기원전 167년 11월에] 다음과
같은 모습으로 개선식을 치렀다.

먼저 시민은 마술(馬術) 경기를 위해 원형 극장에 키르쿠
스(Circus)라는 계단식 좌석을 만들고, 토론의 광장에도 좌석을
만들었으며, 행진을 볼 수 있는 곳을 차지하여 흰 전포(戰袍)를
입고 들어오는 행렬의 모습을 지켜보았다. 그들은 모든 신전
을 개방하여 화관과 향료로 치장하고, 수많은 하인과 관리들
이 돌아다니는 시민을 통제하여 거리를 말끔히 정돈했다. 개
선 행렬이 지나가는 데는 사흘이 걸렸다. 첫날에는 노획한 조
각, 그림, 엄청난 초상화를 마차 250대에 싣고 들어왔는데, 하
루를 다 써도 시간이 부족했다.

둘째 날에는 가장 비싸고 화려한 마케도니아 병기를 실은
마차가 들어왔다. 청동과 쇠로 만든 무기들이 번쩍이는데, 방
패 위에는 투구를 쌓고 가슴받이 위에는 각반을 쌓아 어찌 보
면 아무렇게나 쌓은 듯싶지만, 사실은 정교하게 정돈한 모습
이었다. 거기에 크레타의 방패와 트라키아인들의 고리버들로
엮은 방패와 화살통이 마구와 함께 섞여 있었으며, 그 사이로
칼집에서 뺀 칼과 마케도니아의 장창이 꽂혀 있었다. 느슨하
게 쌓인 무기에서는 움직일 때마다 거칠고 끔찍한 소리가 들
려, 패잔병들의 무기임에도 무섭게 느껴졌다.

무기를 실은 마차 뒤에는 병사 3천 명이 각기 네 명씩 짝
을 이루어 그릇 750개에 은화 3탈렌트를 담아 메고 지나갔다.
그 밖의 사람들은 음식을 섞을 때 쓰는 큰 그릇과 술을 마시는

파울루스

뿔잔[角盞]과 접시와 잔을 들고 따라가는데, 모두 크기와 조각
의 수준에서 빼어난 모습을 보여 주었다.

33

마지막 날이 밝자마자 나팔 소리가 울렸다. 그것은 여느 행진
곡이 아니라 전쟁터의 돌격 나팔 소리였다. 그 뒤로 살찐 황소
120마리가 따라오는데, 뿔에는 금박을 입혔고, 끈과 화환으로
장식했다. 황소를 끌고 오는 사람들은 청년들로서 비단이 달
린 앞치마를 두르고 있었으며, 그 뒤를 따르는 소년들은 제주
(祭酒)를 담은 은잔을 들고 있었다. 그다음에는 어제 은화를 날
랐던 것과 마찬가지로 금화 3탈렌트를 담은 쟁반을 든 병사가
따라가는데, 그 수가 77개였다.

　　그 뒤로는 파울루스의 지시로 각별하게 만든 성배(聖杯)
가 따랐다. 이 성배는 값으로 치면 10탈렌트에 이르는 것으로
서 금과 보석으로 만들었다. 그 뒤로 안티고노스와 셀레우코
스 가문의 도자기와 함께 코린토스의 유명한 예술가 이름을
따서 만든 테라클레이아(Therakleia)의 도자기가 따랐는데, 이
들은 모두 페르세우스가 식탁에서 금쟁반과 함께 쓰던 것들이
었다. 그 뒤로는 페르세우스의 무기와 그 위에 왕관을 실은 전
차가 따랐다.

　　그리고 조금 거리를 두고 왕의 자녀들이 노예처럼 끌려왔
으며, 그 뒤로 유모와 선생과 가정 교사들이 눈물을 흘리며 군
중을 향해 살려 달라고 손을 흔들면서 왕자들에게도 그렇게
하라고 시키고 있었다.

　　왕에게는 아들 둘과 딸 하나가 있었는데, 나이가 어린 까
닭에 자신들이 무슨 잘못을 저질렀는지도 알지 못했다. 그들
의 철없는 모습이 더 많은 사람을 측은하게 만들어, 페르세우
스의 모습은 눈에 잘 띄지도 않았다. 로마 시민은 가여운 생각
이 들어 어린아이들에게서 눈을 떼지 못하고 눈물을 흘렸으

며, 아이들의 행렬이 다 지나갈 때까지 그들의 마음 속에서는 기쁨과 슬픔이 뒤섞여 있었다.

34

아이들과 시종에 이어 페르세우스가 뒤따랐다. 그는 검은 외투를 입고 그 나라 사람들이 신는 장화를 신고 있었는데, 그가 지은 수많은 죄목으로 말미암아 실어증에 걸려 넋이 나간 사람처럼 보였다. 그 뒤로 왕의 막료와 근신(近臣)들이 따라오는데, 슬픔이 가득한 얼굴로 눈물을 흘리며 왕을 바라보았다. 그 모습을 보면서 관중은 저들이 자신의 비운을 슬퍼하는 것이 아니라 왕의 불운을 슬퍼한다고 생각했다.

그런 일이 있기에 앞서 페르세우스는 파울루스에게 사람을 보내 자기가 개선식 행렬에 끌려가는 모습을 보이지 않도록 해 달라고 애걸한 적이 있었다. 그러나 파울루스는 페르세우스의 비겁함과 살고 싶어 하는 모습을 보며 빈정거리듯이 이렇게 말했다.

"옛날 전쟁터에서 죽고 사는 것이 자신의 결정이었듯이, 지금도 본인이 알아서 할 일이오."

이는 그토록 치욕스럽게 사느니 차라리 자살하는 것이 낫다는 뜻이었다. 그러나 이 비겁한 왕은 아무런 느낌도 없이, 아무도 알 수 없는 희망에 사로잡혀 나약해진 몸을 이끌고 전리품의 한 부분이 되어 끌려갔다. 그 뒤로 여러 도시에서 파울루스의 승리를 축하하고자 보낸 왕관 4백 개와 사절을 실은 마차가 뒤따랐다.

마지막으로 장엄하게 치장한 파울루스가 전차를 타고 나타났다. 그러한 권력을 쥐고 있지 않았더라도 본디 풍채가 좋은 그는 금박을 입힌 자주색 외투를 입고 오른손에는 월계수 가지를 들고 있었다.

병사들도 모두 손에 월계수 가지를 들고 부대별로 자기

장군들의 뒤를 따르면서 노래를 불렀는데, 어떤 사람들은 옛날의 풍습에 따라 농담을 섞어 가면서 여러 가지 노래를 불렀고, 어떤 사람들은 파울루스의 승리를 축하하는 송가(頌歌)를 불렀다. 모든 시민이 파울루스를 우러러보며 칭송하였는데, 그를 시샘하는 모습은 어디에서도 보이지 않았다.

그러나 인생살이에는 인간이 벗어나지 못하는 신의 섭리가 있는 것처럼 보인다. 운명의 여신은 아무리 호화로운 인간의 영화도 한순간에 허물어 버리거나 뒤섞어 버리는 권능이 있어, 재난을 겪지 않고 살거나 아픔을 전혀 모르고 살도록 내버려 두지 않는다. 호메로스의 시구에서 [아킬레우스가 프리아모스에게] 말했듯이,

> 행운이 차오르기도 하고,
> 기울기도 하는 것이
> 가장 공평한 일이라네.
> (『일리아스』, XXIV : 525)

35

앞에서 말했듯이, 파울루스에게는 아들이 넷 있었는데, 둘은 각기 스키피오와 화비우스 막시무스의 양자로 들어갔고, 후처의 몸에서 태어난 두 아들은 아직 어려 한집에 같이 살았다. 그런데 그 가운데 큰아들은 열네 살이 되어 개선식을 치르기 닷새 앞서 죽었고, 작은아들은 개선식을 치른 뒤 사흘 만에 열두 살의 나이로 죽었다.

로마 시민으로서 그 아버지의 아픔을 함께 슬퍼하지 않은 사람이 없었다. 그들은 모두 운명의 여신의 잔혹함에 몸서리쳤다. 그들은 기쁨과 제물로 가득 찬 승전 행사에 슬픔을 안겨 줌으로써 승전가와 조가(弔歌)를 함께 부르도록 한 신의 뜻을 원망했다.

36

그런 슬픔을 겪으면서도, 용기란 갑옷과 장창 앞에서만 필요한 것이 아니라 운명의 여신 앞에서도 필요한 것으로 생각한 파울루스는 자신의 뒤바뀐 운명을 받아들였다. 그는 슬픈 일을 기쁜 일로 덮고 개인적인 아픔을 조국의 영광 속에 묻어 버림으로써, 자신이 거둔 승리의 존엄함을 퇴색시키는 일이 없도록 했다.

앞서 말했듯이, 큰아들의 장례를 치른 다음 개선식을 치르고, 그다음에 다시 작은아들의 장례를 치른 그는 민회에 모인 사람들에게 조문을 받기보다는 오히려 슬픔을 위로하러 온 그들을 위로했다. 그러면서 그는 이렇게 말했다.

"나는 인간을 두려워한 적은 없지만, 운명의 여신의 뜻을 대행하는 사람들을 두려워했습니다. 운명의 여신은 참으로 변덕스럽고 예측할 수 없다고 나는 믿었기 때문입니다. 이번 전쟁만 하더라도 여신은 마치 성난 폭풍처럼 우리 앞에 나타났습니다. 그는 모든 일에서 변화와 반전(反轉)을 도모하지 않은 적이 없었습니다.

나는 하루 만에 브룬디시움에서 이오니아해를 건너 코르키라(Korkyra)에 도착했으며, 닷새 만에 델포이에 도착하여 신들에게 제사를 드렸고, 다시 닷새 만에 마케도니아의 군대를 무찔렀으며, 정화(淨化) 의식을 치르고 병사를 열병한 다음 곧 작전에 돌입했으며, 다시 보름 만에 전쟁을 찬란한 승리로 마쳤습니다. 그러나 나는 운명의 여신이 나를 더 이상 도우리라고 믿지 않습니다. 이제까지 모든 일이 원만하게만 이뤄져 왔고, 나는 어떠한 위협에서도 안전하였으며 적의 공격을 받으리라는 두려움도 없었습니다.

그러나 내가 모든 행운이 이제 끝나고 운명의 여신이 마음을 바꾸리라고 두려워한 때는 전쟁을 마치고 돌아오는 길이었습니다. 나는 그때 전리품과 포로가 된 왕을 데리고 군사들

　　　　　　　　　　　　　파울루스

과 함께 돌아오고 있었습니다. 고국에 무사히 도착하여 기쁨과 축하로 들뜬 로마를 바라보고 감사의 제사를 드리면서, 나는 신의 축복이 이제 끝나는 것이 아닌가 생각했습니다. 운명의 여신은 아무런 불쾌감도 없이 기쁨만 주지는 않는다는 것을 잘 알고 있기 때문이었습니다.

참으로 나는 조국의 미래에 어떤 불행이 밀려들지나 않을까 하는 두려움에서 벗어나지 못하고 불안에 떨던 터에, 기쁨에 젖어 축성(祝聖)하던 날 가장 사랑하는 아들 둘을 잃었습니다. 그들은 내 상속자들이었지만 하나씩 이어서 내 곁을 떠났습니다. 운명의 신은 내 승리에 대한 불쾌감을 털어 버리기에 충분할 만큼 나와 내 기쁨을 이용했습니다.

운명의 여신은 승리한 전쟁 영웅이 전쟁의 패배자와 마찬가지로 인간적인 한계를 가진 존재임을 보여 주었습니다. 페르세우스는 패전한 장군임에도 자식들을 잃지 않았는데, 나는 승리한 장군으로서 자식을 잃었다는 것 말고는 승자와 패자의 차이가 없습니다."

37

들리는 바에 따르면 파울루스는 이와 같이 고결한 말로 꾸밈없고 진지하게 대중 앞에서 연설했다고 한다. 파울루스는 페르세우스의 뒤바뀐 운명을 가엾게 여겨 그를 돕고자 하였으나, 로마인들이 카르케르(carcer)라고 부르는 감옥에서 좀 더 깨끗하고 친절한 곳으로 옮겨 주는 것 이상으로 도와줄 수는 없었다. 대부분의 역사 기록에 따르면, 페르세우스는 그 안에서 스스로 굶어 자살했다고 한다.

그러나 페르세우스의 죽음에 대해 좀 더 색다른 주장을 하는 기록도 있다. 그 기록에 따르면, 왕의 어떤 실수에 몹시 화가 난 간수들이 달리 화풀이를 할 수도 없어 그를 너무 철저히 감시하고 온갖 수단으로 잠 못 들게 함으로써, 그는 끝내 지쳐 죽었다고 한다.

페르세우스의 두 자녀도 일찍 죽었다. 그러나 셋째인 알렉산드로스는 금속 세공에 재주가 많았고 로마어를 쓰고 말하는 데 불편함을 느끼지 않을 정도여서 어느 관리의 비서가 되어 자기의 재능을 한껏 발휘했다고 한다.

38

파울루스의 마케도니아 원정은 민중에게 좋은 평판을 들었는데, 이는 그가 원정에서 승리하여 전리품을 가득 싣고 왔기 때문이다. [기원전 43년에] 안토니우스와 옥타비우스 사이에 첫 번째 내란이 [무티나에서] 일어났을 때, 집정관이었던 히르티우스(Hirtius)와 판사(Pansa)가 민중에게 특별 세금을 부과했는데, 이것을 전리품으로 충당할 수 있었던 것이다.

그 덕분에 파울루스는 귀족의 무리에 소속되어 있으면서 민중의 호의를 사려고 아첨한 적도 없고, 늘 정치 문제에서 권력층의 편을 들었음에도 민중에게 큰 지지를 받았다. 그러나 이 일로 말미암아 세월이 흐른 뒤에 스키피오 아프리카누스는 아피우스에게 비난을 받았다. 그 무렵 두 사람은 로마에서 매우 유력한 인사들이었는데, 이 둘이 [기원전 142년에] 감찰관에 출마했을 때였다.

아피우스는 가문에서 내려오는 정책 덕분에 원로원과 귀족의 지지를 받았고, 스키피오는 자신의 능력으로 입신했음에도 늘 민중의 지지와 사랑을 받았다. 그리하여 출신 성분이 낮거나 지난날 노예였던 사람들 가운데 토론의 광장에 살다시피 하면서 간청하고 고함치는 방법으로 소요를 일으키거나 문제를 억지로 해결하려는 사람들에게 둘러싸인 스키피오를 본 아피우스가 이렇게 소리쳤다.

"파울루스 장군이시여, 그대의 아들 스키피오가 선동가 아이밀리우스 파이투스(Aemilius Paetus)와 리키니우스 휠로니

파울루스

쿠스(Licinius Philonicus)[14]에 둘러싸여 감찰관이 되려고 들어오는 이 모습을 보신다면, 지하에서라도 통곡하소서."

그러한 비방을 받으면서도 스키피오는 여러 가지로 민중을 지지한 탓에 그들 사이에 인망이 높았지만, 선동가 아이밀리우스 파이투스는 귀족 편에 서 있으면서도 민중과 끝없이 관계를 맺음으로써 민중에게 호의를 베풀었다고 여겨지는 누구보다도 더 민중의 지지를 받고 있었다.

[기원전 164년에] 민중은 스키피오에 대한 존경의 표시로서 그를 감찰관으로 선출했다. 감찰관은 가장 성스러운 직책으로 영향력도 대단히 컸다. 그는 일반 시민의 사생활과 행동까지 감시할 수 있는 권한이 있었다. 스키피오는 행실이 바르지 못한 원로원 의원 자격을 박탈할 수도 있고, 원로원 의장을 지명할 수도 있으며, 품위를 지키지 않는 기사(騎士)에게서 말[馬]을 빼앗을 수도 있었다. 그는 시민의 재산을 관리하고 그 대장(臺帳)을 관리했다.

파이투스 치하에서 시행된 인구 조사에 따르면, 그 무렵의 로마 인구는 33만 7,452명이었다. 스키피오는 네 번이나 원로원 의장을 지냈던 마르쿠스 아이밀리우스 레피두스(Marcus Aemilius Lepidus)를 다시 의장으로 임명하였으며, 업적이 별로 없는 의원 세 명을 제명하고, 기사들을 검열하는 문제에서는 동료 검찰관 마르쿠스 필리포스(Marcus Philippos)와 마찬가지로 온건한 입장을 유지했다.

39

임기 동안에 중요한 업무를 모두 마쳤을 때 파울루스에게 갑자기 병이 찾아왔다. 처음에는 위험한 것 같더니 시간이 지나

---

14 리키니우스 휠로니쿠스는 해방 노예였는데 행적이 위대하지는 않았지만, 걸작인 그의 대리석 조상(彫像)이 대영 박물관에 소장되어 있다.

면서 병세가 좋아졌으나, 운신이 불편했고 쉽게 완치되지도 않았다. 그는 의사의 권고에 따라 이탈리아의 벨리아(Velia)로 요양을 가, 해변에서 조용한 시간을 보냈다.

로마인들은 파울루스를 몹시 그리워하여, 광장에 모이면 그를 회상하며 다시 만날 날이 오기를 소망했다. 언젠가 로마에서 큰 제사를 드려야 했는데 그가 꼭 참석해야 할 자리였다. 이제 여행을 할 수 있을 만큼 몸도 회복되자 파울루스는 로마로 돌아왔다. 그가 다른 사제들과 함께 제사를 드릴 때 많은 시민이 그 둘레에 모여 기뻐했다.

그다음 날 파울루스는 다시 자신의 쾌유를 감사하는 뜻에서 사사로이 제사를 드렸다. 엄숙하게 제사를 마치고 집으로 돌아와 쉬는데, 자신도 느끼지 못하는 사이에 정신이 흐려지더니 사흘 만에 세상을 떠났다. [그때는 그가 전쟁에서 이기고 돌아온 지 7년이 지난 기원전 160년, 예순아홉 살이었다.]

파울루스는 인간이 행복하게 여기는 것을 모두 누리며 살았다. 그의 장례식에 참석한 사람들이 모두 그를 찬양하고 덕망을 기리면서 몹시 부러워했다. 이는 파울루스의 장례식이 금이나 상아와 같은 것으로 호화롭게 치러졌기 때문이 아니라, 동포뿐만 아니라 정적들까지도 그를 칭송하며 존경했기 때문이다.

모든 사람 가운데에서도 이베리아인, 리구리아족, 마케도니아인들도 장례식에 참석했는데, 젊고 몸이 건장한 사람들은 번갈아 가면서 운구(運柩)하고 나이가 많은 사람은 장례 행렬을 따라가면서 파울루스야말로 자기 나라의 은인이자 구원자라고 불렀다. 파울루스는 정복 전쟁 기간에 노인들을 온유하고 인간적으로 상대해 주었을 뿐만 아니라, 남은 생애 동안에도 그들이 마치 동포이자 혈육인 것처럼 선행을 베풀고 도와주었다.

들리는 바에 따르면, 파울루스의 재산은 37만 드라크마를

넘지 않았다고 한다. 입양 간 아들 둘이 유산을 상속했다. 그러
나 백만장자인 스키피오 가문에 입양한 작은아들은 상속받은
재산을 화비우스 가문에 입양한 형에게 모두 주었다. 내가 들은
아이밀리우스 파울루스의 일생에 대한 이야기는 이와 같았다.

티몰레온
TIMOLEON

기원전 411~337

내 딸이
참주의 아내가 되는 것을 보느니
차라리 딸의 시체를 보고 싶다.
— 아리스테이데스

참주에게 가장 나쁜 점은
가까운 친구들이 그에게
진실을 말해 주지 않는다는 것이었다.
— 소(少)디오니시오스

나로 말미암아
행복하게 사는 사람들의 모습을 보는 것이
곧 내 행복이다.
— 티몰레온

1[1]

티몰레온이 시킬리아를 침공하기 이전의 시라쿠사이의 정치 상황을 살펴보면 다음과 같다. [기원전 354년에] 디온이 독재자 디오니시오스를 몰아낸 뒤 반역자들의 손에 죽자(제25장 「디온 전」, § 57) 시라쿠사이를 해방하는 데 협력했던 무리는 뿔뿔이 갈라졌다. 그런 탓에 시라쿠사이에서는 끊임없이 독재자들이 번갈아 가며 나라를 다스렸고, 질병마저 퍼져 국토는 거의 황폐했다.

시킬리아의 다른 지역은 전쟁으로 말미암아 이미 무너져

I 앞 장, 곧 파울루스의 각주 1에서 지적했듯이, 플루타르코스는 파울루스와 티몰레온의 비교 평전을 쓰면서 착오를 일으켰기 때문에 그 후유증이 이 편에서도 나타나고 있다. 곧 이 편이 정상적으로 기록되려면 그 첫머리에 티몰레온의 가계나 부모에 대한 기록이 먼저 나와야 하는데 그런 기록이 뒤에 나오고 있다.

사람이 살 수 없었고, 대부분의 도시는 여러 민족으로 뒤섞인 야만족과 용병들의 점령지가 되었다. 그들은 이런 지역에서 독재 권력의 계속적인 교체를 즐기고 있었다. 그러다가 드디어 디오니시오스가 망명한 지 10년 만에 [기원전 346년] 용병을 이끌고 돌아와, 시라쿠사이의 지배자였던 니사이오스(Nisaios)를 몰아내고 권력을 잡아 새로운 독재를 시작했다.

이제까지 있었던 가장 강력한 독재자였던 디오니시오스는 적은 수의 병력에 밀려 어이없이 쫓겨나 비참한 망명 생활을 하였으며, 이제 다시 자기를 쫓아낸 사람들의 군주가 되었다. 그 결과, 시라쿠사이에 남아 있던 사람들은 그 시대 어느 누구보다도 불합리한 독재자의 노예가 되었다. 그 독재자의 마음 속은 지난날 자신이 쫓겨날 때 겪은 비운에 대한 복수심 때문에 야수처럼 변해 있었다.

그리하여 시라쿠사이의 저명인사들은 옆 도시 레온티니의 지배자 히케타스를 찾아가 보호를 요청하면서 그를 장군으로 추대하여 조국과 싸워 달라고 부탁했다. 히케타스 또한 어느 참주 못지않게 포악했지만 시라쿠사이 시민으로서는 달리 의지할 곳이 없었다. 더욱이 시라쿠사이인들은 히케타스가 시라쿠사이 출신이라는 점과 그에게 디오니시오스와 겨룰 만한 병력이 있다는 사실을 믿었다.

2

그러는 사이에 카르타고인들이 대군을 이끌고 시킬리아로 와 침탈할 기회를 엿보고 있었다. 이에 놀란 시킬리아의 그리스인들은 모국에 사절을 보내 코린토스인들의 도움을 요청하려 했다. 시라쿠사이는 본디 코린토스인들이 [기원전 735년에] 세운 도시여서 이제까지 그리스의 도움을 많이 받고 있었다.

그뿐만 아니라 대체로 코린토스인들은 자유를 사랑하는 시민이어서 독재에 반대하는 전쟁을 일으킨 적이 있으며, 그

것이 세력을 늘리려 함이 아니라 그리스인의 자유를 지키려는 것이라고 시라쿠사이인들은 믿었다. 그와 달리, 스스로 레온티니의 독재자가 된 히케타스는 시라쿠사이의 자유 같은 것에는 처음부터 뜻이 없었고, 자신이 그 땅을 차지하고 싶었던 터라 이미 은밀히 카르타고인들과 내통하고 있었다.

히케타스는 겉으로는 시라쿠사이인들의 계획에 동조하여 펠로폰네소스로 구원(救援)을 청하는 사절을 파견하는 데 참여했다. 그러면서도 그는 시라쿠사이와 코린토스가 동맹을 맺고 지원군을 보내 주기보다는 코린토스가 내정의 어려움을 핑계로 지원을 거절하기를 바랐다. 그렇게 되면 시라쿠사이 문제를 카르타고인들에게 넘겨줄 수 있고, 이 침략자들을 시라쿠사이와 디오니시오스에 대항하는 동맹군이자 협력자로 이용할 수 있으리라고 히케타스는 계산했다. 그리고 조금 뒤에 그의 계획은 현실이 되었다.

3

시라쿠사이의 사절이 도착했다. 코린토스인들은 자신들이 아끼는 식민지 가운데서도 시라쿠사이에 대해서는 호감이 각별한 터였고, 운명의 여신이 도와주어 그 무렵에는 내정의 어려움도 없이 평화로웠던지라 시라쿠사이를 돕기로 의결했다. 코린토스인들이 시라쿠사이에 파견할 사령관을 도시 안에서 찾으며 공명(功名)을 이루고 싶은 사람들의 명단을 만들어 선출을 준비하고 있을 때, 어느 시민이 일어서서 티모데모스(Timodemos)의 아들 티몰레온을 추천했다.

티몰레온은 길지 않은 공직 생활을 했지만 더는 공직에 나가고 싶은 뜻도 없었고 그럴 목표도 없었다. 그러나 운명의 여신은 시민의 마음을 움직여 그를 추천했다. 아마도 여신은 그를 사령관으로 뽑아 그 삶에 영광을 더하고 덕망을 키워 주려 했던 것으로 보인다.

티몰레온

티몰레온의 아버지 티모데모스와 어머니 데마리스테(De-mariste)는 모두 명문가 출신이었다. 아버지는 조국을 사랑하고 매우 정중한 인품을 지녔으나, 남달리 독재자와 천박한 인간을 미워했다. 티몰레온은 군인의 천품을 타고나 모험심이 강렬했던 탓에 젊은 날의 원정에서는 전략이 탁월했고, 늙어서도 적지 않게 용맹했다.

티몰레온에게는 티모화네스(Timophanes)라는 형이 있었는데, 동생과 달리 무모했던 그는 주변에 있는 용병과 쓸모없는 친구들로 말미암아 군사 활동에서 사려 깊지 못하고 위험한 짓을 좋아한다는 평판을 들었다. 그런 티모화네스에게도 따르는 사람들이 있어, 그 역시 한때 장군이 되어 막강한 전사로 활약한 적이 있었다. 티몰레온은 형을 도와 그에게 명성을 안겨 주면서도 그의 허물은 감춰 대단하지 않은 것으로 보이게 하고, 장점만 드러내게 해 주려고 노력했다.

4

[기원전 368~366년 무렵] 시라쿠사이가 코린토스의 식민지였던 시절에 아르고스와 클레오나이(Kleonai)를 상대로 전쟁을 벌인 적이 있었다. 그 무렵 티몰레온은 코린토스 보병에 배속되어 있었는데, 형 티모화네스가 기병대를 지휘하다가 큰 위험에 빠졌다. 말이 상처를 입고 티모화네스는 말에서 떨어져 적군에 포위되었다.

티모화네스의 동지들 가운데 어떤 사람은 놀라 도망하고, 몇 사람은 남아 수적으로 우세한 적군과 힘겹게 싸우고 있었다. 그 광경을 본 티몰레온은 급히 달려가 쓰러져 있는 형을 일으켜 방패로 막았다. 그의 몸은 적군의 창과 주먹으로 수많은 상처를 입었지만, 그는 끝내 적군을 물리치고 형을 구출하는 데 성공했다.

이런 일이 있은 뒤에 코린토스인들은 지난날 [기원전 393년에] 동맹국이었던 아르고스가 배신하여 또다시 도시를 잃는 일이 없도록 하고자 용병 4백 명에게 도시를 지키도록 하고 티모화네스에게 사령관의 임무를 맡겼다. 그러나 그는 명예나 정의를 생각하지 않고 곧 도시를 자신의 권력 아래 둔 다음, 재판도 없이 유력 인사들을 죽이고 스스로 전제 군주의 자리에 올랐다. 이를 본 티몰레온은 크게 상심하여 형의 잘못을 자신의 불운으로 여겼다. 그는 형을 찾아가 그의 넋 나간 짓을 탓하며 동포들을 괴롭히는 범죄를 멈추라고 설득했다.

그러나 티모화네스가 빈정거리듯 자신의 말을 듣지 않자 티몰레온은 형의 처남인 아이스킬로스(Aeschylos)와 자신의 친구인 예언자를 데리고 다시 형을 찾아가기로 했다. 테오폼포스의 기록에 따르면, 그 예언자의 이름은 사티로스(Satyros)였고, 에포로스와 티마이오스의 말에 따르면 오르타고라스(Orthagoras)였다고 한다.

며칠이 지난 뒤에 티몰레온은 그들과 함께 다시 형을 찾아갔다. 세 사람은 티모화네스를 둘러싸고 이성을 찾아 마음을 고쳐먹으라고 당부했다. 그러나 그는 처음에는 놀리더니 나중에는 화를 내며 폭력을 휘둘렀다. 티몰레온은 그 자리에서 조금 물러나 울면서 머리를 감싸 안았다. 그사이에 두 사람이 칼을 빼 들어 티모화네스를 죽였다.[2]

5

티몰레온이 형을 죽였다는 소문이 퍼지면서 코린토스의 명사들은 티몰레온이 악행을 미워하는 고결한 인격의 소유자임을 칭송했다. 비록 티몰레온이 자상하고 가족을 사랑했지만, 그

---

2   그리스 역사학자 디오도로스 시켈리오테스(Diodoros Sikeliotes)는 『역사(*Bibliotheke Historike*)』(XIV : 65)에서 티몰레온이 직접 형을 죽였다고 기록했고, 로마 역사학자 네포스(Nepos)는 『티몰레온전(*Timoleon*)』(I : 4)에서 두 친구가 형을 죽였다고 기록했다.

는 가족보다 조국을 더 사랑했고 일신의 평안보다는 명예와 정의를 사랑하는 사람이었다. 티몰레온은 형이 조국을 지키고자 용감하게 싸울 때 형의 목숨을 구했고, 형이 조국을 유린하고 동포를 노예로 만들자 형을 죽였다.

그러나 민주 정치 아래 사는 것이 불편하고 독재자에게 아첨하는 데 익숙한 사람들은 독재자의 죽음을 반가워하는 척하면서도 티몰레온을 흉악한 패륜아로 비난함으로써 티몰레온을 좌절에 빠뜨렸다.

자신의 처사에 어머니가 몹시 화를 내면서 끔찍한 비난과 무서운 저주를 퍼붓고 있다는 말을 들은 티몰레온은 어머니를 설득하러 갔다. 그러나 어머니는 얼굴도 보기 싫다며 문을 닫아걸고 아들을 들어오지도 못하게 했다. 이에 슬픔에 싸여 심신을 잃어버린 그는 굶어 죽기로 결심했다.

그러나 이를 차마 볼 수 없었던 그의 친구들이 온갖 방법으로 간청하고 죽음을 말린 끝에, 티몰레온은 죽지는 않겠지만 세상을 등지기로 결심했다. 그는 공직을 모두 버리고 코린토스로 돌아오지도 않은 채 먼 시골로 들어가 슬픔을 삭이면서 떠돌이 생활을 했다.

6

인간의 삶이 이성에 굳은 뿌리를 두지 않고 철학에서 우러나오지 않으면, 마음이 흔들려 때때로 일어나는 칭찬과 비난에 따라 움직임으로써 본래의 결심을 지킬 수 없게 된다. 우리의 행동은 고결하고 공의로워야 하며, 행동의 원천이 되는 확신은 계속해서 변함이 없어야 한다.

그래야만 우리는 앞으로 하고자 하는 일에 만족할 수 있고, 운명의 여신이 우리에게서 얼굴을 돌릴지라도 우리가 저지른 잘못에 낙심하지 않을 수 있다. 그렇지 못하면, 마치 향료 짙은 음식을 먹은 대식가가 곧 포만감을 느끼면서 음식에 물려 버리는 것처럼, 행동한 뒤에 곧바로 후회를 하게 된다.

후회는 동기가 고결했던 행동마저도 천박하게 만든다. 지혜롭고 수긍할 만한 판단 위에서 이루어진 선택은 설령 실패했더라도 가치가 떨어지지 않는다. 그러므로 아테네의 레오스테네스(Leosthenes)가 [기원전 323년에 마케도니아의 안티파트로스와 벌인] 전쟁에서 다 이긴 듯 여기고 아테네 시민이 제사를 드리며 때 이른 승리에 도취해 있을 때, 그의 의견에 늘 반대했던 포키온(Phokion)은 이런 말을 한 적이 있다.

"이번 전공(戰功)이 내 몫이었으면 좋겠다. 그러나 이런 상황에서도 레오스테네스에게 반대할 수 있어서 기쁘다."

그보다 더 적절한 사례도 있다. [기원전 323년에] 그리스 동맹군을 무찌른 대(大)디오니시오스가 플라톤의 친구였던 로크리스 출신의 아리스테이데스(Aristeides)의 딸을 왕비로 삼겠다고 청혼했을 때 아리스테이데스가 이런 말을 했다.

"내 딸이 참주의 아내가 되는 것을 보느니 차라리 딸의 시체를 보고 싶소."

그 뒤로 세월이 흘러 디오니시오스가 아리스테이데스의 자식들을 죽이고 그에게 모독적으로 이렇게 물었다.

"아직도 그대의 딸을 내게 시집보내지 않겠다는 생각에 변함이 없소?"

그러자 아리스테이데스가 이렇게 대답했다.

"그동안 일어난 일이 슬프기는 하지만, 지난날에 한 말을 후회하지는 않습니다."

아리스테이데스의 이 말은 그가 어느 누구보다 고결한 덕망을 갖춘 사람으로 보이게 한다.

7

형의 죽음이 안타까웠기 때문이었는지, 아니면 어머니에 대한 사랑 때문이었는지 알 수 없으나 티몰레온은 모든 의욕을 잃고 거의 20년 동안 단 한 번도 공직을 맡지 않았다. 그러던 그가 장군으로 임명되고 민중이 쉽게 투표로 인준하자, 그 무렵 시라쿠사이에서 가장 존경받던 인물인 텔레클레이데스(Telekleides)가 일어나 티몰레온이 이번 원정에서 고결하고 용맹스러운 전과를 거두기를 바란다면서 이렇게 말했다.

"만약 그대가 이번 원정에서 성공한다면 우리는 그대의 업적을 폭군 추방으로 볼 것이고, 만약 그렇지 못하다면 우리는 그대를 근친 살인자로 볼 것이오."

티몰레온이 원정을 준비하면서 병사를 모으고 있을 때 히케타스가 코린토스인들에게 편지를 보냈는데, 그 내용이 몹시 반역적이었다. 코린토스로 구원을 요청하는 사절이 떠나자 히케타스는 곧 드러내 놓고 카르타고와 손을 잡은 뒤, 시라쿠사이에서 소(少)디오니시오스를 몰아내고 자신이 참주가 되려고 일을 꾸미고 있었다. 만약 코린토스에서 지원군이 앞당겨 오면 자기에게 행동할 기회가 없어질 것을 걱정한 그는 코린토스인들에게 편지를 보냈는데, 거기에는 이런 내용이 담겨 있었다.

"코린토스인들은 위험을 무릅써 가며 고생스럽게 비용을 쓰면서 시라쿠사이에 병력을 보낼 필요가 없습니다. 카르타고인들이 그대들의 원정을 막고자 거대한 병력으로 지키고 있을 뿐만 아니라, 나는 그대들의 원정이 너무 늦어 디오니시오스를 타도하고자 카르타고와 이미 동맹을 맺었습니다."

이 편지가 세상에 알려지자, 시라쿠사이 원정에 미온적이었던 코린토스인들조차 히케타스에 대한 분노를 드러내며 티몰레온을 도와 그의 원정을 지원하는 일에 열성적으로 참여했다.

8

티몰레온이 함대와 병력에 필요한 군수품을 장만할 무렵, 지옥의 여신 페르세포네의 신전에서 일하는 여사제들이 꿈에서 페르세포네와 데메테르가 나타나 배를 타고 티몰레온과 함께 시킬리아까지 가겠노라고 말하는 것을 들었다고 한다. 그리하여 코린토스인들은 삼단 노의 함선을 만들고 그 두 여신의 이름을 지어 붙였다.

그뿐만 아니라 티몰레온이 델포이 신전을 찾아가 제사를 드리고 신탁을 받아 내려올 때 좋은 징조가 나타났다. 곧 왕관과 승리의 모습을 수놓은 리본이 바람을 타고 날아와 곧바로 티몰레온의 머리에 씌우듯이 내려앉는데, 그 모습이 마치 신이 그에게 왕관을 씌워 전쟁에 내보내는 것처럼 보였다.

이제 티몰레온은 [기원전 344년에] 코린토스 함선 일곱 척, 코르키라 함선 두 척, 루카디아(Lucadia) 함선 열 척을 이끌고 원정에 올랐다. 밤이 되자 그는 대양으로 나갔다. 그가 순풍을 타고 항진하는데, 갑자기 배 위의 하늘이 열리더니 이채로운 불이 쏟아져 내려왔다. 그 불길에서 횃불이 솟아올라 마치 무당의 불길처럼 그들의 항로를 따라 달려가는데, 그 방향은 키잡이가 바라보고 있는 이탈리아와 정확히 일치했다.

예언자는 그 유령의 횃불이 앞서 본 신전의 여사제들이 들려준 꿈 이야기와 일치하며, 여신들이 그들과 함께 원정에 참여하여 하늘에서부터 빛을 비추고 있다고 말했다. 들리는 바에 따르면, 페르세포네 여신은 [하데스에게 납치되어] 결혼 생활을 할 때 시킬리아섬을 결혼 선물로 받았고, 그때부터 이곳이 페르세포네의 성지가 되었다고 한다.

9

하늘에서 길조를 받아 용기를 얻은 티몰레온의 함대는 항진을 서둘러 대양을 거쳐 이탈리아 해안을 따라 올라갔다. 그러나 시킬리아에서 들려온 소식에 티몰레온과 병사들은 크게 낙심했다. 히케타스가 디오니시오스를 무찌르고 시라쿠사이 땅 대부분을 차지했으며, 성채가 있는 섬에 참주를 몰아넣고 포위하여 감시하고 있다는 것이었다.

그뿐만 아니라 히케타스는 티몰레온이 시킬리아에 상륙하지 못하도록 막으라고 카르타고인들에게 지시하며, 이런 일이 끝난 다음 평화를 찾았을 때 시라쿠사이를 나누어 갖기로 했다는 것이었다.

그러면서 카르타고인들은 삼단 노의 함선 20척을 레기움으로 보냈다. 그 배에는 히케타스가 자기의 계획을 티몰레온에게 알리는 제안을 전달하는 사절이 타고 있었다. 그 제안은 겉으로 보기에는 그럴듯했지만 음흉한 꾀를 담아 사실을 왜곡하고 있었다. 사절들은 티몰레온에게 다음과 같이 요구했다.

"티몰레온 스스로 원한다면, 그대는 히케타스의 군사 고문 자격이자 모든 성공을 함께 누릴 수 있는 협력자의 자격으로 와야 합니다. 그대가 만약 우리가 바라는 대로 코린토스 함대와 병력을 모두 철수한다면 전쟁은 끝난 것이나 다름없습니다. 그러나 만약 그대가 전쟁을 바란다면 카르타고군은 이미 그대의 진격을 막을 준비가 되어 있습니다."

코린토스군은 레기움에 이르러 사절들을 만났을 때 이미 카르타고군이 그리 멀지 않은 해안에 정박해 있는 것을 보고, 이는 자기들을 모독하는 것이라 하여 몹시 분노했다. 그들은 히케타스에 대한 분노를 참을 수 없지만, 그렇다고 섣불리 행동할 수도 없었다.

곧 시킬리아에 사는 그리스인들이 히케타스의 반역 행위의 희생물이 되거나, 그를 군주로 만들어 준 대가로 카르타고인들의 노예가 될지도 모른다는 사실이 두려웠던 것이다. 더욱이 코린토스군으로서는 숫자로 보더라도 자기들의 곱절이 되는 이방 민족 함대와, 히케타스가 시라쿠사이에서 지휘하는 병력을 이길 자신이 없었다.

10

그러나 티몰레온은 히케타스의 사절과 카르타고의 지휘관들을 만나 다음과 같이 차분하게 말했다.

"나는 지휘관 여러분의 뜻에 따르겠습니다. 내가 거절한들 얻는 것이 있겠습니까? 그러나 나는 떠나기에 앞서 그리스의 도시로서 코린토스와 시라쿠사이 모두에게 우방인 레기움 시민이 모인 자리에서 여러분의 제안과 내 대답을 말하고 싶습니다."

티몰레온이 판단하기에, 이렇게 시간을 버는 것이 자신의 신변을 안전하게 해 줄 수 있을 것 같았다. 게다가 시라쿠사이 문제를 합의하면서 레기움 시민을 증인으로 삼을 수 있다고 하면 상대편 역시 거절하지 못할 것이었다. 티몰레온은 이처럼 합의를 진행하면서 자신이 무사히 위험을 빠져나갈 수 있도록 적군을 속이고자 했다.

그 무렵 레기움 사람들은 코린토스인들이 시킬리아에 사는 그리스인들의 처우 문제를 처리해 주기를 바랐다. 이 문제를 둘러싸고 카르타고인들을 이웃으로 두는 것에 두려움을 느끼고 있었던 것이다. 그리하여 양쪽 사람들은 레기움에서 민회를 열면서 민중이 다른 일에 신경 쓰지 않고 오로지 이 문제에만 전념하도록 성문을 닫아걸었다.

회의가 열리자 어느 시민이 연단 앞으로 나와 길게 발언했다. 같은 주제를 이어 발언하면서 결론도 없고 목표도 없이 시간만 끌었다. 그사이에 코린토스의 함선이 바다로 빠져나갔으나 민회에 참석한 카르타고인들은 코린토스인들의 속셈을 눈치채지 못했다. 티몰레온이 그 자리를 지키며 마치 다음 발언을 하려고 일어서려는 듯한 모습을 보여 주었기 때문이었다.

그러다가 어떤 사람이 은밀히 티몰레온에게 다가와 함선이 모두 바다로 빠져나갔으며, 배 한 척이 남아 그가 오기를 기다리고 있다고 알려 주었다. 이에 티몰레온은 연단 주위에 있

　　　　　　　　　　　　　　티몰레온

던 레기움 사람들의 도움을 받아 아무도 모르게 민회를 빠져나왔다.

해변에 이른 티몰레온은 전속력으로 배를 몰아 바다 멀리 나갔다. 그들은 시킬리아의 타우로메니온(Tauromenion)에 정박했다. 그들은 지난날 이곳에서 환대를 받은 적이 있었는데, 이번에도 이곳 통치자 안드로마코스(Andromachos)의 정중한 영접을 받았다.

안드로마코스는 시킬리아의 유명한 역사학자 티마이오스의 아버지로서, 그 무렵 시킬리아의 통치자들 가운데 가장 강력한 지도자가 되어 법과 정의에 따라 시민을 이끌었으며 독재자에게 강렬한 적개심을 품고 있는 인물로 잘 알려져 있었다. 안드로마코스는 티몰레온이 자신의 도시를 작전 기지로 쓰도록 허락하면서, 시민에게도 티몰레온이 시킬리아의 자유를 되찾고자 싸우는 데 도와주라고 설득했다.

11

티몰레온이 바다로 빠져나간 뒤 민회도 흩어지자 카르타고인들은 몹시 분개했다. 속은 것이 분해 어쩔 줄 몰라 하는 그들의 모습은 레기움 사람들에게 웃음을 주었다. 자기들도 속임수를 밥 먹듯 쓰면서 이번에 티몰레온에게 속은 것을 원통히 여기는 카르타고인들을 보며 레기움 사람들은 즐거워했다. 카르타고인들은 사절을 태운 함선을 타우로메니온으로 보내 안드로마코스와 길게 말싸움을 벌였다.

사절은 매우 무례한 방법으로 안드로마코스를 위협하면서, 만약 그가 티몰레온을 당장 추방하지 않으면 도시를 뒤집어엎겠다며 손바닥을 앞뒤로 뒤집어 보였다. 그러자 안드로마코스는 소리 내어 웃으면서 대답도 하지 않은 채 그들의 배가 뒤집히는 것을 보지 않으려면 어서 떠나라고 말하면서 그도 꼭 같이 손바닥을 뒤집어 보였다.

티몰레온이 바다로 탈출했다는 사실을 안 히케타스는 두려운 마음에 더 많은 함선을 보내 달라고 카르타고에 사절을 보냈다. 이제 시라쿠사이인들은 그들의 처지로 말미암아 커다란 절망에 빠졌다. 카르타고인들이 항구를 점령하고 있고, 히케타스가 도시를 점령하고 있었다.

또한 독재자 디오니시오스도 아직 살아 있는데, 티몰레온은 시킬리아 해변의 작은 마을 타우로메니온에 머물러 있었다. 심지어 시라쿠사이를 도울 병력도 없었다. 그가 가진 것이라고는 병력 1천 명과 겨우 버틸 만큼의 식량뿐이었다.

그러다 보니 이제 어느 도시도 티몰레온을 믿지 않았다. 지쳐 버린 시라쿠사이인들은 군사 지도자들에 대한 감정이 더욱 나빠졌다. 이를테면 칼리포스(제25장 「디온전」, § 54~57)와 화락스(제25장 「디온전」, § 48~49)를 향한 감정 같았다.

칼리포스는 아테네인이었고 화락스는 스파르타인이었는데, 이들 모두 입으로는 시킬리아의 자유를 회복하고 폭군을 몰아내려 왔다고 말하면서도 실제로는 폭정을 펼쳤다. 그래서 당시의 시민들은 참주 시절의 시킬리아가 더 황금시대였고, 명색이 독립 국가로 사는 지금보다는 차라리 지난날 노예로 살던 시절을 더 부러워했다고 한다.

12

그렇게 되자 시라쿠사이 시민은 이제 코린토스의 지도자라고 해서 그에 앞서 온 사람들보다 조금도 나을 것이 없으며, 모두 입만 살아 자기들을 유혹하고 있을 뿐만 아니라, 그들이 내세우는 부푼 희망과 달콤한 약속만 믿고 옛날의 군주나 다름없는 새 군주를 받아들이게 되었다고 여겨 코린토스인들을 더 이상 믿고 따르려 하지 않았다. 그 가운데에서도 아드라논(Adranon) 시민만은 달랐다. 그들은 작은 도시에 살면서 불[火]의 신 아드라노스(Adranos)를 섬겼는데, 시킬리아 시민이 모두

이 신을 숭상했다.

그런데 아드라논 시민 사이에 파벌이 생겨 어떤 사람들은 히케타스와 카르타고의 동맹군을 불러들였고, 어떤 사람들은 티몰레온에게 도움을 요청했다. 양쪽 군대가 이처럼 운명의 장난으로 벌어진 상황에서 서로 먼저 그곳에 도착하려고 서둘렀다. 그들은 모두 같은 시각에 아드라논에 도착했다. 그러나 히케타스의 병력이 5천 명인 데 견주어 티몰레온의 병력은 모두 합쳐도 1천2백 명이 넘지 않았다. 이 병력을 이끌고 타우로메니온을 출발한 티몰레온은 340훠롱 떨어진 아드라논을 향해 길을 떠났다.

첫날, 티몰레온은 그리 멀리 가지 않고 야영에 들어갔다. 그러나 둘째 날에는 걸음을 재촉하여 험한 지역을 지나고 나니 이미 날이 저물었다. 같은 시각에 히케타스가 어느 소도시에 도착하여 야영에 들어갔다는 소식을 들은 장교와 지휘관들은 행군을 멈추고 내일 벌어질 전투에 대비하여 저녁을 먹이고 병사들을 쉬게 하려 했다. 그때 티몰레온이 나타나 그러지 말고 지금 더 진격하여 적군을 기습하자고 말했다. 적군도 지금쯤 행군을 마치고 야영을 준비하면서 저녁을 먹으려 하기 때문에 어수선하리라고 판단했던 것이다.

티몰레온은 그렇게 말하면서 방패를 들고 앞장섰다. 그는 승리를 확신한 듯이 병사를 이끌고 나아갔다. 그와 같은 모습에 용기를 얻은 병사들이 따라나서 적군과 거리가 30훠롱이 채 못 되는 곳에 이르렀다. 그의 부대는 그 거리를 단숨에 달려 기습했다. 티몰레온의 부대가 쳐들어오는 것을 본 적군은 곧 혼란에 빠져 도망하기 시작했다.

이 전투에서 티몰레온은 3백 명 가까운 적군을 죽이고 그 두 배에 이르는 적군을 포로로 잡았다. 아드라논 시민은 성문을 열고 티몰레온을 맞아들이면서 두려움과 놀라움에 젖어 있었는데, 전투가 시작되었을 때 신전의 문이 저절로 열리고 신의 손에 들려 있던 창이 떨리면서 땀이 흥건한 것을 보았기 때문이었다.

13

이와 같은 징조는 그때의 승전을 알려 주는 것이면서 그 뒤에 이어질 좋은 결과를 알려 주는 일이기도 했다. 곧 여러 도시가 사절을 보내 티몰레온의 출정을 지지했고, 더욱이 카타네의 폭군으로 호전적이며 재산이 많은 마메르코스(Mamerkos)가 동맹을 제안했다.

그리고 무엇보다도 중요한 것은, 이제 극도로 절망에 빠져 거의 항복할 수밖에 없게 된 디오니시오스가 티몰레온에게 치욕스럽게 패배한 히케타스의 모습을 보고, 티몰레온에 대한 존경심이 우러나 그와 동포들에게 항복하고 성채를 넘기겠노라는 사절을 보내온 것이었다. 이에 티몰레온은 디오니시오스의 항복을 받아들여 코린토스 출신인 에우클레이데스(Eukleides)와 텔레마코스(Telemachus)에게 병력 4백 명을 이끌고 성채를 접수하도록 했다.

그러나 히케타스의 병력이 항구를 봉쇄하고 있어 코린토스 병사는 단번에 공개적으로 성채에 접근하지 못했다. 그들은 부대를 소규모로 재편성한 다음, 비밀스럽게 접근하여 성채를 장악했다. 거기에는 온갖 장비와 군수 물자와 많은 말과 공성기(攻城機)와 엄청난 활과 7만 명이 쓸 수 있는 갑옷이 오랫동안 쌓여 있었다.

디오니시오스는 또한 병력 2천 명을 거느리고 있었다. 디오니시오스는 그러한 무기뿐만 아니라 온갖 군수 물자도 티몰레온에게 넘겨주고, 자신은 보물과 막료 몇 명을 데리고 히케타스의 눈에 띄지 않게 배를 타고 떠났다. 티몰레온의 병영으로 호송된 그는 그곳에서 일생에 처음으로 평민이 되어 허름한 옷으로 갈아입었다.

티몰레온

디오니시오스는 참주의 아들로 태어나 성장했고, 어느 참주보다도 강대한 세력을 휘두르며 화려하게 살았다. 그렇게 10년을 살다가 디온과 전쟁을 벌이면서 12년 동안 시달리며 고통을 겪었고, 이제는 남에게 준 고통보다 더 많은 고통을 겪었다. 그는 성장한 아들들이 칼에 맞아 죽고, 딸들이 적군에게 겁탈당하고, 여동생이자 아내인 여인이 치욕스러운 꼴을 겪는 것을 보았다. 그의 아내는 살아서 방탕한 적군의 노리개가 되고, 어린 자식들과 함께 살해되어, 죽어서는 물고기의 밥이 되었다. 이 이야기는 모두 「디온전」에 자세히 기록했다.[3]

14

다시 디오니시오스의 이야기로 돌아가면, 그가 코린토스에 도착했을 때 그를 만나 말하고 싶지 않은 사람이 없었다. 디오니시오스의 불행을 고소하게 생각하는 사람들은 미워하는 마음이 북받쳐, 운명의 여신에게 버림받은 그를 한 번 더 짓밟고 싶었을 것이다. 그러나 그의 기구한 운명을 보면서 연민을 느낀 사람들은, 눈으로 볼 수 없는 운명의 여신이 눈에 보이는 인간의 나약함을 어떤 모습으로 뒤흔드는지 강렬하게 체험하고 싶었다.

운명의 여신이 지닌 힘에 견주어 볼 때 인간의 어떤 성품이나 기술은 아무것도 아니라는 것을, 그 시대의 역사는 잘 보여 주었다. 그리하여 얼마 전까지만 해도 시킬리아의 군주였던 디오니시오스가 이제는 코린토스의 생선 가게나 향수 가게에서 시간을 보내거나, 주막거리에서 묽은 포도주를 마시고 평민이나 창부들과 실랑이를 벌이거나, 여가수들에게 노래를 가르치려 애쓰거나 극장에서 화음과 음조를 가르치며 열심히

---

3   이 부분은 「디온전」에 자세히 기록되어 있지 않다. 아마도 플루타르코스가 착각하고 있거나 전해 내려오는 동안에 그 부분이 없어졌을 수도 있다.

일하고 있었다.

어떤 사람들은 디오니시오스가 본디 호강하며 살던 사람이어서 방종함을 좋아했기 때문에 그렇게 할 일 없이 건달처럼 살고 있다고 생각했다. 그러나 또 다른 사람들은 디오니시오스가 일부러 무시를 받고 있다고 생각했다. 코린토스인들이 그에게 두려움을 느끼지 않게 하고, 그의 운명이 달리 바뀌어 그에게 다시 압제를 겪을지도 모른다는 의심을 받지 않기 위해서 그랬다는 것이다. 그는 본성에 걸맞지 않게 한량처럼 살아가는 모습을 보여 줌으로써, 자신의 모습을 더 어리석게 연출하고 있다고 사람들은 생각했다.

15

그러나 아직 남아 있는 디오니시오스의 언행에 관한 기록을 읽어 보면, 그가 주어진 현실에 적응하며 그리 천박하지만은 않게 살았음을 보여 주고 있다. 그런 사례로서, 언젠가 그가 시라쿠사이를 떠나 코린토스로 가던 길에 시라쿠사이와 마찬가지로 코린토스의 식민지인 소도시 레우카스에 이른 적이 있었다. 그때 그는 이런 말을 한 적이 있다.

"이곳에 오니 나 자신이 마치 비행을 저지른 젊은이와 같은 느낌이 든다. 비행 소년들은 형제들과는 즐겁게 지내지만 부끄러움 때문에 부모님 만나는 일을 꺼린다. 그와 마찬가지로 나는 부모의 나라인 코린토스보다는 형제의 나라인 이 도시에 살고 싶다."

디오니시오스가 코린토스에 머물 적에 어떤 나그네가 빈정거리듯이 이렇게 물었다.

"그대는 참주 시절에 철학자들을 만나면서 그토록 즐거워했다던데, 그렇다면 그대는 플라톤의 지혜를 보면서 무엇을 배웠소?"

그러자 디오니시오스가 이렇게 대답했다.

티몰레온

"내가 비참하게 뒤바뀐 운명을 맞으면서도 이렇게 견뎌 내는 것을 보면서 그대는 내가 플라톤에게 아무것도 배우지 못한 사람으로 보이는가요?"

음악가인 아리스토크세노스(Aristoxenos)와 몇몇 사람이 디오니시오스에게 물었다.

"그대가 플라톤에 대해 가장 불만을 느낀 것은 무엇이었 으며, 그 까닭은 어디에 있었다고 생각합니까?"

그러자 그가 이렇게 대답했다.

"참주에게는 나쁜 점이 많지만, 그 가운데에서도 가장 나 쁜 점은 가까운 친구들이 내게 진실을 말해 주지 않는다는 것 이었습니다. 참으로 플라톤이 내게 진실을 말하지 못하도록 막은 사람들은 내 친구들이었습니다."

어떤 사람이 디오니시오스를 만나러 들어오면서 외투를 뒤집어 보였다. 이는 왕을 알현할 때 무기를 감추고 있는지를 보여 주려고 옷을 펴 보던 관습을 빈정거리려 함이었다. 그러 자 디오니시오스는 그 사람이 나갈 때 다시 외투를 뒤집어 보 도록 했다. 그가 까닭을 묻자 왕이 이렇게 대답했다.

"그대가 뭘 훔쳐 가는지를 보려고 그러오."

마케도니아의 필리포스왕이 잔치를 열고 농담하면서 이 렇게 빈정거렸다.

"그대의 아버지[대(大)디오니시오스]는 시와 비극을 지었다 고 하던데, 왕이 어느 겨를에 그런 것을 지을 수 있었는가?"

그러자 디오니시오스가 거침없이 이렇게 대답했다.

"남들 눈에는 행복한 것처럼 보이는 그대와 나와 저 사람 들이 술 마시는 시간에 아버지는 시를 썼습니다."

플라톤은 디오니시오스가 코린토스에 살 적에는 그를 만 나지 못했다. 기원전 348년에 죽었기 때문이었다. [알렉산드로 스 대왕과의 대화로] 유명한 시노페의 디오게네스(Diogenes)가 디 오니시오스를 처음 만났을 때 이렇게 물었다.

"디오니시오스, 어찌하여 그대는 이처럼 살게 되었소?"

그의 물음에 디오니시오스는 발걸음을 멈추고 이렇게 말했다.

"디오게네스 선생, 나를 동정하는 말씀을 해 주시니 고맙습니다."

그러자 디오게네스가 이렇게 말했다.

"그게 무슨 말씀이신지, 동정이라뇨? 그대 같은 인간은 그대 아버지처럼 대궐에서 늙어 죽어야 하는데, 우리처럼 행복하고 고귀하게 사는 것이 신기해서 하는 말이오."

[디오니시오스를 섬겼던 역사학자] 휠리스토스가 디오니시오스의 동생 레프티네스의 딸의 비참한 말로를 슬퍼하는 말을 한 적이 있었다.(제25장 「디온전」, § 11) 그의 탄식과 참주 디오니시오스가 말년에 누린 디오게네스식 행복을 견주어 보면, 레프티네스의 아픔은 석고로 만든 향수병이나 자주색 외투나 금붙이 장신구를 잃고 슬퍼하는 데 지나지 않는 것이다.

서두르지 않고 다른 일로 마음의 눈을 돌릴 수 있는 독자들에게는, 이와 같은 자잘한 이야기들이 그리 쓸데없이 여겨지지만은 않으리라 생각하여 여기에 기록해 둔다.

16

디오니시오스가 그토록 불운해 보이는 것과 대조적으로 티몰레온은 엄청난 행운을 타고난 사람이었다. 이를테면 그가 시킬리아에 상륙한 지 50일 만에 시라쿠사이의 성채에 숨어 있던 무리가 그에게 항복했고, 디오니시오스는 펠로폰네소스로 유배되었다. 이러한 성공에 고무된 코린토스인들은 그에게 병력 2천 명과 기병대 2백 명을 보냈다.

이 병력은 투리오이(Thourioi)까지 진출했지만, 카르타고 함대가 지키고 있어 바다를 건너지 못하고 거기에서 조용히 머무르며 기회가 오기를 기다렸다. 그러나 그들에게 그처럼

티몰레온

무료한 시간을 훌륭하게 보낼 일이 벌어졌다. 그들이 머물던 투리오이의 시민들이 브레티오이(Brettioi) 사람들에게 공격을 받고 전쟁터에 나갔을 때, 코린토스인들은 그 도시의 방위를 맡아 마치 자신의 조국인 듯이 정직하고 믿음직스럽게 지켜 주었던 것이다.

그러나 히케타스가 시라쿠사이의 요새를 장악하고 코린토스인들의 식량이 들어오지 못하도록 막고 있었다. 히케타스는 또한 지난날 티몰레온의 암살을 도모한 바 있는 자객 둘을 그에게 다시 보냈다.

그 무렵 티몰레온은 주위에 호위병을 두지 않았다. 더욱이 그는 신의 가호를 믿었기 때문에, 아드라논 주민들과 섞여 지내면서 위험이 도사릴 수도 있다는 생각을 전혀 하지 않았다. 자객들은 그 사실을 알고 그가 신전에서 제사 드릴 때를 암살 기회로 삼았다. 그들은 외투 안에 단검을 숨기고 신전으로 들어간 뒤, 주위에 서 있는 사람들 틈에 섞여 조금씩 티몰레온에게 다가갔다.

그런데 그들이 막 티몰레온을 죽이려는 찰나에 어떤 사나이가 나타나더니 자객들 가운데 한 사람의 머리를 칼로 쳐 쓰러뜨렸다. 공격한 사나이도, 죽은 자객의 동료도 제정신이 아니었다. 자객을 죽인 사나이는 칼을 손에 든 채 높은 바위로 뛰어올라 달아났고, 살아남은 자객은 제단을 붙잡고 사건의 전모를 털어놓을 터이니 살려 달라고 애걸했다. 자신의 요청이 받아들여지자, 자객은 자기와 동료가 티몰레온을 암살하고자 파견된 사람이라고 자백했다.

그런데 사람들이 자객을 죽인 사나이를 바위에서 끌고 내려와 사건의 내막을 물어보니 사나이가 말하기를, 자신이 죽인 자객은 얼마 전에 레온티니에서 자기 아버지를 죽인 원수라고 자백했다. 주변에 있던 사람들의 말을 들어 보니 그 말이 사실이었다. 그 자리에서 사건을 목격한 사람들은 운명의 여신이 얼마나 절묘하게 일을 꾸미는가를 보며 탄복했다.

여신은 이 일과 저 일을 서로 관련 있도록 만들고, 멀리 있는 일도 가까이 있는 일과 연결시키며, 매우 이질적이고 아무 관련이 없는 것처럼 보이는 사건들을 서로 엮어 역사를 이룬다. 그렇게 함으로써 앞에 벌어진 일과 뒤에 벌어진 일이 서로 얽히게 되는 것이다.

코린토스인들은 자객을 죽인 사나이에게 상금으로 10미나를 주었다. 그는 아버지를 죽인 원수에 대한 복수와 티몰레온의 수호신 노릇을 절묘하게 겸한 셈이었다. 그는 오랫동안 가슴에 품어 왔던 분노를 너무 일찍 터뜨리지 않고 간직하였다가, 티몰레온을 지키려는 운명의 여신이 그를 부를 때에 때맞추어 나타났던 것이다.

더욱이 그와 같은 위기에 자신을 드러낸 운명의 여신은 코린토스인들의 앞날에 희망을 불어넣으며, 그들로 하여금 티몰레온을 존경하고 보호해야 한다고 생각하게 해 주었다. 그들이 보기에는 티몰레온이야말로 시킬리아가 겪은 악행을 모두 되갚아 줄 수 있는 수호신이었다.

17

티몰레온을 죽이려는 계획이 실패로 돌아가고 많은 사람이 오히려 그를 도우려고 모여들자, 히케타스는 그토록 많은 카르타고 병력이 지원군으로 와 있음에도 그들을 은밀히 조금씩 쓴 것이 실수였다고 생각하면서 부끄럽게 여겼다. 그리하여 그는 카르타고의 장군인 마고(Mago)에게 병력을 모두 이끌고 와 달라고 요청했다. 이에 마고는 함선 150척을 끌고 와 항구를 점령하고 병력 6만 명을 시라쿠사이에 주둔시켰다. 이를 본 사람들은 오래전부터 예상했던 대로 이방 민족이 드디어 시킬리아를 차지하게 되었다고 생각했다.

지난날에도 카르타고가 시킬리아를 수없이 침략했지만

성공한 적이 없었다. 그러나 이번에 히케타스는 카르타고 병력을 불러들여 그들에게 도시를 넘겨주었고, 시민들은 자기고향이 이방 민족의 손에 넘어가는 것을 바라보아야 했다. 요새를 지키고 있던 코린토스 군대도 어려움을 겪으면서 위험에 빠졌다. 항구가 봉쇄되어 양곡을 들여올 수 없었기 때문이었다. 그들은 병력을 나누어 성벽 사방에서 소규모 전투를 벌이며 온갖 무기를 쓰는 적군의 포위 전략을 물리쳐야 했다.

18

그러나 티몰레온은 작은 배와 어선을 이용해 카타네에서 시라쿠사이로 식량을 들여보냈다. 그들은 주로 비가 오는 날, 바다가 거칠어 적국 함선들의 거리가 벌어질 때 카르타고 함선 사이로 몰래 지나다니며 양곡을 들여왔다. 이 사실을 알아차린 마고와 히케타스는 배편으로 시라쿠사이에 양곡을 보내 주는 카타네를 정복하기로 결정했다.

마고와 히케타스는 정예 부대를 이끌고 시라쿠사이를 출발했다. 그때 성채에 갇혀 코린토스 병력을 지휘하던 사령관 네온(Neon)이 망루에서 바라보니, 적군이 카타네를 정벌하러 주력 부대가 떠난 탓에 방비가 허술한 것을 알고 그들을 급습했다. 이 전투에서 네온은 카르타고와 히케타스의 남은 병력을 많이 죽였다.

적군이 도망하자 네온은 아크라디나를 장악했다. 아크라디나는 시라쿠사이에서 가장 견고하고 가장 공격하기 어려운 곳으로서, 어떤 의미로 보면 여러 도시가 모여 이루어진 곳 같았다. 아크라디나에서 양곡과 군자금을 확보한 네온은 본진으로 돌아갈 생각을 하지 않고 이곳을 계속 장악하여 방책을 쌓은 다음, 이전의 요새와 연결하는 참호를 만들어 두 곳을 모두 방어했다.

마고와 히케타스가 카타네에 거의 이르렀을 때 시라쿠사

이에서 기병이 달려와 아크라디나를 빼앗겼다는 급보를 전달했다. 그 소식에 매우 놀란 두 사람은 서둘러 돌아왔지만, 그들이 쳐들어간 카타네도 빼앗지 못하고, 이미 차지하고 있던 아크라디나마저 빼앗기고 말았다.

19

네온의 성공이 통찰력과 용맹 덕분이었는지 신의 도움이었는지는 논란의 여지가 있지만, 그 뒤에 일어난 사건은 오로지 행운의 여신이 도와준 덕분인 듯하다. 곧 투리오이에 머물던 코린토스 병사들은 한노(Hanno)의 지휘 아래 성을 지키던 카르타고의 함대가 무섭기도 하려니와, 며칠 동안 바다에 풍랑이 너무 거칠었던 탓에 바다를 이용하는 대신 칼라브리아(Kalabria, Bruttium)를 거쳐 육지로 진군하기로 했다.

그리하여 코린토스의 병력은 설득과 강요를 번갈아 써 가며 폭풍을 뚫고 레기움까지 갔다. 그러나 한노는 코린토스인들이 육지를 거쳐 진군하리라는 것을 예상하지 못했을 뿐만 아니라, 그곳에 할 일도 없이 머무르는 것은 게으른 짓이라고 생각하여, 자기 딴에는 꽤 영리하고 짓궂게 적군을 속이겠다는 계획을 진행하고 있었다.

한노는 수병들에게 화관을 쓰고 깃발과 그리스 방패로 함선을 장식하도록 한 다음 시라쿠사이를 향해 떠났다. 그리고 그는 전속력으로 성채 앞바다를 지나며 손을 흔들고 크게 웃도록 했다. 그렇게 그는 마치 해협을 지나면서 코린토스인들을 사로잡아 돌아오는 듯이 소리쳤다. 그는 이와 같은 광경을 보여 주면 섬 안에 갇혀 있는 사람들이 크게 낙심하리라고 생각했다.

한노가 이처럼 속임수를 쓰면서 왁자지껄하고 있을 때, 앞서 말한 코린토스 병사가 칼라브리아에서 레기움으로 와 보니 자기들을 기다리는 적군도 없고 예상 밖으로 바다도 잠잠

하여 손에 잡히는 대로 작은 배와 어선에 병력을 싣고 시킬리아로 들어갔다. 바다가 어찌나 고요했던지, 말들은 고삐를 묶은 배를 따라 헤엄쳐 이동할 수 있었다.

20

이와 같이 코린토스 병사가 건너오자 티몰레온은 그들과 힘을 합쳐 곧 메세네를 점령한 다음 연합군을 형성하여 시라쿠사이로 진격했다. 이때의 성공은 그의 병력이 강력해서라기보다는 행운이 크게 따라 준 덕분이었다. 그때 그를 따랐던 병력은 모두 합쳐도 4천 명을 넘지 못했기 때문이었다. 티몰레온의 병사가 쳐들어온다는 소식을 들은 마고는 심란하고 두려웠다. 그는 몇 가지 이유로 이런 상황에서 자기가 끝까지 싸워야 하는지 의혹을 품고 있었다. 그 내막은 이렇다.

시라쿠사이 연안 모래톱에는 샘과 호수와 강으로 흘러 들어가는 물이 풍부한 까닭에 뱀장어들이 많아 이를 잡으러 오는 사람들이 끊이지 않았다. 그래서 양쪽 병사들은 전투가 없어 한가할 때면 뱀장어를 잡으러 이곳에 몰려들었다. 그들은 모두 그리스인들이어서 서로 미워할 이유도 없었다.

이들은 전투가 벌어지면 용맹스럽게 싸웠지만, 전투가 없을 때는 서로 만나 이야기도 나누었다. 이번에도 전투가 중지되자 양쪽 병사들은 뱀장어를 잡는 데 여념이 없었다. 그러면서 그들은 바다에 해산물이 많다느니, 연안의 토지가 비옥하다느니, 별소리를 다 늘어놓았다. 그러다 코린토스 병사 가운데 한 사람이 히케타스 병사에게 이런 말을 했다.

"이토록 넓고 살기에 비옥한 땅을 야만족에게 넘겨주려는 당신들이 진정 그리스인이 맞소? 지금이야말로 시킬리아를 그리스와 카르타고의 방벽으로 삼기를 기도해야 할 때인데, 저토록 야만적이고 호전적인 카르타고를 우리 곁에 끌어들여야겠소? 그들이 군대를 모아 '헤라클레스의 기둥'과 아틀

란티스해(대서양, Atlantic Ocean)에서 이리로 넘어온 이유가 자기들의 목숨을 바쳐 히케타스를 돕기 위해서라고 생각하고 있소? 만약 히케타스가 진정한 지도자라면, 그는 자기 동포를 몰아내고 조국을 배신하여 숙적(宿敵)을 끌어들이기보다는 티몰레온과 코린토스인들의 손을 잡고 조국의 영광과 국력을 위해 일하는 것을 즐거워했어야 하오."

용병들이 이러한 이야기들을 퍼뜨리자 카르타고의 장군 마고는, 그렇지 않아도 물러날 구실만을 열심히 찾던 터에, 갑자기 반역자로 의심받게 되었다. 히케타스는 그에게 남아 달라고 간청하면서 적군에 견주어 자기들의 병력이 얼마나 우세한가를 보여 주려고 노력했지만, 마고는 병력에서 우세할지는 몰라도 사기와 행운에 있어서는 아군이 훨씬 뒤떨어져 있다 생각하고 곧장 닻을 올려 리비아로 떠났다. 이렇듯 그는 납득할 만한 해명은 하나도 내놓지 않은 채, 불명예스럽게 시킬리아를 버리고 떠났다.

21

마고가 떠난 다음 날 티몰레온은 전열을 갖추고 진격했다. 그러나 마고가 이미 떠나고 부두가 텅 빈 것을 본 그들은 그의 비겁함을 비웃으면서, 사람을 시내로 보내 카르타고 병사가 어디로 도망했는지를 알려 주는 사람에게 상금을 주겠노라고 선전했다. 그러나 히케타스는 여전히 항전하며 도시를 포기하지 않고 자기 진지를 지키고 있었다. 그곳은 매우 견고하여 섣불리 공격하기에 위험했다.

티몰레온은 병력을 나누어, 자신은 치열한 전투가 예상되는 아나포스강을 따라 공격하고, 코린토스의 장군 이시아스(Isias)는 아크라디나에서 공격하도록 하고, 코린토스에서 지원하러 온 제2부대를 인솔한 데이나르코스(Deinarchos)와 데마레토스(Demaretos)는 에피폴라이를 공격하도록 했다.

티몰레온

세 곳에서 한꺼번에 시작된 공격에 히케타스는 크게 패배하고 도주했다. 적군이 도주하자 티몰레온의 부대는 폭풍처럼 짓쳐 들어갔는데, 이 승리는 병사들의 용맹함과 지휘관의 능력 때문이었다고 말하는 것이 옳다. 그러나 코린토스 병사들 가운데 죽거나 다친 사람이 아무도 없었다는 것은 행운의 여신이 그를 도우면서 마치 그의 용기에 손을 들어 준 것처럼 보였다.

티몰레온의 전승 소식을 들은 사람들은 그 훌륭한 공적보다도 신의 은총에 따른 승리를 더 놀라워했다. 이 전쟁으로 말미암아 그는 시킬리아와 이탈리아에서 명성이 커졌고, 그 명성은 며칠 만에 그리스까지 번져 나갔다. 그가 과연 제대로 바다를 건너가기나 했을까 걱정하던 코린토스인들은 그가 승리한 바로 그 시각에 소식을 들었다. 티몰레온의 원정은 그토록 찬란했고, 운명의 여신은 그토록 빠르게 그의 전공을 치하해 주었다.

22

히케타스의 성채를 차지한 티몰레온은 디온이 디오니시오스를 무찌르고 나서 저지른 실수(제25장 「디온전」, § 53)를 되풀이하지 않았다. 곧 그는 성채가 아름답다거나 건축비가 많이 들었다는 이유로 그것을 그대로 두지는 않았다. 성채를 남겨 둔 것이 그의 전임자들에게 재앙과 파멸을 가져왔다고 여긴 티몰레온은 누구든 원하는 사람들은 연장을 들고 와 참주의 보루였던 성채를 부숴도 좋다고 시라쿠사인들에게 말했다.

시라쿠사이 시민은 그 포고문을 발표한 그날이야말로 자유가 시작된 날이라고 여기면서 성채뿐만 아니라 참주의 왕궁과 무덤까지 모두 파괴했다. 그들은 그 장소를 모두 평평하게 만든 다음 그곳에 법정을 세움으로써 시민이 참주정을 무너뜨리고 민주주의가 승리하게 만든 공로를 기렸다.

그러나 시라쿠사이에는 인구가 부족했다. 어떤 사람은 전쟁과 소요 때 사라지고, 어떤 사람은 참주정이 싫어 해외로 망명했기 때문이었다. 인구가 적다 보니 시라쿠사이 광장에는 풀이 무성하여 말먹이 재배지가 되었고, 말을 관리하는 사람들이 풀밭에 누워 있었다.

다른 도시에도 예외 없이 거리에 사슴과 멧돼지가 출몰하자 교외와 성 밖에는 그들을 잡으려는 사냥꾼들이 나타났다. 성채나 요새에 들어가 생활 터전을 잡은 사람들은 도시로 내려오라는 정부의 지시를 듣지 않았다. 그들은 참주의 진원지인 광장이나 민회나 토론을 두려워하고 미워했다.

그래서 티몰레온과 시라쿠사이 시민은 시라쿠사이에 이민을 보내 달라는 문서를 그리스에 보내기로 결정했다. 그렇게라도 하지 않으면 농사지을 사람이 없었기 때문이었다. 더욱이 그들은 아프리카에서 대대적인 침략이 있으리라고 예상했다.

마고가 원정 실패를 책임지고 자살하자 패주에 분노한 카르타고인들이 마고의 시체를 꼬챙이로 찔러 모욕하고, 여름에 시킬리아를 침략할 목적으로 병력을 모집하고 있다는 사실을 시라쿠사이 시민은 잘 알고 있었다.

23

티몰레온은 시라쿠사이에 사람들을 이민 보내 도시를 재건해 달라는 편지를 고국에 보냈다. 그의 편지를 든 사절이 도착했지만, 코린토스인들은 남의 불행을 이용하여 자기들의 이득을 챙기거나 세력을 확장할 생각을 품지 않았다.

코린토스인들은 먼저 그리스의 신성한 경기장과 거대한 축제를 찾아갔다. 자신들이 시라쿠사이에서 폭정을 무너뜨리고 참주를 몰아냈으니, 시킬리아 출신 그리스인들 가운데 그곳으로 돌아가고 싶은 사람이 있다면 토지를 나눠 주겠다는

티몰레온

것이었다. 이처럼 그들은 그 도시에 자유롭고 독립된 시민을 초청하고 있다고 공표했다.

그다음으로 코린토스인들은 동포들이 망명하여 흩어져 사는 아시아와 여러 섬에 사절을 보내 조국으로 돌아올 것을 권고하면서, 자기들의 비용으로 지도자와 호위병을 붙여 시라쿠사이로 안전하게 귀국할 수 있도록 해 주겠노라고 약속했다. 이와 같은 포고령 덕분에 코린토스인들은 망명한 동포들의 찬사를 받으면서 지극한 영광을 누렸다. 그들은 참주에게서 농지를 빼앗았고, 이방 민족의 침략을 막아 내고 그 땅을 정당한 시민에게 돌려주었다.

그렇게 했는데도 코린토스에 모인 사람들을 살펴보니 그 수가 너무 적었다. 사절들은 다시 코린토스와 그 밖의 그리스 국가에서도 이민을 받아들일 수 있도록 해 달라고 요청했다. 그렇게 모인 이민자 1만 명이 배를 타고 시라쿠사이로 떠났다. 이 무렵에 이탈리아와 시킬리아에서도 많은 사람이 티몰레온 주위에 몰려들었다.

아타니스(Athanis)의 기록에 따르면, 그렇게 하여 다시 시라쿠사이에 이민자가 6만 명이나 몰려오자 티몰레온은 그들에게 땅을 나누어 주고 1천 탈렌트어치 주택을 그들에게 팔아, 한편으로는 본디 시라쿠사이에 살았던 사람들에게 주택을 마련할 수 있는 재산을 주고 다른 한편으로는 국가 재정을 넉넉하게 마련하려 했다고 한다.

그러고서도 전반적인 국가 경영과 군자금으로 쓸 돈이 부족하자, 시라쿠사이는 실제로 공공 조각상까지 팔았다. 조각상을 팔 때 그들은 마치 조각상의 주인공이 죄인이라도 되는 것처럼 재판 절차를 거쳐 그 값을 매겼다.

들리는 바에 따르면, 이 경매에서 시라쿠사이인들은 다른 지도자들을 비난하면서도 옛날 참주였던 겔론의 조각상은 팔지 않았다. 그들은 [기원전 480년, 살라미스 해전에서 승리한 날과 같은 날에] 히메라(Himera)에서 카르타고인들을 무찌른 겔론을 존경하며 숭상했기 때문이었다고 한다.(헤로도토스, 『역사』, VII : 166)

24

여러 곳에서 이민이 들어옴으로써 도시에 인구가 늘고 활기를 되찾자 티몰레온은 다른 도시들도 해방하여 시킬리아에서 참주의 뿌리를 뽑으리라 결심했다. 그럴 목적으로 티몰레온은 다른 지역으로 원정을 떠났다. 그런 의도 가운데 하나로 티몰레온은 히케타스가 카르타고와 동맹을 끊음과 동시에 성채를 헐어 버리고 물러나게 한 다음, 레온티니에서 평민으로 살도록 했다.

아폴로니아와 요새 몇 개를 장악했던 레프티네스도 티몰레온의 주력 부대에 정복될 위험에 빠지자 스스로 항복했다. 티몰레온은 그를 죽이지 않고 코린토스로 보내 시킬리아의 독재자가 민주주의의 발상지인 그리스에서 얼마나 초라한 유배자로 살게 되는지 보여 주겠다고 생각했다. 그뿐만 아니라 티몰레온은 용병들이 적국에서 전리품을 약탈하도록 허락함으로써 하릴없이 빈둥거리지 않게 만들었다.

시라쿠사이로 돌아온 티몰레온은 민주 정치를 수립하고자 일했다. 그는 코린토스에서 온 입법가들인 케팔로스(Kephalos)와 디오니시오스(Dionysios)를 도와 사람들이 가장 좋아할 방법으로 가장 훌륭한 제도를 마련하도록 하고, 데이나르코스와 데마레토스의 부대를 카르타고가 장악한 지역으로 보냈다. 이곳에서 두 장군은 여러 도시를 해방하고 카르타고에 저항하도록 고무했으며, 많은 전리품을 얻음으로써 다가올 전쟁을 대비한 군자금을 마련했다.

25

그러는 동안에 카르타고인들이 보병 7만 명, 삼단 노의 함선 2
백 척, 전쟁 장비와 말 네 필이 끄는 전차, 넉넉한 군량미, 그 밖
의 장비를 실은 수송선 1천 척을 이끌고 릴리바이온(Lilybaion)
으로 쳐들어왔다. 이들은 어설프게 쳐들어온 것이 아니라 시
킬리아에 정착한 그리스인들을 단 한 번에 모조리 몰아내고자
했다.

릴리바이온의 그리스인들은 정치적으로 건전하고 일치
단결해 있었지만, 카르타고 병력은 원주민 그리스인들을 정복
하기에 충분했다. 카르타고인들은 지난날 자기들이 다스렸던
영토마저도 코린토스인들이 유린했다는 소식을 듣고 몹시 분
개하여 곧장 공격을 시작했다. 지휘관은 하스두르발(Hasdrub-
al)과 하밀카르(Hamilcar)였다.[4]

카르타고가 침략해 온다는 소식을 들은 시라쿠사이 시민
은 그 규모에 놀라 겁을 먹었다. 인구 몇만 명 가운데 겨우 3천
명이 용기를 내어 무기를 들고 티몰레온을 따라 전쟁터로 나
갔다. 더욱이 용병들은 4천 명에 지나지 않았는데, 그나마 그
가운데 1천 명은 행군하다가 겁에 질려 시라쿠사이로 도망하
면서, 나이로 보면 그렇지 않을 것 같았던 티몰레온은 알고 보
니 완전히 미친 사람이라고 비난했다.

그도 그럴 것이 티몰레온은 보병 5천 명과 기병 1천 명으
로 적군 7만 명에 맞서 싸우고자 시라쿠사이에서부터 8일 동
안 달려왔기 때문이었다. 도망병들이 보기에 이번 전쟁에서는
자기들이 살아날 길이 없을 뿐만 아니라 죽어서 몸 누일 무덤
조차 없을 것 같았다. 티몰레온은 그들에게 자신들이 지난날
의 전투에서도 열악한 조건에서 어떻게 싸웠는가를 설명한 다
음, 그들을 격려하며 카르타고 병사가 집결해 있다고 알려진

---

4   이 두 장군의 가문에 관해서는 제51장 「한니발전」, § 2 참조.

크리미소스(Krimisos)강을 향해 전속력으로 진격했다.

26

티몰레온은 적군의 병력과 진지를 살펴보려고 언덕을 올라가다가 우연히 노새에 파슬리(selinon)를 싣고 오는 사람들을 만났다. 이를 본 병사들은 불길하게 생각했다. 왜냐하면 그들에게는 장례식 때 파슬리로 화관을 만들어 시체를 장식하는 풍습이 있었기 때문이었다. 그래서 그들은 사람의 임종이 가까워지면, "파슬리만 준비하면 되겠군" 하고 말했다.[5] 그러자 티몰레온은 병사들의 미신이 만들어 낸 공포를 떨치고 낙담한 마음을 없애고자, 행군을 멈추고 이번에 파슬리를 목격한 것을 상황에 맞도록 다르게 해석하여 연설했다.

"이것은 승리의 월계관이 제 발로 찾아와 우리에게 미리 씌워 주려는 것이다. 코린토스인들은 [2년마다 열리는] 이스트모스 경기(Isthmikoi Agones)에서 승리의 월계관을 씌워 줄 때 전통적으로 파슬리를 성스러운 재료로 여겼다는 점을 생각해 보라."

오늘날에도 네메아 경기(Nemeoi Agones)에서 그들은 이스트모스 경기 때와 마찬가지로 파슬리를 화관으로 만들어 쓴다. 소나무로 만든 월계관을 만들어 쓰기 시작한 것은 그리 오래된 일이 아니다.

티몰레온이 그와 같이 말하고 나서 먼저 파슬리로 월계관을 만들어 쓰자 장교들이 그를 따라 했고, 이어 병사들도 그렇게 했다. 그때 독수리 두 마리가 그들 위로 날고 있었는데, 하나는 발톱으로 뱀을 쥐고 있었고, 다른 하나는 병사를 고무하듯

---

5   그리스 신화에서 오펠테스(Opheltes, Archemoros)는 어렸을 때 땅바닥에서 파슬리로 엮은 침대에 누워 자다가 뱀에 물려 죽었다. 그 뒤로 장례 풍습에서 파슬리 화관을 쓰기 시작했다고 한다. 네메아 경기에서는 그를 기려 파슬리 화관을 썼다.

이 울었다. 점술가들이 손가락으로 그 모습을 병사들에게 가리
키니 병사들은 모두 신이 자기들을 가호하는 것으로 생각했다.

27

그때는 [기원전 339년] 타르겔리온월(Thargelion月, 5~6월) 말, 하지
가 가까워 오던 때였다. 강이 짙은 안개를 뿜어내면서 평야를
가려 적군의 막사는 보이지 않았는데, 무질서하고 시끄러운
소리가 들려오는 것으로 보아 많은 병력이 움직인다는 사실을
알 수 있었다. 비탈을 내려간 티몰레온의 병사들이 방패를 내
려놓고 잠시 쉬는데, 해가 중천에 떠오르자 안개가 두꺼운 수
증기로 산꼭대기에 구름처럼 걸렸다. 그러자 언덕 아래 모습
이 선명히 드러나고 크리미소스강이 보였다.

티몰레온이 바라보니 네 마리 말이 끄는 전차에 적군이
타고 건너오는데 그 대오가 참으로 무시무시했다. 그 뒤로 보
병 1만 명이 방패를 들고 강을 건너왔다. 코린토스 병사들은 그
들의 무기가 찬란하고 둔중(鈍重)하며 행군이 질서 정연한 것
으로 보아 저들이 카르타고 병사라고 생각했다. 그 뒤로는 이
방 민족으로 이뤄진 병력이 따라오면서 강을 건너는데 몹시
혼잡스러웠다.

티몰레온이 바라보니, 강의 모양으로 보아 적군이 한꺼번
에 건너올 수 없었으므로 이쪽에서 상대할 적군의 수를 필요
한 만큼 결정할 수 있었다. 티몰레온은 적군의 밀집 대형이 강
물 때문에 허물어지고 있음을 주목하라고 지시했다. 밀집 대
형이라고는 하지만 일부는 강을 건넜고 일부는 이제 막 건너
려는 참이었기 때문이었다. 티몰레온은 데마레토스에게 적군
이 강을 건너오면 대오를 정비하기에 앞서 공격하여 혼란에
빠뜨리도록 지시했다.

그런 뒤 티몰레온은 평야로 내려가 시킬리아 출신 그리스
병사들에게 좌우의 날개를 맡기고, 용병 가운데 일부를 좌우

의 날개와 연합하여 전선을 형성하게 하며, 자신은 시라쿠사이의 병력과 용병 가운데 정예병을 이끌고 중군을 맡았다. 잠시 기다리며 자신의 기병대가 움직이는 모양을 살펴보니, 적군의 전차대가 자기 부대의 진격로를 막고 있어 기병대가 적진에 접근하지 못하고 있었다. 이 때문에 대오가 흩어지지 않게 하려면 적군을 만날 때마다 계속 우회하면서 신속하고도 지속적으로 공격하는 수밖에 없었다.

이와 같이 판단한 티몰레온은 방패를 치켜들고 보병들에게 자기를 따라 용맹스럽게 진격하라고 소리치는데, 그 목소리가 어찌나 우렁찼던지 사람의 것 같지 않았다. 티몰레온의 목소리가 그토록 컸던 것이 그가 마주한 전투에서 용기를 뽐내고 싶은 열정 때문이었는지, 대부분의 사람이 느꼈던 것처럼 그의 열망에 하늘의 뜻이 실렸기 때문이었는지는 알 수 없다.

병사들도 함께 소리치며 지체 없이 자기들을 이끌고 나아가라고 요구하자, 티몰레온은 기병대에 적진의 밀집 대형을 우회하여 측면을 공격하라고 명령했다. 그러고는 공격 나팔 소리와 함께 자신은 선봉진을 밀집 대형으로 만들어 카르타고의 본진을 공격했다.

28

처음에 카르타고 병사들은 완강하게 항전했다. 그들이 보호 장구로 쓰고 있던 철갑과 청동 투구는 코린토스 병사들의 창을 잘 막아 냈다. 그러나 전투가 칼싸움으로 바뀌고 힘보다는 검술이 더 유용하게 되었을 무렵, 갑자기 언덕 위에서 천둥이 치고 번개가 번쩍이더니 산 위에 몰려 있던 먹구름이 산 밑으로 내려오면서 비와 우박으로 바뀌어 쏟아졌다. 비바람이 그리스 병사들의 등 뒤에서 몰아치자 카르타고 병사들은 얼굴을 때리는 비와 우박으로 말미암아 눈을 뜰 수 없었다. 천둥을 동반한 폭풍우는 한동안 계속되었다.

티몰레온

카르타고인들은 일찍이 겪어 본 적이 없는 상황에 절망했다. 천둥소리는 그들을 더욱 어렵게 만들었다. 상관의 지시를 들을 수 없었기 때문이다. 그뿐만 아니라 카르타고 병사들의 장비는 무거웠다. 앞에서 말했듯이, 두꺼운 갑옷을 입은 그들은 진흙에 빠지고 물에 젖어 무기를 휘두를 수도 없었고 효과적으로 움직일 수도 없었기에 그리스 병사들의 공격에 쉽게 무너졌다. 한번 넘어지면 무기를 들고 진흙 속에서 일어나기도 어려웠다.

폭우로 말미암아 크리미소스강이 엄청나게 불어난 데다가 강을 건너려는 병사들까지 들어차면서 물이 강변까지 넘쳤다. 이처럼 언덕에서부터 뻗어 내려온 협곡에는 물이 가득 들어찼지만 그 물이 빠질 곳이 없어, 카르타고 병사들은 그곳에서 헤어날 수가 없었다. 폭풍과 그리스 병사들의 공격으로 4백 명의 선봉이 무너지자 주력 부대가 도주하기 시작했다. 많은 병사가 평원에서 잡혀 죽거나 물에 빠져 죽었고, 도주하던 무리는 아직도 강을 건너오던 무리와 뒤엉키다 떠내려갔다. 그리스 경보병들은 쉽게 그들을 추격하여, 언덕으로 도망하는 카르타고 병사를 뒤따라가 처치했다.

들리는 바에 따르면, 전사한 1만 명 가운데 3천 명이 카르타고인이었다는 사실이 그들에게 큰 아픔을 주었다. 가문과 재산과 명성에서 뛰어난 무리가 단 한 번의 전투에서 이토록 많이 죽은 경우가 없었기 때문이었다. 그뿐만 아니라 카르타고 시민들이 이토록 많이 죽은 사례도 없었다. 그들은 전쟁을 치르면서도 본토인보다는 리비아인을 가장 많이 차출했고, 그다음으로 스페인인과 누미디아인들을 병사로 채움으로써 패전의 대가를 다른 민족들에게 덮어씌웠기 때문이었다.

29

그리스인들은 거두어들인 전리품으로 미루어 죽은 카르타고 병사들의 지위를 알 수 있었다. 시체에서 골라낸 전리품 가운데 쇠나 청동으로 만든 것을 계산에 넣지 않더라도 금은으로 만든 것이 꽤 많았기 때문이었다. 코린토스 병사들은 강을 건너 보급 마차와 함께 병영을 점령했다. 군인들이 포로를 빼돌려 자기 재산으로 만들어 감추었는데도 관노(官奴)로 들어간 포로가 5천 명이었다. 말 네 필이 끄는 전차도 2백 대나 나포했다.

그러나 그 가운데에서도 티몰레온의 막사가 가장 찬란하고 장엄했다. 거기에는 온갖 전리품이 쌓여 있는데, 정교하게 세공한 가슴받이 1천 개와 방패 1만 개가 전시되어 있었다. 전리품은 많고 이들을 수거할 일손이 부족하여 전투가 끝나고 사흘이 지나서야 승전비를 세울 수 있었다. 티몰레온은 승전 소식과 함께 노획물 가운데 가장 아름다운 갑옷을 코린토스로 보내면서 세상 모든 나라가 조국을 부러운 눈으로 바라보기를 바랐다.

티몰레온의 조국은 그리스인으로서 동족을 약탈하거나 동포와 친족을 죽이고 얻은 전리품으로 제물을 차린 것이 아니라, 이방 민족에게서 빼앗은 전리품 위에 승자의 용맹과 정의를 공의롭게 새겨 넣은 승전비를 세운 것이다. 그들은 이 승전비를 통해 코린토스인들과 티몰레온 장군이 그리스인들로 하여금 카르타고의 압제에서 해방된 시킬리아에 살게 하고, 신전에 감사의 제물을 드린 것을 세상에 알렸다.

30

이런 일이 있은 뒤에 티몰레온은 카르타고 영지로 용병들을 보내 약탈하게 하고, 자신은 시라쿠사이로 돌아갔다. 이곳에서 그는 전투가 벌어지기에 앞서 시킬리아에서 탈주한 용병들에게 해가 지기 전에 이 나라를 떠나라고 명령했다. 그들은 이탈리아로 건너가 브레티오이 사람들의 손에 비극적인 죽음을 맞았다. 이렇게 하늘은 반역자들을 응징했다.

티몰레온

그러나 카타네의 참주 마메르코스와 히케타스는, 티몰레온의 승리를 시샘해서였는지 아니면 참주를 믿지 않고 결코 용서하지 않는 그의 성격을 두려워해서였는지는 알 수 없으나, 다시 카르타고와 동맹을 맺고 카르타고가 시킬리아에서 쫓겨나지 않으려면 병력과 함께 장군을 파견하라고 요구했다. 이에 따라 [기원전 338년 봄에] 카르타고의 장군 기스코(Gisco)가 함선 70척에 그리스 출신 용병을 포함한 병력을 이끌고 쳐들어왔다.

이제까지 카르타고는 그리스 출신 용병을 쓴 적이 없었지만, 이번에는 세상에서 가장 날래고 용맹한 그들을 인정하고 고용했다. 메세네 지역에 병력을 모두 집결시킨 그들은 티몰레온이 지원병으로 보낸 용병 4백 명을 죽였다. 티몰레온의 용병들은 이에타이(Ietai)라는 곳에서 가까운 카르타고 식민지에 주둔하고 있었다. 카르타고 병사들은 레우카스 출신의 장군 에우티모스(Euthymus)가 이끄는 용병을 그곳에 매복시켜 그리스 병사를 죽였다.

이 사건으로 티몰레온이 병력을 잃었으면서도 명성을 얻었다는 점은 놀라운 행운이었다. 이들은 포키스 출신의 휠로멜로스(Philomelos)와 오노마르코스(Onomarchos)의 지휘 아래 델포이를 공격하여 [이른바 기원전 356년의 성전(聖戰) 무렵에] 성소의 보물들을 약탈한 적이 있었기 때문이었다. 그 일로 말미암아 세상 사람 모두가 그들을 미워하고 신의 저주를 받아 죽어 마땅하다고 여기던 터에, 펠로폰네소스 일대를 떠돌다가 병력이 부족한 티몰레온의 부대에 용병으로 들어간 것이었다.

시킬리아에 들어온 그들은 티몰레온의 휘하에서 전쟁을 치를 때마다 승리했다. 그러나 그 빛나는 승리가 끝나자 티몰레온은 다른 부대를 방어하라며 그들을 이에타이로 보냈던 것이다. 정의의 여신은 그들을 그렇게 응징했다. 그러면서도 여신은 티몰레온을 축복하여, 사악한 무리를 응징하면서도 그와 함께 있던 선량한 무리가 함께 다치는 일이 없도록 보호했다.

운명의 여신은 이와 같이 티몰레온이 승리했을 때와 마찬가지로 패전했을 때에도 그에 못지않게 칭송받도록 이끌어 주었다.

31

그러나 시라쿠사이 시민은 참주들의 모욕에 분노했다. 시와 비극을 짓는 작가로도 자신을 높이 평가하던 마메르코스는 앞에서 말한 티몰레온의 용병을 무찌른 다음 기고만장하여, 노획한 방패를 신전에 바치면서 다음과 같이 무례한 이행시(二行詩)를 지어 바쳤다.

> 상아와 황금과 호박(琥珀)을 박아 넣은 저 자주색 방패,
> 우리의 작은 방패로 빼앗은 것이로다.

그런 일이 있은 뒤에 티몰레온이 칼라우레이아(Calaureia)로 원정을 떠나자, 그 빈틈을 노린 히케타스가 시라쿠사이를 침공하여 많은 전리품을 노획하고 도시를 엄청나게 파괴했다. 그러고는 티몰레온이 주둔하던 칼라우레이아를 지나가면서 병력이 적은 것을 보고 비웃었다. 그러나 티몰레온은 그가 지나가도록 내버려 둔 다음 기병대와 경보병으로 그들을 추격했다. 이를 알아차린 히케타스는 다무리아스(Damurias)강을 건너 강변에서 행군을 멈추고 방어진을 차렸다. 이곳은 통과하기가 어렵고 양쪽 절벽이 가팔라 적군을 무찌르기에 유리하다며 병사들은 즐거워했다.

그럴 무렵에 티몰레온의 진영에서는 놀랄 만한 경쟁이 일어나 공격이 늦어졌다. 그의 장군들 가운데 선봉에 서고 싶어 하지 않은 사람이 아무도 없었기 때문이었다. 서로 앞다투어 강을 건너려 하다 보면 큰 혼란이 일어날 것만 같았다. 따라서 티몰레온은 제비뽑기로 순서를 결정하기로 했다.

티몰레온이 장군들의 인장 반지를 받아 자신의 외투 소매

에 넣어 섞은 다음 하나를 뽑아 보니 공교롭게도 승전비 모양이 찍힌 반지가 나왔다. 이를 본 그 반지 부대의 젊은 장병들은 기뻐 소리치며 더 이상 제비뽑기를 기다리려 하지도 않고 강물로 뛰어들어 전속력으로 적진을 향해 달려갔다. 적군은 처음부터 이들을 감당하지 못하여, 무기를 버리고 시체 1천 구를 남긴 채 달아났다.

32

그 뒤 얼마 지나지 않아 티몰레온은 레온티니 영토로 쳐들어가 히케타스와 그의 아들 에우폴레모스(Eupolemos)와 기병대장 에우티모스를 사로잡았다. 이들이 병사들에게 끌려 티몰레온 앞에 나타났다. 히케타스와 그의 어린 아들은 폭정과 반역죄로 처형되었고, 기병대장 에우티모스는 작전에 뛰어난 용맹한 장군이었지만 언젠가 코린토스인들을 모독하는 발언을 한 것이 문제가 되었다.

들리는 바에 따르면, 코린토스 병사가 쳐들어왔을 때 에우티모스는 레온티니 시민을 대상으로 한 대중 연설에서, 에우리피데스의 비극에 나오는 대사를 인용하여 이렇게 말한 적이 있었다.

　"코린토스의 아낙네들이 집을 나왔으니"(『메데이아』, § 215)
　무서워할 것도 없고 걱정할 것도 없도다.

사람들은 대체로 행동이 아니라 말 때문에 상처를 입는다. 몸으로 겪는 상처보다 마음으로 입는 상처가 더 크기 때문이다. 적군이 살아남기 위해 우리에게 입힌 상처는 그럴 수밖에 없었다는 이유로 용서할 수 있지만, 누군가를 모욕하는 건 지나친 증오와 천박함 때문이라고 사람들은 생각한다.

33

티몰레온이 귀국하자 시라쿠사이 시민은 히케타스의 아내와 딸을 데려와 그의 막료들과 함께 민중 재판에 회부하여 처형했다. 이 사건은 티몰레온의 일생에서 가장 혐오스러운 짓이었다. 티몰레온이 말렸더라면 그 여인들은 그렇게 죽지 않을 수도 있었기 때문이다.

그러나 티몰레온은 그들을 본 체도 하지 않고 민중에게 넘겨주었으며 민중은 디오니시오스를 몰아낸 디온의 죽음에 복수하는 심정으로 그들을 죽였다. 디온의 아내 아레테와 그의 누나 아리스토마케와 어린 아들을 산 채로 바다에 던져 버린 사람이 바로 히케타스였다. 나는 이 이야기를 「디온전」(§ 58)에서 자세히 다루었다.

34

그런 일이 있은 뒤에 티몰레온은 마메르코스를 정복하고자 카타네로 원정을 떠나 아볼로스(Abolos)강 가까운 곳에서 격전 끝에 적군 2천 명을 죽였는데, 그들 대부분이 기스코가 지원군으로 보낸 카르타고 병사들이었다. 그 뒤에 카르타고 병사들은 티몰레온과 강화 조약을 맺었는데, 그 조건을 보면 카르타고의 병사들은 리코스(Lykos)강을 넘어오지 않고, 그들이 원한다면 가족과 재산을 가지고 시라쿠사이로 넘어와 살 수 있으며, 참주와 맺은 동맹을 끊는다는 내용이 들어 있었다.

그와 같은 결과에 절망한 마메르코스는 배를 타고 이탈리아로 넘어가, 루카니아족을 설득하여 티몰레온과 시라쿠사이인들에게 항전하도록 만들려 했다. 그러나 그의 병사가 도중에 함선을 되돌려 시킬리아로 돌아와 카타네를 티몰레온에게 넘겨주었다. 이에 마메르코스는 어쩔 수 없이 메세네를 찾아가 그곳의 참주 히폰(Hippon)에게 몸을 의지했다.

그러자 티몰레온은 바다와 육지에서 포위하며 그들을 압

박했다. 히폰은 배를 타고 도주하려다 체포되었다. 메세네 시민은 히폰을 극장으로 끌고 간 다음, 학교에 간 그의 자녀들을 모두 데려와 그들의 눈앞에서 온갖 고문을 한 뒤에 죽였다.

마메르코스는 시라쿠사이로 와서 재판을 받되 티몰레온이 그를 고소하지 않는다는 조건으로 항복했다. 그리하여 시라쿠사이로 끌려온 마메르코스는 시민 앞에서 오랜 시간에 걸쳐 자기를 변명하는 연설을 늘어놓았다. 그러나 야유와 고함으로 민회가 더 지속할 수 없을 것처럼 보이자 그는 외투를 벗어 던지고 극장을 가로질러 달려가 돌계단에 머리를 부딪혀 자살하려 했다. 그러나 하늘은 그에게 그렇게 죽을 행복마저 허락하지 않았다. 시민은 그를 끌고 나가 강도를 처형하는 법에 따라 산 채로 매달아 죽였다.

35

이리하여 티몰레온은 참주 정치를 청산하고 전쟁을 끝냈다. 그동안 시라쿠사이는 온갖 분란으로 말미암아 이방의 땅으로 몰락했고 주민들조차 꺼리는 곳이 되었지만, 티몰레온이 이곳을 다시 개발하고 살기 좋은 곳으로 만들자 떠났던 사람들이 배를 타고 돌아왔다.

이를테면 아테네 전쟁으로 카르타고인들의 손에 폐허가 되었던 아크라가스나 겔라와 같은 대도시를 들 수 있다. 수많은 주민이 떠났던 그 도시에 다시 사람들이 돌아오기 시작했다. 아크라가스에는 메겔로스(Megellos)와 페리스토스(Pheristos)가 벨리아에서부터 주민을 이끌고 돌아왔으며, 겔라에는 고르곤(Gorgon)이 키오스에서 옛 주민들을 데리고 돌아왔다.

티몰레온은 이처럼 전쟁의 폭풍이 사라진 곳에 평화와 안정을 되찾아 주었을 뿐만 아니라 그들에게 필요한 것들을 제공하며 진심으로 도와주었고, 주민들은 그를 건국의 아버지처럼 추앙했다. 다른 도시의 주민들도 모두 그를 추앙하여, 그가 직접 마무리해 주지 않으면 강화 조약이나 법률의 제정이나 영토의 획정이나 정치 제도의 개혁을 만족스럽게 여기지 않았다. 이는 마치 도목수가 건물을 완공한 다음 신과 인간이 함께 기뻐할 수 있도록 완공식을 하는 것과 같았다.

36

그리스 역사에는 스파르타에 항쟁한 아테네 장군 티모테오스나 스파르타의 명장 아게실라오스(제21장)나 테베의 영웅 펠로피다스(제23장), 티몰레온이 가장 존경했던 테베의 명장 에파미논다스와 같은 인물들이 있었지만, 그들의 빛나는 업적은 폭력을 썼거나 고생이 따랐던 탓에 어느 정도 빛을 잃었다. 그들 가운데 어떤 사람은 남들의 비난을 들었고 어떤 사람은 스스로 후회했다.

그러나 티몰레온의 경우를 보면, 부도덕했던 형의 처형을 어쩔 수 없이 외면해야 했던 일을 제외한다면, 티마이오스의 말처럼, 소포클레스의 시구에 딱 맞아떨어지는 인물이었다.

신이시여, 말씀하소서.
어느 사랑의 여신(Kypris, Aphrodite)이
이 사람의 역사(役事)에
함께하셨나이까?[6]
(노크 엮음,『그리스 비극 단편』, II : 316)

콜로폰(Kolophon)의 두 명사였던 시인 안티마코스(Antimachus)

---

6   이 시구는 은유적이어서 영문 해석에 조금씩 차이가 있다. 이 번역은 랭혼(John and William Langhorne)의 판본(p. 184)을 참고하여 번역한 것이다. 결국에는 같은 뜻이겠지만, 드라이든(Dryden)의 판본(Vol. 1, p. 352)과 노스(North)의 판본(Vol. 3, p. 183)에는 로마의 베누스(Venus)에 대한 기도로 이루어져 있고, 페린(Perrin)의 판본에는 그리스의 키프리스(Kypris, Aphrodite)에 대한 기도로 이루어져 있다.

와 초상화가 디오니시오스(Dionysios)의 작품에는 모두 힘과 용기가 흘러넘치면서도 억지로 애쓴 흔적이 보이지만, 니코마코스(Nikomachos)의 그림과 호메로스의 시는 힘과 우아함뿐만 아니라 보는 이들에게 쉽게 쓰였다는 느낌을 준다.

마찬가지로 우리는 끊임없이 노력하며 고된 투쟁을 이어 갔던 에파미논다스와 아게실라오스의 삶을 티몰레온에게 견주어 볼 수 있다. 티몰레온의 일생은 영광스러웠을 뿐만 아니라 수월하였다. 사려 깊은 사람들은 그 수월한 생애가 그저 행운의 여신이 도와준 덕분이 아님을 안다. 그 삶은 그의 타고난 용맹이 만들어 낸 것처럼 보인다.

그러나 티몰레온은 자신의 성공이 행운의 여신 덕분이었다고 말했다. 조국에 있는 친구에게 보낸 편지나 시라쿠사이 시민 앞에서 행한 공개 연설에서, 그는 신이 시킬리아를 구원하고자 자기에게 구원자의 직책을 준 것에 감사한다는 말을 자주 했다. 그뿐만 아니라 티몰레온은 집 안에 '기회의 신'인 아우토마티아(Automatia)를 모시는 사당을 짓고 자신의 집도 성스러운 제단으로 헌정했다. 그 집은 본디 그의 전공을 기려 시라쿠사이 시민이 지어 준 것이었다.

시라쿠사이 시민은 또한 티몰레온에게 아름답고 쾌적한 별장을 주었고, 그는 아내와 자녀들을 불러 이곳에서 남는 시간 대부분을 보냈다. 그는 코린토스로 돌아가지 않고 그리스의 혼탁한 정치에 발을 들여놓지 않음으로써, 명예와 권력을 탐내다 배를 가라앉히듯이 자기를 파멸시킬 민중의 질투에 몸을 드러내지 않았다. 그는 시킬리아에 머물면서 자기가 지은 일에 대한 하늘의 축복을 즐기며 살았다. 그는 많은 시민이 자기 덕분에 행복하게 사는 것을 가장 큰 행복으로 여겼다.

37

그러나 세상일이 다 그렇듯, 그리스 시인 시모니데스의 말처럼, "모든 종달새에게도 볏[冠帽]이 있는 것"과 같이, 민주 정치를 하는 곳에도 거짓 고발자가 늘 있다. 이를테면 시라쿠사이에서는 라피스티오스(Laphystios)와 데마이네토스(Demainetos)라는 선동가가 티몰레온을 공격했다. 그들 가운데 라피스티오스는 언젠가 티몰레온이 법정에 나와 증언하도록 일을 꾸미고 있었다.

이에 분노한 민중이 그런 일은 있을 수 없다고 반대하며 소란을 일으키자 티몰레온은 이렇게 말했다.

"내가 이제까지 위험을 무릅쓰며 고생하고 싸운 것은 시라쿠사이 시민이 바라는 바대로 법률이 지배하는 사회에 살도록 하고자 함이었습니다."

그러자 이번에는 데마이네토스가 민회에 나타나 티몰레온의 전쟁 시절 행적을 비난하기 시작했다. 이에 대해 티몰레온은 아무런 대꾸도 하지 않은 채 이런 말을 했다.

"나는 시라쿠사이인들이 언론의 자유를 누리며 살 수 있게 해 달라고 신에게 빌었습니다. 이제 데마이네토스의 말을 들으면서 그 기도가 이루어진 것을 나는 신에게 감사합니다."

티몰레온의 지난날을 돌아보면, 그 시대의 모든 그리스인 가운데 그가 가장 위대했고 영광스러웠다는 것을 모두 한목소리로 고백했다. 연설가들은 전국적인 민회 연설에서 그 사람이야말로 모든 전쟁에서 승리한 인물이라고 그리스인들에게 역설했다. 또한 티몰레온은 손에 더러운 피를 묻히지 않고도 모국에서 만연하던 악행들을 제거했다.

티몰레온은 이방 민족과 참주를 처리하면서 능력과 용맹을 보여 주었고, 그리스인과 막료들을 다루면서 정의로움과 정중함을 보여 주었다. 그는 동포들의 눈에 눈물을 흘리게 하거나 통곡하게 하지 않으면서도 수많은 승전비를 세웠으며,

[기원전 346년부터 338년에 이르기까지] 8년도 채 못 되는 기간에 시킬리아 시민에게 뼛속 깊이 스며들던 슬픔과 불만을 없애 주었다.

그런 티몰레온도 이제 나이가 들어 눈이 어두워지더니 끝내 아무것도 볼 수 없게 되었다. 실명할 만한 일도 하지 않았고, 운명의 여신의 장난도 아니었다. 아마도 그것은 나이가 들어 일어나는 유전병이었던 듯하다. 들리는 바에 따르면, 그의 혈족 가운데 그처럼 실명한 사람이 적지 않았는데 나이가 들면 대체로 그렇게 실명했다고 한다.

그러나 아타니스의 기록에 따르면, 그가 히폰과 마메르코스에 맞서 전쟁을 치를 때 백내장 증세로 시력이 흐려진 적이 있었는데, 그때부터 시력을 잃었음이 분명하다고 한다. 그러나 그는 시력 때문에 포위를 풀기는커녕 더 완강하게 싸워 폭군들을 사로잡았다. 시라쿠사이로 돌아온 그는 단독 지휘권을 내놓으면서, 이제 모든 일이 안정되었으니 공직에서 물러나게 해 달라고 시민에게 부탁했다.

38

티몰레온이 자신의 불행을 아무런 불평 없이 받아들인 것은 이상한 일이 아니다. 눈먼 그에게 시라쿠사이 시민이 보여 준 영광과 찬사는 훌륭했다. 시민들은 자주 그를 찾아갔을 뿐만 아니라, 그곳을 여행하는 나그네들을 그의 집이나 별장으로 데려가 자기들을 살려 준 은인을 뵙게 했다. 그들은 그가 이곳을 남은 인생의 안식처로 삼아, 고향에 돌아갔더라면 승리의 대가로 받았을 커다란 영광을 가볍게 여긴 것을 기쁘고 자랑스럽게 생각했다.

티몰레온에게 영광을 바치는 행사와 정령(政令)들을 통틀어 가장 자랑스러웠던 것은, 시라쿠사이가 다른 나라와 전쟁을 할 때면 코린토스인을 장군으로 삼는 법을 시라쿠사이 시민이 통과시킨 일이었다.

더욱이 민회를 진행할 때면 티몰레온의 명예를 높이는 일이 장관을 이루었다. 그들은 의안을 토의하다가 좀 더 논의할 필요가 있으면 티몰레온을 모셔 왔다. 노새가 끄는 마차를 탄 그가 광장을 지나 회의장으로 들어올 때면 시민이 모두 일어나 이름을 부르며 인사했다.

그러고 나서 티몰레온이 답례한 뒤에 얼마 동안 다시 찬양의 외침이 이어졌다. 그러고 나면 사람들은 논의하던 문제에 대한 그의 의견을 주의 깊게 들었다. 그리하여 어떤 의견이 채택되면 그는 다시 시종들이 끄는 마차를 타고 회당과 시민 사이로 퇴장했다. 환호와 박수로 그를 환송한 다음에 시민은 곧 다시 남은 문제들을 논의했다.

39

노년에 온갖 영예를 받으며 국부의 칭호를 듣던 티몰레온은 가벼운 질병을 앓았는데, 나이가 너무 많아 이겨 내지 못하고 세상을 떠났다. 시라쿠사이 시민은 멀리서 오는 외국인 조문객들을 고려하여 장례 일정을 넉넉히 잡았다. 장례는 참으로 장엄하게 치러졌다. 운구를 희망하는 사람이 너무 많아 제비로 뽑힌 젊은이들이 화려하게 장식한 상여를 메고 지난날 티몰레온이 파괴한 디오니시오스의 궁궐 앞을 지나갔다.

남녀 몇천 명이 상여를 따라가는데, 화환을 들고 흰 상복을 입은 모습이 마치 축제를 보는 듯했다. 통곡하며 시신에 축복하는 모습은 겉치레로 하는 것도 아니고 정령 때문에 하는 것도 아니었다. 그것은 가슴에서 솟아나는 슬픔이었고 고마움이었다. 드디어 화장대 위에 관이 안치되자, 그 시대에 가장 목소리가 우람했던 전령 데메트리오스(Demetrios)가 다음과 같은 조사를 읽었다.

"시라쿠사이 시민은 2백 미나의 국고(國庫)로 티모데모스의 아들 티몰레온을 여기에 묻노라. 그는 폭정을 무너뜨렸고, 이방 민족을 물리쳤으며, 황폐한 도시에 다시 우리를 불러들였으며, 시킬리아에 사는 그리스인들에게 법률을 되돌려 주었으니, 해마다 경기와 음악회와 승마 대회와 운동회를 열어 그를 기념할지니라."

시민은 티몰레온의 유해를 광장에 묻고 그 둘레에 주랑 현관을 세웠으며, 따로 젊은이들을 위한 체육관을 세우면서 티몰레온테이온(Timoleonteion)이라고 이름 지었다. 그들은 그가 제정한 법과 정체(政體)에 따라 오랫동안 흐트러짐 없이 행복하게 살았다.

부귀영화를 누릴 때 교만에 들뜨지 않고
역경에 빠졌을 때
초라해지지 않는 사람이야말로
진정으로 용감하고 강인한 사람이다.
— 플루타르코스

1

파울루스와 티몰레온의 삶이 그러했으니 두 사람의 차이는 그리 크지 않았음이 분명하다. 둘 다 어려운 적군을 상대로 싸운 장군들이었기 때문이다. 파울루스는 마케도니아에 대항하여 싸웠고, 티몰레온은 카르타고에 대항하여 싸웠다. 그들은 전쟁에서 승리하여 높은 명성을 얻었다. 파울루스는 마케도니아와 싸워 7대(代)에 이른 안티고노스의 왕정을 종식했으며, 티몰레온은 시킬리아의 모든 참주를 몰아내고 섬을 해방했다. 그러나 보는 이에 따라 달리 말할 수도 있다.

곧 파울루스가 전쟁을 일으킬 무렵에 그의 정적인 페르세우스는 매우 강력한 세력을 거느리며 로마를 압도하고 있었지만, 티몰레온이 전쟁을 일으켰을 때 그의 정적 디오니시오스는 이미 무너져 가고 있었기 때문이다. 그러나 티몰레온을 두둔하는 사람들의 말에 따르면, 그가 여러 참주를 무너뜨리고 막강한 카르타고를 격파했을 때 그의 병사들은 그가 마음대로 움직일 수 있는 형편이 아니었다.

파울루스의 병사들은 전투 경험이 많았고 기율이 엄정했으나, 티몰레온의 병사들은 용병 출신으로 전쟁을 치르면서도 자기 기분대로 행동했다. 그러므로 불리한 조건에서 싸워 같

은 전과를 얻었다는 점에서 티몰레온에게 더 높은 점수를 줄
수 있다.

   2

두 사람 모두 공직에 있으면서 청렴했다. 그러나 파울루스는
공직을 시작할 때부터 로마의 법과 관습이 엄격했기 때문에
부패할 수 없었고, 티몰레온이 그토록 청렴한 것은 그의 천성
때문이었다. 파울루스 시절의 로마에서는 모든 사람이 삶에서
질서를 지켰으며, 관습을 준수하고 법과 민중을 두려워했다.
그러나 티몰레온 시절에 시킬리아에서 공직 생활을 한 그리스
의 정치인과 장군들은 디온을 빼고는 모두 부패해 있었다.
   많은 사람은 디온이 왕이 되고 싶었거나 스파르타식의 왕
국을 꿈꾸었다고 의심했다. 그뿐만 아니라 시킬리아의 역사학
자 티마이오스의 말에 따르면, 시라쿠사이인들은 자기들을 도
우려고 스파르타에서 파견된 길리포스마저도 수치스럽게 돌
려보냈는데,(제15장 「니키아스전」, § 28) 그 이유는 그가 사령관 시
절에 탐욕스러웠던 사실이 드러났기 때문이었다.
   많은 역사학자는 스파르타의 장군 화락스와 아테네의 장
군 칼리포스가 시킬리아의 지배자가 되고 싶어 법률과 조약을
어겼다고 기록했다.(제28장 「티몰레온전」, § 11) 그러한 욕망을 품
었던 이들은 도대체 어떤 사람들이었고, 얼마나 부유했을까?
화락스는 디오니시오스가 시라쿠사이에서 추방된 뒤에도 [그
의 재산을 노리고] 종처럼 그를 따라다닌 사람이었고, 칼리포스
는 디온의 용병대장이었다.
   그러나 티몰레온은 시라쿠사이인들의 정중한 요청을 받
아들여 장군으로 파견되었기 때문에 그들에게 권력을 요구할
필요도 없었다. 그는 그들이 자유로운 의지에 따라 권력을 준
것이라고만 주장했으며, 참주를 몰아낸 뒤에는 깨끗이 장군의
직책을 내려놓았다.

그러나 파울루스는 그토록 거대한 마케도니아를 멸망시켰으면서 1드라크마의 재산도 늘리지 않았고, 전리품에 손도 대지 않았다는 점에서 칭찬받을 만하다. 그러면서도 그는 남들에게는 넉넉히 선물을 주었다. 그렇다고 해서 지금 티몰레온이 으리으리한 집과 넓은 시골 별장을 받았다는 사실을 비난하려는 것은 아니다. 그만한 조건에서 그 정도 재산을 받은 것은 부끄러운 일이 아니기 때문이다. 그 정도로도 충분히 뛰어난 덕망이라 하겠지만, 정당하게 받을 수 있는 것을 받지 않았다는 것은 더욱 놀라운 덕망이다.

추위나 더위 가운데 하나를 잘 견뎌 내는 것은 그 두 가지를 모두 잘 견뎌 내는 것만큼 훌륭하지 않다. 마찬가지로 부귀영화를 누릴 때 교만하거나 들뜨지 않고, 역경에 빠졌을 때도 낙담하지 않는 사람이야말로 진정으로 용감하고 강인한 사람이다. 그러므로 파울루스는 훌륭한 사람이었다. 그는 두 아들을 연이어 잃은 슬픔 속에서도 승리했을 때 못지않게 위엄과 품위를 지켰기 때문이다.

그러나 티몰레온은 그의 부도덕한 형을 죽이면서 품위를 지켰지만, 그 슬픔을 이기지 못해 비탄과 후회 속에 살면서 20년 동안 광장에 나타나지도 못했고 연단에 서지도 못했다. 인간은 모름지기 명예롭지 못한 행동을 부끄럽게 여기고 피해야 한다. 그러나 남들의 구설이 두려워 소심하고 과민해지는 것은 대인의 풍모가 아니다.

파울루스와 티몰레온의 비교

데모스테네스
DEMOSTHENES

기원전 384~322

역사가는 책이 많고 시설이 좋은
대도시에 살아야 한다.
— 플루타르코스

조국을 버린 내가
어디를 간들 편할 곳이 있겠는가!
— 데모스테네스

반역자는 먼저 스스로를 반역한다.
— 데모스테네스

1

친애하는 소시우스(Sosius)[1]에게.

알키비아데스(Alkibiades)가 올림픽 경기의 전차 경주에서 우승했을 때 이를 축하하며 글을 쓴 사람이 있는데, 흔히 들려오는 말대로 그가 에우리피데스였는지 아니면 다른 사람이었는지는 확실하지 않다. 어쨌거나 그의 말에 따르면, 인간이 행복해지는 첫째 조건은 "유명한 도시에서 태어나는 것"이라고 한다.

그러나 내가 생각하기에, 진정한 행복을 누리는 것은 그의 인격과 성품에 달린 것이다. 초라한 마을에서 태어났다고 해서 그것이 불행할 이유가 되지는 않는다. 이는 마치 작고 아름답지도 못한 어머니에게서 태어났다고 하여 그 사람이 반드시 불행하다는 법이 없는 것과 마찬가지이다.

키오스섬의 작은 마을 이울리스(Iulis)나, [페리클레스의 말처럼](제13장 「페리클레스전」, § 8) 피라이우스섬 앞에 눈엣가시처럼 놓여 있어 없애 버려야 할 아이기나섬에서는 [시인이었던 시

I   제1장 「테세우스전」, § 1의 각주 1 참조.

모니데스나 연극배우 폴로스(Polos) 같은] 위대한 배우나 시인이 태어날 수는 있으되, 정의롭고 독립심이 강하고 지혜롭고 도량이 넓은 정치적 인물이 태어날 수는 없다고 생각하는 것은 우스운 일이다.

보잘것없는 도시에서 돈과 명성만을 목표로 삼는 예술이 시드는 것은 당연한 일이겠지만, 덕망은 강인한 나무처럼 수고로움을 피하지 않는 너그러움과 정신력으로써 어느 곳에서나 뿌리를 내린다. 그러므로 우리가 지금 어디에 살고 있든, 우리가 지향해야 할 바대로 살지도 못하고 그렇게 생각하지도 못한다면 우리 자신의 못남을 탓할 일이다. 태어난 곳이 초라하다는 것은 아무런 문제가 되지 않는다.

2

그러나 책을 얻어 보기가 쉽지 않고 집에 자료를 갖추고 있지 않아, 꼭 읽어야 할 자료를 보려면 다른 나라를 찾아가야 하거나 여러 사람에게 흩어져 있는 자료를 빌려 보아야 하는 사람들은 인구가 많고 인문학을 이해할 줄 아는 이름난 대도시에 살아야 할 필요가 있다. 그곳에서 구전(口傳)도 들어 보고, 작가들이 미처 보지 못했던 섬세한 자료들을 얻어 보고, 유명한 사람들의 믿을 만한 회고담도 들어 볼 수 있어야 한다. 그렇게 함으로써 역사가는 여러 중요한 부분에서 결함이 있는 책을 출판하는 실수를 피해 갈 수 있다.

물론 나도 지금 작은 도시에 살고 있는데, 이곳은 이보다 더 작아지지만 않는다면 딱 좋다. 로마와 이탈리아의 여러 도시에서 머무를 때 나는 공무에 바빴고, 철학 강의를 청하는 학생들도 많아 라틴어를 공부할 겨를이 없었다. 그래서 내가 로마 문학을 공부하기 시작한 것은 나이가 많이 들고 나서였다. 라틴어를 공부한 경험은 나에게 놀랍고도 진실한 결과를 가져왔다. 즉, 말뜻으로 사물을 이해하게 된 사례는 경험으로써 말

뜻을 이해한 사례에 미치지 못했던 것이다.

이렇게 로마 양식에 담긴 아름다움과 민첩함, 말하는 품위, 연설의 어조, 수사, 운율 등을 배울 수 있었던 점을 나는 고맙게 생각하고 있다. 그와 같은 요인들은 내가 이탈리아에서 얻은 매우 우아한 결실들이고, 이것들은 나에게 큰 기쁨을 주었다. 나와 같은 사람이 그러한 언어의 힘을 얻는 데 필요한 연습을 하는 일이 쉽지는 않았다. 그런 일은 시간도 넉넉하고 나이도 젊은 사람들이 하기에 적절한 일일 것이다.

3

그러므로 나는 이 비교 영웅전의 제5권에서 데모스테네스와 키케로의 활동과 정치 이력을 살펴보며 그들의 성격과 기질을 이야기하겠지만, 두 사람의 웅변을 꼼꼼히 비교하면서 누구의 웅변이 더 훌륭했다거나 더 파괴력이 있었다는 식의 이야기는 하지 않으려고 한다. 아테네의 시인 이온(Ion)의 시(詩)에 "돌고래가 땅바닥을 달리려는 무모한 짓"이라는 구절이 있다.

그리스의 수사학자 칼락티누스 카이킬리우스(Calactinus Caecilius)가 그처럼 무모한 인물이었다. 그는 데모스테네스와 키케로의 능력을 비교하는 열전을 지으려고 하면서, 그 구절이 주는 의미를 잊고 모든 문장을 너무 꼼꼼히 비평하려 했다. 그러나 델포이 신전에 쓰여 있는 계율 "너 자신을 알라"는 말이 누구에게나 쉬운 일이었다면, 그것이 신의 계율이 되지는 않았을 것이다.

데모스테네스와 키케로의 경우를 보면, 신은 처음부터 두 사람에게 같은 운명을 지워 주었으며 여러 가지 점에서 성품을 같게 만들어 주었다. 이를테면 공명심이 크고, 정치 활동에서 자유를 사랑했으며, 전쟁과 위험한 상황에서 용기가 부족했고, 운명이 뒤집혔다는 점에서 닮았다. 내 생각에, 미천한 가문에서 태어나 그토록 위대한 인물이 되었다는 점에서 그들만한 인물은 지금껏 없었다.

데모스테네스와 키케로는 왕과 독재자에 대항하여 싸웠으며, 모두 딸을 잃었고, 고국에서 추방되었다가 영광스럽게 돌아왔으며, 다시 해외로 도피하였다가 정적들의 손에 납치되었고, 그들의 목숨이 끊어졌을 때 그들의 조국도 자유를 잃었다. 만약 자연과 운명이 두 예술가처럼 서로 경쟁하고 있다면, 이 둘의 성격이 처음부터 똑같이 만들어졌는지, 아니면 서로 다른 두 인간이 비슷한 상황 속에서 닮아 갔는지를 구별하기는 어려울 것이다. 이제 나는 두 사람 가운데 먼저 태어난 데모스테네스의 이야기를 시작하고자 한다.

4

역사학자 테오폼포스의 기록에 따르면, 데모스테네스의 아버지 데모스테네스는 신분이 높은 시민으로서 별명이 '칼 장수'였다고 한다. 그는 거대한 공장과 노예를 부리는 사람으로서 사업 수완이 뛰어났다. 그러나 웅변가이자 데모스테네스의 정적이었던 아이스키네스(Aischines)가 쓴 『왕관에 관한 논쟁(On the Crown)』(§ 171)에 따르면, 데모스테네스의 어머니는 반역죄로 추방당한 길론(Gylon)과 어느 이방 민족 여인 사이에서 태어났다고 하는데, 그 말이 진실인지 터무니없는 거짓말인지 나로서는 알 수 없다.

데모스테네스가 일곱 살 때 그의 아버지는 엄청난 재산을 남기고 세상을 떠났는데, 그 부동산이 거의 15탈렌트에 이르렀다고 한다.[2] 그런데 재산을 관리해 주던 집사들이 재산을 빼돌려 개인적으로 썼고, 또 데모스테네스도 재산 관리에 소홀하

2   이 책의 번역자인 페린은 이 책을 출판할 당시인 1920년을 기준으로 1탈렌트는 1천2백 달러가량이었으며 당시의 돈보다 5~6배의 구매력이 있었다고 주석을 달았다. 현재 가치로는 약 1만 4천 달러 정도이다.(페린, VII, 「데모스테네스전」, § 4의 각주 2 참조)

여 가정 교사에게 줄 봉급도 지불하지 못했다. 내가 짐작하기에, 그런 이유로 그는 귀족 신분으로서 한창 공부할 나이에 제대로 교육을 받지 못했다.

데모스테네스는 또한 몸이 너무 허약하고 잘 다쳐 부모는 그가 체육관에 가서 열심히 운동하는 것을 허락하지 않았으며, 그의 교사도 운동을 강요하지 않았다. 어려서부터 병약하고 야위었던 그는 체육 시간에 친구들에게 바탈로스(Batalos)라는 모욕적인 별명을 들으며 놀림감이 되었다. 요즘 사람들의 말에 따르면, 바탈로스란 '나약한 피리꾼'이라고 하는데, 안티파네스(Antiphanes)는 그의 우화집에서 조롱하는 뜻으로 바탈로스라는 이름을 썼다.

다른 사람들의 말에 따르면, 바탈로스는 술집에서 부르는 음란한 노래를 지은 시인의 이름이었다고 한다. 내가 보기에는, 그 당시의 아테네인들이 몸의 점잖지 않은 부분을 바탈로스라고 부른 것 같다. 아테네인들의 말에 따르면, 그들은 데모스테네스를 아르가스(Argas)라고도 불렀다.

그 무렵에 몇몇 시인이 뱀을 아르가스라고 부른 것으로 보아, 그의 거칠고 야비한 생활 방식 때문에 그런 별명이 붙은 듯싶다. 또한 아르가스는 지루하고 서툰 시를 지은 사람의 이름이기도 했는데, 데모스테네스의 웅변 방식이 듣는 이들에게 거북한 감정을 주었던 데서 그런 이름이 나왔을 수도 있다. 이 이야기는 여기에서 그치고자 한다.

5

데모스테네스가 그토록 열렬히 웅변가를 지망하게 된 데에는 그럴 만한 연유가 있었다. [기원전 366년에] 아테네와 테베 사이에 있는 오로포스(Oropos)³의 영토 문제를 둘러싸고 벌어진 반

---

3   아티카와 보이오티아 사이에 있던 오로포스를 테베가 아테네에게서 빼

역 사건의 재판이 열렸을 때, 그 무렵 아테네의 최고 웅변가였던 칼리스트라토스(Kallistratos)가 변론하기로 하자 많은 사람이 재판 방청을 기다리고 있었다.

그 시대에 최고의 명성을 누리던 웅변가가 나오기도 했지만, 사건 자체가 대단히 악명 높았던 것이다. 따라서 스승과 가정 교사들이 방청하러 가기로 약속하는 것을 본 데모스테네스는 가정 교사에게 자기도 데려가 달라고 간곡히 부탁했다.

법정의 수위와 잘 알고 지내던 가정 교사는 이 소년이 숨어서 칼리스트라토스의 변론을 방청할 수 있도록 자리를 마련해 주었다. 재판에서 승소한 칼리스트라토스가 군중에 둘러싸여 축하를 받으며 집으로 돌아가는 모습을 본 데모스테네스는 그의 연설에 깊이 감동했다. 데모스테네스가 가장 감탄한 것은 정적들을 모두 압도하고 물리치는 칼리스트라토스의 웅변이 지닌 위력이었다. 이 일이 있은 뒤로 그는 학교 공부와 소년으로서의 일상을 포기하고, 웅변가[4]가 되겠다는 일념으로 오로지 웅변술 연마에 몰두했다.

그 무렵에 아테네에서는 아테네 웅변 학교의 교장인 이소크라테스(Isokrates)의 강의가 유명했지만, 데모스테네스는 저명한 수사학자로서 "아테네의 10대 웅변가"[5] 가운데 한 사람인 이사이오스(Isaios)를 수사학 스승으로 모셨다.

어떤 사람의 말에 따르면, 데모스테네스는 고아로서 이소

앗은 사건이다. 그 때문에 아테네의 배반에 대한 재판이 벌어졌고, 칼리스트라토스가 연설가로 서고 카브리아스가 장군으로 재판정에 섰으나 재판의 자세한 내용은 확실하지 않다.

4   이 시대의 '웅변가(orator)'라는 어휘는 '변호사'라기보다는 '정치인'이라는 의미에 가까웠다.

5   아테네의 10대 웅변가(Ten Attic Orators)라 함은 안도키데스(Andokides), 안티폰(Antiphon), 데모스테네스, 디나르코스(Dinarchos), 히페레이데스(Hypereides), 이사이오스, 이소크라테스, 리쿠르고스, 리시아스(Lysias), 아에스키네스(Aeschines)를 가리킨다.

크라테스의 웅변 학교에 지불할 학비 10미나[6]가 없어 이사이오스를 찾아갔다고 한다. 또 어떤 사람은 데모스테네스가 실제로 웅변을 하는 데에는 이소크라테스보다 이사이오스에게 배우는 것이 더 쓸모 있다고 판단했기 때문이었다고 한다.

그러나 펠로폰네소스 전쟁 무렵의 위대한 극작가였던 헤르미포스(Hermippos)는 이런 말을 남겼다.

"내가 이름을 알 수 없는 작가의 글을 보았더니 데모스테네스는 플라톤의 제자로서 주로 수사학을 배웠다고 적혀 있었다. 그런데 알렉산드리아의 저명한 수학자였던 크테시비오스(Ktesibios)의 글을 보았더니, 데모스테네스는 고대 시라쿠사이의 저명한 군인이자 정치가였던 칼리아스(Kallias)와 또 다른 어떤 인물에게서 이소크라테스와 알키다마스(Alchidamas)[7]의 수사학 서적을 몰래 얻어 완전히 독파했다고 적혀 있었다."

6

나이가 들자 데모스테네스는 아버지의 재산을 빼돌린 집사들을 고발하고 그들을 공격하는 연설문을 작성했다. 그들은 법망을 빠져나가거나 상고(上告)를 꾀했다. 투키디데스의 『펠로폰네소스 전쟁사』(I:18)에 따르면, 그는 적은 돈조차 찾지 못했으나 직접 고생을 겪으면서 실무 경험을 쌓았다. 그는 이를 기회로 삼아 웅변을 연습하고 자신감을 얻었으며, 법정 투쟁의 묘미와 위력을 느껴 정치 문제에 뛰어들 생각을 품게 되었다.

들리는 바에 따르면, 오르코메노스 출신의 라오메돈(Lao-

---

6   페린은 이 액수가 1920년대에 약 2백 달러의 시세였으며 구매력은 5~6배
     였다고 주석을 달았다.(페린, VII, 「데모스테네스전」, § 5의 각주 1 참조)
     이 학비로 수업을 받을 수 있는 기간이 얼마였는지에 대해서는 알려지지
     않았다.
7   랭혼의 번역판에 따르면, 알키다마스는 스파르타의 국왕이었던 아르키
     다모스(Archidamos)를 잘못 쓴 것이다.(랭혼, 「데모스테네스전」, p. 546
     참조)

medon)왕은 비장(脾臟) 비대증(spleen)이라는 질병에 걸렸다는 의사의 말을 듣고 장거리 달리기를 시작하여 건강을 되찾은 다음, 큰 경기에 나가 최고의 장거리 선수가 되었다고 한다. 그와 마찬가지로 데모스테네스는 재산을 되찾고자 재판에서 웅변술을 단련한 다음 정계에 뛰어들어, 마치 라오메돈이 장거리 선수가 되었듯이, 연단에 올라 민중의 인정을 받으면서 정치인으로 등단하는 데 성공했다.

그러나 데모스테네스가 경험도 없이 처음 정치 무대에 등장했을 때, 그는 형식적인 논리에 지나치게 집착한 데다 문장도 길어서 듣는 이들에게 혼란을 주었고, 그로 말미암아 대중에게 야유와 비웃음을 들었다. 그의 목소리도 가냘프고 명료하지 않았으며, 숨을 헐떡거리느라 문장이 이어지지 않아 자기 뜻을 제대로 전달하지 못했던 듯하다.

마침내 데모스테네스는 민회를 빠져나와 아테네 변두리에 있는 피라이우스 항구를 맥없이 거닐다가 트리아시오(Thriasio)의 에우노모스(Eunomos) 제독을 만났다. 이미 노인이 된 그는 데모스테네스를 보자 호되게 나무랐다.

"그대는 페리클레스에 견줄 만한 웅변의 자질을 타고났으면서도 수줍음과 심약함으로 그 훌륭한 재주를 날려 버렸다. 그대는 군중 앞에서 담대하지도 못하고, 법정 투쟁에 필요한 체력도 다지지 못해 좋은 재주를 시들게 하고 있다."

7

들리는 바에 따르면, 언젠가 데모스테네스가 민중에게 망신을 겪고 크게 낙심하여 집으로 돌아오다가 옛날부터 잘 알고 지내던 배우 사티로스(Satyros)를 만났다. 그와 함께 집으로 들어온 데모스테네스가 그에게 하소연했다.

"나는 웅변가가 되고자 끊임없이 노력했고, 이 직업을 위해 온 힘을 다 썼지만 민중은 술주정뱅이와 뱃사람과 무식쟁이에게 연단을 내주고 그들의 연설을 들으면서도 내게는 호의를 보이지 않고 무시했습니다."

그의 말을 들은 사티로스가 이렇게 말했다.

"데모스테네스여, 그대의 말이 맞습니다. 그러나 만약 지금 이 자리에서 그대가 에우리피데스나 소포클레스의 연극 대사 몇 구절만 나에게 들려준다면 내가 그대의 결점을 고쳐 줄 수 있습니다."

데모스테네스가 몇 구절을 낭독했고 이를 들은 사티로스가 같은 대목을 다시 낭독했다. 감정을 넣은 그의 표현은 데모스테네스의 대사와 전혀 다른 내용으로 들렸다. 사티로스의 대사를 들으면서 감정과 몸짓이 얼마나 중요한가를 깨달은 데모스테네스는 같은 말이라도 표현 방법을 무시하면 아무리 웅변을 연습해도 소용없는 일이라는 것을 절실하게 느꼈다.

들리는 바에 따르면, 그런 일이 있은 뒤에 데모스테네스는 지하실을 만들어 놓고 그곳에 들어가 하루도 빠짐없이 몸짓과 목소리를 가다듬었고, 심할 때는 두세 달 동안 그곳에서 나오지 않았다. 그는 밖에 나가고 싶어도 부끄러워 나가지 못하도록 하고자 머리를 반쯤만 깎았다. 그 지하실은 지금도 볼 수 있다.

8

그뿐만이 아니었다. 데모스테네스는 찾아오는 사람과 나누는 면담, 대화, 바깥 사람들과 벌이는 사업을 웅변의 기초와 시발로 삼아 훈련했다. 그는 손님과 헤어지자마자 지하실로 내려가 그들과 나눈 대화를 정리하여 자신의 논리를 방어하는 자료로 이용했다.

더 나아가서 그는 어떤 연설을 들으면 그것들을 주제와 시간의 길이에 맞게 줄이는 연습을 했다. 또한 자신을 겨냥한 연설과 자신이 했던 연설의 표현 방식을 모두 익히고 개선했

데모스테네스

다. 그런 점에서 본다면 데모스테네스는 웅변의 자질을 천부적으로 타고난 사람이 아니라 온갖 노력 끝에 능력을 갖추게 된 인물이라는 생각이 든다.

데모스테네스는 충동적으로 연설하는 일이 드물었다. 그가 민회에 앉아 있을 때 민중이 연설을 요구하더라도, 그 문제에 대하여 사전에 생각해 본 적이 없거나 미리 연설을 준비하지 않았다면 앞에 나서지 않았음을 보여 주는 증거가 많이 있다. 이를테면 여러 선동적인 지도자가 그를 비난했는데, 그 가운데에서도 그리스 지리학자였던 피테아스(Pytheas)는 그를 비난하면서 이렇게 말했다.

"데모스테네스의 연설에서는 밤늦게까지 등잔을 켜 놓고 연습한 냄새가 난다."

이 말을 들은 데모스테네스는 이렇게 받아쳤다.

"피테아스여, 그대 말이 맞을 거요. 그러나 당신의 등잔과 내 등잔은 비추는 목표가 다릅니다."

데모스테네스는 자신의 연설이 준비된 원고를 바탕으로 진행된다는 사실을 부인하지는 않았다. 그러나 그에 따르면, 연설 전체를 미리 써 놓는 것은 아니었다. 그는 자주 이렇게 말했다.

"내 연설을 듣는 사람들은 진정한 시민이다. 그러므로 그들에게 들려줄 연설을 미리 준비한다는 것은 그들에 대한 내 존경의 표시이다. 만약 민중이 내 연설을 듣고 준비 없이 나온 말이라고 생각한다면, 내가 곧 [민중이 무슨 말을 듣든 상관하지 않는] 과두(寡頭) 지배의 정치인이며 설득보다는 폭력에 기대어 정치하는 사람이라는 뜻이 된다."

그와 같은 연설법은 데모스테네스가 또한 급박한 상황에서는 용기가 부족했음을 뜻한다. 이를테면 그의 연설에 대해 민중이 항의할 때 웅변가 데마데스(Demades)가 그 자리에서 일어나 민중에게 그를 옹호하는 연설을 했지만, 데모스테네스는 그러한 데마데스에게 같은 방법으로 보답하지 않았다.

9

그렇다면, 아이스키네스가 데모스테네스야말로 놀라울 정도로 뻔뻔하게 연설할 줄 아는 인물이라고 말한 사실(데모스테네스, 『왕관에 관한 논쟁』, § 152)을 어떻게 이해해야 할까? [기원전 343년에] 마케도니아 필리포스왕의 사신으로 아테네 민회에 파견된 비잔티온(Byzantion)의 피톤(Python)이 아테네인들에게 비난을 쏟아부었을 때, 데모스테네스만이 홀로 일어나 그의 말을 반박했던 사실은 또 어떻게 이해해야 할까?

[기원전 324년에] 미리나(Myrina) 출신의 궤변 철학자 라마코스(Lamachos)가 필리포스왕과 알렉산드로스 대왕을 찬양하며 테베인과 올린토스(Olynthos)인을 비난하는 글을 올림피아에서 큰 소리로 읽었다. 이때 데모스테네스가 앞으로 나와 테베인과 칼키디케(Chalcidice)인이 그리스에 베푼 은혜를 역사적으로 증명하면서, 마케도니아에 아첨하던 사람들이 저지른 악행을 지적했다. 그 말을 듣고 청중이 마음을 바꾸자 라마코스가 자신에게 쏟아지는 민중의 외침에 겁을 먹고 민회의 축제에서 몸을 도사렸던 것이다.

비록 데모스테네스는 페리클레스의 여러 성품이 자기에게 맞지 않는다고 여겼지만, 그는 페리클레스의 연설이 담은 형식과 그의 처신을 칭송하면서 이를 본받으려 했다. 그래서 급작스럽게 자기 앞에 펼쳐지는 상황에 대해 즉석에서 말하는 것을 거절했던 것이다. 그는 페리클레스의 위대함이 바로 그런 점에 있다고 생각한 듯하다. 그는 급박한 상황을 이용하여 명성을 추구하지 않았으며, 자신의 명성을 우발적인 사건으로 위험하게 만들려 하지도 않았다.

만약 우리가 그리스의 위대한 수학자인 에라토스테네스(Eratosthenes)나 팔레룸(Phalerum)의 데메트리오스(Demetrios)나

희곡 시인들의 말을 믿는다면, 데모스테네스의 즉석연설은 원고에 따른 연설보다 훨씬 더 용감했다. 이들의 글 가운데에서도 에라토스테네스의 말에 따르면, 데모스테네스가 연설할 때는 마치 광기 어린 인물 같을 때가 많았고, 데메트리오스의 말에 따르면, 그는 어떤 영감이라도 받은 사람처럼 민중을 향해,

땅과 샘물과 강과 냇물에 맹세코,
[코크 엮음, 『아티카 희극 단편(斷編)』, II : 128]

라는 유명한 경구를 사례로 들면서 맹세했다고 한다. 어떤 희곡을 보면 그를 "작은 일에도 허풍을 떠는 사람(*rhopoperperethras*)"(코크 엮음, 『아티카 희극 단편』, III : 461)이라고 부르고 있으며, 그의 반론을 조롱하면서 이렇게 말하고 있다.

노예 1 : 우리 주인께서는 당신이 소유한 물건을 차지할 때면 옛것을 되찾은 것이라고 말씀하신다네.
노예 2 : 데모스테네스가 그 말을 들으면 좋아하겠군.
(코크 엮음, 『아티카 희극 단편』, II : 80)

이 대화는 할론네소스(Halonnesos)섬의 반환과 관련하여 데모스테네스가 한 말을 안티파네스가 빈정거리듯이 한 말이었다. 그때 데모스테네스는 필리포스왕에게 섬을 받는 것이 아니라 되돌려 받는 것이라고 아테네인들에게 설명했다.[8]

---

8   이 대화는 다음과 같은 고사(故事)에 뿌리를 두고 있다. 할론네소스는 본디 아테네의 영토였는데 해적들에게 점령되자 마케도니아의 필리포스왕이 쳐들어가 빼앗았다. 이에 아테네가 그 영토를 되돌려 달라고 요구하자 필리포스는 "돌려주는 것이 아니라 선물하는 것"이라고 대답했다. 그러자 데모스테네스가 그 말을 듣고 "마케도니아가 그 섬을 선물하는 것이 아니라 되돌려 주는 것"이라고 말했다.

오늘날에도 여러 사람이 인정하는 바에 따르면, 천품이라는 점에서는 데마데스의 웅변이 가장 위대하다. 그가 어느 순간에 토로하는 즉석 웅변은 원고를 작성한 자신의 연설을 능가했다고 한다. 키오스 출신 아리스톤(Ariston)의 글에는 레스보스섬 출신의 철학자 테오프라스토스가 데마데스와 데모스테네스에 관해 언급한 내용이 등장한다. 어느 날 누군가가 테오프라스토스에게 물었다.

"데모스테네스는 어떤 사람인가요?"

그러자 테오프라스토스가 이렇게 대답했다.

"아테네 사람다운 인물이지요."

테오프라스토스가 다시 물었다.

"그렇다면 데마데스는 어떤 인물인가요?"

그러자 테오프라스토스가 이렇게 대답했다.

"아테네인 이상의 인물이지요."

그러고는 이렇게 덧붙였다.

"그 무렵에 스페토스(Sphettos) 출신 정치인이었던 폴리에욱토스(Polyeuktos)의 말에 따르면, 데모스테네스는 가장 위대한 웅변가였지만, 포키온은 가장 영향력 있는 웅변가였다고 합니다. 그는 적은 말수로 가장 의미 있게 표현했기 때문이지요."

들리는 바에 따르면, 포키온이 자신의 말에 반박하려고 단상에 올라올 때면 데모스테네스는 둘레에 있는 사람들에게 이렇게 말했다고 한다.

"내 말을 전지(剪枝)가위로 잘라 버릴 사람이 올라오고 있군."

데모스테네스가 포키온에 대해 그런 말을 한 것이 포키온의 웅변술 때문인지, 그의 흠 없는 명성 때문이었는지는 알 수 없다. 그러나 그는 위대한 인물의 한 마디 말이나 끄덕거림이 천 마디 말보다 더 위대하다고 믿었다.

데모스테네스는 뒷날 나이가 들어 팔레룸의 데메트리오스에게 자신이 어떻게 육체적 약점을 극복하고 웅변가가 될 수 있었는지를 이야기한 적이 있는데, 여기에서 나는 이제 그 이야기를 전하고자 한다. 그는 발음이 정확하지 않고 혀짤배기 소리[9]가 나는 자신의 말투를 고치고자 입에 조약돌을 물고 연설했다고 한다. 또한 그는 달리거나 언덕을 오르면서 말을 계속하거나 단숨에 연설하거나 시구를 외움으로써 목소리를 가다듬었다.

더욱이 데모스테네스는 집 안에 큰 거울을 두고 그 앞에 서서 연설하며 몸짓을 다듬었다. 어떤 사람이 데모스테네스를 찾아와 자기가 매 맞은 사실을 장황하게 늘어놓은 다음에 소송을 맡아 달라고 부탁했다. 그러자 데모스테네스가 이렇게 말했다.

"당신은 지금 매 맞은 이야기를 하고 있지만 전혀 맞은 사람 같지 않은데요!"

그러자 매 맞은 사람이 벌떡 일어서더니 이렇게 크게 소리쳤다.

"데모스테네스 선생, 내가 다치지 않았다고요?"

그러자 데모스테네스가 이렇게 말했다.

"맞아요. 이제 그 목소리를 듣고 보니 맞은 사람 같군요."

데모스테네스는 다른 사람의 신뢰를 얻으려면 말할 때의 목청과 몸짓을 잘 조절해야 한다고 믿었다. 따라서 그가 말할 때의 몸짓은 많은 사람에게 놀랄 정도의 감동을 주었지만, 데메트리오스 같은 지식인이 보기에는 그의 연설 방식이 저속하고 야비하고 설득력 없게 보였다. 극작가 헤르미포스의 글에

---

9   데모스테네스는 r와 l의 발음을 정확히 구사하지 못했다.(제17장 「알키비아데스전」, §1 참조)

는 이런 이야기가 실려 있다.

> 데모스테네스와 같은 시대를 산 웅변가
> 아이시온(Aision)에게 누군가 이렇게 물었다.
> "고대의 웅변가와 오늘날의 웅변가를 견주어 보면
> 어떻습니까?"
> 그러자 아이시온이 이렇게 대답했다.
> "옛날의 웅변가들은 민중에게 연설할 때 정중하고
> 우아했는데, 요즘에 데모스테네스의 웅변을 들어
> 보면 그냥 글을 읽는 듯한 웅변이 차라리 더 조리 있고
> 설득력이 뛰어나 보입니다."

데모스테네스의 문장화된 연설이 더 직설적이고 신랄한 것은 말할 나위도 없지만, 그의 즉석연설 또한 재기가 넘친다. 이를테면 데마데스가 이런 말을 한 적이 있다.

"데모스테네스 선생이 나를 가르쳐 보시구려. 아마 암퇘지가 아테나 여신을 가르치는 것과 같겠지요."

그 말을 들은 데모스테네스가 이렇게 대답했다.

"아테나 여신은 며칠 전에 콜리토스(Collytos)[10]의 사창가에서 놀고 있던데요."

철면피라는 별명을 가진 도둑이 밤늦도록 글을 쓰는 데모스테네스로 말미암아 사업에 지장을 느끼자 그를 놀려 주었다. 이에 데모스테네스가 이렇게 대답했다.

"내가 불을 밝혀 둠으로써 자네 사업에 지장이 있는 것을 내가 잘 알지. 그러나 도둑들은 얼굴에 철판을 깔았는데 우리의 벽은 흙으로 만들었으니, [흙벽이 철벽을 견디지 못한 것으로 보

---

10 콜리토스는 아테네 신전의 언덕 서남쪽에 있는 부촌으로, 플라톤의 형제들이 살아 더욱 유명했다.

아] 도둑을 맞은 아테네 시민은 놀라지 말아야지."

이제 나는 데모스테네스의 웅변에 관한 이야기를 이쯤에서 그치고, 정치가로서 쌓은 업적과 관련하여 그가 어떤 성품과 기질을 가졌는지를 살펴보고자 한다.

12

어쨌거나 데모스테네스가 정치에 입문한 것은 [기원전 356~346년] 포키스인들이 아폴론 신전에 딸린 땅을 점령하면서 일어난 전쟁[제3차 신성 전쟁] 때의 일이었다. 그 사실은 그가 남긴 말이나 필리포스왕에 대한 탄핵 연설[필리포스왕을 공격한 제12회 연설]에서 미루어 알 수 있다. 그의 연설 가운데 일부는 이 전쟁이 끝난 직후에 이뤄진 것이고, 초기 연설은 그 전쟁과 밀접하게 관련된 것들을 다루었다.

데모스테네스가 그리스 최고 부자인 메이디아스(Meidias) 재판에 고발자로 나선 것은 서른두 살 때였는데, 아직은 정치 문제를 다룰 만큼 명성을 얻지 못하던 시기였다.[11] 내가 생각하기에, 데모스테네스는 이러한 상황이 두려웠던 듯하다. 메이디아스를 그토록 미워하면서도 얼마의 돈을 받고 그와 타협한 것이다. 호메로스가 아킬레우스를 빗대어 표현한 시구처럼, 메이디아스는 "마음이 상냥하거나 유순하지 않고"(『일리아스』, XX : 467) 복수심에 불타는 사람이었다.

어쨌거나 메이디아스처럼 돈과 웅변과 친구로 둘러싸여 있는 사람과 싸워 이기기가 만만치 않은 데다가, 메이디아스를 쓰러뜨린다는 것이 자신의 힘으로써는 버거운 일이라는 것을 안 데모스테네스는 메이디아스 편에 선 사람들에게 굴복했다. 내가 보기에 데모스테네스가 소송을 취하하는 대가로 받

---

11   메이디아스가 자기의 재산을 믿고 데모스테네스가 준비한 축제에 와서 행패를 부려 모임을 망친 사건을 뜻한다.

은 3천 드라크마는 데모스테네스가 정적을 쓰러뜨린 다음 기대했거나 느낄 수 있는 감정을 포기하는 아픔을 씻어 줄 만큼의 액수가 되지 못했다.

그러나 데모스테네스가 마케도니아의 필리포스왕에 대한 항전을 정치 활동의 중요한 배경으로 삼은 것은 충분히 그럴 만한 가치가 있는 일이었다. 이 사건을 계기로 데모스테네스는 명성을 얻었고, 그의 대담한 웅변을 들은 그리스인들과 페르시아 왕까지도 그를 칭송했으며, 필리포스왕도 아테네의 어느 정치인보다 그에 관한 이야기를 더 많이 했다.

그리하여 데모스테네스를 미워하던 정치인들마저도 이제는 필리포스왕과 겨룰 수밖에 없다는 사실을 인정했다. 아테네 10대 웅변가에 들어 있는 아이스키네스와 히페레이데스가 데모스테네스를 비난하면서도 그 사건을 중요하게 언급했기 때문이었다.

13

따라서 데모스테네스가 정신적으로 불안정했고, 오랫동안 같은 정책과 같은 정파에 진심으로 남아 있을 줄 모르는 사람이었다는 테오폼포스의 평가가 어디에 근거를 둔 것인지 나로서는 알 수 없다. 그는 정파에 처음 들어가 정무를 수행하면서 같은 정책에 일관된 입장을 끝까지 지켰다. 이렇듯 그는 살아 있을 동안 정치적 입장을 바꾸지 않았다. 그로 말미암아 끝내 목숨을 잃을 정도였다.

데마데스는 자신의 정책을 바꾸면서 사사로운 이익에 반대되는 말을 한 적은 있어도 국가의 이익에 반대되는 말을 한 적은 없노라고 변명했지만, 데모스테네스는 그렇게 살지 않았다. 멜라노포스(Melanopos)는 칼리스트라토스의 정적이면서도 그에게 자주 뇌물을 받아먹은 다음 이렇게 말했다.

"그가 내 정적인 것은 맞는 말이다. 그러나 나는 늘 국익을 먼저 생각했다."

그러나 데모스테네스는 멜라노포스처럼 살지 않았다. 한편, 메세니아 출신의 니코데모스(Nikodemos)는 처음에 마케도니아 섭정인 카산드로스(Kassandros)의 편에 섰다가 나중에는 다시 데메트리오스의 이익을 대변했다. 그러면서도 그는 이렇게 말했다.

"나는 나 자신의 지조를 저버린 적이 없다. 강자의 말에 귀를 기울이는 것이 늘 유리하기 때문이다."

데모스테네스는 그런 인생을 살지 않았다. 그는 말과 행동을 이리저리 바꾸지 않았으며, 변함없는 잣대가 있었다.[12] 음악 용어를 빌려 표현한다면, 그는 정치를 하면서 기본적인 음조 하나를 늘 지켰다. 그러므로 철학자 파나이티오스(Panaitios)는 이런 말을 한 적이 있다.

"데모스테네스의 모든 연설은 명예란 그 자체로서 선택할 만한 것이라는 확신을 바탕으로 하여 쓰였다. 이를테면 그는 『왕관에 관한 논쟁』[13]이나 「아리스토크라테스(Aristokrates)에 대한 반론」, 「레프티네스의 사면에 대한 반론」, 「필리포스 왕에 대하여」 등의 연설에서 시민이 즐겁고 쉽고 이익이 되는 일만 좇지 말고, 어느 경우든 안전이나 생명의 보존을 명예나 정의에 다음가는 일로 여겨야 한다고 생각했다."

---

12 이 부분에서는 플루타르코스가 이 편(篇)을 쓰면서 흔치 않게 데모스테네스를 편애하고 있음이 보인다. 뒤에서 보는 바와 같이 데모스테네스는 사실 뇌물을 많이 받았기 때문이다.

13 많은 전쟁으로 아테네의 성이 허물어지자 데모스테네스는 자신의 재산을 쓰면서까지 이를 복원하고자 노력했다. 이에 아테네 시민은 그 공로를 치하하며 그에게 금관을 만들어 선물하자는 의견을 제안했다. 그러나 그의 정적이었던 아이스키네스가 그의 부패를 이유로 금관 수여를 반대하여 두 사람 사이에 오랫동안 논쟁이 계속되었는데, 이때 오간 연설은 정치 논박의 중요한 선례를 남겼다. 이를 소재로 데모스테네스는 『왕관에 관한 논쟁』을 썼다.

이런 데모스테네스가 그의 위대한 웅변의 원칙과 고결함에 걸맞게 전사(戰士)와 공직자로서의 청렴까지 갖추었더라면, 그는 필리포스왕과 알렉산드로스 대왕에 맞서 싸웠던 살라미스 출신의 위대한 웅변가 모이로클레스(Moerokles)나 폴리에욱토스나 히페레이데스나 또는 그와 함께 살았던 인물들에 견줄 정도가 아니라, 아테네의 위대한 정치가 키몬(제11장)이나 역사학자 투키디데스나 페리클레스에 견줄 만한 인물이 되었을 것이다.

14

데모스테네스와 같은 시대를 산 인물로는 포키온(제35장)이 있었다. 그가 비록 칭찬하기 어려운 정책을 펼쳤고 마케도니아를 두둔한다는 평판을 듣기는 했지만, 그는 용맹하고 고결하여 아테네 민주주의의 투사인 에피알테스(Ephialtes)나 공의롭기로 이름난 아테네의 정치가 아리스티데스(제9장)나 키몬에 못지않다는 평가를 들었다.

데메트리오스의 말에 따르면, 그와 달리 데모스테네스는 무기를 들었을 때 믿음직하지 못했고 뇌물을 견디지 못했다. 곧 데모스테네스는 마케도니아의 필리포스왕이 제공하는 금덩어리에 굴복하지는 않았지만, 페르시아의 수사(Susa)와 엑바타나에서 강물처럼 흘러 들어오는 금덩어리는 거절하지 못했다. 결국, 데모스테네스는 누구보다도 더 선조들이 이룩한 덕망을 칭송했으면서도 그들을 본받지는 못했다. 그럼에도 불구하고, 그와 같은 시대를 살다 간 사람들 가운데 포키온을 제외하면 삶과 웅변에서 그를 앞지른 사람은 없었다.

데모스테네스는 어느 누구보다 민중의 이성에 과감히 호소했고, 그들의 욕망을 거절했으며, 그들의 잘못을 완강하게 공격했다는 점은 그의 연설에서 잘 나타난다. 더욱이 아테네와 민중 지도자들에 대해 늘 적대적이었던 테오폼포스의 말에 따르면, 아테네 시민이 데모스테네스에게 어떤 사람을 탄핵하도록 요구했을 때 그가 거절하자 시민이 그를 비난하는 소동을 일으켰다. 그때 데모스테네스는 이렇게 말했다고 한다.

"아테네 시민 여러분, 나는 여러분이 나에게 요구하지 않더라도 여러분을 도울 것입니다. 그러나 거짓된 일이라면 여러분이 요구해도 나는 누군가를 탄핵하지 않을 것입니다."

람노스(Rhamnos) 출신의 궤변 철학자이자 웅변가였던 안티폰(Antiphon)[14]의 고발 사건이 일어났을 때, 데모스테네스의 생각은 지나칠 정도로 귀족 편이었다. 민회가 안티폰에게 무죄를 선고했지만 데모스테네스는 그를 체포하여 아레이오스 파고스(Areios Pagos)로 끌고 갔다.

거기에서 데모스테네스는 민중에게 돌아갈 상처는 고려하지 않은 채, 안티폰이 필리포스왕과 공모하여 조선소에 불을 지르기로 약속한 사실을 유죄로 입증하여 그가 재판에 승복하고 사형을 받게 했다. 그뿐만 아니라 데모스테네스는 여사제 테오리스(Theoris)의 비리를 고발하고, 테오리스가 노예들을 사주하여 주인을 속이게 한 죄를 들어 사형을 언도하고 처형했다.

15

들리는 바에 따르면, 아폴로도로스(Apollodoros)가 채무 관계로 죄를 지은 티모테오스 장군을 고발한 연설문과, 포르미오(Phormio)가 스테파노스(Stephanos)를 공격한 연설문도 데모스테네스의 글이었다고 한다. 이 사건으로 데모스테네스는 명성에 상처를 입었다. 그는 아폴로도로스의 연설문을 그대로 가져다 포르미오에게 주었던 것이다.

14 이 사람이 앞서 말한 아테네의 10대 웅변가인 안티폰과 같은 인물인지에 대해서는 논란이 있다.

결국 데모스테네스는 같은 대장간에서 만든 칼을 두 사람에게 나눠 주어, 서로 상처를 입히게 한 것과 다름없다. 그는 그런 웅변가였다. 더욱이 그의 대중 연설 가운데 안드로티온(Androtion)과 티모크라테스(Timokrates) 그리고 아리스토크라테스를 반박한 연설문은 그가 정계에 들어가기에 앞서 다른 사람들에게 써 준 것이었다. 이 연설문들은 그가 27~28세 무렵에 쓴 것으로 보인다.

그러나 아리스토게이톤(Aristogeiton)을 반박한 연설문과, 그의 말처럼 카브리아스의 아들 크테시포스(Ktesippos)의 부탁을 받고 쓴 「면세에 관하여」는 자신이 직접 연설했다. 어떤 사람들의 말에 따르면, 데모스테네스가 크테시포스에게 연설문을 써 준 것은 그 젊은이의 어머니를 사랑했기 때문이었다고 한다. 그러나 마그네시아 출신의 또 다른 데메트리오스(Demetrios)가 쓴 『동명이인(同名異人, On the Persons of the Same Name)』에 따르면, 그는 이 여인과 결혼하지 않고 사모스 출신의 여인과 결혼했다고 한다.

데모스테네스가 아이스키네스의 반역적인 사절(使節) 행위를 비난하는 연설을 실제로 했는지는 확실하지 않다. 오늘날 크레타의 장군 이도메네우스(Idomeneus)의 글에 따르면, 이때 아이스키네스는 30표 차이로 무죄 평결을 받았다고 한다. 그러나 『왕관에 관한 논쟁』에 실린 두 사람의 연설을 잘 읽어 보면 그 말은 사실이 아닌 것으로 보인다. 두 사람의 연설문에는 이 사건이 재판까지 갔다는 언급이 분명히 나타나지 않기 때문이다. 따라서 이 문제는 다른 사람들의 판단에 맡길 수밖에 없을 듯하다.

16

평화가 이어지는 동안에 데모스테네스의 정치적 입장은 분명했다. 그는 마케도니아의 처사를 그대로 두고 싶지 않아 일이 벌어질 때마다 필리포스왕에게 도전하도록 아테네 시민을 고무했다. 이 때문에 필리포스도 늘 그를 주목했다. 그리하여 [기원전 346년에] 그가 사절단 열 명과 함께 마케도니아에 왔을 때 필리포스왕은 사절단 모두의 말에 귀를 기울였지만, 데모스테네스의 연설에 대해서는 남다르게 인내를 가지고 답변했다.

필리포스왕은 데모스테네스에게 명예를 존중하면서 배려했지만 다른 사람들처럼 융숭하게 맞아 주지는 않았다. 필리포스왕은 오히려 아이스키네스와 트로이 전쟁의 영웅 휠로크라테스(Philokrates)에게 더 호의를 베풀었다. 그리하여 일행이 필리포스왕을 칭찬하면서 언변이 뛰어나고 잘생기고 술을 잘 마신다고 말하자 데모스테네스는 이렇게 혹독하게 비난했다.

"말을 잘하는 것은 궤변 철학자들에게나 걸맞은 일이고, 얼굴이 잘생긴 것은 여자들을 홀리는 데나 필요한 일이고, 술을 잘 마신다는 것은 해면(海綿)처럼 속도 없는 사람이라는 뜻이니, 어느 것도 왕으로서 칭찬 들을 일이 아니라오."

17

사절을 맞이한 필리포스왕은 데모스테네스의 말에 참을 수 없었고, 데모스테네스도 끊임없이 아테네 시민에게 전쟁을 선동하니, 사태는 끝내 전쟁 쪽으로 기울었다. 데모스테네스는 먼저 에우보이아(Euboia)섬을 쳐들어가자고 아테네 시민에게 주장했다. 이 나라는 [본디 마케도니아 땅이 아니었음에도] 그곳을 지배하던 참주들의 뜻에 따라 마케도니아에 예속되어 있었기 때문이었다. 그의 제안을 받아들여 아테네인들은 에우보이아로 쳐들어가 마케도니아 병사를 몰아냈다.

이에 마케도니아가 전쟁을 일으키자, 데모스테네스는 아테네 시민에게 비잔티온과 페린토스(Perinthos)에 대한 미움을 버리고 지난날 [기원전 357~355년에 마케도니아가 일으켰던] 동맹시 전쟁(同盟市戰爭, Symmachikos Polemos)에서 서로 입은 상처도 잊고 군대를 파견하자고 설득했다. 시민들이 여기에 동의했고, 그들이 파견한 병력은 이 두 도시를 구했다.

그런 다음 데모스테네스는 그리스의 여러 도시 국가에 사절로 파견되었다. 그는 각 나라에서 만난 지도자들을 설득하고 나무람으로써 필리포스왕에게 저항하는 연맹에 가입하도록 했다. 연맹군은 자체 병력을 빼고도 보병 1만 5천 명과 기마병 2천 명으로 구성된 용병을 모았을 뿐만 아니라 자발적으로 군자금을 모아 참전했다.

테오프라스토스의 말에 따르면, 이때 참전국들의 부담 비용을 일정하게 제한하자는 이야기가 나왔을 때 크로빌로스(Krobylos)는 이런 말을 했다고 한다.

"전쟁의 비용에는 한도가 없다

(The consumption of war is unlimited)."

(제16장 「크라수스전」, § 2; 제42장 「클레오메네스전」, § 27)

그리스 도시 국가들은 이제 미래를 생각하니 마음이 초조해졌다. 모든 시민과 도시 국가들, 이를테면 에우보이아, 아카이아, 코린토스, 메가라, 레우카스, 코르키라가 모두 연맹에 가담했다. 그러나 데모스테네스에게는 테베를 연맹에 끌어들여야 한다는 중대한 과제가 남아 있었다.

테베는 아티카와 국경이 닿아 있고, 언제든 참전할 준비가 되어 있으며 그 군대는 용맹하다는 평가를 받고 있어 매우 중요한 역할을 할 수 있었다. 그러나 최근의 포키스 전쟁에서 필리포스왕이 호의로 그들을 도와준 적이 있었고, 더욱이 아테네와 테베는 가까이 있는 탓에 사소한 분쟁이 그치지 않아 늘 전쟁을 일으키는 사이였기 때문에 테베를 그리스 편으로 끌어들인다는 것이 쉬운 일은 아니었다.

18

그러나 암피사(Amphissa) 문제[15]로 기세가 오른 필리포스왕은 엘라테이아(Elateia)를 기습한 다음 포키스를 점령했다. 이에 아테네인들은 넋을 잃었다. 민회에서는 누구도 연단에 올라가 무슨 말을 해야 할지 모른 채 당황하여 침묵만 흘렀다. 이때 데모스테네스가 단상에 올라가 테베와 손을 잡아야 한다고 민중을 설득했다.

데모스테네스는 여러 가지 방법으로 민중의 용기를 북돋우며 희망을 심어 주었고, 바라던 대로 다른 사람들과 함께 사절이 되어 테베로 갔다. 역사학자 마르시아스(Marsyas)의 기록에 따르면, 필리포스왕도 마케도니아 출신 아민타스(Amyntas)와 클레아르코스(Klearchos), 테살리아 출신 다오코스(Daochos) 그리고 트라시다이오스(Thrasydaios)를 테베로 보내 아테네인들의 주장을 막으려 했다.

여러 가지로 계산해 본 테베 시민은 어느 쪽이 자기들의 이익에 도움이 되는지 모를 리 없었으나 [기원전 357~346년에 일어난] 포키스 전쟁[16]에서 입은 상처가 아직도 생생한 탓에 전쟁이 두려웠다. 그러나 테오폼포스의 기록에 따르면, 위대한 웅변가 데모스테네스의 연설을 들은 테베인들은 용기를 얻고 명예를 찾으려는 야망에 불타올라 이런저런 이해타산을 잊은 채 두려움을 떨쳐 버렸다. 이해타산과 필리포스왕에 대한 마음의 부담을 떨쳐 버린 그들은 데모스테네스의 말에 따라 명예의 길을 가기로 결정했다.

필리포스왕은 데모스테네스의 연설이 너무도 영광스럽게 성공하는 모습을 보자 사절을 보내 화평을 제안했다. 그 무

15 기원전 339년에 필리포스왕은 신성 모독을 저질렀다는 이유로 인보 동맹의 결의에 따라 암피사를 침략한 적이 있었다.
16 이른바 제2의 성전(聖戰)이라 부르는 이 전쟁에서 아테네는 포키스를 지원했고, 필리포스왕은 테베를 지원했다.

렵 아테네 시민은 무기를 들고 데모스테네스를 지원하기로 마음먹고 있었으며, 아테네의 장군들뿐만 아니라 보이오티아 동맹의 공동 사령관(Boiotarches)들도 그를 도와 명령에 따랐다.

그 무렵 데모스테네스가 테베 민회를 장악한 정도는 아테네 민회를 장악한 정도에 못지않았다. 그는 아테네와 테베의 모든 시민에게 존경받으면서 최고의 권력을 휘둘렀는데, 테오폼포스의 말을 빌리면, 이러한 그의 지위는 불법적인 것도 아니고 과분한 것도 아니었으며, 그에 대한 완전한 존경의 표시였다.

19

그러나 그 과정에서 그리스의 자유에 종말을 알리는 신탁들이 나타났던 듯하다. 그리스인들의 노력에도 별다른 보람 없이 여러 징조가 나타났다. 그러한 징조들 가운데에는 델포이 여사제들이 알려 준 것도 있고, 『시빌라의 예언서』에 적혀 있는 것도 있었다.

나는 테르모돈의 전장에서
멀리 사라져
구름과 허공에서
독수리처럼 지켜보리라.
정복된 무리의 눈물과
정복한 무리의 주검을.

들리는 바에 따르면, 테르모돈은 내 고향 카이로네이아에 있는 작은 강인데 케피소스강으로 흘러 들어갔다고 한다. 그러나 오늘날에는 그런 이름의 강이 없다. 내가 추측하건대, 지금의 하이몬(Haemon)이라는 이름의 강을 그 무렵에는 테르모돈으로 불렀던 것 같다. 그 강이 당시 그리스 병사가 숙영하던 헤라클레스의 신전을 지나가고 있기 때문이다. 내가 생각하기에, 그때 전투가 벌어지면서 하이몬강이 피와 시체로 가득 찼기 때문에 그런 이름을 얻었으리라고 여겨진다.[17]

그러나 역사학자 도리스의 기록에 따르면, 테르모돈은 강 이름이 아니라고 한다. 그곳에 천막을 치고 숙영하던 군인들이 참호를 파다가 작은 석상을 발견했는데, 거기에 상처 입은 아마존의 여전사들(Amazones)을 팔에 안은 테르모돈강의 수호신 이름이 새겨져 있었다고 한다.

들리는 바에 따르면, 이와 관련하여 또 다른 신탁이 있었다고 한다.

검은 까마귀여,
그대 테르모돈의 전장에서 기다릴지니
그곳에서 그대들은 사람의 고기를
풍성하게 먹으리로다.

20

이 이야기들이 어디까지가 사실인지 지금으로서는 증명하기 어렵다. 그 무렵 데모스테네스는 자신의 승리를 확신하고 있었다. 그는 그리스 병력의 강성함과 적군을 무찌르려는 병사들의 사기에 마음이 들떠 부하들에게 이렇게 말했다.

"신탁이니 예언이니 하는 것은 믿을 것이 못 되오. 그것은 델포이 신전의 여사제들이 필리포스왕에게 매수되어 한 말에 지나지 않소. 테베의 영웅 에파미논다스와 아테네의 영웅 페리클레스의 무용(武勇)을 떠올려 보시오. 그와 같이 위대한 영웅들은 그런 신탁이야말로 비겁함을 정당화하려는 구실이라 생각하고 이성이 시키는 대로 행동했을 뿐이오."

17   그리스어에서 피(hemo-)와 'Haemon'은 어원이 같다.

여기까지만 해도 데모스테네스는 용맹한 사람이었다. 그러나 [기원전 338년에 카이로네이아에서] 전투가 벌어졌을 때 그는 자신의 말처럼 영예로운 모습을 보여 주지 않았다. 그는 무기를 버리고 자기 위치를 벗어나 부끄럽게 도망했다. 피테아스의 기록에 따르면, 그는 자신의 방패에 쓰여 있는 명문(銘文)에 대해 부끄러움을 느끼지 않았다. 그 명문은 이렇게 되어 있다.

행운이 그대와 함께하기를……

이번 전투에서 승리한 필리포스왕은 곧 즐거운 마음에 오만을 드러냈다. 그는 시체를 쌓아 놓고 술판이 벌어진 곳으로 나가 데모스테네스가 발의한 정령(政令)의 첫머리 글을 발걸음에 맞추어 외웠다.

파이아니아(Paeania) 출신
데모스테네스의 아들 데모스테네스가
발의하노니……[18]

그러나 술에서 깬 필리포스왕은 자신이 저지른 그 수많은 전쟁과 단 하루라는 짧은 시간에 자신의 제국과 자신의 생명을 그토록 위험에 빠뜨린 위대한 웅변가의 능력을 생각하며 몸을 떨었다. 이 웅변가의 명성은 페르시아까지 흘러들어, 그곳의 왕은 해안의 태수들에게 편지를 보내 데모스테네스에게 돈을 보내고 그리스의 어느 지도자보다도 더 그에게 많은 관심을 기울이도록 지시했다.

데모스테네스가 그리스에서 필리포스왕에게 도발함으로

---

18   이 글은 그리스 사행시로 읽으면 운율이 더욱 그럴듯하다.
      "Δημοσθένης Δημοσθένους Παιανιεὺς τάδ᾽εἶπεν."

써 그 무렵 아시아를 침공하려던 필리포스의 의도를 저지했기 때문이었다. 뒷날 알렉산드로스 대왕이 보니, 사르디스에서 데모스테네스와 페르시아 장군들 사이에 오간 편지에 페르시아 장군들이 그에게 많은 돈을 뇌물로 준 사실이 적혀 있어, 이와 같은 사실들이 밝혀졌다.

21

그 무렵 그리스에 재난이 닥치자 데모스테네스의 반대파 정치인들이 그를 비난하면서 고발했다. 그러나 민중은 데모스테네스의 무죄를 선언하며 그를 칭송하는 한편, 오히려 충성스러운 그가 공직을 맡아 달라고 요구했다. 따라서 카이로네이아 전투의 전사자 유해가 장례를 위해 돌아왔을 때 시민은 데모스테네스를 전몰장병 추도식의 연사로 추대했다.

시민은 그들에게 닥친 참극 앞에서 비열함을 보이지 않았다. 테오폼포스의 과장된 표현에 따르면, 그들은 데모스테네스에게 영광과 존경을 바침으로써 이제까지 그가 자신들에게 해 준 정치적 조언을 따른 것에 대해 후회하지 않음을 분명히 밝혔다.

따라서 아테네 시민은 이번 전몰장병 추모 연설도 데모스테네스에게 맡겼다. 그러나 그 뒤로 데모스테네스는 자신이 제출한 정령에 자기 이름을 넣지 않고 친구들의 이름을 차례로 붙임으로써 자신의 불운을 회피하려 했다. 그러다가 필리포스왕이 죽었을 때 그는 다시 용기를 얻었다.

필리포스왕은 카이로네이아의 전투에서 승리를 거두며 잠깐 회생하는 듯하다가 기원전 336년에 왕실 경호원 파우사니아스(Pausanias)의 손에 죽었는데(제31장 「알렉산드로스전」, § 10), 이로써 앞서 인용된 신탁 가운데 마지막 구절, 곧 "정복된 무리의 눈물과 정복한 무리의 주검"이라는 내용이 이루어진 듯했다.

22

그 무렵에 필리포스왕이 죽었다는 소식을 남들보다 먼저 은밀하게 입수한 데모스테네스는 앞으로 다가올 일에 대해 아테네 시민을 고무할 생각에 즐거워졌다. 그는 정무 위원회에 나가 자신이 아테네에 위대한 축복을 가져올 꿈을 꾸었노라고 선언했다.

그러고 나서 얼마 지나지 않아 필리포스왕이 죽었다는 소식을 가지고 전령이 들어왔다. 아테네 시민은 곧 그 기쁜 소식에 감사하며 여러 신전에 제물을 드릴 절차를 밟는 한편, 필리포스왕을 죽인 파우사니아스에게 화관을 만들어 보내기로 결의했다.

데모스테네스는 단 엿새 전에 딸을 잃었음에도, 정장을 하고 머리에 화관을 쓴 다음 공회장에 나타났다. 이를 본 아이스키네스는 그의 처사를 헐뜯으면서 비정한 아버지라고 비난했다. 그러나 통곡하며 슬퍼하는 것만이 죽은 자식에 대한 사랑이라고 여긴 아이스키네스가 조용히 슬픔을 견디며 내색하지 않는 부모의 마음을 비난했다면, 오히려 그야말로 나약하고 너그럽지 않은 사람이다.

물론, 필리포스왕이 한창 번성했을 때는 힘겨워하던 그리스인들을 온유하고 인간적으로 상대해 주었는데, 이제 와서 그가 죽었다는 말을 들은 그리스인들이 신전에 감사의 제물을 바치고 머리에 화관을 썼다는 것은 자랑할 일이 못 된다. 그런 일은 먼저 신이 분노할 일일 뿐만 아니라, 그가 살아 있을 적에는 그에게 아테네 시민권을 줄 정도로 잘하다가 막상 그가 자객의 손에 죽으니 기쁨을 견디지 못하고 마치 시체 위에서 춤을 추듯이 승리의 찬가를 부르며 자기들이 큰 과업이라도 이룬 것처럼 처신하는 것은 잘한 일이 아니다.

그러나 데모스테네스가 집안에서 벌어진 불행과 눈물과 애통함을 여인들에게 맡기고, 자신은 조국을 위해 유익하다고 판단한 일을 하고자 공직에 나온 것을 나는 칭송하고 싶다. 그는 나라의 이익을 늘 마음에 담고, 국가의 복지에 이바지하고자 개인의 슬픔과 관심거리를 정리했다. 마치 연극 무대에 올라 왕이나 독재자 노릇을 하는 배우가 자신의 마음에 따라 울고 웃는 것이 아니라, 맡은 배역이 해야 할 일을 충실히 표현하는 것과 같다. 이는 참으로 정치인다운 처사다.

이와 같은 문제를 떠나 생각해 보더라도, 불행에 빠진 사람을 편안하게 해 주고, 마치 안과 의사가 눈이 시린 환자의 시선을 밝고 강렬한 색깔에서 부드럽고 푸른 색깔로 옮겨 주듯이, 즐거운 말로써 그들을 위로하고 기쁜 일을 생각하도록 해 주는 것이 사람의 도리이다.

결국, 번영된 국가의 보편적 복지 가운데 시민의 사사로운 아픔을 위로해 주는 것보다 더 훌륭한 게 있을까? 나는 아이스키네스가 데모스테네스를 비난하는 말을 듣고 마음이 흔들린 사람들이 너무 많은 것을 보았으므로, 이 말을 하지 않을 수 없다.

23

데모스테네스의 설득에 고무된 그리스 도시 국가들은 다시 연맹을 구성했다. 데모스테네스에게서 무기를 받은 테베인들은 마케도니아 수비대를 공격하여 많은 사람을 죽였다. 아테네인들도 나름대로 전쟁을 준비했다. 데모스테네스는 민회를 완전히 장악한 다음, 페르시아의 장군들에게 편지를 보내 어린아이요 미치광이(*margites*) 같은 알렉산드로스에게 항전하라고 부추겼다. 알렉산드로스는 국내 문제를 안정시키자 몸소 보이오티아로 쳐들어갔다.

아테네인들은 혼비백산했고 데모스테네스는 넋을 잃었으며, 동맹국에 버림받은 테베인들은 [기원전 335년 10월에] 홀로 싸우다가 나라를 잃었다. 이렇듯 아테네가 커다란 혼란에 빠져 있을 때, 데모스테네스는 다른 사람들과 함께 알렉산드로스에게 가는 사절로 뽑혔다.

그러나 알렉산드로스의 분노에 겁먹은 데모스테네스는 사절로 가던 길에 키타이론(Kithairon)에서 직무를 포기하고 돌아섰다. 이도메네우스와 도리스의 기록에 따르면, 이에 알렉산드로스는 곧 아테네의 지도급 정치인 열 명을 항복 사절로 보내라고 요구했다.

그러나 가장 저명하고 명망 높은 역사학자들의 기록에 따르면, 알렉산드로스는 열 명이 아니라 여덟 명의 항복 사절을 요구했는데, 그 이름은 데모스테네스, 스페토스 출신의 정치인 폴리에욱토스, 아테네 민주주의 투사 에피알테스, 저명한 웅변가 리쿠르고스(Lykurgos),[19] 살라미스 출신의 위대한 웅변가 모이로클레스, 피타고라스학파의 철학자 다몬(Damon),[20] 용맹한 군인이자 역사학자인 칼리스테네스 그리고 필리포스 왕에 맞서 싸웠던 저명한 용병대장 카리데모스(Charidemos)였다고 한다.

카산드레이아(Kassandreia) 출신의 역사학자로서 알렉산드로스의 원정에 종군했던 아리스토볼로스(Aristobolos)의 글에는 다음과 같은 데모스테네스의 연설이 실려 있다.

"아테네 시민을 지키려고 싸웠던 여덟 명을 알렉산드로스에게 넘기려는 여러분은 자기를 지켜 주던 안내견을 늑대에게 넘겨준 양 떼의 우화(寓話)와 같습니다. 알렉산드로스는 '마케도니아의 늑대'입니다. 곡물 장수들이 곡물의 견본 몇 알갱이를 접시에 담아 보여 주고 나서 끝내 배에 싣고 온 곡물을 모두 팔아먹듯이, 여러분도 우리를 저들에게 넘겨주다가는 자신

---

19   이 사람은 제3장의 리쿠르고스와는 다른 인물이다.
20   페린은 이 다몬을 뒤에 나오는 그의 사촌 데몬(Demon)과 혼동하고 있다.(§ 27 참조)

들도 모르게 여러분 모두를 팔아넘기게 될 것입니다."

아테네 시민이 알렉산드로스의 요구 조건을 놓고 고민하면서 어찌할 바를 모르고 있을 때, 웅변가 데마데스가 나타나 그 여덟 사람이 자기에게 5탈렌트의 돈을 거두어 주었으므로 자기가 알렉산드로스 대왕을 만나 항복 사절 문제를 해결하겠노라고 말했다.

데마데스가 이 문제를 해결하는 데 앞장선 것이 자신과 알렉산드로스 대왕 사이의 우의(友誼)를 믿었기 때문인지, 배부른 사자처럼 왕이 포만감에 빠져 있으므로 자기 말을 잘 들으리라고 기대했기 때문인지는 알 수 없다. 어쨌거나 데마데스는 알렉산드로스를 만나 항복 사절 문제를 해결하고 그리스와 마케도니아 사이에 강화를 이루었다.

24

알렉산드로스 대왕이 자기 나라로 돌아가고 데마데스와 그의 정파가 크게 세력을 얻으면서 데모스테네스는 보잘것없는 신세가 되었다. [기원전 333~330년에] 스파르타의 아기스 3세(Agis III)가 마케도니아에 반란을 일으키자 데모스테네스는 다시 한 번 그를 도우려 했지만, 아기스가 전사하고 스파르타가 멸망함으로써 데모스테네스는 재기하지 못했다.

금관 사건이 벌어져 크테시폰(Ktesiphon)이 재판에 회부된 것은 이 무렵의 일이었다. 카이로네이아 전투가 일어나기 조금 앞서 카이론다스(Chairondas)가 집정관(Archon)으로 있을 때 이 사건이 벌어졌으나, 10년이 지난 지금[기원전 330년]에 와서 아리스토폰(Aristophon)이 집정관으로 재직할 때 이 사건의 재판이 열렸다.

민중은 이 재판에 많은 관심을 보였다. 이 사건이 명망 높은 두 웅변가 사이의 논쟁인 데다가, 그 당시 데모스테네스를 기소한 사람들이 막강한 권력을 휘둘렀으며, 데모스테네스가 마

케도니아를 위해 일했음에도 고결한 인품을 갖춘 재판관들은
데모스테네스에게 불리한 판결을 내리지 않았기 때문이었다.

법원은 너무도 단호하게 데모스테네스를 무죄로 평결하
였으며, 5분의 1의 지지표를 얻은 아이스키네스는 1천 드라크
마의 벌금과 함께 앞으로 아테네 법정에 어떤 사건도 고발할
수 없다는 평결을 받았다. 아이스키네스는 끝내 아테네를 떠
나 로도스섬과 이오니아섬에서 수사학 교사로 남은 생애를 보
냈다.

25

그 뒤 오래지 않아 [기원전 324년에] 알렉산드로스 대왕의 재무
를 담당하던 하르팔로스(Harpalos)가 아시아를 떠나 아테네로
망명했다. 그는 자신의 부패가 언젠가는 법망에 걸리리라는
것을 알았고, 알렉산드로스 대왕이 막료들을 학대하는 것이
남의 일 같지 않게 두려웠다.

하르팔로스가 아테네로 망명하면서 몰고 온 함선과 보물
을 본 정치인들은 그의 재산에 눈독을 들이고 그를 도와주기
시작했다. 그들은 데모스테네스를 찾아가 그의 청원을 받아들
여 살게 해 주자고 설득했다. 그러나 데모스테네스는 처음부
터 하르팔로스를 추방해야 한다고 주장하면서 필요하지도 않
고 공의롭지도 않은 이유로 나라를 전쟁으로 몰아넣지 말라고
말했다.

며칠이 지나 하르팔로스가 재산 목록을 작성할 때 보니
데모스테네스가 페르시아인들이 만든 금배(金杯)를 유심히 바
라보면서 감탄하고 있었다. 그 금배의 조각이 참으로 아름다
웠다. 그러자 하르팔로스는 데모스테네스에게 그 무게가 얼마
나 되는지 한번 들어 보라고 말했다. 그 무게에 놀란 데모스테
네스가 그 값이 얼마나 나가느냐고 물었다. 그러자 하르팔로
스가 빙긋이 웃으면서 이렇게 대답했다.

"20탈렌트는 되겠지요."

날이 어두워지자 하르팔로스는 그 금배에 20탈렌트의 돈을 넣어 데모스테네스에게 보냈다. 하르팔로스는 데모스테네스의 얼굴과 눈길을 보면서 그가 금붙이에 얼마나 욕심을 내고 있는가를 알아차릴 만큼 남의 마음을 읽는 데 뛰어난 인물이었다. 데모스테네스는 그 선물을 거절하지 않았다. 데모스테네스는 마치 외국 군대를 자기 나라에 받아들였다가 그들의 손에 조국을 팔아넘기듯이 그 엄청난 뇌물 앞에 무너졌다.

다음 날 데모스테네스는 털목도리를 목에 두르고 민회에 나갔다. 민중이 그에게 일어나 발언하라고 요구하자 그는 목이 아파 말을 할 수 없다는 시늉을 하면서 목을 가리켰다. 그러자 관중은 빈정거리듯이 이렇게 말했다.

"저분은 지금 지난밤의 과로로 후두염에 걸린 것이 아니라 삼키던 은이 목에 걸린 것이오."

그런 일이 있고 나서 민중은 데모스테네스가 뇌물을 받은 것을 알아챘다. 따라서 그가 이 문제에 관해 변호하려 하자 민중은 분노하며 그에 저항했다. 어떤 사람들은 일어서서 이렇게 말했다.

"아테네 시민 여러분, 여러분은 저 사람이 금배를 들고 연설하는 것을 듣지 않으시렵니까?"[21]

그 무렵에 아테네 시민은 하르팔로스를 나라 밖으로 추방했다. 정치인들은 그에게 뇌물을 받은 사실이 드러날까 두려웠다. 그 무렵 정부가 뇌물을 찾으려고 정치인들의 집을 수색했기 때문이었다. 그러나 아레니데스(Arrhenides)의 아들로 뒷날 위대한 철학자가 된 칼리클레스(Callicles)의 집은 수색 대상에서 제외되었다. 테오폼포스의 말에 따르면, 칼리클레스는

---

21   그리스의 풍습에 따르면, 잔치가 벌어졌을 때 손님들에게 잔을 돌리는데, 그때 잔을 받아 든 사람은 노래를 부르거나 연설해야 한다.

신혼이었고 집 안에 그의 아내가 있었기 때문이었다고 한다.

26

그러나 뇌물 문제에서 데모스테네스는 조금 뻔뻔스러웠다. 그는 이 문제를 아레이오스 파고스[최고 재판소]로 넘겨 그곳에서 재판을 거쳐 유죄를 결정짓는 정령을 발의했다. 정무 위원회에서는 그를 첫 번째 피고로 기소했다. 데모스테네스는 법정에서 50탈렌트의 벌금형을 받았지만 벌금을 내지 못해 감옥에 갇혔다. 그러나 그 자신의 글에 쓰여 있듯이, 자신의 처지가 너무 부끄럽고 또 몸이 아파 감옥 생활을 견딜 수 없었던 그는 다른 사람들의 도움을 받아 탈옥했다.

어쨌거나 들리는 바에 따르면, 데모스테네스가 아테네를 벗어나 도망칠 때, 정적들이 쫓아왔다. 그가 어딘가에 숨으려 하자 그들이 큰 소리로 이름을 부르며 가까이 다가오더니 이렇게 말했다.

"여행에 필요한 물건을 챙겨 왔으니 받아 주시기 바랍니다. 집을 떠나려면 돈도 필요할 것입니다. 우리가 온 것은 이 물건들을 전달해 드리려는 것이니 달리 생각하지 말기 바랍니다. 그리고 지난 일에 너무 마음 상하지 마시고 용기를 갖기 바랍니다."

이 말을 들은 데모스테네스는 슬픔에 젖어 울면서 이렇게 말했다.

"내 정적들조차 막료들처럼 이렇듯 너그럽게 베풀어 주는 조국을 버린 내가 어디를 간들 편할 곳이 있겠는가!"

데모스테네스는 용기를 잃은 채 망명 생활을 견뎠다. 그는 아이기나와 트로이젠(Troizen)에 숙소를 마련하고 눈물에 젖어 고향 하늘을 바라보며 남은 생애의 대부분을 보냈다. 그의 일기에 남은 탄식은 위대한 정치가의 투혼 같은 것에는 걸맞지 않다. 들리는 바에 따르면, 그는 고향을 떠나면서 아크로폴리스 신전을 향해 두 손을 치켜들고 이렇게 소리쳤다고 한다.

"아테네의 수호신 아테나 여신이시여, 그대는 어찌하여 저 다루기 힘든 짐승인 올빼미와 뱀과 인간들 가운데에서 기쁨을 누리셨나요?"

또한 젊은이들이 찾아와 가르침을 간청하면 그는 이렇게 말했다.

"정치를 하지 않도록 노력해야 한다. 젊은 날의 내 앞길에 두 개의 길이 열려 있었다고 하자. 하나는 단상을 거쳐 민회의 정치로 가는 길이요, 다른 하나는 파멸에 이르는 길이라고 할 때, 정치의 길에는 두려움과 증오와 모략과 다툼만 있었다는 것을 미리 알았더라면 나는 모름지기 곧바로 죽음에 이르는 길을 선택했을 것이다."

27

내가 앞서 말했듯이 데모스테네스가 망명지에서 떠돌 무렵 [기원전 323년 5월에] 알렉산드로스 대왕이 바빌로니아에서 죽자 그리스 도시 국가들은 다시 연맹을 결성했다. 그리스는 용맹한 장군 레오스테네스의 영도 아래 뭉쳐 마케도니아 장군 안티파트로스를 라미아(Lamia)에 가두어 놓고 공격했다.

이때, 웅변가 피테아스와 딱정벌레라는 별명이 붙은 칼리메돈(Kallimedon)이 조국 아테네를 버리고 안티파트로스 무리에 가담했다. 그들은 안티파트로스의 막료와 사절들과 함께 돌아다니면서 그리스인들에게 마케도니아에 항전하지 말고 아테네 편에 서지 말 것을 설득했다.

그러자 데모스테네스는 아테네 사절단에 합류하여 그리스 도시 국가들이 동맹을 맺고 마케도니아에 맞서 그들을 몰아내자고 역설했다. 역사학자 휠라르코스(Phylarchos)의 글에 따르면, 전국을 유세하던 가운데 피테아스와 데모스테네스가 어느 민회에서 마주쳤다. 거기서 피테아스는 마케도니아를 옹호했고 데모스테네스는 그리스를 위해 연설했다. 들리는 바에 따르면, 피테아스는 이런 말을 했다고 한다.

"어느 집에 당나귀 젖이 들어가는 것을 보면 그 집에 틀림 없이 아픈 사람이 있는 것처럼, 아테네에 사절이 들어가는 것을 보니 그 도시에 변고가 있음을 알겠습니다."

그 말을 들은 데모스테네스는 이렇게 받아쳤다.

"당나귀 젖이 들어가면 그 집 안에 있는 사람의 병이 낫듯이, 아테네의 사절이 들어가는 도시에는 변고가 해결됩니다."

아테네 시민은 데모스테네스의 활동에 몹시 기뻐하며, 그가 망명지에서 돌아오도록 의결했다. 데모스테네스의 사촌인 파이아니아의 데몬(Demon)이 그에게 귀국 소식을 전달했으며, 그를 모셔 오고자 아이기나에 삼단 노의 전함을 파견했다.

데모스테네스가 피라이우스 항구를 떠나 아테네로 돌아올 때 집정관과 제사장과 모든 시민이 거리에 나와 그의 귀국을 열렬히 환영했다. 마그네시아 출신 데메트리오스의 기록에 따르면, 이때 데모스테네스는 하늘을 향해 두 팔을 벌리며 이렇게 말했다고 한다.

"오늘 제가 알키비아데스보다 더 영광스럽게 망명지에서 돌아오게 해 주시니 감사하나이다."

이는 알키비아데스가 무력을 앞세워 고향에 돌아왔지만 자기는 민중의 환영을 받으며 고향에 돌아왔다는 뜻이었다. 그러나 사면령을 받았어도 그에게 부과된 벌금을 면제해 줄 수는 없었기 때문에 50탈렌트의 벌금은 여전히 유효했다.

이에 그들 일행은 벌금을 피해 갈 수 있는 절묘한 방법을 찾아냈다. 곧 그때의 관습에 따르면, 제우스 신에게 제사를 드릴 때는 그 제사를 주관하는 사람에게 사례하게 되어 있었다. 이에 따라 아테네 시민은 그에게 벌금 액수와 같은 50탈렌트를 사례로 지불했다.

그러나 망명지에서 고국으로 돌아온 데모스테네스는 그리 오래 행복하지 않았다. [기원전 322년] 메타게이트니온월(Metageitnion月, 8~9월)에 크란논(Krannon)에서 전쟁이 일어나 알렉산드로스 대왕의 막료였던 안티파트로스와 크라테로스(Krateros)가 그리스의 동맹군을 쳐부수고, 보이드로미온월(Boedromion月, 9~10월)에는 마케도니아 병사가 무니키아(Munychia)에 입성하고, 피아네프시온월(Pyanepsion月, 10~11월)에 데모스테네스가 죽었는데, 그 과정은 이랬다.

안티파트로스와 크라테로스가 아테네로 쳐들어온다는 소식을 들은 데모스테네스와 그의 막료들은 몰래 도시를 빠져나와 도주했다. 민중은 데마데스의 발의에 따라 그들에게 사형을 선고했다. 그들은 그리스 여러 지역으로 흩어졌기 때문에 안티파트로스는 그들을 잡으려고 수색대를 파견했다. 수색대 대장은 망명객 사냥꾼으로 소문난 아르키아스(Archias)라는 인물이었다. 이 사람은 투리오이 출신으로 한때는 연극배우였다고 하며, 기록에 따르면, 그 무렵 최고의 배우였던 아이기나의 폴로스가 그의 제자였다고 한다.

그러나 헤르미포스의 기록에 따르면, 아르키아스는 수사학자 라크리토스(Lacritos)의 제자였다 하고, 데메트리오스에 따르면, 그는 밀레토스의 유명한 철학자인 아낙시메네스(Anaximenes)학파에 소속해 있었다고 한다.

아르키아스는 웅변가 히피레이데스와 마라톤 출신의 아리스토니코스(Aristonikos)와 팔레룸 출신의 데메트리오스의 동생 히메라이오스(Himeraios)가 아이기나에 있는 아이아코스(Aiakos) 신전에 숨어 있다는 것을 알고 그들을 끌어내어 클레오나이에 머무르던 안티파트로스에게 보냈다. 그곳에서 그들은 모두 처형되었는데, 웅변가 히페레이데스는 혀를 너무 많이 놀렸다는 이유로 혀가 잘려 죽었다고 한다.

그 뒤에 데모스테네스가 칼라우리아에 있는 해신 포세이돈의 신전에 숨어 있다는 사실을 안 아르키아스는 작은 배를 이끌고 그 섬으로 건너가 트라키아의 창병(槍兵)들과 상륙했다. 그들은 데모스테네스에게 신전에서 나와 안티파트로스에게로 가자고 설득하면서 안티파트로스는 그를 해코지하지 않을 것이라고 장담했다.

그런데 데모스테네스는 지난밤에 이상한 꿈을 꾸었다. 꿈속에서 그는 어느 비극에 출연하여 아르키아스와 상(賞)을 놓고 다투었다. 거기에서 데모스테네스의 연기가 더 훌륭하여 관중은 아르키아스보다 자신에게 더 갈채를 보냈지만, 분장이 서툴러 그는 상을 놓쳤다.

그래서 아르키아스가 온갖 좋은 말로 구슬렸으나 데모스테네스는 자리에 앉아 아르키아스를 바라보며 이렇게 말했다.

"여보게, 아르키아스, 그대의 행동과 약속으로써는 나를 설득할 수 없다네."

이 말을 들은 아르키아스가 그제야 본심을 드러내고 화를 내며 협박하자 데모스테네스는 이렇게 말했다.

"이제야 그대는 마케도니아의 신탁대로 [안티파트로스에 대한 충성을] 말하는군. 조금 전 그대의 말은 연극이었어. 잠시만 기다려 주게. 가족들에게 편지를 쓰고 싶네."

그 말을 남기고 데모스테네스는 두루마리를 들고 신전으로 들어가더니 마치 편지를 쓸 듯이 펜을 들어 입에 댔다. 그는 가족에게 무슨 말을 써야 할지 생각하는 것처럼 보였다. 얼마의 시간이 흐르자 그는 외투를 뒤집어쓰고 머리를 숙였다. 데모스테네스를 지켜보던 병사들은 그가 비겁한 짓을 하고 있다고 비웃으면서 사내답지 못하고 나약한 사람이라고 소리쳤다.

그때 아르키아스가 다가와 일어나라고 여러 차례 소리치면서 안티파트로스가 해코지하지 않을 것이라고 약속했다. 펜에 묻었던 독이 온몸에 퍼진 것을 안 데모스테네스는 그제야 외투를 벗고 고개를 들어 아르키아스를 바라보며 이렇게 말했다.

"이제 그대는 그토록 하고 싶던 그 비극 속의 크레온처럼, 나를 장례도 치르지 않고 시체를 내다 버리는 연기[22]를 해 보게."

그리고 그는 다시 하늘을 향해 이렇게 기도했다.

"자애로우신 포세이돈이시여, 저는 살아 있는 동안에 이 신전을 떠나고자 하나이다. 안티파트로스와 마케도니아인들이 저를 이곳에서 죽여 신전을 더럽힐 수도 있기 때문입니다."

기도를 마친 데모스테네스는 몸을 떨며 주변 사람들에게 걸을 수 있도록 도와 달라고 부탁했다. 그러고는 제단을 지나자마자 신음하며 숨을 거두었다.

30

아리스톤의 말에 따르면, 내가 앞서 말한 바와 같이 데모스테네스는 펜에서 독약을 꺼내 먹었다고 한다. 그러나 파포스(Pappus)라는 사람의 말에 따르면, 헤르미포스의 글을 보니 데모스테네스는 제단 옆에 쓰러졌을 때 "데모스테네스가 안티파트로스에게"라고 시작되는 두루마리 편지를 남겼다고 하더라는 것이다.

신전 문 앞에 서 있던 트라키아 출신 병사의 말에 따르면, 그의 죽음이 너무도 급작스럽게 일어나 살펴보았더니, 데모스테네스가 옷에서 독약을 꺼내 입에 넣고 삼켰다고 한다. 조금 이상하게 들릴지 모르지만, 그들은 데모스테네스가 금을 삼키는 줄 알았다고 한다. 그를 모셨던 하녀는 아르키아스에게 심

---

22 소포클레스(Sophokles)의 비극 『안티고네』(2 : 26, 191)에서 테베의 왕 크레온은 조카 폴리네이케스(Polyneikes)의 시체를 장례 없이 내다 버리도록 했다.

문을 받을 때 말하기를, 데모스테네스는 정적에게서 자신을 보호하고자 허리띠에 늘 독약을 넣고 다녔다고 한다.

그리스의 저명한 지리학자인 에라토스테네스의 말에 따르면, 데모스테네스는 독약을 담은 굵직한 팔찌를 장식처럼 차고 다녔다고 한다. 그의 죽음에 대해서는 이런저런 이야기들이 너무 많아 여기에서 일일이 거론할 수 없지만, 그의 친척인 데모카레스(Demochares)의 이야기를 빼놓을 수 없다.

데모카레스의 말에 따르면, 그의 죽음은 독약 때문이 아니라 하늘이 베푼 은혜라고 한다. 그가 마케도니아인에게 잔혹한 행위를 겪지 않도록 그처럼 갑작스럽고도 고통 없이 죽음을 맞이했다는 것이다. 그는 피아네프시온월(Pyanepsion月) 16일에 죽었다. 그리스 여인들은 농업과 결혼의 여신인 데메테르와 그의 딸인 지옥의 여신 페르세포네를 위한 축일(Thesmophoria)인 그날을 너무도 우울해하여, 여신의 신전에서 밥도 먹지 않고 하루를 보낸다.

데모스테네스가 죽은 지 얼마 뒤에 시민은 그의 조상(彫像)[23]을 세우고, 귀빈들이 쓰는 공회당(prythaneion)이 그의 가문에서 가장 나이 많은 사람을 대접하도록 하는 정령을 발표함으로써 그에 대한 공경심을 표현했다. 동상의 좌대(座臺)에는 다음과 같은 글이 새겨져 있었다.

데모스테네스여,
만약 그대의 행실이 그대의 지혜와 같았더라면
그리스가 마케도니아의 지배를 받지 않았을 것을……

[23] 이 조상은 폴리에욱토스의 작품으로서 데모스테네스의 조카인 데모카레스의 제안으로 2년(기원전 280~279)에 걸쳐 제작되었다. 현재 바티칸 박물관에 있는 데모스테네스의 대리석 조각은 그것의 모사품으로 보인다.(파우사니아스, 『그리스 지리학』, I : 8)

　　　　　　　　　　　　　데모스테네스

어떤 사람들의 말에 따르면, 데모스테네스가 칼라우리아에서 독을 마실 때 그런 말을 했다고 하는데, 이는 터무니없는 소리이다.

31

내가 아테네에 머물기 조금 앞서 이런 일이 있었다고 한다. 어느 병사가 죄를 짓고 상관에게 호출을 받아 가던 길에 데모스테네스의 동상을 만나, 동상의 손을 마주잡고 거기다 금덩어리를 놓았다. 그 곁에는 버즘나무(플라타너스)가 무성한 잎을 늘어뜨린 채 서 있었다. 바람이 불어 그랬는지 그 병사가 의도적으로 그랬는지는 알 수 없지만, 나뭇잎이 떨어져 그 금덩어리를 덮어 숨겨 주었다.

그 병사가 재판을 마치고 돌아오는 길에 보니 금덩어리가 그대로 남아 있었다. 이 이야기가 세상에 알려지자 사람들은 데모스테네스가 저토록 청렴했노라는 경구를 주제로 삼아 앞다투어 칭송했다.

데모스테네스의 정적 데마데스는 권력을 오래 지키지 못했다. 데모스테네스의 원혼(冤魂)이 그를 마케도니아에 넘겨주었기 때문이었다. 데마데스가 그토록 아첨했던 마케도니아인들이 그를 죽였으니, 이는 온당한 일이었다. 사실 마케도니아인들은 데마데스를 불쾌하게 생각하고 있었는데, 마침 그가 빠져나갈 수 없는 죄상을 발견한 것이다.

그것은 한 통의 편지였다. 그 편지에서 데마데스는 알렉산드로스 대왕의 부관이었던 페르디카스(Perdikkas)에게 간청하기를, 마케도니아의 권력을 잡은 다음 썩은 새끼줄이나 다름없는 안티파트로스에게서 그리스를 구원해 달라고 했다.

코린토스 출신의 데이나르코스가 이를 빌미 삼아 데마데스를 고발하자, 안티파트로스의 아들 카산드로스가 치를 떨며 데마데스 곁에 서 있는 그의 아들을 먼저 칼로 쳐 죽인 다음 같은 방법으로 그를 죽이라고 명령했다. 데마데스는 평소에 데모스테네스가 그에게 늘 하던 말처럼, 반역자는 먼저 스스로를 반역한다는 비극을 믿지 않다가 그제야 그 말이 진리임을 깨달았다.

소시우스에게.
　위의 이야기는 내가 읽고 들은 데모스테네스의 생애라네.

키케로
MARCUS TULLIUS CICERO

기원전 106~43

만약 유피테르 신이
인간의 언어로 말을 했더라면
아마도 그는 플라톤처럼 말했을 것이다.
— 키케로

정치인은 대중의 삶과 연결돼 지내므로
그 과정에서 대중에게 영향을 받을 수밖에 없다.
— 플루타르코스

정치인에게는
사람의 이름을 기억하는 것이 큰 재산이다.
— 키케로

1

키케로의 어머니 헬비아(Helvia)는 명문가 출신으로 영예로운 삶을 살았다고 한다. 그러나 그의 아버지에 대해서는 별로 알려진 바가 없고, 매우 극단적으로 다른 두 이야기가 전해 내려오고 있다. 어떤 사람의 기록에 따르면, 그는 직물 손질 가게를 경영하는 집안의 아들로 태어나 성장했다 하고, 어떤 사람들의 말에 따르면, 그의 조상이 로마인들과 용맹스럽게 싸운 볼스키아(Volscia)의 왕 툴루스 아티우스(Tullus Attius)[1]까지 거슬러 올라간다고 한다.

그러나 키케로라는 성(姓)을 처음 쓴 사람은 저명인사였던 듯하다. 그의 후손들이 그 이름을 버리지 않았기 때문이다. 사실 키케로라는 이름은 놀림감이었다. 라틴어로 키케르(cicer)는 병아리콩을 뜻하기 때문이다. 아마도 키케로의 조상

I   이 사람은 제18장 「코리올라누스전」(§ 22)에 나오는 툴루스 암피디우스 (Tullus Amfidius)를 뜻한다.

키케로

이 코끝 가운데가 병아리콩처럼 움푹 들어간 데에서 그런 성이 붙은 듯하다.

지금 내가 이야기하고자 하는 키케로가 처음 공직에 나갔을 때, 그의 친구들은 성을 바꾸는 것이 좋겠다고 권고했다. 그러나 그는 자기 가문을 집정관 마르쿠스 아이밀리우스 스카우루스(Marcus Aemilius Scaurus)나 저명한 시인이었던 가이우스 발레리우스 카툴루스(Gaius Valerius Catulus)와 같은 명문가로 만들겠노라고 대답했다고 한다.

또한 키케로가 시킬리아의 재무관으로 부임했을 때, 그는 신전에 은쟁반을 바치면서 거기에 마르쿠스(Marcus)와 툴리우스(Tullius)라고 이름을 새긴 다음, 그 끝에 장난삼아 병아리콩을 새겨 넣으라고 세공사에게 지시했다. 그의 이름에 관한 이야기는 이와 같다.

2

들리는 바에 따르면, 키케로의 어머니는 [기원전 106년] 정월 초사흗날에 아무런 산고(産苦)도 겪지 않고 아기를 낳았다고 한다. 지금도 그날이 되면 로마의 관리들은 황제의 건강을 위해 기도를 올린다. 전설에 따르면, 어느 날 신령이 그의 유모에게 나타나 이렇게 말했다.

"이 아이가 태어난 것은 로마에 커다란 축복이 되리라."

그런 방식의 예언은 한낱 꿈이요 할 일 없는 사람들의 이야기일 수도 있지만, 키케로는 그러한 예언이 사실임을 보여주었다. 학교에 다닐 나이가 되자 그의 천품이 드러나 또래들 사이에 명성이 자자했다. 그리하여 다른 아이의 아버지들이 그를 직접 찾아와 그가 공부하는 데 얼마나 기민하고 이해력이 좋은지를 보려 했다. 그들 가운데 성미가 고약한 아버지들은 자기 아들들이 키케로를 공경하는 것처럼 그를 가운데 두고 감싸듯이 하며 걷는 모습을 보고 화를 냈다.

플라톤은『공화국(*Republic*)』(§ 475)에서 "참으로 배움과 슬기를 좋아한다면 어떤 학문이든 가리지 않고 알고자 해야 하며, 공부와 체력 단련에 싫증을 느끼지 않는 사람이야말로 철학자라고 부를 수 있다"고 말했지만, 키케로는 시학(詩學)에 더 많은 노력을 기울였다. 그가 어렸을 적에 쓴 사보격(四步格)의 시『폰티오스 글라우코스(*Pontios Glaukos*)』[2]가 지금까지 전해 내려오고 있다.

나이가 들자 키케로는 온갖 재능을 드러내 보이며 로마에서 가장 위대한 웅변가이자 가장 위대한 시인이라는 명성을 들었다. 이제는 웅변술에도 많은 변화가 일어났지만, 그는 오늘날까지도 위대한 웅변가라는 평판을 듣고 있다. 그러나 위대한 시인들이 꾸준히 배출되면서 시인으로서의 명성은 많이 퇴색했다.

3

소년 시절에 학업을 마친 키케로는 그리스의 아카데미아학파에 소속되어 있으면서 로마로 망명 온 휠론(Philon)의 강의를 들었다. 그는 카르타고에서 온 그 시대 최고의 철학자인 클레이토마코스(Kleitomachos)의 제자들 가운데 웅변과 인품으로 로마인들의 사랑을 가장 많이 받는 인물이었다. 이 무렵에 키케로는 원로원의 지도자이자 정치가인 무키우스 스카이볼라(Mucius Scaevola)와 사귀면서 법률에 대한 지식을 익혔다.

키케로는 [기원전 90~88년에] 로마와 마르시(Marsi)족 사이에 벌어진 전쟁 때 잠시 술라의 부대에서 복무했다.[3] 이 무렵에 로마 공화국이 분열되고 군주정으로 되돌아가자, 키케로는 정치

2   폰티오스 글라우코스는 보이오티아의 어부로서 예언의 능력이 있었다. 아이스킬로스가 그를 주제로 희곡을 쓴 바 있다.
3   그때 키케로는 술라가 아니라 폼페이우스 스트라보(Pompeius Strabo)의 부대에서 복무했다. 와너(Rex Warner)의『키케로전』(§ 3)의 각주 6 참조.

에서 물러나 사색하면서 술라가 정권을 잡아 정치가 안정될 때 [기원전 82년]까지 그리스 학자들과 교류하며 학업에 전념했다.

들리는 바에 따르면, 그 무렵에 술라의 해방 노예인 크리소고노스(Chrysogonos)가 정치적인 이유로 처형된 어느 사람의 재산을 처분하는 경매에 참여하여 2천 드라크마를 지불하고 이를 차지한 사건이 벌어졌다.[4] 이에 처형된 죄인의 아들로서 유산 상속자인 로스키우스(Roscius)가 분노하여 250탈렌트에 달하는 유산을 헐값으로 처리한 것에 이의를 제기했다.

이에 화가 난 술라는 크리소고노스에게 증거를 날조하도록 한 다음 로스키우스를 아버지의 살인자로 몰아 기소했다. 그런 상황에서 술라의 잔인한 보복이 두려워 어느 누구도 그의 변호를 맡으려 하지 않았다. 변호 비용도 없었던 로스키우스는 끝내 키케로를 찾아와 변호를 부탁했다.

이때 키케로의 친구들은 명성을 얻는 데 이보다 더 좋은 기회가 없다면서 사건을 맡으라고 격려했다. 이에 사건을 맡아 키케로가 승소하자 많은 사람이 그를 칭송했다. 그러나 술라의 보복이 두려웠던 키케로는 건강이 좋지 않다는 핑계를 대고 그리스로 건너갔다.

그 무렵에 실제로 그는 몸이 야위었고 체중이 빠졌으며, 위장이 나빠 하루에 식사는 오후에 한 번 겨우 먹을 정도였다. 그의 목소리는 우렁찼지만 거칠고 조화롭지 않았으며, 열정에 넘쳐 소리칠 때는 음조가 너무 높아 건강을 잃는 것이 아닌가 걱정하는 사람도 있었다.

4   플루타르코스는 키케로에 대한 기록을 옮길 때 로마 은화인 세스테르티우스를 데나리우스로 착각한 듯하다. 이를 바로잡으면 5백 드라크마가 된다.

4

아테네에 도착한 키케로는 아스칼론(Askalon) 출신인 안티오
코스의 강의를 들으면서 그의 유창하고 우아한 말씨에 매력
을 느꼈지만, 자신의 신조를 바꾸지는 않았다. 안티오코스가
신(新)아카데미아학파에서 벗어남으로써 카르네아데스(Kar-
neades)[5]의 이론을 포기했기 때문이었다.

안티오코스가 신아카데미아학파를 포기한 까닭은 알 수
없다. 감각과 지각의 관계에서 어떤 명확한 증거를 보고 마음
을 바꾸었을 수도 있고, 아니면 카르네아데스의 제자인 클레
이토마코스나 휠론의 학파에 야심만만하게 저항하는 과정에
서 자신의 견해를 바꾸고 스토아 철학을 이전과는 다른 관점
에서 바라보게 되었을 수도 있다.

그러나 키케로는 안티오코스가 버린 바로 그 신아카데미
아의 철학 체계를 좋아하여 거기에 빠져들었고, 만약 정치에
서 뜻을 이루지 못한다면 아테네 시민이 되어 정무나 정치적
논쟁에서 벗어나 조용히 철학을 탐구하며 일생을 보낼 생각도
했다.

그러던 터에 [기원전 78년에] 고국에서 술라가 죽었다는 소
식이 들려왔다. 키케로는 운동을 하면서 건강도 좋아졌고, 생
활 습관도 활기를 띠게 되었으며, 목소리도 가다듬어져 사람
들의 귀에 듣기 좋게 바뀌었고 멀리까지 잘 퍼져나갔다. 그러
자 로마에 있는 친구들이 키케로에게 어서 귀국하라는 편지를
보내 재촉했다.

안티오코스도 정치에 나가 보라고 키케로에게 권고했다.
키케로는 다시 한번 자신의 재능인 웅변술을 보여 줌으로써

---

5   카르네아데스(기원전 214~129)는 신아카데미아의 창시자로서 회의론을
     주장했다. 그는 어떤 판단에서 스토아학파가 신(神)의 존재를 증명하려
     하거나 신의 섭리에 관한 이론을 제시하는 것을 받아들이지 않았다.

정치에 입신해 보려고 열심히 연설 기술을 연마했고, 유명한 수사학자들의 가르침을 받았다. 이러한 목표를 세우고 키케로는 아시아와 로도스섬을 여행했다.

아시아에서 키케로는 아드라미티온(Adramyttion)의 크세노클레스(Xenokles)와 마그네시아의 디오니시오스(Dionysios)와 카리아의 메니포스(Menippos)와 함께 웅변을 공부했다. 로도스에서는 몰론(Molon)의 아들 아폴로니우스(Apollonius)와 함께 웅변을 공부했고, 포세이도니오스와 함께 철학을 공부했다.

들리는 바에 따르면, 로마어를 모르는 아폴로니우스는 키케로에게 그리스어로 연설해 볼 것을 요구했다고 한다. 아폴로니우스는 그런 방식으로 하면 키케로의 결점들을 더 잘 고쳐 나갈 수 있으리라 생각했고, 키케로도 이를 흔쾌히 받아들였다. 그가 연설을 마치면 다른 청중은 몹시 놀라며 칭찬했지만, 아폴로니우스는 듣기만 하고 아무런 감동을 보이지 않은 채 오랫동안 멀거니 앉아 있기만 했다. 그와 같은 모습에 크게 낙심한 키케로에게 아폴로니우스가 이렇게 말했다.

"키케로 선생, 나도 그대의 연설에 깊이 감동했습니다. 그러나 그리스의 앞날이 참으로 안타깝습니다. 그리스의 유일한 영광이라고는 문화와 웅변뿐이었는데, 이제 그조차도 모두 로마인들에게 넘어갔기 때문입니다."

5

키케로는 큰 희망을 품고 정치에 뛰어들었지만 신탁이 그의 열정을 식혀 버렸다. 어느 날 그는 델포이 신전을 찾아가 이렇게 물었다.

"어떻게 하면 제가 정치인으로 유명해질 수 있습니까?"

그러자 신전의 사제가 이렇게 대답했다.

"인생을 살아가면서 민중의 뜻에 따라 살지 말고 자신의 성품대로 사시오."

[기원전 77년, 나이 서른이 되던 해에] 로마로 돌아온 키케로는 스스로 조심하면서 공직에 나서지 않은 까닭에 '그리스인'이니 '서생'이니 하는 별명을 들었는데, 이런 이름은 로마에서 무식하거나 신분이 낮은 사람을 가리키는 것이었다. 그러나 그의 정치적 야심은 예나 그제나 다름없었다.

아버지와 동료들이 정치를 해 보라고 강력히 권고했지만 키케로는 변호사 일에 더욱 전념했다. 이때 그는 점차로 명성을 얻은 것이 아니라 갑자기 유명해져, 토론의 광장에서 그와 논쟁했던 누구보다도 돋보이는 인물이 되었다.

들리는 바에 따르면, 처음 그는 연설할 때 데모스테네스에 못지않게 서툴렀다고 한다. 그래서 그는 희극 배우 로스키우스(Roscius)와 저 유명한 비극 배우 아이소포스(이솝)의 지도를 받았다고 한다. 들리는 바에 따르면, 아이소포스는 트로이 전쟁 때 자기 아내를 유혹한 동생 티에스테스(Thyestes)에게 복수하는 형 아트레우스(Atreus) 역할을 맡아 연기하다가 그 배역에 너무 몰입한 나머지 실제로 조연 배우를 칼로 쳐 죽인 적이 있었다고 한다. 그들과 연기 공부를 마쳤을 때 키케로의 웅변은 적지 않은 설득력을 갖추게 되었다. 소리만 요란하게 지르는 웅변가를 볼 때면 그는 이렇게 조롱했다.

"불구자가 말을 타려고 뛰어오르듯이, 연설도 못하는 것들이 소리만 지른다."

그런 조롱 섞인 웅변은 듣는 이들을 즐겁게 해 주긴 했지만, 그 정도가 지나쳐 많은 사람을 짜증 나게 했고, 결국 그는 악덕한 사람이라는 평가를 들었다.

6

[기원전 75년에] 키케로는 재무관에 임명되었다. 그해에 가뭄이 심각했는데, 시킬리아에 부임한 그는 곡식을 거두어 로마로 보낸 사실 때문에 주민들의 원성을 들었다. 그러나 뒷날 시민

은 그가 사려 깊고 공의롭게 일을 처리했다는 사실을 알고 그 어느 총독보다도 더 그를 칭송했다.

또한 로마의 명문가 아들들이 군대 생활에서 군기가 문란하고 용기가 없다는 이유로 시킬리아 법정관에게서 재판을 받아야 했을 때, 그는 그들을 너그럽게 처리해 줌으로써 귀족들의 칭송을 받았다.

키케로는 잠시 로마로 돌아와 여행할 때 우스운 일을 겪었다. 캄파니아에서 길을 가던 그가 친구로 보이는 귀족을 만나 이렇게 물었다.

"로마 시민은 시킬리아에서 내가 이룩한 업적을 어떻게 생각하는가요?"

그는 자신의 업적에 대해 모든 로마인이 높이 칭찬하리라고 생각했다. 그러자 그 친구가 이렇게 물었다.

"그런데 키케로 선생, 그동안 당신은 어디에 가 있었소?"

들리는 바에 따르면, 이 말에 그는 몹시 낙담했다고 한다. 그는 자신의 명성이 마치 깊은 바다 밑으로 가라앉은 것처럼 아무도 모르고 있다는 사실을 알고, 자신이 그토록 추구한 것이 참으로 덧없는 일임을 확인한 뒤로는 자제하면서 야심을 줄였다고 한다. 그러나 그의 지나친 공명심과 명예욕은 죽는 날까지 멈추지 않아 그의 건전한 판단을 흐려 놓았다.

7

정치에 뛰어들어 활발하게 활동하던 키케로는, 도자기나 연장을 만드는 장인(匠人)도 그 이름과 용도와 장소를 알고 있거늘, 정치인으로서는 사람을 익히는 것이 재산인데 시민들의 이름조차 모른다는 것은 부끄러운 일이라고 생각했다. 그리하여 키케로는 시민들의 이름을 기억하려고 노력했다.

그뿐만 아니라 키케로는 중요한 인물들이 사는 곳과, 그들이 소유한 부동산과, 그들의 친구와 이웃에 관한 지식을 익혀 둠으로써 이탈리아의 어느 거리를 걸을 때면 저것은 어느 친구의 집이며 이것은 어느 친구의 부동산이라고 줄줄이 외웠다. 키케로는 큰 부자는 아니었지만 살기에는 부족함이 없었다. 키케로의 친구들은 그가 변론의 대가로 돈이나 선물을 받지 않는 것을 놀라워했다.

그러던 터에 베레스(Verres)의 변론 사건이 일어났다. 베레스는 지난날 시킬리아의 법정관을 지낸 사람이었는데, 비리가 너무 많아 주민들이 그를 고발했다. 이때 피고 측 변호인인 키케로는 아무 말도 하지 않음으로써 그의 유죄를 입증했다. 당시의 법정관들은 이런저런 이유를 들어 자기들의 임기 마지막 날까지 재판을 미루었다.[6] 이 때문에 변호인이 제때 변론을 마칠 수 없어 재판을 기일 안에 끝낼 수 없었다.

이때 키케로가 일어나 피고 측 변론은 필요 없으니 곧장 법관들의 표결에 들어가자고 제안했다. 그런 제안이 있었음에도 설전이 이어져, 그가 남긴 몇 가지 재치 있는 변론이 기록에 남아 있다. 법정에서 유대의 율법을 지키는 것으로 알려진 카이킬리우스(Caecilius)라는 사람이 나서더니 시킬리아의 원고들을 제치고 베레스를 비난하려 했다. 그러자 키케로가 이렇게 쏘아붙였다.

"유대인이 수퇘지와 무슨 상관이 있소?"[7]

이는 피고의 이름 'Verres'에 로마어로 거세한 수퇘지라는 뜻이 있음을 비아냥거린 말이었다. 한편, 베레스에게는 젊은 아들이 있었는데, 행실이 바르지 않았다. 그런 베레스가 어느 날 키케로에게 이렇게 말했다.

---

6   사건의 내막인즉 이렇다. 그해[기원전 68년]가 저물어 검찰관들의 임기 만료가 가까웠다. 피고 측 변호인 호르텐시우스는 다음 해에 집정관으로 취임하도록 되어 있어 해를 넘기면 재판이 자기들에게 유리하리라고 판단했다.

7   이는 유대인들이 돼지고기를 불결하게 여기는 것을 빈정거린 말이었다.

"키케로는 행실이 바르지 못하다."

그러자 키케로가 이렇게 말했다.

"그런 말은 집에 가서 당신 아들에게나 하시오."

웅변가 호르텐시우스(Hortensius)는 직접 베레스를 변호할 엄두는 내지 못하고, 벌금이라도 좀 유리하게 해 주려고 말을 꺼냈다. 그는 그 대가로 베레스에게서 상아로 만든 스핑크스를 받은 적이 있었다. 이때 키케로가 조금 모호한 말투로 이런저런 말을 하자 호르텐시우스가 이렇게 말했다.

"저로서는 그대의 수수께끼 같은 말을 잘 알아들을 수가 없군요."

그러자 키케로가 이렇게 받아쳤다.

"집 안에 스핑크스를 모셔 둔 사람이 그 정도 수수께끼도 풀 수 없다는 말인가요?"[8]

8

그리하여 베레스는 75만 데나리우스의 벌금형을 받았는데, 그렇게 벌금이 낮은 것은 키케로가 베레스에게 뇌물을 받았기 때문이라는 비난이 일어났다. 그러나 시킬리아인들은 키케로를 칭송하며, 그가 건설관이 되자 섬에서 난 온갖 산물들을 보냈다. 그는 이 물건들을 사사로이 쓰지 않고 물가를 내리는 데 씀으로써 주민들에게 인정을 베풀었다.

키케로는 아르피움(Arpium)에 쾌적한 저택이 있었고, 나폴리와 폼페이 근처에도 농장이 있었으나 그리 크지는 않았다. 또한 그의 아내는 지참금으로 10만 데나리우스를 가져왔고, 그도 아버지에게서 9만 데나리우스의 유산을 상속받았다.

---

8 스핑크스는 소포클레스의 비극 『오이디푸스왕(*Oidipous Tyrannos*)』에 등장하는 괴물로서 자기가 제시하는 수수께끼를 풀지 못하는 사람들을 죽였는데, 키케로는 이 고사(故事)를 빗대어 말한 것이다.

그는 이 재산으로 넉넉하게 살면서 그리스와 로마의 문인들과 사귀었다.[9]

키케로는 해가 지기 전에 저녁 식사를 하는 일이 드물었는데, 이는 바빠서가 아니라 위장병으로 건강이 나빴기 때문이었다. 그래서 그는 여러모로 건강에 세심한 주의를 기울여, 안마를 자주 받고 산책을 거르지 않았다. 이런 방식으로 조심스럽게 섭생한 덕분에 그는 병치레 없이 많은 일에 열중할 수 있었다.

그는 아버지에게서 물려받은 집을 동생에게 물려주고, [집정관에 선출된 뒤로는] 팔라티누스 언덕(Collis Palatinus) 근처에서 살았다. 찾아오는 손님들에게 불편을 주지 않고자 함이었다. 많은 사람이 키케로를 찾아와 인사했는데, 그 방문객의 규모는 부자인 데다가 군대를 많이 거느려 로마인들 가운데 가장 위대하고 영향력이 컸던 크라수스나 폼페이우스에 못지않았다. 오히려 폼페이우스가 그를 먼저 찾아와 인사를 차리고, 권력과 명성을 유지하는 데 많은 도움을 받았다.

9

[기원전 66년] 법정관 선거가 다가오자 여러 유력 인사가 출마했지만 여덟 명의 당선자 가운데 키케로가 가장 많이 득표했다.[10] 민중은 키케로가 자신의 업무를 공정하게 처리해 주리라고 생각했다. 그 무렵에 리키니우스 마케르(Licinius Macer)라는

---

9   이 장의 각주 4에서 보는 바와 같이, 플루타르코스는 여기에서도 화폐 계산을 착오하고 있다. 곧 베레스의 벌금 75만 데나리우스는 "적다" 하고, 키케로 아내의 유산이 모두 19만 데나리우스인데 이는 "많다"고 기록하고 있기 때문이다. 1데나리우스는 농장 노동자의 하루 품삯인데 75만 데나리우스는 지금의 월력으로 따져 2055년의 노임이 되니 결코 적은 돈이 아니다. 그러니 이 단위에서 착오가 있었던 것으로 보인다. 스튜어트와 롱의 판본도 이 점에서 필자가 착오하고 있음을 지적했다.

10   법정관 선거의 최다 득표자가 시장 직무를 수행했다.

인물이 사기죄로 고발되어 키케로의 법정에 섰다. 마케르는 로마에서 세력이 막강했고, 크라수스의 지지를 받고 있었다.

자신의 세력과 협력자들의 도움을 믿었던 마케르는 법관들이 투표하는 동안에 집으로 돌아가, 마치 무죄 판결이 확정된 듯 머리를 빗고 외투를 걸친 채 토론의 광장으로 나갈 준비를 하고 있었다. 그때 크라수스가 집 앞에서 그를 만나 법관 전원이 유죄 판결을 내렸다는 말을 했다. 이 말을 들은 그는 집 안으로 들어와 쓰러져 곧 죽었다. 이 사건으로 키케로는 세심한 법정관이라는 평판을 들었다.

그 무렵에 바티니우스(Vatinius)라는 사람이 고발되었다. 그는 행실이 거칠고 관리들에게도 무례했다. 그는 목이 종기로 뒤덮여 있었다. 키케로의 법정에 선 바티니우스는 이러니저러니 요구가 많았다. 이에 키케로가 그 요구를 얼른 들어주지 않고 시간을 끌며 생각하자 바티니우스가 소리쳤다.

"내가 법정관이었다면 그렇게 일을 처리하지 않겠소."

그러자 키케로가 돌아보며 이렇게 대답했다.

"내 목은 그렇게 생기지 않았습니다."

키케로의 임기가 2~3일 남았을 때 마닐리우스(Manilius)가 부패 혐의로 키케로의 법정에 불려 왔다. 마닐리우스는 민중에게 열렬한 지지를 받았으며, 이번 일은 그가 폼페이우스의 친구이기 때문에 누명을 쓴 것이라고 사람들은 생각했다. 그가 변론 준비를 하고자 며칠의 말미를 요구하자 키케로는 그에게 하루를 허락했다.

피고가 요구하면 흔히 열흘의 말미를 허락하는 것이 관례였기 때문에 민중은 키케로의 처사에 분노했다. 호민관이 키케로를 회당에 불러 피고의 요구를 들어주라고 말하자 키케로는 이렇게 대답했다.

"나는 늘 피고인들에게 법이 허락하는 한 최대의 자비와 친절로써 상대해 주었습니다. 이번에 마닐리우스가 그런 혜택을 받지 못한 것은 불행한 일이지만, 내가 이 일을 처리할 수 있는 법정관 임기가 이틀밖에 남지 않았기 때문에 나로서는 그 시간 안에 일을 처리해야 합니다. 나는 마닐리우스를 다음 임기의 법정관에게 넘기는 것이 그를 돕는 일이라고는 생각하지 않습니다."

이 말을 들은 민중은 크게 감동하여 마음을 바꾸어 키케로에게 사건을 맡아 달라고 부탁했다. 사건을 맡은 키케로는 그 자리에 없는 폼페이우스를 위해 단상에 올라 민중의 환호에 응답하면서 폼페이우스에 반대하는 무리와 과두 정치를 맹렬히 비난했다.

10

그 무렵에 키케로는 민중의 지지에 못지않게 귀족들의 지지를 받으며 집정관에 선출되었다. 두 집단은 로마의 미래를 위해 그를 지지했는데, 거기에는 다음과 같은 이유가 있었다. 처음에 술라가 정부를 개혁하려 했을 때 그 시도는 터무니없는 일처럼 보였다. 그러나 시간이 흐름에 따라 민중이 개혁에 친숙해지면서 마침내 이는 무시할 수 없는 과업으로 여겨졌다. 그러나 국가보다는 개인의 이익 때문에 지금의 정치를 뒤흔들려는 무리가 있었다.

그 무렵 폼페이우스는 폰토스와 아르메니아에서 전쟁을 치르고 있는 터여서 로마에서 진행되고 있는 개혁을 다룰 형편이 아니었다. 민중을 선동하는 사람은 루키우스 카틸리네 (Lucius Catiline)였는데, 그는 용맹스럽고 추진력이 있으며, 온갖 재주를 타고난 사람이었다. 그는 또한 딸을 겁탈하고, 동생을 죽였으며, 살인 사건으로 기소되는 것이 두려워 술라를 설득하여 이미 죽은 동생을 사형 대상자 명단에 끼워 넣기도 했다.

이런 사람을 지도자로 추대한 범법자들은 온갖 방법으로 그에게 충성을 맹세했는데, 그 한 사례로 그들은 사람을 죽여

키케로

살을 먹었다.(카시우스, 『로마사』, XXXVII : 30) 더욱이 카틸리네는 젊은이들에게 놀이와 술과 여자를 제공하고 그런 일에 돈을 아낌없이 씀으로써 그들을 타락시켰다. 그 무렵에 에트루리아의 모든 주민과 알프스 남쪽의 갈리아족(Gallia Cisalpina) 대부분이 반란을 일으켰다.

로마는 잘못된 분배로 말미암아 개혁에 커다란 위험을 겪고 있었다. 상류 계급 사람들은 연극과 잔치와 엽관(獵官)과 건축으로 재산을 탕진하여 궁핍해졌고, 나머지 재산은 천박한 사람들의 주머니로 들어가 작은 충격에도 나라가 쓰러질 지경이었다. 어떤 용맹한 사람이 나타나 권력을 휘두르면 로마 공화정은 곧 무너질 정도로 깊이 병들어 있었다.

11

그러나 [기원전 63년] 카틸리네는 강력한 활동 기반을 만들고 싶었던 터라 먼저 집정관 선거에 출마했다. 그는 카이우스 안토니우스를 동료 집정관으로 삼고 싶었다. 안토니우스는 좋은 일이든 나쁜 일이든 두각을 나타낼 만한 인물이 아니지만, 권력을 잡은 사람에게는 힘을 보태 줄 만한 인물이라고 카틸리네는 생각했기 때문이었다.

그러한 사실을 잘 알고 있던 로마의 지식인들은 키케로를 지지했으며, 민중도 그를 지지하여 결국 카틸리네가 지고 키케로는 안토니우스와 함께 집정관에 당선되었다. 키케로는 집정관 가운데 원로원 의원의 아들이 아니라 기사(騎士)의 아들로 뽑힌 첫 인물이 되었다.

12

민중은 카틸리네의 음모를 눈치채지 못했지만, 커다란 어려움이 집정관이 된 키케로의 앞을 가로막고 있었다.

첫째로, 술라가 제정한 법에 따라 공직 출마가 금지된 사람들의 반발이 만만치 않았다.[11] 그들은 공직을 노리고 술라의 통치를 비난함으로써 민중의 호감을 사고자 노력했다. 술라의 공직 금지법은 공의롭고 온당했지만, 그들은 적절하지 않고 합리적이지도 않은 때에 정부를 뒤흔들었다.

둘째로, [세르빌리우스 룰루스(Servilius Rullus)를 중심으로 하는] 호민관들도 카틸리네와 같은 의도를 가지고 10인 위원회를 설립하는 법안을 제출했다. 그 법에 따르면, 10인 위원회는 최고 통치 기관으로서 이탈리아 전체와 시리아와 최근에 폼페이우스가 정복 전쟁으로 얻은 영토를 다스리며, 국가의 토지를 팔 수 있는 권리가 있고, 자기들이 원하는 대로 누구나 재판할 수 있으며, 정적을 추방하고, 도시를 세우며, 국가 재정을 마음대로 쓸 수 있으며, 그들이 바라는 만큼 군대를 징집하여 유지할 수 있는 권한을 갖도록 되어 있었다.

따라서 많은 귀족이 그 법안에 찬성하였고, 자신도 10인 위원회의 위원이 될 수 있으리라는 희망을 품고 있던 안토니우스도 키케로의 동료 집정관 신분으로서 그 법안을 적극 지지했다. 안토니우스는 이 법안이 카틸리네의 음모로 이루어진 것이라는 사실을 잘 알고 있었다.

그러나 안토니우스는 카틸리네에게 진 빚이 많아 반대하지 못할 것이라고 민중은 생각했다. 귀족들은 바로 그 점을 걱정스러워했다. 그러한 현실을 걱정한 키케로는 먼저 동료 집정관 안토니우스를 마케도니아 총독으로 임명되도록 하고, 자신에게 제안된 갈리아 총독 직책은 사양했다.

이와 같은 제안에 감격한 안토니우스는 마치 고용된 배우처럼 국가를 위해 키케로의 다음가는 역할을 기꺼이 감당했다. 이러한 방법으로 안토니우스를 사로잡아 마음대로 움직일

---

11 술라는 호민관의 권력을 대폭 축소하고, 호민관의 공직 진출을 금지했다.(제20장 「술라전」, §34 참조)

키케로

수 있게 된 키케로는 좀 더 용기를 내어 새로 발의된 10인 위원회 법안 제정에 반대했다. 그가 원로원에서 긴 연설로 법안에 반대하는 뜻을 밝히면서 발의자들에게 경고하자, 겁에 질린 그들은 아무런 대꾸도 하지 못했다.

반대파는 거듭 법안을 통과시키려 하면서 집정관들을 군중집회에 불러냈다. 이에 원로원에 출두한 키케로는 조금도 두려워하지 않고 원로원 의원들에게 자기를 지지해 줄 것을 호소하여 새로운 법안을 부결시켰을 뿐만 아니라 그 밖의 법안들까지도 철회하게 만들 정도로 연설로써 청중을 압도했다.

13

이 연설로 키케로는, 위대한 연설이 어떻게 정의를 구현하는지, 또한 민중에게 정확히 전달된 연설이 얼마나 강력한 힘을 발휘하는지와 함께, 사려 깊은 정치인이라면 정치 활동을 하면서 민중에게 듣기 좋은 말보다는 공의로운 말을 해야 하고, 아무리 자기에게 이로워도 선동적인 말은 삼가야 한다는 것을 잘 보여 주었다.

그러던 터에 키케로의 연설이 얼마나 설득력 있었는가를 보여 주는 사건이 벌어졌다. 지난날에는 기사들이 극장에서 연극을 볼 때 자리가 생기는 대로 민중과 함께 섞여 앉았다. 그런데 [기원전 67년, 키케로가 집정관으로 선출되기 4년 전에] 법정관 오토(Marcus Otho)가 기사들과 민중의 좌석을 분리하여 특석에 앉도록 했고, 그 법이 그때까지 그대로 이어졌다.

민중은 이러한 제도를 매우 불명예스럽게 생각하여 오토가 극장에 나타나면 모욕적인 야유를 보냈고, 기사들은 그에게 찬사를 보냈다. 민중의 야유가 심할수록 기사들의 찬사도 더욱 심해졌다. 이 소식을 들은 키케로가 민중을 전쟁의 여신 벨로나(Bellona)의 신전에 모아 놓고 몹시 꾸짖자, 민중은 극장으로 다시 돌아가 오토에게 큰 소리로 찬양을 보내면서 마치 기사들과 경쟁이라도 하듯이 충성을 보였다.

14

카틸리네와 그 공모자들은 처음에는 겁에 질려 무서워했으나 다시 용기를 내어 무리를 모은 다음, 폼페이우스가 원정에서 돌아오기에 앞서 좀 더 과감하게 일을 처리하기로 다짐했다. 폼페이우스가 돌아오고 있다는 소문이 들려왔기 때문이었다. 카틸리네를 가장 열렬히 지지한 무리는 지난날 술라 밑에 있던 병사들이었다.

카틸리네의 지지자들은 이탈리아 전국에 퍼져 있었는데, 그들 가운데 가장 호전적인 무리 대부분은 에트루리아 여러 도시에 흩어져 있으면서 다시 한번 거의 손에 잡힐 듯 가까이 널려 있는 재물들을 약탈할 꿈을 꾸고 있었다. 지난날 술라 밑에서 탁월한 무공을 세운 만리우스를 우두머리로 삼은 이 무리는, 이번에는 카틸리네 편에 서서 집정관 선거에 손을 쓰려 했던 것으로 보인다.

[기원전 62년] 카틸리네는 이번 집정관 선거에 출마하여 혼란한 틈을 타 키케로를 죽이기로 결심했다. 이에 하늘도 무심하지 않아 천둥과 환영(幻影)으로써 어떤 일이 벌어질지를 보여 주려는 것 같았다. 카틸리네가 음모를 꾸민다고 말하는 사람들도 있었지만, 그처럼 명망 높고 권세가 큰 인물을 재판에 넘기기에는 증거가 충분하지 않았다.

이 때문에 키케로는 집정관 선거 일자를 늦추고 카틸리나를 원로원으로 불러 요즘 소문에 관해 물어보려 했다. 그러나 자신의 개혁안을 지지할 사람이 원로원에 많다고 생각한 카틸리네는 이참에 동지들에게 자기를 과시하려고 키케로에게 정신 나간 대답을 했다. 그는 이렇게 말했다.

"내가 지금 하는 일에 무엇이 잘못되었다는 말인가요? 지금 로마에는 두 개의 몸뚱이가 있는데, 하나는 몸이 수척하면서도 머리가 있고, 다른 하나는 몸은 튼튼한데 머리가 없습니다. 나는 그 머리 없는 몸의 머리입니다."

카틸리네의 이 수수께끼 같은 말은 머리만 있고 몸이 허약한 원로원과, 세력만 있고 머리를 쓸 줄 모르는 민중을 두고 한 말이었다. 이 말을 들은 키케로는 크게 놀라 갑옷을 입고 귀족과 청년들의 호위를 받으며 집을 나와 군신의 광장으로 나갔다.

키케로는 외투의 어깨를 의도적으로 늘어뜨려 그 밑의 갑옷을 군중에게 드러내 보임으로써 위기가 닥쳐오고 있음을 알려 주었다. 분노한 군중이 그를 둘러싸며 보호했다. 드디어 투표가 시작되자 민중은 카틸리네를 낙선시키고 데키무스 유니우스 실라누스(Decimus Junius Silanus)와 리키니우스 무레나(Licinius Murena)를 집정관으로 선출했다.

15

이런 일이 있고 나서 얼마 지나지 않아 에트루리아에 있는 카틸리네의 병력이 조직을 갖추어 모여들고 있었다. 카틸리네의 무리가 거사하기로 예정한 날짜가 가까워진 어느 날, 한밤중에 로마에서 가장 유력한 지도자인 크라수스와 마르켈루스(Marcus Marcellus)와 메텔루스(Scipio Metellus)가 키케로의 집으로 찾아왔다. 문을 두드려 문지기를 부른 그들은 키케로를 깨워 자기들이 왔음을 알리라고 말했다. 그들이 찾아온 내막은 이랬다.

그날 크라수스가 막 저녁 식사를 마쳤을 때, 하인이 들어와 누군지 알 수 없는 사람이 찾아와 주고 갔다면서 편지 몇 통을 내밀었다고 한다. 편지는 각기 다른 사람들 앞으로 발송하는 것으로서 보낸 사람의 서명은 없었다. 그 가운데 하나가 크라수스에게 온 것이었다.

편지를 뜯어보니, 카틸리네가 엄청난 유혈 폭동을 꾸미

고 있으므로 은밀히 로마를 떠나라는 내용이었다. 그는 나머지 편지를 뜯어보지 않고 곧바로 키케로에게 달려온 것이었다. 그는 두려움에 떨고 있었으며, 자신이 카틸리네와 가깝다는 이유로 자신에게 쏟아지는 비난을 모면하고 싶었다.

깊이 생각한 키케로는 날이 밝자 원로원을 소집한 다음 편지를 각기 수신인에게 주며 읽어 보라고 말했다. 편지 모두가 카틸리네의 음모를 이야기하고 있었다. 그때 법정관 퀸투스 아리우스(Quintus Arrius)가 지금 에트루리아에서 병사들이 조직을 점검하고 있다고 말했다. 곧이어 만리우스가 대군을 이끌고 여러 도시를 떠돌며 로마에서 기별이 오기를 기다리고 있다는 보고도 들어왔다.

이에 원로원은 두 집정관에게 이 일을 맡기는 것이 최선이라고 판단하여 이에 관한 전권을 둘에게 맡긴다는 정령(政令)을 발표했다. 로마를 수호하고자 원로원이 이처럼 결의한 것은 매우 이례적인 일로서, 국가가 엄청난 위기에 빠졌을 때나 있는 일이었다.

16

전권을 위임받은 키케로는 메텔루스에게 외치(外治) 문제를 맡기고 자신은 내정에 몰두하면서 날마다 토론의 광장으로 나갔는데, 많은 호위병이 그를 둘러싼 까닭에 그가 광장에 들어설 때면 사람들로 가득했다. 사태를 더 이상 이런 식으로 끌고 갈 수는 없다고 판단한 카틸리네는 만리우스에게 군대를 이끌고 서둘러 귀국하라고 지시하는 한편, 마르키우스(Marcius)와 케테구스(Cethegus)로 하여금 이른 아침에 인사를 핑계로 키케로를 찾아가 죽이라고 지시했다.

그때 풀비아(Fulvia)라는 귀족 부인이 밤중에 키케로를 찾아와 케테구스와 그의 부하들이 자객으로 방문할 터이니 주의하라고 알려 주었다. 자객들이 이른 아침부터 문을 두드렸으

607

나, 키케로가 문을 열어 주지 않자 분노하여 욕설을 퍼부음으로써 그들의 음모를 더욱 드러냈다.

날이 밝자마자 집을 나온 키케로는 유피테르 스테시우스 (Jupiter Stesius)¹²라고도 하고 로마인들의 표현으로는 유피테르 스타토르(Stator)라고 하는 신전으로 원로원을 소집했다. 신전은 팔라티누스 언덕으로 가는 신성로(神聖路, Via Sacra) 초입에 있었다. 그 자리에는 카틸리네도 자신의 견해를 변호하기 위해 부하들을 이끌고 와 있었다. 그러나 원로원 의원들 가운데 어느 누구도 그의 곁에 앉으려 하지 않고 멀찌거니 떨어져 있었다. 카틸리네가 연설을 시작하자 여기저기에서 야유가 들렸다. 그때 키케로가 일어나 그에게 말했다.

"그대는 로마를 떠나라. 나는 말로써 정치를 하고 있지만 그대는 칼로써 정치를 하기 때문이다. 이제 그대와 나 사이에는 성벽을 쌓지 않을 수 없다."

그리하여 카틸리네는 부하들을 이끌고 끝내 로마를 떠나게 되었다. 로마를 떠나면서도 그는 여전히 통치자의 상징인 부월(斧鉞)과 도끼를 들고 깃발을 흔들며 만리우스와 합세하고자 나갔다. 2만 명의 병사를 모은 그는 여러 도시를 돌아다니며 반란을 선동함으로써 로마는 이제 내란에 휩싸이게 되었다. 키케로는 안토니우스를 토벌 사령관으로 파견했다.

17

카틸리네가 로마를 떠나자 코르넬리우스 렌툴루스(Cornelius Lentulus)라는 인물이 남은 무리를 모아 반란을 선동했다. 그의 별명은 수라(Sura)로서, 본디 명문가 출신이었으나 생활이 망가져 방종해지자 원로원 의원 직에서도 쫓겨나 이제는 법정관

---

12   유피테르 스테시우스는 로물루스가 사비니족과 전투할 때 유피테르 신에게 승전을 기원하던 성소를 가리킨다.

으로 연임하여 활동했는데, 이러한 처신은 원로원으로 되돌아가려는 사람들이 쓰는 수법이었다. 들리는 바에 따르면, 그가 수라라는 별명을 얻은 데에는 그럴 만한 사연이 있었다고 한다.

술라가 집권하고 있을 때 렌툴루스는 재정관으로 재직하면서 공금을 많이 잃어버리거나 유용했다. 이에 화가 난 술라가 그에게 원로원에 출두하여 재정 상태를 설명하라고 요구했다. 그러나 렌툴루스는 태연하고도 오만하게 원로원에 나와, 자기는 재정에 관해 설명하고 싶지 않으니 아이들이 공차기를 하다가 실수했을 때처럼 종아리를 때려 달라고 말했다. 이런 까닭에 그는 수라라는 별명을 얻었다. 종아리를 라틴어로 수라(sura)라고 했기 때문이었다.

언젠가 그는 죄를 짓고 법정에 서게 되었는데, 법관들에게 뇌물을 주어 두 표 차이로 무죄 판결을 받고는 이렇게 말했다.

"괜스레 한 사람에게 뇌물을 더 주어 헛돈을 썼군. 한 표만 더 얻었어도 무죄였는데."

렌툴루스는 그런 인물이었다. 그는 더 나아가 거짓된 예언자와 점쟁이들을 동원하여 자신의 헛된 꿈을 이루려 했다. 그는 『시빌라의 예언서』에 적힌 신탁을 조작하여, 로마는 세 명의 코르넬리우스가 다스릴 운명인데, 이미 코르넬리우스 킨나와 코르넬리우스 술라는 집권한 바 있으므로, 이번에 세 번째로 코르넬리우스 렌툴루스가 왕국을 맡게 되면 그 기회를 놓치지 말고 받아들여야 한다고 주장했다.

18

렌툴루스가 꾸민 음모는 작거나 시시하지 않았다. 그는 원로원 의원 모두와 되도록 많은 시민을 죽이고, 로마를 불태우며, 폼페이우스의 자녀들만 살려 두기로 했다. 그 아이들을 인질로 삼아 원정에서 돌아온다는 소문이 파다한 그와 화해하려는 속셈이었다. 그들은 거사 날짜를 농신(農神) 사투르누스 축제 (Saturnalia, 12월 19일)로 결정했다.

반란군은 무기와 불쏘시개와 유황을 케테구스의 집으로 옮겨 숨겨 두었다. 또한 그들은 여러 구역으로 로마를 나눈 다음, 행동대원 1백 명을 뽑아 짧은 시간 안에 여러 곳에 불을 지를 수 있도록 제비뽑기로 구역별 책임자를 임명했다. 그리고 수도를 차단할 책임자도 임명하여 누구든 불을 끄고자 물을 받으려는 사람을 죽이라고 지시했다.

바로 이러한 음모가 진행되고 있는 동안에 알로브로게스 (Allobroges)족이 보낸 사절 두 명이 로마에 머물고 있었다. 이들은 그 무렵 가뭄이 심한 데다가 로마인들의 횡포로 어려움을 겪고 있음을 호소하러 온 사람들이었다. 렌툴루스는 이들을 이용하면 갈리아족의 반란을 부추길 수 있다고 생각하여 그들을 이번 음모에 끌어들였다.

반란자들은 알로브로게스족의 사절에게 편지를 두 통 건넸다. 하나는 원로원에 보내는 것이었고, 다른 하나는 카틸리네에게 보내는 것이었다. 원로원에 보내는 편지는 알로브로게스족에게 자유를 줄 것을 요구하는 내용이었고, 카틸리네에게 보낸 편지는 노예를 해방한 다음 그들을 이끌고 로마로 진격해 달라는 내용이었다.

반란자들은 크로토나(Crotona) 출신의 티투스(Titus)라는 사람에게 그 편지를 주어 알로브로게스족 사절과 함께 카틸리네에게 보냈다. 그러나 반란자들은 술과 여자 없이는 살 수 없는 무리인지라 분별이 없었다. 키케로는 그러한 사실을 면밀히 살피면서 냉정하고도 예리하게 사태를 판단했다.

키케로는 또한 반란자들 가운데 여러 사람을 매수하여 그들의 행동을 감시하도록 하면서 가담자들을 색출하는 데 도움을 받는 한편, 부하들을 반란군으로 꾸며 그들 안에 숨어들어가도록 했다. 그리하여 그는 반란자들이 이방 민족과 손을 잡았다는 것을 알고 밤에 병사를 매복하였다가 알로브로게스족의 은밀한 협조를 얻어 티투스를 붙잡고 편지도 압수했다.

19

날이 밝자 키케로는 화합의 신전(Templum Concordiae)에 원로원을 소집하여 티투스에게서 압수한 편지들을 큰 소리로 읽어 준 다음 제보자들의 말을 들었다. 먼저 유니우스 실라누스가 증언했다.

"케테구스가 한 말이라면서 어떤 사람이 나에게 들려준 바에 따르면, 그들은 집정관급 세 명과 법정관급 네 명을 죽이기로 했답니다."

그다음으로 집정관급 관리였던 피소도 같은 내용을 증언했다. 그다음으로 법정관 가운데 한 사람인 카이우스 술피키우스(Caius Sulpicius)가 증언했다.

"내가 케테구스의 집을 수색하러 가 봤더니 창과 병장기와 칼이 잔뜩 쌓여 있는데 모두 새것들이었습니다."

드디어 원로원은 정보를 제공한 대가로 티투스를 사면하고, 렌툴루스에게는 유죄를 선고했다. 렌툴루스는 법정관 직책을 사임하고 그 자리에서 자주색 비단을 두른 외투를 벗고 신분에 맞게 초라한 옷으로 갈아입었다. 렌툴루스와 그의 무리는 법정관의 판단에 따라 가택에 연금하기로 했다.

저녁이 되었으나 민중은 돌아가지 않고 신전 둘레에서 사태의 추이를 알고자 기다렸다. 그때 키케로가 그들 앞에 나와 그동안 있었던 일을 설명했다. 군중은 키케로를 호위하여 그의 친구 집까지 함께 갔다. 키케로의 집에는 부인들이 모여 로마에서는 보나 데아(Bona Dea)라 부르고, 그리스에서는 기나이케이아(Gynaikeia)라고 부르는 신비 의식을 치르고 있었기 때문이었다. 그 무렵에는 베스타 신전의 여사제들이 참석한 가운데 해마다 집정관의 아내나 어머니가 집에서 여신에게 제물

611   키케로

을 드리는 풍습이 있었다.

동료 몇 사람과 함께 친구의 집에 이른 키케로는 죄인들을 어떻게 처리할까를 깊이 생각했다. 그는 그들을 극형으로 처벌하는 것을 주저했다. 이는 그의 성품이 여리기 때문이기도 하지만, 자신의 권력을 지나치게 행사하여 로마의 명문가 출신으로서 그토록 큰 권력을 자랑하던 무리를 무자비하게 죽이고 싶지 않았기 때문이었다.

그렇다고 해서 엄중하게 처벌하지 않으면 그들이 다시 국가에 위험을 불러올지도 모르는 일이었다. 키케로는 그 점을 두려워했다. 만일 그들이 사형보다 가벼운 처벌을 받는다면 그들은 이를 고맙게 여기기는커녕 오히려 악행이 더 심해질 것이라고 키케로는 확신했다. 더욱이 그가 형벌을 엄중하게 집행하지 않는다면, 민중이 그를 사내답지 않게 나약하며 용기가 없는 사람으로 여기리라는 점도 싫었다. 민중은 이미 그가 전혀 용감하지 않다고 생각하고 있었다.

20

반란자들의 처벌을 놓고 키케로가 어찌할 바를 모르고 있을 때, 그의 집에서 제사를 드리던 부인들에게 계시가 나타났다. 이미 향불이 모두 타 재가 되었다고 사람들이 생각하던 때에, 재와 타다 남은 나무껍질에서 매우 찬란하고 큰 불빛이 일어났다. 이를 본 부인들이 모두 겁에 질려 있는데 오직 여사제들만이 키케로의 아내 테렌티아(Terentia)에게 이렇게 말했다.

"어서 남편에게 달려가 이 나라를 위해 결심한 바를 결행하라고 말씀하세요. 지금 여신께서 남편이 가는 길에 안녕과 영광을 비추고 있습니다."

키케로의 말에 따르면, 그의 아내는 성격이 온유하지만은 않았다. 그는 용맹과 야심을 가진 이로, 집안일에만 매달리기보다 남편의 정치적 어려움을 함께 고민하는 여인이었다고 한다. 그는 남편을 만나 집 안에서 있었던 전조를 설명하면서 반란자들을 처형하라고 북돋웠다. 키케로가 정치 활동을 하면서 가장 믿고 의지했던 동생 퀸투스(Quintus)와, 그와 철학 담론을 나누던 친구 가운데 하나였던 푸블리우스 니기디우스(Publius Nigidius)의 의견도 같았다.

이튿날 원로원은 반란자들의 처벌 문제를 논의했다. 첫 발언자로 지명된 실라누스가 나서서, 그들을 투옥한 다음 극형으로 다스려야 한다고 주장했다. 원로원 의원들이 모두 차례로 발언한 다음, 뒷날 독재관이 된 율리우스 카이사르(Julius Caesar) 차례가 되었다. 그때까지만 해도 그는 나이가 어린 애송이 정치인에 지나지 않았지만, 이미 뒷날 로마를 왕정으로 바꿀 정책과 꿈을 가지고 있었다.

아직 민중은 카이사르의 꿈을 눈치채지 못했지만, 키케로는 그의 심중을 알면서도 증거를 잡지 못한 상태였다. 많은 사람의 말에 따르면, 키케로가 그러한 증거를 거의 잡았으나 카이사르는 그럴 때마다 교묘히 빠져나갔다고 한다.

그러나 또 다른 사람들의 말에 따르면, 키케로는 카이사르의 동지들과 세력이 두려워 그에 대한 정보를 일부러 모른 체했다고 한다. 이번 일에 카이사르를 연루시켰다가는 그를 잡아넣기는커녕 다른 사람들까지도 풀어 주는 일이 벌어질 것이 분명하리라고 생각한 것이다.

21

카이사르는 자기 발언 순서가 오자 일어서서 음모자들을 극형으로 다스리는 것에 반대하며, 그들의 재산을 몰수한 뒤 그들을 키케로가 적절하다고 생각하는 이탈리아 안의 어느 도시에 엄중히 가두어 놓고 카틸리네를 먼저 무찌르자고 주장했다. 카이사르의 발언은 자비롭게 들렸으며, 웅변도 훌륭했다. 키케로도 그의 웅변에 적지 않게 무게를 두었다.

키케로

키케로는 그의 발언에서 두 가지 말투로 주제를 다루었는데, 한편으로는 극형으로 다스리자는 의견을 두둔하는 듯하면서도 또 한편으로는 카이사르의 주장을 두둔하는 듯했다. 키케로의 막료들도 카이사르의 의견이 키케로에게 유리하다고 생각했다. 반란자들을 사형으로 다스리지 않으면 비난을 덜 받으리라고 여겼던 것이다.

분위기가 바뀌자 극형을 주장하던 실라누스도 자신이 반역자들을 극형으로 다스리자고 말한 것은 죽이자는 뜻이 아니라 투옥하자는 뜻이었다며 한 발짝 물러섰다. 그러자 이번에는 루타티우스 카툴루스가 일어나 카이사르의 의견에 반대했고, 카토가 그의 말을 지지했다. 카토는 카이사르의 연설에 담긴 진의를 의심하면서 격렬하게 비난했고, 그러자 원로원이 다시 극형을 내리자는 쪽으로 돌아섰다. 그리하여 반역자들을 극형으로 다스리는 정령이 통과되었다.

그러자 이번에는 카이사르가 입장을 바꾸어 반역자들의 재산 몰수에 반대했다. 그가 판단하기에 자신의 주장 가운데 가장 자비로웠던 부분이 부결되고 가장 잔혹한 방법이 채택된 것은 잘못된 일이었다. 이번에는 다시 원로원 의원 가운데 많은 사람이 카이사르를 지지했다. 키케로는 호민관들에게 지지를 호소했지만 그들은 받아들이지 않았다. 그리하여 키케로는 자신의 입장에서 물러나 반역자들의 재산을 몰수하는 결의를 투표에 부치지 않았다.

22

키케로는 원로원 의원들을 이끌고 반란자들이 투옥된 곳으로 갔다. 그들은 한곳에 갇혀 있지 않고 법정관 여럿에게 각각 감시를 받고 있었다. 키케로는 먼저 팔라티누스 언덕에서 렌툴루스를 꺼내 신성로를 지나 토론의 광장 가운데로 지나갔다.

고관들이 마치 호위병처럼 키케로를 둘러싸고 내려오자

민중은 앞으로 벌어질 일에 대한 두려움으로 몸을 떨며 조용히 뒤를 따랐다. 젊은이들은 마치 자기들이 고대 귀족 정치 시대의 신비로움에 끌려가는 듯한 느낌을 받은 것 같았다.

토론의 광장을 지나 감옥에 이른 키케로는 반역자들을 사형 집행인에게 넘겨 처형하라고 지시했다. 그리고 그는 케테구스부터 시작하여 반역자들을 차례로 처형했다. 반역에 참여했던 무리가 아직도 토론의 광장에 모인 채, 우두머리들이 처형된 줄도 모르고 날이 저물면 그들이 돌아올 줄 알고 기다리는 모습을 본 키케로가 그들에게 큰 소리로 이렇게 외쳤다.

"그들은 살아 있었다."

로마인들에게는 죽음을 가리키면서 불길한 용어를 쓰지 않으려고 그렇게 말하는 풍습이 있다. 밤이 되자 키케로는 토론의 광장을 거쳐 집으로 돌아왔다. 이제 민중은 조용히 그를 호위하지 않고, 그가 지나갈 때면 환호하고 박수를 치면서 조국을 구원하고 세운 분이라고 불렀다.

시민들이 대문에 나와 등불과 횃불을 비추니 거리가 대낮처럼 밝았다. 부인들은 그를 칭송하고자 지붕 위로 올라가 불을 밝히면서 그가 고관들에 둘러싸여 장엄하게 집으로 돌아가는 모습을 바라보았다. 고관 대부분은 지난날 전쟁을 승리로 이끌고 나서 개선식을 치러 보았으며, 바다와 육지에서 적지 않게 로마 영토를 확장한 인물들이었다.

고관들은 키케로와 함께 길을 걸으면서, 로마 시민이 여러 사령관과 장군에게 재산과 전리품과 국력을 물려받음으로써 빚을 졌지만, 그것을 이토록 지켜 내고 이토록 특별히 어려울 때 자기들을 구원한 사람은 키케로뿐이라고 고백했다. 그가 위대하게 보인 것은 반역 음모를 저지하고 그들을 처단해서가 아니라, 그토록 거대한 음모를 최소한의 인명 손실로써 폭동이나 소요 없이 해결했기 때문이었다.

렌툴루스와 케테구스가 처형되었다는 소식을 들은 카틸

리네의 부하들은 그를 버리고 떠나갔다. [기원전 62년 연초에] 카틸리네는 남은 무리를 이끌고 안토니우스와 싸우다가 부하들과 함께 죽었다.

23

그러나 이번 일로 말미암아 키케로에게 나쁜 마음을 품고 그를 해코지하려는 무리가 있었다. 그들은 새해의 선출직인 법정관 카이사르와 호민관 메텔루스와 베스티아(Bestia)를 중심으로 뭉쳤다. 이 세 사람은 [기원전 62년 1월에] 취임했는데, 키케로는 그보다 며칠 빠른 [기원전 63년 12월에] 퇴임하므로 집정관직은 20일 정도 비어 있었다. 그러나 그들은 그 기간에 단상을 점령함으로써 키케로가 민중에게 연설할 수 있도록 허락하지 않았다. 그들은 다만 퇴임사를 할 경우에는 연설해도 좋다고 허락했다.

키케로는 그 조건을 받아들여 단상에 올라갔다. 잠시 침묵이 흐른 뒤에 그는 통상적인 퇴임사가 아니라 자신이 하고 싶은 말을 했다. 그는 자신이 위기에서 조국을 건졌으며 주권을 지켰노라고 장담했다. 그의 말을 들은 민중이 동의하자, 이에 화가 치민 카이사르와 호민관들은 키케로에게 새로운 고민 거리를 선사했다. 그 가운데 하나는 폼페이우스에게 군대를 거느리고 귀국하도록 하는 정령이었는데, 이는 그가 키케로를 쓰러뜨리도록 하려는 의도가 분명했다.

그러나 이때 카토가 국가와 키케로를 위해 큰 도움을 주었다. 다른 호민관들과 같은 권한을 지녔으나 더 큰 명성을 누리던 카토는 다른 호민관들이 발의한 정령에 반대했다. 그는 그 밖의 여러 조치도 무효로 만들었고, 아울러 이번 일을 처리하면서 민중 앞에서 들려준 키케로의 연설에 담긴 '독자적인 힘'을 높이 칭찬했다.

그뿐만 아니라 카토는 키케로에게 '국부'라는 칭호를 부여하는 정령을 통과시킴으로써 키케로를 가장 높이 추대했다. 지도자에게 국부라는 칭호를 쓴 적은 이번이 처음이었던 것으로 보인다.

24

이 무렵 키케로는 나라 안에서 엄청난 권력을 휘두르면서 매우 오만해졌다. 그는 특별히 나쁜 행동을 하지는 않았지만, 끊임없이 자신이 이루었던 성과를 자랑하면서 많은 사람에게 미움을 받았다. 원로원이든, 민중 집회든, 법정이든 그는 장소를 가리지 않고 자신이 카틸리네와 렌툴루스를 처단한 일을 장황하게 자랑했다. 심지어 책과 글에서도 그는 자화자찬을 멈추지 않았다. 그의 웅변은 매우 재미있었고 매혹적이었지만, 운명처럼 따라다니는 자기 자랑은 짜증을 불러일으켰다.

그럼에도 키케로는 야심 찬 사람답지 않게 남들을 시샘하지 않았다. 그가 앞선 시대의 명사들이나 같은 시대를 살아가는 명사들의 위대함을 높이 칭송했다는 사실은 그의 글에 잘 나타나 있다. 이를 입증해 주는 자료는 많다. 이를테면 그는 이런 말을 했다.

"아리스토텔레스는 황금 물이 흐르는 강과 같은 인물이다. 만약 유피테르 신이 인간의 언어를 사용해서 말을 했더라면 아마도 그는 플라톤처럼 말했을 것이다."(키케로, 「브루투스전」, § 31)

또한 그는 철학자 테오프라스토스를 두고도 늘 자기에게 기쁨을 주는 사람이라고 말했다.

언젠가 어떤 사람이 그에게 이렇게 물었다.

"선생께서는 데모스테네스의 연설 가운데 어느 것이 가장 훌륭했다고 생각하십니까?"

그러자 키케로가 이렇게 대답했다.

"가장 길었던 것이지요."

그런데 데모스테네스의 연설을 본받고 싶어 하던 사람들

의 말을 들어 보면, 키케로는 친구들에게 보낸 편지에서 이런 말을 했다고 한다.

"데모스테네스의 연설은 너무 길어서 데모스테네스 자신도 연설하면서 깜빡 졸았다."

그러나 키케로가 데모스테네스를 끝없이 칭찬한 사실을 잘 알던 사람들도 모르는 점이 있다. 그것은 다름이 아니라, 키케로가 가장 심혈을 기울여 안토니우스를 논박한 글도 사실 알고 보면 데모스테네스가 마케도니아 왕 필리포스를 공격하여 쓴 연설문을 본떠 '필리포스를 공격함(Philippicae)'이라는 이름을 붙였다는 사실이다. 이처럼, 키케로와 같은 시대를 살면서 연설과 학문으로 위대한 명성을 얻은 인물 가운데, 키케로의 찬사를 받고 나서 그 명망을 더욱 크게 떨치지 못한 이는 아무도 없었다.

키케로는 권력자가 된 카이사르에게 부탁하여 페르가몬 출신의 저명한 소요학파 크라티포스가 로마 시민권을 얻게 해주었으며, 최고 법정은 크라티포스가 아테네에 머물면서 젊은이들을 가르치도록 함으로써 아테네를 빛내야 한다는 정령을 통과시켰다. 키케로가 지인인 헤로데스(Herodes)와 자기 아들에게 크라티포스를 찾아가 철학을 배우라고 권고하는 편지들이 많이 남아 있다.

그러나 키케로는 시킬리아의 저명한 웅변가로서 펠로폰네소스 전쟁 기간에 사절로 활약한 고르기아스(Gorgias)가 젊은이들을 환락과 술로 이끌어 타락하게 했다고 비난하면서 자기 아들의 모임에서 몰아냈다. 그가 그리스어로 쓴 편지 가운데 분노에 찬 심정으로 남을 비방하는 글로는 이 글과 비잔티온 출신의 펠롭스(Pelops)에게 보낸 편지 두 통이 있을 뿐이다.

만약 고르기아스가 키케로의 말처럼 그렇게 허접하고 분별없는 사람이었다면 키케로의 비난은 합당하다. 그러나 그가 펠롭스에게 보낸 편지는 부당하고 비열한 것이었다. 그 편지에서 키케로는 비잔티온에서 영예를 얻고 싶었는데, 비잔티움 사람들이 전혀 성의를 보이지 않는다며 비난했던 것이다.

25

이처럼 키케로에 대한 세간의 비난은 그의 지나친 야망과 품위에 맞지 않는 말재주 때문이었다. 이를테면 언젠가 그는 무나티우스(Munatius)를 변호한 적이 있었다. 그런데 무나티우스는 무죄로 석방되자마자 키케로의 친구인 사비누스(Sabinus)를 고발했다. 들리는 바에 따르면, 그때 화가 난 키케로는 무나티우스에게 이렇게 쏘아붙였다고 한다.

"여보게, 무나티우스, 지난번에 자네가 무죄 판결을 받은 것이 자네 덕분인 줄 아나? 내가 밝은 법정을 어둡게 만들어 주었기 때문이었다네."

언젠가 그는 연단에 올라가 크라수스를 칭찬하여 만장의 갈채를 받았다. 그 뒤 며칠이 지나 이번에는 그를 몹시 비난했다. 그래서 크라수스가 물었다.

"여보게 키케로, 며칠 전만 해도 그대는 나를 칭찬하지 않았는가?"

그러자 키케로가 이렇게 대답했다.

"네, 그런 적이 있었지요. 그때 나는 나쁜 주제를 가지고도 내 웅변이 얼마나 위력을 보이는지 알고 싶었습니다."

언젠가 크라수스가 사람들에게 이렇게 말했다.

"우리 집안 어른 가운데에는 환갑을 넘긴 사람이 없습니다."

그런 지 며칠이 지나 그는 그 말을 부인했다. 그러면서 이렇게 물었다.

"그때 내가 왜 그런 말을 했을까?"

그러자 키케로가 이렇게 대답했다.

"그때 그 말을 들은 로마 시민이 기뻐할 줄 알고, 그들에게 인기를 얻으려 그랬겠지요.”

언젠가 크라수스가 사람들에게 이렇게 말했다.

“나는 스토아학파를 좋아합니다. 그들은 어진 사람을 부자로 여기기 때문이지요.”

그 말을 들은 키케로가 이렇게 말했다.

“그런 게 아니라 ‘모든 것은 현자에게 돌아간다’는 뜻으로 그들이 그런 말을 했다고 생각하지 않으십니까?”

그 무렵에 크라수스는 돈 욕심이 많다는 비난을 듣고 있었던 것이다. 한편, 그의 아들 가운데 하나는 악시오스(Axios)라는 사람과 너무 닮아, 혹시 크라수스의 아내가 그와 바람을 피워 낳은 자식이 아닌가 의심을 받았다. 언젠가 그 아들이 원로원에서 훌륭하게 연설하자 누군가가 키케로에게 물었다.

“그의 연설을 어떻게 생각하시나요?”

그러자 키케로가 이렇게 대답했다.

“악시오스 크라수스 가문 사람다웠어요.”

26

크라수스는 시리아로 원정을 떠나면서 키케로를 정적으로 두기보다는 화해하고 떠나는 것이 좋겠다고 생각하여 정중히 식사에 초대했다. 키케로는 그의 집에 가서 융숭한 대접을 받았다. 며칠이 지나 어떤 친구가 행실이 고약하기로 소문난 바티니우스와 함께 식사를 할 수 있겠느냐고 부탁했다. 바티니우스도 키케로와 정적으로 지내기보다는 화해하고 싶었기 때문이었다. 이에 키케로가 이렇게 대답했다.

“그 바티니우스가 나와 밥을 먹자고 한다고?”

키케로가 크라수스를 생각함이 그와 같았다. 한편, 바티니우스의 목에는 종기가 나 있었다. 언젠가 그가 변론하는 모습을 본 키케로는 이렇게 말했다.

“바티니우스는 뭐든 부풀리는 웅변가야.”

그 뒤 바티니우스가 죽었다는 소문을 들었으나 곧 그 소문과는 달리 그가 살아 있다는 말을 들은 키케로는 이렇게 말했다.

　　"거짓말을 한 고약한 놈은 고약하게 죽었어야지."

　　카이사르가 캄파니아에 있는 자신의 땅을 장병들에게 나누어 주는 법안을 발의하자 많은 원로원 의원이 반대했고, 더욱이 지난날 집정관을 지낸 원로 정치인 루키우스 겔리우스가 이렇게 말했다.

　　"내가 살아 있는 동안에는 그 법안이 통과되지 못할 거요."

　　그러자 키케로가 이렇게 말했다.

　　"그럼 오래 기다리지 않아도 되겠군."

　　옥타비우스(Octavius)라는 사람이 있었는데, 그는 아프리카인의 후손이라는 말을 들었다. 언젠가 그가 어떤 사람에게 이렇게 말했다.

　　"나는 키케로의 말을 알아들을 수가 없더라고."

　　그 말을 들은 키케로가 이렇게 말했다.

　　"그 녀석의 귀에 구멍이 뚫려 있지 않은 것도 아닐 텐데."[13]

　　메텔루스 네포스가 이런 말을 한 적이 있다.

　　"키케로는 변론을 해서 살린 사람보다 불리한 증언으로 죽인 사람이 더 많다."

　　이 말을 들은 키케로가 이렇게 대꾸했다.

　　"그 말이 맞을 거요. 나는 웅변 기술보다는 진실을 더 중요하게 생각하니까."

　　언젠가 어떤 젊은이가 과자에 독을 넣어 아버지를 죽였다는 혐의로 고발되었는데, 자기를 기소한 키케로에게 망신을 주겠노라 위협했다. 그러자 키케로가 이렇게 대답했다.

　　"그 녀석에게 과자를 얻어먹는 것보다는 차라리 욕을 먹

13　이는 그 시절에 노예들의 귀에 구멍을 뚫었음을 빈정거린 말이다.

는 게 더 낫지."

지난날에 호민관을 지낸 푸블리우스 섹스티우스(Publius Sextius)는 다른 사람들과 함께 키케로를 변호사로 선임하였으나, 변호사들에게는 변호할 기회를 주지 않고 혼자만 떠들었다. 그는 자신의 무죄가 확실하다 믿었고, 법관들도 이미 그에게 무죄를 선언하려고 마음먹고 있었기 때문이었다. 그러자 키케로가 이렇게 말했다.

"섹스티우스여, 오늘 실컷 떠들게. 내일은 아무도 듣지 않을 테니까."

푸블리우스 콘스타(Publius Consta)는 변호사가 되고 싶었지만 아는 것도 없고 어리석은 사람이었다. 어느 날 키케로가 그를 증인으로 불러 물어보자 그가 이렇게 대답했다.

"저는 별로 아는 것이 없습니다."

그러자 키케로가 이렇게 말했다.

"나는 지금 그대에게 법률 지식을 묻고 있는 게 아니오."

언젠가 키케로가 메텔루스 네포스와 언쟁을 벌였다. 그때 네포스가 키케로에게 거듭 물었다.

"그대 아버지가 누구요?"

그러자 키케로가 이렇게 대답했다.

"그런 질문을 당신 어머니에게 물어보면 대답하기가 더 어려우실 거요."

네포스의 어머니는 행실이 반듯하지 못한 여자였고, 네포스 자신도 변덕스러운 사람이었다. 그는 어느 날 느닷없이 호민관 직에 사표를 내고 시리아의 폼페이우스를 만나러 갔다가 별다른 이유도 없이 돌아왔다. 그 뒤로 휠라그루스(Philagrus)가 죽자 네포스는 호화롭게 장례를 치르고 묘비에 까마귀를 새겨 넣었다. 이를 본 키케로가 이렇게 말했다.

"이번에는 평소보다 지혜로웠군요. 당신의 스승께서는 웅변보다는 날아다니는 것을 더 잘 가르쳐 주셨으니까."

언젠가 마르쿠스 아피우스(Marcus Appius)가 법정에서 이렇게 말문을 열었다.

"내 친구가 나에게 성실하고 명료하고 신의 있게 변론해 달라고 부탁했습니다."

이에 키케로가 이렇게 말했다.

"친구가 부탁한 대로 하지 않는 것을 보니 당신은 야박한 사람이군요."

27

정적이나 범법자에게 재치 있는 비난을 퍼붓는 것은 변호사로서의 본분일 수 있다. 그러나 남을 웃기려고 아무나 공격하는 버릇 때문에 키케로는 많은 사람에게 미움을 받았다. 이를테면 그는 아들 둘을 추방당한 마르쿠스 아퀴니우스(Marcus Aquinius)를 아드라스토스(Adrastos)라고 불렀다.[14]

감찰관 루키우스 코타(Lucius Cotta)는 술을 너무 좋아했다. 어느 날 키케로가 집정관 업무를 수행하고자 지방을 순시하다가 목이 말라 물을 마시면서 주변에 서 있는 막료들에게 이렇게 말했다.

"내가 술을 마시지 않고 물을 마셨다고 감찰관께서 진노하실까 봐 그대들이 두려워하는 것을 이해하네."

보코니우스(Voconius)가 아주 못생긴 딸 셋을 데리고 가는 것을 본 키케로가 이렇게 소리쳤다.

"저 사람이 저 딸들을 낳은 것은 아폴론[Phoibos]의 뜻을 거슬렀기 때문일 거야."[15](노크 엮음,『그리스 비극 단편』, II : 911)

아주 미천한 가문에서 태어났다고 소문난 마르쿠스 겔리

---

14 아드라스토스는 전설에 나오는 아르고스의 왕이었는데, 그의 두 딸이 해외로 추방되었다.

15 이는 신의 저주를 받아 아버지를 죽일 운명으로 태어난 오이디푸스를 빗대어 한 말이었다.

우스(Marcus Gellius)가 원로원에 보내는 편지를 큰 소리로 읽자 키케로가 이렇게 말했다.

"놀랄 것 없네. 저 사람은 본래 노예 해방을 부르짖던 사람이었으니까."

술라의 아들로, 로마의 독재관이 되어 수많은 사람을 죽였던 화우스투스가 재산을 낭비하다가 빚에 쪼들려 집을 공매처분하겠노라는 벽보를 붙이자 키케로가 이렇게 말했다.

"그 아비의 벽보보다 더 낫군."

28

이런 입길로 말미암아 키케로는 많은 사람에게 미움을 받았다. 그러던 터에 클로디우스(Clodius)와 언짢은 일이 벌어졌다. 클로디우스는 본디 명문가의 아들로서 나이도 젊고 대담하며 무례한 사람이었다. 그런 그가 카이사르의 아내인 폼페이아(Pompeia)와 눈이 맞았다.

어느 날 클로디우스는 여자 악사로 변장을 하고 폼페이아의 집으로 찾아갔다. 그때 로마의 귀족 부인들이 카이사르의 집에 모여 신비 의식을 치르고 있었는데, 관례에 따라 남자들은 들어갈 수가 없었다. 그러나 아직 젊어 수염이 나지 않은 클로디우스는 폼페이아의 하녀에게 안내를 받아 남의 눈에 띄지 않고 집 안으로 들어갈 수 있었다.

그러나 밤이 되고 집이 너무 커서 클로디우스는 길을 잃고 헤매다가 카이사르의 어머니 아우렐리아(Aurelia)의 하녀에게 들키고 말았다. 하녀가 누구냐고 묻자 클로디우스는 말을 할 수밖에 없어 폼페이아의 하녀 아브라(Abra)를 찾는다고 대답했다.

그 말을 들은 하녀가 남자 목소리임을 알아채고 비명을 지르니 많은 여인이 모여들었다. 곧 대문을 닫아걸고 집 안을 뒤져 클로디우스를 붙잡은 여인들은 그를 안내해 준 하녀의 방에 가두었다. 이 소문이 밖으로 퍼져 나가 카이사르는 아내 폼페이아와 이혼했고 클로디우스는 신성 모독죄로 처벌을 받았다.(제32장 「카이사르전」, §9)

29

본디 클로디우스는 키케로와 친구였는데, 지난번 카틸리네 반역 사건에서 클로디우스가 카틸리네의 가장 가까운 공범이요 호위병이었다는 사실이 드러났다. 법정에 선 클로디우스는 그 무렵 자기는 로마에 없었으며 멀리 떨어진 곳에 있었노라고 답변했다.

그런데 증인으로 출석한 키케로가 클로디우스의 답변과 달리 그가 자신의 집에 찾아와 이번 문제를 어찌 처리해야 좋을지 상의했노라고 답변했다. 그 말은 사실이었다. 그러나 키케로가 그렇게 증언한 것은 사실을 밝히려 함이 아니라 자기 아내 테렌티아의 등쌀에 못 이겨 그런 것이라고 사람들은 생각했다. 그 내막인즉 이렇다.

클로디우스에게는 클로디아(Clodia)라는 여동생이 있었는데, 그가 키케로를 몹시 연모하여 툴루스(Tullus)라는 사람을 중간에 넣어 일을 성사시켜 보려고 무진 애를 썼다. 툴루스는 키케로의 동지이자 절친한 친구였다. 그가 키케로의 옆집에 사는 클로디아의 집에 자주 드나들며 관심을 보이자 키케로의 아내 테렌티아가 이를 의심하기 시작했다. 성질이 거칠고 남편에 대한 내주장이 심했던 테렌티아는 그런 연유로 카틸리네 사건에서 클로디우스에게 불리한 증언을 하여 옭아매라고 남편을 닦달했다. 더욱이 많은 귀족이 클로디우스의 위증과 탐욕과 뇌물과 간통을 증언했다.

이때 루쿨루스도 하녀를 법정에 출두시켜, 클로디우스가 지금은 자신의 아내가 된 그의 여동생과 간통했다고 증언하게 했다. 클로디우스에게는 마르키우스 렉스(Marcius Rex)의 아내가 된 테르티아(Tertia)와 메텔루스 켈레르(Metellus Celer)의 아내가 된 클로디아라는 여동생이 더 있었는데, 오빠가 그들과도 정을 통했다는 소문이 파다하게 퍼져 있었다.

클로디아는 콰드란티아(Quadrantia)라는 별명을 들었다. 클로디아의 애인이 구리 동전을 그녀에게 보내면서 은화라고 속인 적이 있었기 때문이었다. 그 무렵에 가치가 가장 낮은 동전을 일컫는 말이 바로 콰드란스(quadrans)였다. 클로디우스는 이 여동생 때문에 더 많이 욕을 먹었다.

그러나 그 무렵의 민중이 클로디우스에게 불리한 증언을 한 사람들을 싫어하자 겁에 질린 법관들은 호위병을 데리고 다녔고, 판결 투표 때는 누구의 글씨인지 알아볼 수 없도록 대부분이 자기 서명을 흐리게 휘갈겨 썼다.[16] 그럼에도 클로디우스는 무죄로 석방되었는데, 이는 뇌물 때문이었다. 그러자 법관들을 만난 카툴루스는 이렇게 빈정거렸다.

"그대들이 호위병을 데리고 다니는 것은 해코지를 당할까 두려워서 그러는 것이 아니라 돈을 빼앗기지 않으려고 그러는 것이었군요."

무죄로 풀려난 클로디우스가 키케로를 만나자 이렇게 빈정거렸다.

"법관들이 당신 말을 믿지 않더군요."

그러자 키케로가 이렇게 대답했다.

"그렇지 않소. 법관 가운데에서 스물다섯 명은 내 말을 믿었어요. 그만큼 많은 사람이 당신을 믿지 않았다는 뜻이지요. 그리고 당신에게 무죄를 선고한 서른 명도 당신에게 돈을 받기 전까지는 당신을 믿지 않았어요."(키케로, 『아티쿠스에게 보낸

---

16 이 부분에 대하여 페린은 플루타르코스가 잘못 기록하였다고 지적했다. 그 무렵의 법관들은 '석방(absovo)', '유죄(condemno)', '증거 부족(non lequet)'이라고 써 붙인 세 항아리의 어느 하나에 투표지를 집어넣도록 되어 있었지 직접 손으로 가부(可否)를 쓰거나 서명하지 않았다고 한다.

클로디우스의 간통 사건에 증인으로 나온 카이사르는 클로디우스에게 불리한 증언을 하지 않았다. 그는 아내의 간통을 부인하면서도 저 유명한 말을 남겼다.

"나는 아내와 이혼했다. 카이사르의 아내는 부끄러운 행동을 해서도 안 되고, 부끄러운 행동을 했다는 소문을 들어서도 안 되기 때문이다."

30

그러나 클로디우스는 용케도 위기를 모면한 다음 [기원전 58년에] 호민관에 당선되어 만나는 사람 모두에게 키케로에 반대하도록 선동하면서 공격하기 시작했다. 그는 민중의 호감을 살 수 있는 법을 제정했다. 또한 집정관 피소에게는 마케도니아의 통치권을 주고 집정관 가비니우스에게는 시리아의 통치권을 주었으며, 가난한 사람들을 정치 활동에 끌어들이고 노예들을 무장시켜 자기 부하로 만들었다.

그 무렵 가장 막강한 권력을 휘두르던 사람들 가운데 하나였던 크라수스는 키케로의 공공연한 정적이었고, 폼페이우스는 두 사람 사이에서 미적거리는 존재였으며, 카이사르는 갈리아 원정을 준비하고 있었다. 키케로는 카틸리네 사건 때문에 카이사르와 불편한 관계를 맺고 있었지만, 그에게 넌지시 호의를 보이면서 이번의 갈리아 원정에 자신을 부관(legatus)으로 삼아 함께 가게 해 달라고 부탁했다.[17]

카이사르가 그 부탁을 받아들이자, 클로디우스는 키케로가 자신의 호민관 임기 동안에 피신하고자 카이사르의 부관을 자청했음을 알아차렸다. 그리하여 클로디우스는 키케로에게

---

17 키케로의 『아티카에 보낸 편지』(II : 18/3)에 따르면, 그가 부관으로 가기를 자청한 것이 아니라 카이사르가 요구했다고 한다.

화해의 시늉을 보였고, 키케로의 아내 테렌티아를 비난하면서도 키케로에 대해서는 호의적인 자세를 취했다. 그는 이제까지 자기가 키케로를 반대한 것은 우정에서 우러나온 것이었지, 그를 미워해서 그런 것이 아니라고 말했다.

클로디우스의 그 말에 속은 키케로는 그에 대한 두려움을 벗어 버리고 카이사르에게 부탁했던 부관 자리를 거절한 다음 다시 정치 활동을 시작했다. 키케로의 그와 같은 처사에 화가 치민 카이사르는 클로디우스가 키케로를 공격하도록 부추겼다.

카이사르는 또한 키케로와 폼페이우스 사이를 이간질하면서, 키케로가 정당한 재판을 거치지도 않고 렌툴루스와 케테구스와 그의 부하들을 사형에 처한 것은 정의롭지도 않으며 합법적이지도 않다고 비난했다. 이 사건으로 키케로는 고발되었다. 이에 위기를 느낀 키케로는 상복(喪服)으로 바꿔 입고 머리를 풀어 젖힌 채 거리로 나가 민중에게 자신의 억울함을 호소했다. 그러나 그가 가는 곳마다 클로디우스가 풀어놓은 무뢰한들이 키케로의 바뀐 옷을 조롱하고 흙과 돌멩이를 던지면서 그의 탄원을 방해했다.

31

그러자 거의 모든 기사 계급 시민이 키케로에게 동정을 보이면서 2만 명이나 되는 젊은이들이 머리를 풀어 헤친 채 민중에게 펼치는 그의 탄원에 동참했다. 또한 원로원은 국가적 참극을 애도하듯이 키케로를 위해 모두 옷을 바꿔 입도록 하는 정령을 통과시키려 했다. 집정관 피소와 가비니우스가 이에 반대했고, 클로디우스는 무장 세력을 동원하여 원로원을 포위했다. 이에 의원들이 옷을 찢어 헤치고 울부짖으며 뛰쳐나왔다.

그런 모습이 동정심을 불러일으키지 못하자 이제 키케로에게는 망명하거나 클로디우스에게 무력으로 맞서는 방법밖에 없었다. 키케로는 먼저 폼페이우스를 찾아가 도움을 부탁하려 했지만 폼페이우스는 일부러 자리를 피해 알바누스 (Albanus)에 머물고 있었다. 이에 키케로는 사위인 피소(Piso Frugi)[18]를 먼저 보내 그를 달래 보려 했지만 뜻대로 되지 않자 이번에는 몸소 그를 찾아갔다. 그러나 그가 온다는 소식을 들은 폼페이우스는 그를 만나려 하지 않았다.

폼페이우스는 키케로가 지난날 자신을 위해 여러 차례 싸웠고 자기편을 들어 주었던 일을 생각하면서도 이제는 그를 보기가 영 쑥스러웠다. 이렇게, 카이사르의 사위가 된 폼페이우스는 지난날의 신의를 저버린 채 뒷문으로 빠져나갔다. 배신을 겪고 낙심한 키케로는 집정관을 찾아가 몸을 의지하려 했다. 가비니우스는 늘 적대적이었지만, 피소는 정중하게 그를 맞이하면서 이렇게 말했다.

"잠시 클로디우스의 불같은 공격에서 비켜서서 시간이 지나기를 기다리시지요. 그런 다음, 클로디우스 때문에 나라가 더 어려워졌을 때 다시 일어나 조국을 건지는 일을 한 번 더 맡으시기 바랍니다."

그러한 충고를 들은 키케로는 막료들을 모아 놓고 의견을 들었다. 루쿨루스는 그가 로마를 떠나지 말아야 한다고 주장했다. 루쿨루스는 이번 싸움에서 키케로가 이기리라고 믿었다. 그런가 하면, 어떤 사람들은 그가 망명해야 한다고 주장했다. 시간이 지나면 클로디우스의 미친 짓에 싫증 난 민중이 키케로를 그리워할 것이라고 생각했던 것이다. 키케로는 망명을 결심했다. 그는 오랫동안 집 안에 보관하면서 극진히 숭배해 오던 지혜와 무용의 여신 미네르바(Minerva)의 조상(彫像)을 신전의 언덕에 옮겨 놓은 다음 이렇게 글씨를 써넣었다.

"로마의 수호신 미네르바에게."

그런 다음 키케로는 막료들의 호위를 받으며 한밤중에 로

18   이 사람은 앞(§ 30)에 나온 집정관 피소와 다른 인물이다.

마를 빠져나갔다. 그는 시킬리아로 가고자 걸어서 루카니아로
떠났다.

        32

키케로의 망명 소식이 알려지자 클로디우스는 그를 추방하는
정령과 아울러 그에게 "불과 물과 이탈리아 안의 약 8백 킬로
미터 안에 피난처를 제공하지 못하도록 하는 법"[수화 주거(水
火住居) 사용 금지법][19]을 발의했다. 그러거나 말거나 키케로를
존경하는 사람들은 그 법에 신경 쓰지 않고 정성스럽게 그를
호위했다.

    키케로는 루카니아에 있는 마을로서 지금은 비보(Vivo)라
고 부르는 히포니움(Hipponium)[20]에 이르렀다. 그는 거기서 지
난날 자기에게 많은 신세를 졌고, 자신이 집정관 시절에 공무
감(工務監)을 지낸 비비우스(Vibius)를 찾아갔으나, 비비우스는
나와 보지도 않은 채 사람을 보내 자기 집에 머물게 할 수 없으
니 시골에 마련해 둔 거처로 가라고 말했다.

    지난날 키케로와 가장 가까웠던 시킬리아 총독 카이우스
베르길리우스(Caius Vergilius)는 그에게 시킬리아에 오지 말아
달라는 편지를 보내왔다. 이에 낙심한 키케로는 브룬디시움으
로 건너가 그곳에서 순풍을 타고 디라키움으로 갈 생각이었
다. 그러나 그날 맞바람을 만난 키케로는 되돌아왔다가 이튿
날 다시 바다로 나갔다.

    들리는 바에 따르면, 그가 배를 대고 막 상륙하려 하자 지
진이 일어나고 바닷물이 뒤집혔다고 한다. 이를 본 점술가들
은 이 징조가 변화를 뜻하는 것이니, 이곳에서 그의 망명 생활
이 오래가지 않을 것이라고 말했다. 많은 사람이 키케로를 위

19   제40장 「마리우스전」, § 29 참조.
20   이 마을은 루카니아가 아니라 브루티움(Bruttium)에 있다.

로하러 찾아오고 그리스의 여러 도시가 앞다투어 사절을 보냈지만, 그는 실연한 사람처럼 이탈리아를 바라보며 슬픔과 낙심으로 대부분의 시간을 보냈다. 그가 자신의 불운에 대해 깊이 상심하는 모습은 그처럼 학덕 높은 사람이 보여 줄 행동이 아니었다.

키케로는 막료들에게 자신을 웅변가가 아닌 철학자로 불러 달라고 말했다. 자신의 직업은 철학자이며, 웅변은 자신의 정치 생애를 꾸려 나가는 데 필요한 도구에 지나지 않았기 때문이었다. 그러나 대중의 여론은 마치 옷감에서 염색 물감을 빼앗아 가듯이 인간의 정신력에서 이성을 빼앗는 법이다.

게다가 정치인은 대중의 삶과 연결돼 지내므로, 그 과정에서 대중에게 영향을 받을 수밖에 없다. 정치인이 이렇게 되지 않으려면, 업무를 할 때는 그 일에만 집중해야 하고, 나머지 감정들로 인해 흔들리지 않게끔 계속 노력해야 한다.

33

키케로를 몰아낸 클로디우스는 그의 별장과 집을 불태우고 그 자리에 자유의 신전(Aedes Iovis Libertas)을 세웠다. 아울러 클로디우스는 키케로의 재산을 공매 처분하려고 날마다 발표했지만 사려는 사람이 없었다. 귀족들에게는 두려운 존재였고, 대담하고 뻔뻔스러워진 민중에게는 주인 같았던 클로디우스는 이제 폼페이우스를 공격했다. 그는 폼페이우스가 정복지에서 취한 조치들마저도 맹렬히 비난했다.

일이 이렇게 되자 폼페이우스는 키케로를 배신한 자신의 처사를 후회하면서 키케로를 귀국시키려 애썼고, 폼페이우스의 막료들도 그 말을 따랐다. 클로디우스가 이에 반대했지만, 원로원은 그의 귀국이 허락되지 않는 한 클로디우스의 어떤 조치도 인준하지 않고 공무를 처리하지 않기로 결정했다.

[기원전 57년에] 렌툴루스가 집정관으로 일하는 동안 나라

는 더욱 혼란에 빠졌다. 폭동이 일어나 호민관들이 다치고, 키케로의 동생 퀸투스는 시체 더미에서 죽은 체하고 있다가 살아났다. 이렇게 민심이 바뀌자 호민관 안니우스 밀로(Annius Milo)가 먼저 대담하게 클로디우스를 범법자로 고발했고, 민중과 이웃 도시의 여러 사람이 폼페이우스 편에 섰다.

폼페이우스는 이들과 함께 토론의 광장에서 클로디우스를 몰아내고 키케로의 귀국을 묻는 투표를 실시했다. 들리는 바에 따르면, 일찍이 그보다 더 높은 비율로 투표가 가결된 적이 없었다고 한다. 원로원은 마치 민중에게 지지 않으려는 듯이, 키케로가 망명하는 동안에 도와준 도시들에 감사장을 보냈다. 또한 클로디우스가 불태운 그의 별장과 집을 국고로 다시 지어 주었다.

그리하여 키케로는 망명한 지 16개월 만에 고국으로 돌아왔다. 이웃 도시와 민중이 그를 얼마나 열렬하게 맞아 주었던가를 뒷날 키케로는 짤막하게 표현했다.

"이탈리아가 나를 목말을 태워 로마로 돌아왔다."

키케로가 망명하기에 앞서서는 원수처럼 지내던 크라수스도 이제 그를 친절하게 맞이하여 화해했는데, 들리는 바에 따르면 이는 크라수스가 아들 푸블리우스(Publius)의 말을 들었기 때문이었다고 한다.

34
이런 일이 있고 나서 며칠이 지나, 클로디우스가 로마를 벗어난 틈을 타 키케로는 신전의 언덕으로 올라가 민중 호민관들의 업적을 새긴 팻말을 부숴 버렸다. 클로디우스가 돌아와 이를 비난하자 키케로가 이렇게 대답했다.

"클로디우스가 호민관에 당선되려고 고의로 귀족 신분을

버린 것[21]은 불법이며, 따라서 그가 호민관의 직권으로 처리한 것들은 모두 무효입니다."

그러자 이번에는 카토가 화를 내며 키케로를 비난했다. 카토는 이렇게 말했다.

"나도 클로디우스의 정치적 행각을 미워했지만 그가 임기 가운데 처리한 정령과 법령까지 모두 폐기하는 것은 과격한 일입니다."

클로디우스의 임기 동안에 카토는 키프로스와 비잔티온의 문제를 처리했는데, 키케로의 말대로라면 그 업무도 모두 무효가 되는 것이었다. 이 사건으로 말미암아 키케로와 카토가 멀어진 것은 사실이지만, 드러내 놓고 미워한 정도는 아니었고 다만 호감이 조금 식었을 뿐이었다.

35

[기원전 52년 초에] 클로디우스는 끝내 밀로의 손에 죽었다. 이 때문에 살인죄로 기소된 밀로는 키케로를 변호사로 선임했다. 그러나 원로원은 명망 높고 담대한 밀로의 재판에 폭동이 일어나지나 않을까 두려워했고, 도시의 치안과 법정의 질서를 지켜 줄 수 있는 책임자로 새롭게 집정관에 취임한 폼페이우스를 임명했다.

밤이 되자 폼페이우스는 토론의 광장에서 가장 높은 곳에 병사를 배치했다. 밀로는 그 삼엄한 광경에 키케로가 두려워하지 않을까 걱정스러워, 미리 광장으로 들어와 법관들이 입장하여 모두 자리를 잡을 때까지 조용히 기다리며 마음을 가

---

21   그 무렵의 법에 따르면, 호민관(Tribunus)은 군무 위원(Tribunus Militum)과 민중 호민관(Tribunus Plebis)의 두 종류가 있었는데, 시민만이 민중 호민관에 출마할 수 있었다. 그러나 클로디우스는 민중 호민관에 출마하고자 귀족 신분을 버렸다. 같은 이름(Tribunus)을 쓰기는 했지만 군무 위원은 민중 호민관에 견주어 그 권한이 많이 미약했다.

다듬으라고 그에게 충고했다.

보기에도 그렇듯이, 키케로는 무기 앞에서 겁이 많았을 뿐만 아니라 본디부터 말을 시작하면 두려움에 빠져 연설이 최고조에 이르러서야 겨우 떨림을 멈출 수 있었다. 카토에게 고발된 리키니우스 무레나 사건에서 변론을 맡은 호르텐시우스의 웅변이 너무 훌륭하여 그보다 더 훌륭하게 변론하겠노라고 마음먹었을 때에도, 키케로는 밤새 뒤척거리며 잠을 이루지 못해 평소보다 더 변론을 망친 적이 있었다.

이번 밀로의 변론 때에도 그랬다. 그가 가마에서 나와 바라보니 높다란 곳에 폼페이우스가 앉아 있고 광장 둘레에 무기들이 번쩍였다. 그는 몸이 떨리고 목소리가 가라앉아 변론을 시작할 수 없었다. 오히려 밀로는 담대하고 늠름하게 피고석에 앉아 있는데, 머리칼도 단정하고 옷도 검은 것으로 바꿔 입지 않은 까닭에 법관들의 동정심을 잃어 유죄 판결을 받았다. 그러나 민중은 키케로가 친구를 너무 걱정하여 긴장한 탓이지 겁이 많아 저러는 것은 아니라고 이해했다.

36

[기원전 53년에] 소(少)크라수스(Younger Crassus)가 파르티아 전투에서 죽자 키케로가 그 뒤를 이어 제관(祭官, Augur)이 되었다. 그리고 [기원전 51년에] 그는 킬리키아 총독이 되어 보병 1만 2천 명과 기병 2천6백 명을 이끌고 바다를 건넜다. 그의 임무는 카파도키아가 아리오바르자네스(Ariobarzanes)왕에게 순종하도록 만드는 것이었다.

키케로는 전쟁을 치르지 않고서도 이 일을 잘 처리했다. 또 파르티아인들이 로마를 무찌르고 시리아에서 반란이 일어난 것을 본 킬리키아인들이 동요하자 그는 부드러운 정치로써 그들을 안정시켰다. 그는 왕들이 보내는 선물조차 받지 않으며, 주민들에게 여러 가지 행사 비용을 감면해 주었다.

키케로는 날마다 잔치를 열어 손님을 접대했는데, 비싸지는 않았지만 넉넉했다. 그의 집에는 문지기가 없었다. 누구도 그가 침상에 누워 있는 것을 본 적이 없었다. 그는 이른 아침에 일어나 집 앞을 거닐며 그를 찾아와 인사하는 사람들을 맞이했다.

들리는 바에 따르면, 키케로는 시민을 매질하거나 옷을 찢은 적이 없으며, 분노하거나 오만하게 시민을 처벌한 적도 없었다고 한다. 키케로는 공직자들 사이에 공금 횡령이 많은 것을 알고 이를 고쳐 로마 재정을 넉넉하게 만들었으며, 죄를 짓고 보상하는 사람에게는 더 이상 형벌을 집행하지 않았다.

키케로는 또한 아마누스(Amanus)산에 소굴을 두고 있던 산적들을 소탕하였으며, 그 공로로 병사들에게 '대장군(Imperator)'이라는 칭호를 들었다. 웅변가 카일리우스(Caelius)가 키케로에게 사람을 보내 로마에서 행사에 쓸 표범을 보내라고 요구하자, 그는 자신의 업적을 넌지시 자랑하며 이렇게 답장을 보냈다.

"킬리키아에는 표범이 없습니다. [정치를 잘해서] 세상이 모두 평화로운데 오로지 표범만을 죽이려 하니 그들이 화가 나서 모두 카리아로 도망했기 때문입니다."

킬리키아에서 임기를 마치고 돌아오는 길에 그는 먼저 로도스섬을 거쳐 아테네로 갔고, 거기서 지난날의 아름다운 추억을 회상하며 즐거운 시간을 보냈다. 그는 그곳의 유명한 학자들이나 지난날의 친구와 지인들을 만나 그에 합당한 찬사를 들었다. 그러나 [기원전 49년 1월 4일에] 그가 로마로 돌아왔을 때, 나라는 [카이사르와 폼페이우스 사이의 갈등으로] 마치 곧 내란이라도 터질 것처럼 폭동의 불길이 일고 있었다.

37

키케로가 돌아오자 원로원은 그에게 개선식을 베풀자고 발의했다. 그는 그때 이렇게 말했다.

"만약 지금의 사태를 해결하는 데 조금이라도 도움이 된다면 나는 카이사르의 개선 행렬 뒤를 따라 들어와도 기쁘게 여길 것입니다."

그러면서 그는 카이사르와 폼페이우스에게 개인적으로 편지를 보내 서로 화해할 것을 간청했다. 그러나 일이 틀어져 카이사르가 병력을 이끌고 로마로 쳐들어오자 폼페이우스는 더 이상 버티지 못하고 명사들과 함께 로마를 떠났다. 이때 키케로는 폼페이우스와 함께 도망하지 않음으로써 카이사르 편에 섰다는 오해를 받았다. 그는 그 무렵에 두 사람 가운데 어느 편에 서야 할지 몹시 고민했음이 틀림없다. 그는 친구에게 보내는 편지에서 이렇게 말했다.

"폼페이우스가 전쟁을 치르는 데에는 명예롭고 정당한 이유가 있고, 카이사르는 자신과 막료들을 살릴 수 있는 능력이 있으니 나로서는 어느 길을 가야 할지 모르겠다. '나는 누구를 만나지 말아야 할지는 알겠지만 누구에게 찾아가야 할지는 모르겠다(*Ego vero quem fugiam habeo, quem sequar non habeo*)'."(키케로, 『아티쿠스에게 보낸 편지』, VIII : 7)

그 무렵에 카이사르의 막료인 트레바티우스(Trebatius)가 키케로에게 이런 편지를 보내왔다.

"카이사르는 그대가 모든 일을 떠나 자기와 함께 일을 도모하며 함께 희망을 나누기를 바라고 있습니다. 그러나 그대가 나이 많다는 이유로 그렇게 할 수 없다면[22] 두 사람 모두에게서 손을 떼고 그리스로 건너가 조용히 남은 생애를 보내는 것이 마땅합니다."

카이사르가 직접 자기에게 말하지 않고 다른 사람을 시킨 것에 놀란 키케로는 카이사르에게 다음과 같은 편지를 썼다.

22   키케로는 카이사르보다 여섯 살 위였고 그때 나이가 예순세 살이었다.

"나는 내 정치 생애에서 남부끄러운 일을 하지는 않을 것입니다."

이 글에 그의 진심이 잘 나타나 있다.

38

[기원전 49년 4월에] 카이사르가 스페인 원정에 오르자 키케로는 [6월에] 배를 타고 폼페이우스를 만나러 갔다. 이를 보고 카토가 말했다.

"선생께서 처음부터 지녔던 정책 노선을 버리는 것은 영예롭지 못한 일입니다. 만약 선생께서 로마에 머무르면서 어느 편도 들지 않고 사태의 추이를 지켜보았더라면 조국에 좀 더 보탬이 되었을 터인데, 이제 명분도 없고 누가 시키지도 않았는데 스스로 카이사르의 원수가 되어 이 엄청난 위험을 함께 짊어졌기에 하는 말입니다."

이 말을 들은 키케로는 몹시 불안했다. 더욱이 폼페이우스는 그를 중요하게 쓰려 하지도 않았다. 그러나 그것은 키케로 자신의 잘못이었다. 자기가 이곳에 온 것이 잘못된 일이었음을 인정한 그는 폼페이우스의 전쟁 준비를 낮게 평가했다. 그는 폼페이우스의 전략에 못마땅한 기색을 감추지 않았으며, 무장한 그의 병력을 보고 비웃듯이 농담했다.

키케로는 웃지도 않고 이곳저곳을 노려보며 진영을 돌아다녔고, 그러면서 자신도 모르게 남들을 웃음거리로 만들었다. 이를테면 폼페이우스의 부관 도미티우스 아헤노바르부스가 군인답지 않은 어떤 사람을 지휘관으로 추천하면서 이렇게 말했다.

"그 사람은 매우 점잖고 신중합니다."

이 말을 들은 키케로가 이렇게 빈정거렸다.

"그런 사람이라면 왜 댁의 가정 교사로 쓰지 않았습니까?"

어떤 사람이 레스보스섬 출신으로서 폼페이우스 부대의

공병 책임자인 테오파네스를 칭찬하며, 그가 해전에서 패배한 로도스인들을 진심으로 위로했다고 말했다. 그 말을 들은 키케로가 이렇게 말했다.

"말 잘하는 그리스인이 공병 책임자라니! 이 얼마나 큰 축복입니까?"

카이사르가 대부분의 전투에서 이기고 디라키움에서 그들을 포위하자 렌툴루스가 이렇게 말했다.

"내가 듣자니 카이사르의 군대가 침울하다던데요."

그 말에 키케로가 이렇게 쏘아붙였다.

"그렇다면 그들이 카이사르에게 나쁜 감정이라도 가졌다는 뜻인가요?"

마르키우스(Marcius)라는 사람이 이탈리아에서 와서 이렇게 말했다.

"폼페이우스가 포위되었다는 소문이 로마에 파다합니다."

이에 키케로가 이렇게 말했다.

"그래서 당신 눈으로 직접 보아야 믿을 수 있을 것 같아 이리로 왔소?"

폼페이우스 진영의 논니우스(Nonnius)가 전쟁에 지고서도 이렇게 말했다.

"우리는 희망을 잃지 말아야 합니다. 폼페이우스의 진영에는 아직 일곱 마리의 독수리 깃발이 남아 있기 때문입니다."

그 말을 들은 키케로가 이렇게 말했다.

"당신의 충고는 참 그럴듯하군요. 만약 우리의 전쟁이 까마귀와 싸우는 것이라면 말이오."

폼페이우스의 기병대장 라비에누스가 이렇게 말했다.

"신탁을 들어 보니 폼페이우스 장군이 반드시 이길 것입니다."

그러자 키케로가 이렇게 빈정거렸다.

"장군이라는 사람이 신탁이나 믿고 있으니 부대를 잃을

수밖에……"

39

[기원전 48년 8월에] 화르살로스에서 카이사르와 폼페이우스 사이에 전투가 벌어졌을 때 키케로는 몸이 아파 참전하지 않았다. 이 전쟁에서 폼페이우스가 패배하여 달아나자, 많은 군사와 함께 디라키움에 거대한 함대를 거느리고 있던 카토는 서열이 높은 집정관의 특권에 따라 키케로에게 군사 지휘권을 맡아 달라고 요청했다.

그러나 키케로는 사령관 직위를 거절하면서 이번 내전에 참여하는 것을 반대하다가 거의 목숨을 잃을 뻔했다. 소(少)폼페이우스와 그의 막료들이 키케로를 반역자로 부르면서 칼을 휘둘렀기 때문이었다. 그때 카토가 나서서 어렵게 그를 구출하여 병영에서 빼내지 않았더라면 키케로는 아마도 그 자리에서 죽었을 것이다. 그리하여 키케로는 브룬디시움으로 도망하여 그곳에 머물면서 아시아와 이집트 원정으로 말미암아 귀국이 늦어지는 카이사르를 기다렸다.

[기원전 47년 9월에] 카이사르가 타렌툼에 상륙하여 육로를 거쳐 브룬디시움으로 오고 있다는 소식을 들은 키케로는 서둘러 그를 맞이하러 떠났다. 키케로는 낙심하지 않았지만, 여러 사람이 보는 앞에서 정적이자 승리자인 카이사르가 자신을 어떻게 맞아 줄까를 생각하니 부끄러운 생각이 들었다. 그러나 키케로가 스스로를 낮추어 행동하거나 그렇게 말할 필요는 없었다. 사람들 사이에 있던 카이사르가 다가오는 키케로를 보더니 말에서 내려 그를 껴안고 인사를 나눈 다음, 여러 휘롱을 함께 걸으며 이야기를 나누었기 때문이었다.

그런 일이 있은 뒤로 카이사르는 늘 키케로에게 찬사와 친절을 보였으며, 키케로가 자신의 정적인 카토를 찬양하며 쓴 글을 보고서도 그의 웅변과 정치 활동을 칭송하면서, 그를 위대한 정치가 페리클레스나 펠로폰네소스 전쟁의 영웅인 테라메네스(Theramenes)의 삶에 견주어 말했다. 키케로는 『카토전(Cato)』을 썼고, 카이사르는 『반(反)카토론(Anti-Cato)』을 쓴 바 있다.

들리는 바에 따르면, 카이사르와 정적이었던 퀸투스 리가리우스(Quintus Ligarius)가 고발되었을 때 키케로가 그의 변론을 맡자 카이사르가 막료들에게 이렇게 말했다고 한다.

"리가리우스는 어차피 악당이요 국적(國賊)으로 평결을 받겠지만, 모처럼 키케로의 웅변을 듣지 않을 수야 있나?"

그러나 막상 키케로의 변론이 시작되자 그는 청중의 마음을 감동에 빠뜨렸다. 이어진 변론은 온갖 연민과 놀라운 품격을 번갈아 드러냈고, 카이사르는 낯빛이 바뀌면서 마음에 심한 동요를 일으켰다. 드디어 키케로가 화르살로스에서 카이사르가 전쟁을 일으킨 대목의 변론에 이르자, 그는 충격을 받아 몸을 떨면서 손에 쥐고 있던 서류를 떨어뜨렸다. 그리하여 카이사르는 어쩔 수 없이 리가리우스를 석방했다.

40

그런 일이 있은 뒤로 통치 구조가 공화정에서 군주정으로 바뀌고 [카이사르가 황제에 등극하자] 키케로는 공직에서 물러나 철학을 공부하려는 젊은이들을 가르치며 시간을 보냈다. 그가 친하게 지낸 젊은이들은 모두 명문가의 자제들이어서 그는 다시 한번 국가에 영향력을 미칠 수 있는 입장이 되었다.

키케로는 또한 철학적 대화집을 짓거나 번역하고 논리학과 자연 과학 용어들을 라틴어로 옮겼는데, 이를테면 개념(visum), 동의(assensio), 유보(assensionis retentio), 통찰(comprehensio), 원자(individuum), 무효(vacuum), 불가분(ameres)과 같은 용어들은 그가 지은 것이라고 한다.

키케로는 이 용어를 가지고 한편으로는 은유(隱喩)로, 다른 한편으로는 새롭고 적절한 용어로 이탈리아인들이 학문을 쉽고 친근하게 이해하도록 만들었다. 그는 또한 시(詩)를 짓는 일에 몰두하였는데, 들리는 바에 따르면 얼마나 시작(詩作)에 몰두했던지, 하룻밤에 5백 행(行)의 시를 지었다고 한다.

이 무렵 키케로는 투스쿨룸에 있는 시골 별장에서 대부분의 시간을 보냈다. 그는 친구들에게 보내는 편지에서 자신이 오디세우스의 아버지인 라이르테스(Laertes)와 같은 삶을 보내고 있다고 말했는데,[23] 이것이 농담이었는지 아니면 자신의 바뀐 운명에 대한 불만의 표시로 다시 정계에 나가겠다는 뜻이었는지는 알 길이 없다. 그가 로마를 찾아가는 일은 거의 없었으며, 다만 카이사르에게 인사를 차려야 하는 일이 있을 때만 로마로 갔다.

키케로는 열렬한 카이사르의 지지자로서 그에 대한 새로운 소식이나 정치적 조치가 있을 때면 앞장서서 지지했다. 그 가운데 하나가 폼페이우스의 동상 건립에 대한 일화이다. 폼페이우스가 멸망하고 전국에서 그의 동상이 철거되자 카이사르는 그들을 다시 세우라고 지시했다. 이를 두고 키케로는 이런 말을 했다.

"카이사르는 폼페이우스의 동상을 세움으로써 자신의 동상을 더욱 굳게 세웠다."

41

들리는 바에 따르면, 키케로는 조국 로마의 역사를 쓰고 싶었다고 한다. 그 역사는 그리스와 여러모로 관련을 맺으면서 자신이 모은 설화와 신화까지 담는 것이었다. 그러나 그는 사사로운 일에 쫓겨 저술을 마치지 못했다. 그런 일이 그 스스로의

---

23 라이르테스는 아들이 떠난 뒤 시골에서 하녀 부부와 함께 쓸쓸히 살았다.(『오디세이아』, I : 189 참조)

선택 때문이었음은 더 말할 나위가 없다.

먼저 키케로는 이혼으로 마음의 상처를 입었다. 그의 아내 테렌티아는 전쟁 기간에도 남편을 무시하여 출정할 때 필요한 물건도 준비해 주지 않았으며, 전쟁에서 돌아와도 마음 써 주지 않았다. 또한 그가 브룬디시움에 오래 머물 때도 찾아보지 않았고, 그의 젊은 딸이 그 먼 곳을 오가며 아버지를 보살필 때도 호위병을 딸려 보내거나 생활에 필요한 물건들을 마련해 주지 않았다.

더욱이 키케로의 아내는 집안 살림을 모두 거덜 냈을 뿐만 아니라 많은 빚까지 졌다. 그것이 가장 큰 이혼 사유였다. 그러나 테렌티아는 그 말을 부인하면서, 키케로가 이혼한 바로 뒤에 그가 푸빌리아(Pubilia)와 결혼한 점을 들어 자신을 변호했다. 테렌티아의 말처럼, 그가 젊은 여인과 사랑에 빠진 것은 사실이었다.

그러나 키케로의 해방 노예인 티로(Tiro)의 말에 따르면, 그는 재혼한 여인의 재산으로 빚을 갚으려 했다는 것이다. 그 여인은 매우 아름다웠고, 부자였다. 실제로 그들이 결혼하기에 앞서 키케로는 그 여인의 후견인으로서 그 재산을 관리했었다. 키케로는 몇만[데나리우스]의 빚을 졌기 때문에, 그의 막료와 친지들은 그가 비록 늙었지만 푸빌리아와 결혼하여 빚쟁이들의 쪼들림에서 벗어나라고 설득했다.

그러나 안토니우스는 키케로가 쓴 『필리포스를 공격함』을 반박하는 글에서 그의 재혼을 언급하며, 그가 함께 늙어 온 아내를 내쳤다고 비난했다. 안토니우스는 이어 키케로의 생활 방식을 재치 있게 꼬집으며, 그가 정치나 군사 모두에서 적합한 인물이 아니라고 스스로 고백한 기록을 들춰냈다.

키케로가 재혼한 뒤 얼마 지나지 않아 렌툴루스에게 시집 간 딸 툴리아가 아기를 낳다 죽었다. 그 여인은 피소와 결혼했으나 남편이 죽어 렌툴루스와 재혼했다. 딸이 죽자 여러 곳에서 친구들이 키케로를 위로하러 왔다. 그러나 딸의 죽음에 대한 키케로의 슬픔은 지나쳤다. 그는 젊은 아내가 자기 딸의 죽음을 고소하게 여기고 있다는 이유로 그 아내와 이혼했다.

42

키케로의 가정생활은 그랬다. 그는 정치적인 면에서는 브루투스와 가장 가까운 사이였지만 카이사르의 암살에 가담하지는 않았다. 그가 왕정에 불만을 품고 누구보다도 지난날의 공화정을 그리워한 것은 사실이지만, 천성적으로 겁이 많은 사람인 데다가, 또 나이로 보더라도 강인한 용기를 내기에는 너무 늦었다고 판단한 역모자들은 그를 불러들이지 않았다.

기원전 44년 3월에 브루투스와 카시우스의 무리가 카이사르를 암살하자, 카이사르의 막료들은 암살자들을 응징하려고 세력을 모았다. 로마는 다시 내란에 빠져들 것만 같은 두려움에 휩싸였다. 암살 사건이 벌어진 뒤 집정관 안토니우스는 원로원을 소집한 다음 짤막하게 화합을 호소하는 연설을 했다.

뒤이어 키케로가 사건에 걸맞게 긴 연설을 했다. 그는 이제 로마도 지난날 아테네인들의 사례를 본받아[24] 암살자들을 사면하고 카시우스와 브루투스에게 영지를 주어 외지로 내보내자고 제안했다. 그러나 누구도 그 제안을 받아들이지 않았다. 카이사르의 죽음에 깊은 동정을 느낀 민중은 그의 시체가 토론의 광장을 지나가는 것을 바라보고 있었다.

그때 안토니우스가 피투성이가 된 채 여러 군데 칼자국이 생긴 카이사르의 외투를 보여 주었다. 이에 분노한 민중은 이성을 잃고 광장에서 암살자들을 찾다가 보이지 않자 그들의

---

24 기원전 403년에 아테네에서 트라시불로스 장군이 '30인의 참주'를 처형했을 때 아테네인들은 대사령(大赦令)을 선포한 적이 있었다.(제23장 「펠로피다스전」, §7 참조)

집을 태우고자 횃불을 들고 달려갔다. 암살자들은 미리 대비하고 있던 터라 위기는 모면했지만, 더 큰 위험이 닥쳐오리라는 것을 알고 로마를 탈출했다.

43

그 무렵, 안토니우스의 세력이 갑자기 커지자 많은 사람이 그가 독재를 할 것만 같아 두려워했는데, 그 가운데에서도 키케로는 더욱 심했다. 또한 안토니우스 역시 키케로의 세력이 신경쓰였다. 더욱이 브루투스의 편인 키케로가 로마에 나타나면 자신에게 직접적인 위협이 될 수도 있었다.

그뿐만 아니라 그들은 살아온 인생도 달라서 서로 미심쩍게 생각하는 사이였다. 이런저런 걱정을 하던 키케로는 지난날 자신의 사위였으며, 이제 시리아의 지사로 부임하는 돌라벨라의 부관이 되어 로마를 떠남으로써 위험을 벗어나고 싶었다.

그러나 [기원전 43년에] 안토니우스의 뒤를 이어 집정관에 당선된 히르티우스와 판사와 같은 훌륭한 사람들은 키케로를 존경했다. 그들은 키케로가 로마를 떠나는 것을 말리면서 자기들과 함께 안토니우스를 견제하자고 사정했다. 키케로는 히르티우스와 판사의 말을 깊이 믿을 수도 없었고 그렇다고 믿지 않을 수도 없었다. 그는 일단 그들의 권고대로 아테네로 가 여름을 보낸 다음, 그들이 집정관에 취임하면 귀국하기로 하고 길을 떠났다.

그러나 키케로의 여행이 조금 늦어진 상황에서, 세상일이 흔히 그렇듯이, 로마에서 예상하지 못했던 이런저런 소식이 들려왔다. 그 소식에 따르면, 안토니우스의 마음이 크게 바뀌어 원로원과의 관계도 매우 좋아졌고, 키케로가 로마로 돌아오면 여러 복잡한 일들이 더 수월하게 풀리리라는 것이었다. 그는 이제까지 자신이 지레 겁을 먹고 있었다고 스스로를 나무라면서 로마로 돌아왔다.

첫날에는 그의 기대가 어그러지지 않았다. 수많은 시민이 기쁜 마음으로 그를 마중하러 쏟아져 나왔다. 그리하여 그가 군중을 만나 인사하고 로마로 들어가는 데 하루가 걸렸다. 그러나 다음 날, 안토니우스가 원로원을 소집하고 키케로를 초청했을 때 그는 원로원에 나가지 않고 피곤한 체하면서 온종일 침대에 누워 있었다. 아마도 정말 피로해서가 아니라, 거리에서 예상치도 않게 들은 소식으로 말미암아 안토니우스 쪽에서 무슨 음모라도 꾸미고 있는 것이 아닌가 두려웠기 때문으로 보인다.

그러나 이 사실로 말미암아 안토니우스는 화를 버럭 내면서 병사를 보내 키케로를 데려오든지 그의 집을 불태우라고 지시했다. 주위에 있던 사람들이 이에 반대하면서 간곡히 말리자 안토니우스는 키케로가 근신(謹愼)한다는 보증을 받는 것으로 사태를 마무리 지었다. 그 뒤로 두 사람은 데면데면 지내며 서로 무시하고 경계하는 사이가 되었다.

그런 상황에서 일리리아의 아폴로니아에서 공부하던 소(少)카이사르[옥타비우스]가 돌아와 대(大)카이사르의 유산 상속을 주장했다. 이로 말미암아 대카이사르의 아내에게서 유산 2천5백만 드라크마의 관리를 위임받은 안토니우스와 소카이사르 사이에 분쟁이 일어났다.

44

그런 일이 있고 나서 소카이사르가 의붓아버지인 필리포스(Philippos)와 매부인 마르켈루스와 함께 키케로를 찾아와 상의한 결과, 키케로는 탁월한 웅변술과 정치적 지위를 이용하여 원로원과 민중 사이에서 소카이사르를 돕고, 소카이사르는 재산과 군대의 힘으로 키케로를 보호한다는 데 합의했다.

그 무렵 소카이사르는 이미 카이사르 휘하에 있던 병력을 자기 사람으로 만들어 놓은 터였다. 키케로가 젊은이의 제안

645   키케로

을 그토록 쉽게 받아들인 데에는 그럴 만한 이유가 분명히 있었다고 사람들은 생각했다.

곧 폼페이우스와 카이사르가 살아 있던 시절, 키케로는 꿈을 꾸었다. 꿈속에서 누군가 원로원 의원의 아들들을 토론의 광장(forum)으로 초대했는데, 이는 유피테르 신이 그들 가운데 한 청년을 로마의 후계 지도자로 점지(點指)해 주기를 바라는 뜻에서였다. 그런 기대 속에 많은 시민이 관심을 가지고 신전 둘레에 모여들었다.

그곳에는 젊은이들이 자주색 비단을 댄 외투를 입고 조용히 앉아 있었다. 그때 갑자기 신전 문이 열리면서 젊은이들이 한 사람씩 신상 앞으로 지나갔다. 신상은 그들을 한 사람씩 살펴보면서 슬픈 표정을 지었다. 그러다가 소카이사르가 신상 앞을 지나가자 유피테르 신이 손을 뻗치며 이렇게 말했다.

"로마 시민이여, 이 청년이 나라의 지도자가 되었을 때 내란이 멈추리라."

들리는 바에 따르면, 키케로는 꿈속에서 본 그 젊은이에게서 깊은 인상을 받아 남달리 가슴에 담아 두었지만, 그 소년이 누구인지는 몰랐다고 한다. 그다음 날 키케로가 군신의 광장을 걸어 내려가는데 어떤 청년이 운동을 마치고 저만치서 오고 있었다.

첫눈에 그가 어젯밤 꿈에 본 청년임을 알아본 키케로는 누구의 아들인지 물어보았고, 청년이 그리 빼어난 가문이 아닌 옥타비우스(Octavius)의 아들이지만 그의 어머니 아티아(Attia)가 카이사르의 누님의 딸임을 알았다. 카이사르에게는 아들이 없어, 아티아의 아들 즉 자신의 종손(宗孫)에게 재산과 가문 이름을 유언으로 물려주었다.

들리는 바에 따르면, 이런 일이 있은 뒤에 키케로는 그 젊은이를 만나 이야기할 때면 카이사르의 죽음에 대한 안타까운 감정을 드러냈고, 청년은 그의 관심을 감사하게 생각했다고 한다. 그는 키케로가 집정관으로 재직할 때 태어났다.

45

이와 같은 사실들이 키케로와 소카이사르가 손을 잡은 원인이라고 한다. 그러나 그들이 손을 잡은 가장 중요한 이유는 안토니우스에 대한 키케로의 미움과 그의 타고난 공명심이었다. 키케로는 소카이사르의 세력을 빌려 자신의 정치적 영향력을 키울 수 있으리라고 생각했다. 실제로 그 젊은이는 키케로를 쫓아다니면서 아버지라고 부를 정도였다. 브루투스는 이와 같은 사실이 몹시 못마땅했다. 브루투스는 아티쿠스에게 보낸 편지에서 키케로를 이렇게 비난했다.

"키케로는 안토니우스에 대한 두려움으로 소카이사르를 쫓아다니면서 조국의 자유 따위는 마음에도 없이 오직 자기 자신만을 위해 구차한 부탁을 하고 있습니다."

그러면서도 브루투스는 아테네에서 철학을 공부하던 키케로의 아들을 자신의 부관으로 쓰면서 그의 능력에 힘입어 많은 전공을 세웠다. 그 무렵에 키케로의 권세는 하늘을 찌를 듯했다. 자신이 하고 싶은 일이라면 못 할 것이 없던 키케로는 안토니우스에 반대하는 무리로 강력한 패거리를 지어 안토니우스를 로마 밖으로 몰아냈으며, 두 집정관인 히르티우스와 판사가 군대를 이끌고 가 안토니우스를 공격하도록 했다.

아울러 소카이사르가 조국을 지키는 전쟁을 치르고 있다는 구실로, 키케로는 소카이사르에게 부월과 휘장을 부여하여 법정관으로 임명하는 정령을 원로원에서 통과시켰다. 그러나 [기원전 43년 연초에 무티나 부근에서] 안토니우스가 패배하고 전쟁 뒤에 두 집정관이 죽으면서 권력이 소카이사르에게로 모두 쏠리자, 원로원은 그 젊은이가 양양한 행운을 즐기는 것이 두려웠다.

그리하여 원로원은 이제 안토니우스도 몰락한 상황에서

더는 방어군이 필요하지 않다는 이유를 들어, 소카이사르의 군대에 명예와 선물을 주고 해체함으로써 그의 세력을 꺾으려 했다. 이 상황에 놀란 소카이사르는 은밀히 키케로에게 사람을 보내, 자기들 두 사람이 집정관을 맡되 일단 당선된 다음에는 키케로가 스스로 최선이라고 판단한 바에 따라 정무를 처리하며 자기에게는 명예만을 달라고 요청했다.

뒷날 소카이사르는, 만약 원로원의 요청대로 군대를 해산하면 자기는 외로운 존재가 되어 키케로의 권력욕 앞에서 몰락할까 두려워했고, 그에 따라 키케로에게 선거에서 협조하며 집정관에 출마하도록 설득했음을 인정했다.

46

실제로 이 무렵에 키케로는 이미 늙은 몸으로서 지난날 어느 때보다도 더 철저하게 소카이사르라는 젊은이의 말에 속았다. 키케로는 선거에서 소카이사르를 도우면서 원로원이 소카이사르에게 우호적인 태도를 보이도록 유도했다. 키케로의 막료들은 키케로의 처사를 비난했다.

그 결정이 자신을 몰락시키고 시민의 자유까지 앗아갔다는 사실을 키케로가 깨닫기까지는 그리 오래 걸리지 않았다. 그 젊은 소카이사르는 강력한 힘을 얻어 [기원전 43년, 그의 나이 겨우 스물에] 집정관에 당선되자마자 키케로를 내던져 버린 뒤 안토니우스, 레피두스와 손을 잡고 [제2차 삼두 정치를 형성하여] 마치 재산을 가르듯이 정권을 나누어 가졌다.

옥타비우스(소카이사르)와 안토니우스와 레피두스 세 사람은 자기들이 죽여야 할 사람의 명단을 2백여 명이나 작성했다. 그들 가운데 키케로를 처단할지 말지가 가장 큰 논란거리였다. 안토니우스는 키케로를 첫 번째로 처단하지 않으면 협상은 없다고 말하고, 레피두스도 그의 편에 섰으나 옥타비우스는 이에 반대했다. 그들은 보노니아(Bononia) 가까운 곳에서

3일 동안 비밀리에 모였다. 그곳은 병영에서 조금 떨어져 강으로 둘러싸인 곳이었다.

들리는 바에 따르면, 처음 이틀 동안 옥타비우스는 키케로를 살리려고 무던히 애를 썼지만 사흘째 되던 날 지쳐 포기했다고 한다. 그들이 서로 합의한 바에 따르면, 옥타비우스는 키케로를 죽이고, 레피두스는 자신의 동생 파울루스(Paulus)를 죽이고, 안토니우스는 외삼촌 안토니우스 루키우스 카이사르(Antonius Lucius Caesar)를 죽이는 데 동의했다고 한다. 이처럼 인간의 욕심이 권력에 사로잡히면, 분노와 격정은 인간성까지 말살해 들짐승보다 더 잔인해진다.

47

이런 일이 벌어지고 있는 동안 키케로는 동생 퀸투스와 함께 투스쿨룸에 있는 별장에 머물렀다. 체포령이 내렸다는 소식을 들은 그들은 아스투라(Astura) 해안에 있는 별장으로 갔다가 그곳에서 마케도니아로 건너가 브루투스를 만나기로 결정했다. 소문을 들으니 브루투스가 그곳에서 병력을 이끌고 있어 그를 만나면 보호받을 수 있으리라 생각했기 때문이었다.

키케로 형제는 비통한 심정으로 가마를 타고 떠났다. 길을 가다가 그들은 발길을 멈추고 가마를 나란히 한 채 서로의 운명을 슬퍼했다. 퀸투스가 더 크게 낙심했는데, 돈 한 푼 없이 떠나온 자신을 후회했기 때문이다. 그는 집에서 아무것도 가져오지 못했는데 형도 마찬가지였다. 이윽고 동생이 말하기를, 형은 계속 도피하고 자기는 집에 들러 노자를 마련해 뒤따라가는 것이 좋겠다고 말했다. 그렇게 결정한 형제는 부둥켜안고 통곡한 다음 헤어졌다.

그러고 나서 며칠 못 가 노예들이 퀸투스를 추격병들에게 넘겨주어 그는 아들과 함께 살해되었다. 키케로가 아스투라에 이르러 보니 배가 있어 이를 타고 곧 출항하여 순풍을 타고 키르카이움(Circaeum)으로 갔다. 그곳에서 선장은 곧 출항하려 했지만, 배를 타기가 두려웠던지 아직도 옥타비우스에 대한 기대를 버리지 못했기 때문이었는지는 알 수 없으나, 키케로는 배를 타지 않고 해안을 따라 걸어서 로마를 향해 1백 훠롱 정도 올라갔다.

그러다가 키케로는 다시 결심하지 못하고 마음을 바꿔 아스투라 해안으로 내려갔다. 그는 그곳에서 절망과 번민에 빠져 하룻밤을 보냈다. 그는 옥타비우스의 집으로 몰래 들어가 그곳에서 자살함으로써 원통하게 죽은 혼백이라도 그에게 남겨 주고 싶었다.

그러나 키케로는 죽는 고통이 무서워 그러지도 못했다. 그의 머릿속에는 온갖 생각이 맴돌았다. 키케로는 드디어 하인들에게 몸을 맡기고 카이에타(Caieta)로 갔다. 그는 카이에타에 토지를 가지고 있었는데, 여름철이면 시원한 서북풍이 불어 살기 좋은 곳이었다.

그 별장에서 바다로 조금 나가면 아폴론 신전이 있었다. 키케로의 배가 육지에 가까워지자 까마귀 떼가 크게 울며 날아왔다. 양쪽으로 날아온 새들은 돛의 횡대에 앉아 울거나 밧줄을 쪼아 대 모든 사람이 불길하게 여겼다. 그럼에도 키케로는 육지에 올라 자신의 별장으로 들어가 쉬었다.

까마귀들은 창가에 앉아 시끄럽게 울었으며, 그 가운데 한 마리는 키케로가 누워 있는 침상에 내려앉아 부리로 그의 머리를 쪼며 얼굴에 뒤집어쓴 외투를 조금씩 벗기려 했다. 이를 본 하인들은 살인자들이 접근하니 새들도 주인을 살리려고 도와주려 하는데, 자신들은 넋을 놓고 있었다며 반성했다. 그리하여 그들은 한편으로는 구슬리고 한편으로는 강제로 키케로를 가마에 태워 바다로 나갔다.

48

그러는 사이에 자객인 백인대장 헤렌니우스와 호민관 포필리우스(Popilius)가 부하들을 이끌고 별장으로 다가왔다. 포필리우스는 지난날 아버지를 죽인 죄로 고발되었을 때 키케로가 변호해 준 인물이었다. 그들이 잠긴 문을 부수고 들어가니 키케로가 보이지 않았다. 하인들에게 그가 간 곳을 물어보니 모른다고 대답했다.

들리는 바에 따르면, 키케로에게 철학을 배운 젊은이이자 동생 퀸투스의 해방 노예인 필롤로구스(Philologus)가 나서서 지금 키케로는 가마를 타고 숲길을 빠져나가 몰래 바닷가로 가고 있다고 호민관에게 알려 주었다고 한다. 그의 말에 따라 호민관은 부하들을 데리고 밖으로 뛰어나갔다. 백인대장은 공로를 빼앗길까 걱정하며 더 빨리 뛰어나갔다. 그가 달려오는 것을 본 키케로는 부하들에게 가마를 멈추게 했다.

키케로는 평소 버릇대로 왼손으로 턱을 쓰다듬으면서 살인자들을 똑바로 쳐다보았다. 머리칼은 흐트러지고 얼굴은 그동안의 근심으로 수척했다. 헤렌니우스가 그런 모습의 그를 칼로 내리쳤다. 가마 밖으로 내민 키케로의 목이 땅에 떨어졌다. 그때 [기원전 43년 12월 7일] 그의 나이는 예순네 살이었다.

백인대장은 안토니우스의 지시대로 『필리포스를 공격함』이라는 글을 쓴 그의 손도 함께 잘랐다. 키케로가 안토니우스를 공격하는 글의 제목을 그렇게 달았기 때문이었다. 그 글은 오늘날까지도 '필리포스를 공격함'이라는 이름으로 전해 내려오고 있다.

49

키케로의 사체가 로마에 도착했을 때 안토니우스는 선거를 치르고 있었다. 시신이 도착했다는 소식을 들은 그는 이렇게 말했다.

"내가 내린 처벌 명령들은 이것으로 끝났다."

안토니우스는 연단 꼭대기에 키케로의 머리와 손을 걸어 두게 했다. 이를 본 로마 시민은 몸서리를 쳤다. 그들은 지금 자기들이 바라보고 있는 것은 키케로의 얼굴이 아니라 안토니우스의 망령이라고 생각했다. 그러나 안토니우스는 키케로를 밀고한 해방 노예 휠롤로구스를 키케로의 아내 폼포니아(Pomponia)에게 넘김으로써 이 문제를 다루면서 최소한의 인간미를 보여 주었다.

휠롤로구스를 넘겨받은 폼포니아는 그 해방 노예에게 법을 적용한 것 말고도 그가 스스로 자신의 살을 조금씩 베어 구워 먹도록 했다. 이 이야기는 몇몇 역사학자의 기록에 실려 있지만, 키케로의 해방 노예인 티로의 글에는 그의 배은망덕한 행위에 대해 아무런 말이 없다.

내가 들은 바에 따르면, 오랜 시간이 지나 옥타비우스가 딸의 집에 들른 적이 있었다고 한다. 그때 손에 키케로가 쓴 책을 들고 있던 외손자는 겁에 질려 외투 안에 책을 감추었다. 그러나 이를 본 옥타비우스는 그 책을 받아 선 채로 많은 분량을 읽은 다음 손자에게 돌려주면서 이렇게 말했다.

"얘야, 이분은 훌륭한, 참으로 훌륭한 학자로서 조국을 사랑했단다."

[기원전 30년에 알렉산드리아에서] 마침내 안토니우스를 멸망시키고 집정관에 당선된 옥타비우스는 키케로의 아들을 동료 집정관으로 선임했다. 원로원이 안토니우스의 동상을 철거하고, 그의 명예를 박탈하고, 그의 후손들이 '위대한(Marcus)'이라는 단어를 이름에 쓰지 못하도록 한 것도 옥타비우스가 집정관으로 재직할 때 내린 조치였다. 하늘은 그렇게 안토니우스를 징벌함으로써 키케로 가문의 원한을 풀어 주었다.

무예[武]는 문예[文]에 복종하고
월계관은 혀에 굴복한다.
— 키케로

1

앞의 이야기들은 우리가 알고 있는 지식 가운데 기억할 만한
것들이다. 나는 그들의 웅변 방식을 비교할 마음은 없지만 다
음과 같은 이야기는 빼놓을 수 없다. 이를테면 데모스테네스는
타고난 부분도 있지만 학습으로 얻은 웅변술을 수사학에 쏟아
부었다. 그리하여 그의 웅변 능력은 법정에서 반대파를 압도했
으며, 우아하고 정중한 점에서 직업적 정치가들을 압도했으며,
명료하고 능숙한 점에서 철학자들을 압도했다.

그런가 하면, 키케로는 폭넓게 공부하고 여러 분야에 걸
친 학문에 관심을 보여 아카데미아학파의 전통에 맞게 뛰어난
글을 많이 남겼다. 그는 토론의 광장이나 법정 변론을 하면서
제기한 연설에서도 자신이 학문을 깊이 이해하고 있음을 분명
히 보여 주려 했다.

얼핏 보아도 데모스테네스와 키케로는 말하는 모습에서
도 크게 달랐다. 데모스테네스는 말을 아름답게 꾸미려는 모
습보다는 박력과 진지함을 보였으며, 그리스의 지리학자였던
피테아스가 "데모스테네스의 연설에서는 밤늦게까지 등잔을
켜 놓고 연습한 냄새가 난다"고 비난한 것과 달리 물을 마시는
듯한 시원함과 고뇌와 비장감과 우울함이 보인다.

그러나 키케로의 연설에는 농담조의 천박함이 보인다. 그
는 자신이 맡은 소송 사건에서 심각한 문제들을 빈정거리듯이

우스갯소리로 넘겨 버림으로써 품위를 잃었다. 그는 돈 많은 정치가 마르쿠스 카일리우스 루푸스(Marcus Caelius Rufus)를 변론하면서 이런 말을 한 적이 있다.

"내 의뢰인은 그 주변이 모두 사치스럽고 낭비적이어서 쾌락이 아니고서는 할 일이 없다. 더욱이 위대한 철학자들이 모두 진정한 행복이란 쾌락에 있다고 말하고 있는 터에, 자기가 가진 것을 즐기지 않는 것은 미친 짓이다."(키케로, 『루푸스를 위한 변론』, § 12, 28)

들리는 바에 따르면, 카토가 무레나를 고발했을 때, 집정관이었던 키케로가 무레나를 변호하면서 스토아 철학에 뿌리를 둔 카토의 철학에 앞뒤가 맞지 않는 부분을 들추며 그를 웃음거리로 만든 적이 있었다. 키케로의 비아냥을 들은 방청객과 법관이 모두 큰 소리로 웃자 카토가 조용히 웃음을 지으며 곁에 있던 사람에게 이렇게 말했다.

"여보게, 우리의 집정관은 참으로 웃기는 사람이군."

키케로는 천성적으로 웃기고 농담하기를 좋아하는 사람이었던 듯하다. 그는 늘 웃는 얼굴에 평화로웠다. 그러나 데모스테네스는 늘 심각하고 뭔가를 골똘히 생각하며 초조한 듯했다. 그런 탓에 그의 정적들이 그를 무뚝뚝하고 무례한 사람으로 여겼다고 데모스테네스 자신도 고백했다.(키케로, 『필리포스를 공격함』, II : 30)

2

두 사람의 저술을 보면, 데모스테네스는 자기를 칭찬하는 문제에 매우 조심스러웠으며, 혹시 어떤 중요한 목적이 있어 그럴 일이 있을 때도 남들에게 불쾌감을 주지 않으려고 노력했다. 그는 늘 조심스럽고 겸손했다. 그러나 키케로는 연설에서 자신을 뽐냄으로써 겸손하지 않았다. 그는 분별없을 정도로 명성을 얻고 싶어 했는데, 이를테면 다음과 같은 말이 그런 사례에 든다.

> 무예[武]는 문예[文]에 복종하고
> 월계관은 혀에 굴복한다.
> (*Cedant arma togae,*
> *concedat laurea laudi*)
> (키케로, 『피소넴(*Pisonem*)』, § 29, 72)

키케로는 끝내 자신의 처신뿐만 아니라 자신의 연설까지도 스스로 칭찬함으로써, 마치 그리스의 수사학자이자 궤변 철학자였던 이소크라테스나 밀레토스의 철학자 아낙시메네스와 우열을 다투려는 것처럼 보였다. 그 대표적인 사례로, 키케로는 로마가

> 오로지 무거운 갑옷을 입고
> 원수를 향해 달려가는 민족
> (Steadfast, in heavy armour clad,
> destructive to foes)
> (베르크 엮음, 『그리스 서정시 단편』, II/4 : 242)

이라는 사실을 로마인들에게 사실대로 가르쳐 주지 않았다.

정치 지도자들이라면 웅변으로써 정치적으로 우월한 지위를 얻어야 하겠지만, 웅변으로써 명성과 칭송을 얻으려는 시도는 경솔한 짓이라는 점을 우리는 지적해 둘 필요가 있다. 이런 점에서 데모스테네스는 키케로에 견주어 더 우아하고 장중했다.

데모스테네스의 말에 따르면, 자신의 웅변 능력은 다만 경험을 쌓았기에 할 수 있는 것에 지나지 않으며, 모두 듣는 이의 호의에 바탕을 두고 있을 뿐이었다.(『왕관에 관한 논쟁』, § 277)

웅변으로 뭔가 성공이라도 한 양 으스대는 것은 무지하고 천박한 일이라고 그는 생각했다.

3

두 사람 모두 연설하거나 민중을 이끌어 가는 데 엄청난 역량을 갖추고 있어, 군대를 이끌던 장군들조차도 그들의 도움을 필요로 했다. 이를테면 아테네의 군사령관 카레스와, 마케도니아에 맞서 항전한 영웅인 디오페이테스와, 라미아 전투에서 그리스 연합군을 지휘한 레오스테네스가 데모스테네스에게 도움을 요청했다.

폼페이우스와 옥타비우스는 키케로의 도움을 받았는데, 이 이야기는 옥타비우스가 마르켈루스의 사위 아그리파(Agrippa)와 그의 충실한 막료였던 마이케나스(Maecenas)에게 보낸 『회고록』에 실려 있다.

한 인간의 열정이나 천박함을 가장 잘 나타나게 해 주는 것은 권력이나 권위에 대한 욕망이라고 사람들은 생각하며, 또 그렇게 말한다. 그런 점에서 본다면 데모스테네스에게서는 그런 욕망의 흔적을 찾아볼 수 없다. 그는 화려한 직책을 맡은 적도 없고, 마케도니아의 필리포스왕을 막을 사령관을 맡아 달라는 요청을 받고서도 이를 사양했다. 그런가 하면, 키케로는 시킬리아의 재정관으로 부임하였을 뿐만 아니라 킬리키아와 카파도키아의 부총독으로 부임한 적이 있었다.

그 무렵에는 재산에 대한 사람들의 욕심이 엄청나, 재무관이나 부총독으로 부임하는 사람들은 강도를 우습게 알 정도로 드러내 놓고 재산을 끌어모았다. 이렇듯 당시에 축재는 죄악이 아니었으며, 적절한 축재는 오히려 명성을 높여 주었다.

키케로가 그런 시대를 살면서도 재산을 탐내지 않았고 인간미가 있으며 고결한 인물이었음을 보여 주는 증거는 많다. 또한 로마에 있을 때에 키케로는 명목상 집정관이었지만, 루키우스 카틸리네와 그 일파의 음모를 성공적으로 막으면서 사실상 독재관과 같은 권위를 누렸다.

그런 권력을 지니고서도, 키케로는 플라톤이 말한 다음과 같은 예언이 진리였음을 증명한 인물이었다.

> 하늘이 도와, 어느 나라의 위대한 권력과 지혜가 어느
> 인물 한 명의 정의 안에서 결합할 때, 그 나라는 재앙을
> 모면할 수 있다.
>
> (『공화국』, § 473)

들리는 바에 따르면, 데모스테네스는 웅변으로 돈을 벌었다는 비난을 듣는다. 데모스테네스는 같은 재판에서 서로 원고와 피고 사이인 포르미오와 아폴로도로스에게 변론 원고를 각자 써 주었고, 페르시아 왕과 알렉산드로스 대왕의 금고지기인 하르팔로스에게 뇌물을 받았다는 비난을 들었다.

만약 데모스테네스의 부패를 거론하는 사람들의 말이 사실이 아니었다 하더라도, 데모스테네스가 여러 왕으로부터 영예와 호의로 받은 선물에 무관심하지 않았다는 사실을 부인하기는 어렵다.

들리는 바에 따르면, 키케로는 그와 달랐다. 키케로가 시킬리아에서 재정관으로 있을 때는 그곳 시민이, 카파도키아에 부총독으로 있을 때는 그곳의 왕이, 키케로가 망명 생활을 할 때는 키케로의 막료들이 큰돈을 싸 들고 와서 받아 달라고 간청했지만 모두 거절했다고 한다.

4

망명 생활을 이야기하자면, 적어도 뇌물을 받아먹고 쫓겨난 데모스테네스가 더 부끄럽다. 키케로는 악덕한 정치인을 조국에서 몰아냈다가 그 보복으로 쫓겨났으니 누구보다도 영광스

러웠다. 이 때문에 데모스테네스가 추방되었을 때는 아무도 동정하지 않았지만 키케로가 추방되었을 때는 원로원 의원들이 상복(喪服)으로 갈아입고 키케로를 소환하는 정령을 발표할 때까지 업무 토론을 전면 중단했다. 그러나 키케로는 마케도니아에서의 망명 생활을 의미 없이 조용히 보냈다.

그와 달리 데모스테네스의 망명 시기는 그의 생애 가운데 조국에 가장 중요하게 봉사한 시간이었다. 앞서 말했듯이, 그는 조국을 위한 전투에 참가하여 그가 방문한 여러 도시에서 마케도니아 사절을 몰아냈는데, 이러한 헌신은 같은 운명을 살다 간 테미스토클레스나 알키비아데스보다 더 훌륭하다. 그뿐만 아니라 데모스테네스는 망명에서 돌아온 뒤 다시 조국에 헌신했으며, 마케도니아 장군 안티파트로스에게 격렬히 항전했다.

그와 달리 키케로는 [나이가 이제 겨우 스무 살이어서] 수염도 나지 않은 옥타비우스가 집정관에 출마하겠다고 애걸할 때 그를 말리지 않음으로써 원로원에서 라일리우스(Laelius)의 비난을 들었다. 브루투스는 아티쿠스에게 보내는 편지에서 "내가 이리를 몰아냈더니 키케로가 그보다 더 잔인하고 무서운 사자를 통치자로 들여세웠다"며 키케로를 비난했다.(키케로, 『브루투스에게 보낸 편지』, I, § 17 : 브루투스가 아티쿠스에게 보낸 편지)

5

무엇보다도 두 사람의 최후를 본다면 키케로가 더 처량했다. 키케로는 몰골도 사납게 하인들이 멘 가마를 타고 죽음을 피해 달아났다. 그는 하늘이 정해 준 마지막 부름을 크게 비껴가지도 못하면서 자기를 따라오는 자객들을 피해 몸을 숨기려고 애쓰다가 목이 잘렸다.

그러나 데모스테네스는, 살려 달라고 애원하지 않은 것은 아니지만, 신전에서 자신이 평소에 준비해 두었던 독약을 먹고 죽은 점이 사뭇 비장하다. 하늘은 그의 목숨을 지켜 주지 못했다. 그러나 그는 제단 앞에서 자살함으로써 자신을 둘러싼 무기와 병사들에게서 벗어났다. 그때 그는 미소를 지음으로써 안티파트로스의 잔혹함을 비웃었다.

데모스테네스와 키케로의 비교

플루타르코스

서기 45~50년경 보이오티아섬의 북쪽 마을 카이로네이아에서 태어났다. 스무
살에 아테네로 가 암모니우스의 지도를 받으며 그리스 철학을 익혔고, 이후 이
집트와 이탈리아를 방문하며 학식을 쌓았다. 로마에서는 황제를 비롯한 명사
들과 친교를 맺으며 로마 시민권을 얻었으며, 만년에는 델포이에 있는 아폴론
신전의 사제로도 일했다.

그러나 그의 본분은 철학자이자 저술가로, 모두 200종이 넘는 저술을 집
필했다고 알려져 있다. 특히 그리스와 로마의 역사를 담은 기록이자 플루타르
코스 자신의 인간관을 투사한 대작 『플루타르코스 영웅전』은 지금까지도 많
은 이들에게 삶의 영감을 선사하는 고전으로 사랑받고 있다.

옮긴이 신복룡

충청북도 괴산에서 태어났다. 건국대학교 정치외교학과를 졸업하고, 동 대학
원에서 정치학 박사학위를 받았다. 고등고시위원을 역임하고, 건국대학교 정
치외교학과 교수, 미국 조지타운대학 객원 교수로 활동하였으며, 한국정치외
교사학회 회장(1999~2000), 건국대학교에서 [상허]중앙도서관장·대학원장을
거쳐 정치외교학과 석좌 교수를 끝으로 현직에서 퇴임했다.

주요 저서로는 『동학사상과 갑오농민혁명』, 『한국정치사』, 『서재 채워드
릴까요?』, 『한국분단사연구: 1943-1953』(2001년 한국정치학회 저술상 수상),
『The Politics of Separation of the Korean Peninsula, 1943-1953』, 『한국사 새로
보기』, 『이방인이 본 조선』, 『한국정치사상사』(2011년 한국정치학회 仁齋저술
상 수상), 『대동단실기』, 『해방정국의 풍경』, 『전봉준평전』, 『한국사에서의 전
쟁과 평화』 등이 있다.

번역서로 『외교론』, 『군주론』, 『모택동자전』, 『한국분단보고서』, 『한말외
국인기록』(전23권), 『入唐求法巡禮行記』, 『삼국지』 등이 있다.